Randall I. Charles
Professor Emeritus
Department of Mathematics
San Jose State University
San Jose, California

Jennifer Bay-Williams
Professor of Mathematics Education
College of Education and Human Development
University of Louisville
Louisville, Kentucky

Robert Q. Berry, III
Associate Professor of Mathematics Education
Department of Curriculum, Instruction and Special Education
University of Virginia
Charlottesville, Virginia

Janet H. Caldwell
Professor of Mathematics
Rowan University
Glassboro, New Jersey

Zachary Champagne
Assistant in Research
Florida Center for Research in Science, Technology, Engineering, and Mathematics (FCR-STEM)
Jacksonville, Florida

Juanita Copley
Professor Emerita, College of Education
University of Houston
Houston, Texas

Warren Crown
Professor Emeritus of Mathematics Education
Graduate School of Education
Rutgers University
New Brunswick, New Jersey

Francis (Skip) Fennell
L. Stanley Bowlsbey Professor of Education and Graduate and Professional Studies
McDaniel College
Westminster, Maryland

Karen Karp
Professor of Mathematics Education
Department of Early Childhood and Elementary Education
University of Louisville
Louisville, Kentucky

Stuart J. Murphy
Visual Learning Specialist
Boston, Massachusetts

Jane F. Schielack
Professor of Mathematics
Associate Dean for Assessment and Pre K-12 Education, College of Science
Texas A&M University
College Station, Texas

Jennifer M. Suh
Associate Professor for Mathematics Education
George Mason University
Fairfax, Virginia

Jonathan A. Wray
Mathematics Instructional Facilitator
Howard County Public Schools
Ellicott City, Maryland

PEARSON

Glenview, Illinois   Boston, Massachusetts   Chandler, Arizona   Hoboken, Nueva Jersey

Matemáticos

Roger Howe
Professor of Mathematics
Yale University
New Haven, Connecticut

Gary Lippman
Professor of Mathematics
and Computer Science
California State University,
East Bay
Hayward, California

Revisoras de los Estándares de *Common Core*

Debbie Crisco
Math Coach
Beebe Public Schools
Beebe, Arkansas

Kathleen A. Cuff
Teacher
Kings Park Central School District
Kings Park, New York

Erika Doyle
Math and Science Coordinator
Richland School District
Richland, Washington

Susan Jarvis
Math and Science Curriculum
Coordinator
Ocean Springs Schools
Ocean Springs, Mississippi

Velvet M. Simington
K–12 Mathematics Director
Winston-Salem/Forsyth County
Schools
Winston-Salem, North Carolina

ISBN-13: 978-0-328-84194-3
ISBN-10: 0-328-84194-3

PEARSON

7 19

Recursos digitales

¡Usarás estos recursos digitales a lo largo del año escolar!

Visita PearsonRealize.com

PM

Animaciones de Prácticas matemáticas que se pueden ver en cualquier momento

Resuelve

Resuélvelo y coméntalo, problemas y herramientas matemáticas

Aprende

Más aprendizaje visual animado, con animaciones, interacción y herramientas matemáticas

Glosario

Glosario animado en español e inglés

Amigo de práctica

Práctica personalizada en línea para cada lección

Herramientas

Herramientas matemáticas que te ayudan a entender mejor

Evaluación

Comprobación rápida para cada lección

Ayuda

Video de tareas ¡Revisemos!, como apoyo adicional

Juegos

Juegos de Matemáticas que te ayudan a aprender mejor

eText

Libro del estudiante en línea

ACTIVe-book

Libro del estudiante en línea, para mostrar tu trabajo

PEARSON **realize**™ Todo lo que necesitas para las matemáticas a toda hora y en cualquier lugar.

¡Hola! Estamos aquí para ayudarte. ¡Que tengamos un buen año escolar!

Contenido

CLAVE

- Estándares relacionados principales
- Estándares relacionados de apoyo
- Estándares relacionados adicionales

El contenido está organizado enfocándose en los estándares relacionados de *Common Core*.

Hay una lista de los estándares relacionados en el Volumen 1 en las páginas F13 a F16.

Recursos digitales en PearsonRealize.com

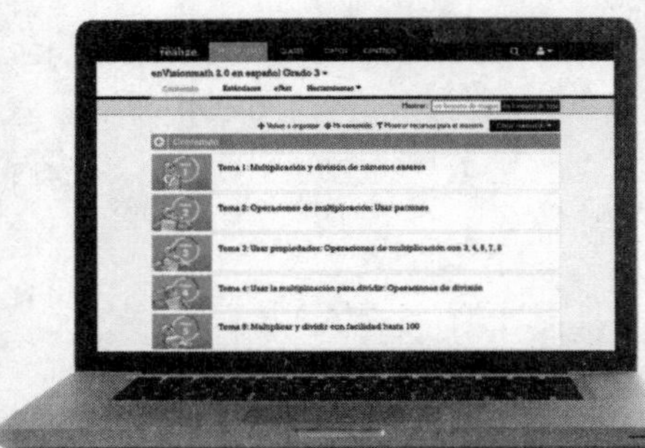

¡Y recuerda que tu *eText* está disponible en PearsonRealize.com!

TEMAS

PearsonRealize.com

Propiedades como la propiedad conmutativa te pueden ayudar a sumar y restar.

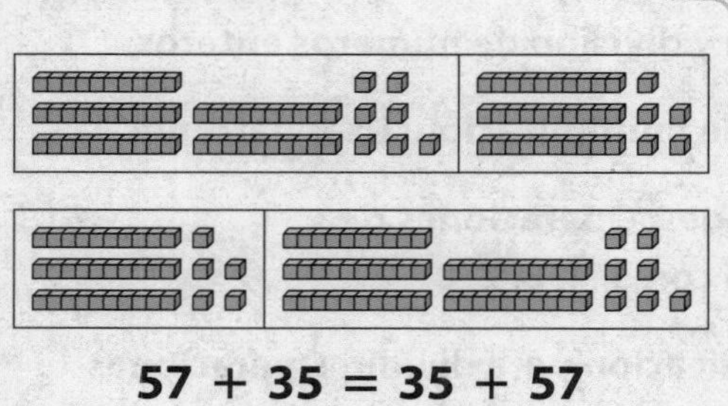

57 + 35 = 35 + 57

TEMA 8 Usar estrategias y propiedades para sumar y restar

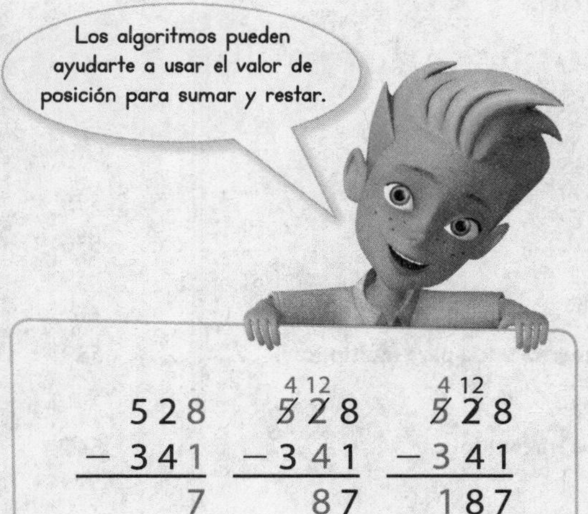
Los algoritmos pueden ayudarte a usar el valor de posición para sumar y restar.
528 − 341 = 7
4 12 528 − 341 = 87
4 12 528 − 341 = 187

TEMA 9 Sumar y restar con facilidad hasta 1,000

Puedes usar una recta
numérica vacía para
representar la multiplicación.

50 50 50 50 50

0 50 100 150 200 250

TEMA 10 Multiplicar por múltiplos de 10

Puedes usar el signo ? y diagramas de barras para representar los pasos de un problema.

? = costo del sistema *GPS* por una semana

?

$9	$9	$9	$9	$9	$9	$9

c = costo del carro sin el *GPS*

$325

c	$63

TEMA 11 Usar operaciones con números enteros para resolver problemas

Puedes representar fracciones como partes iguales de una recta numérica.

$\frac{1}{4}$ $\frac{1}{4}$ $\frac{1}{4}$ $\frac{1}{4}$

0 $\frac{3}{4}$ 1

$\frac{3}{4}$ es igual a 3 copias de $\frac{1}{4}$.

TEMA 12 Las fracciones como números

TEMA 13 Equivalencia y comparación de fracciones

TEMA 14 Resolver problemas sobre la hora, la capacidad y la masa

Un cuadrilátero es un polígono de cuatro lados. Estos son cuadriláteros diferentes.

Trapecio | Cuadrado | Paralelogramo

Rombo | Rectángulo

TEMA 15 Atributos de las figuras bidimensionales

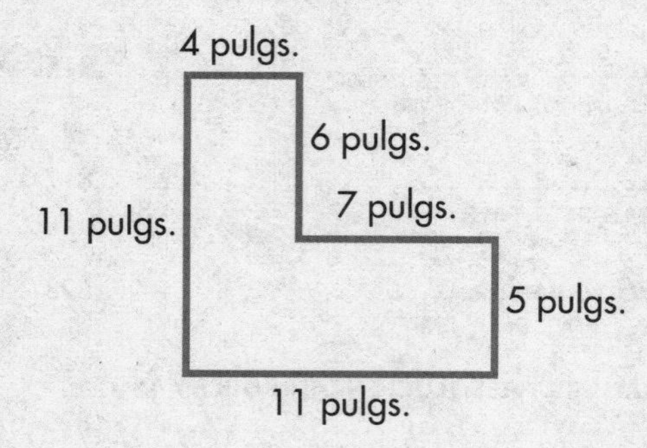

4 + 6 + 7 + 5 +
11 + 11 = 44

El perímetro de la figura es 44 pulgadas.

TEMA 16 Resolver problemas sobre perímetro

UN PASO ADELANTE HACIA EL GRADO 4

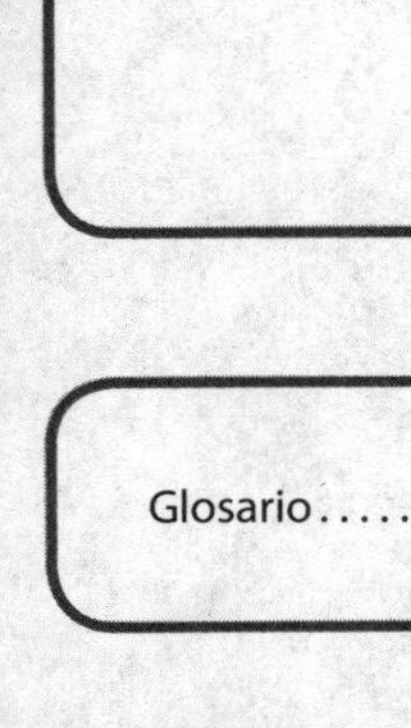

Estas lecciones te ayudarán a prepararte para el Grado 4.

Manual de Prácticas matemáticas y resolución de problemas

Las prácticas matemáticas explican las maneras en las que debemos pensar al trabajar en matemáticas.

Las prácticas matemáticas nos ayudan a resolver problemas.

Manual de Prácticas matemáticas y resolución de problemas

Prácticas matemáticas

PM.1 Entender problemas y perseverar en resolverlos.

PM.2 Razonar de manera abstracta y cuantitativa.

PM.3 Construir argumentos viables y evaluar el razonamiento de otros.

PM.4 Representar con modelos matemáticos.

PM.5 Usar herramientas apropiadas de manera estratégica.

PM.6 Prestar atención a la precisión.

PM.7 Buscar y usar la estructura.

PM.8 Buscar y expresar uniformidad en los razonamientos repetidos.

Hay buenos Hábitos de razonamiento para cada una de estas prácticas matemáticas.

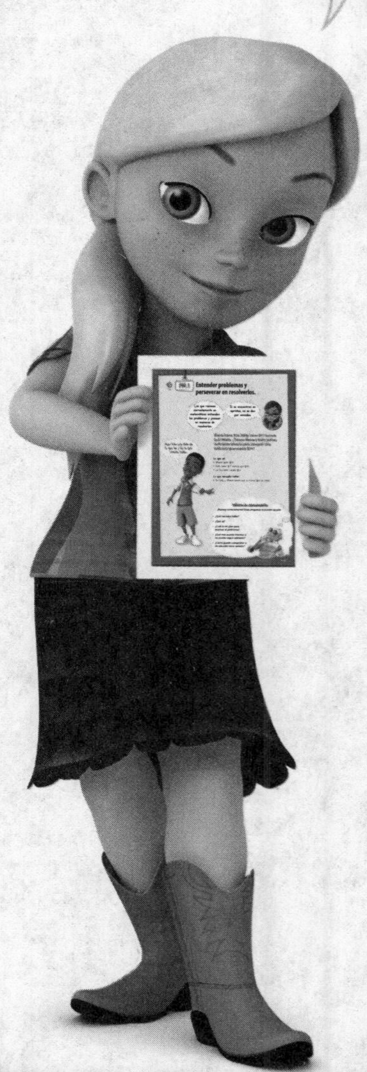

PM

Entender problemas y perseverar en resolverlos.

Los que razonan correctamente en matemáticas entienden los problemas y piensan en maneras de resolverlos.

Si se encuentran en aprietos, no se dan por vencidos.

María tiene \$36. Kelly tiene \$17 menos que María. ¿Tienen María y Kelly juntas suficiente dinero para comprar una bicicleta que cuesta \$54?

Aquí hice una lista de lo que sé y de lo que intento hallar.

Lo que sé:

- María tiene \$36.
- Kelly tiene \$17 menos que \$36.
- La bicicleta cuesta \$54.

Lo que necesito hallar:

- Si Kelly y María tienen por lo menos \$54 en total.

Hábitos de razonamiento

¡Razona correctamente! Estas preguntas te pueden ayudar.

- ¿Qué necesito hallar?
- ¿Qué sé?
- ¿Cuál es mi plan para resolver el problema?
- ¿Qué más puedo intentar si no puedo seguir adelante?
- ¿Cómo puedo comprobar si mi solución tiene sentido?

Razonar de manera abstracta y cuantitativa.

Los que razonan correctamente en matemáticas saben pensar en las palabras y los números del problema para resolverlo.

Dibujé un diagrama de barras que muestra cómo se relacionan los números del problema.

Sam compró un abrigo por $47. También, compró una camisa. Sam gastó $71 en total. ¿Cuánto dinero gastó en la camisa?

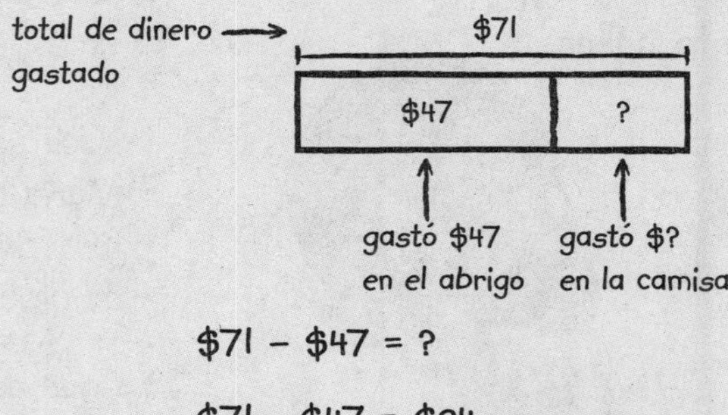

$71 − $47 = ?

$71 − $47 = $24

Hábitos de razonamiento

¡Razona correctamente! Estas preguntas te pueden ayudar.

- ¿Qué significan los números y los signos o símbolos del problema?
- ¿Cómo están relacionados los números o las cantidades?
- ¿Cómo puedo representar un problema verbal usando dibujos, números o ecuaciones?

Construir argumentos viables y evaluar el razonamiento de otros.

Los que razonan correctamente en matemáticas usan las matemáticas para explicar por qué tienen razón. También pueden opinar sobre los problemas de matemáticas hechos por otras personas.

Escribí un argumento claro usando palabras, números y signos o símbolos.

Lidia tiene 3 monedas. Tiene 60¢ en total. ¿Podrían ser todas las monedas de Lidia monedas de 25¢? Explica por qué.

El trabajo de Marta

Las monedas de Lidia no pueden ser todas monedas de 25¢.
3 monedas de 25¢ son 25¢, 50¢, 75¢.
75¢ > 60¢
Por tanto, 3 monedas de 25¢ es más dinero del que tiene Lidia.

Hábitos de razonamiento

¡Razona correctamente! Estas preguntas te pueden ayudar.

- ¿Cómo puedo usar números, objetos, dibujos o acciones para justificar mi argumento?
- ¿Estoy usando los números y los signos o símbolos correctamente?
- ¿Es mi explicación clara y completa?
- ¿Qué preguntas puedo hacer para entender el razonamiento de otros?
- ¿Hay errores en el razonamiento de otros?
- ¿Puedo mejorar el razonamiento de otros?

Representar con modelos matemáticos.

Los que razonan correctamente en matemáticas usan las matemáticas que saben para representar y resolver problemas de la vida diaria.

Henry tiene zanahorias en su huerto. Tiene 5 filas de zanahorias con 4 zanahorias en cada fila. ¿Cuántas zanahorias hay en el huerto de Henry?

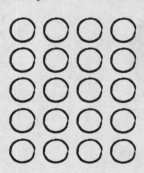

Usé lo que sé sobre las matrices y la suma. Hice un dibujo como ayuda.

$4 + 4 + 4 + 4 + 4 = 20$

Hay 20 zanahorias en el huerto de Henry.

Hábitos de razonamiento

¡Razona correctamente! Estas preguntas te pueden ayudar.

- ¿Cómo puedo usar lo que sé de matemáticas para resolver el problema?
- ¿Cómo puedo usar dibujos, objetos y ecuaciones para representar este problema?
- ¿Cómo puedo usar números, palabras y símbolos para resolver este problema?

Usar herramientas apropiadas de manera estratégica.

Los que razonan correctamente en matemáticas saben cómo escoger las herramientas apropiadas para resolver problemas de matemáticas.

Decidí usar bloques de valor de posición como ayuda para comparar. Puedo usarlos para representar centenas, decenas y unidades.

Carla tiene 234 calcomanías. Dan tiene 242 calcomanías. ¿Quién tiene más calcomanías?

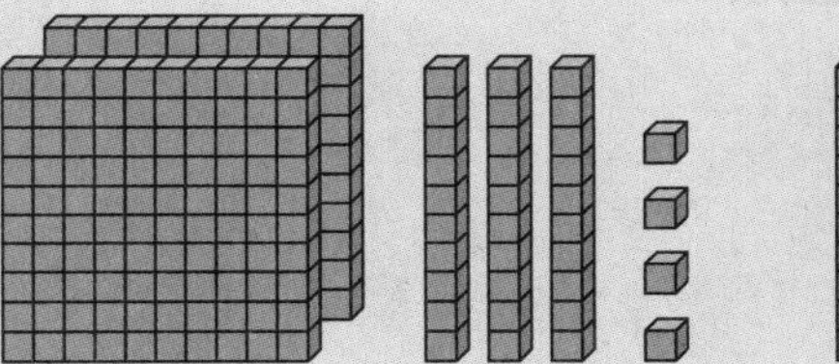

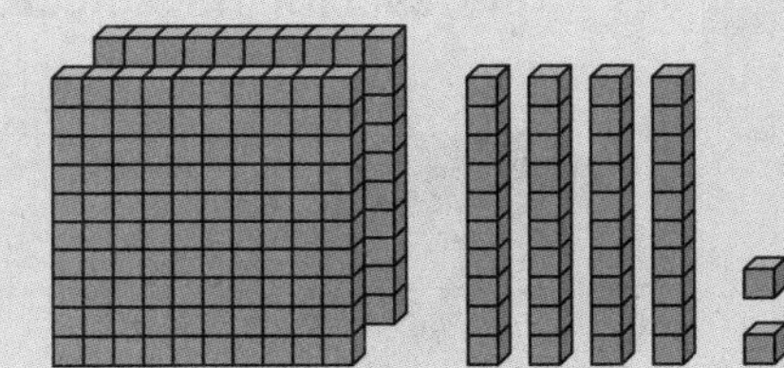

242 es mayor que 234.
Dan tiene más calcomanías.

Hábitos de razonamiento

¡Razona correctamente! Estas preguntas te pueden ayudar.

- ¿Qué herramientas puedo usar?
- ¿Por qué debo usar esta herramienta como ayuda para resolver el problema?
- ¿Hay alguna otra herramienta que podría usar?
- ¿Estoy usando la herramienta correctamente?

PM

Prestar atención a la precisión.

Los que razonan correctamente en matemáticas son cuidadosos en lo que escriben y expresan oralmente de modo que sus ideas matemáticas sean claras.

¿Cuál de estos recorridos es más largo? ¿Cuánto más largo?

Fui preciso en mis medidas y en la manera que escribí mi solución.

Recorrido azul: 3 cm + 3 cm = 6 cm

Recorrido amarillo: 4 cm + 1 cm = 5 cm

6 cm - 5 cm = 1 cm

El recorrido azul es 1 cm más largo que el recorrido amarillo.

Hábitos de razonamiento

¡Razona correctamente! Estas preguntas te pueden ayudar.

- ¿Estoy usando los números, las unidades y los signos o símbolos correctamente?
- ¿Estoy usando las definiciones correctas?
- ¿Estoy haciendo los cálculos con precisión?
- ¿Es clara mi respuesta?

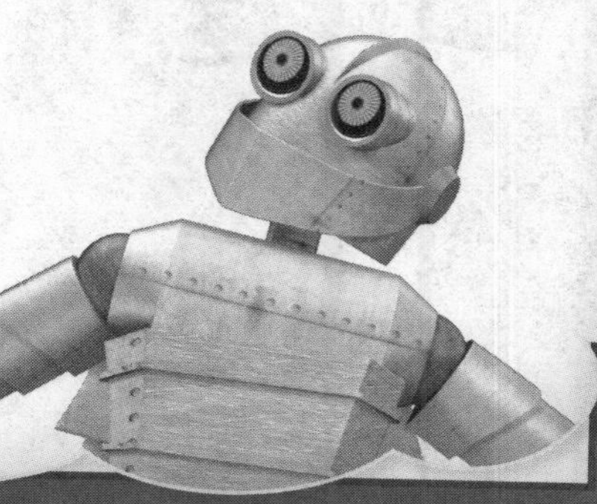

PM

PM.7 Buscar y usar la estructura.

Los que razonan correctamente en matemáticas buscan patrones o relaciones en las matemáticas como ayuda para resolver problemas.

Una tienda tiene 123 manzanas. Vende 67 manzanas. ¿Cuántas manzanas quedan en la tienda?

Descompuse 67 para resolver 123 - 67.

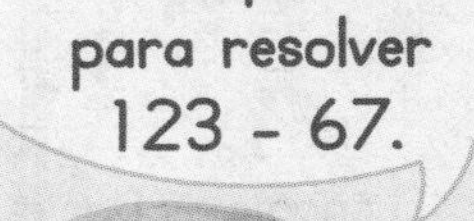

123 - 67 = ?

Sé que 67 = 60 + 7.
123 - 60 = 63
63 - 7 = 56

Por tanto, 123 - 67 = 56.
Quedan 56 manzanas en la tienda.

Hábitos de razonamiento

¡Razona correctamente! Estas preguntas te pueden ayudar.

- ¿Qué patrones puedo ver y describir?
- ¿Cómo puedo usar los patrones para resolver el problema?
- ¿Puedo ver las expresiones y los objetos de una manera diferente?

Buscar y expresar uniformidad en los razonamientos repetidos.

Los que razonan correctamente en matemáticas buscan las cosas que se repiten en un problema y hacen generalizaciones.

Usé el razonamiento para hacer generalizaciones sobre los cálculos.

Halla la suma para los siguientes sumandos.

185 + 100 = ?

? = 292 + 100

100 + 321 = ?

El trabajo de Daniel

185 + 100 = 285

392 = 292 + 100

100 + 321 = 421

Se suma 100 en cada problema. Al sumar 100, el dígito de las centenas aumenta por 1.

Hábitos de razonamiento

¡Razona correctamente! Estas preguntas te pueden ayudar.

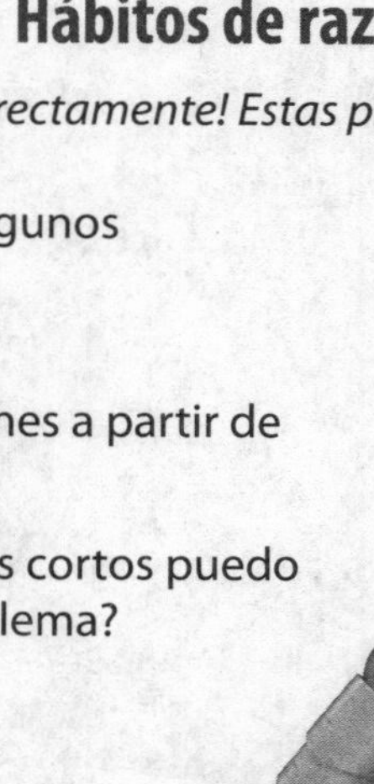

- ¿Se repiten algunos cálculos?
- ¿Puedo hacer generalizaciones a partir de los ejemplos?
- ¿Qué métodos cortos puedo ver en el problema?

 Manual de Prácticas matemáticas y resolución de problemas

Guía para la resolución de problemas

Las prácticas matemáticas nos ayudan a resolver problemas.

Entender el problema

Razonar de manera abstracta y cuantitativa

- ¿Qué necesito hallar?
- ¿Qué información conocida puedo usar?
- ¿Cuál es la relación entre las cantidades?

Pensar en problemas similares

- ¿He resuelto antes problemas como este?

Perseverar en resolver el problema

Representar con modelos matemáticos

- ¿Cómo puedo usar lo que sé de matemáticas?
- ¿Cómo puedo representar el problema?
- ¿Hay un patrón o estructura que pueda usar?

Usar herramientas apropiadas de manera estratégica

- ¿Qué herramientas matemáticas puedo usar?
- ¿Cómo puedo usar esas herramientas de manera estratégica?

Algunas maneras de representar problemas

- Hacer un dibujo
- Hacer un diagrama de barras
- Hacer una tabla o gráfica
- Escribir una ecuación

Algunas herramientas matemáticas

- Objetos
- Papel cuadriculado
- Reglas
- Tecnología
- Papel y lápiz

Comprobar la respuesta

Entender la respuesta

- ¿Es razonable mi respuesta?

Verificar la precisión

- ¿Revisé mi trabajo?
- ¿Es clara mi respuesta?
- ¿Construí un argumento viable?
- ¿Hice generalizaciones correctamente?

Manual de Prácticas matemáticas y resolución de problemas

Resolución de problemas: Hoja de anotaciones

Esta página te ayuda a organizar tu trabajo.

Nombre Carlos

Elemento didáctico 1

Resolución de problemas: Hoja de anotaciones

Problema

Cory quiere comprar un videojuego que cuesta $60. Él ha ahorrado $48. El lunes, gastó una parte de sus ahorros para comprarse una camisa de $15. ¿Cuánto dinero más necesita ahorrar Cory para comprarse el videojuego?

ENTIENDE EL PROBLEMA

Necesito hallar

El dinero necesario para comprar un videojuego

Puesto que...

El videojuego cuesta $60
Ahorró $48
Gastó $15 de ahorros

PERSEVERA EN RESOLVER EL PROBLEMA

Algunas maneras de representar problemas

- ☐ Hacer un dibujo
- ☑ Hacer un diagrama de barras
- ☐ Hacer una tabla o una gráfica
- ☐ Escribir una ecuación

Algunas herramientas matemáticas

- ☐ Objetos
- ☐ Papel cuadriculado
- ☐ Reglas
- ☐ Tecnología
- ☑ Papel y lápiz

Solución y respuesta

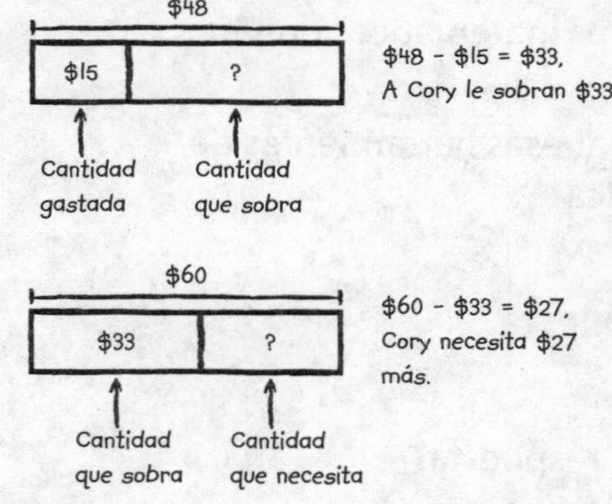

$48 - $15 = $33. A Cory le sobran $33.

$60 - $33 = $27. Cory necesita $27 más.

COMPRUEBA LA RESPUESTA

Estima

50 - 20 = 30 60 - 30 = 30

Comprueba

33 + 15 = 48 27 + 33 = 60

Mi respuesta es razonable y tiene sentido.
Mi respuesta es correcta.

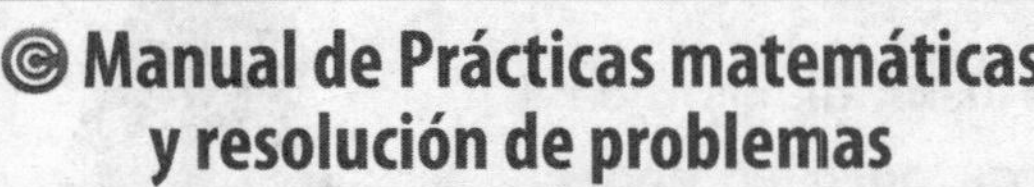

Manual de Prácticas matemáticas y resolución de problemas

Diagramas de barras

Puedes dibujar un **diagrama de barras** para mostrar cómo se relacionan las cantidades de un problema. Luego puedes escribir una ecuación para resolver el problema.

Sumar

Dibuja este **diagrama de barras** para las situaciones en las que se necesita *sumar* algo a una cantidad.

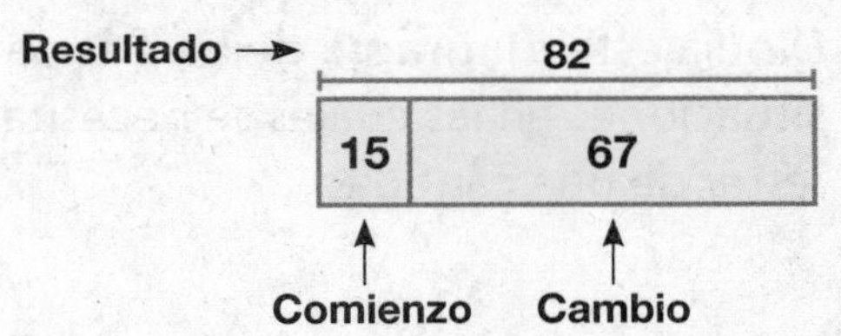

Resultado desconocido

Greg compró una pelota de beisbol y un guante de beisbol. ¿Cuánto dinero pagó por ambos?

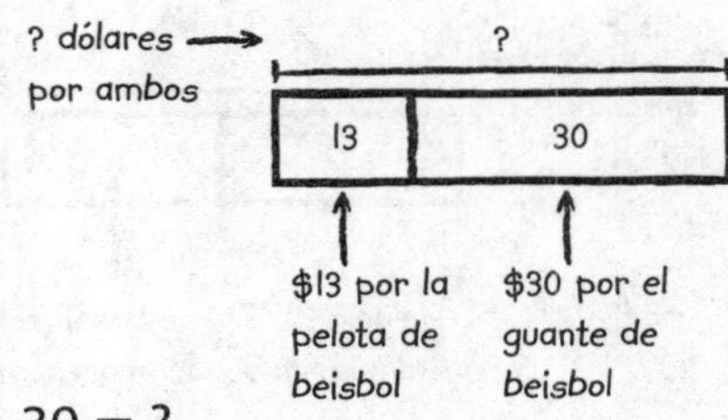

$13 + 30 = ?$

Greg gastó $43 por ambos.

Comienzo desconocido

Robin tenía varios anillos. Su hermana le dio los anillos que se ven a continuación. Después de eso, Robin tenía 90 anillos. ¿Cuántos anillos tenía Robin al comienzo?

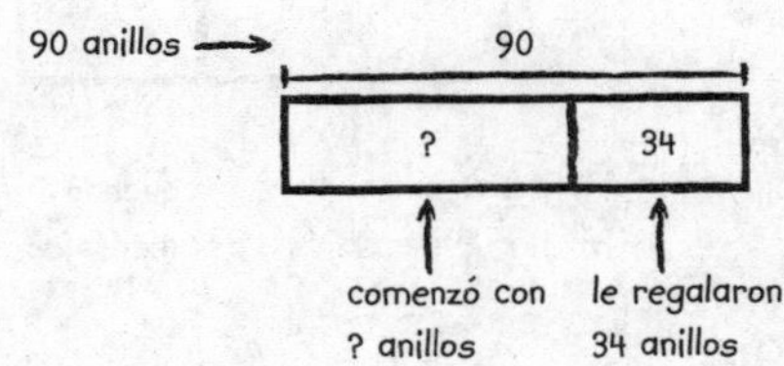

$? + 34 = 90$

Robin comenzó con 56 anillos.

Manual de Prácticas matemáticas y resolución de problemas

Diagramas de barras

Puedes usar diagramas de barras para entender mejor los problemas de suma y resta.

Restar

Dibuja este **diagrama de barras** para situaciones en las cuales se necesita *restar* de una cantidad.

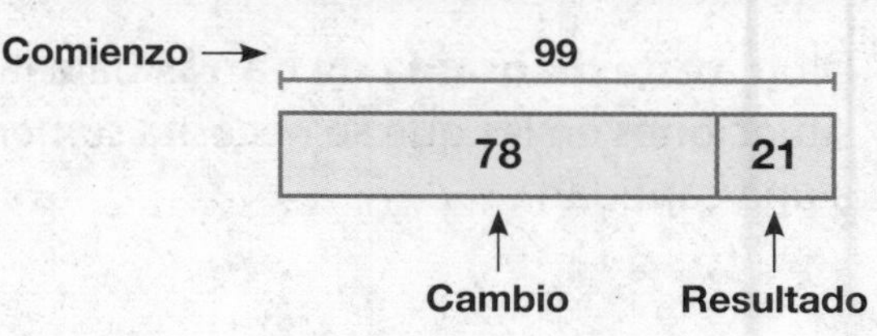

Resultado desconocido

Maurice tenía 78 mensajes de correo electrónico y borró 49. ¿Cuántos mensajes guardó Maurice?

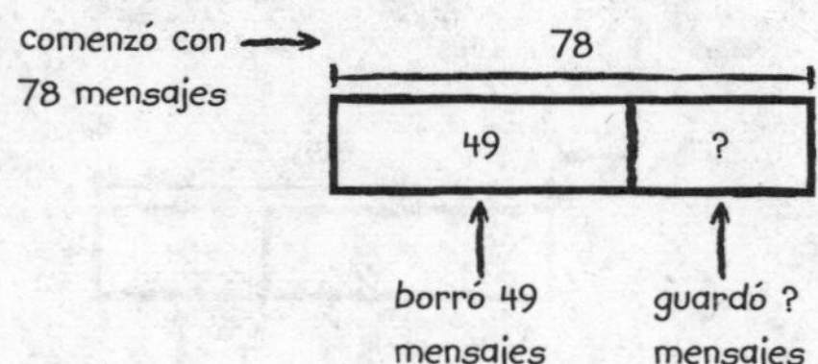

$78 - 49 = ?$

Maurice guardó 29 mensajes de correo electrónico.

Comienzo desconocido

Layla recogió manzanas en un huerto. Le regaló a su abuela las manzanas que están en el cesto. Ahora le quedan 29 manzanas a Layla. ¿Cuántas manzanas recogió Layla?

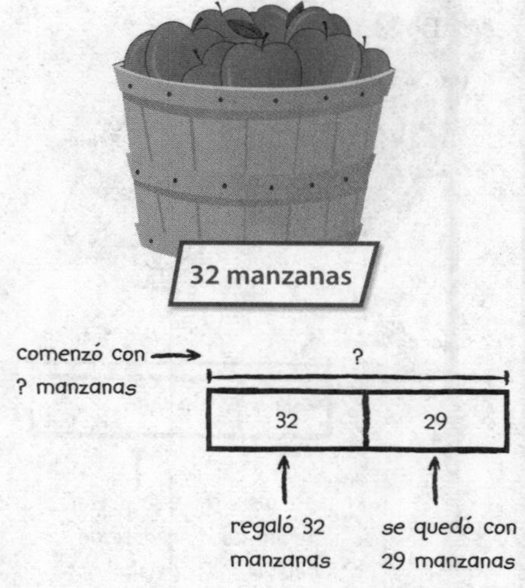

$? - 32 = 29$

Layla tenía 61 manzanas antes de regalarle parte de ellas a su abuela.

Los **diagramas de barras** de esta página pueden ayudarte a entender mejor otras situaciones de suma y resta.

Unir/Separar

Dibuja este **diagrama de barras** para situaciones en las que haya que *unir* o *separar* cantidades.

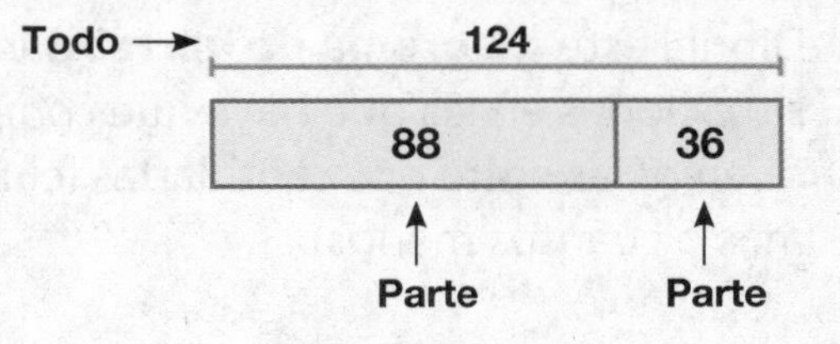

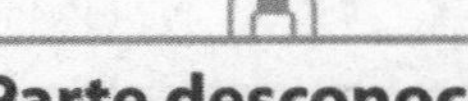

Todo desconocido

La gráfica de barras muestra cuántas millas manejó Leila en su carro durante 3 días. ¿Cuántas millas manejó en total?

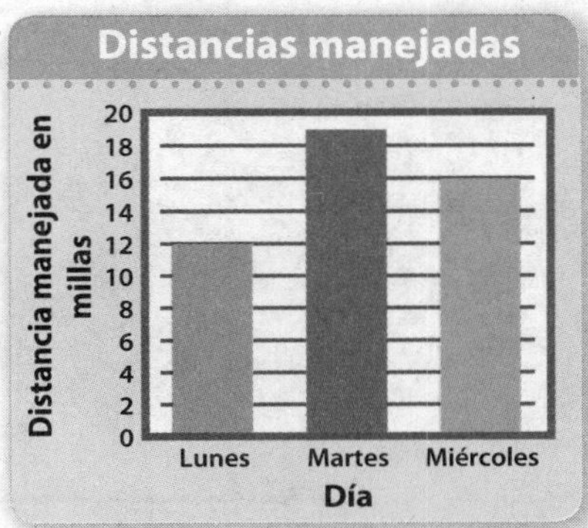

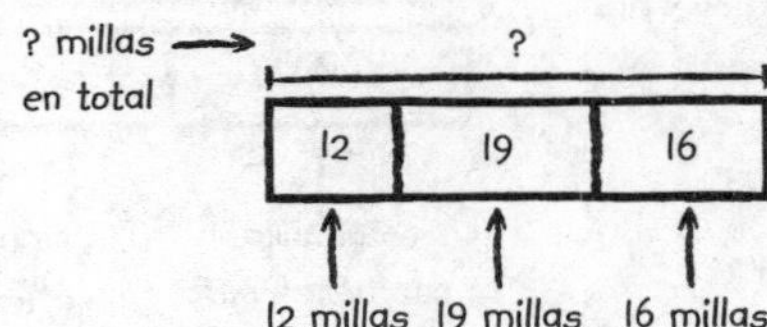

$12 + 19 + 16 = ?$

Leila manejó 47 millas en total.

Parte desconocida

La escuela de Pier recolectó durante dos semanas un total de 46 juguetes para una obra benéfica. ¿Cuántos juguetes recolectaron durante la segunda semana?

Se recolectaron 28 juguetes durante la primera semana.

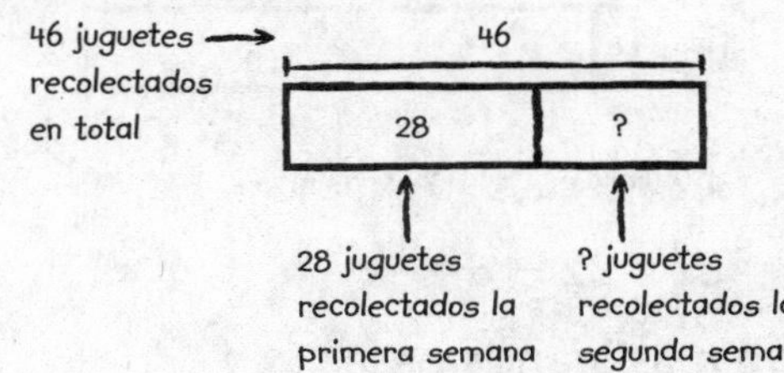

$28 + ? = 46$ o $46 - 28 = ?$

La escuela de Pier recolectó 18 juguetes durante la segunda semana.

Manual de Prácticas matemáticas y resolución de problemas

Diagramas de barras

Comparar: La suma y la resta

Dibuja este **diagrama de barras** para situaciones en las que haya que *comparar* diferencias entre dos cantidades (cuántos más o cuántos menos).

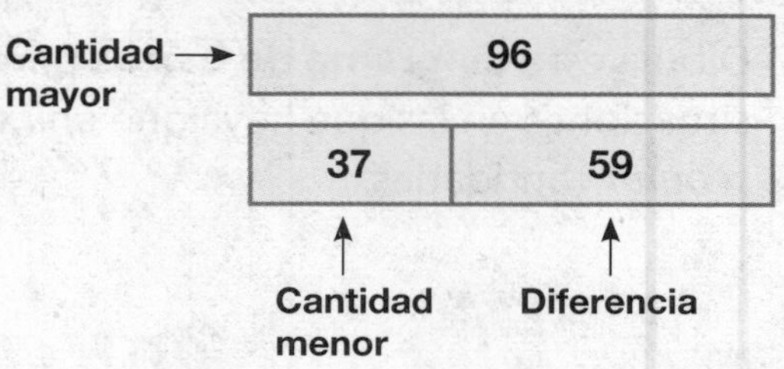

Diferencia desconocida

El perro más grande pesa 82 libras. El perro más pequeño pesa 6 libras. ¿Cuántas libras más pesa el perro más grande?

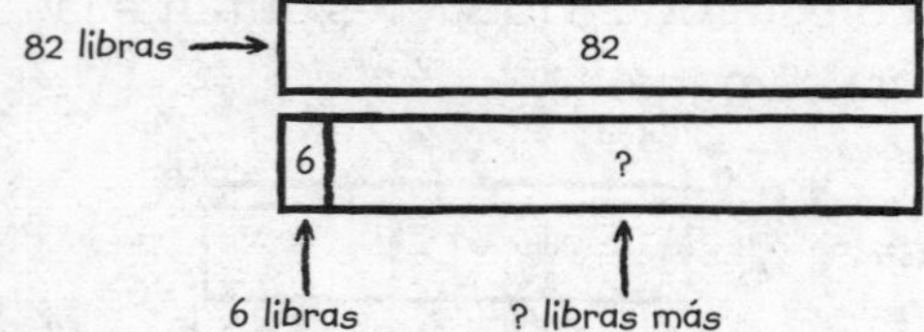

$6 + ? = 82$ o $82 - 6 = ?$

El perro más grande pesa 76 libras más.

Cantidad menor desconocida

Tim tiene 12 estampillas más que Pedro. Tim tiene 30 estampillas. ¿Cuántas estampillas tiene Pedro?

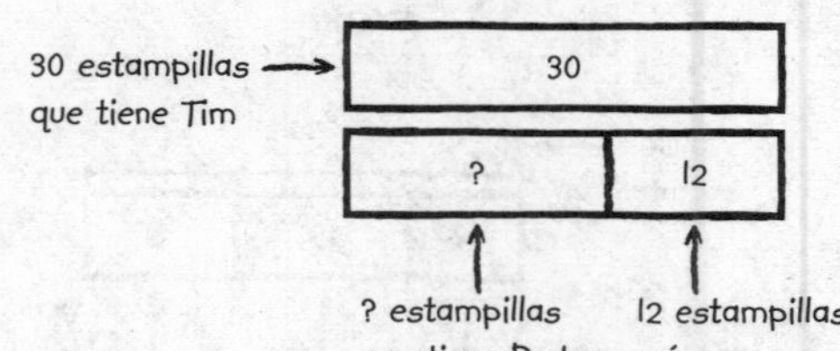

$30 - 12 = ?$ o $? + 12 = 30$

Pedro tiene 18 estampillas.

Los **diagramas de barras** de esta página pueden ayudarte a resolver problemas que incluyen la multiplicación y la división.

Grupos iguales: La multiplicación y la división

Dibuja este **diagrama de barras** para situaciones que incluyen *grupos iguales*.

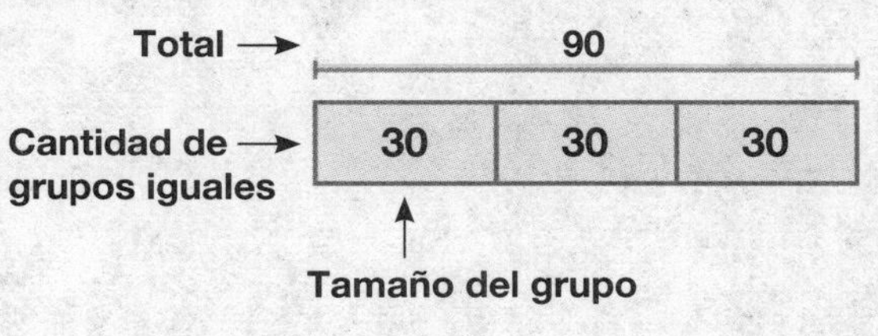

Cantidad de grupos desconocida

El sábado, Juana gastó $40 en boletos para ir al cine con algunos amigos. ¿Cuántos boletos compró Juana?

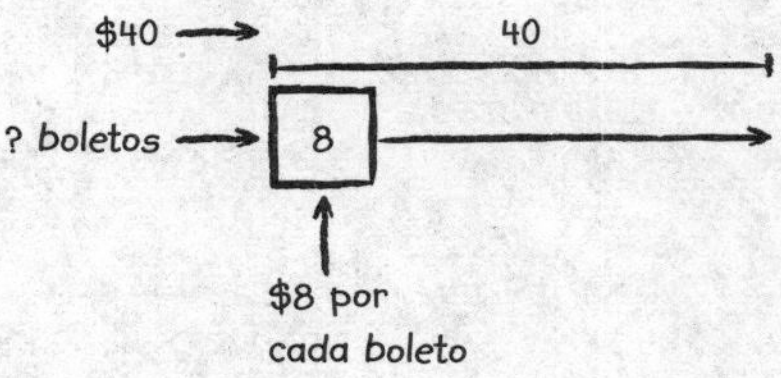

? × 8 = 40 o 40 ÷ 8 = ?

Juana compró 5 boletos.

Tamaño del grupo desconocido

Marie puso el mismo número de canicas en cada una de las siguientes bolsas. Ella tiene 36 canicas en total. ¿Cuántas canicas puso Marie en cada bolsa?

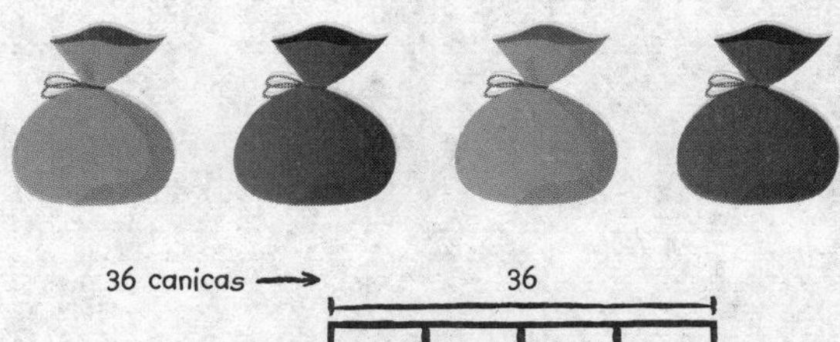

36 canicas → 36

4 bolsas → ? ? ? ?

? canicas en cada bolsa

4 × ? = 36 o 36 ÷ 4 = ?

Marie puso 9 canicas en cada bolsa.

TEMA 8

Usar estrategias y propiedades para sumar y restar

Pregunta esencial: ¿Cómo se pueden estimar y hallar mentalmente las sumas y las diferencias?

El pelo de un zorro ártico cambia de color durante el año.

En el invierno, un zorro ártico tiene pelo blanco. Durante el verano, puede tener pelo gris o marrón.

El lugar donde un ser vive puede afectar sus rasgos. Este es un proyecto sobre los rasgos de plantas y animales, y el medio ambiente.

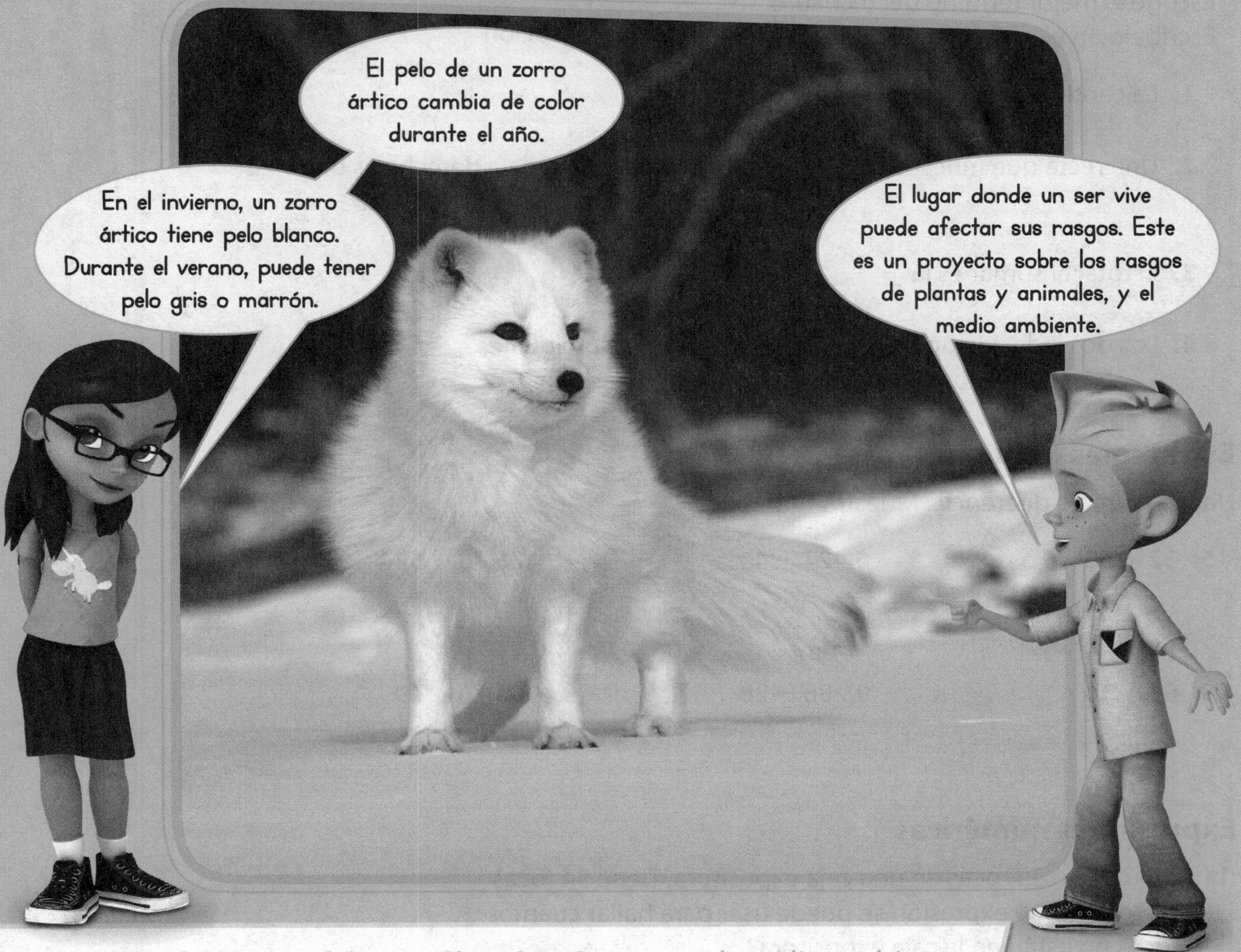

Proyecto de Matemáticas y Ciencias: Rasgos y el medio ambiente

Investigar Usa la Internet u otras fuentes para averiguar sobre el medio ambiente y cómo puede influir en las plantas o animales. Describe un rasgo de un animal o una planta que pueda cambiar debido al medio ambiente.

Diario: Escribir un informe Incluye lo que averiguaste. En tu informe, también:

- haz una tabla que incluya la planta o animal, el rasgo y los cambios en el medio ambiente. Anota datos relacionados sobre el medio ambiente, como la temperatura o lluvia.
- incluye información sobre la razón por la cual el rasgo es útil.
- escribe y resuelve problemas de suma usando los datos. Usa estimaciones para ver si son razonables.

Nombre ____________________

Repasa lo que sabes

Vocabulario

Escoge el mejor término del recuadro.
Escríbelo en el espacio en blanco.

- recta numérica
- diferencia
- ecuación
- suma

1. La cantidad que sobra después de restar es la __________.

2. Una recta que muestra números en orden de izquierda a derecha es una __________.

3. El total al sumar es la __________.

4. Los dos lados de una __________ son iguales.

Estrategias de suma y resta

Halla la suma o diferencia. Muestra tu trabajo.

5. 32 + 58　　**6.** 27 + 46　　**7.** 73 − 52

8. 63 + 16　　**9.** 88 − 28　　**10.** 76 − 49

Expresiones numéricas

11. Atif colocó 45 rocas en una caja expositora. Tiene 54 rocas en total. ¿Qué expresión se puede usar para hallar cuántas rocas no están en la caja expositora?

Ⓐ 45 + 54　Ⓑ 45 + 45　Ⓒ 54 − 45　Ⓓ 54 − 54

Contar dinero

12. Tony tiene las monedas que se muestran a la derecha. ¿Tiene suficiente dinero para comprar un carro de juguete que cuesta 86¢? Explícalo.

Mis tarjetas de palabras

A-Z Glosario

Usa los ejemplos de las palabras de las tarjetas para ayudarte a completar las definiciones que están al reverso.

propiedad conmutativa (o de orden) de la suma

$34 + 52 = 86$
$52 + 34 = 86$

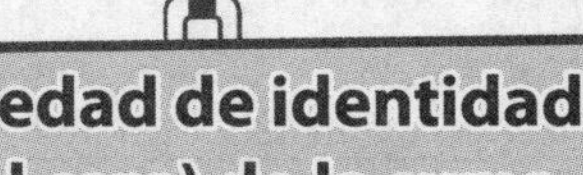

propiedad de identidad (o del cero) de la suma

$29 + 0 = 29$
$35 + 0 = 35$
$63 + 0 = 63$

propiedad asociativa (o de agrupación) de la suma

$(4 + 3) + 8 = 15$
$4 + (3 + 8) = 15$
$(4 + 3) + 8 = 4 + (3 + 8)$

redondear

42 redondeado a la decena más cercana es 40.

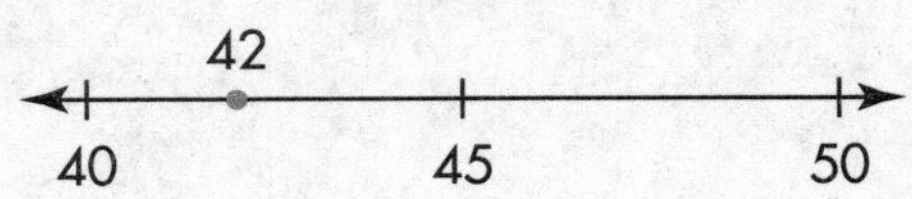

números compatibles

255	→	250
+ 298	→	300
		550

operaciones inversas

suma $14 + 12 = 26$	↔	resta $26 - 12 = 14$
multiplicación $8 \times 9 = 72$	↔	división $72 \div 9 = 8$

valor de posición

946
↑
centenas

Mis tarjetas de palabras

Completa cada definición. Para ampliar lo que aprendiste, escribe tus propias definiciones.

La ______________________________

______________________________ dice que la suma de cero y cualquier otro número es ese mismo número.

Los números se pueden sumar en cualquier orden y la suma sigue siendo la misma por

la ______________________________

____

______________________________.

Cuando ____________________, puedes usar un múltiplo de diez o cien que es más cercano a un número.

Los sumandos se pueden reagrupar y la suma sigue siendo la misma por la

____

____

______________________________.

Dos operaciones que se cancelan entre sí

se llaman ______________________________

______________________________.

Los números que son fáciles de sumar, restar, multiplicar o dividir mentalmente se llaman

______________________________.

El ____________________ es el valor dado a la posición de un dígito en un número.

Nombre ____________________

Resuelve

Lección 8-1
Propiedades de la suma

Puedo...
usar propiedades para entender la suma.

Estándar de contenido 3.NBD.A.2. Prácticas matemáticas PM.1, PM.3, PM.4, PM.7, PM.8

Resuélvelo y coméntalo Olivia tiene unos vasos con botones. En cada vaso escribió cuántos botones hay. ¿Tiene Olivia más botones en los 3 vasos de la izquierda o en los 3 vasos de la derecha? Explica tu respuesta.

¿Calculas de la misma manera más de una vez? ¿Que puedes generalizar?

¡Vuelve atrás! **PM.7 Usar la estructura** ¿Qué diferencia hay entre los números que están en los vasos de la izquierda y los números que están en los vasos de la derecha?

¿Cuáles son algunas propiedades de la suma?

A

Puedes usar propiedades de la suma para juntar grupos.

Propiedad asociativa (o de agrupación) de la suma: Puedes agrupar sumandos de cualquier manera y la suma será la misma.

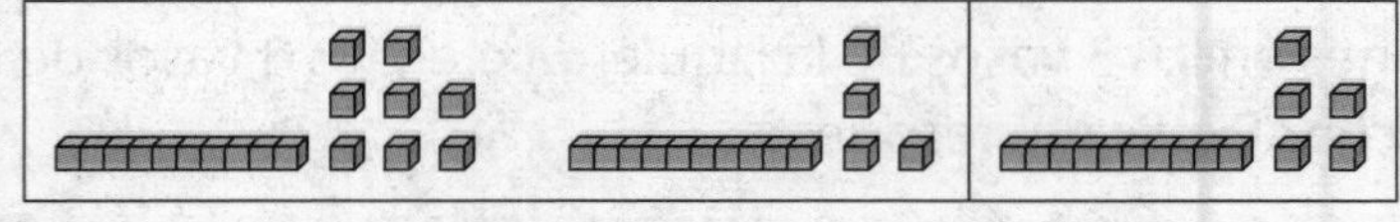

(18 + 14) + 15 = 47

18 + (14 + 15) = 47

(18 + 14) + 15 = 18 + (14 + 15)

Los paréntesis indican qué se debe hacer primero.

B

Propiedad conmutativa (o de orden) de la suma: Puedes sumar números en cualquier orden y la suma será la misma.

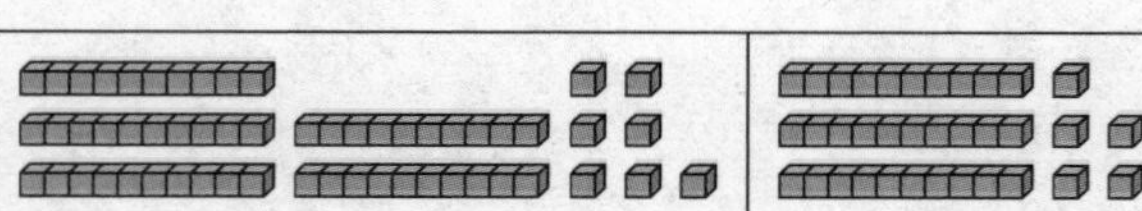

57 + 35 = 35 + 57

C

Propiedad de identidad (o del cero) de la suma: La suma de cero y cualquier otro número es ese mismo número.

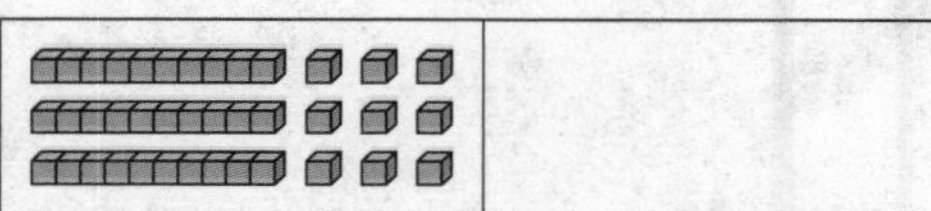

39 + 0 = 39

¡Convénceme! © **PM.7 Usar la estructura** Escoge una de las propiedades de arriba. Explica cómo puedes usar una recta numérica para mostrar un ejemplo de esa propiedad.

Nombre ______________________

Amigo de práctica | Herramientas | Evaluación

Práctica guiada*

¿Lo entiendes?

1. Ralph dice que se puede volver a escribir $(4 + 5) + 21$ como $9 + 21$. ¿Estás de acuerdo? ¿Por qué?

2. ¿Qué propiedad se muestra con la ecuación de abajo? ¿Cómo lo sabes?

   $65 + (18 + 38) = (18 + 38) + 65$

¿Cómo hacerlo?

Identifica las propiedades en los Ejercicios **3** y **4.**

3. $4 + (15 + 26) = (4 + 15) + 26$

4. $17 + 0 = 17$

Escribe los números que faltan en los Ejercicios **5** a **7.**

5. ____ $+ 90 = 90$

6. $42 + 23 = 23 +$ ____

7. $(2 +$ ____ $) + 36 = 2 + (23 + 36)$

Práctica independiente

Identifica las propiedades en los Ejercicios **8** a **11.**

8. $19 + 13 = 13 + 19$

9. $18 + 0 = 18$

10. $16 + (14 + 13) = (16 + 14) + 13$

11. $(39 + 12) + 8 = (12 + 39) + 8$

Escribe los números que faltan en los Ejercicios **12** a **19.**

12. $25 + 62 =$ ____ $+ 25$

13. $(22 + 32) + 25 =$ ____ $+ (22 + 32)$

14. $23 +$ ____ $+ 11 = 23 + 11$

15. $10 + (45 + 13) = ($ ____ $+ 45) + 13$

16. $($ ____ $+ 0) + 14 = 7 + 14$

17. $(12 + 2) + 20 =$ ____ $+ 20$

18. $34 + (2 + 28) = ($ ____ $+ 28) + 34$

19. $(50 + 30) +$ ____ $= 50 + (30 + 20)$

*Puedes encontrar otro ejemplo en el Grupo A, página 461.

Prácticas matemáticas y resolución de problemas

20. PM.1 Entender y perseverar Gino colocó sus lápices azules y verdes en cajas. Colocó 8 lápices en cada caja. ¿Cuántas cajas usó Gino?

DATOS

Color	Número de lápices
Rojo	14
Azul	23
Verde	17

21. PM.7 Usar la estructura Agrupa los siguientes sumandos de manera diferente para obtener la misma suma. Escribe la nueva ecuación.

$(42 + 14) + 6 = 62$

22. Vocabulario ¿En qué se parece la propiedad conmutativa de la suma a la propiedad conmutativa de la multiplicación?

23. Matemáticas y Ciencias Un pez león tiene 13 espinas en la espalda, 2 en el medio de la parte inferior y 3 en la parte inferior, cerca de la cola. Usa una propiedad de la suma para escribir dos ecuaciones diferentes para hallar cuántas espinas tiene el pez león. ¿Qué propiedad usaste?

24. Razonamiento de orden superior Barry dice que puede restar números en cualquier orden y la diferencia permanece igual. ¿Tiene razón Barry? Da un ejemplo para apoyar tu respuesta.

Evaluación de *Common Core*

25. El lunes, un puesto de verduras vendió 12 pepinos, 15 calabazas y 23 calabacines. El martes, vendió 17 pepinos, 25 calabazas y 13 calabacines. Completa la gráfica de barras para mostrar cuántas verduras se vendieron cada día.

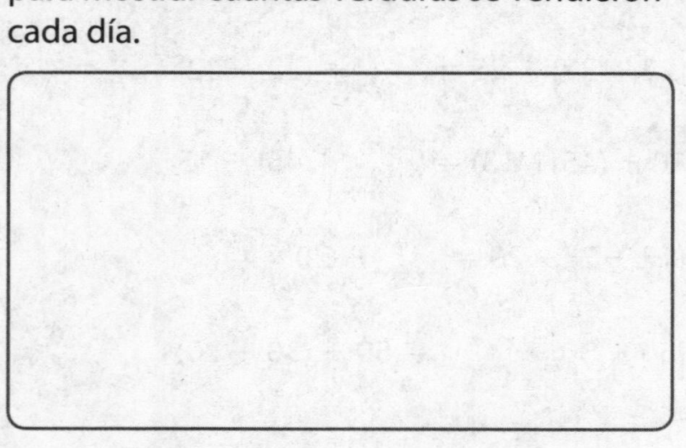

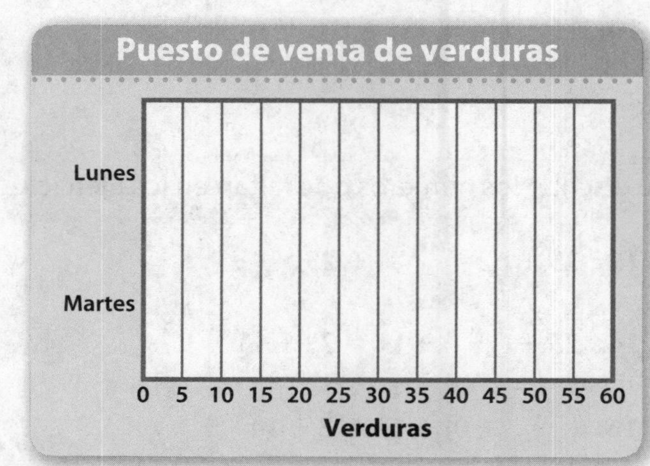

Nombre ______________________________

Tarea y práctica 8-1

Propiedades de la suma

¡Revisemos!

Propiedad conmutativa (o de orden) de la suma
Puedes sumar números en cualquier orden y la suma será la misma.

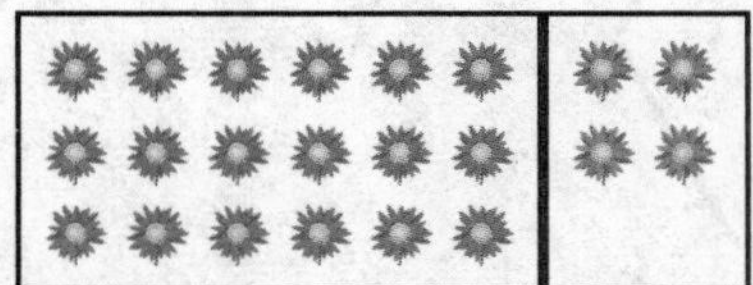

$18 + 4 = 22$

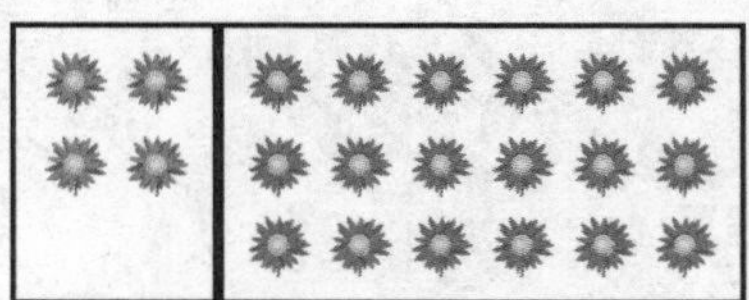

$4 + 18 = 22$

Propiedad asociativa (o de agrupación) de la suma
Puedes agrupar números de cualquier manera y la suma será la misma.

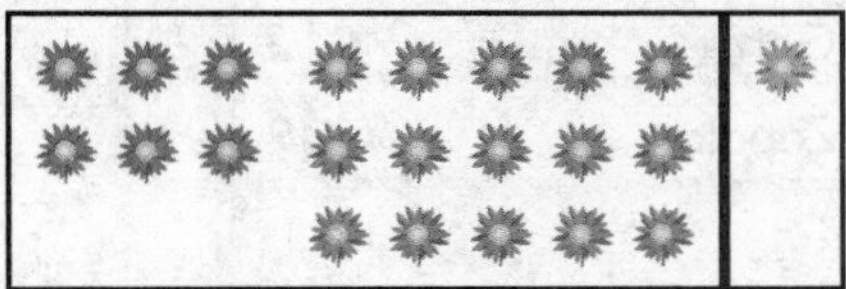

$(6 + 15) + 1 = 22$

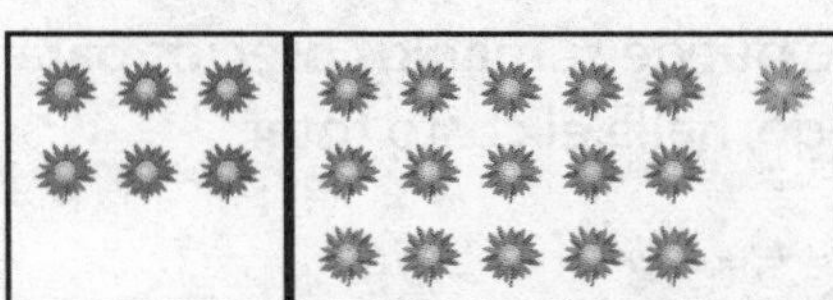

$6 + (15 + 1) = 22$

Propiedad de identidad (o del cero) de la suma
La suma de cero y cualquier otro número es ese mismo número.

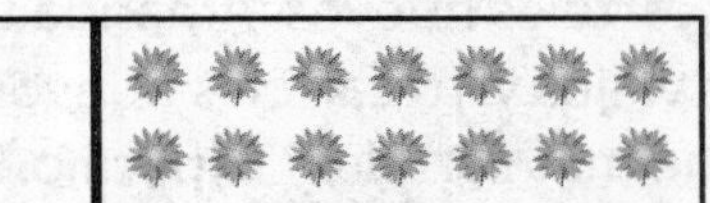

$0 + 14 = 14$

Las propiedades de la suma hacen que sumar números sea más fácil.

Escribe los números que faltan en los Ejercicios **1** a **7.**

1. (____ + 15) + ____ = 29   ____ + (____ + ____) = ____

2. 30 + 40 = 40 + ____

3. ____ + 32 = 32

4. (48 + 27) + 3 = ____ + (27 + 3)

5. 29 + (22 + 27) = (29 + 22) + ____

6. 89 + ____ = 89

7. 35 + 49 = ____ + 35

8. **PM.3 Construir argumentos** Jake dice que sumar 0 a un sumando no cambia la suma. ¿Tiene razón? Explícalo. Incluye una ecuación en tu explicación.

9. Traza líneas rectas dentro del siguiente hexágono para mostrar cómo puedes cortarlo y hacer nuevas figuras. ¿Qué figuras hiciste?

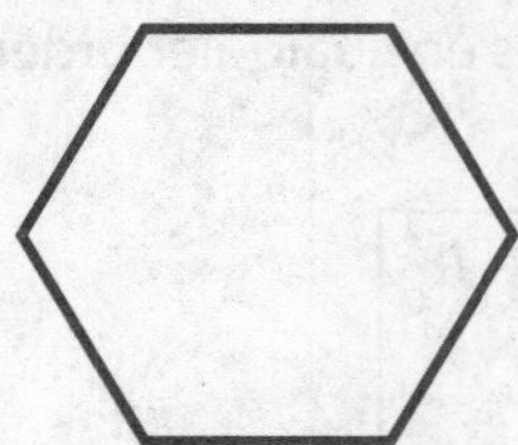

10. **PM.7 Usar la estructura** Troy quiere comprar un pantalón, un par de calcetines y una gorra. Usa la propiedad asociativa de la suma para mostrar dos maneras en que puede sumar los precios para hallar el costo total. Luego, halla el costo total.

DATOS

Venta de ropa	
Pantalón	$35
Gorra	$15
Zapatos	$49

11. **Razonamiento de orden superior** ¿Son iguales estas dos ecuaciones?:
$65 - (45 - 20) = (65 - 45) - 20$?
¿Cómo lo sabes?

12. **PM.4 Representar con modelos matemáticos** Minnie tiene 16 carteles viejos y 25 carteles nuevos. Amanda tiene 25 carteles viejos y 16 carteles nuevos. ¿Quién tiene más carteles? Explícalo.

Evaluación de *Common Core*

13. Evan tiene 23 cromos de básquetbol, 37 cromos de futbol americano y 10 cromos de hockey. Alan tiene 8 cromos de básquetbol, 14 cromos de futbol americano y 38 cromos de hockey. Completa la gráfica de barras y usa las propiedades para mostrar cuántos cromos de deportes en total tiene cada persona.

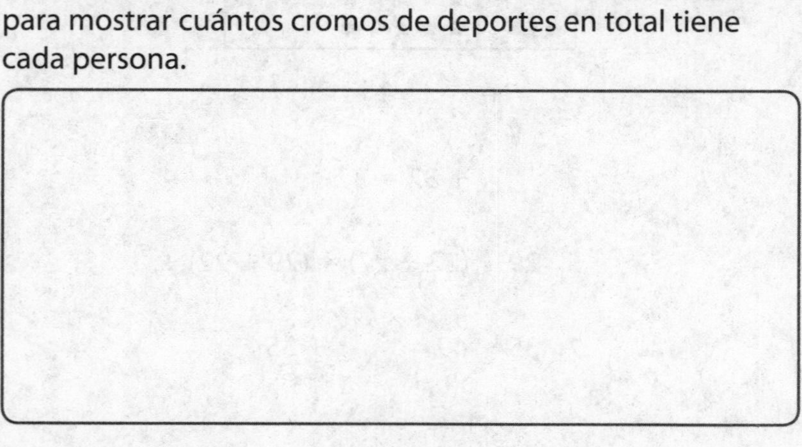

Nombre ______________________

Lección 8-2
Álgebra: Patrones de suma

Puedo...
hallar y explicar patrones de suma.

Estándar de contenido 3.OA.D.9
Prácticas matemáticas PM.7, PM.8

Resuélvelo y coméntalo Sombrea 3 sumandos que están uno al lado del otro en la tabla de sumar. Suma el primer y tercer sumando que sombreaste. ¿Cómo se relaciona el número total que obtuviste con la segunda suma que sombreaste? ¿Es verdadero para las otras sumas?

+	0	1	2	3	4	5	6	7	8	9
0	0	1	2	3	4	5	6	7	8	9
1	1	2	3	4	5	6	7	8	9	10
2	2	3	4	5	6	7	8	9	10	11
3	3	4	5	6	7	8	9	10	11	12
4	4	5	6	7	8	9	10	11	12	13
5	5	6	7	8	9	10	11	12	13	14
6	6	7	8	9	10	11	12	13	14	15
7	7	8	9	10	11	12	13	14	15	16
8	8	9	10	11	12	13	14	15	16	17
9	9	10	11	12	13	14	15	16	17	18

Estos son sumandos. (fila superior)

Estos son sumandos. (columna izquierda)

Estas son sumas.

Puedes buscar relaciones en la tabla de sumar. Los números de la columna sombreada y de la fila sombreada son sumandos. Los demás números son las sumas.

¡Vuelve atrás! **PM.8 Generalizar** Explica lo que hiciste para probar si la relación siempre es verdadera.

Pregunta esencial

¿Cómo hallas patrones de suma?

A

Helen observa un patrón en la tabla de sumar. Las sumas cambian, alternando entre números pares e impares, al leer una fila de forma horizontal o una columna de forma vertical. Explica este patrón.

Recuerda que un número par puede representarse como dos grupos iguales; por tanto, puede escribirse como un doble. Un número impar no puede representarse como dos grupos iguales.

+	0	1	2	3	4	5	6	7	8	9
0	0	1	2	3	4	5	6	7	8	9
1	1	2	3	4	5	6	7	8	9	10
2	2	3	4	5	6	7	8	9	10	11
3	3	4	5	6	7	8	9	10	11	12
4	4	5	6	7	8	9	10	11	12	13
5	5	6	7	8	9	10	11	12	13	14
6	6	7	8	9	10	11	12	13	14	15
7	7	8	9	10	11	12	13	14	15	16
8	8	9	10	11	12	13	14	15	16	17
9	9	10	11	12	13	14	15	16	17	18

B Piensa en los números pares e impares.

Un número par de cosas puede estar en parejas.

Cuando le sumas 1 a un número par, obtienes un número impar.

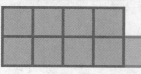

Cuando le sumas 1 a un número impar, obtienes un número par.

Al sumar 1 más a cada suma de la tabla de sumar, las sumas cambian, alternando entre números pares e impares.

C Puedes usar la propiedad asociativa de la suma para explicarlo.

+	4	5	6
4	8	9	10
5	9	10	11
6	10	11	12

Al leer de forma horizontal o vertical en la tabla de sumar, cada vez se suma 1 más a la suma.

Por ejemplo, $4 + 5$ es 1 más que $4 + 4$.

$$(4 + 4) + 1 = 4 + (4 + 1)$$
$$= 4 + 5$$

¡Convénceme! **PM.8 Generalizar** Sebastián dijo que un número par más un número par siempre es par. ¿Es siempre verdadero el patrón de Sebastián? Explícalo.

Nombre ____________________

Práctica guiada*

¿Lo entiendes?

1. PM.8 Generalizar ¿Es par o impar la suma de dos números impares? Explica por qué el patrón siempre es verdadero.

¿Cómo hacerlo?

2. Mira la tabla de sumar en la sección A de la página 412. ¿Qué patrón observas en las sumas resaltadas? Explícalo.

Práctica independiente

Usa la tabla de la derecha en los Ejercicios **3** y **4.**

3. Mira las sumas que están coloreadas del mismo color. Describe el patrón que muestran estas sumas. Explica por qué este patrón es verdadero.

4. Halla otras sumas con un patrón semejante y coloréalas en la tabla. Explica por qué escogiste esas sumas.

+	2	3	4	5	6	7	8	9
2	4	5	6	7	8	9	10	11
3	5	6	7	8	9	10	11	12
4	6	7	8	9	10	11	12	13
5	7	8	9	10	11	12	13	14
6	8	9	10	11	12	13	14	15
7	9	10	11	12	13	14	15	16
8	10	11	12	13	14	15	16	17
9	11	12	13	14	15	16	17	18

Usa la tabla de la derecha en los Ejercicios **5** y **6.**

5. Colorea la tabla para mostrar un patrón que observes. Describe el patrón.

6. Explica por qué el patrón es verdadero.

+	0	1	2	3	4	5	6	7
4	4	5	6	7	8	9	10	11
5	5	6	7	8	9	10	11	12
6	6	7	8	9	10	11	12	13
7	7	8	9	10	11	12	13	14
8	8	9	10	11	12	13	14	15
9	9	10	11	12	13	14	15	16

*Puedes encontrar otro ejemplo en el Grupo B, página 461.

Prácticas matemáticas y resolución de problemas

7. **PM.7 Buscar relaciones** Greg dibujó un rectángulo en la tabla de sumar de la derecha y sombreó las esquinas. Halla la suma de las esquinas verdes y la suma de las esquinas anaranjadas. ¿Qué patrón observas?

+	3	4	5	6	7
1	4	5	6	7	8
2	5	6	7	8	9
3	6	7	8	9	10
4	7	8	9	10	11
5	8	9	10	11	12

8. **PM.8 Generalizar** Dibuja otro rectángulo en la tabla de sumar. Comprueba si el patrón de Greg es verdadero para este rectángulo.

9. Explica por qué funciona el patrón de Greg.

10. ¿Qué operación de multiplicación muestra la recta numérica? Escribe una operación de división relacionada.

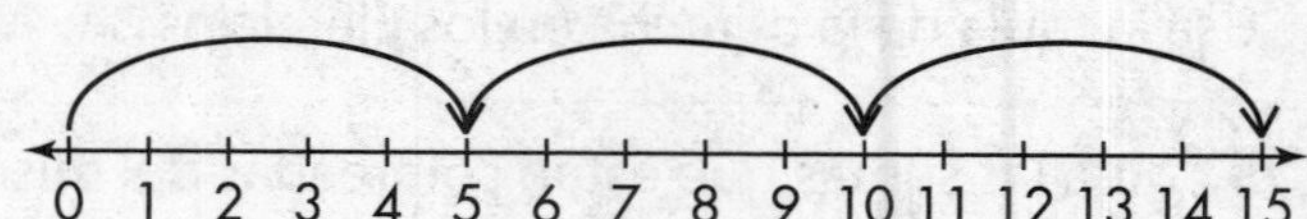

11. **Razonamiento de orden superior** Pedro hizo una tabla de sumar usando solo sumandos pares. Escribe un patrón que hallaste en otro problema. ¿Funciona ese patrón en la tabla de Pedro? Halla un ejemplo y explica por qué funciona o no funciona.

+	2	4	6	8	10	12	14
2	4	6	8	10	12	14	16
4	6	8	10	12	14	16	18
6	8	10	12	14	16	18	20
8	10	12	14	16	18	20	22
10	12	14	16	18	20	22	24
12	14	16	18	20	22	24	26
14	16	18	20	22	24	26	28

Evaluación de *Common Core*

12. Mira la fila sombreada de verde.

+	5	6	7	8	9
0	5	6	7	8	9
1	6	7	8	9	10
2	7	8	9	10	11
3	8	9	10	11	12
4	9	10	11	12	13

Parte A

¿Qué patrón observas?

Parte B

Explica por qué el patrón funciona.

Nombre ____________________

Ayuda | Amigo de práctica | Herramientas | Juegos

Tarea y práctica 8-2

Álgebra: Patrones de suma

¡Revisemos!

Cuando sumas números pares e impares, puedes observar patrones.

Un número par más un número par da una suma par.

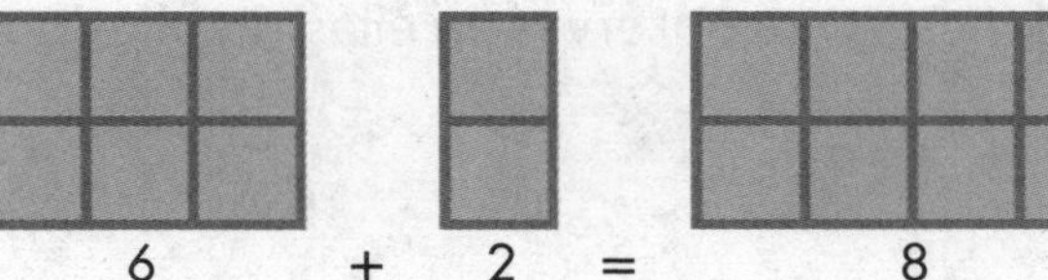

6 + 2 = 8

Un número par más un número impar da una suma impar.

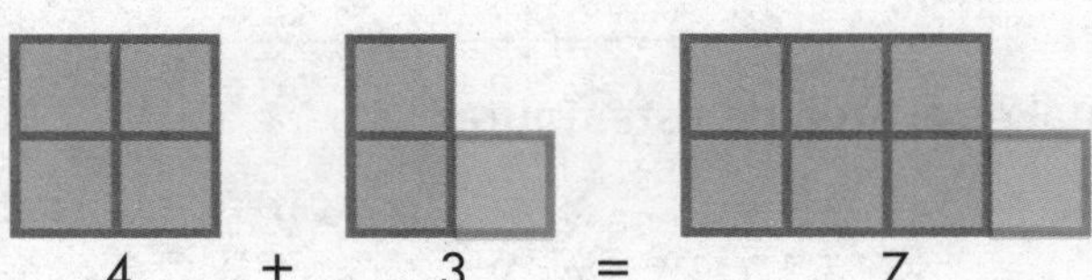

4 + 3 = 7

Un número impar más un número impar da una suma par.

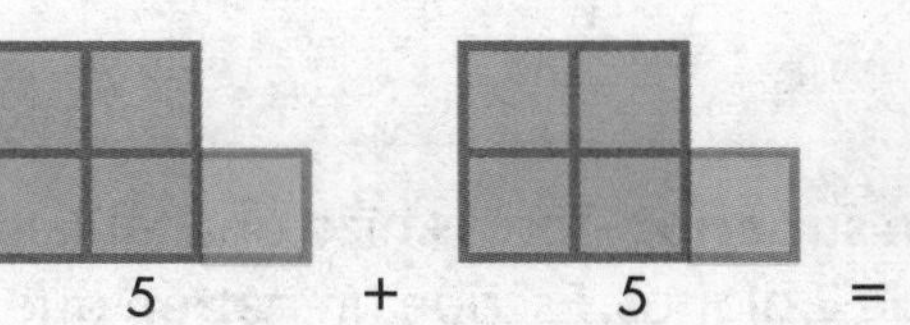

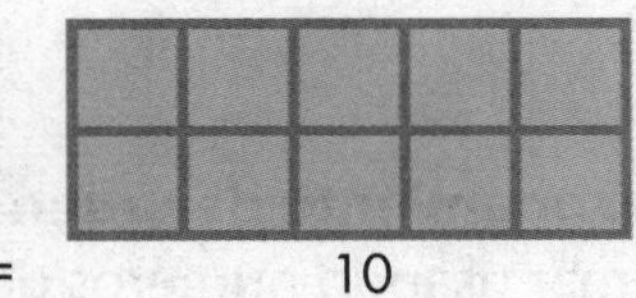

5 + 5 = 10

1. Describe el patrón que muestran las sumas sombreadas de verde. Explica por qué el patrón es verdadero.

2. Describe el patrón que muestran las sumas sombreadas de anaranjado. Explica por qué el patrón es verdadero.

+	1	2	3	4	5	6	7	8	9
1	2	3	4	5	6	7	8	9	10
2	3	4	5	6	7	8	9	10	11
3	4	5	6	7	8	9	10	11	12
4	5	6	7	8	9	10	11	12	13
5	6	7	8	9	10	11	12	13	14
6	7	8	9	10	11	12	13	14	15
7	8	9	10	11	12	13	14	15	16
8	9	10	11	12	13	14	15	16	17
9	10	11	12	13	14	15	16	17	18

3. Encierra en un círculo las sumas de la tabla para mostrar el patrón que observas. Describe el patrón y explica por qué es verdadero.

4. **PM.7 Buscar relaciones** Ryan halló un patrón en la tabla de sumar. Sombreó dos rectas diagonales para mostrar su patrón. ¿Cuál es su patrón?

+	0	1	2	3	4	5
0	0	1	2	3	4	5
1	1	2	3	4	5	6
2	2	3	4	5	6	7
3	3	4	5	6	7	8
4	4	5	6	7	8	9
5	5	6	7	8	9	10

5. Ryan escribió estas ecuaciones para las sumas que están sombreadas de anaranjado. Escribe ecuaciones para las sumas que están sombreadas de azul.

$2 + 0 = 2$ ____ + ____ = ____

$3 + 1 = 4$ ____ + ____ = ____

$4 + 2 = 6$ ____ + ____ = ____

$5 + 3 = 8$ ____ + ____ = ____

6. **PM.8 Generalizar** Mira las ecuaciones de Ryan y tus ecuaciones. ¿Qué observas en ellas? Explica por qué.

7. ¿Cuál es el área de esta figura?

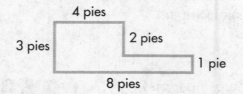

4 pies
2 pies
3 pies
1 pie
8 pies

8. **Razonamiento de orden superior** Tomás hizo una tabla de sumar usando números de 2 dígitos. Escribe un patrón que usaste en otro problema. ¿Funciona este patrón en la tabla de Tomás? Halla un ejemplo y explica por qué funciona o no funciona.

+	67	68	69	70	71	72
67	134	135	136	137	138	139
68	135	136	137	138	139	140
69	136	137	138	139	140	141
70	137	138	139	140	141	142
71	138	139	140	141	142	143
72	139	140	141	142	143	144

Evaluación de *Common Core*

9. Hasan observó un patrón en las sumas de dobles más 1.

$2 + 3 = 5$ $4 + 5 = 9$ $6 + 7 = 13$
$3 + 4 = 7$ $5 + 6 = 11$ $7 + 8 = 15$

Parte A

¿Son siempre pares o impares las sumas de las sumas de dobles más 1?

Parte B

Explica por qué el patrón funciona.

Nombre ______________________________

Resuelve

Lección 8-3
Redondear números enteros

Resuélvelo y coméntalo Piensa en maneras de hallar números que indiquen *aproximadamente* cuánto o cuántos hay. Derek tiene 277 calcomanías. ¿Qué número puedes usar para describir *aproximadamente cuántas* calcomanías tiene Derek? Explica cómo lo decidiste.

Puedo...
usar el valor de posición y una recta numérica para redondear números.

Estándar de contenido 3.NBD.A.1
Prácticas matemáticas PM.1, PM.3, PM.6

Piensa en que necesitas hacer tu trabajo con precisión.

¡Vuelve atrás! **PM.1 Entender y perseverar** ¿Puedes usar otro número para indicar cuántas calcomanías tiene Derek? Explícalo.

¿Cómo redondeas números?

A

¿Aproximadamente cuántas piedras tiene Tito? Redondea 394 a la decena más cercana.

Cuando redondeas a la decena más cercana, hallas el múltiplo más cercano a 10 de un número dado.

El valor de posición es el valor del lugar que tiene un dígito en un número. Piensa en el valor de posición de los dígitos en 394.

B

Puedes usar lo que sabes del valor de posición y una recta numérica para redondear a la decena más cercana.

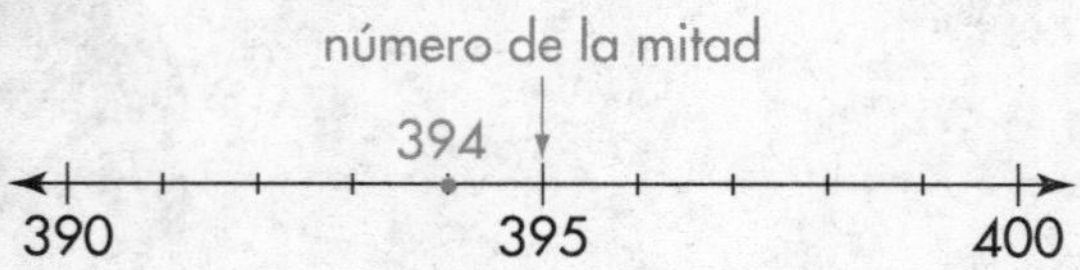

394 está más cerca de 390 que de 400; por tanto, 394 se redondea a 390.

Tito tiene aproximadamente 390 piedras.

C

¿Aproximadamente cuántas piedras tiene Donna? Redondea 350 a la centena más cercana.

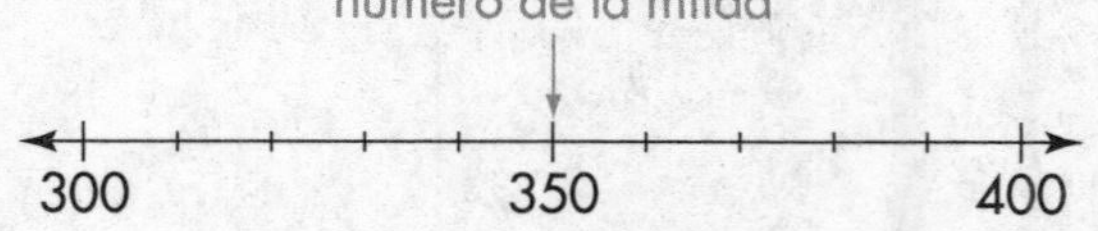

Si un número está en la mitad, redondea al número mayor.

350 está en la mitad de 300 y 400; por tanto, 350 se redondea a 400.

Donna tiene aproximadamente 400 piedras.

¡Convénceme! **PM.1 Entender y perseverar** Susan dice: "Estoy pensando en un número que tiene un cuatro en el lugar de las centenas y un dos en el lugar de las unidades. Cuando lo redondeas a la centena más cercana, es 500".

¿En qué número podría estar pensando Susan? ¿Qué otro número podría ser el número de Susan?

Nombre ____________________

Otro ejemplo

Redondea 345 a la decena más cercana y a la centena más cercana.

- Halla el dígito en el lugar de redondeo.
- Mira el dígito que sigue a la derecha. Si es 5 o mayor, suma 1 al dígito de redondeo. Si es menor que 5, deja el dígito como está.
- Cambia todos los dígitos a la derecha del lugar de redondeo al 0.

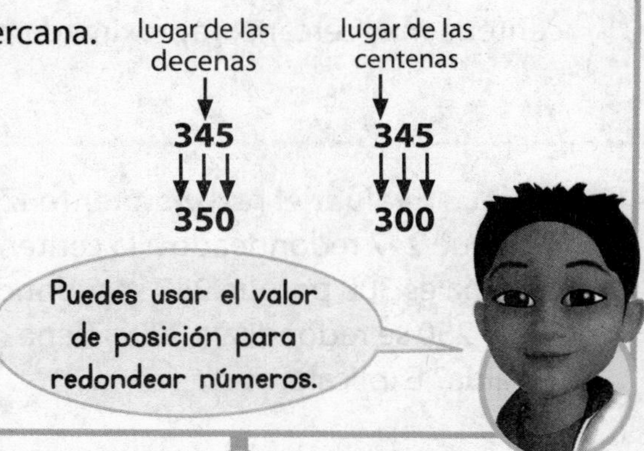

Práctica guiada*

¿Lo entiendes?

1. ¿Qué número está en la mitad de 200 y 300?

2. Sheri redondea 678 a 680. ¿A qué lugar redondea?

3. Tito suma una piedra más a su colección en la página 418. ¿Aproximadamente cuántas piedras tiene, redondeadas a la decena más cercana? ¿A la centena más cercana? Explícalo.

¿Cómo hacerlo?

Redondea a la decena más cercana en los Ejercicios **4** a **6**.

4.

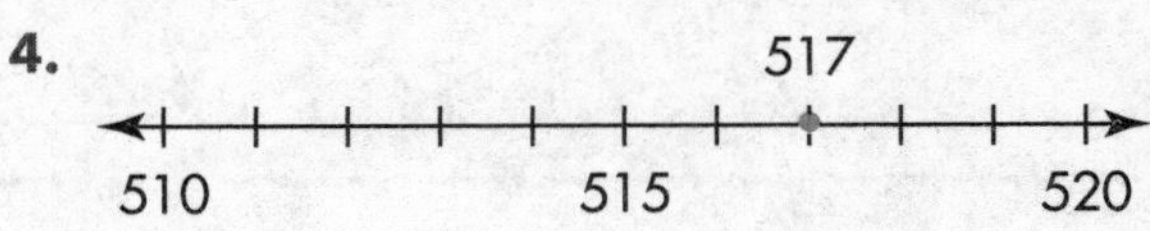

5. 149 **6.** 732

Redondea a la centena más cercana en los Ejercicios **7** a **9**.

7.

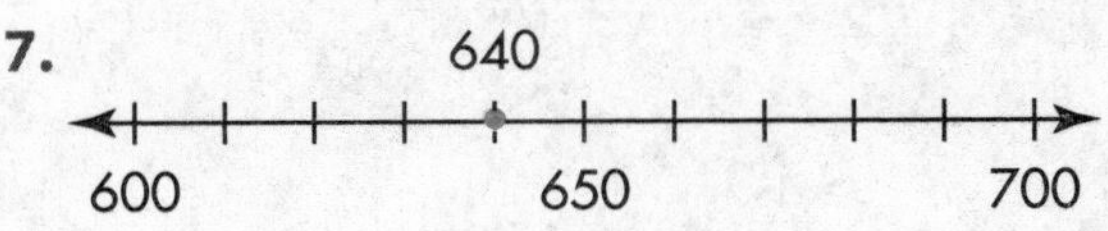

8. 305 **9.** 166

Práctica independiente

Redondea a la decena más cercana en los Ejercicios **10** a **12**.

10. 88 **11.** 531 **12.** 855

Redondea a la centena más cercana en los Ejercicios **13** a **15**.

13. 428 **14.** 699 **15.** 750

Puedes encontrar otro ejemplo en el Grupo C, página 462.

Prácticas matemáticas y resolución de problemas

16. Hay 294 escalones en la Torre inclinada de Pisa, en Italia. A la decena más cercana, ¿aproximadamente cuántos escalones hay? A la centena más cercana, ¿aproximadamente cuántos escalones hay?

17. **PM.3 Evaluar el razonamiento** Zoraida dice que 247 redondeado a la centena más cercana es 300 porque 247 se redondea a 250 y 250 se redondea a 300. ¿Tiene razón Zoraida? Explícalo.

18. Usa la recta numérica para mostrar un número que, redondeado a la decena más cercana, se redondee a 200.

19. Nombra la menor cantidad de monedas que puedes usar para mostrar $0.47. ¿Cuáles son las monedas?

20. Supón que estás redondeando a la centena más cercana ¿Cuál es el número más grande que se redondea a 600? ¿Cuál es el número más pequeño que se redondea a 600?

21. **Razonamiento de orden superior** Un número de 3 dígitos tiene los dígitos 2, 5 y 7. A la centena más cercana, se redondea a 800. ¿Cuál es el número? Muestra cómo hallaste la respuesta.

22. **PM.1 Entender y perseverar** Emil dice: "Estoy pensando en un número que es mayor que 142, que a la centena más cercana se redondea a 100 y que tiene un 5 en el lugar de las unidades". ¿Cuál es el número de Emil?

¿Qué más puedes intentar si no puedes seguir adelante?

Evaluación de *Common Core*

23. Redondeado a la centena de dólares más cercana, un juego de computadora cuesta $100. ¿Qué opción podría ser el precio real del juego? Selecciona todas las que apliquen.

- ☐ $10
- ☐ $89
- ☐ $91
- ☐ $110
- ☐ $150

24. Mandy redondeó estos números a la decena más cercana. ¿Qué número redondeó a un número menor? Selecciona todas las que apliquen.

- ☐ 46
- ☐ 72
- ☐ 200
- ☐ 351
- ☐ 833

Nombre ______________________

Ayuda | Amigo de práctica | Herramientas | Juegos

Tarea y práctica 8-3

Redondear números enteros

¡Revisemos!

Puedes usar rectas numéricas y lo que sabes sobre el valor de posición como ayuda para redondear números.

Si un número está en la mitad, redondea al número mayor.

Redondea 483 a la decena más cercana.

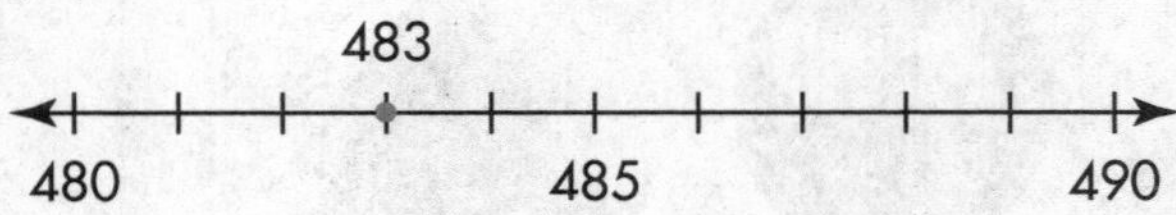

483 está más cerca de 480 que de 490; por tanto, 483 se redondea a 480.

Redondea 483 a la centena más cercana.

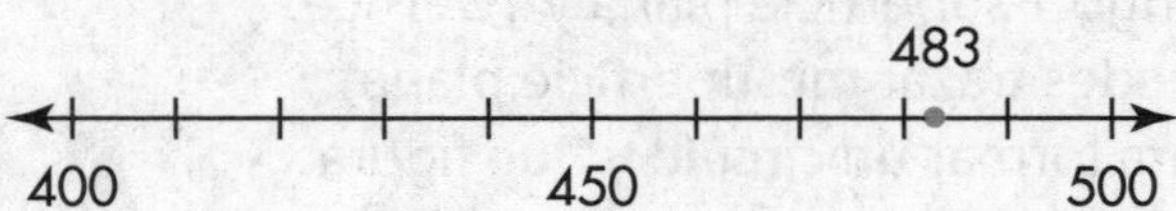

483 está más cerca de 500 que de 400; por tanto, 483 se redondea a 500.

1. Redondea 328 a la decena más cercana.

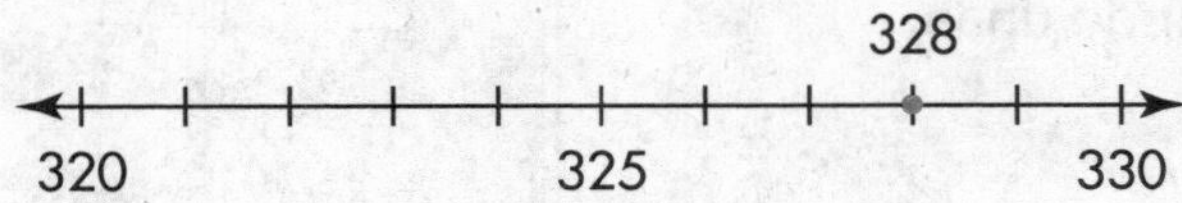

2. Redondea 630 a la centena más cercana.

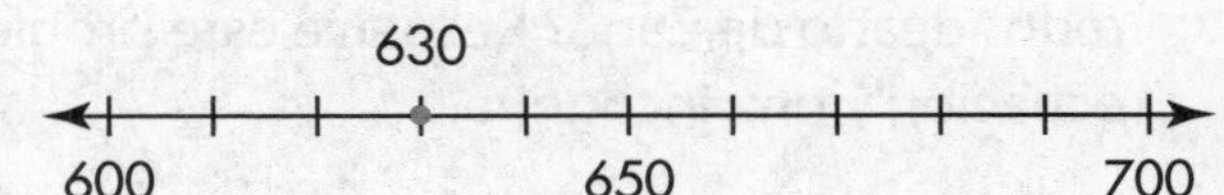

3. Redondea 649 a la centena más cercana.

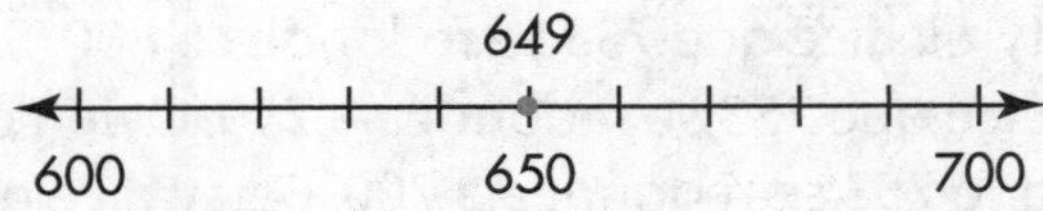

4. Redondea 155 a la decena más cercana.

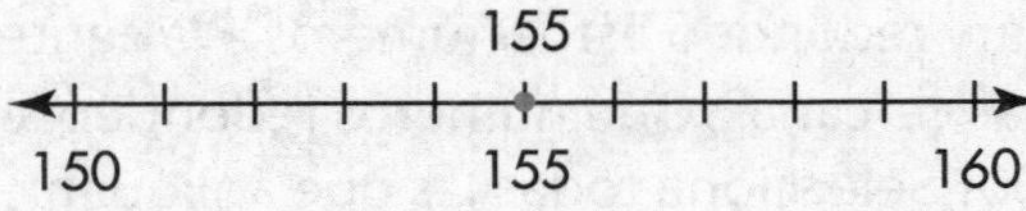

5. Redondea 262 a la decena más cercana.

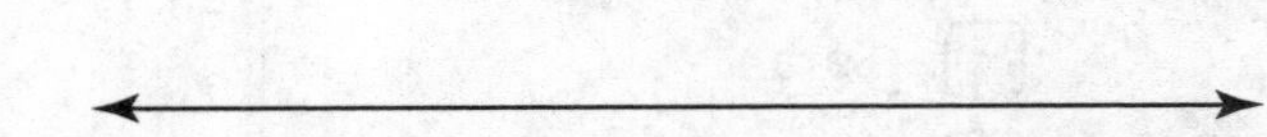

6. Redondea 753 a la centena más cercana.

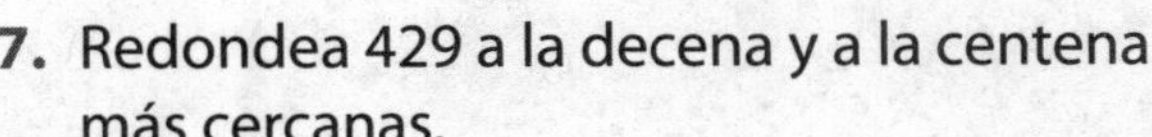

7. Redondea 429 a la decena y a la centena más cercanas.

8. Redondea 234 a la decena y a la centena más cercanas.

9. Usa la recta numérica para mostrar un número que, redondeado a la decena más cercana, se redondee a 170.

10. **Razonamiento de orden superior** A la centena más cercana, este número de 3 dígitos se redondea a 900. El dígito en el lugar de las unidades es el quinto número impar empezando a contar desde 1. La suma de los dígitos es 22. ¿Cuál es el número?

11. **PM.1 Entender y perseverar** Tengo 1 superficie plana y 1 vértice. Puedes trazar mi superficie plana para formar un círculo. ¿Qué figura soy? Encierra en un círculo el cuerpo geométrico correcto.

12. **Álgebra** Hay 254 condados en Texas. Zane redondeó el número de condados a la decena más cercana. ¿Cuál es la diferencia entre el número real de condados y el número redondeado de Zane? Resuelve este problema usando una ecuación y una incógnita.

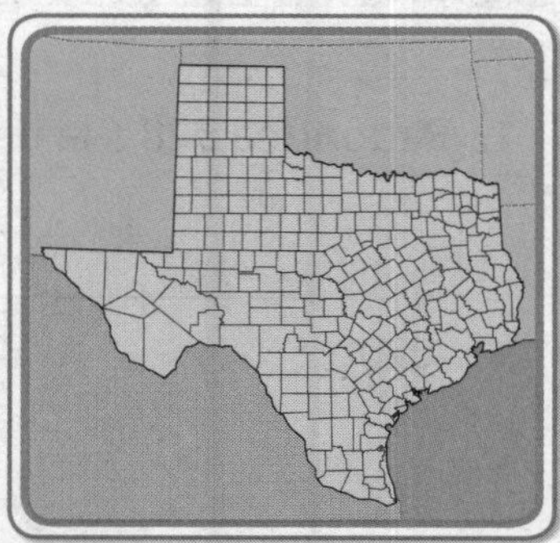

Evaluación de *Common Core*

13. Mary redondeó estos números a la centena más cercana. ¿Qué números redondeó a 400? Selecciona todas las que apliquen.

- ☐ 351
- ☐ 369
- ☐ 401
- ☐ 413
- ☐ 448

14. Tyrell dice que 753 se redondea a 800. Sara dice que 753 se redondea a 750. Owen dice que 753 se redondea a 700. Betsy dice que 753 se redondea a 740. Mo dice que 753 no se puede redondear. ¿Quién tiene razón? Selecciona todas las que apliquen.

- ☐ Tyrell
- ☐ Sara
- ☐ Owen
- ☐ Betsy
- ☐ Mo

Nombre ____________________

Resuelve

Lección 8-4
El cálculo mental: Suma

Puedo...
calcular mentalmente para sumar.

Estándar de contenido 3.NBD.A.2
Prácticas matemáticas PM.1, PM.3, PM.4, PM.5, PM.6, PM.7

Resuélvelo y coméntalo La tienda de una escuela vendió 436 lápices la semana pasada y 28 lápices hoy. Calcula mentalmente para hallar cuántos lápices se vendieron en total. Explica cómo hallaste tu respuesta.

Mira la estructura de las cantidades en el problema.

¡Vuelve atrás! **PM.1 Entender y perseverar** ¿De qué otra manera puedes calcular mentalmente para hallar 436 + 28?

¿Cómo sumas usando el cálculo mental?

Aprende Glosario

A

La Dra. Gómez anotó cuántas ballenas, cuántos delfines y cuántas focas vio. ¿Cuántas ballenas vio la Dra. Gómez en dos años?

Calcula mentalmente para hallar 325 + 114.

DATOS

Animales marinos vistos

Animal	Año 1	Año 2
Ballenas	325	114
Delfines	228	171
Focas	434	212

Puedes calcular mentalmente para sumar y resolver este problema. Las propiedades de la suma te permiten reordenar y agrupar usando el valor de posición.

B

Una manera

Suma al primer sumando.

- Descompón 114.
  114 = 100 + 10 + 4
- Suma 100 a 325.
  325 + 100 = 425
- Suma 10 a 425.
  425 + 10 = 435
- Suma 4 a 435.
  435 + 4 = 439

325 + 114 = 439

La Dra. Gómez vio 439 ballenas.

C

Otra manera

- Descompón los dos sumandos.
  325 = 300 + 20 + 5
  114 = 100 + 10 + 4
- Suma las centenas: (300 + 100) = 400
  Suma las decenas: (20 + 10) = 30
  Suma las unidades: (5 + 4) = 9
- Luego, suma las centenas, las decenas y las unidades.
  400 + 30 + 9 = 439

325 + 114 = 439

La Dra. Gómez vio 439 ballenas.

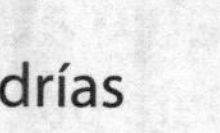

¡Convénceme! **PM.4 Representar con modelos matemáticos** Muestra cómo podrías usar las mismas dos maneras de arriba para hallar la cantidad total de delfines vistos.

Nombre ______________________________

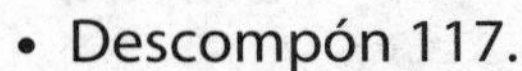

Otro ejemplo

Puedes formar una decena para sumar mentalmente.
Halla 228 + 117.

¡Hay muchas estrategias que puedes usar para sumar!

- Descompón 117. 117 = 100 + 15 + 2
- Suma 2 a 228 para formar una decena. 228 + 2 = 230
- Suma 100 a 230. 230 + 100 = 330
- Suma 15 a 330. 330 + 15 = 345

Por tanto, 228 + 117 = 345.

Práctica guiada*

¿Lo entiendes?

1. Compara los ejemplos que aparecen en la página 424 en "Una manera" y "Otra manera". ¿En qué se parecen? ¿En qué se diferencian?

2. Calcula mentalmente para hallar cuántos animales vio la Dra. Gómez durante el Año 2. Muestra tu trabajo.

¿Cómo hacerlo?

3. Forma una decena para sumar 738 + 126.

126 = 2 + 24 + 100

738 + ____ = 740

740 + ____ = 764

764 + ____ = 864

Por tanto, 738 + 126 = ____.

4. Descompón los números para sumar 325 + 212.

212 = 200 + 10 + 2

325 + 200 = ____

525 + 10 = ____

____ + 2 = 537

Por tanto, 325 + 212 = ____.

Práctica independiente

Calcula mentalmente para hallar las sumas en los Ejercicios **5** a **8**.

5. 252 + 44 **6.** 236 + 243 **7.** 651 + 150 **8.** 378 + 542

**Puedes encontrar otro ejemplo en el Grupo D, página 462.*

Prácticas matemáticas y resolución de problemas

9. Razonamiento de orden superior Maxine trabaja de cajera y gana $8 por hora. Empezó con $233 y hoy trabajó durante 6 horas. ¿Cuánto tiene al final del día? Explica cómo hallaste tu respuesta.

10. PM.6 Hacerlo con precisión Lauren clasificó los 4 sólidos en 2 grupos. Usa términos matemáticos para explicar cómo clasificó los sólidos.

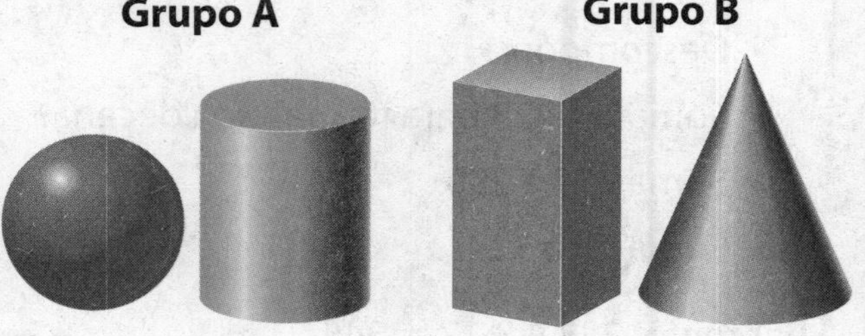

11. PM.6 Hacerlo con precisión La familia Rodríguez viajó 229 millas el viernes y 172 millas el sábado. Explica cómo puedes descomponer los dos sumandos para hallar el número total de millas que viajó la familia Rodríguez.

12. PM.3 Evaluar el razonamiento ¿Es correcto el cálculo de Bill? Si no lo es, explica por qué y halla la respuesta correcta.

Hallo 438 + 107.
Pienso en 7 como 2 + 5.
438 + 2 = 440
440 + 7 = 447
437 + 100 = 547
Por tanto, 438 + 107 es 547.

Evaluación de *Common Core*

13. La tabla de la derecha muestra el número de personas que fueron al cine el viernes y el sábado. ¿Cómo puedes reordenar para hallar el número total de personas para los dos días?

Ⓐ (3 + 2 + 1) + (1 + 6 + 4)

Ⓑ (3 + 20 + 100) + (1 + 60 + 400)

Ⓒ 300 + 100 + 60 + 4

Ⓓ (300 + 100) + (20 + 60) + (1 + 4)

DATOS

Día	Número de personas
Viernes	164
Sábado	321

Nombre ______________________

Tarea y práctica 8-4

El cálculo mental: Suma

¡Revisemos!

Puedes descomponer números para que sean más fáciles de sumar mentalmente.

Descompón los números en centenas, decenas y unidades para sumar 531 + 245.

		centenas		decenas		unidades
531	=	500	+	30	+	1
245	=	200	+	40	+	5

Suma las centenas: 500 + 200 = 700.

Suma las decenas: 30 + 40 = 70.

Suma las unidades: 1 + 5 = 6.

Suma los totales: 700 + 70 + 6 = 776.

Por tanto, 531 + 245 = 776.

Descompón los números para formar una decena y sumar 457 + 138.

Descompón 138 en 100 + 35 + 3.

Suma 3 a 457 para formar una decena.
457 + 3 = 460

Suma 100 a 460.
460 + 100 = 560

Suma 35 a 560.
560 + 35 = 595

Por tanto, 457 + 138 = 595.

1. 624 + 171 = ____

		centenas		decenas		unidades
624	=	600	+	____	+	____
171	=	100	+	____	+	____

Suma las centenas: 600 + 100 = ____

Suma las decenas: 20 + 70 = ____

Suma las unidades: 4 + 1 = ____

Suma los totales: ____ + ____ + ____ = ____

2. 628 + 237 = ____

Descompón 237 en 200 + 35 + ____.

628 + 2 = ____

630 + 200 = ____

830 + 35 = ____

Calcula mentalmente para sumar en los Ejercicios **3** a **14**.

3. 136 + 43

4. 29 + 636

5. 218 + 274

6. 325 + 437

7. 358 + 373

8. 691 + 264

9. 167 + 244

10. 482 + 488

11. 395 + 427

12. 138 + 248

13. 103 + 541

14. 675 + 237

15. **PM.4 Representar con modelos matemáticos** En noviembre, Juanita ahorró $242. En diciembre ahorró $80 menos que en noviembre. ¿Cuánto ahorró en total? Usa una ecuación para representar el problema.

16. Todd quiere redondear 352 a la decena más cercana. Usa la siguiente recta numérica para mostrar cómo puede redondear el número. ¿Cuánto es 352 redondeado a la decena más cercana?

17. **PM.7 Usar la estructura** Explica cómo puedes descomponer uno de los sumandos para formar una decena y hallar el número de puntos que Jeannie y Kevin anotaron.

HOJA DE PUNTAJE
Nombre
Puntaje
Jeannie 245
Kevin 227
Puedes descomponer problemas en partes más sencillas.

18. **PM.5 Usar herramientas apropiadas** ¿Qué herramienta podrías usar para mostrar cómo se descompone 286 en centenas, decenas y unidades? Explica cómo se usaría esta herramienta.

19. **Razonamiento de orden superior** Calcula mentalmente y usa la propiedad asociativa de la suma para hallar la suma de 301 + 173 + 427. Muestra cómo puedes usar la propiedad para agrupar dos de los sumandos. Explica cómo hallaste la suma.

Evaluación de *Common Core*

20. Jeff quiere calcular mentalmente para ver si le alcanza el dinero para comprar la computadora y la impresora que se muestran a la derecha. Primero, suma 527 + 3 para formar una decena. ¿Qué tiene que hacer Jeff a continuación?

Ⓐ Sumar 3 a 75.

Ⓑ Sumar 5 a 75.

Ⓒ Restar 3 de 75.

Ⓓ Restar 5 de 75.

Nombre ______________________________

Lección 8-5

El cálculo mental: Resta

Puedo...
calcular mentalmente para restar

Estándar de contenido 3.NBD.A.2
Prácticas matemáticas PM.1, PM.3, PM.4, PM.7, PM.8

Resuélvelo y coméntalo Peyton quiere comprar un objeto que originalmente costaba $635. Si obtiene el descuento que se muestra en el siguiente cartel, ¿cuál será el precio rebajado? Explica cómo puedes calcular mentalmente para hallar tu respuesta.

DESCUENTO:
$170 menos
del precio original

Aun cuando calculas mentalmente, ¡debes seguir mostrando tu trabajo! Puedes construir argumentos usando el cálculo mental.

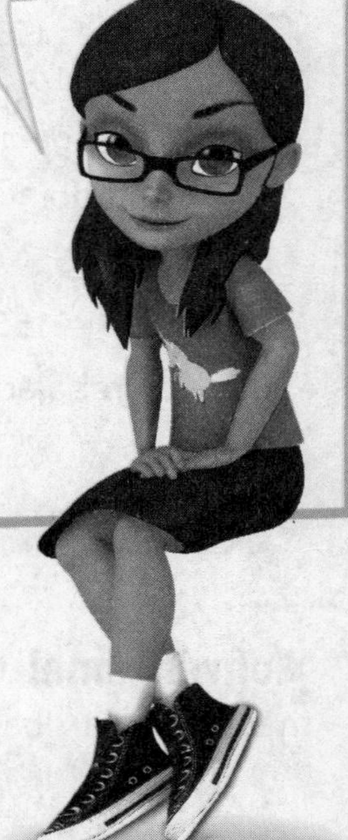

¡Vuelve atrás! **PM.1 Entender y perseverar** ¿De qué otra manera puedes calcular mentalmente para resolver el problema?

¿Cómo restas usando el cálculo mental?

A

Una tienda está vendiendo chaquetas a precios rebajados. Una chaqueta está en oferta por $197 menos que el precio regular. ¿Cuál es el precio rebajado?

Halla 352 − 197.

$352
¡$197 menos!

Puedes calcular mentalmente para restar y resolver este problema.

La diferencia es el resultado cuando se restan dos números.

B

Una manera

352 − 197 = ?

Es más fácil restar 200.
352 − 200 = 152

Si restas 200, estás restando 3 más que 197. Tienes que sumarle 3 al resultado.

152 + 3 = 155

352 − 197 = 155

El precio rebajado es $155.

C

Otra manera

352 − 197 = ?

Haz un problema más sencillo cambiando cada número de la misma manera.

Puedes cambiar 197 por 200 porque es fácil restar 200. Por tanto, suma 3 tanto a 197 como a 352.

$$\begin{array}{ccccc} 352 & - & 197 & = & ? \\ \downarrow +3 & & \downarrow +3 & & \\ 355 & - & 200 & = & 155 \end{array}$$

352 − 197 = 155

El precio rebajado es $155.

¡Convénceme! **PM.1 Entender y perseverar** ¿Cuál de las dos maneras de arriba usarías para resolver 762 − 252? Explícalo.

Nombre ______________________

Otro ejemplo

Puedes contar hacia adelante para restar mentalmente. Halla 300 − 155.

155 + 5 = 160
160 + 40 = 200
200 + 100 = 300

5 + 40 + 100 = 145

Por tanto, 300 − 155 = 145.

Si no puedes seguir adelante usando una estrategia, ¡otra estrategia quizá sea más fácil!

Práctica guiada*

¿Lo entiendes?

1. En el ejemplo de "Una manera" de la página 430, ¿por qué le sumas 3 a 152 en vez de restar 3 de 152?

2. Supón que una computadora cuesta $573. Si la compras hoy, cuesta $498. ¿Cuál es el descuento? Muestra tu trabajo.

¿Cómo hacerlo?

Calcula mentalmente para hallar las diferencias en los Ejercicios **3** a **6.**

3. 846 − 18
848 − 20 = ____

4. 534 − 99
535 − 100 = ____

5. 873 − 216
877 − 220 = ____

6. 782 − 347
785 − 350 = ____

7. Cuenta hacia adelante para hallar mentalmente 400 − 138.

138 + ____ = 140

140 + ____ = 200

200 + ____ = 400

____ + ____ + ____ = ____

Práctica independiente

Calcula mentalmente para hallar las diferencias en los Ejercicios **8** a **19.**

8. 128 − 19 **9.** 887 − 18 **10.** 339 − 117 **11.** 468 − 224

12. 784 − 515 **13.** 354 − 297 **14.** 853 − 339 **15.** 638 − 372

16. 400 − 250 **17.** 430 − 216 **18.** 705 − 255 **19.** 687 − 323

Puedes encontrar otro ejemplo en el Grupo E, página 462.

Prácticas matemáticas y resolución de problemas

20. Paolo ha leído 158 páginas de un libro que tiene 214 páginas en total. ¿Cuántas páginas le quedan por leer a Paolo? Calcula mentalmente para resolver el problema.

21. **PM.4 Representar con modelos matemáticos** Jessica tiene una matriz con 9 columnas. Hay 36 fichas en la matriz. ¿Cuántas filas tiene su matriz? Muestra cómo puedes representar el problema y halla la respuesta.

22. **PM.7 Buscar relaciones** Nina escribió el siguiente patrón numérico. Describe la regla del patrón. ¿Cuáles son los tres números que siguen en el patrón?

653 553 453 353

23. De los estudiantes de la escuela de Paul, 270 son niñas y 298 son niños. En la escuela de Alice, hay 354 estudiantes. ¿Cuántos estudiantes más hay en la escuela de Paul que en la escuela de Alice?

24. **Razonamiento de orden superior** Para restar 357 − 216, Tom sumó 4 a cada número y luego restó. Saúl sumó 3 a cada número y luego restó. ¿Servirán los dos métodos para hallar la respuesta correcta? Explícalo.

25. **Sentido numérico** Aubrey está comparando 369 y 382. ¿Los dígitos de qué valor de posición debe comparar? ¿Qué número estará más a la derecha en una recta numérica? Explícalo.

Evaluación de *Common Core*

26. Sarah tiene $350. ¿Cuánto dinero tendrá después de comprar la computadora al precio rebajado? Describe cómo puedes calcular mentalmente para hallar la respuesta.

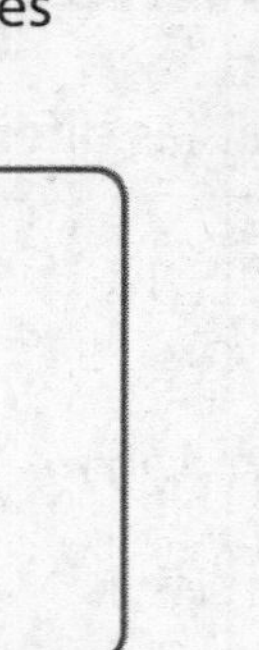

Nombre ______________________

Ayuda | Amigo de práctica | Herramientas | Juegos

Tarea y práctica 8-5

El cálculo mental: Resta

¡Revisemos!

Puedes usar las propiedades de las operaciones para cambiar números y hacer que la resta sea más fácil.

Megan tiene 372 botones. Ella usó 14 botones para hacer un *collage* y 49 botones para hacer una decoración. ¿Cuántos botones tiene Megan ahora?

Primero, halla 372 − 14.

Puedes sumar 6 tanto a 372 como a 14.

$$\begin{array}{r} 372 + 6 \rightarrow 378 \\ -\ 14 + 6 \rightarrow \ \ 20 \\ \hline 358 \end{array}$$

Sumar la misma cantidad a cada número no cambia la diferencia.

Luego, halla 358 − 49.

Puedes sumar 1 tanto a 358 como a 49.

$$\begin{array}{r} 358 + 1 \rightarrow 359 \\ -\ 49 + 1 \rightarrow \ \ 50 \\ \hline 309 \end{array}$$

Por tanto, 358 − 49 = 309.

Megan tiene 309 botones.

Calcula mentalmente para hallar las diferencias en los Ejercicios **1** a **20**.

1. 232 − 117
$$\begin{array}{r} 232 + 3 \rightarrow 235 \\ -\ 117 + 3 \rightarrow \underline{\quad} \\ \hline \end{array}$$

2. 940 − 109
$$\begin{array}{r} 940 + 1 \rightarrow \underline{\quad} \\ -\ 109 + 1 \rightarrow 110 \\ \hline \end{array}$$

3. 281 − 112
$$\begin{array}{r} 281 + 8 \rightarrow 289 \\ -\ 112 + 8 \rightarrow \underline{\quad} \\ \hline \end{array}$$

4. 309 − 195
$$\begin{array}{r} 309 + 5 \rightarrow \underline{\quad} \\ -\ 195 + 5 \rightarrow 200 \\ \hline \end{array}$$

5. 656 − 127

659 − 130 = ____

6. 781 − 536

785 − 540 = ____

7. 228 − 119

229 − 120 = ____

8. 647 − 355

652 − 360 = ____

9. 153 − 37

10. 777 − 135

11. 841 − 281

12. 976 − 918

13. 959 − 415

14. 604 − 406

15. 543 − 132

16. 975 − 242

17. 490 − 255

18. 460 − 212

19. 800 − 325

20. 769 − 428

21. **PM.8 Generalizar** Cassie tiene 20 pulseras. ¿Cuántas puede regalar a su hermana si quiere guardar 11 o más pulseras? ¿Qué se repite de las posibilidades?

22. **PM.1 Entender y perseverar** Gillian empezó a hallar 888 − 291. Esto fue lo que hizo.

$$888 - 291 = ?$$
$$888 - 300 = 588$$

¿Qué tiene que hacer Gillian a continuación?

23. **Matemáticas y Ciencias** Julie anotó las alturas de tres árboles diferentes en la tabla. Calcula mentalmente para hallar cuánto más alta es la secuoya gigante que la secuoya.

DATOS

Altura de árboles

Árbol	Altura (pies)
Secuoya	173
Roble *tanbark*	75
Secuoya gigante	237

24. Cary quiere cargar 316 fotografías de su cámara digital y 226 fotografías de su computadora. Hasta ahora, cargó 191 de las fotografías. ¿Cuántas fotografías más tiene que cargar Cary?

25. Martín tiene 1 moneda de 25¢, 5 monedas de 10¢, 2 monedas de 5¢ y 4 monedas de 1¢. Tim tiene 2 monedas de 25¢, 2 monedas de 10¢ y 3 monedas de 5¢. ¿Cuánto dinero tiene cada niño? ¿Quién tiene más dinero?

26. **Razonamiento de orden superior** Calcula mentalmente para hallar cuántos boletos para la rifa más vendieron en total las clases de la maestra Hudson y del maestro Nealy que la clase de la maestra Robertson. Explícalo.

Algunos problemas tienen más de un paso para resolver.

DATOS

Boletos vendidos para la rifa

Clase	Número de boletos
Maestra Hudson	352
Maestro Nealy	236
Maestra Robertson	429

Evaluación de *Common Core*

27. Una caja de azulejos contiene 625 azulejos. Mai necesita 363 azulejos para su proyecto de arte. Su amiga Beth necesita 272 azulejos para su proyecto de arte. Si compran una caja de azulejos, ¿tienen suficiente cantidad para ambos proyectos? Explícalo.

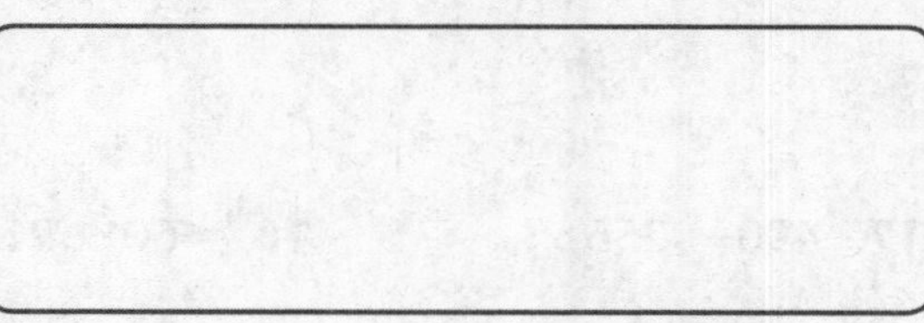

Nombre ______________________________

Lección 8-6

Estimar sumas

Resuélvelo y coméntalo Mira la siguiente tabla. ¿Un oso malayo macho y una hembra, juntos, pesan más o menos que un oso negro hembra? Sin hallar la respuesta exacta, explica cómo puedes decidirlo. ***Resuelve este problema de la manera que prefieras.***

Puedo...
usar lo que sé sobre la suma y el valor de posición para estimar sumas.

Estándar de contenido 3.NBD.A.2
Prácticas matemáticas PM.2, PM.3, PM.4, PM.6

Puedes usar símbolos, números y palabras cuando escribes una explicación precisa. *¡Muestra tu trabajo en el espacio que sigue!*

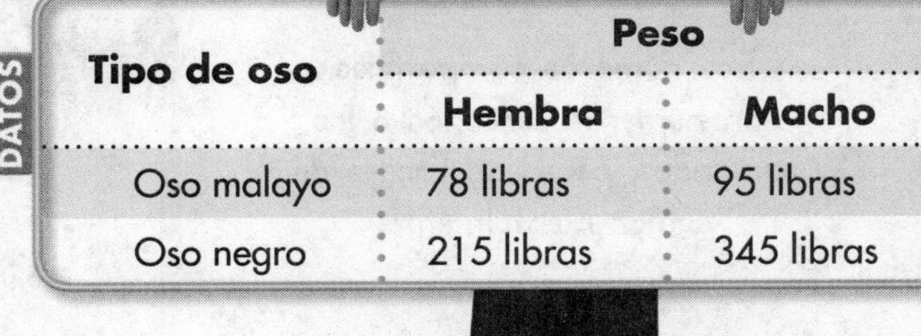

DATOS

Tipo de oso	Peso	
	Hembra	**Macho**
Oso malayo	78 libras	95 libras
Oso negro	215 libras	345 libras

¡Vuelve atrás! **PM.2 Razonar** ¿Por qué no se necesita una respuesta exacta para resolver el problema?

Aprende Glosario

¿Cómo estimas sumas?

A

¿Pesan más de 500 libras los dos pandas juntos?

Estima 255 + 329.

B

Una manera

Redondea a la centena más cercana.

$$\begin{array}{r} 255 \rightarrow 300 \\ +\ 329 \rightarrow 300 \\ \hline 600 \end{array}$$

255 + 329 es aproximadamente 600.
600 > 500

Los dos pandas pesan más de 500 libras.

C

Otra manera

Usa números compatibles.

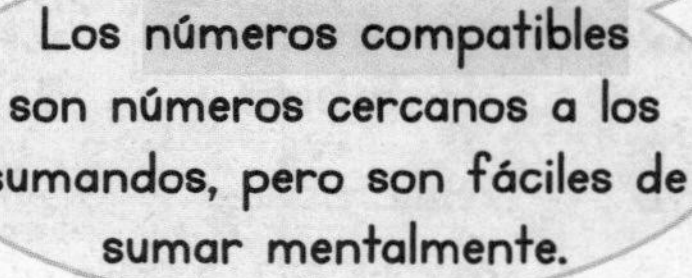

Los números compatibles son números cercanos a los sumandos, pero son fáciles de sumar mentalmente.

$$\begin{array}{r} 255 \rightarrow 250 \\ +\ 329 \rightarrow 325 \\ \hline 575 \end{array}$$

255 + 329 es aproximadamente 575, y 575 > 500.
El peso total es más de 500 libras.

¡Convénceme! © **PM.6 Hacerlo con precisión** Sandy dijo: "Solo mira los números. 200 más 300 es igual a 500. Los pandas pesan más de 500 libras porque un panda pesa 255 libras y el otro pesa 329 libras".

¿Qué crees que quiso decir? Usa números, palabras o símbolos para explicarlo.

Nombre ____________________

Amigo de práctica · Herramientas · Evaluación

Otro ejemplo

Supón que un panda comió 166 libras de bambú en una semana, y el otro comió 158 libras. ¿Aproximadamente cuántas libras de bambú comieron los dos pandas?

Puedes estimar 166 + 158 redondeando a la decena más cercana.

$$\begin{array}{r} 166 \rightarrow 170 \\ +\ 158 \rightarrow 160 \\ \hline 330 \end{array}$$

Los pandas comieron aproximadamente 330 libras de bambú en una semana.

Práctica guiada*

¿Lo entiendes?

1. Dos sumandos se redondean a números mayores. ¿Es la estimación mayor que o menor que la suma real?

2. Mary y Todd estimaron 143 + 286 y tienen respuestas diferentes. ¿Tienen razón los dos? Explica por qué.

¿Cómo hacerlo?

Redondea a la decena más cercana para hacer la estimación.

3. 218 + 466 ____ + ____ = ____

4. 108 + 223 ____ + ____ = ____

Redondea a la centena más cercana para hacer la estimación.

5. 514 + 258 ____ + ____ = ____

6. 198 + 426 ____ + ____ = ____

Práctica independiente

Redondea a la decena más cercana para hacer la estimación en los Ejercicios **7** a **10.**

7. 138 + 435 **8.** 563 + 289 **9.** 644 + 172 **10.** 376 + 295

Redondea a la centena más cercana para hacer la estimación en los Ejercicios **11** a **14.**

11. 403 + 179 **12.** 462 + 251 **13.** 274 + 443 **14.** 539 + 399

Usa números compatibles para hacer la estimación en los Ejercicios **15** a **18.**

15. 175 + 126 **16.** 167 + 27 **17.** 108 + 379 **18.** 145 + 394

**Puedes encontrar otro ejemplo en el Grupo F, página 463.*

Prácticas matemáticas y resolución de problemas

Usa la tabla para responder a los Ejercicios **19** y **20.**

19. La señora Tyler viajó desde Albany hasta Boston y desde Boston hasta Baltimore. A la decena de millas más cercana, ¿aproximadamente cuántas millas recorrió en total?

20. La señora Tyler viajó desde Boston a Nueva York de ida y vuelta. A la centena de millas más cercana, ¿aproximadamente cuántas millas recorrió?

DATOS

Distancias desde Boston, MA

Ciudad	Millas de distancia
Albany, NY	166
Baltimore, MD	407
Filadelfia, PA	313
Nueva York, NY	211
Norfolk, VA	577

21. **PM.2 Razonar** Jen tiene $236 y Daniel tiene $289. ¿Tienen Jen y Daniel más de $600 en total? Haz una estimación para resolver el problema y explícalo.

22. **PM.4 Representar con modelos matemáticos** Ralph tiene 75¢. ¿Cuánto más dinero necesita para comprar un lápiz que cuesta 90¢? Completa el diagrama.

90¢

75¢	____
Dinero que tiene Ralph	Dinero que necesita

23. **Razonamiento de orden superior** El miércoles por la mañana, Susan viajó 247 millas. Luego, el miércoles por la tarde, viajó 119 millas. El jueves, Susan viajó 326 millas. ¿Aproximadamente cuántas millas viajó Susan en total? Explica el método que usaste para hacer la estimación.

Recuerda que has aprendido diferentes métodos para hacer una estimación.

Evaluación de *Common Core*

24. Liam redondeó algunas sumas a la centena más cercana. ¿Redondeó correctamente? Escoge *Sí* o *No*.

24a. 273 + 365 es aproximadamente 700. ○ Sí ○ No

24b. 154 + 152 es aproximadamente 300. ○ Sí ○ No

24c. 542 + 338 es aproximadamente 880. ○ Sí ○ No

24d. 535 + 294 es aproximadamente 800. ○ Sí ○ No

Nombre ____________________

Tarea y práctica 8-6

Estimar sumas

¡Revisemos!

Hay más de una manera para hacer una estimación.

Los estudiantes de la escuela Silver están juntando cupones de cajas de cereales.

136 cupones

178 cupones

¿Aproximadamente cuántos cupones han juntado los estudiantes?
Cuando debes hallar *aproximadamente* cuántos hay, haces una estimación.

Redondea los sumandos para hacer una estimación. Luego, suma los números que has redondeado.

Redondea a la decena más cercana.

$$\begin{array}{r} 136 \rightarrow 140 \\ +\ 178 \rightarrow 180 \\ \hline 320 \end{array}$$

Los estudiantes han juntado aproximadamente 320 cupones.

Redondea a la centena más cercana.

$$\begin{array}{r} 136 \rightarrow 100 \\ +\ 178 \rightarrow 200 \\ \hline 300 \end{array}$$

Los estudiantes han juntado aproximadamente 300 cupones.

Redondea a la decena más cercana para hacer la estimación en los Ejercicios **1** a **4**.

1. $\begin{array}{r} 144 \rightarrow \underline{\quad} \\ +\ 298 \rightarrow \underline{\quad} \\ \hline \underline{\quad} \end{array}$

2. $\begin{array}{r} 271 \rightarrow \underline{\quad} \\ +\ 487 \rightarrow \underline{\quad} \\ \hline \underline{\quad} \end{array}$

3. $\begin{array}{r} 225 \rightarrow \underline{\quad} \\ +\ 294 \rightarrow \underline{\quad} \\ \hline \underline{\quad} \end{array}$

4. $\begin{array}{r} 359 \rightarrow \underline{\quad} \\ +\ 107 \rightarrow \underline{\quad} \\ \hline \underline{\quad} \end{array}$

Redondea a la centena más cercana para hacer la estimación en los Ejercicios **5** a **8**.

5. 291 + 268

6. 378 + 136

7. 436 + 309

8. 365 + 487

9. PM.3 **Evaluar el razonamiento** Sun-Yi estimó 270 + 146 y obtuvo 320. ¿Es razonable su estimación? Explícalo.

10. **Vocabulario** Miguel tiene 334 cromos de beisbol y 278 cromos de futbol americano. Él dice: "Tengo 612 cromos en total". ¿Es razonable? Explícalo usando las palabras *redondear* y *estimación*.

11. Pedro y su amiga Karla plantaron 4 tipos de rosales para el Centro Comunitario Dundee. La gráfica de barras de la derecha muestra el color y la cantidad de rosales que plantaron de cada tipo. ¿Cuántos rosales rojos y rosados más que amarillos y blancos plantaron?

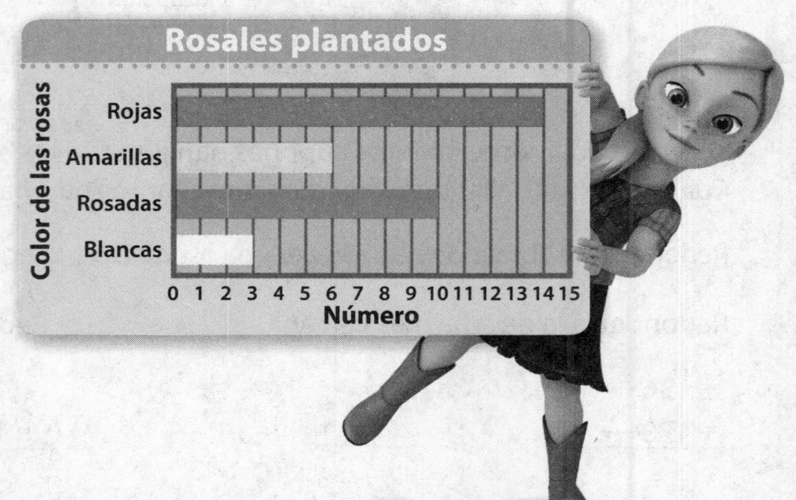

12. **Razonamiento de orden superior** El lunes, Cheryl viajó desde Austin a Fort Worth de ida y vuelta. El martes, viajó desde Austin a Jackson. Halla aproximadamente cuántas millas de distancia viajó Cheryl, a las diez millas más cercanas y a las cien millas más cercanas.

DATOS

Distancias desde Austin, TX

Ciudad	Distancia en millas
Memphis, TN	643
Fort Worth, TX	189
Jackson, MS	548

Evaluación de *Common Core*

13. Angelina redondeó algunas sumas a la decena más cercana. ¿Redondeó correctamente? Escoge *Sí* o *No*.

13a. 468 + 124 es aproximadamente 590. ○ Sí ○ No

13b. 233 + 521 es aproximadamente 750. ○ Sí ○ No

13c. 323 + 224 es aproximadamente 550. ○ Sí ○ No

13d. 241 + 476 es aproximadamente 700. ○ Sí ○ No

Nombre ______________________________

Resuelve

Lección 8-7
Estimar diferencias

Resuélvelo y coméntalo

Sara recolectó 356 latas de aluminio para reciclar. Pierre recolectó 112 latas. ¿Aproximadamente cuántas latas más recolectó Sara? ***Resuelve este problema de la manera que prefieras.***

Puedo...
usar lo que sé sobre la resta y el valor de posición para estimar diferencias.

Estándar de contenido 3.NBD.A.2
Prácticas matemáticas PM.1, PM.2, PM.4, PM.8

Puedes entender problemas y perseverar. ¿Cuál es un buen plan para resolver este problema? *¡Muestra tu trabajo en el espacio que sigue!*

¡Vuelve atrás! **PM.8 Generalizar** ¿Qué estrategia da la estimación más cercana al resultado exacto? ¿Cómo lo decidiste?

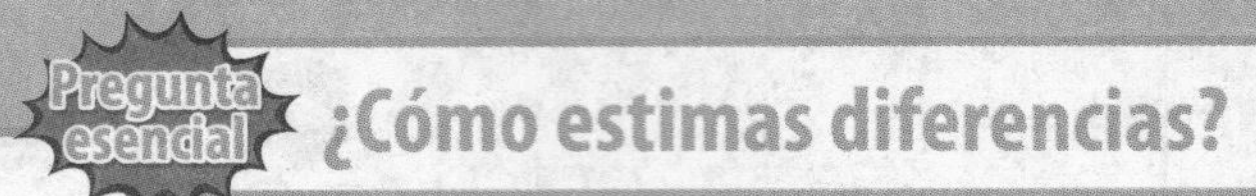

¿Cómo estimas diferencias?

A

Se vendieron todos los boletos para un concierto. Hasta ahora, han llegado 126 personas al concierto. ¿Aproximadamente cuántas personas que tienen boletos no han llegado?

Estima 493 − 126, redondeando.

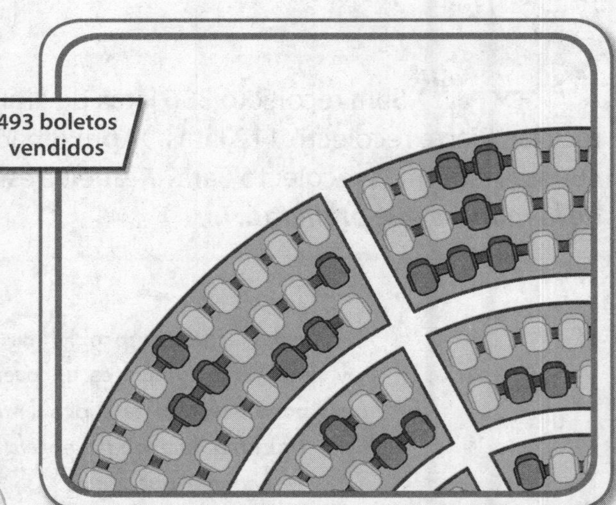

493 boletos vendidos

Puedes hacer una estimación para hallar la cantidad *aproximada* de personas.

B

Una manera

Redondea cada uno de los números a la centena más cercana y resta.

$$\begin{array}{r} 493 \rightarrow 500 \\ -\ 126 \rightarrow 100 \\ \hline 400 \end{array}$$

Aproximadamente 400 personas no han llegado aún.

C

Otra manera

Redondea cada uno de los números a la decena más cercana y resta.

$$\begin{array}{r} 493 \rightarrow 490 \\ -\ 126 \rightarrow 130 \\ \hline 360 \end{array}$$

Aproximadamente 360 personas no han llegado aún.

¡Convénceme! © **PM.4 Representar con modelos matemáticos** Supón que 179 personas llegaron al concierto. Usa las dos maneras que se muestran arriba para estimar cuántas personas no han llegado aún.

Amigo de práctica | Herramientas | Evaluación

Nombre ____________________

Otro ejemplo

Puedes usar números compatibles para estimar diferencias.

Estima 372 − 149.

$$\begin{array}{r} 372 \rightarrow 375 \\ -\ 149 \rightarrow 150 \\ \hline 225 \end{array}$$

375 y 150 son números compatibles con 372 y 149.

Práctica guiada*

¿Lo entiendes?

1. ¿Redondear a la decena más cercana o a la centena más cercana, da una estimación que se acerca más a la respuesta de 295 − 153?

2. Un teatro vendió 408 boletos. Han llegado 273 personas. ¿Aproximadamente cuántas personas más deben llegar? Usa números compatibles y muestra tu trabajo.

¿Cómo hacerlo?

Redondea a la centena más cercana para estimar las diferencias en los Ejercicios **3** y **4.**

3. 321 − 182 **4.** 655 − 189

Redondea a la decena más cercana para estimar las diferencias en los Ejercicios **5** y **6.**

5. 763 − 471 **6.** 816 − 297

Práctica independiente

Redondea a la centena más cercana para estimar las diferencias en los Ejercicios **7** a **10.**

7. 286 − 189 **8.** 461 − 216 **9.** 891 − 686 **10.** 724 − 175

Redondea a la decena más cercana para estimar las diferencias en los Ejercicios **11** a **14.**

11. 766 − 492 **12.** 649 − 487 **13.** 241 − 117 **14.** 994 − 679

Usa números compatibles para estimar las diferencias en los Ejercicios **15** a **18.**

15. 760 − 265 **16.** 355 − 177 **17.** 481 − 105 **18.** 794 − 556

Puedes encontrar otro ejemplo en el Grupo G, página 463.

Prácticas matemáticas y resolución de problemas

19. **PM.2 Razonar** El domingo la Gran sala de conciertos vendió 100 boletos más que el viernes. ¿En qué día vendió aproximadamente 150 boletos más que los que vendió el domingo?

Piensa en lo que significan los números.

Gran sala de conciertos

Día	Número de boletos vendidos
Miércoles	506
Jueves	323
Viernes	251
Sábado	427
Domingo	?

20. **PM.4 Representar con modelos matemáticos** Halla el número total de boletos vendidos el jueves y el viernes. Explica qué matemáticas usaste.

21. **Álgebra** Ana y Joe escribieron informes para su clase de Ciencias. El informe de Ana tiene 827 palabras. El informe de Joe tiene 679 palabras. Redondea el número de páginas de los informes a la decena más cercana y haz una estimación de aproximadamente cuántas palabras más escribió Ana. Luego, escribe una ecuación que muestre exactamente cuántas palabras más escrbió Ana.

22. **Razonamiento de orden superior** Para ganar dinero adicional, la Sra. Runyan ayuda a un carpintero. Una semana ganó $486 y la semana siguiente ganó $254. Si la Sra. Runyan quería ganar $545, ¿aproximadamente cuánto dinero adicional ganó? Muestra cómo usaste la estimación para hallar las respuestas.

Evaluación de *Common Core*

23. ¿Aproximadamente cuántas pulgadas más largo que un *tiranosaurio rex* era un *braquiosaurio*?

Parte A

Usa números compatibles para hacer una estimación.

Parte B

Explica cómo hallaste tu respuesta.

Nombre ______________________

Tarea y práctica 8-7

Estimar diferencias

¡Revisemos!

Puedes usar el redondeo para estimar las diferencias.

Los miembros del club de biología atraparon 288 mariposas y 136 saltamontes con sus redes. ¿Aproximadamente cuántas mariposas más que saltamontes atraparon?

Cuando quieres hallar *aproximadamente* cuántos hay, usas la estimación. Para hacer una estimación, puedes redondear.

Redondea a la centena más cercana.

  288 → 300
− 136 → 100
        200

Atraparon aproximadamente 200 mariposas más que saltamontes.

Redondea a la decena más cercana.

  288 → 290
− 136 → 140
        150

Atraparon aproximadamente 150 mariposas más que saltamontes.

Redondea a la centena más cercana para estimar las diferencias en los Ejercicios **1** a **8**.

1. 584 → ____ − 347 → ____

2. 274 → ____ − 147 → ____

3. 615 → ____ − 523 → ____

4. 831 → ____ − 143 → ____

5. 422 − 142

6. 725 − 278

7. 682 − 224

8. 363 − 187

Redondea a la decena más cercana para estimar las diferencias en los Ejercicios **9** a **16**.

9. 146 → ____ − 118 → ____

10. 428 → ____ − 332 → ____

11. 588 → ____ − 491 → ____

12. 351 → ____ − 106 → ____

13. 654 − 585

14. 355 − 186

15. 274 − 207

16. 522 − 330

17. Sentido numérico Darío dice: "Como 6 es mayor que 3, el número 65 es mayor que 344". ¿Estás de acuerdo? Explícalo.

18. El viernes, 537 personas fueron a ver una obra de teatro. El sábado, 812 personas fueron a ver la misma obra de teatro. ¿Aproximadamente cuántas personas más que el viernes vieron la obra de teatro el sábado? ¿Cómo hiciste la estimación? Muestra tu trabajo.

19. Andrés tiene las monedas que se muestran a la derecha. Quiere comprar una revista de historietas que cuesta $1.00. ¿Cuánto dinero más necesita para tener $1.00?

20. PM.4 Representar con modelos matemáticos Lori vive a 272 millas de sus abuelos, a 411 millas de su tía y a 39 millas de sus primos. ¿Aproximadamente cuántas millas más cerca de sus abuelos que de su tía vive Lori? Explica qué matemáticas usaste.

21. Razonamiento de orden superior Carl quiere estimar 653 − 644. Aquí se muestra su trabajo:

700 − 600 = 100

¿Cuál es la diferencia real? ¿La estimación de Carl es razonable? Si no lo es, ¿cómo podría haber hecho una estimación más cercana?

Evaluación de *Common Core*

22. Tyrel anotó las elevaciones de tres ciudades.

Parte A

Usa el redondeo a la decena más cercana para estimar aproximadamente cuántos pies más que la elevación de Waco tiene la de Dallas.

Parte B

Escribe una ecuación para mostrar cómo resolviste el problema.

Nombre ______________________

Lección 8-8
Relacionar la suma y la resta

Puedo...
usar la relación entre la suma y la resta para resolver problemas.

Estándar de contenido 3.NBD.A.2
Prácticas matemáticas PM.2, PM.3, PM.4

Resuélvelo y coméntalo El café Comida Saludable preparó 326 desayunos y 584 almuerzos durante un mes. Algunos de los almuerzos eran ensaladas y los demás eran sándwiches. 253 de los almuerzos fueron ensaladas. ¿Cuántos almuerzos fueron sándwiches? ***Resuelve este problemas de la manera que prefieras.***

Puedes representar con modelos matemáticos. ¿Cómo puedes usar lo que sabes sobre la suma y la resta como ayuda para resolver este problema? *¡Muestra tu trabajo en el espacio que sigue!*

¡Vuelve atrás! **PM.3 Evaluar el razonamiento** Ryan resuelve el problema al hallar 584 − 253. Dice que 330 de los almuerzos fueron sándwiches. ¿Es correcto el resultado de Ryan? Muestra una manera de comprobar su trabajo.

¿Cómo puede ayudarte la relación que existe entre la suma y la resta a resolver problemas?

A

Una compañía hizo la misma pregunta a 253 personas. ¿Cuántas personas más deben responder a la pregunta para que la compañía alcance su objetivo?

Objetivo:
775 personas
¿Cuál es tu tipo de cereal favorito?
Cereal caliente
Cereal frío

775 personas para el objetivo

253	?
253 personas encuestadas	? personas más

$253 + ? = 775$

Sabes el entero y una parte.

B

La suma y la resta se relacionan. Puedes usar una ecuación de suma o una ecuación de resta para resolver este problema.

$253 + ? = 775$

$775 - 253 = ?$

$775 - 253 = 522$

522 personas más deben responder a la pregunta.

Las ecuaciones muestran el mismo entero, la misma parte conocida y la misma parte que falta.

C

Las operaciones que se cancelan se llaman operaciones inversas. Restar 253 y sumar 253 son operaciones inversas.

Suma para comprobar un problema de resta.

Los números son los mismos que se usan en la resta.

$$\begin{array}{r} 522 \\ +\ 253 \\ \hline 775 \end{array}$$

522 personas más deben responder a la pregunta.

¡Convénceme! © **PM.4 Representar con modelos matemáticos** ¿Aún podrías usar la suma o la resta para resolver el problema si el objetivo fuera 943 personas? ¿Qué ecuaciones usarías?

Nombre ___

Práctica guiada*

¿Lo entiendes?

1. PM.2 Razonar ¿Cómo te ayuda a resolver $325 + ? = 557$ el saber que $557 - 232 = 325$?

Suma o resta para resolver los Ejercicios **2** y **3.** Luego, usa la operación inversa para comprobar el resultado.

2. $784 - 232 = \square\square\square$ → $\square\square\square + 232 = \square\square\square$

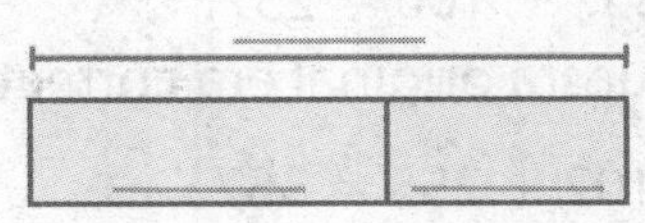

3. $432 + 357 = \square\square\square$ → $\square\square\square - 357 = \square\square\square$

¿Cómo hacerlo?

4. El viernes, los estudiantes del Grado 3 entregaron 134 cupones, y eso aumentó la cantidad total a 556 cupones. ¿Cuántos cupones habían entregado los estudiantes antes del viernes? Completa el diagrama de barras y resuelve el problema.

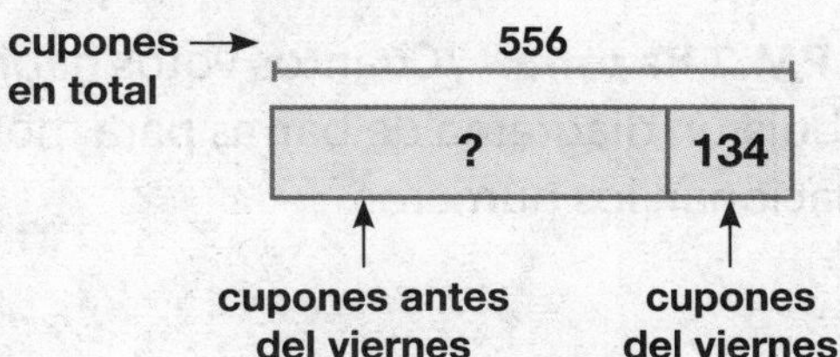

Práctica independiente

Completa el diagrama de barras y resuelve el problema en los Ejercicios **5** y **6.**

5. El libro de Gerardo tiene 634 páginas. Hasta ahora ha leído 379 páginas. ¿Cuántas páginas más necesita leer Gerardo para terminar su libro?

6. Nisha anotó unos puntos en un videojuego. Joanne anotó 472 puntos. Juntos anotaron 896 puntos. ¿Cuántos puntos anotó Nisha?

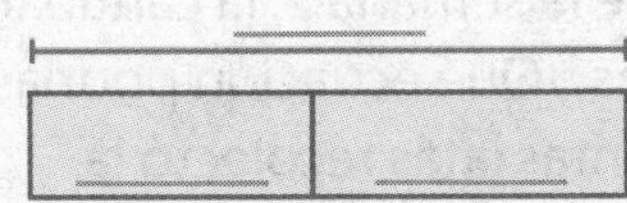

Suma o resta para resolver los Ejercicios **7** y **8.** Luego, usa la operación inversa para comprobar la respuesta.

7. $369 - 159 = \square\square\square$

8. $325 + 543 = \square\square\square$

Puedes encontrar otro ejemplo en el Grupo H, página 464.

Prácticas matemáticas y resolución de problemas

9. **PM.4 Representar con modelos matemáticos** Jasón depositó \$382 en su cuenta bancaria. Ahora tiene \$594 en su cuenta bancaria. ¿Cuánto dinero tenía Jasón en su cuenta bancaria al principio? Muestra cómo puedes usar la suma y la resta para resolver el problema.

10. La clase de Mandi tiene recreo a la hora que se muestra en el reloj. ¿A qué hora tiene recreo su clase? Usa *a. m.* o *p. m.* en tu respuesta.

11. **PM.2 Razonar** ¿Cuántos votos había en total? Dibuja un diagrama de barras para mostrar cómo se relacionan los números.

DATOS

Votos electorales de 1860

Candidato	Número de votos
Abraham Lincoln	180
Stephen Douglas	12
John Breckinridge	72
John Bell	39

12. **Razonamiento de orden superior** ¿Cuántos votos más que el total de votos de los otros tres candidatos recibió Abraham Lincoln? Explica cómo hallaste y comprobaste la respuesta.

Evaluación de *Common Core*

13. La clase de Gino recolectó latas para una colecta de alimentos que duró 2 semanas. La clase recolectó 363 latas durante la semana 1. Al final de la semana 2, la cantidad total era de 659 latas. ¿Qué ecuación podrías usar para hallar cuántas latas recolectó la clase durante la semana 2?

Ⓐ $? + 363 = 659$ o $? - 659 = 363$

Ⓑ $? - 363 = 659$ o $659 + 363 = ?$

Ⓒ $363 + ? = 659$ o $659 - 363 = ?$

Ⓓ $363 + ? = 659$ o $363 - 659 = ?$

14. Dana calculó que $357 - 102 = 255$. ¿Cómo podría comprobar su respuesta? ¿Qué podrá hallar?

Ⓐ Restar $357 - 100 = 257$. Su respuesta original era correcta.

Ⓑ Sumar $102 + 255 = 357$. Su respuesta original era correcta.

Ⓒ Sumar $102 + 357 = 459$. Su respuesta original no era correcta.

Ⓓ Restar $255 - 102 = 153$. Su respuesta original no era correcta.

Nombre ______________________

Ayuda | Amigo de práctica | Herramientas | Juegos

Tarea y práctica 8-8

Relacionar la suma y la resta

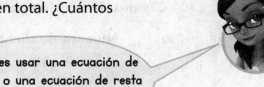

¡Revisemos!

Juan corrió 251 metros. Juan y Julie corrieron 672 metros en total. ¿Cuántos metros corrió Julie?

Puedes usar una ecuación de suma o una ecuación de resta para resolver el problema.

$251 + ? = 672$

$672 - 251 = ?$

$672 - 251 = 421$

Puedes usar la suma para comprobar la resta y usar la resta para comprobar la suma.

Comprueba tu trabajo.
Dado que restaste, usa la suma para comprobar tu trabajo.

$$\begin{array}{r} 672 \\ -\,251 \\ \hline 421 \end{array} \qquad \begin{array}{r} 421 \\ +\,251 \\ \hline 672 \end{array}$$

Usa la diferencia como un sumando.
Usa el número que restaste como el otro sumando.
El resultado de la suma debe ser igual al número del cual restaste.

1. Teri ganó $227 esta semana. Ahora tiene $569. ¿Cuánto dinero tenía Teri para empezar?

2. Arif viajó 184 millas el lunes. Viajó 391 millas en total el lunes y el martes. ¿Cuántas millas viajó el martes?

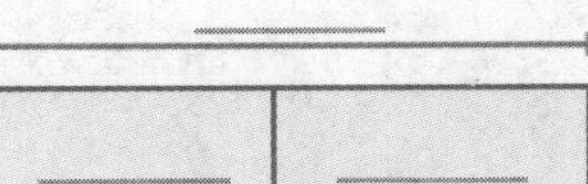

Suma o resta para resolver los Ejercicios **3** a **6**. Luego, usa la operación inversa para comprobar tu respuesta.

3. $\begin{array}{r} 445 \\ -\,121 \\ \hline \square\square\square \end{array} \qquad \begin{array}{r} \square\square\square \\ +\,121 \\ \hline \square\square\square \end{array}$

4. $\begin{array}{r} 216 \\ +\,663 \\ \hline \square\square\square \end{array} \qquad \begin{array}{r} \square\square\square \\ -\,663 \\ \hline \square\square\square \end{array}$

5. $\begin{array}{r} 977 \\ -\,452 \\ \hline \square\square\square \end{array}$

6. $\begin{array}{r} 263 \\ +\,522 \\ \hline \square\square\square \end{array}$

Usa la tabla de la derecha para resolver los Ejercicios **7** y **8.** Muestra cómo puedes usar la suma y la resta para resolver los problemas.

7. El lunes, 134 clientes pidieron jugo de naranja. ¿Cuántos clientes no pidieron jugo de naranja?

DATOS

Clientes de la cafetería	
Día	**Número de clientes**
Lunes	275
Martes	210
Miércoles	395
Jueves	240

¿Cómo representas un problema usando números?

8. **PM.2 Razonar** ¿Cuántos clientes más que el día con el menor número de clientes tuvo la cafetería el día con el mayor número de clientes?

9. Traza líneas en el círculo y el rectángulo para dividirlos en cuatro partes iguales.

10. **Razonamiento de orden superior** Becky sumó 273 + 416 y obtuvo 688. Luego, sumó 688 + 416 para comprobar su respuesta. ¿Qué error cometió Becky? ¿El resultado que halló en el problema original es correcto? Explícalo.

Evaluación de *Common Core*

11. A la una, 452 corredores habían terminado de correr un maratón. A las dos, 584 corredores habían terminado de correr. ¿Qué opción podrías usar para hallar cuántos corredores terminaron de correr el maratón entre la una y las dos?

Ⓐ ? − 452 = 584 o 584 + 452 = ?

Ⓑ ? + 452 = 584 o ? − 584 = 452

Ⓒ 452 + ? = 584 o 452 − 584 = ?

Ⓓ 452 + ? = 584 o 584 − 452 = ?

12. El trabajo de Mary se muestra a continuación. ¿Cómo puede usar operaciones inversas para comprobar su trabajo?

$$\begin{array}{r} 332 \\ +\,131 \\ \hline 463 \end{array}$$

Ⓐ Restar 131 de 463.

Ⓑ Restar 131 de 332.

Ⓒ Sumar 332 a 463.

Ⓓ Sumar 131 a 463.

Nombre ______________________

Resuélvelo y coméntalo

Un estanque contiene 458 pececillos rojos, 212 pececillos blancos y 277 peces dorados. ¿Cuántos pececillos más que peces dorados viven en el estanque? ***Resuelve este problema de la manera que prefieras.***

Prácticas matemáticas y resolución de problemas

Lección 8-9

Representar con modelos matemáticos

Puedo...
aplicar lo que sé de matemáticas para resolver problemas.

Prácticas matemáticas PM.4. También, PM.1, PM.2, PM.3, PM.5.
Estándar de contenido 3.NBD.A.2

Hábitos de razonamiento

¡Razona correctamente! Estas preguntas te pueden ayudar.

- ¿Cómo puedo usar lo que sé de matemáticas para resolver este problema?
- ¿Cómo puedo usar dibujos, objetos y ecuaciones para representar el problema?
- ¿Cómo puedo usar números, palabras y símbolos para resolver este problema?

¡Vuelve atrás! **PM.4 Representar con modelos matemáticos**
Explica qué usaste de matemáticas para resolver este problema.

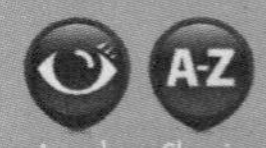

¿Cómo puedes representar con modelos matemáticos?

A

David tiene $583 para gastar en uniformes de futbol. Compró una camiseta de futbol y 2 pantalones cortos de futbol. ¿Cuánto dinero gastó David?

¿Qué necesito usar de matemáticas para resolver el problema?

Necesito mostrar lo que sé y luego escoger las operaciones que se necesitan.

B

¿Cómo puedo representar con modelos matemáticos?

Puedo

- aplicar lo que sé de matemáticas para resolver el problema.
- usar un diagrama de barras y ecuaciones para representar el problema.
- usar una incógnita para representar el número que intento hallar.

C

Este es mi razonamiento...

Usaré un diagrama de barras y una ecuación.

La pregunta escondida es: ¿Cuánto dinero gastó David en pantalones cortos?

? para los dos pantalones cortos

35	35

$35 + 35 = ?$
$35 + 35 = \$70$. Los pantalones cortos costaron $70.

Por tanto, necesito hallar el total que incluye la camiseta.

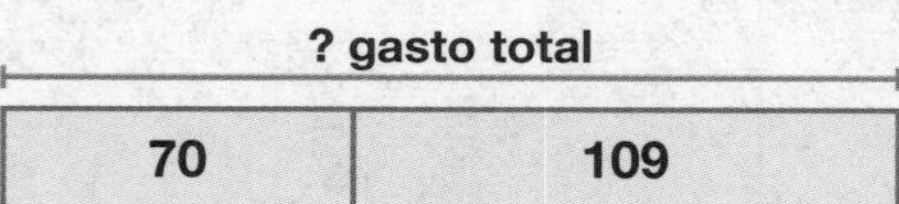

$\$70 + \$109 = ?$
$70 + 109 = \$179$. David gastó $179.

¡Convénceme! **PM.4 Representar con modelos matemáticos** ¿Cómo te ayuda el diagrama de barras a representar con modelos matemáticos?

Nombre ______________________

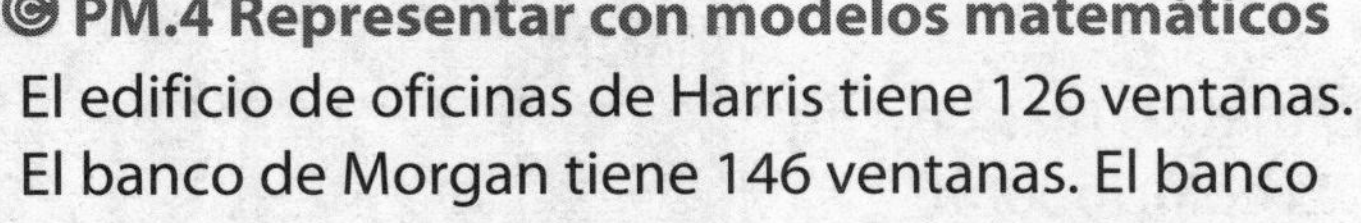

Práctica guiada*

PM.4 Representar con modelos matemáticos

El edificio de oficinas de Harris tiene 126 ventanas. El banco de Morgan tiene 146 ventanas. El banco de Devon tiene 110 ventanas. ¿Cuántas ventanas más tienen los bancos que el edificio de oficinas?

Puedes representar con modelos matemáticos usando diagramas de barras para representar cada paso de un problema de dos pasos.

1. ¿Cuál es la pregunta escondida a la que necesitas responder antes de resolver el problema?

2. Resuelve el problema y completa los diagramas de barras. Muestra las ecuaciones que usaste.

? ventanas en los bancos

bancos

oficina ? más

Práctica independiente

PM.4 Representar con modelos matemáticos

La panadería de Regina hizo 304 pasteles en enero. Su panadería hizo 34 pasteles menos en febrero. ¿Cuántos pasteles hizo su panadería en los dos meses?

3. ¿Cuál es la pregunta escondida a la que necesitas responder antes de resolver el problema?

4. Resuelve el problema y completa los diagramas de barras. Muestra las ecuaciones que usaste.

5. ¿Cómo cambiarían las ecuaciones si la panadería hiciera 34 pasteles más en febrero que en enero?

Puedes encontrar otro ejemplo en el Grupo I, página 464.

Prácticas matemáticas y resolución de problemas

Evaluación de rendimiento de *Common Core*

Alturas de rascacielos

El edificio Empire State en Nueva York tiene 159 metros más de altura que el edificio Republic Plaza en Denver. El edificio John Hancock en Chicago tiene 122 metros más de altura que el edificio Republic Plaza. El edificio Empire State está a 712 millas de distancia del edificio Hancock. El edificio Hancock está a 920 millas de distancia del edificio Republic Plaza.

Manuel quiere saber qué altura tiene el edificio Hancock. Responde a las preguntas de los Ejercicios 6 a 9 para resolver el problema.

Edificio Empire State
381 metros

6. **PM.3 Construir argumentos** ¿Debes sumar 159 a la altura del edificio Empire State para resolver el problema? Explica por qué.

7. **PM.4 Representar con modelos matemáticos** ¿Cuál es la pregunta escondida a la que necesitas responder en este problema? Dibuja un diagrama de barras y escribe una ecuación para representar la pregunta escondida.

8. **PM.4 Representar con modelos matemáticos** Resuelve el problema y muestra las ecuaciones que usaste.

9. **PM.5 Usar herramientas apropiadas** ¿Qué herramienta usarías para representar y explicar cómo podrías resolver el problema? ¿Fichas, cubos o bloques de valor de posición? Explícalo.

Representar con modelos matemáticos significa que aplicas las matemáticas que has aprendido para resolver problemas.

Nombre ______________________

Ayuda | Amigo de práctica | Herramientas | Juegos

Tarea y práctica 8-9

Representar con modelos matemáticos

¡Revisemos!

David vendió 180 libros en la mañana, 293 libros en la tarde y 104 libros en la noche. ¿Cuántos libros vendió en total?

Indica cómo puedes representar con modelos matemáticos.

- Puedo usar lo que sé de matemáticas.
- Puedo usar un diagrama de barras y ecuaciones para representar y escoger las operaciones que necesito.

Puedes representar con modelos matemáticos usando diagramas de barras para mostrar las relaciones entre las cantidades de un problema.

Representa y resuelve este problema.

Halla la pregunta escondida:
¿Cuántos libros vendió David durante la mañana y la noche?

? libros vendidos en la mañana y la noche

180	104

$180 + 104 = ?$

Puedo descomponer usando el valor de posición.

$(100 + 80) + (100 + 4)$

$= (100 + 100) + 80 + 4$

$= 284$ libros

Usa la respuesta para resolver el problema.
¿Cuántos libros en total vendió David?

? libros vendidos en total

284	293

$284 + 293 = ?$

Puedo formar una decena. $293 + 7 = 300$

$284 - 7 = 277$

$300 + 277 = 577$ libros en total

PM.4 Representar con modelos matemáticos

Vanessa gasta $273 y dona $119. Vanessa tenía $685. ¿Cuánto dinero le queda?

1. Explica cómo puedes representar este problema.

2. ¿Cuál es la pregunta escondida a la que necesitas responder antes de resolver el problema?

3. Resuelve el problema. Dibuja diagramas de barras para representar el problema y muestra las ecuaciones que usaste.

Evaluación de rendimiento de *Common Core*

Colección de estampillas

Scott ha coleccionado estampillas por 4 años. La tabla de la derecha muestra el número de estampillas de países extranjeros en la colección de estampillas de Scott. Scott tiene 315 estampillas más de los EE. UU. que de Canadá. Cada estampilla de los EE. UU. vale 49 centavos. Scott quiere saber el número total de estampillas que tiene en su colección.

DATOS

Estampillas de países extranjeros

País	Estampillas
Canadá	55
México	221

4. **PM.2 Razonar** ¿Cómo se relacionan los números de este problema?

5. **PM.4 Representar con modelos matemáticos** ¿Cuál es la pregunta escondida a la que necesitas responder antes de resolver el problema? Dibuja un diagrama de barras y escribe una ecuación para representar la pregunta escondida.

6. **PM.4 Representar con modelos matemáticos** Resuelve el problema y muestra las ecuaciones que usaste.

Los diagramas y las ecuaciones pueden ayudarte a representar con modelos matemáticos.

7. **PM.1 Entender y perseverar** ¿Cuáles son dos maneras en que Scott puede comprobar si su respuesta es correcta? Usa una de estas maneras para comprobar tu respuesta.

Nombre ____

Actividad de práctica de fluidez

Trabaja con un compañero. Señala una pista y léela.

Mira la tabla de la parte de abajo de la página y busca la pareja de esa pista. Escribe la letra de la pista en la casilla al lado de su pareja.

Halla una pareja para cada pista.

Puedo...
dividir hasta 100.

Estándar de contenido
3.OA.C.7

Pistas

A El número que falta es 9.

B El número que falta es 10.

C El número que falta es 3.

D El número que falta es 6.

E El número que falta es 7.

F El número que falta es 4.

G El número que falta es 8.

H El número que falta es 5.

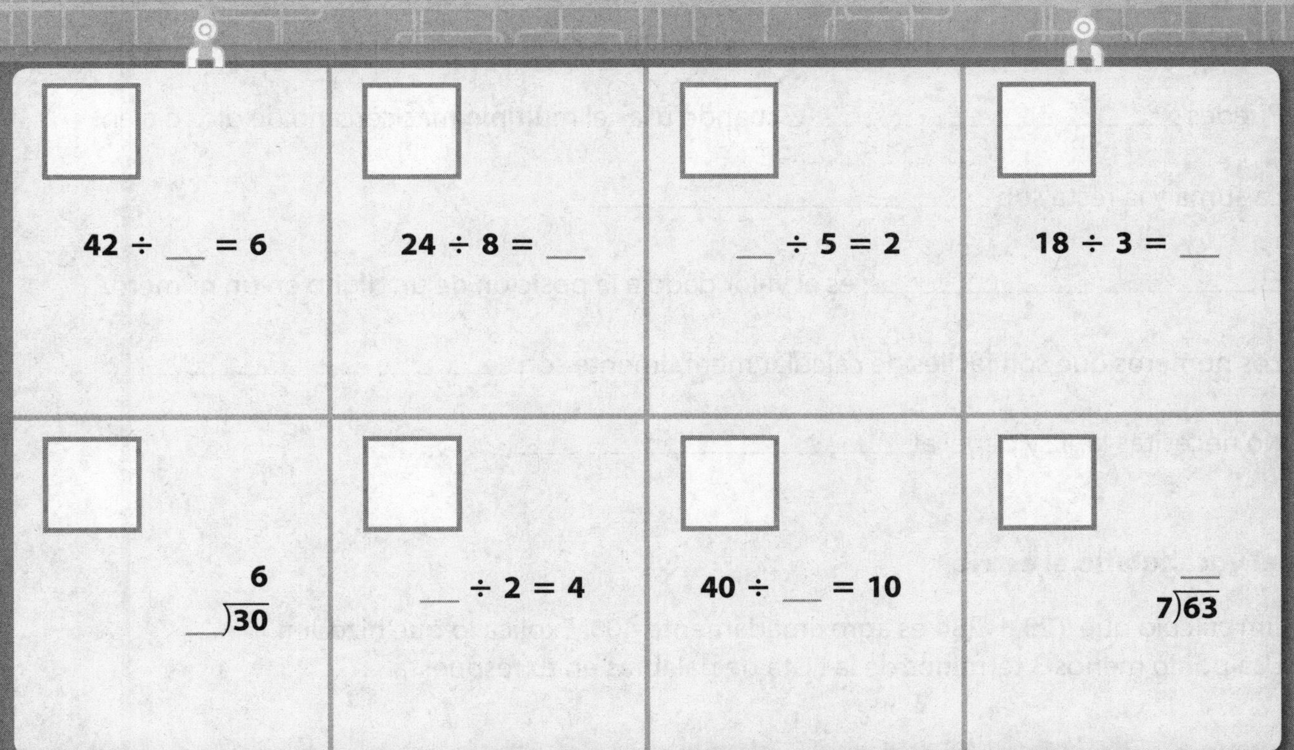

☐ $42 \div \_\_ = 6$	☐ $24 \div 8 = \_\_$	☐ $\_\_ \div 5 = 2$	☐ $18 \div 3 = \_\_$
☐ $\_\_\overline{)30}$ con cociente 6	☐ $\_\_ \div 2 = 4$	☐ $40 \div \_\_ = 10$	☐ $7\overline{)63}$

TEMA 8

Repaso del vocabulario

Lista de palabras

- calcular mentalmente
- estimación
- números compatibles
- operaciones inversas
- propiedad asociativa de la suma
- propiedad conmutativa de la suma
- propiedad de identidad de la suma
- redondear
- valor de posición

Comprender el vocabulario

Encierra en un círculo la propiedad de la suma que se muestra en los siguientes ejemplos.

1. $17 + 14 = 14 + 17$

propiedad asociativa | propiedad conmutativa | propiedad de identidad

2. $93 + 0 = 93$

propiedad asociativa | propiedad conmutativa | propiedad de identidad

3. $8 + (5 + 9) = (8 + 5) + 9$

propiedad asociativa | propiedad conmutativa | propiedad de identidad

4. $65 + 0 = 0 + 65$

propiedad asociativa | propiedad conmutativa | propiedad de identidad

Escoge el mejor término de la Lista de palabras. Escríbelo en el espacio en blanco.

5. Puedes ______________________ cuando usas el múltiplo más cercano de diez o cien.

6. La suma y la resta son ______________________.

7. El ______________________ es el valor dado a la posición de un dígito en un número.

8. Los números que son fáciles de calcular mentalmente son ______________________.

9. No necesitas lápiz y papel al ______________________.

Usar el vocabulario al escribir

10. Jim calculó que 123 + 284 es aproximadamente 400. Explica lo que hizo Jim. Usa por lo menos 3 términos de la Lista de palabras en tu respuesta.

Nombre ______________________

TEMA 8

Refuerzo

Grupo A páginas 405 a 410

Puedes usar propiedades de la suma como ayuda para resolver problemas de suma.

La propiedad conmutativa de la suma

12 + ☐ = 15 + 12

12 + 15 = 15 + 12

Puedes ordenar los sumandos de cualquier manera y el resultado de la suma será el mismo.

La propiedad asociativa de la suma

3 + (7 + 8) = (3 + ☐) + 8

3 + (7 + 8) = (3 + 7) + 8

Puedes agrupar los sumandos de cualquier manera y el resultado de la suma será el mismo.

La propiedad de identidad de la suma

30 + ☐ = 30

30 + 0 = 30

La suma de cualquier número y cero es igual a ese número.

Recuerda que ambos lados del signo igual deben tener el mismo valor.

Escribe los números que faltan en los Ejercicios **1** a **6.**

1. 18 + ____ = 18
2. 14 + (16 + 15) = (____ + 16) + 15
3. ____ + 13 = 13 + 17
4. 28 + (____ + 22) = 28 + (22 + 25)
5. 62 + 21 + 0 = 62 + ____
6. ____ + (26 + 78) = (31 + 26) + 78
7. Usa los números 78 y 34 para escribir una ecuación que represente la propiedad conmutativa de la suma.

Grupo B páginas 411 a 416

Puedes hallar patrones usando una tabla de sumar.

+	4	5	6	7
3	7	8	9	10
4	8	9	10	11
5	9	10	11	12
6	10	11	12	13
7	11	12	13	14
8	12	13	14	15

3 más que un número par siempre es un número impar.
El 3 es un número impar.
Un número par más un número impar es un número impar.

¡Usa ejemplos para hacer generalizaciones!

Recuerda que las propiedades pueden ayudarte a entender patrones.

+	0	1	2	3	4	5	6	7
0	0	1	2	3	4	5	6	7
1	1	2	3	4	5	6	7	8
2	2	3	4	5	6	7	8	9
3	3	4	5	6	7	8	9	10
4	4	5	6	7	8	9	10	11
5	5	6	7	8	9	10	11	12

1. Halla las sumas de dobles más 2. ¿Qué patrón observas en las sumas?
2. Explica por qué funciona tu patrón.

Grupo C páginas 417 a 422

Puedes usar una recta numérica para redondear.

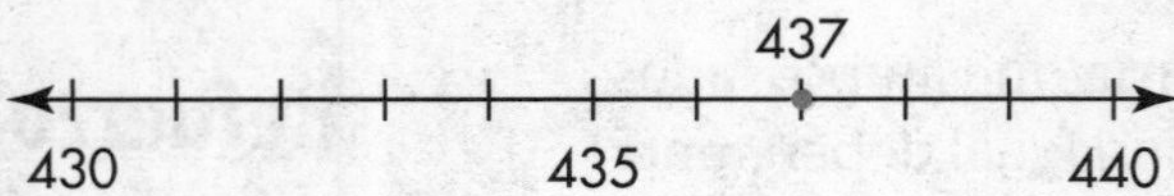

A la decena más cercana: 437 se redondea a 440.

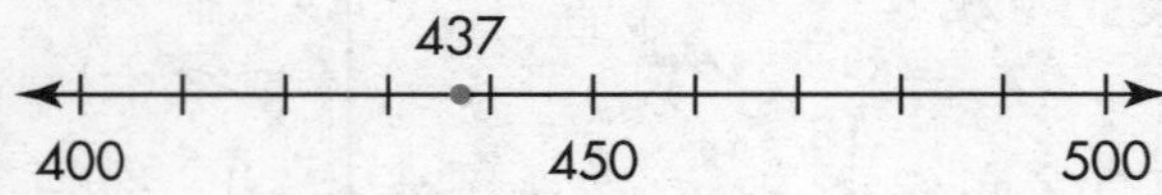

A la centena más cercana: 437 se redondea a 400.

Piensa en el valor de posición cuando redondeas.

Recuerda que si un número está en la mitad, redondea al número mayor.

1. Redondea 374 a la decena más cercana y a la centena más cercana.

2. Redondea 848 a la decena más cercana y a la centena más cercana.

3. La familia de Mark viajó 565 millas. Redondeando a la decena más cercana, ¿aproximadamente cuántas millas viajaron?

4. Sara recolectó 345 conchas marinas. Redondeando a la centena más cercana, ¿aproximadamente cuántas conchas marinas recolectó?

Grupo D páginas 423 a 428

Calcula mentalmente para hallar $374 + 238$.

Descompón 374 y 238.
$300 + 70 + 4$ y $200 + 30 + 8$

Suma las centenas, decenas y unidades.
$(300 + 200) + (70 + 30) + (4 + 8)$

$500 + 100 + 12 = 612$

Por tanto, $374 + 238 = 612$.

Recuerda que puedes descomponer los dos sumandos cuando calculas mentalmente las sumas.

1. $302 + 56$
2. $463 + 418$
3. $222 + 725$
4. $689 + 115$

Grupo E páginas 429 a 434

Calcula mentalmente para hallar $400 - 168$.

Cuenta hacia adelante.

$168 + 2 = 170$
$170 + 30 = 200$
$200 + 200 = 400$
$2 + 30 + 200 = 232$

Por tanto, $400 - 168 = 232$.

Recuerda que puedes contar hacia adelante cuando restas mentalmente.

1. $523 - 163$
2. $847 - 372$
3. $768 - 259$
4. $282 - 125$

Nombre ______

TEMA 8

Refuerzo (continuación)

Grupo F páginas 435 a 440

Estima 478 + 112.

Redondea los sumandos a la decena más cercana.

$$\begin{array}{r} 478 \rightarrow 480 \\ +\ 112 \rightarrow 110 \\ \hline 590 \end{array}$$

Redondea los sumandos a la centena más cercana.

$$\begin{array}{r} 478 \rightarrow 500 \\ +\ 112 \rightarrow 100 \\ \hline 600 \end{array}$$

Usa números compatibles.

$$\begin{array}{r} 478 \rightarrow 475 \\ +\ 112 \rightarrow 110 \\ \hline 585 \end{array}$$

Recuerda que los números compatibles son números que están cerca de los números reales y son más fáciles de sumar mentalmente.

Redondea a la centena más cercana.

1. 367 + 319
2. 737 + 127

Redondea a la decena más cercana.

3. 298 + 542
4. 459 + 85

Usa números compatibles.

5. 372 + 173
6. 208 + 164
7. ¿Puedes obtener una estimación más aproximada de 314 + 247 si redondeas a la decena más cercana o a la centena más cercana? Explica tu respuesta.

Grupo G páginas 441 a 446

Estima 486 − 177.

Redondea los números a la centena más cercana.

$$\begin{array}{r} 486 \rightarrow 500 \\ -\ 177 \rightarrow 200 \\ \hline 300 \end{array}$$

Redondea los números a la decena más cercana.

$$\begin{array}{r} 486 \rightarrow 490 \\ -\ 177 \rightarrow 180 \\ \hline 310 \end{array}$$

Usa números compatibles.

$$\begin{array}{r} 486 \rightarrow 475 \\ -\ 177 \rightarrow 175 \\ \hline 300 \end{array}$$

Recuerda que una estimación está cerca del resultado real.

Redondea a la centena más cercana.

1. 527 − 341
2. 872 − 184

Redondea a la decena más cercana.

3. 387 − 298
4. 659 − 271

Usa números compatibles.

5. 472 − 228
6. 911 − 347
7. ¿Puedes obtener una estimación más aproximada de 848 − 231 si redondeas a la decena más cercana o a la centena más cercana? Explica tu respuesta.

Grupo H páginas 447 a 452

Un cine vendió 128 boletos el viernes. Se han vendido 679 boletos en total. ¿Cuántos boletos había vendido el cine antes del viernes?

Puedes usar una ecuación de suma o una ecuación de resta para resolver este problema.

$? + 128 = 679$

$679 - 128 = ?$

Halla la diferencia. Luego, suma para comprobar tu resultado de resta.

$$\begin{array}{r} 679 \\ -\ 128 \\ \hline 551 \end{array} \qquad \begin{array}{r} 551 \\ +\ 128 \\ \hline 679 \end{array}$$

Los números de la suma y la resta coinciden; por tanto, 551 es la diferencia correcta.

Recuerda que puedes usar operaciones inversas para comprobar tu trabajo.

Suma o resta. Comprueba tu trabajo.

1. $\begin{array}{r} 746 \\ -\ 532 \\ \hline \square\square\square \end{array} \qquad \begin{array}{r} \square\square\square \\ +\ 532 \\ \hline \square\square\square \end{array}$

2. $\begin{array}{r} 237 \\ +\ 412 \\ \hline \square\square\square \end{array} \qquad \begin{array}{r} \square\square\square \\ -\ 412 \\ \hline \square\square\square \end{array}$

3. Toni leyó 131 páginas el lunes y algunas páginas más el martes. Leyó 289 páginas en total. ¿Cuántas páginas leyó Toni el martes?

Grupo I páginas 453 a 458

Piensa en estas preguntas, pues te ayudarán a **representar con modelos matemáticos.**

Hábitos de razonamiento

- ¿Cómo puedo usar lo que sé de matemáticas para resolver este problema?
- ¿Cómo puedo usar dibujos, objetos y ecuaciones para representar el problema?
- ¿Cómo puedo usar números, palabras y símbolos para resolver este problema?

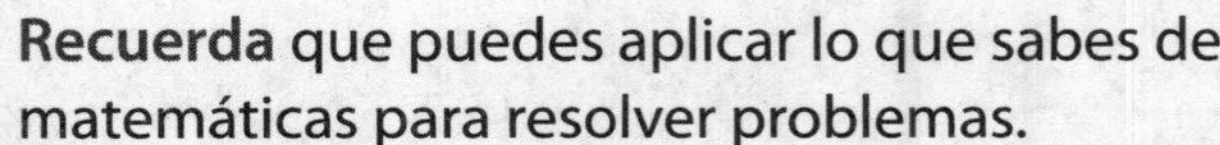

Recuerda que puedes aplicar lo que sabes de matemáticas para resolver problemas.

Elena tiene \$265. Compra una chaqueta que cuesta \$107 y un suéter que cuesta \$69. ¿Cuánto dinero le queda a Elena?

1. ¿Cuál es la pregunta escondida a la que necesitas responder antes de resolver el problema?

2. Resuelve el problema. Dibuja diagramas de barras para representar el problema. Muestra las ecuaciones que usaste.

Nombre ____________________

TEMA 8

Evaluación

1. Escribe los números que hacen que esta ecuación sea verdadera.

$(2 + 1) + 3 = 2 + (\_\_\_ + \_\_\_)$

2. En el zoológico, una mamá elefante comió 171 libras de comida en un día. Un bebé elefante comió 69 libras de comida ese mismo día. Escoge todas las ecuaciones que muestren una estimación razonable de cuánto comieron los dos elefantes en total.

- ☐ $175 + 70 = 245$
- ☐ $100 + 60 = 160$
- ☐ $170 + 70 = 240$
- ☐ $175 + 75 = 250$
- ☐ $130 + 70 = 200$

3. Brianna desea restar mentalmente $382 - 148$. ¿Qué debería hacer primero para hallar la diferencia?

Ⓐ Suma 2 a 148 y suma 2 a 382.

Ⓑ Suma 2 a 148 y resta 2 de 382.

Ⓒ Resta 8 de 148 y resta 2 de 382.

Ⓓ Resta 12 de 382 y suma 12 a 148.

4. Estima la diferencia de 765 y 333.

5. Mira las sumas de la columna coloreada. Mira los sumandos. ¿Qué patrón observas? Explica por qué este patrón siempre es verdadero.

+	0	1	2	3	4	5
0	0	1	2	3	4	5
1	1	2	3	4	5	6
2	2	3	4	5	6	7
3	3	4	5	6	7	8
4	4	5	6	7	8	9
5	5	6	7	8	9	10

6. Kayla desea calcular mentalmente para sumar 332 y 154. ¿Cuál de estas opciones muestra cómo descomponer los números en centenas, decenas y unidades?

Ⓐ Se descompone 332 en $320 + 12$.
Se descompone 154 en $125 + 29$.

Ⓑ Se descompone 332 en $100 + 230 + 2$.
Se descompone 154 en $100 + 52 + 2$.

Ⓒ Se descompone 332 en $300 + 16 + 16$.
Se descompone 154 en $100 + 27 + 27$.

Ⓓ Se descompone 332 en $300 + 30 + 2$.
Se descompone 154 en $100 + 50 + 4$.

7. La escuela de Christopher tiene 634 estudiantes. 528 estudiantes viven a menos de dos millas de la escuela. Calcula mentalmente para hallar cuántos estudiantes viven a más de dos millas de la escuela.

8. Marca todas las ecuaciones que son verdaderas.

- ☐ $32 + 56 + 10 = 10 + 56 + 32$
- ☐ $(49 + 28) + 5 = 49 + (28 + 5)$
- ☐ $56 + 890 = 890 + 56$
- ☐ $82 + 0 = 82$
- ☐ $45 + 27 = 27 + 35$

9. La tabla muestra los puntajes de 4 equipos en el Día del deporte.

Día del deporte	
Equipo	**Puntaje**
A	**168**
B	**153**
C	**161**
D	**179**

Escribe la letra A, B, C o D encima de la recta numérica para indicar el puntaje de cada equipo, redondeado a la decena más cercana.

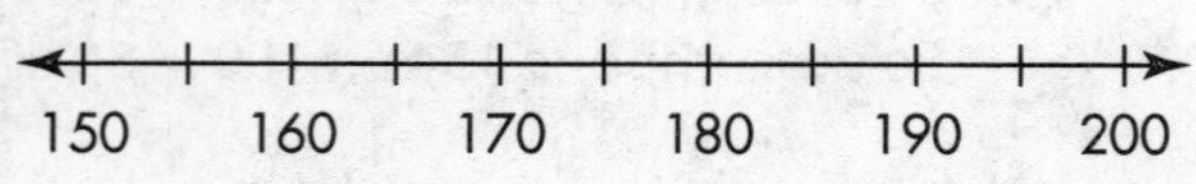

10. José restó 57 de 169. Aquí se muestra su trabajo.

$$\begin{array}{r} 169 \\ -\ 57 \\ \hline 112 \end{array}$$

¿Representan las siguientes estrategias una manera de comprobar su trabajo usando operaciones inversas? Escoge *Sí* o *No*.

10a.	Sumar 57 y 169.	○ Sí	○ No
10b.	Sumar 112 y 169.	○ Sí	○ No
10c.	Restar 112 de 169.	○ Sí	○ No
10d.	Sumar 112 y 57.	○ Sí	○ No

11. Karen quería redondear a la decena más cercana para estimar la suma de 405 y 385. Escribió $400 + 400 = 800$. ¿Estás de acuerdo con Karen? Explica por qué.

12. Amy restó 342 de 456 y obtuvo 114. ¿Qué ecuación de suma puede usar para comprobar el resultado? Dibuja un diagrama de barras para mostrar cómo se relacionan los números del problema.

Nombre ______________________________

13. Adrián quiere comprar una tableta digital por $350 y un estuche por $62. Quiere instalar *software* que cuesta $199.

Parte A

Dibuja un diagrama de barras que puedas usar para hallar el costo total de los artículos.

Parte B

¿Cuál es el primer paso que necesitas completar para resolver mentalmente este problema?

14. Allie quiere restar mentalmente 341 − 97. Primero, ella suma 3 a 97 para obtener 100. ¿Cuál debería ser el próximo paso de Allie? ¿Cuál es la diferencia?

Ⓐ Sumar 6 a 341. La diferencia es 247.

Ⓑ Sumar 200 a 100. La diferencia es 100.

Ⓒ Restar 3 de 341. La diferencia es 238.

Ⓓ Sumar 3 a 341. La diferencia es 244.

15. Traza líneas para emparejar los números de la izquierda con los números de la derecha que muestran el redondeo a la centena más cercana.

668	600
404	700
649	400
489	500

16. Explica cómo se calcula mentalmente para hallar 620 − 278.

17. Emil calculó la diferencia de 693 − 231. Obtuvo una diferencia de 464. ¿Qué debe hacer para comprobar el resultado y cuál será su conclusión?

Ⓐ Restar 639 − 300 = 339.
Su resultado original era incorrecto.

Ⓑ Restar 464 − 231 = 233.
Su resultado original era incorrecto.

Ⓒ Sumar 693 + 231 = 924.
Su resultado original era correcto.

Ⓓ Sumar 464 + 231 = 695.
Su resultado original era incorrecto.

18. Un tren llegó a Dallas con 392 pasajeros. Otro tren llegó con 259 pasajeros. Erin quiere estimar el número total de pasajeros que los dos trenes transportaron.

Parte A

¿Qué números compatibles podría sumar para obtener una estimación razonable?

Parte B

Estima el número total de pasajeros de dos maneras diferentes.

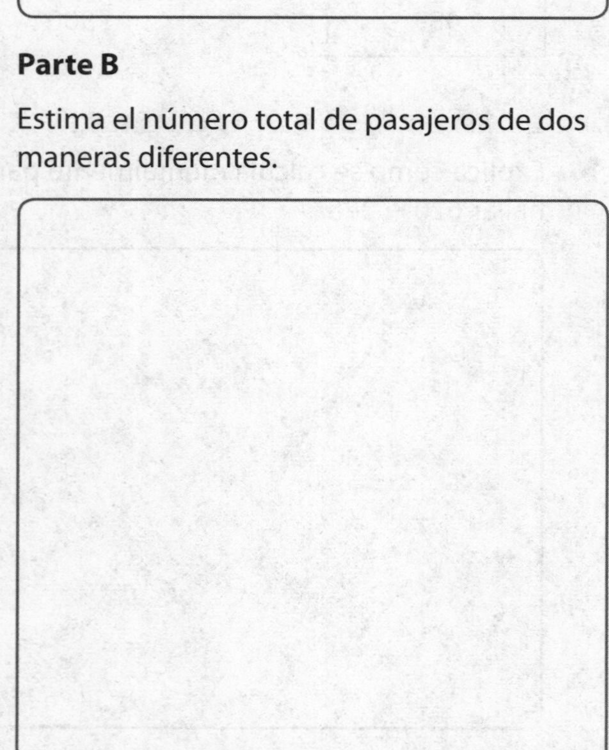

19. En la Feria de la escuela, el Grado 3 recaudó $84 más que el Grado 4. El Grado 4 recaudó $112 más que el Grado 2. El Grado 3 recaudó $360. ¿Cuánto dinero recaudó el Grado 2?

Parte A

Usa un diagrama de barras para representar la pregunta escondida. Luego, responde a la pregunta escondida.

Parte B

Usa una ecuación para representar la pregunta principal. Luego, responde a la pregunta principal.

Nombre ______________________________

TEMA 8

Evaluación del rendimiento

Viaje de vacaciones

María está organizando unas vacaciones en Orlando, FL.
La tabla del **Recorrido de María** muestra su recorrido y las millas que viajará.

Usa la tabla del **Recorrido de María** para responder a las Preguntas 1 a 3.

1. Redondea las distancias a la decena más cercana para mostrar aproximadamente cuántas millas viajará María en cada recorrido de su viaje.

Memphis, TN, a Birmingham, AL:

Birmingham, AL, a Gainesville, FL:

Gainesville, FL, a Orlando, FL:

Recorrido de María

Ciudad 1	Ciudad 2	Millas
Memphis, TN	Birmingham, AL	237
Birmingham, AL	Gainesville, FL	422
Gainesville, FL	Orlando, FL	183

2. Calcula mentalmente para hallar el número real de millas que María viajará para llegar a Gainesville. Muestra tu trabajo.

3. María dice: "Birmingham está 185 millas más cerca de Memphis que de Gainesville". Su hermano dice: "No, está 175 millas más cerca". Calcula mentalmente para determinar quién tiene razón. Muestra tu trabajo.

María tiene que reservar una habitación en un hotel y comprar boletos para un parque de diversiones. Las tablas **Precios de hoteles** y **Precios de parques de diversiones** muestran los precios totales para la estancia de María. La tabla **Opciones de María** muestra dos planes que María puede escoger.

Precios de hoteles	
Hotel	**Precio por la estadía de María**
Hotel A	$362
Hotel B	$233
Hotel C	$313

Precios de parques de diversiones	
Parque de diversiones	**Precio del boleto**
Parque de diversiones X	$331
Parque de diversiones Y	$275
Parque de diversiones Z	$302

Opciones de María		
Opción	**Hotel**	**Parque de diversiones**
1	A	Z
2	B	Y
3		

4. María tiene $600 para gastar en un hotel y boletos.

Parte A

¿Para qué opción tiene María suficiente dinero? Explica usando la estimación.

Parte B

Haz una opción nueva para María. Completa la tabla con un hotel y un parque de diversiones. Explica por qué María tiene suficiente dinero para este plan.

5. Un parque de diversiones tiene una oferta especial. Por cada boleto que María compra, recibe un boleto gratis. Colorea las casillas en la tabla de la derecha para representar este patrón. Explica por qué este patrón es verdadero.

+	0	1	2	3	4	5
0	0	1	2	3	4	5
1	1	2	3	4	5	6
2	2	3	4	5	6	7
3	3	4	5	6	7	8
4	4	5	6	7	8	9
5	5	6	7	8	9	10

Sumar y restar con facilidad hasta 1,000

Pregunta esencial: ¿Cuáles son los procedimientos estándar para sumar y restar números enteros?

Los incendios forestales causan muchos cambios en un medio ambiente.

Un incendio forestal puede ser muy destructivo. Pero también ayuda a que crezca un nuevo bosque.

¡Estoy aprendiendo mucho! Este es un proyecto sobre medio ambientes cambiantes y poblaciones.

Proyecto de Matemáticas y Ciencias: Cambios en el medio ambiente

Investigar Los incendios forestales destruyen, pero también crean espacio para el crecimiento de nuevas plantas. Usa la Internet u otras fuentes para buscar información sobre incendios forestales. Describe las consecuencias de los incendios forestales en el medio ambiente de plantas y animales.

Diario: Escribir un informe Incluye datos sobre las poblaciones que averiguaste. En tu informe, también:

- escoge un tipo de animal o planta. Di cómo un cambio en el medio ambiente puede afectar la cantidad de animales o plantas.
- escribe y resuelve una resta usando tus datos.
- escribe y resuelve una suma usando tus datos.

Nombre ____________________

Repasa lo que sabes

Vocabulario

Escoge el mejor término del recuadro. Escríbelo en el espacio en blanco.

- números compatibles
- operaciones inversas
- propiedad asociativa de la suma
- propiedad conmutativa de la suma

1. Los ____________________ son fáciles de sumar o de restar mentalmente.

2. Según la ____________________ se puede cambiar la agrupación de los sumandos y el total sigue siendo el mismo.

3. La suma y la resta son ____________________.

Redondear

Redondea cada número a la decena más cercana.

4. 57 **5.** 241 **6.** 495

Redondea cada número a la centena más cercana.

7. 732 **8.** 81 **9.** 553

Estimar sumas

Usa números compatibles para estimar las sumas.

10. 27 + 12 **11.** 133 + 102

12. 504 + 345 **13.** 52 + 870

14. 293 + 278 **15.** 119 + 426

Estimar diferencias

16. Tony y Kim juegan a un videojuego. Tony obtiene 512 puntos. Kim obtiene 768 puntos. ¿Aproximadamente cuántos puntos más que Tony obtiene Kim? ¿Qué método usaste para hacer la estimación?

17. ¿Qué oración numérica muestra la estimación más razonable para 467 − 231?

Ⓐ 425 − 250 = 175 Ⓒ 400 − 300 = 100

Ⓑ 500 − 200 = 300 Ⓓ 470 − 230 = 240

Mis tarjetas de palabras

A-Z Glosario

Usa los ejemplos de las palabras de las tarjetas para ayudarte a completar las definiciones que están al reverso.

28 = 28 unidades

28 = 1 decena y 18 unidades

28 = 2 decenas y 8 unidades

353 + 287 (>) 375 + 243

Conjetura: La expresión numérica de la izquierda tiene un total que es mayor.

Mis tarjetas de palabras

Completa cada definición. Para ampliar lo que aprendiste, escribe tus propias definiciones.

Una ______________ es un enunciado que se considera verdadero, pero que no se ha comprobado.

Al ______________ números, se nombran números enteros de una manera diferente usando el valor de posición.

Nombre ____________________

Resuelve

Lección 9-1
Usar sumas parciales para sumar

Puedo...
usar el valor de posición para descomponer y sumar números.

Estándar de contenido 3.NBD.A.2
Prácticas matemáticas PM.1, PM.3, PM.4, PM.5, PM.7

Resuélvelo y coméntalo Halla la suma de 327 + 241. Piensa en el valor de posición. ***Resuelve este problema de la manera que prefieras.***

Puedes usar la estructura. Puedes descomponer el problema para mostrar cada sumando en forma desarrollada. *¡Muestra tu trabajo en el espacio que sigue!*

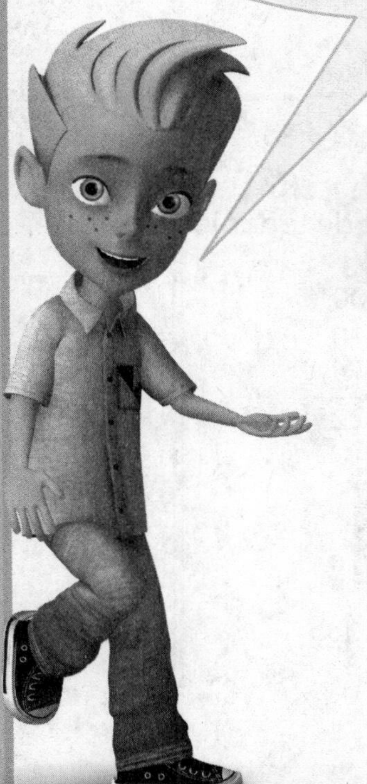

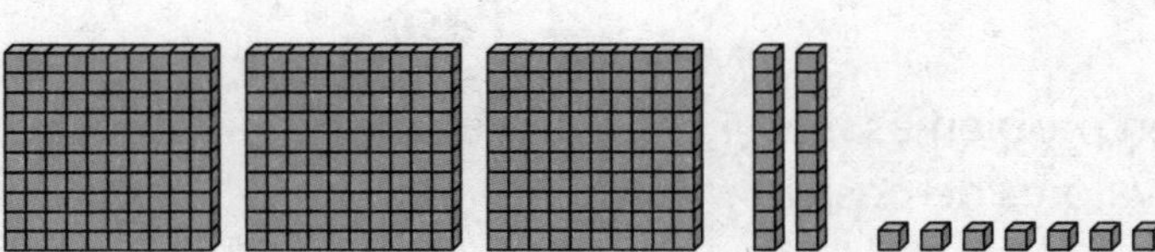

¡Vuelve atrás! **PM.5 Usar herramientas apropiadas** ¿Es más fácil usar bloques de valor de posición o es más fácil usar fichas para ayudarte a resolver esta suma con 3 dígitos? Explícalo.

¿Cómo puedes descomponer problemas de suma grandes en problemas más pequeños?

A

Halla la suma de 243 + 179. Cada dígito de los números se puede representar con bloques de valor de posición.

Puedes usar el valor de posición para sumar los números.

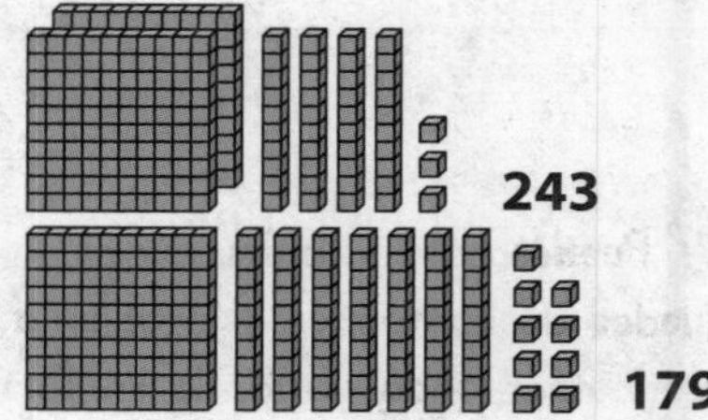

B

Paso 1

Descompón 243 + 179 en problemas más pequeños. Piensa en los valores de posición de cada número.

Centenas	Decenas	Unidades
200	40	3
+ 100	+ 70	+ 9
300	110	12

C

Paso 2

Luego, suma los totales de todos los lugares.

$$\begin{array}{r} 300 \\ 110 \\ +\ 12 \\ \hline 422 \end{array}$$

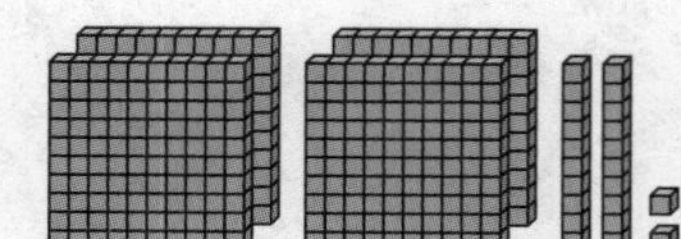

Por tanto, 243 + 179 = 422.

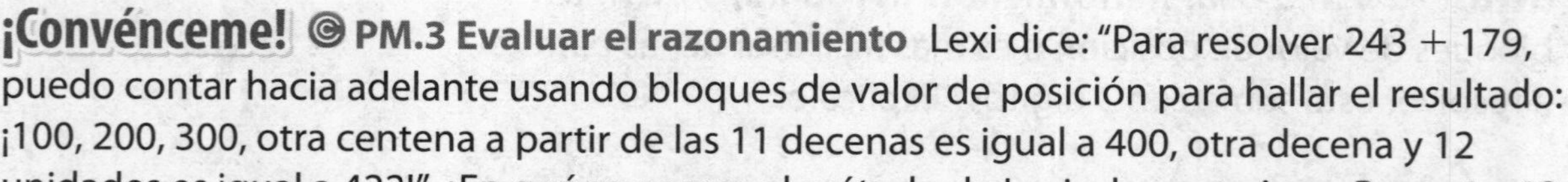

¡Convénceme! **PM.3 Evaluar el razonamiento** Lexi dice: "Para resolver 243 + 179, puedo contar hacia adelante usando bloques de valor de posición para hallar el resultado: ¡100, 200, 300, otra centena a partir de las 11 decenas es igual a 400, otra decena y 12 unidades es igual a 422!". ¿En qué se parece el método de Lexi a los anteriores Pasos 1 y 2?

Nombre ______________________________

Amigo de práctica Herramientas Evaluación

Práctica guiada*

¿Lo entiendes?

1. PM.7 **Usar la estructura** Supón que sumas 527 + 405. ¿Qué números puedes combinar al sumar las decenas? ¿Por qué?

2. Escribe los problemas más pequeños que puedes usar para hallar 623 + 281. ¿Cuál es el total?

¿Cómo hacerlo?

Usa el valor de posición para hallar la suma en el Ejercicio **3**.

3. 365 + 422

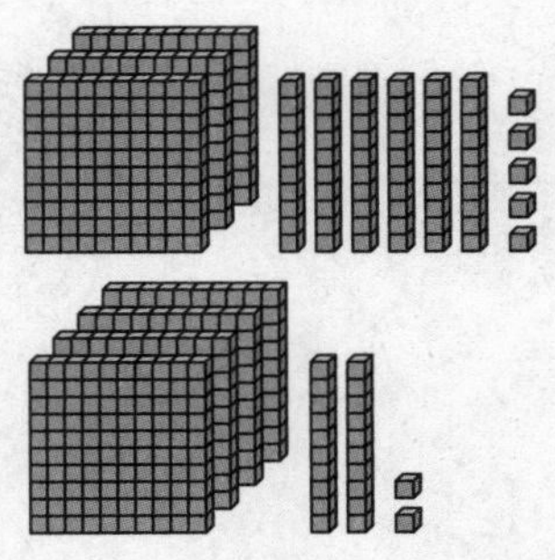

Centenas	Decenas	Unidades	Total
300	60	5	____
+ 400	+ 20	+ 2	____
			+ ____

Práctica independiente

Práctica al nivel Halla las sumas en los Ejercicios **4** a **11**.

4. 356 + 123

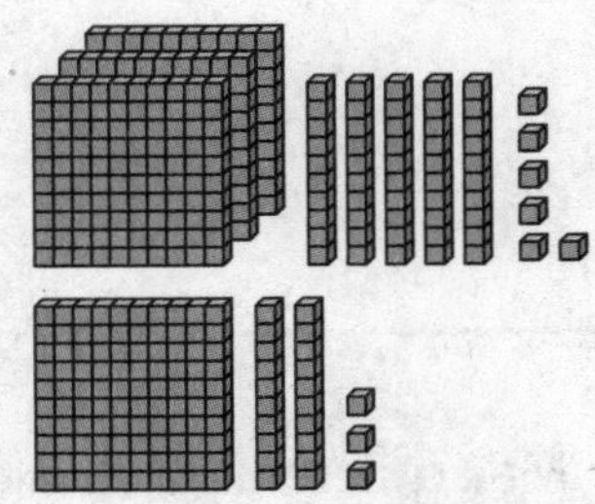

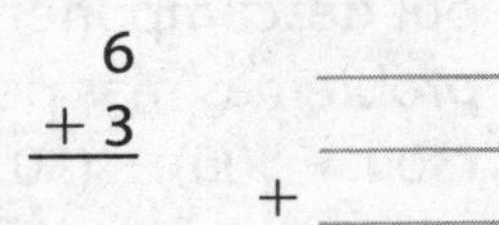

Centenas	Decenas	Unidades	Total
300	50	6	____
+ 100	+ 20	+ 3	____
			+ ____

5. 550 + 423

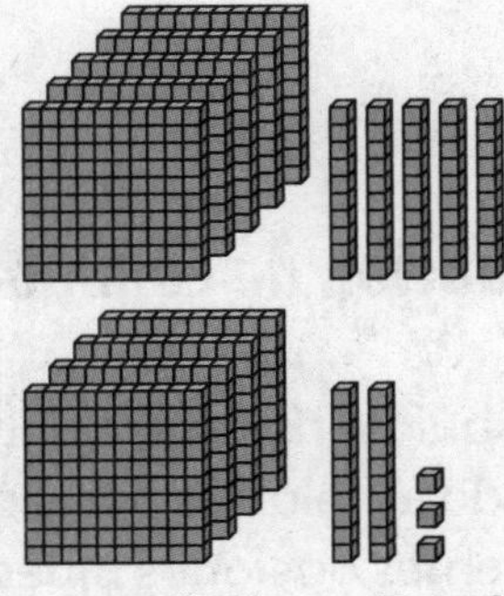

Centenas	Decenas	Unidades	Total
500	50	0	____
+ 400	+ 20	+ 3	____
			+ ____

6. 185 + 613

7. 730 + 168

8. 546 + 143

9. 362 + 524

10. 644 + 101

11. 463 + 315

Puedes encontrar otro ejemplo en el Grupo A, página 525.

Prácticas matemáticas y resolución de problemas

12. **PM.4 Representar con modelos matemáticos** John leyó un libro de 377 páginas. José leyó un libro de 210 páginas. ¿Cuántas páginas leyeron John y José? Dibuja un diagrama de barras para representar y resolver el problema.

13. **PM.3 Construir argumentos** Explica cómo se pudieron haber agrupado los sólidos que se muestran en el Grupo A y en el Grupo B.

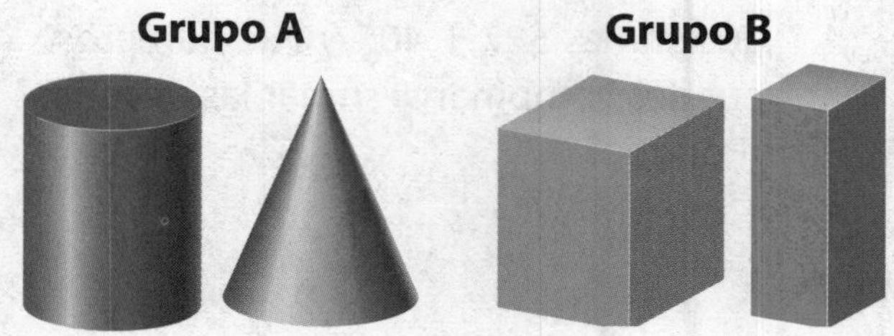

14. **PM.3 Evaluar el razonamiento** Henry cree que el resultado de la suma de 275 + 313 es 598. ¿Tiene razón Henry? Explícalo.

?	
275	313

15. **Razonamiento de orden superior** La cafetería de una escuela vendió 255 almuerzos el lunes, 140 almuerzos el martes y 226 almuerzos el miércoles. ¿Vendió la cafetería más almuerzos los días lunes y martes o los días martes y miércoles? Explícalo.

Evaluación de *Common Core*

16. Nina quiere hallar el resultado de 622 + 247 usando el valor de posición. ¿Cuál de las siguientes opciones muestra la manera correcta de descomponer este problema de suma?

Ⓐ 600 + 200; 22 + 40; 2 + 7
Ⓑ 600 + 300; 20 + 40; 2 + 7
Ⓒ 600 + 200; 20 + 40; 2 + 7
Ⓓ 600 + 200; 20 + 47; 2 + 7

17. Max quiere usar el valor de posición para sumar 331 + 516. Comienza por descomponer el problema en problemas más pequeños. Escribe (300 + 500) + (30 + 10) + (1 + 6). ¿Cuál de las siguientes opciones muestra las centenas, las decenas y las unidades correctas?

Ⓐ 800 + 40 + 6
Ⓑ 800 + 40 + 7
Ⓒ 700 + 40 + 8
Ⓓ 400 + 80 + 8

Nombre ______________________

   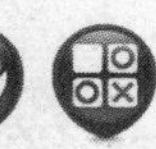 

Ayuda | Amigo de práctica | Herramientas | Juegos

Tarea y práctica 9-1

Usar sumas parciales para sumar

¡Revisemos!

Puedes usar bloques de valor de posición para representar los números.

Halla 234 + 451.

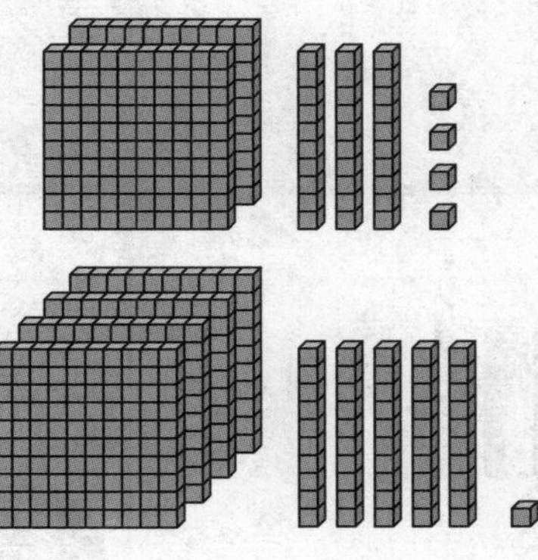

Descompón el problema en problemas más pequeños.

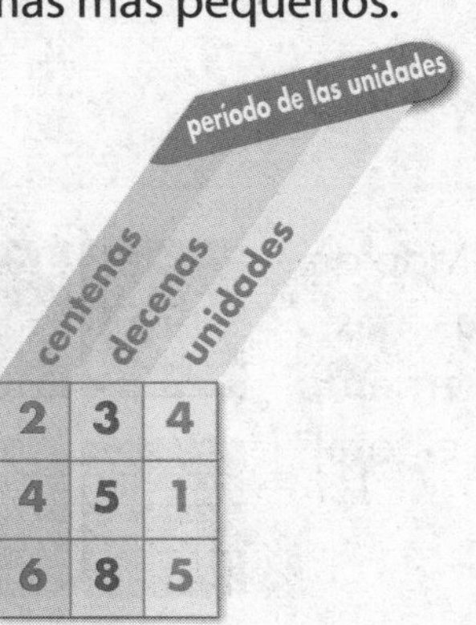

Sumas →

Suma los totales.

		Total
Centenas	⟶	600
Decenas	⟶	80
Unidades	⟶	+ 5
234 + 451 =		685

Completa los pasos para hallar la suma en el Ejercicio **1**.

1.

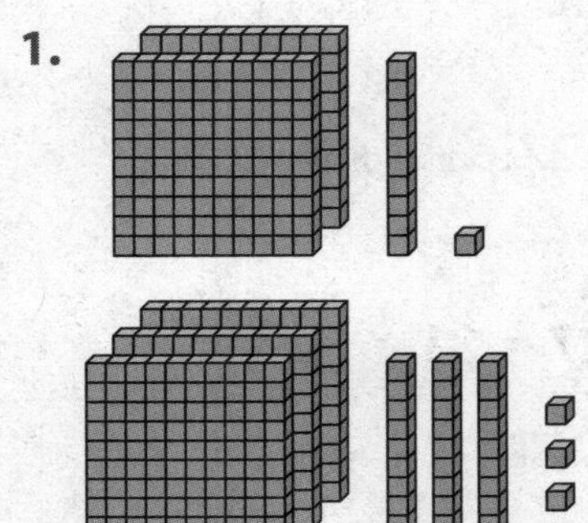

211 + 334

Centenas	Decenas	Unidades	Total
200	10	1	____
+ 300	+ 30	+ 4	____
			+ ____

Halla la suma en los Ejercicios **2** a **10**.

2. 516 + 142

3. 439 + 520

4. 721 + 176

5. 631 + 245

6. 580 + 315

7. 714 + 144

8. 128 + 441

9. 214 + 253

10. 661 + 127

11. ⓒ **PM.1 Entender y perseverar** Primero, haz una estimación. Luego, cuenta hacia adelante para resolver los ejercicios mentalmente. ¿Cuántos estudiantes más hay en octavo grado que en sexto grado en la Escuela intermedia Norte? ¿Es razonable tu respuesta? Explícalo.

DATOS

Estudiantes de la Escuela intermedia Norte

Grado	Estudiantes
6	352
7	379
8	421

12. Bernardo tiene que hallar el resultado de 318 + 230. ¿En qué tres problemas más pequeños puede descomponer Bernardo este problema de suma? ¿Cuál es el total?

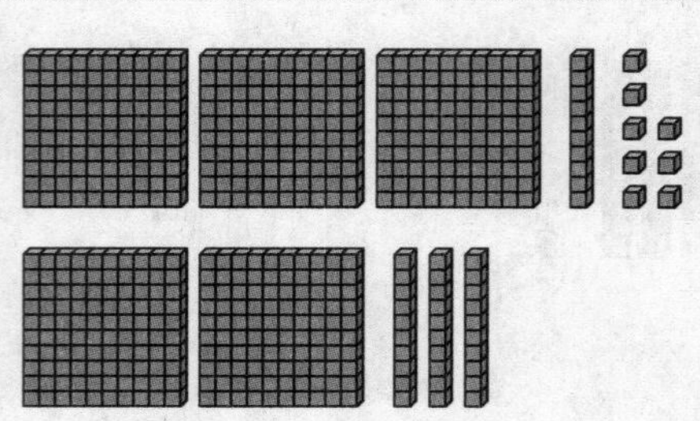

Puedes usar el valor de posición para sumar.

13. Razonamiento de orden superior La familia Segovia fue de vacaciones. Recorrieron 256 millas el primer día y 287 millas el segundo día. Si recorrieron el mismo total de millas en su viaje de regreso, ¿cuántas millas recorrieron en todo el viaje?

14. ⓒ **PM.3 Evaluar el razonamiento** ¿Es correcto el trabajo de Dani? Si no es así, indica por qué y escribe una respuesta correcta.

Halla 64 − 27.

Puedo sumar 3 a 27 para obtener 30.
64 − 30 = 34
34 − 3 = 31
Por tanto, 64 − 27 = 31.

ⓒ Evaluación de *Common Core*

15. Sofía quiere hallar el resultado de 415 + 583 usando el valor de posición. ¿Cuál de las siguientes opciones muestra la manera correcta de descomponer este problema de suma?

Ⓐ 400 + 800; 10 + 50; 5 + 3

Ⓑ 400 + 500; 10 + 83; 5 + 3

Ⓒ 400 + 580; 10 + 80; 5 + 3

Ⓓ 400 + 500; 10 + 80; 5 + 3

16. Katrina usa el valor de posición para hallar la suma de 627 + 361. Ella empieza por descomponer el problema en problemas más pequeños. Escribe (600 + 300) + (20 + 60) + (7 + 1). ¿Cuál de las siguientes opciones muestra las centenas, las decenas y las unidades correctas?

Ⓐ 800 + 80 + 9

Ⓑ 800 + 90 + 8

Ⓒ 900 + 80 + 8

Ⓓ 900 + 90 + 8

Nombre ______________________________

Resuelve

Lección 9-2
Sumar números de 3 dígitos

Puedo...
usar diferentes estrategias para reagrupar al sumar números de 3 dígitos.

Estándar de contenido 3.NBD.A.2
Prácticas matemáticas PM.1, PM.3, PM.4, PM.5

Resuélvelo y coméntalo Supón que un autobús recorre 276 millas el lunes y 248 millas el martes. ¿Cuántas millas recorre el autobús? ***Resuelve este problema de la manera que prefieras.***

Puedes usar herramientas, tales como bloques de valor de posición, para sumar números más grandes. ¿Qué otras estrategias puedes usar para resolver este problema? *¡Muestra tu trabajo!*

¡Vuelve atrás! **PM.1 Entender y perseverar** ¿Por qué es una buena idea estimar antes de resolver este problema?

Pregunta esencial ¿Cómo usas la suma para resolver problemas?

A

La familia de Jason viajó en carro desde las cataratas del Niágara hasta Albany. Recorrieron 119 millas por la mañana y 187 millas por la tarde. ¿Qué distancia recorrió la familia de Jason?

Halla 119 + 187.

Redondea a la centena más cercana para hacer una estimación.
100 + 200 = 300
Por tanto, 119 + 187 es aproximadamente 300 millas.

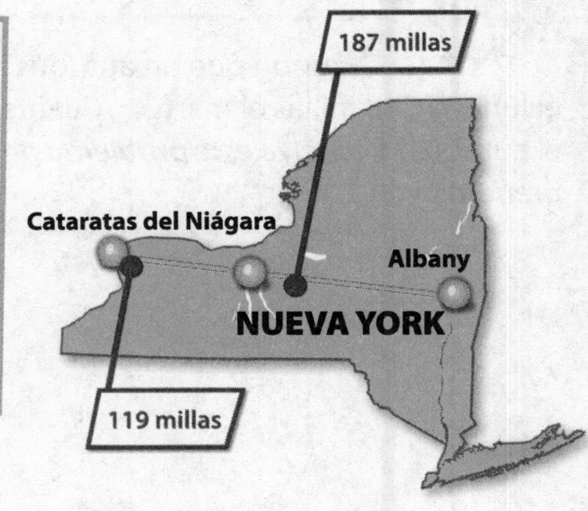

Una estimación puede ayudarte a comprobar si tu respuesta es o no razonable.

B

Paso 1

Suma las unidades.
9 unidades + 7 unidades
= 16 unidades
Reagrupa.
16 unidades = 1 decena
6 unidades

$$\begin{array}{r} \overset{1}{1}19 \\ +\ 187 \\ \hline 6 \end{array}$$

C

Paso 2

Suma las decenas.
1 decena + 1 decena
+ 8 decenas = 10 decenas
Reagrupa.
10 decenas = 1 centena
0 decenas

$$\begin{array}{r} \overset{1}{1}\overset{1}{1}9 \\ +\ 187 \\ \hline 06 \end{array}$$

D

Paso 3

Suma las centenas.
1 centena + 1 centena
+ 1 centena = 3 centenas

$$\begin{array}{r} \overset{1}{1}\overset{1}{1}9 \\ +\ 187 \\ \hline 306 \end{array}$$

La familia de Jason recorrió 306 millas.

Cuado reagrupas, le das otro nombre a un número entero.

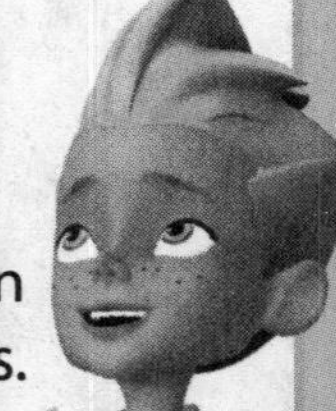

El resultado es razonable, porque 306 está cerca de 300.

¡Convénceme! **PM.4 Representar con modelos matemáticos** Haz un dibujo o usa bloques de valor de posición para mostrar cómo seguir los anteriores Pasos 1, 2 y 3. ¿Qué descubriste?

Nombre ___

Práctica guiada*

¿Lo entiendes?

1. Susana anotó 236 puntos durante la primera mitad de la temporada de básquetbol. Durante la segunda mitad, anotó 285 puntos. ¿Cuántos puntos anotó durante toda la temporada?

? puntos

236	285

2. PM.1 **Entender y perseverar** ¿Cómo sabes que tu respuesta al Ejercicio 1 es razonable?

¿Cómo hacerlo?

Haz una estimación redondeando a la decena más cercana en los Ejercicios **3** a **6.** Luego, halla las sumas. Puedes usar bloques de valor de posición o dibujos como ayuda.

3. $\begin{array}{r} 126 \\ +171 \\ \hline 2\square\square \end{array}$

4. $\begin{array}{r} \square \\ 538 \\ +429 \\ \hline \square\square 7 \end{array}$

5. $\begin{array}{r} \square \\ 415 \\ +168 \\ \hline \square 8\square \end{array}$

6. $\begin{array}{r} \square\square \\ 391 \\ +609 \\ \hline \square\square\square 0 \end{array}$

Práctica independiente

Práctica al nivel Haz una estimación redondeando a la decena más cercana en los Ejercicios **7** a **18.** Luego, halla las sumas.

7. $\begin{array}{r} 136 \\ +252 \\ \hline 3\square\square \end{array}$

8. $\begin{array}{r} \square\square \\ 678 \\ +129 \\ \hline \square\square 7 \end{array}$

9. $\begin{array}{r} \square \\ 564 \\ +283 \\ \hline 8\square\square \end{array}$

10. $\begin{array}{r} \square \\ 118 \\ +335 \\ \hline \square 5\square \end{array}$

11. $\begin{array}{r} 172 \\ +534 \\ \hline \end{array}$

12. $\begin{array}{r} 324 \\ +508 \\ \hline \end{array}$

13. $\begin{array}{r} 309 \\ +287 \\ \hline \end{array}$

14. $\begin{array}{r} 465 \\ +285 \\ \hline \end{array}$

15. 582 + 230

16. 207 + 238

17. 424 + 391

18. 678 + 143

*Puedes encontrar otro ejemplo en el Grupo B, página 525.

Prácticas matemáticas y resolución de problemas

Usa la tabla de la derecha en los Ejercicios **19** y **20**.

19. **PM.4 Representar con modelos matemáticos** ¿Cuántas etiquetas de latas de sopa recogieron los Grados 1 y 2? Primero, haz una estimación redondeando a la centena más cercana. Luego, resuelve el problema. Escribe una ecuación que represente el problema.

20. **PM.1 Entender y perseverar** ¿Es razonable tu respuesta en el Ejercicio 19? Explícalo.

DATOS

Etiquetas de latas de sopa

Grados	Cantidad
Grado 1	385
Grado 2	294
Grado 3	479
Grado 4	564

21. **Sentido numérico** La montaña rusa más alta del mundo se llama Kingda Ka y tiene 192 pies más de altura que la primera rueda de Chicago. Usa los símbolos < y > para comparar de dos maneras las alturas de los dos juegos mecánicos.

La primera rueda de Chicago fue construida en 1893. Tenía 264 pies de altura.

22. **Razonamiento de orden superior** Pedro puede correr 178 yardas en un minuto. Sharon puede correr 119 yardas más que Pedro en un minuto. ¿Cuántas yardas pueden correr los dos en un minuto?

? yardas

178	178 + 119
yardas que corre Pedro	yardas que corre Sharon

Evaluación de *Common Core*

23. Había 126 plantas de tomates en el vivero. El dueño plantó 229 plantas de pimientos. Completa el problema para hallar el total de plantas que hay en vivero. Reagrupa, si es necesario.

```
   □
  1 2 6
+ 2 2 9
  □□□
```

24. En un juego de mesa Juan anotó 248 puntos en el primer juego y 273 puntos en el segundo juego. Completa el problema para hallar el total de puntos que anotó Juan. Reagrupa, si es necesario.

```
  □□
  2 4 8
+ 2 7 3
  □□□
```

Nombre ______________________________

Ayuda | Amigo de práctica | Herramientas | Juegos

Tarea y práctica 9-2

Sumar números de 3 dígitos

¡Revisemos!

Halla 237 + 186.

Puedes usar bloques de valor de posición para representar cada número que sumas.

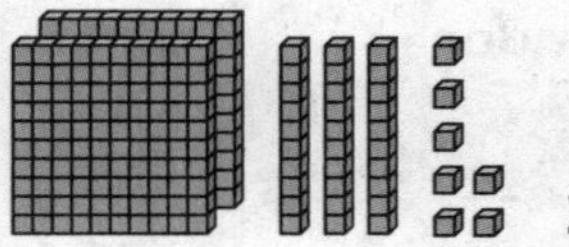

237

186

Paso 1

$$\begin{array}{r} \scriptstyle 1 \\ 237 \\ +\ 186 \\ \hline 3 \end{array}$$

Paso 2

$$\begin{array}{r} \scriptstyle 1\,1 \\ 237 \\ +\ 186 \\ \hline 23 \end{array}$$

Paso 3

$$\begin{array}{r} \scriptstyle 1\,1 \\ 237 \\ +\ 186 \\ \hline 423 \end{array}$$

Usa los bloques de valor de posición como ayuda para sumar en el Ejercicio **1.**

1. 345 + 276

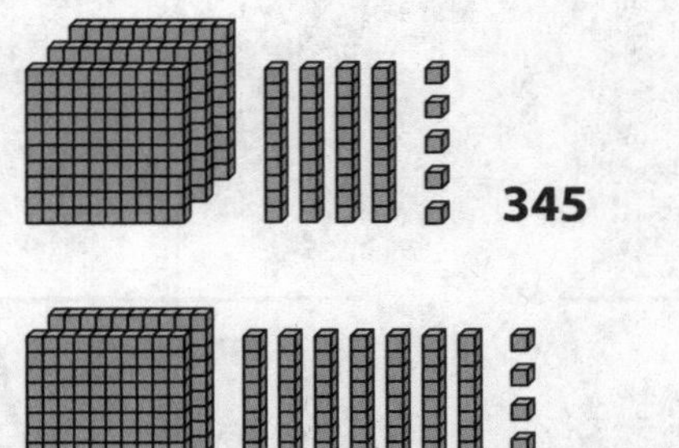

345

276

Suma las unidades y reagrupa.

$$\begin{array}{r} \square \\ 3\ 4\ 5 \\ +\ 2\ 7\ 6 \\ \hline \square \end{array}$$

Suma las decenas y reagrupa.

$$\begin{array}{r} \square\square \\ 3\ 4\ 5 \\ +\ 2\ 7\ 6 \\ \hline \square\square \end{array}$$

Suma las centenas.

$$\begin{array}{r} \square\square \\ 3\ 4\ 5 \\ +\ 2\ 7\ 6 \\ \hline \square\square\square \end{array}$$

Haz una estimación redondeando a la centena más cercana en los Ejercicios **2** a **5.** Luego, halla las sumas.

2. $\begin{array}{r} 118 \\ +\ 146 \\ \hline \end{array}$

3. $\begin{array}{r} 283 \\ +\ 147 \\ \hline \end{array}$

4. $\begin{array}{r} 542 \\ +\ 109 \\ \hline \end{array}$

5. $\begin{array}{r} 220 \\ +\ 479 \\ \hline \end{array}$

Usa la tabla de la derecha en los Ejercicios **6** y **7.**

6. **PM.4 Representar con modelos matemáticos** ¿Cuántos puntos obtuvieron Howie y Theo? Haz una estimación redondeando a la centena más cercana. Resuelve el problema. Escribe una ecuación que represente el problema.

DATOS

Puntos obtenidos

Jugador	Puntos
Howie	272
Theo	325
Isabel	288

7. **PM.1 Entender y perseverar** ¿Es razonable tu respuesta en el Ejercicio 6? Explícalo.

8. **Vocabulario** María y su familia recorrieron 885 millas en carro durante sus vacaciones de verano. El primer 8 en la izquierda de este número tiene un ______________ de 800.

9. **PM.3 Evaluar el razonamiento** Marc dice que un hexágono tiene 5 lados y 5 ángulos. ¿Tiene razón? Explícalo.

10. **Razonamiento de orden superior** Sarah y Ángela coleccionan monedas de 1¢ y de 5¢ en sus alcancías. ¿Cuál de las niñas tiene más monedas en su alcancía? Explica cómo lo sabes usando números y símbolos.

Evaluación de *Common Core*

11. Había 252 caballos en la pradera. El ganadero agregó 163 caballos. Completa el problema para hallar cuántos caballos hay ahora en la pradera. Reagrupa si es necesario.

$$\begin{array}{r} \square \\ 252 \\ +\ 163 \\ \hline \square\square\square \end{array}$$

12. La Sra. Collins compró un boleto de avión por $256 en marzo y otro por $125 en abril. Completa el problema para hallar cuánto gastó la Sra. Collins en boletos de avión. Reagrupa si es necesario.

$$\begin{array}{r} \square \\ \$256 \\ +\ \$125 \\ \hline \$\square\square\square \end{array}$$

Nombre ______________________

Resuelve

Lección 9-3
Más sobre sumar números de 3 dígitos

Resuélvelo y coméntalo En la Carrera de patitos de goma del año pasado había 565 patitos. En la de este año hay 237 patitos más. ¿Cuántos patitos hay en la carrera de este año? ***Resuelve este problema de la manera que prefieras.***

Puedo...
reagrupar para sumar números de 3 dígitos.

Estándar de contenido 3.NBD.A.2
Prácticas matemáticas PM.1, PM.2, PM.3, PM.6, PM.7, PM.8

Puedes razonar. Piensa en la operación que te dará la respuesta a este problema.

¡Vuelve atrás! **PM.1 Entender y perseverar** Muestra cómo usas la estimación para comprobar si tu respuesta es razonable.

Aprende Glosario

¿Cómo puedes usar la suma para resolver problemas?

A

Una embarcación fluvial transportó 124 pasajeros más el domingo que el sábado. ¿Cuántos pasajeros transportó el domingo?

288 pasajeros el sábado

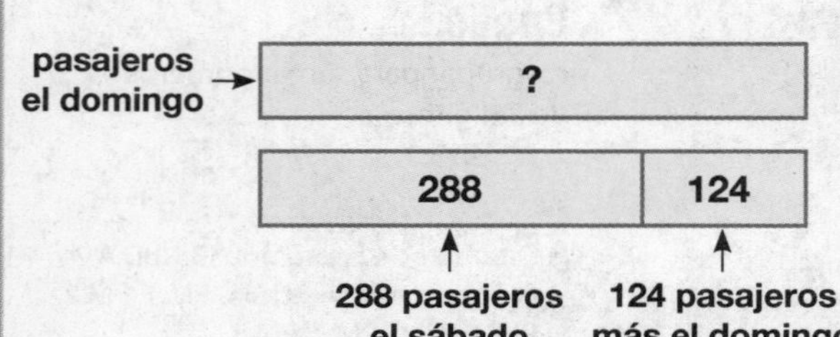

Puedes redondear cada número a la centena más cercana para hacer una estimación: 300 + 100 = 400.

B

Paso 1

Suma las unidades.
8 unidades + 4 unidades = 12 unidades

Reagrupa.
12 unidades = 1 decena y 2 unidades

$$\begin{array}{r} \scriptstyle 1 \\ 288 \\ +\ 124 \\ \hline 2 \end{array}$$

C

Paso 2

Suma las decenas.
1 decena + 8 decenas + 2 decenas = 11 decenas

Reagrupa.
11 decenas = 1 centena y 1 decena

$$\begin{array}{r} \scriptstyle 1\,1\ \\ 288 \\ +\ 124 \\ \hline 12 \end{array}$$

D

Paso 3

Suma las centenas.
1 centena + 2 centenas + 1 centena = 4 centenas

$$\begin{array}{r} \scriptstyle 1\,1\ \\ 288 \\ +\ 124 \\ \hline 412 \end{array}$$

Transportó 412 pasajeros el domingo.

El resultado es razonable porque está cerca a la estimación de 400.

¡Convénceme! © **PM.7 Usar la estructura** Usa un método diferente para sumar 288 + 136.

Nombre ______________________

Amigo de práctica Herramientas Evaluación

Otro ejemplo

El río Yellowstone mide 692 millas de longitud. Es 51 millas más corto que el río Kansas. ¿Cuál es la longitud del río Kansas?

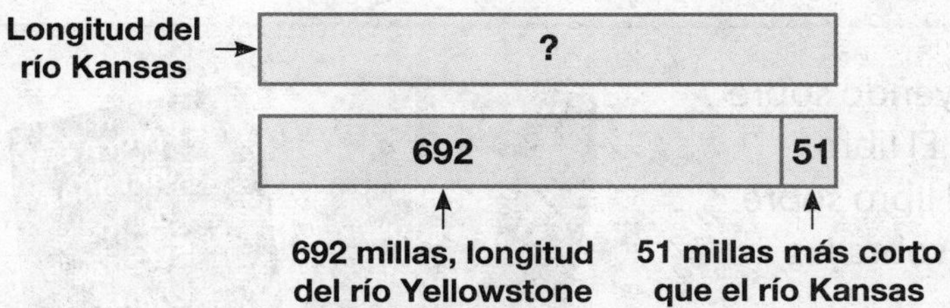

Alinea los dígitos por su valor de posición. Suma las unidades, suma las decenas y suma las centenas. Reagrupa si es necesario.

$$\begin{array}{r} \overset{1}{6}92 \\ +\ 51 \\ \hline 743 \end{array}$$

El río Kansas mide 743 millas de longitud.

Práctica guiada*

¿Lo entiendes?

1. **PM.8 Generalizar** Cuando sumas números de 3 dígitos, ¿cómo sabes si tienes que reagrupar?

2. **PM.2 Razonar** ¿Debes reagrupar para sumar 546 + 327? Explícalo.

¿Cómo hacerlo?

Haz una estimación redondeando a la decena más cercana en los Ejercicios **3** a **6.** Luego, halla las sumas.

3. $\begin{array}{r} 516 \\ +\ 325 \\ \hline \end{array}$

4. $\begin{array}{r} 163 \\ +\ 50 \\ \hline \end{array}$

5. $\begin{array}{r} 255 \\ +\ 189 \\ \hline \end{array}$

6. $\begin{array}{r} 303 \\ +\ 597 \\ \hline \end{array}$

Práctica independiente

Haz una estimación redondeando a la decena más cercana en los Ejercicios **7** a **14.** Luego, halla las sumas.

7. $\begin{array}{r} 209 \\ +\ 469 \\ \hline \end{array}$

8. $\begin{array}{r} 634 \\ +\ 87 \\ \hline \end{array}$

9. $\begin{array}{r} 418 \\ +\ 351 \\ \hline \end{array}$

10. $\begin{array}{r} 787 \\ +\ 151 \\ \hline \end{array}$

11. 630 + 178

12. 273 + 727

13. 360 + 58

14. 575 + 366

Puedes encontrar otro ejemplo en el Grupo C, página 526.

Prácticas matemáticas y resolución de problemas

15. La Sra. Morris manejó 116 millas más el martes que el lunes. Ella manejó 235 millas el lunes. ¿Cuántas millas manejó el martes?

16. En un espectáculo de marionetas hay 56 sillas ordenadas en filas y columnas. Tonya pone las sillas en 7 filas. ¿Cuántas columnas de sillas hay?

17. **PM.1 Entender y perseverar** Gina está leyendo sobre los ríos y las montañas de los Estados Unidos. El libro sobre los ríos tiene 137 páginas menos que el libro sobre las montañas. ¿Cuántas páginas tiene el libro sobre las montañas?

18. **PM.3 Evaluar el razonamiento** Jackson dice que cuando sumas 567 y 358 solo tienes que reagrupar una vez. Abby dice que tienes que reagrupar dos veces. ¿Quién tiene razón? Explícalo.

19. **Razonamiento de orden superior** Los estudiantes de la Escuela Cleveland están juntando los anillos de latas de gaseosa. La meta de cada clase es juntar 500 anillos. Hasta ahora, los estudiantes de segundo grado han juntado 315 anillos. Los estudiantes de tercero han juntado 190 anillos más que los estudiantes de segundo. ¿Ya alcanzaron su meta los estudiantes de tercer grado? Explícalo.

Evaluación de *Common Core*

20. Marca todas las expresiones en las que tienes que reagrupar para hallar la solución.

- ☐ 613 + 326
- ☐ 481 + 276
- ☐ 135 + 295
- ☐ 503 + 296
- ☐ 823 + 176

21. Marca todas las expresiones en las que **NO** tienes que reagrupar para hallar la solución.

- ☐ 243 + 708
- ☐ 681 + 107
- ☐ 259 + 662
- ☐ 680 + 210
- ☐ 324 + 572

Nombre ______________________

Tarea y práctica 9-3

Más sobre sumar números de 3 dígitos

¡Revisemos!

En agosto, 568 personas fueron a navegar en rápidos en un parque estatal. Fueron 245 personas menos que en julio. ¿Cuántas personas fueron a navegar en rápidos en julio?

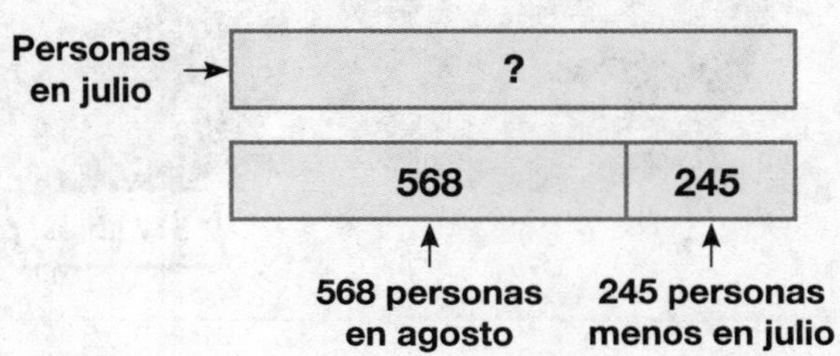

Puedes hacer una estimación redondeando cada número a la decena más cercana:
570 + 250 = 820

Paso 1

Suma las unidades.

Reagrupa 13 unidades como 1 decena y 3 unidades.

$$\begin{array}{r} \scriptstyle 1 \\ 568 \\ +\ 245 \\ \hline 3 \end{array}$$

Paso 2

Suma las decenas.

Reagrupa 11 decenas como 1 centena y 1 decena.

$$\begin{array}{r} \scriptstyle 1\,1 \\ 568 \\ +\ 245 \\ \hline 13 \end{array}$$

Paso 3

Suma las centenas.

$$\begin{array}{r} \scriptstyle 1\,1 \\ 568 \\ +\ 245 \\ \hline 813 \end{array}$$

En julio 813 personas fueron a navegar en rápidos.

La respuesta es razonable porque está cerca del estimado de 820.

Haz una estimación redondeando a la decena o a la centena más cercana en los Ejercicios **1** a **12.** Luego, halla las sumas.

1. $\begin{array}{r} 238 \\ +\ 481 \\ \hline \end{array}$

2. $\begin{array}{r} 506 \\ +\ 127 \\ \hline \end{array}$

3. $\begin{array}{r} 356 \\ +\ 52 \\ \hline \end{array}$

4. $\begin{array}{r} 59 \\ +\ 264 \\ \hline \end{array}$

5. 279 + 600

6. 165 + 561

7. 922 + 39

8. 504 + 109

9. 311 + 619

10. 694 + 116

11. 527 + 450

12. 285 + 258

Usa el dibujo de la derecha en los Ejercicios **13** y **14.**

13. **PM.2 Razonar** En la feria del condado, la calabaza con la cinta roja pesaba 108 libras menos que la calabaza con la cinta azul. ¿Cuánto pesaba la calabaza con la cinta azul?

14. **PM.1 Entender y perseverar** ¿Cuál es el peso total de las dos calabazas?

Usa la gráfica de la derecha en los Ejercicios **15** a **17.**

15. ¿Cuántos estudiantes leyeron más de 20 libros durante el verano?

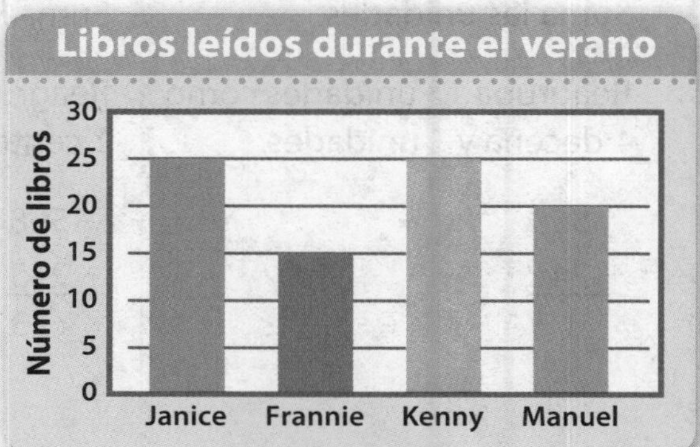

16. **PM.6 Hacerlo con precisión** ¿Cuántos libros menos leyó Frannie que Kenny?

17. **Razonamiento de orden superior** ¿Leyeron los estudiantes por lo menos 100 libros en total? ¿Cómo puedes averiguarlo sin sumar?

Evaluación de *Common Core*

18. Marca todas las expresiones en las que tienes que reagrupar para hallar la solución.

- ☐ 815 + 125
- ☐ 266 + 548
- ☐ 436 + 352
- ☐ 480 + 125
- ☐ 376 + 613

19. Marca todas las expresiones en las que **NO** tienes que reagrupar para hallar la solución.

- ☐ 703 + 108
- ☐ 56 + 367
- ☐ 173 + 405
- ☐ 653 + 325
- ☐ 442 + 536

Nombre ______________________________

Lección 9-4

Sumar 3 números o más

Puedo...
sumar 3 números o más usando lo que sé acerca de sumar números de 3 dígitos.

Estándar de contenido 3.NBD.A.2
Prácticas matemáticas PM.2, PM.3, PM.4, PM.8

Resuélvelo y coméntalo Una tienda de mascotas tiene 162 peces dorados, 124 peces ángel y 53 peces globo. ¿Cuántos peces tiene la tienda en total? ¿Cómo te puede ayudar hacer una estimación para resolver el problema? ***Resuelve este problema de la manera que prefieras.***

Puedes generalizar.
Para sumar tres números, usa lo que sabes acerca de sumar dos números.
¡Muestra tu trabajo en el espacio que sigue!

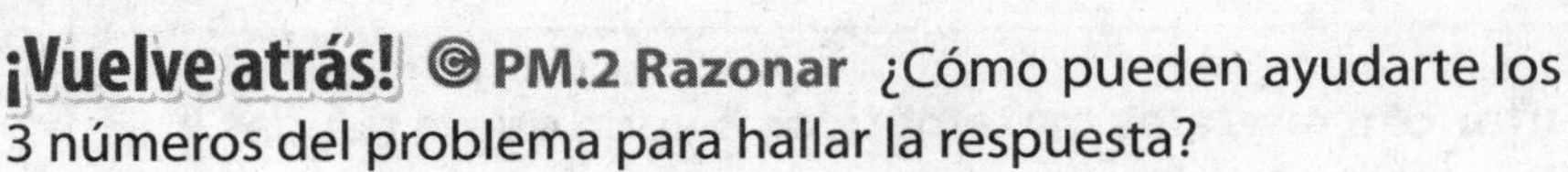

¡Vuelve atrás! **PM.2 Razonar** ¿Cómo pueden ayudarte los 3 números del problema para hallar la respuesta?

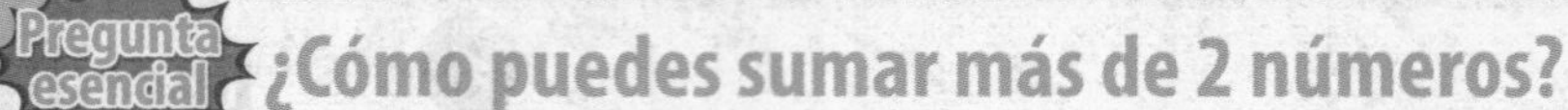

Pregunta esencial ¿Cómo puedes sumar más de 2 números?

A

Una tienda de mascotas vende diferentes clases de aves. ¿Cuántas aves hay en venta?

Halla 137 + 155 + 18.

Redondea a la decena más cercana para hacer una estimación: 140 + 160 + 20 = 320.

Loros 18

Canarios 137

Periquitos 155

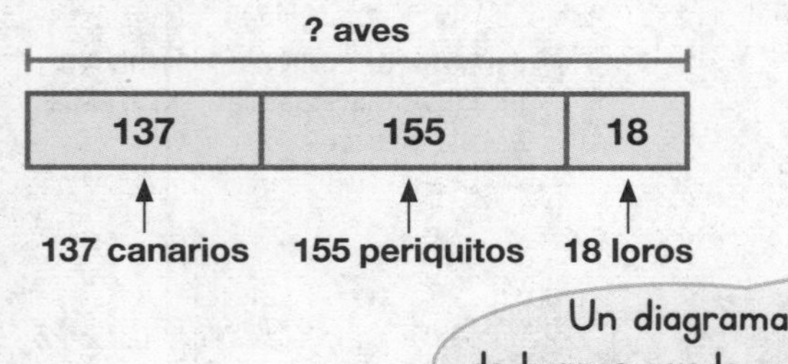

Un diagrama de barras puede mostrar 3 sumandos.

B

Paso 1

Alinea las unidades, las decenas y las centenas.

$$\begin{array}{r} 137 \\ 155 \\ +\ 18 \\ \hline \end{array}$$

C

Paso 2

Suma las unidades. Reagrupa.

$$\begin{array}{r} {\scriptstyle 2} \\ 137 \\ 155 \\ +\ 18 \\ \hline 0 \end{array}$$

D

Paso 3

Suma las decenas. Reagrupa.

$$\begin{array}{r} {\scriptstyle 1\,2} \\ 137 \\ 155 \\ +\ 18 \\ \hline 10 \end{array}$$

E

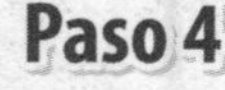

Paso 4

Suma las centenas.

$$\begin{array}{r} {\scriptstyle 1\,2} \\ 137 \\ 155 \\ +\ 18 \\ \hline 310 \end{array}$$

En total, hay 310 aves en venta.

La respuesta es razonable, porque 310 está cerca de 320.

¡Convénceme! **PM.4 Representar con modelos matemáticos** Supón que la tienda de mascotas recibe 46 cotorras para vender. ¿Cuántas aves hay en venta ahora en la tienda de mascotas? Escribe una ecuación para mostrar cómo resolviste este problema.

Nombre ____________________

Práctica guiada*

¿Lo entiendes?

Mira el ejemplo de la página 494 para responder a los Ejercicios **1** y **2.**

1. **PM.2 Razonar** ¿Por qué hay un 2 sobre el lugar de las decenas en el Paso 2?

2. Si sumas los números en este orden, ¿obtienes el mismo total? Explica por qué.

```
  155
  137
+  18
```

¿Cómo hacerlo?

Halla las sumas en los Ejercicios **3** a **6.**

3.
```
  ☐
   1
  123
  168
+  36
 ☐☐7
```

4.
```
  ☐
  510
   45
+  27
  5☐☐
```

5.
```
  247
  362
+  49
```

6. 56 + 183 + 269

Puedes usar la estimación para comprobar si tus sumas son razonables.

Práctica independiente

Práctica al nivel Halla las sumas en los Ejercicios **7** a **17.**

7.
```
  ☐
   64
   42
+  88
  ☐☐☐
```

8.
```
 ☐☐
  354
   85
+  72
  ☐☐☐
```

9.
```
  ☐
  307
   37
+ 234
  ☐☐☐
```

10.
```
 ☐☐
  714
  163
+  99
  ☐☐☐
```

11.
```
  602
  125
+ 231
```

12.
```
  246
   54
  233
+ 205
```

13.
```
  164
   68
+  35
```

14.
```
  125
   35
  124
+ 239
```

15. 32 + 9 + 56 + 8

16. 481 + 78 + 42

17. 398 + 219 + 23 + 251

Puedes encontrar otro ejemplo en el Grupo D, página 526.

Prácticas matemáticas y resolución de problemas

18. PM.4 Representar con modelos matemáticos Usa la foto de la derecha para hallar la altura de la cabeza del presidente Washington esculpida en el monte Rushmore. Escribe una ecuación que incluya la solución del problema.

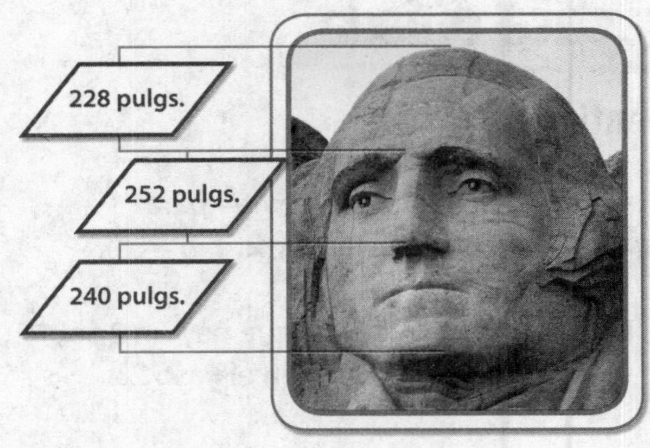

19. Sentido numérico Compara los números 212 y 209. Usa $<$, $>$ o $=$. Explica cómo hiciste tu comparación.

20. Ramón tiene 12 billetes de un dólar, 225 monedas de 1¢, 105 monedas de 5¢ y 65 monedas de 10¢. ¿Cuántas monedas tiene?

21. Álgebra Julia gasta $74 en un sombrero, unos zapatos y unos pantalones cortos. Si el sombrero cuesta $22 y los zapatos cuestan $33, ¿cuánto cuestan los pantalones cortos? Escribe y resuelve una ecuación. Usa el signo *?* para representar el costo de los pantalones cortos.

22. Razonamiento de orden superior Mari dice que $95 + 76 + 86$ es mayor que 300, pero menor que 400. ¿Tiene razón? ¿Por qué?

Evaluación de *Common Core*

23. Karin desayunó con cereales, un vaso de leche y un plátano. ¿Cuántas calorías había en su desayuno? Haz una estimación redondeando a la decena más cercana y luego resuelve el problema. Escribe una oración numérica que incluya tu solución.

plátano: 105 calorías
tazón de cereales sin leche: 110 calorías vaso de leche: 150 calorías

Nombre ______________________

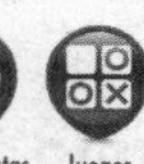

Tarea y práctica 9-4

Sumar 3 números o más

¡Revisemos!

Halla 137 + 201 + 109.

?		
137	201	109

Para sumar tres números, primero puedes sumar dos números. Luego, suma el resultado de los dos primeros números y el tercer número.

Puedes descomponer el problema en dos problemas más pequeños.

Paso 1

Suma 137 + 201.

$$\begin{array}{r} 137 \\ +\ 201 \\ \hline 338 \end{array}$$

Paso 2

Suma 338 + 109.

$$\begin{array}{r} {}^{1} \\ 338 \\ +\ 109 \\ \hline 447 \end{array}$$

Por tanto, 137 + 201 + 109 = 447.

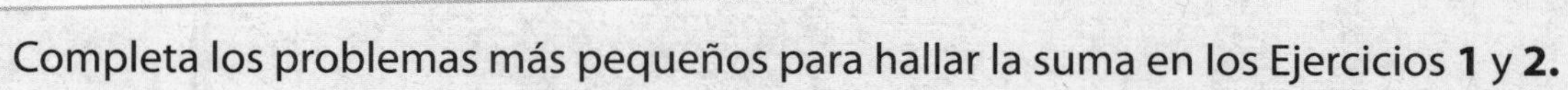
Completa los problemas más pequeños para hallar la suma en los Ejercicios **1** y **2**.

1. 35 + 63 + 76

$$\begin{array}{r} 35 \\ +\ \square\square \\ \hline \square\square \end{array} \qquad \begin{array}{r} \square \\ \square\square \\ +\ 76 \\ \hline \square\square\square \end{array}$$

2. 149 + 22 + 314

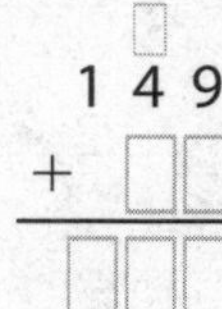

$$\begin{array}{r} \square \\ 149 \\ +\ \square\square \\ \hline \square\square\square \end{array} \qquad \begin{array}{r} \square\square\square \\ +\ 314 \\ \hline \square\square\square \end{array}$$

Halla la suma en los Ejercicios **3** a **8**.

3. $\begin{array}{r} 127 \\ 39 \\ +\ 87 \\ \hline \end{array}$

4. $\begin{array}{r} 293 \\ 312 \\ +\ 78 \\ \hline \end{array}$

5. $\begin{array}{r} 25 \\ 238 \\ 75 \\ +\ 180 \\ \hline \end{array}$

6. 150 + 125 + 350

7. 382 + 164 + 267

8. 46 + 461 + 309

9. PM.3 **Evaluar el razonamiento** Justine tiene 162 botones rojos, 98 botones azules y 284 botones verdes. Justine dice que haciendo una estimación, sabe que tiene más de 500 botones. ¿Estás de acuerdo? Explícalo.

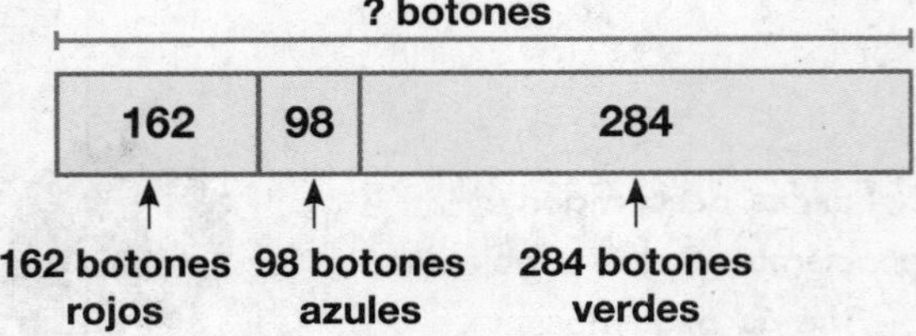

10. PM.8 **Generalizar** Para restar mentalmente 178 − 135, Carmine sumó 5 a cada número y Karen sumó 2 a cada número. ¿Sirven los dos métodos para hallar la respuesta correcta? ¿Por qué?

11. **Razonamiento de orden superior** El viernes, 215 personas fueron a la feria del vecindario. El sábado, fueron a la feria 163 personas más que las que fueron el viernes. El domingo, fueron 192 personas. ¿Cuántas personas en total fueron a la feria? ¿De qué dos maneras puedes hallar la respuesta?

12. PM.4 **Representar con modelos matemáticos** Kyle jugó a un nuevo videojuego. La primera vez anotó 128 puntos. La segunda vez anotó 305 puntos y la tercera vez, 490 puntos. ¿Cuántos puntos anotó Kyle? Dibuja un diagrama de barras para representar el problema y luego resuélvelo.

Evaluación de *Common Core*

13. La tabla muestra lo que Carlos comió para el desayuno. ¿Cuántas calorías consumió Carlos? Escribe una ecuación para resolver el problema.

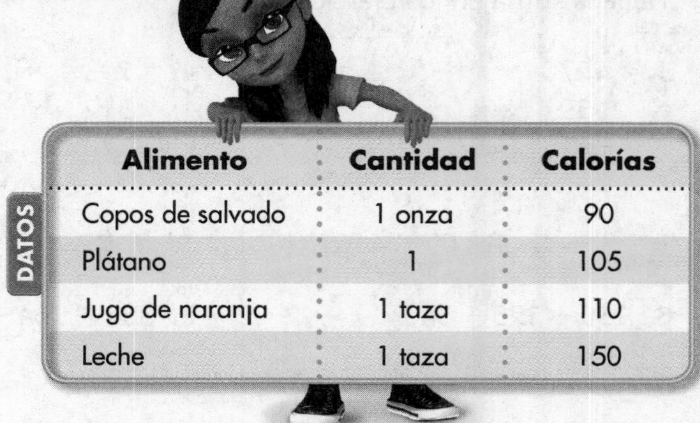

DATOS

Alimento	Cantidad	Calorías
Copos de salvado	1 onza	90
Plátano	1	105
Jugo de naranja	1 taza	110
Leche	1 taza	150

Nombre ______________________

Lección 9-5
Usar diferencias parciales para restar

Resuélvelo y coméntalo

Halla la diferencia de 534 − 108. Piensa en el valor de posición. ***Resuelve este problema de la manera que prefieras.***

Puedo...
usar el valor de posición para resolver problemas más sencillos al restar números de varios dígitos.

Estándar de contenido 3.NBD.A.2
Prácticas matemáticas PM.3, PM.6, PM.7, PM.8

Puedes usar la estructura. ¿Cómo podrías usar el valor de posición para descomponer este problema en problemas de resta más pequeños? *¡Muestra tu trabajo en el espacio que sigue!*

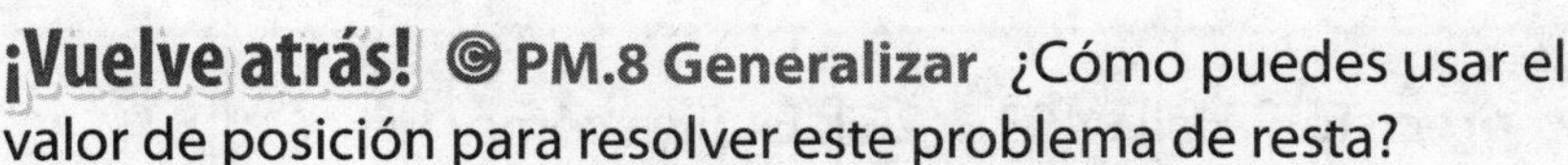

¡Vuelve atrás! **PM.8 Generalizar** ¿Cómo puedes usar el valor de posición para resolver este problema de resta?

¿Cómo puedes descomponer problemas de resta grandes en problemas más pequeños?

A

Al finalizar la cuarta ronda de un juego de Digit Derby*, el puntaje de Marco era 462. Durante la quinta ronda del juego, Marco pierde puntos. ¿Cuál es el puntaje de Marco al finalizar la quinta ronda?*

Halla 462 − 181.

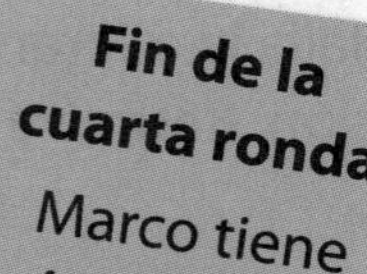

Fin de la cuarta ronda
Marco tiene 462 puntos.

Fin de la quinta ronda

Marco pierde 181 puntos.

El valor de posición puede ayudarte a descomponer un problema de resta en problemas más pequeños.

B

Paso 1

Empieza con 462.

Resta las **centenas.**

$462 - 100 = 362$

Hasta este punto, se ha restado 100.

C

Paso 2

A continuación, empieza con 362.

Resta las **decenas.**

Debes restar 8 decenas, pero no hay suficientes. Por tanto, resta las 6 decenas.
$362 - 60 = 302$

Después, resta las 2 decenas que faltan. $302 - 20 = 282$

Hasta este punto, se ha restado $100 + 60 + 20 = 180$.

D

Paso 3

Esto deja solo 1 para restar.

Resta las **unidades.**
$282 - 1 = 281$

Se ha restado
$100 + 60 + 20 + 1 = 181$.

El puntaje de Marco al final de la quinta ronda es de 281 puntos.

¡Convénceme! **PM.6 Hacerlo con precisión** Halla 453 − 262. Explica cómo el valor de posición te puede ayudar a resolverlo.

Nombre ______

Práctica guiada*

¿Lo entiendes?

1. ¿Por qué necesitas escribir los números que restas en cada paso?

2. Ana está tratando de hallar 634 − 210. Decide comenzar restando 10 de 634. ¿Estás de acuerdo con Ana? Explícalo.

¿Cómo hacerlo?

Usa el valor de posición como ayuda para descomponer el problema en problemas más pequeños en los Ejercicios **3** y **4**.

3. Halla 374 − 236.

   374 − 200 = ____

   174 − 30 = ____

   144 − 4 = ____

   140 − 2 = ____

4. Halla 369 − 175.

   369 − 100 = ____

   269 − 60 = ____

   209 − 10 = ____

   199 − 5 = ____

Práctica independiente

Práctica al nivel Sigue los pasos para hallar las diferencias en los Ejercicios **5** a **10.** Muestra tu trabajo.

5. 738 − 523

Primero, resta 500.

____ − ____ = 238

Después, resta 20.

238 − ____ = ____

Luego, resta 3.

____ − 3 = ____

6. 755 − 315

Primero, resta 300.

755 − ____ = ____

Después, resta 10.

____ − 10 = ____

Luego, resta 5.

____ − ____ = 440

7. 336 − 217

Primero, resta 200.

____ − 200 = ____

Después, resta 10.

____ − 10 = ____

Luego, resta 6.

____ − ____ = 120

Luego, resta 1.

____ − 1 = ____

8. 455 − 182

9. 865 − 506

10. 794 − 355

Puedes encontrar otro ejemplo en el Grupo E, página 527.

Prácticas matemáticas y resolución de problemas

11. El libro de Daniel tiene 316 páginas. La semana pasada leyó 50 páginas. Esta semana leyó otras 71 páginas. ¿Cuántas páginas le quedan por leer?

12. A-Z **Vocabulario** Explica cómo reagruparías las decenas al sumar 172 + 264.

13. **PM.7 Usar la estructura** Beth tiene un collar con 128 cuentas. El cordel se rompió y Beth perdió 43 cuentas. ¿Cuántas cuentas le quedaron? Explica cómo puedes descomponer el problema en problemas más pequeños para resolverlo.

14. Escribe de 2 maneras diferentes la hora que se muestra en el reloj.

15. **Razonamiento de orden superior** ¿Cuál pesa más, un perro de raza Gran Danés o dos perros de raza Basset Hound? Muestra la diferencia en libras entre los dos Basset Hounds y el Gran Danés. Dibuja un diagrama de barras para representar el problema y ayudarte a resolverlo.

Evaluación de *Common Core*

16. Hay 183 estudiantes en el comedor de la escuela. Casi al final de la hora del almuerzo, 128 estudiantes se van. ¿Cuántos estudiantes quedan en el comedor? Explica cómo puedes descomponer parte del problema en problemas más pequeños para hallar la diferencia.

Nombre ______________________

Tarea y práctica 9-5

Usar diferencias parciales para restar

¡Revisemos!

La escuela Greenwood tiene 248 instrumentos musicales. Los estudiantes usan 156 instrumentos en un concierto. ¿Cuántos instrumentos no se usan?

Lo que piensas

Tengo que hallar 248 − 156. 156 es igual a 100 + 50 + 6. Puedo restar cada sumando, comenzando con las centenas y terminando con las unidades.

No hay suficientes decenas, así que voy a descomponer 5 decenas en 4 decenas y 1 decena.

Lo que escribes

248 − 100 = 148
148 − 40 = 108
108 − 10 = 98
98 − 6 = 92

No se usan 92 instrumentos en el concierto.

Resta en los Ejercicios **1** a **4**.

1. Sigue los pasos para hallar 365 − 138.

Primero, resta 100. 365 − 100 = ____
Después, resta 30. ____ − ____ = 235
Luego, resta 5. 235 − ____ = ____
Luego, resta 3. ____ − 3 = ____

2. Sigue los pasos para hallar 217 − 118.

Primero, resta 100. 217 − 100 = ____
Después, resta 10. 117 − 10 = ____
Luego, resta 7. 107 − 7 = ____
Luego, resta 1. 100 − 1 = ____

3. Sigue los pasos para hallar 568 − 293.

Primero, resta 200. ____ − ____ = 368
Después, resta 60. ____ − 60 = ____
Luego, resta 30. 308 − ____ = ____
Luego, resta 3. ____ − 3 = ____

4. Sigue los pasos para hallar 928 − 374.

Primero, resta 300. ____ − 300 = ____
Después, resta 20. ____ − ____ = 608
Luego, resta 50. ____ − 50 = ____
Luego, resta 4. ____ − ____ = 554

Práctica al nivel Escribe los pasos para mostrar las diferencias en los Ejercicios **5** a **7**.

5. 756 − 642

756 − 600 = 156

6. 848 − 276

848 − 200 = 648

7. 641 − 139

8. ¿Cuántos vértices tiene el siguiente cubo?

Un vértice es un punto donde se unen las aristas.

9. **PM.3 Evaluar el razonamiento** Tamara necesita hallar 455 − 364. A continuación se muestra su trabajo. Explica cuál es el error y halla el resultado correcto.

455 − 300 = 155
155 − 50 = 105
105 − 4 = 101

10. Los estudiantes de tercer grado de la Escuela primaria Lowell tuvieron que decidir cuál de las tres opciones de desayuno que se muestran en la gráfica de barras les gustaba más. ¿Cuántos estudiantes más prefirieron huevos o frutas a cereales?

11. **Matemáticas y Ciencias** El agua hierve a los 212 grados Fahrenheit y se congela a los 32 grados Fahrenheit. ¿Qué diferencia de grados hay entre estas temperaturas? Explica cómo hallaste la respuesta.

12. **Razonamiento de orden superior** Tomás tenía 347 canicas. Intercambió 28 por algunas canicas que le interesaban más. Ahora tiene 336 canicas. ¿Cuántas canicas obtuvo Tomás con el intercambio? Explica cómo hallaste la respuesta.

Evaluación de *Common Core*

13. Rachel tenía 251 monedas de 1¢ y su hermana le dio otras más. Ahora tiene 534 monedas de 1¢. ¿Cuántas monedas recibió Rachel? Explica cómo puedes descomponer el problema en problemas más pequeños.

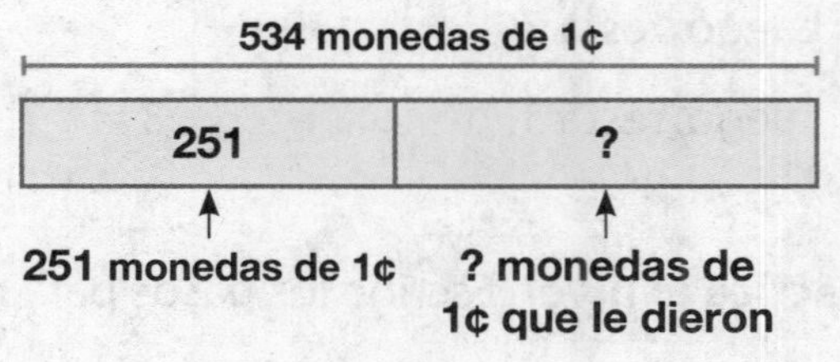

Nombre ______________________________

Resuelve

Lección 9-6
Restar números de 3 dígitos

Puedo...
usar el razonamiento del valor de posición para restar números de 3 dígitos.

Estándar de contenido 3.NBD.A.2
Prácticas matemáticas PM.1, PM.2, PM.4, PM.5, PM.8

Resuélvelo y coméntalo

El año pasado hubo 347 casas en venta en Mill County y 289 casas en venta en Hunter County. De las casas en venta en Mill County, 162 se vendieron. ¿Cuántas casas no se vendieron en Mill County? ***Resuelve este problema de la manera que prefieras.***

Puedes generalizar cuando restas números de 3 dígitos. Ya sabes cómo mostrar la reagrupación cuando sumas con y sin bloques de valor de posición. ¿Cómo puedes hacer lo mismo cuando restas? *¡Muestra tu trabajo en el espacio que sigue!*

¡Vuelve atrás! **PM.5 Usar herramientas apropiadas** ¿Cómo puedes usar bloques de valor de posición para mostrar cómo reagrupar en este problema?

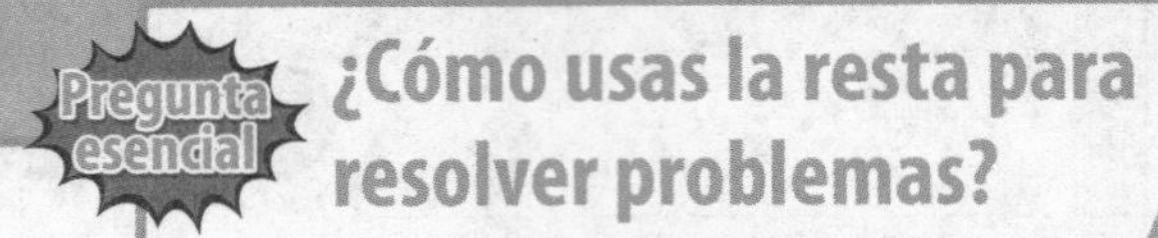

¿Cómo usas la resta para resolver problemas?

A

Mike y Linda están jugando un juego. ¿Cuántos puntos más tiene Mike que Linda?

Halla 528 − 341.

Haz una estimación redondeando a la decena más cercana: 530 − 340 = 190.

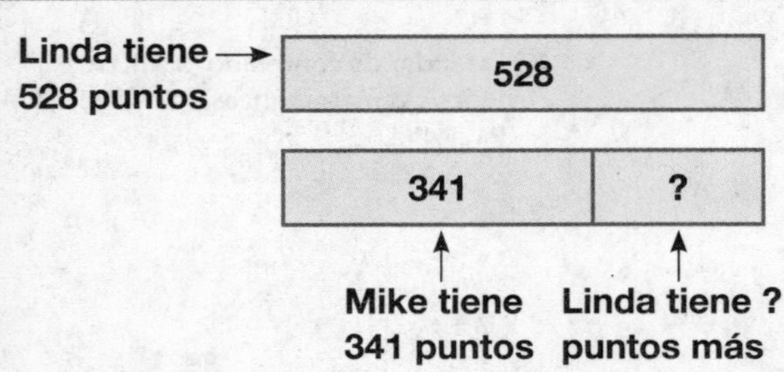

B Resta las unidades.

8 unidades > 1 unidad
No necesitas reagrupar.
8 unidades − 1 unidad
= 7 unidades

$$\begin{array}{r} 528 \\ -\ 341 \\ \hline 7 \end{array}$$

Puedes usar el valor de posición para restar usando un algoritmo.

C Resta las decenas.

Como 2 decenas < 4 decenas, reagrupa 1 centena en 10 decenas.
12 decenas − 4 decenas
= 8 decenas

$$\begin{array}{r} \overset{4}{\cancel{5}}\,\overset{12}{\cancel{2}}\,8 \\ -\ 3\,4\,1 \\ \hline 8\,7 \end{array}$$

D Resta las centenas.

4 centenas − 3 centenas
= 1 centena

$$\begin{array}{r} \overset{4}{\cancel{5}}\,\overset{12}{\cancel{2}}\,8 \\ -\ 3\,4\,1 \\ \hline 1\,8\,7 \end{array}$$

Linda tiene 187 puntos más.

187 está cerca de la estimación, 190. El resultado es razonable.

¡Convénceme! **PM.5 Usar herramientas apropiadas** En el anterior Recuadro C, 5 centenas, 2 decenas y 8 unidades están reagrupadas como 4 centenas, 12 decenas y 8 unidades. ¿Cómo puedes reagrupar esos números usando bloques de valor de posición? ¿Qué método es más sencillo?

Nombre ____________________

Amigo de práctica | Herramientas | Evaluación

Otro ejemplo

Es posible que tengas que reagrupar dos veces cuando restas.
Halla 356 − 189.

Resta las unidades.
Reagrupa, si es necesario.
6 unidades < 9 unidades.
Por tanto, reagrupa 1 decena en 10 unidades.

$$\begin{array}{r} 3\overset{4}{\not{5}}\overset{16}{\not{6}} \\ -\,189 \\ \hline 7 \end{array}$$

Resta las decenas.
Reagrupa, si es necesario.
4 decenas < 8 decenas. Por tanto, reagrupa 1 centena en 10 decenas.

$$\begin{array}{r} \overset{2}{\not{3}}\overset{\overset{14}{4}}{\not{5}}\overset{16}{\not{6}} \\ -\,189 \\ \hline 67 \end{array}$$

Resta las centenas.

$$\begin{array}{r} \overset{2}{\not{3}}\overset{\overset{14}{4}}{\not{5}}\overset{16}{\not{6}} \\ -\,189 \\ \hline 167 \end{array}$$

Por tanto, 356 − 189 = 167.

Práctica guiada*

¿Lo entiendes?

1. En el ejemplo de la página 506, explica cómo decidir si es necesario reagrupar.

¿Cómo hacerlo?

Resta en los Ejercicios **1** y **2**.

2. $\begin{array}{r} 374 \\ -\,176 \\ \hline \end{array}$

3. $\begin{array}{r} 856 \\ -\,219 \\ \hline \end{array}$

Práctica independiente

Haz una estimación redondeando a la decena más cercana en los Ejercicios **4** a **11**. Luego, halla las diferencias. Comprueba si las respuestas son razonables.

4. $\begin{array}{r} 431 \\ -\,145 \\ \hline \end{array}$

5. $\begin{array}{r} 276 \\ -\,97 \\ \hline \end{array}$

6. $\begin{array}{r} 516 \\ -\,402 \\ \hline \end{array}$

7. $\begin{array}{r} 526 \\ -\,238 \\ \hline \end{array}$

8. 574 − 86

9. 629 − 453

10. 979 − 569

11. 764 − 237

**Puedes encontrar otro ejemplo en el Grupo F, página 527.*

Prácticas matemáticas y resolución de problemas

12. Al terminar el juego, Laura tenía 426 puntos y Theo 158 puntos. ¿Cuántos puntos más tenía Laura que Theo?

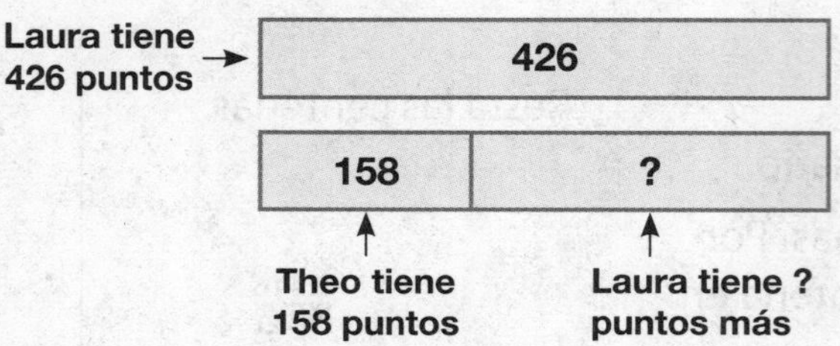

13. **PM.4 Representar con modelos matemáticos** Zac y Malcolm escribieron cuentos. El cuento de Zac tiene 272 líneas. El cuento de Malcolm tiene 145 líneas más que el de Zac. ¿Cuántas líneas tiene el cuento de Malcolm? Explica qué operación usaste para resolver el problema.

14. La canasta más grande del mundo mide 186 pies de altura, desde la base hasta la parte superior de las asas. ¿Cuánto miden las asas?

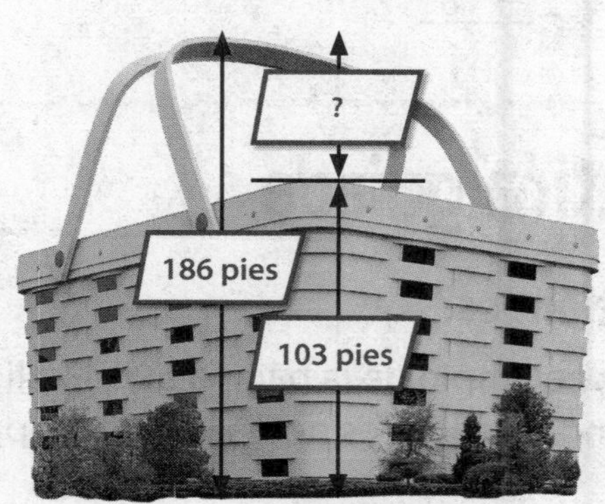

15. **Razonamiento de orden superior** ¿Cuántos nadadores más se inscribieron en la primera sesión de la piscina Oak que en la primera y en la segunda sesión juntas de la piscina Park? Escribe una oración numérica que represente el problema y que incluya la solución.

DATOS

Inscripción en la clase de natación

Piscina	Cantidad de nadadores	
	1.ª sesión	2.ª sesión
Oak	763	586
Park	314	179
River	256	163

Evaluación de *Common Core*

16. El Sr. Johnson manejó su carro 231 millas el lunes. Después de 5 días, había manejado 729 millas. Completa el problema para mostrar cuántas millas manejó el Sr. Johnson desde el martes hasta el viernes. Reagrupa si es necesario.

```
  □ □ □
  7 2 9
– □ □ □
  □ □ □
```

Nombre ______________________

Tarea y práctica 9-6

Restar números de 3 dígitos

¡Revisemos!

Halla 726 − 238.
Estima redondeando a la decena más cercana: 730 − 240 = 490.

Paso 1

Primero, resta las unidades.
6 unidades < 8 unidades
Reagrupa 1 decena en 10 unidades.

$$\begin{array}{r} \scriptsize{1\ 16} \\ 7\not{2}\not{6} \\ -\ 238 \\ \hline 8 \end{array}$$

Paso 2

Resta las decenas.
1 decena < 3 decenas
Reagrupa 1 centena en 10 decenas.

$$\begin{array}{r} \scriptsize{11} \\ \scriptsize{6\ \not{1}\ 16} \\ \not{7}\not{2}\not{6} \\ -\ 238 \\ \hline 88 \end{array}$$

Paso 3

Resta las centenas.

$$\begin{array}{r} \scriptsize{11} \\ \scriptsize{6\ \not{1}\ 16} \\ \not{7}\not{2}\not{6} \\ -\ 238 \\ \hline 488 \end{array}$$

Usa tu estimación para generalizar.

Esta respuesta es razonable porque 488 está cerca de la estimación, 490.

Práctica al nivel Haz una estimación redondeando a la decena más cercana en los Ejercicios **1** a **16.** Luego, halla las diferencias.

1. $\begin{array}{r} 914 \\ -\ 482 \\ \hline \square\square 2 \end{array}$

2. $\begin{array}{r} 883 \\ -\ 388 \\ \hline 4\square\square \end{array}$

3. $\begin{array}{r} 375 \\ -\ 183 \\ \hline \square\square 2 \end{array}$

4. $\begin{array}{r} 736 \\ -\ 295 \\ \hline 4\square\square \end{array}$

5. $\begin{array}{r} 478 \\ -\ 152 \\ \hline \end{array}$

6. $\begin{array}{r} 246 \\ -\ 127 \\ \hline \end{array}$

7. $\begin{array}{r} 816 \\ -\ 304 \\ \hline \end{array}$

8. $\begin{array}{r} 919 \\ -\ 284 \\ \hline \end{array}$

9. 318 − 123

10. 441 − 187

11. 334 − 275

12. 597 − 384

13. 732 − 455

14. 412 − 83

15. 828 − 615

16. 649 − 367

17. **PM.2 Razonar** Un vivero vendió 276 plantas de tomates y 307 rosas. Quedan 187 plantas de tomates. ¿Cuántas plantas de tomates había en el invernadero inicialmente? Explica qué números y operaciones usaste para resolverlo.

18. Texas tiene 254 condados, California tiene 58 condados y Florida tiene 67 condados. ¿Cuántos condados más tiene Texas que California y Florida juntos?

19. **PM.1 Entender y perseverar** ¿Cuántas millas más cerca de Omaha está Chicago que Dallas? Usa la tabla y sigue los siguientes pasos para hallar la respuesta.

    a. Estima la respuesta.
    b. Escribe en palabras la solución del problema.
    c. Explica por qué tu respuesta es razonable.

DATOS

Todos los caminos llevan a Omaha

Viaje	Millas
Dallas a Omaha	644
Chicago a Omaha	459
Tulsa a Omaha	387

20. **Razonamiento de orden superior** Jill viajará de Chicago a Omaha, y luego de Omaha a Tulsa. Bill viajará de Dallas a Omaha. ¿Cuánta más distancia viajará Jill que Bill? Explica cómo hallaste la respuesta.

Puedes usar una operación inversa para comprobar tu solución de cada parte de un problema.

Evaluación de *Common Core*

21. Toby recorrió 757 millas en su bicicleta desde mayo hasta julio. Recorrió 398 millas en mayo. Completa el problema para mostrar cuántas millas recorrió en junio y julio. Reagrupa si es necesario.

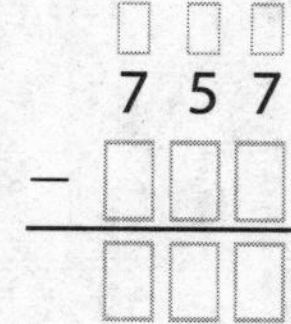

Nombre ____________________

Lección 9-7

Más sobre restar números de 3 dígitos

Puedo...
usar el razonamiento del valor de posición para restar números de 3 dígitos.

Estándar de contenido 3.NBD.A.2
Prácticas matemáticas PM.1, PM.2, PM.3, PM.4, PM.5, PM.8

Resuélvelo y coméntalo Rick puede recibir 1,000 mensajes de texto al mes. ¿Cuántos mensajes de texto más recibió Rick esta semana que la semana pasada? ***Resuelve este problema de la manera que prefieras.***

Mensajes de texto de Rick

La semana pasada: 125

Esta semana: 213

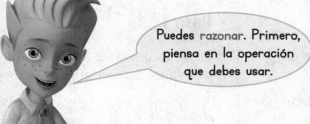

Puedes razonar. Primero, piensa en la operación que debes usar.

¡Vuelve atrás! **PM.1 Entender y perseverar** ¿Cómo puedes comprobar la respuesta de cualquier resta? ¿Es correcta tu respuesta a la pregunta sobre Rick?

¿Cómo puedes restar de un número con un cero o más?

A

Hay 136 torres de teléfonos celulares menos en el condado Jurloe que en el condado Fraser. ¿Cuántas torres de teléfonos celulares hay en el condado Jurloe?

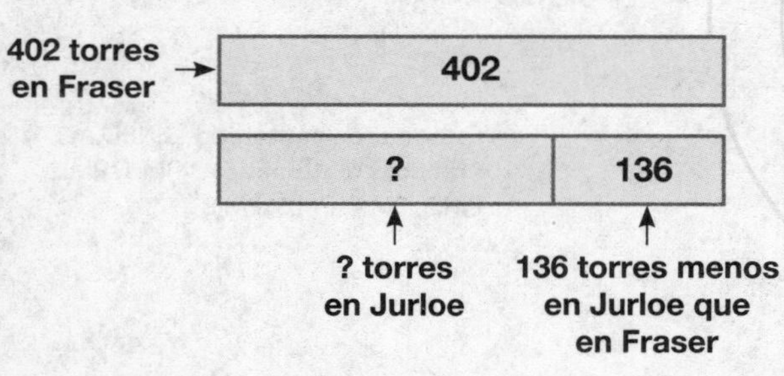

El condado Fraser tiene 402 torres de teléfonos celulares.

Puedes redondear cada número a la centena más cercana para estimar. 400 − 100 = 300. Luego, puedes comprobar si tu respuesta es razonable.

B

Paso 1

Resta las unidades.
2 unidades < 6 unidades.
Por tanto, reagrupa.

Como no hay decenas en 402, reagrupa 1 centena en 10 decenas.

4 centenas y 0 decenas =
3 centenas y 10 decenas

$$\begin{array}{r} \overset{3}{\not4}\,\overset{10}{\not0}\,2 \\ -\,1\,3\,6 \\ \hline \end{array}$$

C

Paso 2

Reagrupa 1 decena en 10 unidades.

10 decenas y 2 unidades =
9 decenas y 12 unidades

$$\begin{array}{r} \overset{3}{\not4}\,\overset{\overset{9}{\not{10}}}{\not0}\,\overset{12}{\not2} \\ -\,1\,3\,6 \\ \hline \end{array}$$

D

Paso 3

Resta las unidades, las decenas y después las centenas.

$$\begin{array}{r} \overset{3}{\not4}\,\overset{\overset{9}{\not{10}}}{\not0}\,\overset{12}{\not2} \\ -\,1\,3\,6 \\ \hline 2\,6\,6 \end{array}$$

Hay 266 torres de teléfonos celulares en el condado Jurloe.

El resultado es razonable porque está cerca de la estimación, 300.

¡Convénceme! **PM.5 Usar herramientas apropiadas** Muestra cómo puedes usar otra herramienta para representar el anterior problema.

Nombre ______________________________

Amigo de práctica | Herramientas | Evaluación

Otro ejemplo

Es posible que tengas que restar de un número con dos ceros. Halla 600 − 164.

Resta las unidades.
0 unidades < 4 unidades.
Por tanto, reagrupa.

No puedes reagrupar 0 decenas.
Por tanto, reagrupa las centenas.
6 centenas y 0 decenas =
5 centenas y 10 decenas

$$\begin{array}{r} \overset{5}{\cancel{6}}\,\overset{10}{\cancel{0}}\,0 \\ -\ 1\ 6\ 4 \\ \hline \end{array}$$

Ahora reagrupa las decenas.
10 decenas y 0 unidades =
9 decenas 10 unidades.

$$\begin{array}{r} \overset{5}{\cancel{6}}\,\overset{9}{\cancel{10}}\,\overset{10}{\cancel{0}} \\ -\ 1\ 6\ 4 \\ \hline \end{array}$$

Resta las unidades, las decenas y después las centenas.

$$\begin{array}{r} \overset{5}{\cancel{6}}\,\overset{9}{\cancel{10}}\,\overset{10}{\cancel{0}} \\ -\ 1\ 6\ 4 \\ \hline 4\ 3\ 6 \end{array}$$

Por tanto, 600 − 164 = 436.

Práctica guiada*

¿Lo entiendes?

1. Para restar 507 − 348, ¿cómo puedes reagrupar las decenas si hay 0 decenas?

2. **PM.8 Generalizar** ¿Debes reagrupar cada vez que restas de un número con un cero? Explícalo.

¿Cómo hacerlo?

Halla las diferencias en los Ejercicios **3** a **6.**

3. $\begin{array}{r} 816 \\ -\ 335 \\ \hline \end{array}$

4. $\begin{array}{r} 703 \\ -\ 246 \\ \hline \end{array}$

5. $\begin{array}{r} 900 \\ -\ 375 \\ \hline \end{array}$

6. $\begin{array}{r} 508 \\ -\ 247 \\ \hline \end{array}$

Práctica independiente

Halla las diferencias en los Ejercicios **7** a **14.** Luego, usa la estimación para comprobar tus respuestas.

7. $\begin{array}{r} 549 \\ -\ 167 \\ \hline \end{array}$

8. $\begin{array}{r} 411 \\ -\ 238 \\ \hline \end{array}$

9. $\begin{array}{r} 560 \\ -\ 144 \\ \hline \end{array}$

10. $\begin{array}{r} 783 \\ -\ 68 \\ \hline \end{array}$

11. 400 − 219

12. 904 − 703

13. 700 − 604

14. 807 − 308

Puedes encontrar otro ejemplo en el Grupo G, página 528.

Prácticas matemáticas y resolución de problemas

15. PM.4 Representar con modelos matemáticos ¿Cuánto dinero más tiene que recaudar el Club de Arte de la Escuela Elm? Completa el diagrama de barras para resolver el problema.

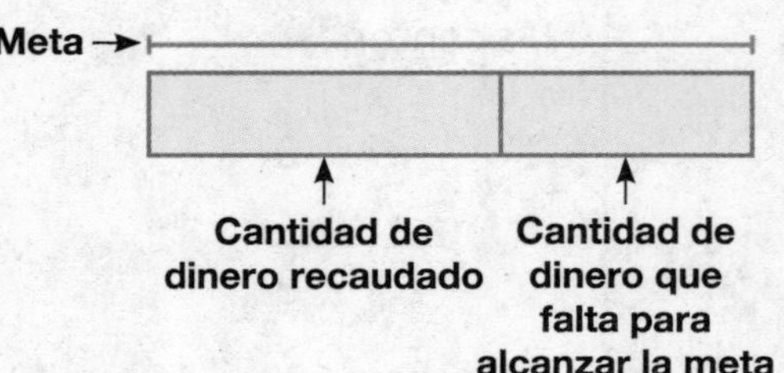

16. Hubo una venta de mazorcas de maíz en una feria local. Se vendieron 388 mazorcas de maíz. Al final, sobraron 212 mazorcas. ¿Cuántas mazorcas de maíz estaban en venta al principio de la feria?

17. Dina estaba añadiendo libros en los estantes de la biblioteca. Colocó 117 libros de no ficción en los estantes. Entonces, había 204 libros de no ficción. ¿Cuántos libros de no ficción había en los estantes al principio?

18. PM.3 Construir argumentos Terri tiene 10 lápices. ¿Cuántos puede colocar en su estuche rosado y cuántos puede colocar en su estuche blanco? Explícalo.

19. Razonamiento de orden superior Dylan tenía $405 en su cuenta de ahorros y gastó $253. Brian tenía $380 en su cuenta de ahorros y gastó $48 menos que Dylan. ¿Quién tiene más dinero en su cuenta de ahorros ahora? ¿Cuánto dinero más?

Evaluación de *Common Core*

20. ¿Qué opción muestra cómo reagrupar 706 para restar 706 − 169?

Ⓐ 6 centenas y 9 decenas y 16 unidades

Ⓑ 6 centenas y 10 decenas y 16 unidades

Ⓒ 7 centenas y 9 decenas y 16 unidades

Ⓓ No es necesario reagrupar.

21. Irene tomó 65 fotos más que su hermano en el Parque Nacional Yellowstone. Irene tomó 300 fotos. ¿Cuántas fotos tomó su hermano?

Ⓐ 365 fotos

Ⓑ 335 fotos

Ⓒ 245 fotos

Ⓓ 235 fotos

Nombre ______________________

Ayuda   Amigo de práctica   Herramientas   Juegos

Tarea y práctica 9-7

Más sobre restar números de 3 dígitos

¡Revisemos!

Halla 207 − 98.

Recuerda que puedes usar la suma para comprobar tu respuesta o usar la estimación para comprobar si tu respuesta es razonable.

Paso 1

Resta las unidades.
7 unidades < 8 unidades, por tanto, reagrupa. Como no hay decenas en 207, reagrupa las centenas.

2 centenas y 0 decenas = 1 centena y 10 decenas

```
 1 10
 2̸ 0̸ 7
−   9 8
```

Paso 2

Reagrupa las decenas.

10 decenas y 7 unidades = 9 decenas y 17 unidades

```
    9
 1 10 17
 2̸ 0̸  7̸
−   9  8
```

Paso 3

Resta las unidades, las decenas y luego las centenas.

```
    9
 1 10 17
 2̸ 0̸  7̸
−   9  8
 1  0  9
```

Halla las diferencias en los Ejercicios **1** a **16**. Luego, usa la suma para comprobar la respuesta o usa la estimación para comprobar si tu respuesta es razonable.

1. 518 − 339

2. 401 − 137

3. 856 − 92

4. 800 − 523

5. 946 − 441

6. 530 − 157

7. 600 − 75

8. 916 − 850

9. 155 − 109

10. 815 − 248

11. 922 − 39

12. 504 − 208

13. 300 − 145

14. 709 − 643

15. 200 − 188

16. 480 − 252

17. **PM.1 Entender y perseverar** La familia Gordon compró 4 sándwiches de jamón y 4 refrescos en un partido de beisbol. ¿Cuánto pagaron por la comida y las bebidas?

Sándwich de jamón	$4
Sándwich de atún	$5
Pretzel suave	$2
Refresco	$1

18. Algunos estudiantes de último año se inscribieron en clases de danza en el otoño. Luego, 117 estudiantes dejaron las clases. 189 estudiantes continuaron con las clases. ¿Cuántos estudiantes empezaron las clases en el otoño?

19. **PM.2 Razonar** Escribe un cuento para 105 − 58. Luego, halla la diferencia.

20. **Razonamiento de orden superior** El Palacio de las Fiestas recibe un pedido de 505 sorpresas. Empaquetan 218 sorpresas el lunes y 180 sorpresas el martes. ¿Cuántas sorpresas más deben empaquetar? Muestra dos maneras diferentes de resolver el problema.

21. **Matemáticas y Ciencias** Un científico estuvo observando un grupo de ñúes durante dos años. En un año había 200 animales en la manada. En el siguiente año había 155 ñúes. ¿Cuántos animales más había en el primer año?

Evaluación de *Common Core*

22. ¿Qué opción muestra cómo reagrupar 500 para restar 500 − 228?

Ⓐ 5 centenas y 9 decenas y 10 unidades

Ⓑ 4 centenas y 9 decenas y 10 unidades

Ⓒ 4 centenas y 10 decenas y 10 unidades

Ⓓ No es necesario reagrupar.

23. Este año 403 niños asistieron a la Feria de la Diversión. El año pasado asistieron 115 niños menos. ¿Cuántos niños asistieron a la feria de la Diversión el año pasado?

Ⓐ 388 niños

Ⓑ 298 niños

Ⓒ 288 niños

Ⓓ 278 niños

Nombre ______________________

Prácticas matemáticas y resolución de problemas

Lección 9-8
Construir argumentos

Puedo...
construir argumentos matemáticos usando lo que sé sobre la suma y la resta.

Prácticas matemáticas PM.3. También, PM.1, PM.2, PM.4, PM.7.
Estándar de contenido 3.NBD.A.2

Resuélvelo y coméntalo Usa los dígitos 0, 1, 2, 3, 4 y 5 una sola vez. Escribe los dígitos en el espacio siguiente para formar dos sumandos de 3 dígitos cuya suma o total sea la mayor posible. Escribe el total de los 2 sumandos. ¿Cómo sabes que has formado la suma o total mayor?

☐☐☐
+ ☐☐☐

Hábitos de razonamiento

¡Razona correctamente! Estas preguntas te pueden ayudar.

- ¿Cómo puedo usar números, objetos, dibujos o acciones para justificar mi razonamiento?
- ¿Estoy usando los números y símbolos correctamente?
- ¿Es clara y completa mi explicación?

¡Vuelve atrás! **PM.3 Construir argumentos** Si sumas tus dos sumandos en un orden distinto, ¿será el total mayor o menor al total original? ¿Cómo lo sabes?

¿Cómo puedes construir argumentos?

A

Nancy tiene $457 en su cuenta de ahorros y quiere tener $500 al final del año. Christopher tiene $557 en su cuenta de ahorros y quiere tener $600 al final del año. ¿Quién tiene que ahorrar más dinero al final del año?

Mi conjetura: Ambos necesitan ahorrar la misma cantidad.

Una conjetura es un enunciado que parece ser vedadero. Tiene que ser comprobado o refutado.

¿Cómo puedo explicar por qué mi conjetura es correcta?

Tengo que construir un argumento para justificar mi conjetura.

Este es mi razonamiento...

B

¿Cómo puedo construir un argumento?

Puedo

- usar números, objetos, dibujos o acciones correctamente para explicar mi razonamiento.
- asegurarme de que mi explicación sea simple, completa y fácil de entender.

C

Voy a usar dibujos y números para explicar mi razonamiento.

La distancia entre 457 y 500 en la recta numérica es igual a la distancia entre 557 y 600.

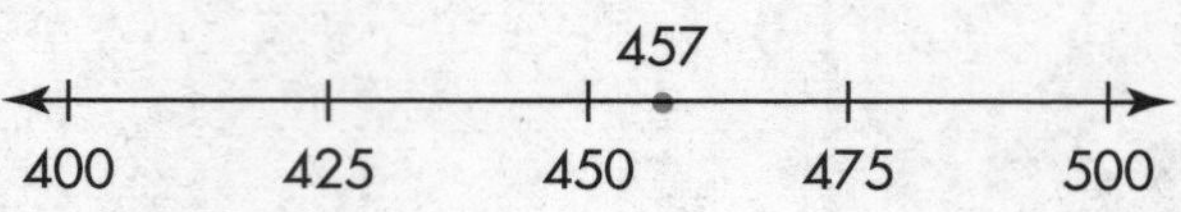

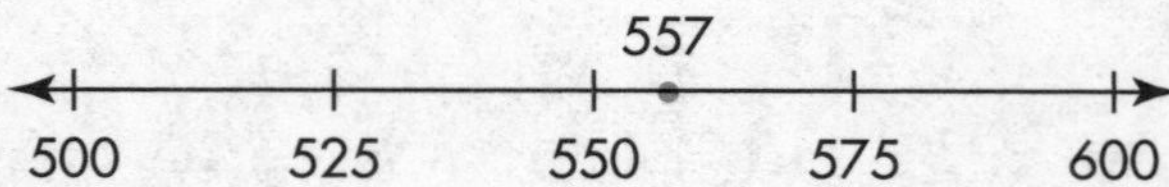

Las rectas numéricas muestran que se necesita la misma cantidad de dinero para pasar de $457 a $500 que para pasar de $557 a $600.

Por tanto, $500 - 457 = 600 - 557$. Mi conjetura es correcta.

¡Convénceme! **PM.3 Construir argumentos** Usa objetos para construir otro argumento matemático que justifique la anterior conjetura. Piensa en cómo puedes usar bloques de valor de posición.

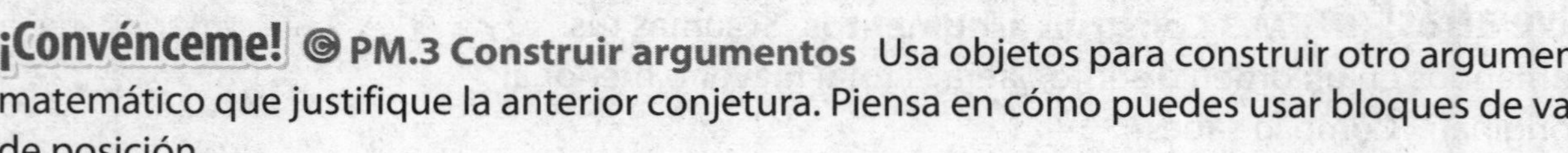

Nombre ______________________________

Amigo de práctica Herramientas Evaluación

Práctica guiada*

PM.3 Construir argumentos

El Sr. López tenía $375 en el banco. Luego, gastó $242. La Srta. Davis tenía $675 en el banco y luego gastó $542. ¿A quién le queda más dinero? *Conjetura: A los dos les queda la misma cantidad de dinero.*

Los diagramas te pueden ayudar a defender un argumento.

1. Dibuja un diagrama para justificar la conjetura.

2. Usa tu diagrama para justificar la conjetura.

Práctica independiente

PM.3 Construir argumentos

Una clase de segundo grado ha hecho 165 grullas de papel y quiere hacer un total de 250. Una clase de tercer grado ha hecho 255 grullas de papel y quiere hacer un total de 350. ¿A qué clase le faltan menos grullas de papel para alcanzar su meta? *Conjetura: La clase de segundo grado tiene que hacer menos grullas de papel para alcanzar su meta.*

3. Dibuja un diagrama a la derecha para ayudarte a justificar la conjetura.

4. Usa tu diagrama para justificar la conjetura.

5. Explica otra manera de justificar la conjetura.

*Puedes encontrar otro ejemplo en el Grupo H, página 528.

Prácticas matemáticas y resolución de problemas

Evaluación de rendimiento de *Common Core*

Práctica de la banda
Algunos músicos se han propuesto metas del número de minutos que quieren practicar antes de un concierto que tendrá lugar en 5 días. Quieren saber quién tiene que practicar el menor número de minutos para alcanzar su meta.

Estudiante	Aria	Dexter	Yin	Sawyer
Minutos de práctica	608	612	604	612
Meta en minutos	700	650	625	675

6. **PM.1 Entender y perseverar** ¿Cómo puedes hallar el número de minutos que Aria tiene que practicar para alcanzar su meta?

7. **PM.7 Buscar relaciones** Hasta ahora, Dexter y Sawyer han practicado el mismo número de minutos. ¿Necesitan la misma cantidad de tiempo de práctica para alcanzar sus metas? Explícalo.

8. **PM.2 Razonar** ¿A quién le quedan menos minutos de práctica para alcanzar su meta?

9. **PM.3 Construir argumentos** Construye un argumento matemático para explicar por qué tu respuesta al Ejercicio **8** es correcta.

Cuando construyes argumentos, explicas por qué tu trabajo está bien.

Nombre ______________________

Tarea y práctica 9-8

Construir argumentos

¡Revisemos!

Durante las últimas dos semanas Max hizo ejercicio por 446 minutos. Durante la primera semana hizo ejercicio por 220 minutos. ¿Hizo más ejercicio durante la primera semana o durante la segunda semana? *Conjetura: Max hizo más ejercicio durante la segunda semana.*

Di cómo puedes justificar la conjetura.

- Puedo usar números, objetos, dibujos o acciones para explicarlo.
- Puedo asegurame de que mi argumento sea sencillo, completo y fácil de entender.

Al construir un argumento, usas el razonamiento para ofrecer una explicación lógica.

Construye un argumento para justificar la conjetura.

Puedo usar bloques de valor de posición para ver que si Max hubiera hecho la misma cantidad de ejercicio en la segunda semana, solo hubiera hecho ejercicio 440 minutos. Por tanto, Max tuvo que haber hecho ejercicio por más minutos durante la segunda semana para obtener un total de 446 minutos.

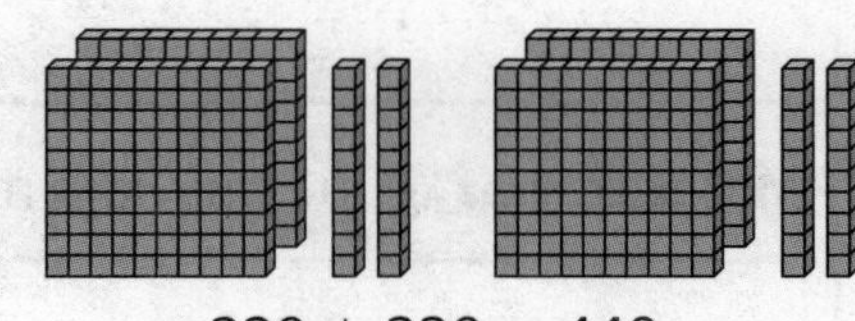

220 + 220 = 440

PM.3 Construir argumentos

La Escuela Central tiene 758 estudiantes. La Escuela Central tiene 2 períodos de almuerzo. 371 estudiantes almuerzan en el primer período. ¿En qué período almuerzan más estudiantes? *Conjetura: Más estudiantes almuerzan en el segundo período de almuerzo.*

1. Di cómo puedes justificar la conjetura.

2. Construye un argumento para justificar la conjetura.

3. Explica otra manera de justificar la conjetura.

Evaluación de rendimiento de *Common Core*

Vacaciones familiares

La familia Willis tiene 4 miembros. Durante sus vacaciones y en horas de la mañana y de la tarde, la familia viajó en carro a diferentes ciudades. A continuación aparecen las distancias que viajaron en carro. La Sra. Willis quiere saber qué día viajaron más.

DATOS

	Sábado	Lunes	Miércoles	Viernes
Mañana	174 millas	112 millas	121 millas	172 millas
Tarde	106 millas	165 millas	168 millas	113 millas

4. **PM.4 Representar con modelos matemáticos** Escribe ecuaciones para representar las distancias que viajó la familia durante los días dados.

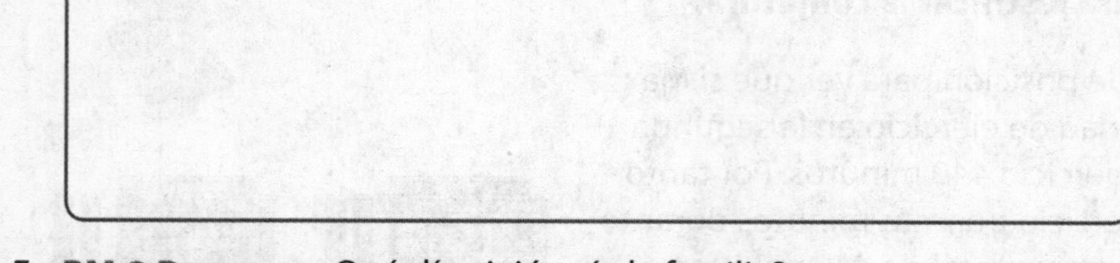

5. **PM.2 Razonar** ¿Qué día viajó más la familia?

6. **PM.3 Construir argumentos** Construye un argumento matemático para explicar por qué tu repuesta al Ejercicio **5** es correcta.

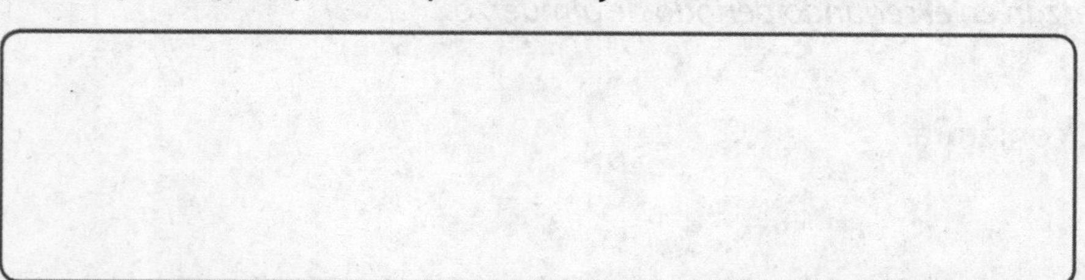

Puedes usar números, objetos, dibujos o acciones para construir argumentos.

7. **PM.1 Entender y perseverar** ¿Cómo puedes comprobar si tu respuesta es razonable?

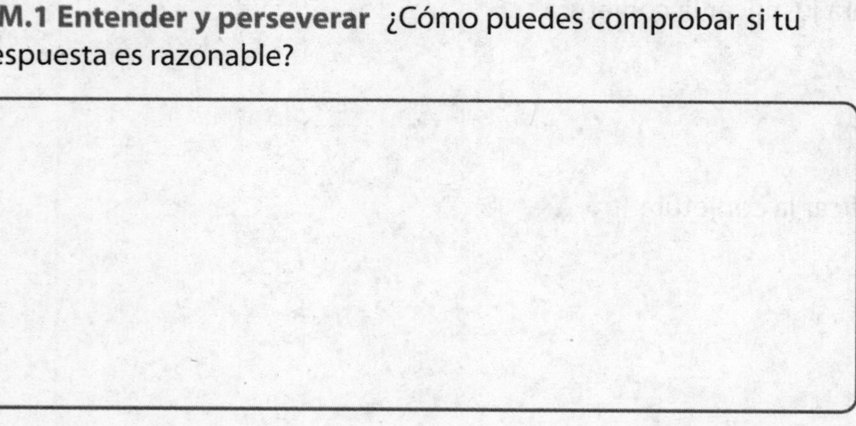

Nombre ______________________________

Actividad de práctica de fluidez

Trabaja con un compañero. Necesitan papel y lápiz. Cada uno escoge un color diferente: celeste o azul.

El Compañero 1 y el Compañero 2 apuntan a uno de los números negros al mismo tiempo. Ambos suman esos números.

Si la respuesta está en el color que escogiste, puedes anotar una marca de conteo. Sigan la actividad hasta que uno de los compañeros tenga siete marcas de conteo.

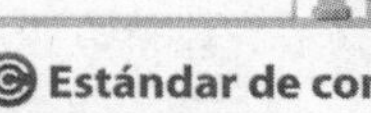

Puedo...
sumar hasta 1,000

Estándar de contenido
3.NBD.A.2

Compañero 1

400

120

233

275

412

812	591	520
687	758	824
800	240	353
675	508	532
645	770	633
395	550	478

Compañero 2

358

275

412

400

120

Marcas de conteo para el Compañero 1

Marcas de conteo para el Compañero 2

Repaso del vocabulario

Lista de palabras

- conjetura
- hacer una estimación
- operaciones inversas
- reagrupar
- redondear
- valor de posición

Comprender el vocabulario

Traza una línea para emparejar cada término con un ejemplo.

1. valor de posición	515 + 141 es aproximadamente 660.
2. hacer una estimación	305 + 299 = 604 y 604 − 299 = 305
3. reagrupar	232 = 2 centenas, 3 decenas y 2 unidades
4. operaciones inversas	47 = 3 decenas y 17 unidades

Escribe *siempre, a veces* o *nunca.*

5. Al *redondear* a la decena más cercana, un número con un 5 en el lugar de las unidades, ______________ se redondea a la próxima decena.

6. Una *conjetura* es verdadera ______________.

7. Un dígito con un *valor de posición* mayor ______________ se escribe a la derecha de un dígito con un valor de posición menor.

8. Un diez ______________ se puede *reagrupar* como 10 centenas.

Usa el vocabulario al escribir

9. Explica cómo hallar 600 − 281 y luego explica cómo comprobar que la diferencia sea correcta. Usa por lo menos 2 términos de la Lista de palabras en tu respuesta.

Nombre ______________________

TEMA 9

Refuerzo

Grupo A páginas 475 a 480

Halla la suma de 257 + 186.

Puedes descomponer 257 + 186 en problemas de suma más pequeños.

Descompón los números según el valor de posición y halla la suma de los números que hay en cada lugar.

Centenas	Decenas	Unidades
200	50	7
+ 100	+ 80	+ 6
300	130	13

Luego, suma los totales.

$$\begin{array}{r} 300 \\ 130 \\ +\ 13 \\ \hline 443 \end{array}$$

Por tanto, 257 + 186 = 443.

Recuerda que puedes usar el valor de posición para sumar números descomponiendo los problemas de suma grandes en problemas de suma más pequeños.

Halla las sumas en los Ejercicios **1** a **5.** Descompón los problemas en problemas más pequeños.

1. 135 + 152 **2.** 650 + 138

3. 535 + 423 **4.** 475 + 264

5. Ivette tomó 137 fotos el viernes y 248 fotos el sábado. ¿Cuántas fotos tomó en ambos días?

Grupo B páginas 481 a 486

Halla 235 + 187.

Haz una estimación redondeando a la decena más cercana: 240 + 190 = 430.

Suma las unidades. Reagrupa, si es necesario.

$$\begin{array}{r} \scriptstyle 1 \\ 235 \\ +\ 187 \\ \hline 2 \end{array}$$

Suma las decenas. Reagrupa, si es necesario.

$$\begin{array}{r} \scriptstyle 1\,1 \\ 235 \\ +\ 187 \\ \hline 22 \end{array}$$

Suma las centenas.

$$\begin{array}{r} \scriptstyle 1\,1 \\ 235 \\ +\ 187 \\ \hline 422 \end{array}$$

El resultado es razonable, dado que 422 está cerca de 430.

Por tanto, 235 + 187 = 422.

Recuerda que una estimación puede ayudarte a comprobar si tu respuesta es razonable.

Haz una estimación redondeando a la decena más cercana en los Ejercicios **1** a **6.** Luego, halla las sumas.

1. $\begin{array}{r} 236 \\ +\ 217 \\ \hline \end{array}$ **2.** $\begin{array}{r} 407 \\ +\ 436 \\ \hline \end{array}$

3. 235 + 59 **4.** 584 + 326

5. 196 + 243 **6.** 465 + 357

Grupo C páginas 487 a 492

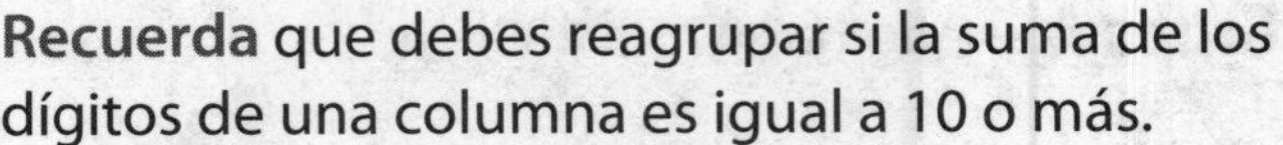

Chad tiene un nuevo videojuego. En el primer nivel obtuvo 128 puntos. En el segundo nivel obtuvo 218 puntos. ¿Cuántos puntos obtuvo Chad en ambos niveles?

Puedes usar un diagrama de barras.

?	
128	218

Haz una estimación y resuelve.

$$130 + 220 = 350$$

$$\begin{array}{r} \scriptstyle 1 \\ 128 \\ +\,218 \\ \hline 346 \end{array}$$

La suma es razonable. Está cerca de la estimación.

Chad hizo 346 puntos en ambos niveles.

Recuerda que debes reagrupar si la suma de los dígitos de una columna es igual a 10 o más.

Haz una estimación en los Ejercicios **1** y **2.** Luego, halla las sumas.

1. La cafetería de Mike vende 237 sándwiches el viernes y 448 sándwiches el sábado. ¿Cuántos sándwiches vende en ambos días?

2. Salen 2 aviones del aeropuerto. Cada avión tiene 239 asientos. El primer avión tiene 224 pasajeros y el segundo avión tiene 189 pasajeros. ¿Cuántos pasajeros hay en ambos aviones?

Grupo D páginas 493 a 498

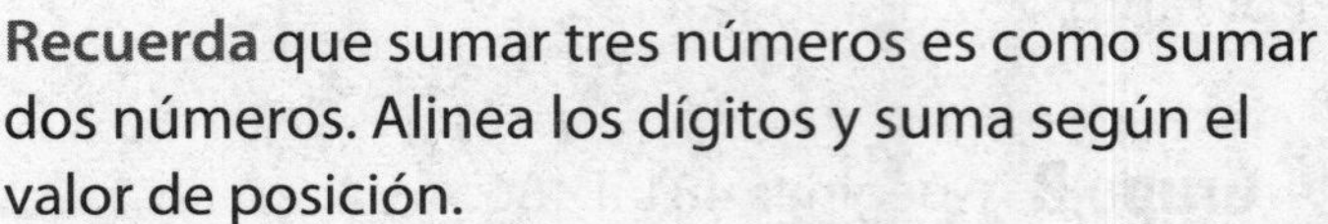

Halla 124 + 32 + 238.

Haz una estimación redondeando a la decena más cercana: 120 + 30 + 240 = 390.

Suma las unidades. Reagrupa, si es necesario.

$$\begin{array}{r} \scriptstyle 1 \\ 124 \\ 32 \\ +\,238 \\ \hline 4 \end{array}$$

Suma las decenas. Reagrupa, si es necesario.

$$\begin{array}{r} \scriptstyle 1 \\ 124 \\ 32 \\ +\,238 \\ \hline 94 \end{array}$$

Suma las centenas.

$$\begin{array}{r} \scriptstyle 1 \\ 124 \\ 32 \\ +\,238 \\ \hline 394 \end{array}$$

El resultado es razonable, dado que 394 está cerca de 390.

Por tanto, 124 + 32 + 238 = 394.

Recuerda que sumar tres números es como sumar dos números. Alinea los dígitos y suma según el valor de posición.

Haz una estimación redondeando a la decena más cercana en los Ejercicios **1** a **5.** Luego, halla las sumas.

1. $\begin{array}{r} 209 \\ 48 \\ +\,312 \\ \hline \end{array}$

2. $\begin{array}{r} 412 \\ 273 \\ +\,139 \\ \hline \end{array}$

3. 146 + 86 + 53

4. 125 + 224 + 306

5. Una floristería tiene 124 tulipanes, 235 rosas y 85 claveles. ¿Cuántas flores tiene la floristería?

Nombre ____________________

Refuerzo (continuación)

Grupo E páginas 499 a 504

Usa el valor de posición como ayuda para hallar 548 − 263.

Resta las centenas. 548 − 200 = 348

Resta las decenas. 348 − 40 = 308
Empieza con 348. No hay suficientes decenas. Por tanto, primero resta las 4 decenas que hay.

Luego, resta 2 decenas más. 308 − 20 = 288

Resta las unidades. 288 − 3 = 285

Por tanto, 548 − 263 = 285.

Recuerda que el valor de posición puede ayudarte a descomponer un problema de resta en problemas más pequeños.

Halla las diferencias en los Ejercicios **1** a **6.** Descompón los problemas en problemas más pequeños.

1. 489 − 253 **2.** 544 − 162

3. 856 − 328 **4.** 349 − 98

5. 873 − 184 **6.** 526 − 207

Grupo F páginas 505 a 510

Halla 416 − 243.
Haz una estimación redondeando a la decena más cercana: 420 − 240 = 180.

Resta las unidades.
Reagrupa si es necesario.

$$\begin{array}{r} 416 \\ -\,243 \\ \hline 3 \end{array}$$

Resta las decenas.
Reagrupa si es necesario.

$$\begin{array}{r} {\scriptstyle 3\,11} \\ \not{4}\not{1}6 \\ -\,243 \\ \hline 73 \end{array}$$

Resta las centenas.

$$\begin{array}{r} {\scriptstyle 3\,11} \\ \not{4}\not{1}6 \\ -\,243 \\ \hline 173 \end{array}$$

Por tanto, 416 − 243 = 173.

El resultado es razonable dado que 173 está cerca de 180.

Recuerda que debes reagrupar si es necesario.

Haz una estimación redondeando a la decena más cercana en los Ejercicios **1** a **5.** Luego, halla las sumas.

1. $\begin{array}{r} 458 \\ -\,176 \\ \hline \end{array}$ **2.** $\begin{array}{r} 236 \\ -\,79 \\ \hline \end{array}$

3. $\begin{array}{r} 863 \\ -\,526 \\ \hline \end{array}$ **4.** $\begin{array}{r} 748 \\ -\,279 \\ \hline \end{array}$

5. 400 − 227 **6.** 306 − 198

Grupo G páginas 511 a 516

Un total de 458 personas participan en un maratón. Hasta ahora, 273 personas han llegado a la meta. ¿Cuántas personas siguen corriendo aún?

Puedes usar un diagrama de barras.

458	
273	?

Haz una estimación y resuelve.

$460 - 270 = 190$

$$\begin{array}{r} \overset{3}{\cancel{4}}\overset{15}{\cancel{5}}8 \\ -\,273 \\ \hline 185 \end{array}$$

La resta es razonable. Está cerca de la estimación.

185 personas están corriendo aún.

Recuerda que debes reagrupar cuando restas en columnas con ceros.

Haz una estimación en los Ejercicios **1** y **2.** Luego, halla las diferencias.

1. El club conservacionista de Damián planta 640 plantas de semillero. Todavía tienen 172 plantas de semillero que quieren plantar para alcanzar su meta. ¿Cuántas plantas de semillero han plantado hasta ahora?

2. La familia Smith viaja a Dallas en carro. Deben viajar 450 millas. Hasta ahora, han viajado 315 millas. ¿Cuántas millas les quedan por viajar?

Grupo H páginas 517 a 522

Piensa en estas preguntas para ayudarte a **construir argumentos.**

Hábitos de razonamiento

- ¿Cómo puedo usar números, objetos, dibujos o acciones para justificar mi argumento?
- ¿Estoy usando los números y los símbolos correctamente?
- ¿Es mi explicación clara y completa?

Recuerda que las conjeturas se tienen que comprobar para confirmar si son verdaderas.

Emma tiene $191. Gasta $105 y dona $52 a una obra benéfica. ¿Puede Emma ahorrar $30?

Conjetura: Emma puede ahorrar $30.

1. Dibuja un diagrama de barras para justificar la conjetura.

2. Usa tu diagrama para justificar la conjetura.

Nombre ______________________________

TEMA 9

Evaluación

1. Para hallar la suma de 337 + 285, Jorge descompone el problema en problemas más pequeños. Jorge usa el valor de posición y halla las sumas de las centenas, las decenas y las unidades. Escribe cada dígito para mostrar el valor de posición correcto. Luego, muestra cómo descomponer los sumandos para resolver el problema.

Centenas	Decenas	Unidades

2 3 5 7 3 8

2. María halla la diferencia de 431 − 249. Primero, hace una estimación usando números compatibles. Ella halla 425 − 250 = 175. Luego, halla que la diferencia es 182. ¿Estás de acuerdo con la respuesta de María? Explica por qué.

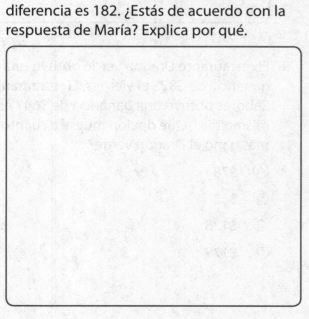

3. Escoge *Sí* o *No* en las Preguntas 3a al 3d para decir si se han descompuesto los sumandos correctamente.

3a. 320 + 148
(300 + 100) + (20 + 40) + (20 + 8)

○ Sí ○ No

3b. 270 + 341
(2 + 70) + (3 + 4 + 1)

○ Sí ○ No

3c. 318 + 393
300 + (10 + 90) + (8 + 3)

○ Sí ○ No

3d. 532 + 360
(500 + 300) + (30 + 60) + 2

○ Sí ○ No

4. Una obra de teatro comenzó a las 7:00 *p. m.* Las primeras 176 personas llegaron a las 6:40 *p. m.* A las 6:50 *p. m.* llegaron 204 personas. A las 7:00 *p. m.* llegaron las últimas 59 personas. ¿Cuántas personas asistieron a la obra?

Ⓐ 329 personas

Ⓑ 339 personas

Ⓒ 429 personas

Ⓓ 439 personas

5. El equipo de voleibol femenino recaudó $276 durante una función escolar para recaudar fondos. El equipo de básquetbol masculino recaudó $289. Cada equipo trabajó 28 horas para recaudar el dinero. ¿Cuánto dinero recaudaron los dos equipos?

Ⓐ $509

Ⓑ $537

Ⓒ $565

Ⓓ $593

6. Tricia tenía 302 boletos de premios. Canjeó 237 de los boletos por un animal de peluche y 20 boletos por un refresco. ¿Cuántos boletos le quedan a Tricia?

7. Esta mañana las gallinas de la granja Lapp pusieron 300 huevos. Hasta ahora la familia ha vendido 168 de esos huevos. Hay 400 gallinas en la granja. ¿Cuántos huevos quedan por vender?

Ⓐ 32

Ⓑ 122

Ⓒ 132

Ⓓ 142

8. Los habitantes de la ciudad de Elm tienen 346 gatos, 268 perros y 37 aves.

Parte A

¿Es el número de perros y aves juntos mayor que el número de gatos? Haz una conjetura.

Parte B

Construye un argumento para comprobar tu conjetura.

9. El restaurante Dragón verde obtuvo una ganancia de $825 el viernes. El restaurante Sabores obtuvo una ganancia de $647 ese mismo día. ¿Qué opción muestra cuánto más ganó el Dragón verde?

Ⓐ $78

Ⓑ $82

Ⓒ $128

Ⓓ $178

Nombre ______________________

TEMA 9

Evaluación (continuación)

10. El Sr. Jackson compra un paquete de 600 servilletas. Usa 335 servilletas en las cenas familiares. Luego, organiza una fiesta de cumpleaños y usa 108 servilletas más. Usa 12 servilletas para limpiar agua que se derramó. ¿Cuántas servilletas quedan?

11. Yasmin ganó $283 cuidando niños y $45 paseando perros. Gastó $139 de ese dinero en un regalo de bodas para su tía. ¿Cómo puede Yasmin hallar cuánto dinero le queda? Escoge todas las que apliquen.

- ☐ Sumar $45 y $283; luego, restar $139
- ☐ Restar $139 de $283; luego, sumar $45
- ☐ Sumar $283 y $45; luego, restar $139
- ☐ Restar $45 de $283; luego, sumar $139
- ☐ Sumar $139 y $45; luego, restar $283

12. Describe cómo reagrupar para resolver el siguiente problema de resta. ¿Cuál es la diferencia?

$$\begin{array}{r} 316 \\ -\ 226 \\ \hline \end{array}$$

13. Miguel quiere hallar la diferencia entre 254 − 125.

Parte A

¿Tiene Miguel que reagrupar? Si es necesario, explica cómo debe reagrupar. Si no es necesario, explica por qué.

Parte B

Halla la diferencia.

14. Coloca los pasos en orden para hallar 756 − 345.

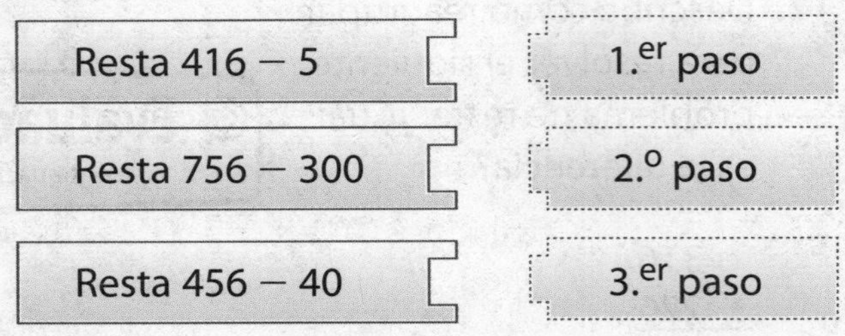

15. Maggie hace bisutería con cuentas. Compra 408 cuentas rojas, 240 cuentas verdes y 259 cuentas azules. ¿Cuántas cuentas rojas y verdes más que azules compra Maggie?

16. Luisa usa el valor de posición para restar 737 − 639. ¿Cuántas veces tiene que reagrupar?

Ⓐ 3
Ⓑ 2
Ⓒ 1
Ⓓ 0

17. El mes pasado la familia Smith gastó $457 en comestibles. La familia Wilson gastó $291. La familia Moore gastó $338. ¿Cuánto dinero menos gastó en comestibles la familia Moore que la familia Smith?

Ⓐ $109
Ⓑ $119
Ⓒ $121
Ⓓ $129

18. La escuela Edison tiene 332 estudiantes. La escuela Du Bois tiene 246 estudiantes. La escuela Turner tiene 199 estudiantes. ¿Cuántos estudiantes más tiene la escuela Edison que la escuela Du Bois?

Nombre ______________________________

TEMA 9

Evaluación del rendimiento

Sala de videojuegos

Nita, Arif y Sara están jugando en una sala de videojuegos. La siguiente lista de **Estimaciones de boletos** muestra la cantidad de boletos que los amigos estimaron que ganarían antes de empezar a jugar. La tabla **Boletos ganados** muestra la cantidad de boletos que ganó cada amigo.

Estimaciones de boletos

- Nita estimó que ganaría 165 boletos.
- Arif estimó que ganaría 150 boletos.
- Sara estimó que ganaría 175 boletos.

Los amigos quieren comparar los boletos que ganaron con sus estimaciones. Usa la lista de **Estimaciones de boletos** y la tabla **Boletos ganados** para responder las Preguntas 1 y 2.

Boletos ganados

Nombre	Boletos ganados en juegos deportivos	Boletos ganados en juegos de acción
Nita	96	112
Arif	94	91
Sara	104	117

1. ¿Cuántos boletos ganó cada amigo en total?

2. Muestra cuántos boletos más ganaron los amigos de lo que estimaron que ganarían.

3. Arif dice que si hubiera ganado 24 boletos más, hubiera ganado más boletos que Nita. ¿Tiene razón? Explícalo.

4. Los tres amigos juntaron todos sus boletos.
¿Cuántos boletos en total ganaron entre todos?

Los boletos se pueden usar para ganar premios. La tabla con los **Premios de la sala de videojuegos** muestra cuántos boletos cuesta cada premio.

Usa la tabla **Premios de la sala de videojuegos** para responder la Pregunta 5.

Premios de la sala de videojuegos

Premio	Costo (Boletos)
Juego de mesa	138
Peluche	85
Figuras de acción	73
Reloj de pulsera	170
Calculadora	142
Libro de misterio	92
Videojuego	235
Álbum de fotos	79

5. Usa el total de boletos que hallaste en la Pregunta 4. Los 3 amigos usarán este número de boletos para conseguir 1 premio para cada uno y 1 premio más para regalar.

Los amigos deben seguir 2 reglas:

- No pueden usar más del número total de boletos que tienen.
- Después de hacer sus compras, no les puede sobrar más de 50 boletos.

Parte A

Arif creó un registro para anotar los premios que van a obtener. En la siguiente tabla, anota algunos de los premios que pueden escoger los amigos, el costo de los premios y cuántos boletos les sobran.

Premio	Costo (Boletos)	Cantidad de boletos que sobran
Reloj de pulsera	170	_____ − 170 = 444

Parte B

Si los amigos escogen las opciones que anotaste en la Parte A, ¿cuántos boletos usarán para obtener los premios? Explica cómo hallaste la respuesta.

Multiplicar por múltiplos de 10

Pregunta esencial: ¿Cuáles son algunas maneras de multiplicar por múltiplos de 10?

El insecto en esta imagen se está escondiendo para evitar que se lo coman.

Los animales con colores que sirven de camuflaje tienen más posibilidades de sobrevivir.

¡Es como jugar al escondite! Este es un proyecto sobre las características de las plantas y los animales y la multiplicación.

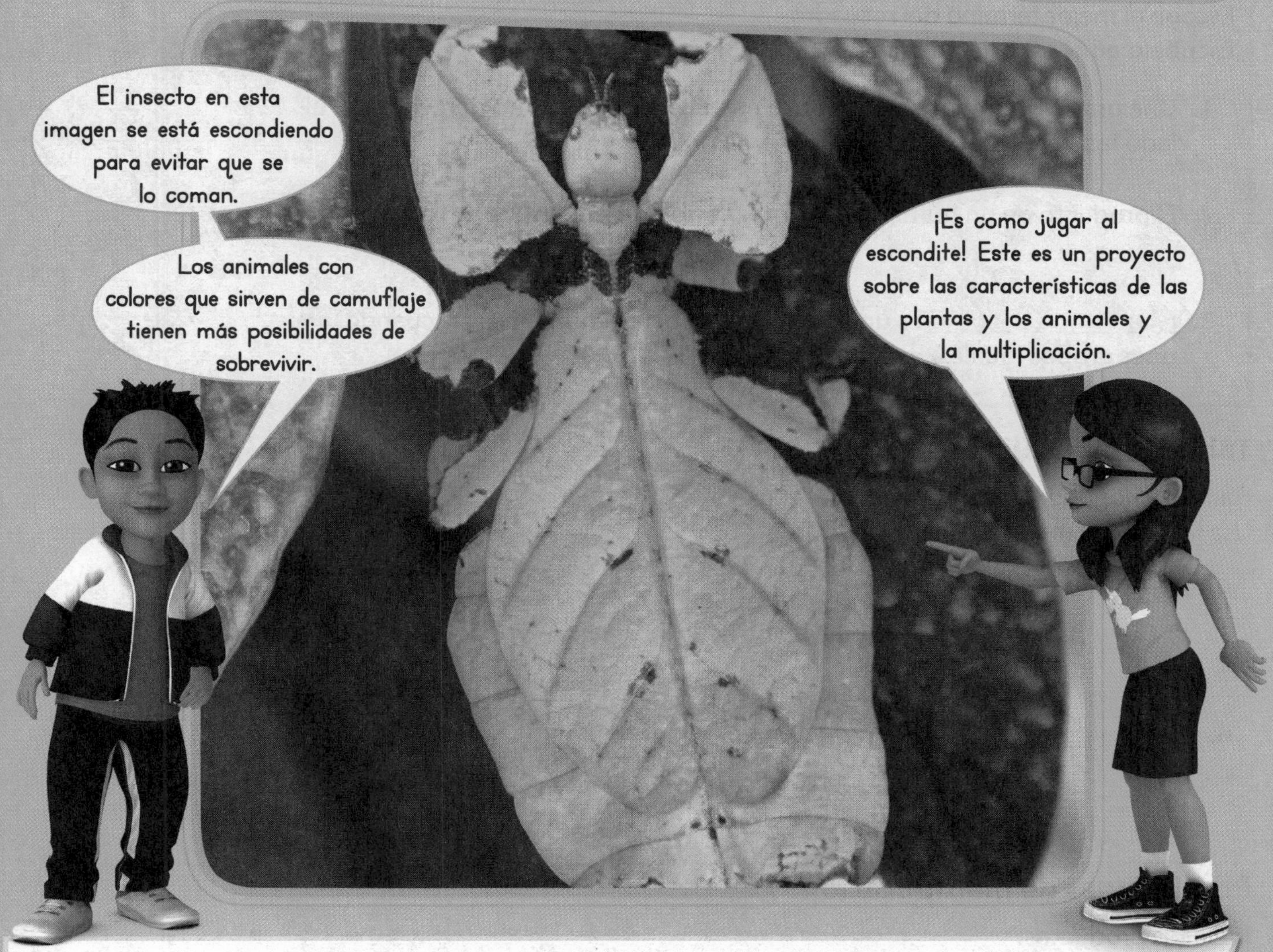

Proyecto de Matemáticas y Ciencias: Características de los animales y las plantas

Investigar Usa la Internet u otras fuentes para buscar información sobre cómo las características de algunas plantas y animales los ayudan a sobrevivir. Piensa en cómo ciertas características pueden ser distintas entre miembros de la misma especie.

Diario: Escribir un informe Incluye en tu informe lo que averiguaste, y también:

- escribe sobre un insecto que usa camuflaje.
- describe un ejemplo de cómo las espinas de una planta la ayudan a sobrevivir.
- inventa y resuelve problemas de multiplicación sobre los animales o las plantas que investigaste. Usa múltiplos de 10.

Nombre ______

Repasa lo que sabes

Vocabulario

Escoge el mejor término del recuadro. Escríbelo en el espacio en blanco.

- ecuación
- multiplicación
- factor
- múltiplo

1. Una oración numérica que tiene el mismo valor en el lado derecho y en el lado izquierdo del signo igual se llama una ______.

2. El producto de un número y cualquier otro número entero se llama un ______.

3. La ______ es una operación que da el número total cuando unes grupos iguales.

Tabla de multiplicar

Halla el valor que hace verdaderas las ecuaciones. Usa la tabla de multiplicar como ayuda.

×	0	1	2	3	4	5	6	7
0	0	0	0	0	0	0	0	0
1	0	1	2	3	4	5	6	7
2	0	2	4	6	8	10	12	14
3	0	3	6	9	12	15	18	21
4	0	4	8	12	16	20	24	28
5	0	5	10	15	20	25	30	35
6	0	6	12	18	24	30	36	42
7	0	7	14	21	28	35	42	49
8	0	8	16	24	32	40	48	56
9	0	9	18	27	36	45	54	63

4. $21 \div 7 =$ ______
$7 \times$ ______ $= 21$

5. $45 \div 5 =$ ______
$5 \times$ ______ $= 45$

6. $48 \div 6 =$ ______
$6 \times$ ______ $= 48$

7. $56 \div 8 =$ ______
$8 \times$ ______ $= 56$

Propiedades de multiplicación

Halla los productos.

8. $3 \times 3 \times 2 =$ ______

9. $5 \times 1 \times 3 =$ ______

10. $4 \times 2 \times 4 =$ ______

11. $2 \times 2 \times 4 =$ ______

12. $4 \times 0 \times 2 =$ ______

13. $2 \times 5 \times 3 =$ ______

Multiplicación en la recta numérica

14. ¿Qué ecuación muestra la recta numérica?

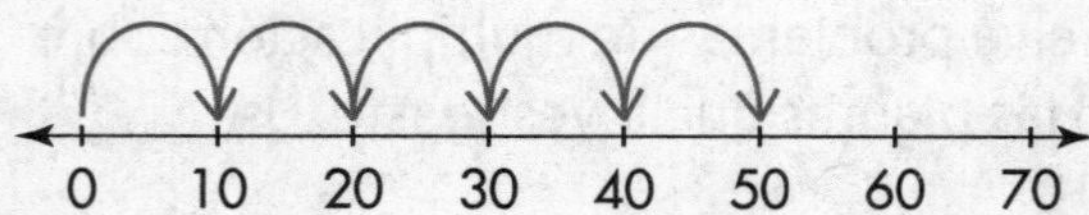

Ⓐ $1 \times 10 = 10$ Ⓑ $3 \times 10 \times 1 = 30$ Ⓒ $4 \times 5 = 20$ Ⓓ $5 \times 10 = 50$

Nombre ______________________

Resuelve

Lección 10-1
Usar una recta numérica vacía para multiplicar

Resuélvelo y coméntalo Una caja de agua tiene 20 botellas. ¿Cuántas botellas hay en los diferentes números de cajas? Completa la tabla.

Puedo...
usar una recta numérica vacía y patrones para multiplicar múltiplos de 10.

Estándar de contenido 3.NBD.A.3
Prácticas matemáticas PM.2, PM.4, PM.7, PM.8

Cantidad de cajas	Cantidad de botellas
1	20
2	
3	
4	

0

Puedes representar con modelos matemáticos. Una recta numérica puede ayudarte a aplicar las matemáticas que sabes.

¡Vuelve atrás! **PM.7 Buscar relaciones** ¿Qué patrón ves cuando multiplicas por 20?

¿Cómo puedes multiplicar en una recta numérica vacía?

A

Completa los productos en la tabla. Usa una recta numérica vacía como ayuda. Describe cualquier patrón que veas.

Factor	Múltiplo de 10	Producto
1	50	50
2	50	
3	50	
4	50	
5	50	

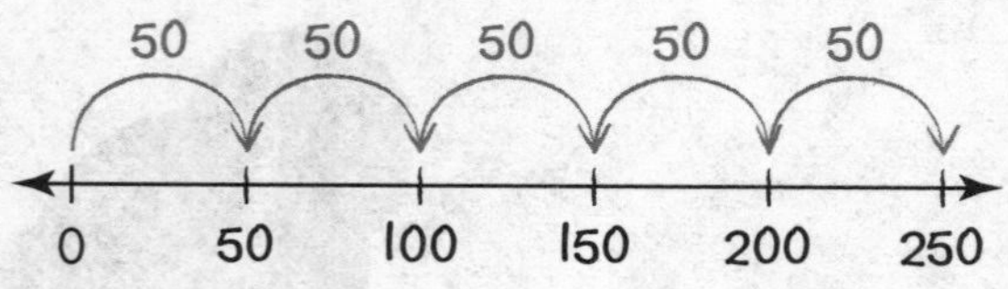

B

Puedes mostrar saltos de 50 en la recta numérica vacía.

50 50 50 50 50

0 50 100 150 200 250

1 salto de 50 es 50. $1 \times 50 = 50$

2 saltos de 50 son 100. $2 \times 50 = 100$

3 saltos de 50 son 150. $3 \times 50 = 150$

4 saltos de 50 son 200. $4 \times 50 = 200$

5 saltos de 50 son 250. $5 \times 50 = 250$

C

Factor	Múltiplo de 10	Producto
1	50	50
2	50	100
3	50	150
4	50	200
5	50	250

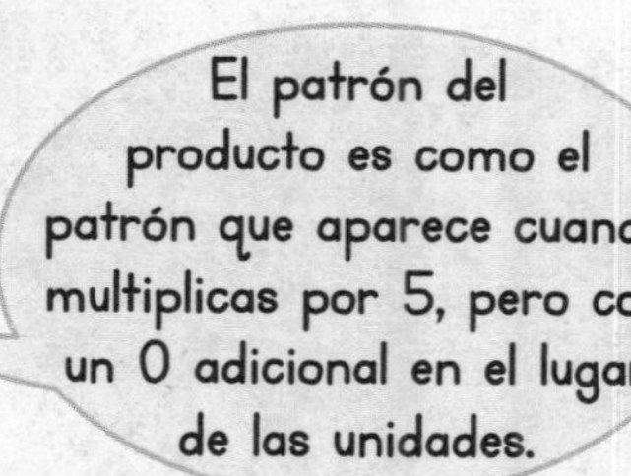

El patrón del producto es como el patrón que aparece cuando multiplicas por 5, pero con un 0 adicional en el lugar de las unidades.

¡Convénceme! ◎ **PM.7 Usar la estructura** Supón que el múltiplo de 10 en la anterior tabla fuera 40 en vez de 50. Muestra cómo se vería la recta numérica vacía. Explica cómo esta recta numérica es diferente a la anterior recta numérica.

Nombre ____________________

Amigo de práctica Herramientas Evaluación

Práctica guiada*

¿Lo entiendes?

1. Explica cómo puedes usar una recta numérica para multiplicar 9×50.

2. PM.8 **Generalizar** ¿En qué se parecen los productos del recuadro C en la página 540 a contar de 5 en 5?

¿Cómo hacerlo?

3. Usa la recta numérica vacía para multiplicar 4×60.

0

4. Mili dice: "4×6 son 4 grupos de 6 unidades. 4 veces 6 es igual a 24". Completa las oraciones para describir 4×60 de manera similar.

4×60 son 4 grupos de 6 __________.
4 veces 60 es igual a __________.

Práctica independiente

Práctica al nivel Usa una recta numérica vacía para hallar los productos en los Ejercicios **5** a **8**.

5. 3×70

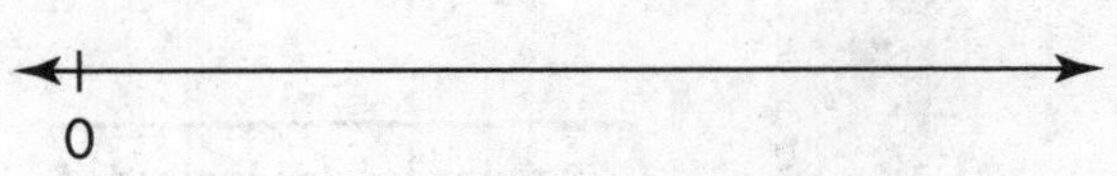

6. 8×20

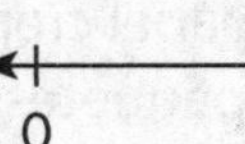

7. 9×30

8. 5×60

9. Rick dice: "9×3 son 9 grupos de 3 unidades. 9 veces 3 es igual a 27". Completa las oraciones para describir 9×30 de manera similar.

9×30 son 9 grupos de 3 __________.
9 veces 30 es igual a __________.

Puedes encontrar otro ejemplo en el Grupo A, página 565.

Prácticas matemáticas y resolución de problemas

10. PM.4 Representar con modelos matemáticos Los aztecas tuvieron un calendario solar. ¿Cuántos días tienen 7 de los meses más largos? Muestra cómo puedes usar una recta numérica para resolverlo.

Los meses más largos del calendario tienen 20 días de duración cada uno. Después de los meses más largos hay un período de 5 días.

11. Razonamiento de orden superior Muestra 4 × 30 en una recta numérica vacía. En otra recta numérica vacía, muestra 3 × 40. ¿En qué se parecen los números? ¿En qué se diferencian?

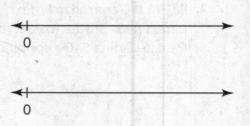

12. PM.2 Razonar Martina tiene $504. Gasta $199 en nuevo *software* para su computadora. Usa el cálculo mental para hallar cuánto dinero le queda.

13. PM.8 Generalizar Haz una lista de 4 múltiplos de 40. ¿Qué es igual en cada múltiplo que anotaste?

14. Un paquete de serpentinas de papel crepé tiene 2 rollos. Yamile compró 3 paquetes. ¿Cuántas pulgadas de papel crepé compró?

70 pulgadas de longitud

Evaluación de *Common Core*

15. Amanda tiene 4 cajas de cuentas. Hay 70 cuentas en cada caja.

Parte A

¿Cuántas cuentas tiene Amanda en total? Muestra cómo puedes usar una recta numérica para resolverlo.

Parte B

Amanda recibe 2 cajas más con 70 cuentas. Explica cómo puedes cambiar tu recta numérica en la Parte A para mostrarlo. ¿Cuántas cuentas tiene Amanda ahora?

Nombre Cedrica

Ayuda Amigo de práctica Herramientas Juegos

Tarea y práctica 10-1

Usar una recta numérica vacía para multiplicar

¡Revisemos!

La mamá de Hernán compró 4 boletos para ir al circo. Cada boleto costó $40. ¿Cuánto dinero gastó en boletos?

Puedes usar una recta numérica vacía para hallar 4 × $40. Describe cualquier patrón.

Muestra 4 saltos de 40 en una recta numérica.

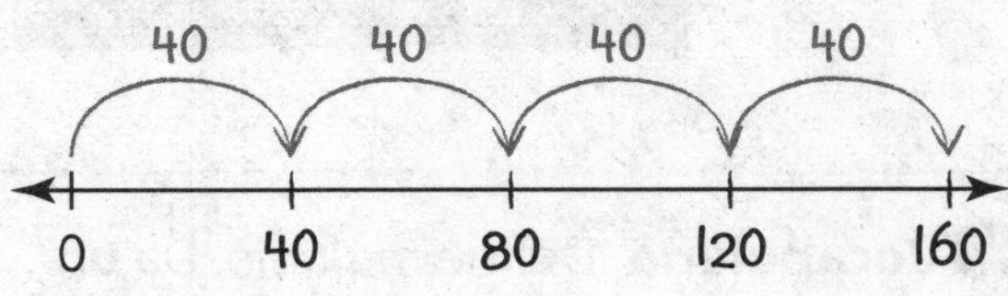

4 × $40 = $160

4 boletos cuestan $160.

1 × 40 = 40

2 × 40 = 80

3 × 40 = 120

4 × 40 = 160

El patrón en los productos es como el patrón que encuentras cuando multiplicas por 4, pero con un 0 adicional en el lugar de las unidades.

Usa una recta numérica vacía para hallar los productos en los Ejercicios **1** a **4**.

1. 4 × 90

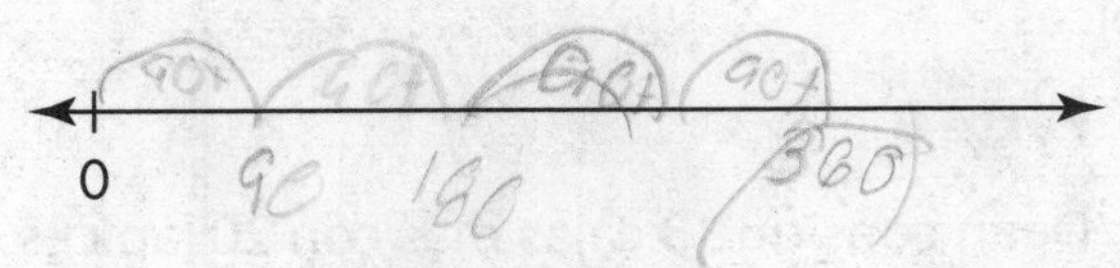

2. 8 × 40

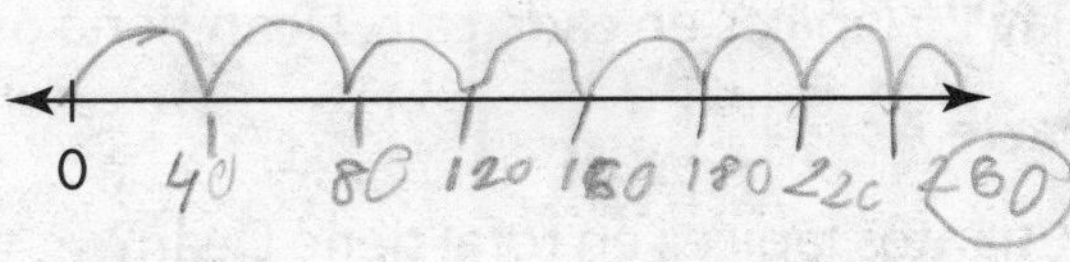

3. 7 × 50

4. 5 × 80

5. Harry dice: "5 × 8 son 5 grupos de 8 unidades. 5 veces 8 es igual a 40". Completa las oraciones para describir 5 × 80 de manera similar.

5 × 80 son 5 grupos de 8 ________. 5 veces 80 es igual a ________.

6. PM.4 **Representar con modelos matemáticos** Nilda colecciona cromos. ¿Cuántos cromos hay en 3 paquetes? Explica el tipo de matemática que usaste para resolver este problema.

7. **Razonamiento de orden superior** A Gil le regalaron 4 paquetes de cromos para su cumpleaños. Ya tenía 75 cromos. ¿Cuántos cromos tiene después de su cumpleaños?

8. **Matemáticas y Ciencias** Susan tiene dos sembradíos en su granja donde siembra dos tipos de maíz. Cada sembradío tiene 60 filas de plantas de maíz. El Tipo A crece mejor así que hay 8 plantas de maíz en cada fila. El Tipo B no crece tan bien así que solamente hay 3 plantas de maíz en cada fila. ¿Cuántas plantas de maíz hay en cada sembradío?

9. A-Z **Vocabulario** Define *múltiplo.* Da un ejemplo de un múltiplo.

Evaluación de *Common Core*

10. Hay 20 lápices en cada caja. Dean tiene 6 cajas de lápices.

Parte A

¿Cuántos lápices en total tiene Dean? Muestra cómo puedes usar una recta numérica para resolverlo.

Parte B

Dean consigue 3 cajas más con 20 lápices cada una. Explica cómo puedes cambiar tu recta numérica de la Parte A para mostrarlo. ¿Cuántos lápices tiene Dean ahora?

Nombre

Resuelve

Lección 10-2

Usar propiedades para multiplicar

Resuélvelo y coméntalo Tres estudiantes hallaron 5×30 de diferentes maneras. ¿Qué estudiante tiene la razón? Explícalo.

Janice

Me imagino 5 saltos de 30 que se cuentan de 30 en 30, así como contar de 3 en 3 en una recta numérica.
30, 60, 90, 120, 150

Eddy

30 = 3 x 10. Por tanto, 5 x 30 = 5 x 3 x 10
Primero, multipliqué 5 x 3 para obtener 15.
Luego, multipliqué 15 x 10 para obtener 150.

Clara

Es más fácil contar de 5 en 5 que de 3 en 3. Primero, multipliqué 5 x 10 para obtener 50 y luego hallé 3 x 50 contando de 50 en 50, de 100 en 100, de 150 en 150.

Puedo...
usar las propiedades de multiplicación para hallar un producto cuando uno de los factores es un múltiplo de 10.

Estándar de contenido 3.NBD.A.3
Prácticas matemáticas PM.1, PM.3, PM.6, PM.7

Las propiedades pueden ayudarte a evaluar el razonamiento de otra persona.

¡Vuelve atrás! **PM.6 Hacerlo con precisión** ¿Qué propiedad de multiplicación usó Eddy en su razonamiento?

¿Cómo puedes usar las propiedades para multiplicar por múltiplos de 10?

A

¿Cómo puedes hallar el producto de 4 × 20?

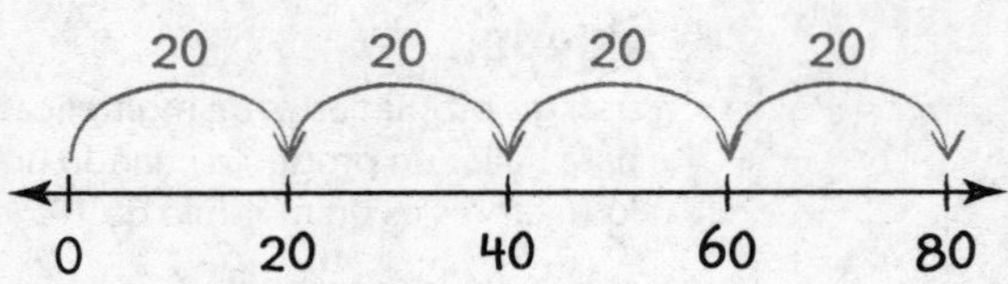

Recuerda el patrón de operaciones de multiplicación del 10. Piensa en el producto de un número y 10. El producto tiene un cero en el lugar de las unidades. El otro factor está escrito a la izquierda del cero.

Sabes cómo usar una recta numérica vacía para representar la multiplicación.

Puedes usar las propiedades para explicar una regla para hallar un producto cuando un factor es un múltiplo de 10.

B

Una manera

Puedes usar la propiedad asociativa de la multiplicación para agrupar factores.

$4 \times 20 = 4 \times (2 \times 10)$

$4 \times 20 = (4 \times 2) \times 10$

$4 \times 20 = 8 \times 10$

$4 \times 20 = 80$

C

Otra manera

Puedes usar la propiedad distributiva para descomponer un factor.

$4 \times 20 = (2 + 2) \times 20$

$4 \times 20 = (2 \times 20) + (2 \times 20)$

$4 \times 20 = 40 + 40$

$4 \times 20 = 80$

¡Convénceme! **PM.3 Construir argumentos** Usa propiedades de la multiplicación para explicar por qué $3 \times 60 = 18 \times 10$.

3x60=120 18 x10=180

60 120
60 +60
+60 720
120

Nombre ____________________

Práctica guiada*

¿Lo entiendes?

1. ¿Por qué puedes decir que $3 \times 20 = (2 \times 20) + 20$?

2. ¿Por qué puedes decir que $3 \times 20 = (3 \times 2) \times 10$?

¿Cómo hacerlo?

Halla los productos usando las propiedades de la multiplicación en los Ejercicios **3** y **4.**

3. $9 \times 60 = 9 \times (\_\_\_\_ \times 10)$
   $9 \times 60 = (9 \times \_\_\_\_) \times 10$
   $9 \times 60 = \_\_\_\_ \times 10 = \_\_\_\_$

4. $4 \times 90 = (\_\_\_\_ + 2) \times 90$
   $4 \times 90 = (\_\_\_\_ \times 90) + (\_\_\_\_ \times 90)$
   $4 \times 90 = \_\_\_\_ + \_\_\_\_ = \_\_\_\_$

Práctica independiente

Halla los productos usando las propiedades de la multiplicación en los Ejercicios **5** a **12.**

5. $7 \times 60 = 7 \times (\_\_\_\_ \times 10)$
   $7 \times 60 = (7 \times \_\_\_\_) \times 10$
   $7 \times 60 = \_\_\_\_ \times 10 = \_\_\_\_$

6. $5 \times 40 = \_\_\_\_ \times (\_\_\_\_ \times 10)$
   $5 \times 40 = (\_\_\_\_ \times \_\_\_\_) \times 10$
   $5 \times 40 = \_\_\_\_ \times \_\_\_\_ = \_\_\_\_$

7. $8 \times 30 = (\_\_\_\_ + 4) \times 30$
   $8 \times 30 = (4 \times 30) + (\_\_\_\_ \times 30)$
   $8 \times 30 = \_\_\_\_ + \_\_\_\_ = \_\_\_\_$

8. $4 \times 70 = 4 \times (\_\_\_\_ \times 10)$
   $4 \times 70 = (4 \times \_\_\_\_) \times 10$
   $4 \times 70 = \_\_\_\_ \times 10 = \_\_\_\_$

9. $5 \times 90 = \_\_\_\_ \times (\_\_\_\_ \times 10)$
   $5 \times 90 = (\_\_\_\_ \times \_\_\_\_) \times 10$
   $5 \times 90 = \_\_\_\_ \times \_\_\_\_ = \_\_\_\_$

10. $8 \times 80 = (4 + \_\_\_\_) \times 80$
    $8 \times 80 = (4 \times 80) + (4 \times 80)$
    $8 \times 80 = \_\_\_\_ + \_\_\_\_ = \_\_\_\_$

11. $6 \times 40 = (3 + \_\_\_\_) \times 40$
    $6 \times 40 = (3 \times \_\_\_\_) + (3 \times \_\_\_\_)$
    $6 \times 40 = \_\_\_\_ + \_\_\_\_ = \_\_\_\_$

12. $9 \times 80 = 9 \times (\_\_\_\_ \times 10)$
    $9 \times 80 = (9 \times \_\_\_\_) \times 10$
    $9 \times 80 = \_\_\_\_ \times \_\_\_\_ = \_\_\_\_$

*Puedes encontrar otro ejemplo en el Grupo B, página 565.

Prácticas matemáticas y resolución de problemas

13. Mira la pictografía de la derecha. ¿Cuántas libras de periódicos recolectó la clase del Grado 3?

Hay 120 libro en grado 3,

Periódicos recolectados para el reciclaje	
Grado 2	▭ ▭
Grado 3	▭ ▭ ▭ ▭
Grado 4	▭ ▭ ▭
Cada ▭ = 30 libras	

14. **PM.1 Entender y perseverar** ¿Cuántas libras de periódicos recolectaron las clases del Grado 3 y del Grado 4 juntas? Explica tu plan para resolverlo.

15. **Razonamiento de orden superior** El Grado 5 recolectó 150 libras de periódicos. ¿Cuántos símbolos más tendría la fila del Grado 5 que la del Grado 2?

16. **Sentido numérico** Sin hallar los productos, ¿cómo puedes saber si 4×60 o si 7×40 es mayor?

17. Explica cómo puedes usar el cálculo mental para sumar $521 + 104$.

18. **PM.3 Construir argumentos** Tomás dijo que es fácil contar de 50 en 50. Explica cómo puede contar de 50 en 50 para hallar 5×60.

Usa propiedades y ecuaciones como ayuda para construir argumentos.

Evaluación de Common Core

19. ¿Qué productos son iguales a 180? Escoge todos los que apliquen.

- ☐ 1×80
- ☐ 2×80
- ☐ 6×30
- ☐ 8×20
- ☐ 3×60

20. ¿Qué números son múltiplos de 40? Escoge todos los que apliquen.

- ☐ 24
- ☐ 240
- ☐ 40
- ☐ 290
- ☐ 160

Nombre ____________

Ayuda | Amigo de práctica | Herramientas | Juegos

Tarea y práctica 10-2

Usar propiedades para multiplicar

¡Revisemos!

Halla 4×70.

Usa expresiones equivalentes para resolver problemas más sencillos.

¡Es más fácil multiplicar por 10! Puedes usar las propiedades para pensar en este problema como una multiplicación por 10.

Puedes agrupar factores.

$4 \times 70 = 4 \times (7 \times 10)$

$4 \times 70 = (4 \times 7) \times 10$

$4 \times 70 = 28 \times 10 = 280$

Por tanto, $4 \times 70 = 280$

Puedes descomponer un factor.

$4 \times 70 = (2 + 2) \times 70$

$4 \times 70 = (2 \times 70) + (2 \times 70)$

$4 \times 70 = 140 + 140 = 280$

Por tanto, $4 \times 70 = 280$

Halla los productos usando las propiedades de la multiplicación en los Ejercicios **1** a **6**.

1. $8 \times 40 = 8 \times (\underline{4} \times 10)$
$8 \times 40 = (8 \times \underline{4}) \times 10$
$8 \times 40 = \underline{4} \times 10 = \underline{320}$

2. $2 \times 90 = \underline{2} \times (\underline{9} \times 10)$
$2 \times 90 = (\underline{2} \times \underline{9}) \times 10$
$2 \times 90 = (\underline{16}) \times 10 = \underline{180}$

3. $6 \times 20 = (3 + \underline{30}) \times 20$
$6 \times 20 = (3 \times \underline{30}) + (3 \times \underline{\quad})$
$6 \times 20 = \underline{60} + \underline{60} = \underline{120}$

4. $4 \times 80 = 4 \times (\underline{8} \times 10)$
$4 \times 80 = (4 \times \underline{8}) \times 10$
$4 \times 80 = \underline{32} \times 10 = \underline{320}$

5. $7 \times 70 = \underline{7} \times (\underline{7} \times 10)$
$7 \times 70 = (\underline{7} \times \underline{7}) \times 10$
$7 \times 70 = \underline{1} \times 10 = \underline{490}$

6. $8 \times 60 = (4 + \underline{6}) \times 60$
$8 \times 60 = (4 \times \underline{6}) + (4 \times \underline{30})$
$8 \times 60 = \underline{120} + \underline{120} = \underline{240}$

7. © **PM.7 Usar la estructura** Un almacén tiene 9 contenedores. Cada contenedor tiene 20 cajas de cereales. ¿Cuántas cajas de cereales hay en el almacén? Explica cómo puedes usar las propiedades para resolver el problema.

8. © **PM.3 Construir argumentos** Henry quiere grabar una canción de su banda en 250 CD. Compra 9 cajas de CD y hay 30 CD en cada caja. ¿Compró suficientes CD? Explícalo.

9. $32 \div 4 = \_\_$
Escribe otras 2 operaciones que pertenezcan a la misma familia de operaciones.

10. **Álgebra** Kelsey escribe la ecuación $6 \times ? = 180$. ¿Qué valor hace que su ecuación sea verdadera?

11. © **PM.6 Hacerlo con precisión** Juana recorrió 40 millas en bicicleta cada mes por 5 meses. Ella multiplica 40×5. ¿Qué unidad debe usar para el producto: millas o meses? Explícalo.

12. **Razonamiento de orden superior** Julia dice que $5 \times 28 = 140$. Ella usa el razonamiento que aparece abajo. Explica si estás de acuerdo o no con el razonamiento de Julia.

$$5 \times 28 = 5 \times (4 \times 7)$$
$$= (5 \times 4) \times 7$$
$$= 20 \times 7 = 140$$

© Evaluación de *Common Core*

13. ¿Qué números son múltiplos de 70? Escoge todos los que apliquen.

- ☐ 7
- ☐ 14
- ☐ 210
- ☐ 270
- ☐ 560

14. ¿Qué productos son iguales a 300? Escoge todos los que apliquen.

- ☐ 3×10
- ☐ 6×50
- ☐ 8×40
- ☐ 5×60
- ☐ 30×10

Nombre ______________________

Lección 10-3
Multiplicar por múltiplos de 10

Puedo...
usar diferentes estrategias para hallar productos cuando un factor es un múltiplo de 10.

Estándar de contenido 3.NBD.A.3
Prácticas matemáticas PM.1, PM.3, PM.4, PM.5, PM.7, PM.8

Resuélvelo y coméntalo

Halla los productos de 4×50, 2×40 y 9×20. ***Resuelve estos problemas usando la estrategia que prefieras.*** Describe los patrones que encuentres.

Puedes buscar relaciones. Piensa en cómo los patrones pueden ayudarte a resolver los problemas. *¡Muestra tu trabajo!*

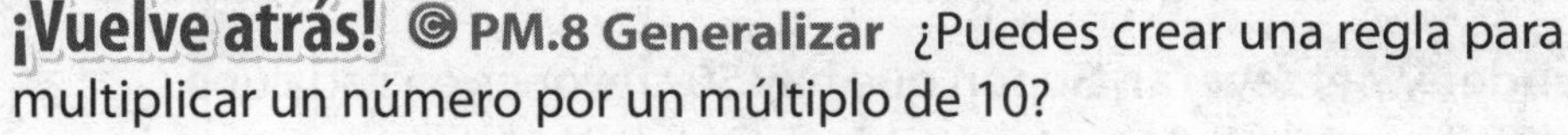

¡Vuelve atrás! **PM.8 Generalizar** ¿Puedes crear una regla para multiplicar un número por un múltiplo de 10?

¿Cuál es una regla para multiplicar por un múltiplo de 10?

A

Hay 5 cajas de crayones en un estante. Cada caja tiene 30 crayones. ¿Cuántos crayones hay?

Halla 5×30.

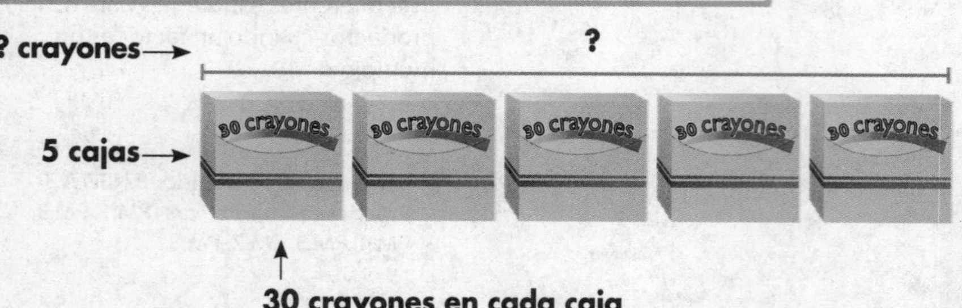

B

Aplica la propiedad asociativa de la multiplicación.

$5 \times 30 = 5 \times (3 \times 10)$
$5 \times 30 = (5 \times 3) \times 10$
$5 \times 30 = 15 \times 10$
$5 \times 30 = 150$

Hay 150 crayones.

Puedes usar operaciones básicas de multiplicación para multiplicar por múltiplos de 10.

C

Usa un método abreviado para multiplicar.

Halla 5×30.

Multiplica por el dígito en el lugar de las decenas.

$5 \times 3 = 15$

Escribe un cero después del producto.

$5 \times 3\underline{0} = 15\underline{0}$

Por tanto, $5 \times 30 = 150$.

Hay 150 crayones.

D

A veces, la operación básica de multiplicación cambia la manera en que se ve la regla.

Halla 5×60.

Multiplica por el dígito en el lugar de las decenas.

$5 \times 6 = 30$

Escribe un cero después del producto.

$5 \times 6\underline{0} = 30\underline{0}$

Por tanto, $5 \times 60 = 300$.

Cuando el producto de una operación básica termina en cero, la respuesta tendrá dos ceros.

¡Convénceme! **PM.1 Entender y perseverar** Supón que hay 50 crayones en cada una de las 5 cajas. Halla 5×50 usando la propiedad asociativa de la multiplicación como se muestra arriba. ¿Cuántos crayones hay en 5 cajas?

5x50=5x(5x10
5x50=(5x5)x10
5x50=250

50 + 50 + 50 + 50 + 50

250

Nombre ____________________

Práctica guiada*

¿Lo entiendes?

1. ¿Cómo puedes hallar el producto de 9×80? Explícalo.

2. Susan quiere hallar el producto de 30×2. Ella sabe el producto de 2×30. ¿Qué propiedad de multiplicación puede usar para resolver el problema? Explícalo.

¿Cómo hacerlo?

Completa las ecuaciones en los Ejercicios **3** a **9**.

3. $2 \times 70 = 2 \times (\_\_\_ \times \_\_\_)$
   $2 \times 70 = (2 \times \_\_\_) \times \_\_\_$
   $2 \times 70 = 14 \times \_\_\_$
   $2 \times 70 = \_\_\_$

4. $6 \times 6 = \_\_\_$
   $6 \times 60 = \_\_\_$

5. $7 \times 8 = \_\_\_$
   $70 \times 8 = \_\_\_$

6. $5 \times 4 = \_\_\_$
   $5 \times 40 = \_\_\_$

7. $8 \times 2 = \_\_\_$
   $80 \times 2 = \_\_\_$

8. $4 \times 9 = \_\_\_$
   $40 \times 9 = \_\_\_$

9. $3 \times 2 = \_\_\_$
   $3 \times 20 = \_\_\_$

Práctica independiente

Práctica al nivel Completa las ecuaciones en los Ejercicios **10** a **20**.

10. $6 \times 70 = 6 \times (7 \times \_\_\_)$
    $6 \times 70 = (6 \times \_\_\_) \times \_\_\_$
    $6 \times 70 = \_\_\_ \times 10$
    $6 \times 70 = \_\_\_$

11. $9 \times 50 = 9 \times (\_\_\_ \times 10)$
    $9 \times 50 = (9 \times \_\_\_) \times \_\_\_$
    $9 \times 50 = 45 \times \_\_\_$
    $9 \times 50 = \_\_\_$

12. $2 \times 6 = \_\_\_$
    $2 \times 60 = \_\_\_$

13. $5 \times 8 = \_\_\_$
    $5 \times 80 = \_\_\_$

14. $9 \times 4 = \_\_\_$
    $9 \times 40 = \_\_\_$

15. $2 \times 30 = \_\_\_$

16. $60 \times 9 = \_\_\_$

17. $8 \times 20 = \_\_\_$

18. $80 \times 5 = \_\_\_$

19. $90 \times 2 = \_\_\_$

20. $30 \times 4 = \_\_\_$

**Puedes encontrar otro ejemplo en el Grupo C, página 566.*

Prácticas matemáticas y resolución de problemas

21. **PM.3 Evaluar el razonamiento** Adam dice que el producto de 2×50 es igual a 100. Dan dice que el producto es 1,000. ¿Quién tiene la razón? Explícalo.

22. **PM.4 Representar con modelos matemáticos** Juanita compra 7 hojas de estampillas en el correo. Cada hoja tiene 20 estampillas. ¿Cuántas estampillas compra en total? Explica cómo resolviste el problema. Di por qué escogiste ese método.

23. **Álgebra** ¿Qué valor hace que la siguiente ecuación sea verdadera?

    $9 \times ? = 630$

24. Janet compró 137 cuentas verdes. Ahora tiene 349 cuentas. ¿Cuántas cuentas tenía Janet antes?

25. **Razonamiento de orden superior** Ali y su familia van a un parque de diversiones. Si van 2 adultos y 5 niños, ¿cuánto costarán los boletos?

Evaluación de *Common Core*

26. El Sr. Ridley es dueño de una tienda de ropa. La tabla muestra cuántas prendas de vestir caben en cada perchero y la cantidad de percheros. Completa la gráfica de barras para mostrar cuántas prendas de vestir caben en la tienda del Sr. Ridley.

DATOS

Prendas de vestir	Cantidad de ropa en cada perchero	Cantidad de percheros
Camisas	50	2
Pantalones	30	3
Pantalones cortos	20	3
Vestidos	40	2

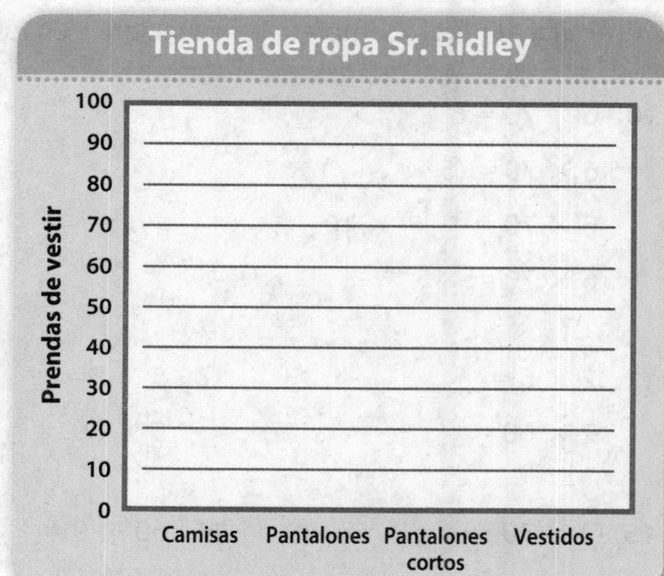

Nombre ______________________________

Ayuda | Amigo de práctica | Herramientas | Juegos

Tarea y práctica 10-3

Multiplicar por múltiplos de 10

¡Revisemos!

Puedes usar operaciones básicas como ayuda para multiplicar por números que son múltiplos de 10.

Halla 6×40.

Primero, halla 6×4. $6 \times 4 = 24$

Luego, escribe un cero después del producto. $6 \times 40 = 240$

Puedes usar una operación básica o propiedades de multiplicación para resolver 2 × 70.

A continuación, aparecen diferentes maneras de resolver 2×70.

2×70

$2 \times 7 = 14$

$2 \times 70 = 140$

$2 \times 70 = 2 \times (7 \times 10)$

$2 \times 70 = (2 \times 7) \times 10$

$2 \times 70 = 14 \times 10$

$2 \times 70 = 140$

Usa operaciones básicas para ayudarte a multiplicar en los Ejercicios **1** y **2**.

1. Halla 3×80.

Operación básica: $3 \times$ ____ = ____

Muestra la multiplicación por 10 escribiendo un ____ después del producto de la operación.

$3 \times 80 =$ ____

2. Halla 9×50.

Operación básica: ____ $\times$ ____ = ____

Muestra la multiplicación por 10 escribiendo un ____ después del producto de la operación.

$9 \times 50 =$ ____

Completa las ecuaciones en los Ejercicios **3** a **11**.

3. $5 \times 6 =$ ____

$50 \times 6 =$ ____

4. $8 \times 7 =$ ____

$80 \times 7 =$ ____

5. $3 \times 6 =$ ____

$3 \times 60 =$ ____

6. $30 \times 9 =$ ____

7. $9 \times 80 =$ ____

8. $60 \times 6 =$ ____

9. $5 \times 50 =$ ____

10. $7 \times 60 =$ ____

11. $4 \times 30 =$ ____

12. Explica por qué hay dos ceros en el producto de 5 × 40.

13. **PM.4 Representar con modelos matemáticos** Tania alineó 4 filas de vías del tren. Hay 20 trenes en cada fila. ¿Cuántos trenes hay? Explica cómo puedes representar este problema.

14. **PM.5 Usar herramientas apropiadas** ¿Qué herramienta usarías para medir el área de un rectángulo: fichas, fichas cuadradas o bloques de patrón triangular? Explica por qué escogiste esa herramienta.

15. **Matemáticas y Ciencias** El jardín de Kevin tiene 3 secciones. El año pasado, Kevin sembró 10 azucenas en una sección. Este año, hay 30 azucenas en cada sección. ¿Cuántas azucenas hay en total en el jardín de Kevin?

16. **Razonamiento de orden superior** Noah camina aproximadamente 200 pasos en una hora. ¿Aproximadamente cuántos pasos camina Noah en 4 horas? Llena la tabla y busca un patrón.

Tiempo	1 hora	2 horas	3 horas	4 horas
Número de pasos				

Evaluación de *Common Core*

17. Geena tiene 4 cajas de clips pequeños, 3 cajas de clips medianos y 5 cajas de clips grandes. Cada caja tiene 40 clips. Completa la gráfica de barras para mostrar los clips de Geena.

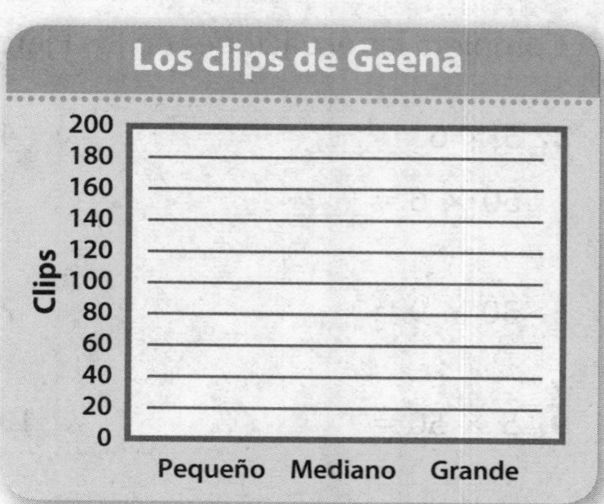

Nombre ______________________________

Prácticas matemáticas y resolución de problemas

Lección 10-4

Buscar y usar la estructura

Resuélvelo y coméntalo Stefan dice que puede usar esta tabla de multiplicar como ayuda para multiplicar 3 × 40 y obtener 120. Explica la estrategia de Stefan.

×	0	1	2	3	4	5	6
0	0	0	0	0	0	0	0
1	0	1	2	3	4	5	6
2	0	2	4	6	8	10	12
3	0	3	6	9	12	15	18
4	0	4	8	12	16	20	24
5	0	5	10	15	20	25	30
6	0	6	12	18	24	30	36

Puedo...
usar patrones para describir relaciones entre cantidades.

Prácticas matemáticas PM.7. También, PM.1, PM.3, PM.4, PM.8.
Estándar de contenido 3.NBD.A.3

Hábitos de razonamiento

¡Razona correctamente! Estas preguntas te pueden ayudar.

- ¿Qué patrones puedo ver y describir?
- ¿Cómo puedo usar los patrones para resolver el problema?
- ¿Puedo ver las expresiones y los objetos de una manera diferente?

¡Vuelve atrás! **PM.7 Usar la estructura** ¿Puede Stefan usar la tabla de multiplicar para multiplicar 4 × 40 de la misma manera? Explica cómo lo decidiste.

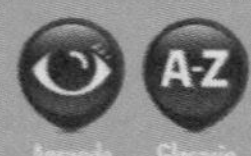

¿Cómo puedo usar la estructura para multiplicar con múltiplos de 10?

A

Halla los productos que faltan en la tabla de multiplicar.

×	10	20	30	40	50	60	70	80	90
4	40	80				240		320	
5	50		150				350		
6	60		180				420		

Puedes buscar relaciones en la tabla de multiplicar.

B

¿Cómo puedo usar la estructura para resolver este problema?

Puedo

- buscar patrones como ayuda para resolver un problema.
- describir los patrones que encuentro.
- identificar cómo se organizan los números.

C

Este es mi razonamiento...

Al moverme hacia abajo en la columna, los números aumentan según el valor de la columna.

Al moverme horizontalmente en las filas, los números aumentan según el valor de la columna del 10.

Usé los patrones que conozco para multiplicar por múltiplos de 10.

×	10	20	30	40	50	60	70	80	90
4	40	80	120	160	200	240	280	320	360
5	50	100	150	200	250	300	350	400	450
6	60	120	180	240	300	360	420	480	540

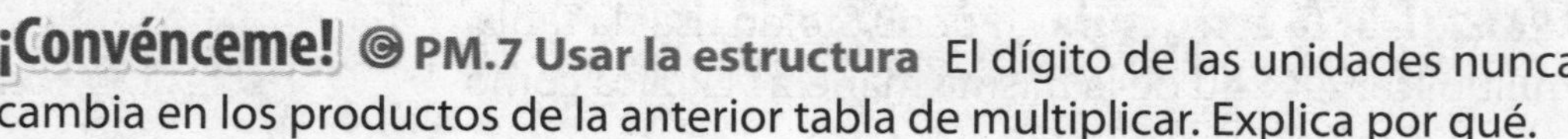

¡Convénceme! **PM.7 Usar la estructura** El dígito de las unidades nunca cambia en los productos de la anterior tabla de multiplicar. Explica por qué.

Nombre ______________________

Práctica guiada*

PM.7 Usar la estructura

Sam está horneando pastelitos. Está decidiendo si va a hornear 7 u 8 tandas de pastelitos. También está decidiendo si va a usar 40, 50, 60 o 70 pasas en cada tanda. Sam hace esta tabla para mostrar la cantidad total de pasas que necesitaría en cada caso.

Puedes usar la estructura de los productos y factores para encontrar un patrón.

1. Halla los productos que faltan en la tabla para mostrar cuántas pasas usará Sam en cada tanda de pastelitos. Piensa en los patrones o las propiedades que conoces.

×	40	50	60	70
7			420	
8	320			

2. Sam usa 480 pasas en total. ¿Cuántas tandas horneó? ¿Cuántas pasas usa en cada tanda?

Práctica independiente

PM.7 Usar la estructura

Juliana está poniendo sus calcomanías en filas iguales. Está decidiendo si va a usar 20, 30, 40 o 50 calcomanías en cada fila. También está decidiendo si quiere 2, 3 o 4 filas. Juliana hace esta tabla para mostrar la cantidad total de calcomanías que necesitaría en cada caso.

3. Halla los productos que faltan en la tabla para mostrar cuántas calcomanías necesitaría Juliana en cada caso. Piensa en los patrones o propiedades que conoces.

×	20	30	40	50
2	40	60		
3	60			
4				200

4. Juliana usa 150 calcomanías en total. ¿En cuántas filas puso las calcomanías? ¿Cuántas calcomanías pone en cada fila?

Puedes encontrar otro ejemplo en el Grupo D, página 566.

Prácticas matemáticas y resolución de problemas

Evaluación de rendimiento de *Common Core*

Lecciones de música

Este mes, cuatro amigos tomaron clases de música para diferentes instrumentos. Quieren saber quién gastó más dinero en lecciones de música.

Estudiante	Julia	Li	Miguel	Rita
Precio por lección (dólares)	60	20	10	40
Duración de la lección (minutos)	60	60	50	90
Cantidad de lecciones	4	8	9	7
Costo total (dólares)	____	____	____	____

5. **PM.1 Entender y perseverar** ¿Qué tienes que hacer para resolver el problema?

6. **PM.7 Usar la estructura** ¿Cómo puedes hallar la cantidad total que gastó cada estudiante? Piensa en las propiedades o los patrones que conoces.

Piensa en y busca relaciones para ayudarte a resolver problemas.

7. **PM.4 Representar con modelos matemáticos** Usa las matemáticas que conoces para completar la tabla. Pon un círculo alrededor del nombre de la persona que gastó la mayor cantidad.

8. **PM.3 Construir argumentos** ¿Es la persona que gastó la mayor cantidad por cada lección la misma persona que gastó la mayor cantidad total? Explica por qué.

Nombre ____________________

Tarea y práctica 10-4

Buscar y usar la estructura

¡Revisemos!

Encuentra los productos que faltan en la tabla.

Di cómo puedes usar la estructura para resolver este problema.

- Puedo buscar cosas en común para hallar un patrón.
- Puedo describir los patrones que encuentro.
- Puedo ampliar un patrón.

Completa la tabla. Piensa en los patrones o las propiedades que conoces.

×	10	20	30	40	50	60	70	80	90
3	30	60	90	120	150	180	210	240	270
4	40	80	120	160	200	240	280	320	360
5	50	100	150	200	250	300	350	400	450

Un factor siempre es un múltiplo de 10. Usé los patrones que conozco para multiplicar por múltiplos de 10 para hallar el factor que falta.

Cuando usas la estructura, buscas y describes los patrones que se pueden usar para resolver el problema.

PM.7 Usar la estructura

Clifton está haciendo diferentes tipos de collares. Los collares tendrán 10, 20, 30 o 40 cuentas. Clifton hace la tabla de abajo para hallar la cantidad de cuentas que necesitará si hace 6, 7 u 8 de cada tipo de collar.

1. Di cómo puedes hallar los productos en la siguiente tabla.

2. Halla los productos que faltan en la tabla para mostrar cuántas cuentas necesita Clifton para cada tipo de collar. Piensa en los patrones o las propiedades que conoces.

×	10	20	30	40
6	60	120		
7	70			
8	80	160		

Evaluación de rendimiento de *Common Core*

Rutina de ejercicios
Bernardo se está preparando para una carrera. Todos los días hace la misma rutina de ejercicios. En una semana de 7 días, ¿dedica más tiempo a levantar pesas o a trotar? ¿Cuánto tiempo más? Responde los Ejercicios **3** a **6** para resolver el problema.

Actividad	Tiempo por día (minutos)	Tiempo por semana (minutos)
Caminar	10	____
Trotar	20	140
Levantamiento de pesas	30	____
Estiramientos	5	____

3. **PM.4 Representar con modelos matemáticos** Identifica la pregunta escondida de este problema. ¿Qué operación puedes usar para responder a la pregunta escondida?

4. **PM.7 Usar la estructura** Resuelve el problema. Piensa en las propiedades o patrones que conoces. Muestra tu trabajo.

5. **PM.8 Generalizar** ¿Qué pasos puedes repetir para hallar la cantidad de tiempo que Bernardo dedicó a cada actividad en 1 semana? Completa la tabla.

Usa la estructura para entender cómo funcionan los patrones.

6. **PM.3 Evaluar el razonamiento** Para resolver el problema, Jacobo suma la cantidad de tiempo que Bernardo dedicó a levantar pesas y a trotar. Luego, multiplica el total por 7. ¿Tienes sentido el razonamiento de Jacobo? Explícalo.

Nombre ______________________________

Sombrea una ruta que vaya desde la **SALIDA** hasta la **META.** Sigue las sumas y diferencias que estén correctas. Solo te puedes mover hacia arriba, hacia abajo, hacia la derecha o hacia la izquierda.

Puedo...
sumar y restar hasta 1,000.

Estándar de contenido
3.NBD.A.2

Salida				
574 + 390 = 964	999 − 632 = 331	123 + 612 = 475	587 + 219 = 736	501 − 444 = 95
914 − 627 = 287	242 + 486 = 568	794 − 632 = 162	497 + 493 = 990	999 − 256 = 743
399 + 469 = 868	687 − 413 = 264	887 − 199 = 688	718 − 256 = 262	378 + 511 = 889
924 − 885 = 39	653 + 342 = 995	242 + 547 = 789	852 − 231 = 651	593 − 528 = 65
374 + 469 = 799	408 − 122 = 530	523 + 304 = 821	315 + 411 = 737	879 − 465 = 414
				Meta

TEMA 10

Repaso del vocabulario

Lista de palabras

- factor
- grupos iguales
- múltiplo
- producto
- propiedad asociativa de la multiplicación
- propiedad distributiva
- recta numérica vacía

Comprender el vocabulario

1. Tacha cualquier número que **NO** sea *múltiplo* de 20.

20 30 40 50 90

2. Tacha cualquier ecuación en la que 10 **NO** es un *factor.*

$3 \times 10 = 30$ $10 = 5 \times 2$ $50 = 10 \times 5$ $10 \times 0 = 0$

3. Tacha cualquier ecuación que **NO** muestra la *propiedad asociativa de la multiplicación.*

$(4 \times 6) \times 7 = 4 \times (6 \times 7)$ $4 \times 3 = 3 \times 4$ $0 = 2 \times 0$

4. Tacha cualquier ecuación en la que 8 **NO** es el *producto.*

$8 = 2 \times 4$ $8 \times 8 = 64$ $2 \times (4 \times 1) = 8$ $2 \times 8 = 16$

Escribe V para verdadero o F para falso.

__________ **5.** Un ejemplo de la *propiedad distributiva* es $6 \times 0 = 0$.

__________ **6.** Los *grupos iguales* tienen la misma cantidad en cada grupo.

__________ **7.** Una *recta numérica vacía* es una línea sencilla que se puede usar como ayuda para multiplicar.

Usa el vocabulario al escribir

8. Usa por lo menos 2 términos de la Lista de palabras para explicar cómo resolver 3×30.

Nombre ______________________________

TEMA 10

Refuerzo

Grupo A páginas 539 a 544

Halla 5×70.

Muestra 5 saltos de 70 en la recta numérica.

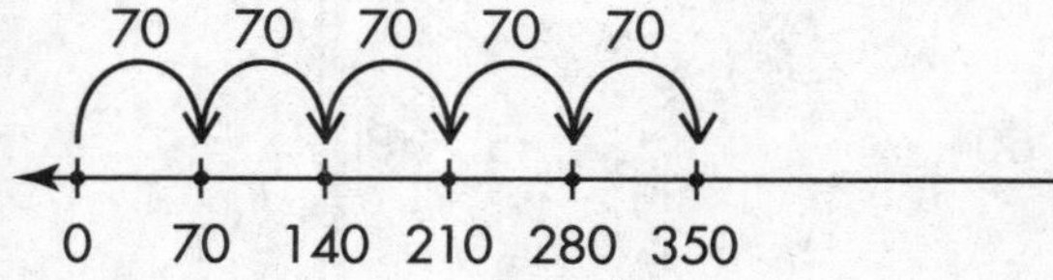

1 salto de 70 es 70. $1 \times 70 = 70$

2 saltos de 70 son 140. $2 \times 70 = 140$

3 saltos de 70 son 210. $3 \times 70 = 210$

4 saltos de 70 son 280. $4 \times 70 = 280$

5 saltos de 70 son 350. $5 \times 70 = 350$

El patrón de los productos es como el patrón que se forma cuando multiplicas por 7, pero con un 0 adicional en el lugar de las unidades.

Recuerda que puedes contar salteado para mostrar la multiplicación.

Usa una recta númerica para resolver los Ejercicios **1** a **3.**

1. 4×80

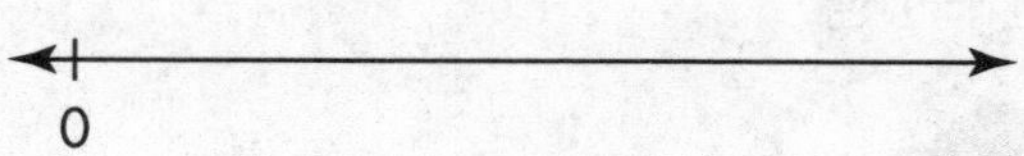

2. 7×20

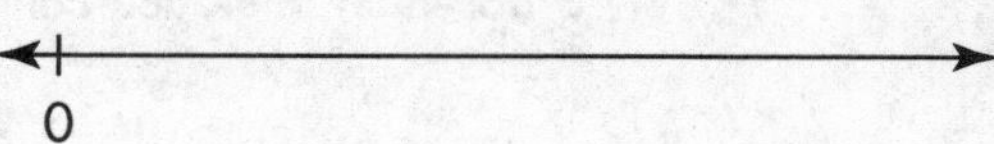

3. 3×50

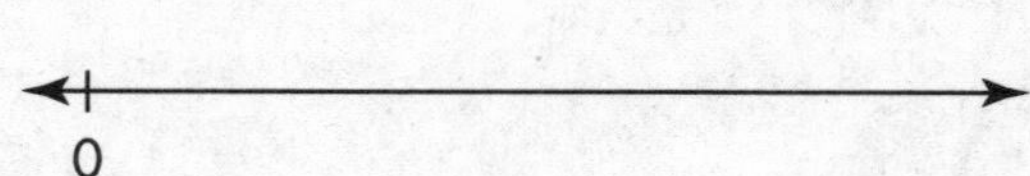

Grupo B páginas 545 a 550

Halla 7×80.

Piensa en 80 como 8×10. Luego, usa la propiedad asociativa de la multiplicación.

$7 \times 80 = 7 \times (8 \times 10)$
$7 \times 80 = (7 \times 8) \times 10$
$7 \times 80 = 56 \times 10$
$7 \times 80 = 560$

Cuando multiplicas un número por 10, el producto tiene un cero en el lugar de las unidades. Se escribe el otro factor a la izquierda del cero. Por tanto, $56 \times 10 = 560$.

Recuerda que la propiedad asociativa de la multiplicación te permite reagrupar factores.

Halla los productos usando las propiedades en los Ejercicios **1** y **2.**

1. $5 \times 80 = 5 \times (\_\_\_\_ \times 10)$

$5 \times 80 = (5 \times \_\_\_\_) \times 10$

$5 \times 80 = \_\_\_\_ \times 10 = \_\_\_\_$

2. $7 \times 40 = \_\_\_\_ \times (\_\_\_\_ \times 10)$

$7 \times 40 = (\_\_\_\_ \times \_\_\_\_) \times 10$

$7 \times 40 = \_\_\_\_ \times 10 = \_\_\_\_$

Grupo C páginas 551 a 556

Puedes usar patrones y propiedades para multiplicar por múltiplos de 10.

Halla 6 × 30.

Multiplica por el dígito en el lugar de las decenas.

6 × 3 = 18

Escribe un cero después del producto de la operación básica.

6 × 3<u>0</u> = 18<u>0</u>

Los patrones pueden ayudarte a aprender métodos cortos.

Recuerda que a veces tu respuesta tendrá dos ceros.

Halla los productos en los Ejercicios **1** a **10.**

1. 3 × 30 **2.** 50 × 9

3. 6 × 60 **4.** 5 × 80

5. 8 × 40 **6.** 80 × 7

7. 70 × 4 **8.** 8 × 30

9. 7 × 70 **10.** 60 × 5

Grupo D páginas 557 a 562

Piensa en estas preguntas para ayudarte a **usar la estructura.**

Hábitos de razonamiento

- ¿Qué patrones puedo ver y describir?
- ¿Cómo puedo usar los patrones para resolver el problema?
- ¿Puedo ver las expresiones y los objetos de una manera diferente?

Recuerda que debes usar patrones y propiedades para multiplicar por múltiplos de 10.

Christy está haciendo un plan de ahorros. Quiere saber cuánto ahorrará si guarda $40 por 6, 7, 8 o 9 semanas.

1. ¿Cómo puedes usar patrones para resolver el problema?

2. Halla la cantidad total que Christy ahorraría después de 6, 7, 8 o 9 semanas. Piensa en patrones o propiedades que conoces.

Nombre ______________________________

1. Julia le da una hoja de calcomanías a 4 de sus amigos. Cada hoja tiene 20 calcomanías. ¿Cuántas calcomanías tienen sus amigos en total? Usa la recta numérica vacía para resolverlo.

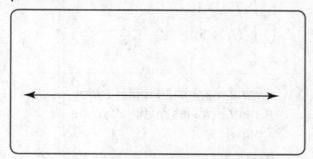

2. Escoge *Sí* o *No* para decir si las expresiones son iguales a 8×60 en en las Preguntas 2a a 2d.

2a. 48×10 ○ Sí ○ No

2b. 6×80 ○ Sí ○ No

2c. $(8 \times 6) \times 10$ ○ Sí ○ No

2d. $8 \times (8 \times 10)$ ○ Sí ○ No

3. La Sra. Rangel compró 80 cajas de jugos para la fiesta escolar. Hay 8 jugos en cada caja. ¿Cuántos jugos compró la Sra. Rangel? Explica cómo resolverlo.

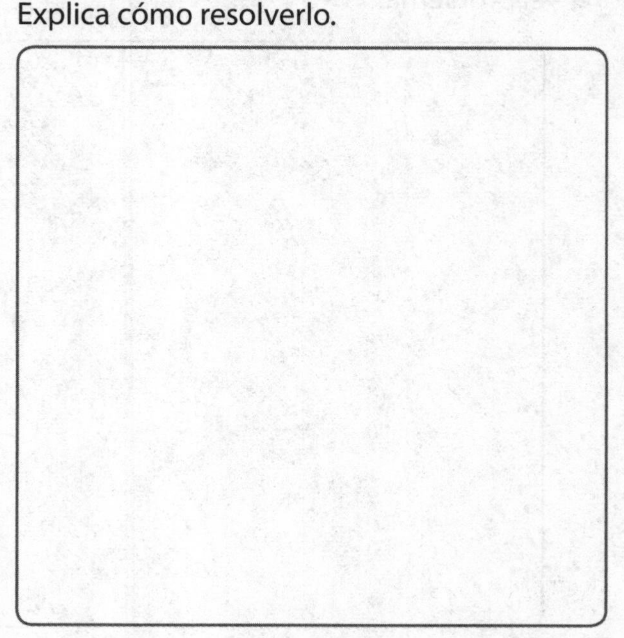

4. Los maestros de tercer grado de la escuela de Jenny necesitan 5 cajas de carpetas amarillas y 4 cajas de carpetas rojas. Cada caja tiene 40 carpetas. ¿Cuántas carpetas necesitan los maestros?

Ⓐ 160
Ⓑ 200
Ⓒ 320
Ⓓ 360

5. Escribe las expresiones en el espacio de respuesta correcto para mostrar expresiones iguales a 6×30 y 3×80.

6×30	3×80

$(3 \times 8) \times 10$ $6 \times (3 \times 10)$
$3 \times (6 \times 10)$ 18×10
24×10 $3 \times (8 \times 10)$
$8 \times (3 \times 10)$ $(6 \times 3) \times 10$

6. Traza líneas para unir las expresiones iguales.

6×60	42×10
6×70	24×10
7×40	36×10
6×40	28×10

7. Para resolver 4×30, Tomás escribió $4 \times (3 \times 10) = (4 \times 3) \times 10$. ¿Cuánto es 4×30?

Ⓐ 22
Ⓑ 34
Ⓒ 120
Ⓓ 160

8. Tyler hace 40 flexiones de pecho todos los días. ¿Cuántas flexiones de pecho hace en 5 días? Usa la recta numérica vacía para resolverlo.

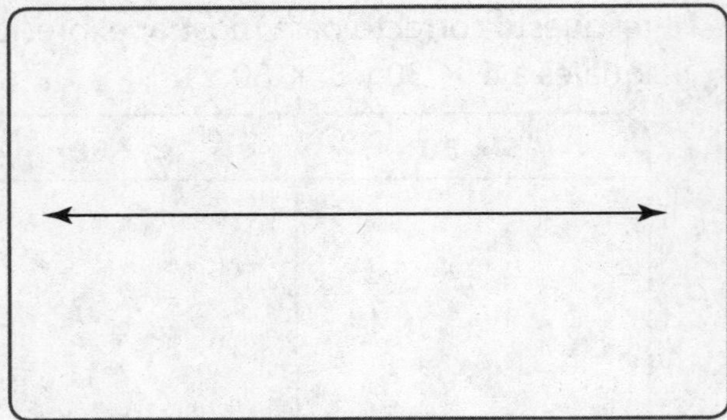

9. La membresía a un museo infantil cuesta $90 por el año. El viernes 5 familias compraron membresías. ¿Cuánto dinero recaudó el museo por las nuevas membresías? Explica cómo puedes usar la estructura para resolverlo.

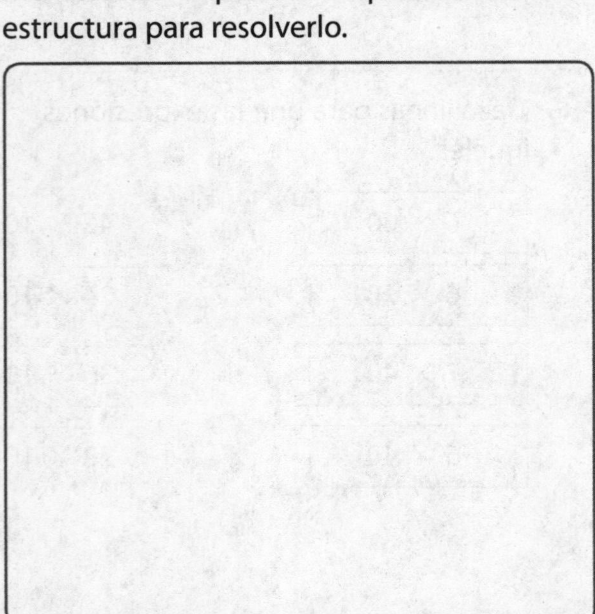

10. Escoge todas las expresiones que sean igual a 7×50.

☐ $7 \times (5 \times 10)$
☐ 35×10
☐ 7×5
☐ 75×10
☐ $(7 \times 5) \times 10$

11. Tyrone maneja 30 millas todos los días. ¿Cuántas millas maneja Tyrone en 7 días?

Parte A

Usa una recta numérica para resolver el problema.

Parte B

Muestra otra manera de resolver el problema.

Nombre ______________________________

TEMA 10

Evaluación del rendimiento

Mascotas en adopción

Carson y Adriana hacen trabajo voluntario en un refugio de animales local. La tarifa de adopción varía según el animal y su edad.

Carson hizo una gráfica de **Tarifas de adopción** para mostrar las tarifas por perros adultos, cachorros, gatos adultos y gatitos. Adriana anotó en la tabla **Animales adoptados** la cantidad de animales adoptados durante el verano.

Usa la gráfica de **Tarifas de adopción** y la tabla **Animales adoptados** para responder las Preguntas **1** a **3.**

Tarifas de adopción

Costo: $0, $20, $40, $60, $80, $100

Perro adulto, Cachorro, Gato adulto, Gatito

Tipo de animal

Animales adoptados

Perro adulto	8
Cachorro	4
Gato adulto	5
Gatito	3

1. Carson quiere hallar el total de tarifas que cobró el refugio por la adopción de perros adultos. Muestra cómo puede Carson usar una recta numérica para hacerlo.

2. Adriana dice que puede usar $(4 \times 8) \times 10$ para hallar el total de tarifas por la adopción de cachorros. ¿Tiene razón? Explica por qué. Luego, halla el total.

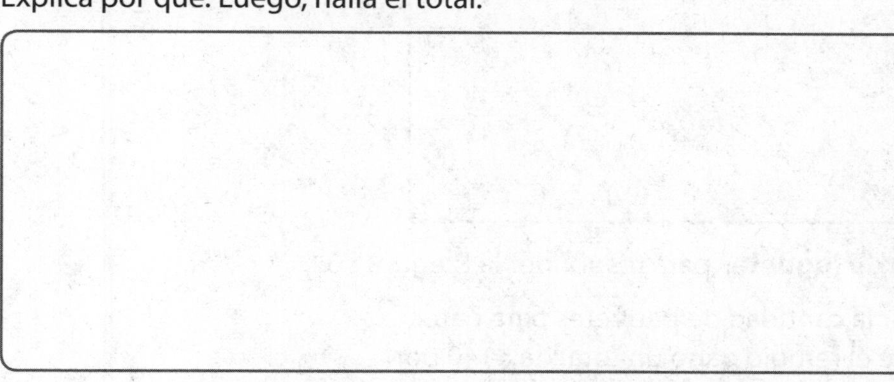

3. Halla las tarifas de adopción que cobró el refugio de animales por los gatitos. Piensa en los patrones o propiedades que conoces. Muestra tu trabajo.

El refugio de animales vende paquetes de juguetes para las mascotas.

La gráfica de **Paquetes de juguetes** muestra la cantidad que se ganó por diferentes tipos de paquetes. La tabla **Paquetes de juguetes vendidos** muestra cuántos paquetes se vendieron en el verano.

Usa la gráfica de **Paquetes de juguetes** y la tabla **Paquetes de juguetes vendidos** para responder a las Preguntas **4** y **5.**

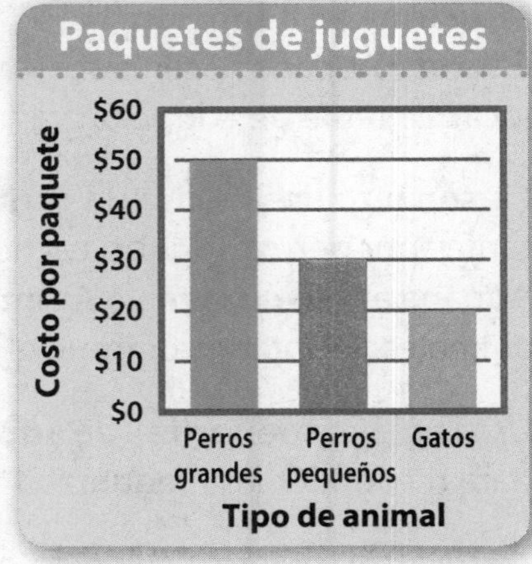

Paquetes de juguetes vendidos

Perro grande	5
Perro pequeño	7

4. ¿Cuánto dinero ganó el refugio de animales por los juguetes para perros grandes? Muestra tu trabajo.

5. Carson dice que el refugio ganó más dinero vendiendo juguetes para perros pequeños que para perros grandes. ¿Tiene razón? Explica por qué.

Usa la gráfica de **Paquetes de juguetes** para responder la Pregunta 6.

6. Adriana se olvidó de anotar la cantidad de paquetes para gatos que se vendieron. Sabe que el refugio ganó un total de $140 por los juguetes para gatos. ¿Cuántos paquetes de juguetes para gatos vendieron?

Usar operaciones con números enteros para resolver problemas

Pregunta esencial: ¿Cuáles son algunas maneras de resolver problemas de 2 pasos?

¡Es divertido crear algo que has diseñado! Este es un proyecto de ingeniería.

Hay cometas de muchas formas y tamaños.

Los ingenieros tienen que considerar cuánto material, tiempo y dinero necesitan para crear un buen diseño.

Proyecto de Matemáticas y Ciencias: Diseño de ingeniería

Investigar Usa la Internet u otras fuentes para buscar información sobre las cometas. Busca dos diseños para crear una cometa. ¿Qué materiales necesitas para cada diseño? ¿Cuánto cuestan esos materiales?

Diario: Escribir un informe Incluye lo que averiguaste. En tu informe, también:

- halla el costo total de cada diseño.
- decide cuál diseño es más barato.
- escribe una ecuación para mostrar cuánto más barato es el diseño.

Nombre ______________________________

Repasa lo que sabes

Vocabulario

Escoge el mejor término del recuadro.
Escríbelo en el espacio en blanco.

- cociente
- ecuación
- desconocido
- producto

1. El signo igual muestra que el número del lado izquierdo de un(a) ____________ tiene el mismo valor que el número del lado derecho.

2. Un signo de interrogación puede representar un valor ____________.

3. La respuesta a una división es el ____________.

Suma y resta

4. 739 − 104
5. 512 + 216
6. 710 − 569
7. 104 + 67
8. 664 + 78
9. 825 − 477

Multiplicación y división

10. 60 ÷ 6
11. 40 × 4
12. 7 × 3

13. (3 × 10) × 6 =

Ⓐ (3 × 10) + (6 × 10)

Ⓑ (3 × 6) + (10 × 6)

Ⓒ 3 × (10 × 6)

Ⓓ (10 + 10 + 10) + 6

Representar con modelos matemáticos

14. César tiene 8 carritos y cada uno tiene 4 ruedas. Quiere saber cuántas ruedas tienen todos sus carritos. Representa este problema con un diagrama de barras y una ecuación. Luego, resuélvelo.

Nombre ______________________

Resuelve

Lección 11-1
Resolver problemas verbales de 2 pasos: Suma y resta

Resuélvelo y coméntalo Jim compra una mochila y una bolsa de dormir. Si gasta más de $200, recibe un descuento de $10. ¿Cuál es el costo total de las compras de Jim? Completa el siguiente diagrama de barras. Luego, dibuja otro diagrama para resolver el problema.

Puedo...
dibujar diagramas y escribir ecuaciones para mostrar cómo se relacionan las cantidades en un problema.

Estándar de contenido 3.OA.D.8
Prácticas matemáticas PM.1, PM.2, PM.3, PM.4

DATOS

Artículo	Precio
Asador	$138
Mochila	$89
Linterna	$78
Bolsa de dormir	$128

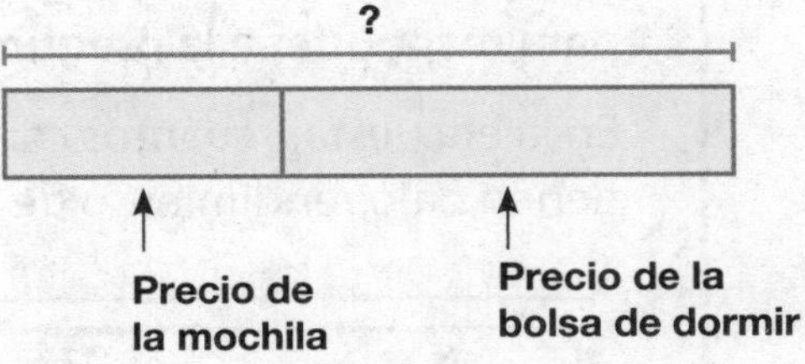

Usa el razonamiento. Puedes dibujar más de un diagrama y escribir más de una ecuación para resolver problemas de 2 pasos.

¡Vuelve atrás! PM.1 Entender y perseverar ¿Cómo puedes hacer una estimación para mostrar que el precio total que hallaste de la mochila y la bolsa de dormir tiene sentido?

¿Cómo puedes usar diagramas para resolver problemas de 2 pasos?

A

La tabla de la derecha muestra los resultados de una encuesta sobre carros. ¿Cuántos menos carros hay con bajo rendimiento de combustible que carros con alto o regular rendimiento? Usa la estimación para comprobar tu respuesta.

DATOS

Encuesta sobre carros con alto rendimiento de combustible	
Rendimiento de combustible	**Cantidad de carros**
Alto	98
Regular	165
Bajo	224

Puedes dibujar diagramas de barras como ayuda. Puedes usar una letra para representar la cantidad desconocida.

B

Paso 1

Halla la pregunta escondida y respóndela.

En la encuesta, ¿cuántos carros en total tienen un rendimiento de combustible alto o regular?

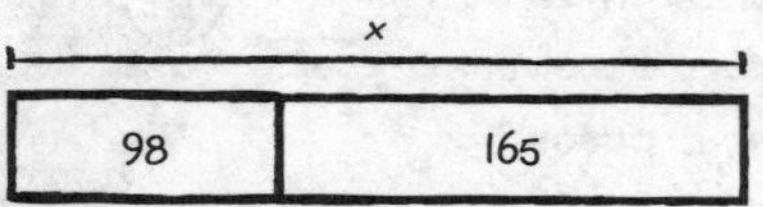

x es la cantidad total desconocida

$x = 98 + 165$

$$\begin{array}{r} \overset{1\,1}{165} \\ +\ 98 \\ \hline 263 \end{array}$$

$x = 263$

263 carros tienen un rendimiento de combustible alto o regular.

C

Paso 2

Usa la respuesta a la pregunta escondida para responder a la pregunta original.

En la encuesta, ¿cuántos carros menos tienen bajo rendimiento de combustible?

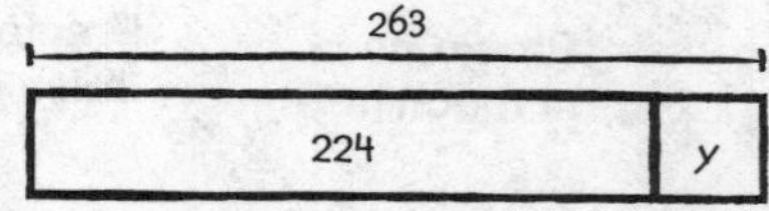

$y = 263 - 224$

y es la diferencia desconocida.

$$\begin{array}{r} \overset{5\,13}{2\cancel{6}\cancel{3}} \\ -\ 224 \\ \hline 39 \end{array}$$

$y = 39$

39 carros menos tienen bajo rendimiento de combustible.

¡Convénceme! **PM.3 Evaluar el razonamiento** Jane usó la estimación para comprobar si el trabajo anterior es razonable. Explica si el trabajo de Jane tiene sentido.

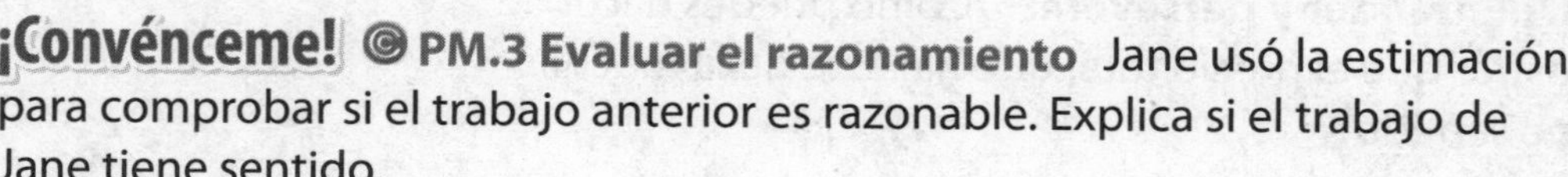

165 y 98 son aproximadamente 200.
224 menos 200 es igual a 24, que está más o menos cerca de 39.

Nombre ____________________

Amigo de práctica · Herramientas · Evaluación

Práctica guiada*

¿Lo entiendes?

1. ¿Cómo te ayudan los diagramas a escribir ecuaciones para el problema de la página 574?

¿Cómo hacerlo?

2. **PM.4 Representar con modelos matemáticos** Josefa tiene \$145. Ella compra una bicicleta que cuesta \$127. La siguiente semana ahorra \$15. ¿Cuánto dinero tiene ahora Josefa? Completa los diagramas de barras y escribe ecuaciones para resolverlo.

____	*d* ← Dinero que sobra después de comprar la bicicleta

a ← Dinero ahora

____	____

Práctica independiente

Usa el mapa para hacer el Ejercicio **3.** Dibuja diagramas y escribe ecuaciones para resolverlo. Usa letras para representar cantidades desconocidas.

3. **PM.4 Representar con modelos matemáticos** La familia de Manuel viajó en carro desde Louisville hasta Indianápolis, después a Detroit y luego regresaron directamente a Louisville. ¿Cuánto más lejos manejaron de ida hasta Detroit que de regreso desde Detroit?

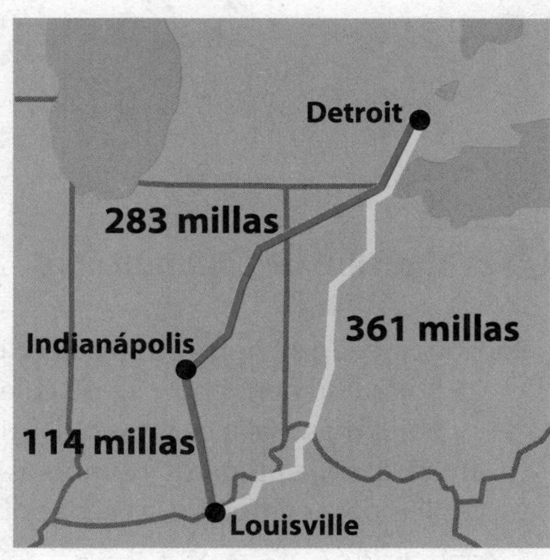

4. **PM.1 Entender y perseverar** ¿Cómo puedes estimar para comprobar si tu respuesta anterior es razonable? Explícalo.

*Puedes encontrar otro ejemplo en el Grupo A, página 599.

Prácticas matemáticas y resolución de problemas

5. **PM.4 Representar con modelos matemáticos** Escribe ecuaciones para hallar cuántos boletos más se vendieron el sábado para la montaña rusa que para los columpios en ambos días juntos.

DATOS

Cantidad de boletos vendidos		
Juegos mecánicos	**Sábado**	**Domingo**
Rueda de Chicago	368	302
Montaña rusa	486	456
Columpios	138	154

6. **Razonamiento de orden superior** Escribe un problema de 2 pasos que se pueda resolver con la suma o la resta. Resuelve tu problema.

7. **Matemáticas y Ciencias** Lindsay tiene 6 cajas de palillos. Cada caja tiene 80 palillos. Lindsay usa todos los palillos para armar un modelo de un puente de arco. ¿Cuántos palillos usa Lindsay en total?

8. **PM.4 Representar con modelos matemáticos** Matt tiene 327 botellas plásticas para reciclar. El lunes, recicló 118 botellas. El martes, recicló 123 botellas. ¿Cuántas botellas le quedan por reciclar?
Escribe ecuaciones para resolverlo. Usa letras para representar las cantidades desconocidas. Estima para comprobar tu respuesta.

Al comprobar tu respuesta, recuerda que debes hacer una estimación en cada paso.

Evaluación de *Common Core*

9. Hugo tiene 142 hojas en su colección. Le da 25 hojas a su hermano y luego colecciona 19 hojas más. Halla cuántas hojas tiene Hugo ahora. Escribe números y símbolos en las casillas para completar las ecuaciones.

☐ ☐ ☐ $= x$ $x =$ ☐

☐ ☐ ☐ $= y$ $y =$ ☐

10. Richard tenía $236 en su cuenta de ahorros. Recibió $45 en su cumpleaños y ahorró todo menos $16. ¿Cuánto dinero hay en la cuenta de ahorros de Richard ahora? Escribe la respuesta en la casilla.

$ ☐

Nombre ______________________

Ayuda | Amigo de práctica | Herramientas | Juegos

Tarea y práctica 11-1

Resolver problemas verbales de 2 pasos: Suma y resta

¡Revisemos!

Harry anota 394 puntos en el Nivel 1 de un videojuego. Pierde 248 puntos en el Nivel 2. Luego anota 138 puntos adicionales en el Nivel 3. ¿Cuántos puntos tiene Harry ahora?

Usa diagramas y ecuaciones para resolverlo.

Paso 1

Halla la pregunta escondida.

Pregunta escondida: ¿Cuántos puntos le quedaban a Harry después de perder 248 puntos?

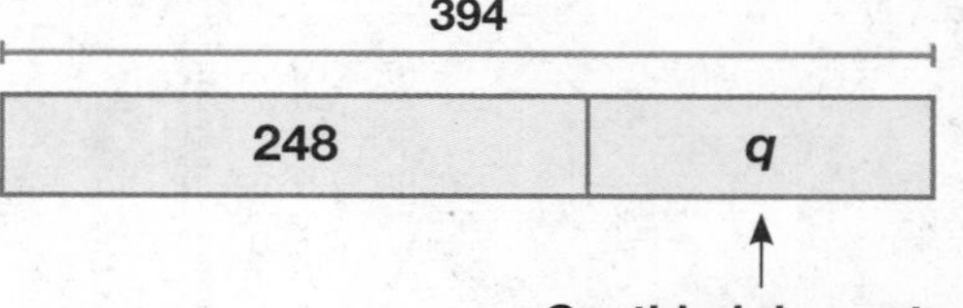

$q = 394 - 248$, $q = 146$

Harry tenía 146 puntos.

Paso 2

Usa la respuesta a la pregunta escondida para responder a la pregunta original.

Pregunta original: ¿Cuántos puntos tiene Harry ahora?

p ← Cantidad de puntos ahora

146	138

$p = 146 + 138$, $p = 284$

Ahora, Harry tiene 284 puntos.

Dibuja diagramas y escribe ecuaciones para resolver el Ejercicio **1.**

1. **PM.4 Representar con modelos matemáticos** Jamie tiene un total de 875 piezas para armar un modelo. Le regala su modelo de un castillo a un amigo y se compra un modelo de un helicóptero. ¿Cuántas piezas tiene Jamie ahora?

2. **PM.1 Entender y perseverar** ¿Cómo puedes estimar para comprobar si tu respuesta es razonable? Explícalo.

3. **PM.2 Razonar** ¿De qué otra manera puedes hallar el puntaje de Harry en el problema de la parte superior de la página 577?

4. **Sentido numérico** ¿Qué suma tiene el mayor total: 468 + 153 o 253 + 209? Di cómo lo sabes con una estimación.

5. **PM.4 Representar con modelos matemáticos** En una encuesta a 800 estudiantes, 548 dijeron que preferían pizza, 173 preferían hamburguesas y 79 preferían sándwiches de carne. Dibuja diagramas de barras y escribe ecuaciones para hallar a cuántos estudiantes más les gusta la pizza que las hamburguesas y los sándwiches de carne juntos. Usa letras para representar las cantidades desconocidas. Comprueba tu trabajo con la estimación:

6. **Razonamiento de orden superior** María y John juegan un juego de computadora. ¿Quién anotó más puntos y ganó el juego? Explícalo.

DATOS

Puntaje del juego de computadora

Jugador	Ronda 1 Puntaje	Ronda 2 Puntaje
María	256	345
John	325	273

Evaluación de *Common Core*

7. La Escuela Stewart tiene 178 computadoras. El Grado 3 tiene 58 computadoras y el Grado 4 tiene 57 computadoras. ¿Qué ecuaciones se pueden usar para hallar cuántas computadoras tiene el resto de la escuela? Completa las ecuaciones.

☐ ☐ ☐ $= x$ $x =$ ☐

☐ ☐ ☐ $= y$ $y =$ ☐

8. La librería escolar tenía 379 lápices. Esta semana, la librería vendió 187 lápices. Luego, el gerente llevó 450 lápices más. ¿Cuántos lápices tiene la librería ahora? Escribe la respuesta en la casilla de abajo.

☐ lápices

Nombre ______________________________

Resuelve

Lección 11-2

Resolver problemas verbales de 2 pasos: Multiplicación y división

Resuélvelo y coméntalo Dos amigos recogieron manzanas y las compartieron por igual. Llenaron las bolsas que se muestran a continuación con 4 manzanas en cada bolsa. ¿Cuántas manzanas recibirá cada amigo? ***Resuelve este problema de la manera que prefieras.***

Puedo...

dibujar diagramas y escribir ecuaciones para mostrar cómo se relacionan las cantidades de un problema.

Estándar de contenido 3.OA.D.8
Prácticas matemáticas PM.1, PM.2, PM.3, PM.4, PM.6, PM.8

Razona. Puedes usar diagramas y ecuaciones para mostrar cómo se relacionan los números en problemas de 2 pasos.

¡Vuelve atrás! **PM.8 Generalizar** Di por qué se puede usar la multiplicación para hallar el total del anterior diagrama de barras.

¿Cómo puedes usar diagramas para resolver problemas de 2 pasos?

A

Los equipos del Torneo de beisbol de la ciudad están divididos por igual en 3 ligas. Cada liga está dividida en 2 regiones con la misma cantidad de equipos en cada región. ¿Cuántos equipos hay en cada región?

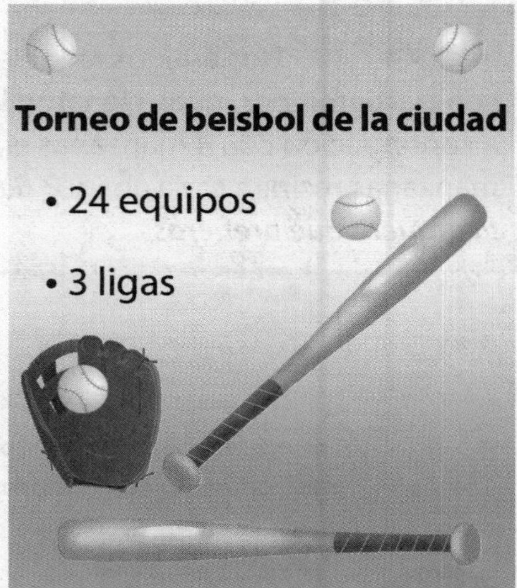

Puedes representar este problema con diagramas de barras. Puedes usar letras para representar las cantidades desconocidas.

B

Paso 1

Halla la pregunta escondida y respóndela.

¿Cuántos equipos hay en cada liga?

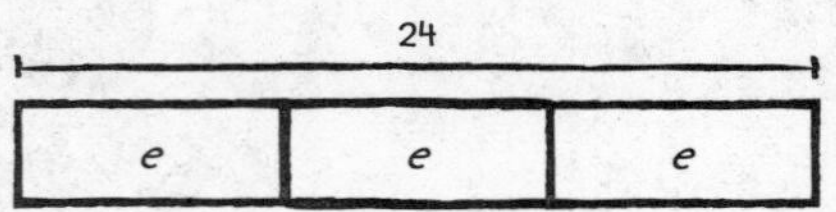

e es la cantidad desconocida de equipos en cada liga.

$e = 24 \div 3$

$e = 8$

Hay 8 equipos en cada liga.

C

Paso 2

Usa la respuesta a la pregunta escondida para responder a la pregunta original.

¿Cuántos equipos hay en cada región?

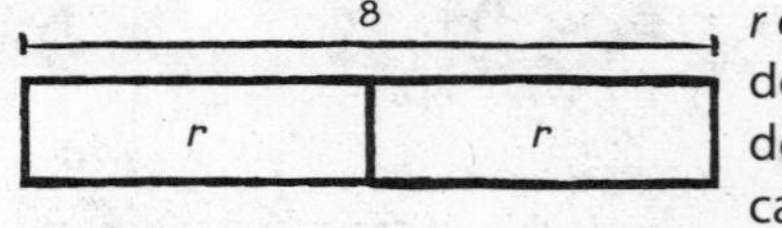

r es la cantidad desconocida de equipos en cada región.

$r = 8 \div 2$

$r = 4$

Hay 4 equipos en cada región.

¡Convénceme! **PM.1 Entender y perseverar** Hay otro torneo con 2 ligas y 9 equipos en cada liga. La misma cantidad de equipos va a jugar durante cada uno de los 3 días del torneo. Cada equipo va a jugar una vez. ¿Cuántos equipos van a jugar cada día?

Nombre ____________________

Práctica guiada*

¿Lo entiendes?

1. ¿Por qué tienes que hallar primero la respuesta a la pregunta escondida para resolver el problema del recuadro A en la página 580?

2. ¿Qué ecuación de multiplicación se puede escribir para el diagrama del recuadro C en la página 580?

Recuerda que la multiplicación puede ayudarte a resolver divisiones.

¿Cómo hacerlo?

Completa los diagramas de barras y escribe ecuaciones para resolver el Ejercicio **3.**

3. **PM.4 Representar con modelos matemáticos** Hay 8 estudiantes en total en 2 microbuses escolares con la misma cantidad de estudiantes en cada microbús. La tarifa para cada estudiante es $5. ¿Cuál es la tarifa total para todos los estudiantes en un microbús?

e	*e*

← **Estudiantes en cada microbús**

t ← **Tarifa total**

___	___	___	___

Práctica independiente

Dibuja diagramas y escribe ecuaciones para resolver el Ejercicio **4.** Usa letras para representar las cantidades desconocidas.

4. **PM.4 Representar con modelos matemáticos** Arif ahorra $4 cada semana. Después de 6 semanas, se gasta todo el dinero que ahorró en 3 artículos. Cada artículo cuesta la misma cantidad. ¿Cuánto cuesta cada artículo?

5. **PM.3 Evaluar el razonamiento** Georgia dice que como sabe que $5 \times 4 = 20$, también sabe que Arif habrá ahorrado más de $20. ¿Tiene razón Georgia? Explícalo.

Puedes encontrar otro ejemplo en el Grupo B, página 599.

Prácticas matemáticas y resolución de problemas

6. **PM.6 Hacerlo con precisión** Una de las clases del Grado 3 recolectó 86 libras de periódicos. La otra clase recolectó 65 libras de periódicos. ¿Qué clase recolectó más libras de periódicos?

DATOS

Libras de periódico recolectadas

Grado	Libras de periódico
3	?
4	75
5	125

7. **PM.4 Representar con modelos matemáticos** Dos amigos se reparten 6 libras de pacanas por igual. Cada libra tiene 60 pacanas. ¿Cuántas pacanas recibe cada amigo? Escribe ecuaciones para resolverlo. Usa letras para representar las cantidades desconocidas.

8. **Razonamiento de orden superior** Una tienda compra cajas con 8 calculadoras por \$32 o cajas con 5 calculadoras por \$30. ¿Cuánto menos cuesta cada calculadora si la tienda compra cajas de 8 en vez de cajas de 5?

Piensa en lo que sabes y en lo que debes hallar.

Evaluación de *Common Core*

9. Durante un partido de básquetbol, Morgan anotó 9 canastas de 2 puntos cada una. Jim anotó la misma cantidad de puntos, pero solamente hizo canastas de 3 puntos cada una. ¿Cuántas canastas anotó Jim?

   Ⓐ 4 canastas
   Ⓑ 6 canastas
   Ⓒ 8 canastas
   Ⓓ 9 canastas

10. Miranda ahorró la misma cantidad de dinero cada semana por 6 semanas. Heather ahorró \$3 a la semana por 8 semanas. Miranda y Heather ahorraron la misma cantidad total. ¿Cuánto ahorró Miranda cada semana?

    ¿Qué ecuación puedes usar para ayudarte a resolver este problema?

    Ⓐ $s = 8 \times 6$
    Ⓑ $s = 6 \times 3$
    Ⓒ $s = 6 \div 3$
    Ⓓ $s = 24 \div 6$

Nombre ______________________

Ayuda | Amigo de práctica | Herramientas | Juegos

Tarea y práctica 11-2

Resolver problemas verbales de 2 pasos: Multiplicación y división

¡Revisemos!

Cada uno de los 6 miembros del Club de reciclaje ganó $3 por las botellas plásticas que recolectaron. Donaron el dinero por igual a 2 obras benéficas. ¿Cuánto dinero donaron a cada obra benéfica?

Primero, halla la pregunta escondida y respóndela.

Paso 1

Halla la pregunta escondida y usa un diagrama y una ecuación para responderla.

Pregunta escondida: ¿Cuál es la cantidad total de dinero que ganaron los miembros del club?

d ← Cantidad total ganada

$3	$3	$3	$3	$3	$3

$d = 6 \times \$3$
$d = \$18$
Los miembros del club ganaron $18.

Paso 2

Usa la respuesta a la pregunta escondida para responder a la pregunta original.

Pregunta original: ¿Cuánto dinero donaron a cada obra benéfica?

18

b	*b*

← Cantidad donada

$b = 18 \div 2$
$b = \$9$
El club donó $9 a cada obra benéfica.

Completa o dibuja diagramas y escribe ecuaciones para resolver los Ejercicios **1** y **2.** Usa letras para representar las cantidades desconocidas.

1. **PM.4 Representar con modelos matemáticos** Una caja de 6 trofeos cuesta $5. ¿Cuánto costaría comprar 48 trofeos?

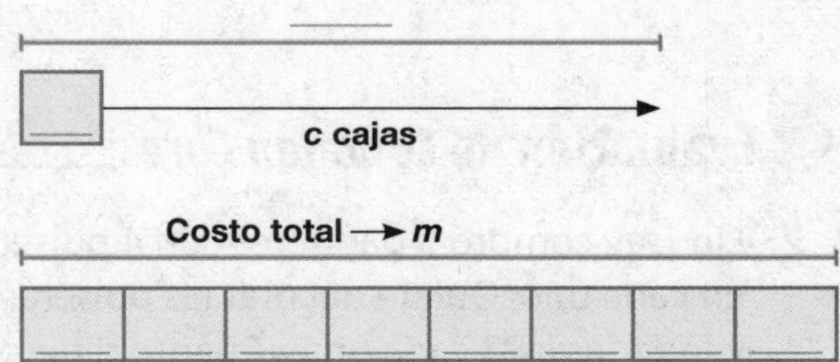

2. **PM.4 Representar con modelos matemáticos** Una clase de educación física de tercer grado tiene 54 estudiantes. La maestra los divide en 9 grupos. Luego divide cada grupo en 2 equipos. ¿Cuántos estudiantes hay en cada equipo?

3. **PM.4 Representar con modelos matemáticos** Marco quiere comprar 2 libros que cuestan $20 cada uno. Puede ahorrar $5 a la semana. Dibuja diagramas y escribe ecuaciones para hallar en cuántas semanas podría ahorrar suficiente dinero para comprar los libros. Usa letras para representar las cantidades desconocidas.

4. ¿Qué ecuación de multiplicación se podría escribir para el diagrama del Paso 2 en el ejemplo de la página 583?

Usa la tabla de la derecha en los Ejercicios **5** y **6**.

5. **Sentido numérico** Calcula mentalmente para hallar el costo total de una carpa y una bolsa de dormir. Explica cómo hallaste la respuesta.

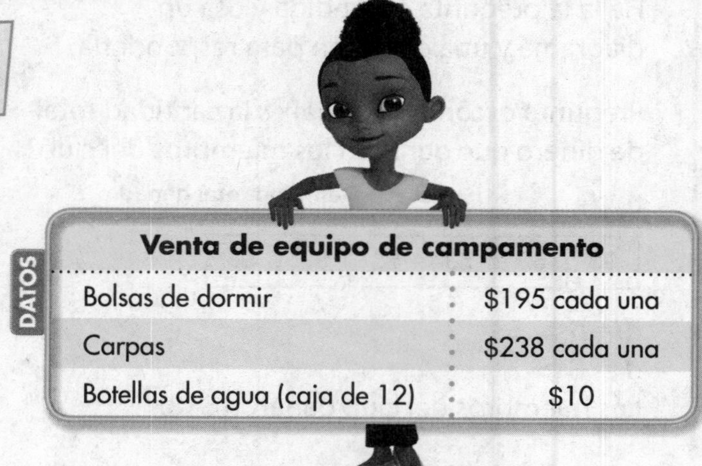

DATOS

Venta de equipo de campamento	
Bolsas de dormir	$195 cada una
Carpas	$238 cada una
Botellas de agua (caja de 12)	$10

6. **Razonamiento de orden superior** El lunes, Ángela compra 4 cajas de botellas de agua. El martes, compra 1 caja más que el lunes. ¿Cuánto dinero gastó Ángela en ambos días? Muestra cómo hallaste la respuesta.

Evaluación de *Common Core*

7. Lindsey compró 5 paquetes con 4 pulseras en cada uno. Quiere decorar las pulseras y venderlas a $3 cada una. ¿Cuánto dinero ganará si vende todas las pulseras?

   Ⓐ $60
   Ⓑ $50
   Ⓒ $15
   Ⓓ $12

8. Pierre trota la misma distancia alrededor de una pista, 4 días a la semana. Él trota un total de 12 millas cada semana. Si tiene que dar 8 vueltas alrededor de la pista para completar una milla, ¿cuántas vueltas tiene que darle a la pista cada día?

   ¿Qué ecuación puedes usar como ayuda para resolver este problema?

   Ⓐ $y = 8 \div 4$
   Ⓑ $y = 12 \div 2$
   Ⓒ $y = 3 \times 8$
   Ⓓ $y = 4 \times 8$

Nombre ______________________

Lección 11-3

Resolver problemas verbales de 2 pasos: Todas las operaciones

Resuélvelo y coméntalo Un tanque grande de un acuario tenía 75 peces payaso. Los peces payaso representados en la gráfica fueron añadidos a la pecera. ¿Cuántos peces payaso hay en el tanque ahora? ***Resuelve este problema de la manera que prefieras.*** Escribe y explica cómo hallaste la respuesta.

Puedo...
resolver problemas verbales de dos pasos que conllevan diferentes operaciones.

Estándar de contenido 3.OA.D.8
Prácticas matemáticas PM.1, PM.2, PM.3, PM.4, PM.7

Entiende el problema. Piensa en la información que necesitas para resolver el problema.

Animales recién llegados al acuario

Peces payaso	△△△△△△△△△
Estrellas de mar	△△△△△
Cangrejos	△△△△△△

Cada △ = 5 animales

¡Vuelve atrás! **PM.2 Razonar** ¿Qué operaciones usaste para resolver este problema? Di por qué necesitaste esas operaciones.

¿Cómo puedes resolver problemas de 2 pasos?

A

Jill puede alquilar un carro y un GPS (Sistema de posicionamiento global) por $325 por 7 días. ¿Cuánto cuesta alquilar el carro por una semana sin el GPS? Usa la estimación para comprobar la respuesta.

DATOS

Costos adicionales del alquiler de carro	
Reproductor de DVD	$6 al día
GPS	$9 al día
Silla para bebé	$10 al día

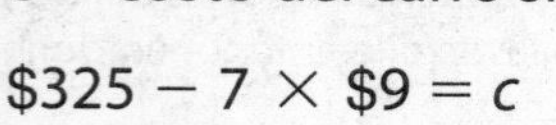

c = costo del carro sin el *GPS*

$\$325 - 7 \times \$9 = c$

Hay dos operaciones para resolver este problema.

B

La ecuación no tiene paréntesis; por lo tanto, tienes que saber cuál de las dos operaciones debes hacer primero.

Hay que seguir cierto orden en los cálculos de un problema sin paréntesis.

- Empieza leyendo la ecuación de izquierda a derecha y resuelve cualquier **multiplicación** o **división.**
- Luego, empieza de nuevo desde la izquierda y resuelve cualquier **suma** o **resta.**

C

Primero, **multiplica.**

$\$325 - 7 \times \$9 = c$

$\$325 - \$63 = c$

Luego, **resta.**

$\$325 - \$63 = \$262$

$c = \$262$

El costo sin GPS es $262.

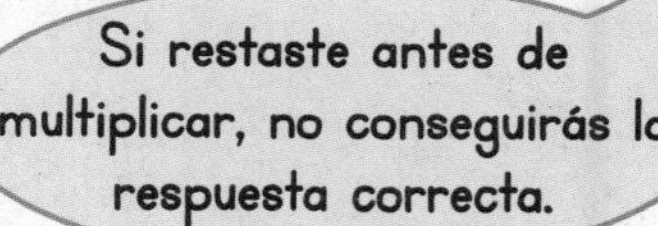

Si restaste antes de multiplicar, no conseguirás la respuesta correcta.

¡Convénceme! **PM.7 Usar la estructura** Jill puede alquilar otro carro con un reproductor de DVD por $384 por 7 días. Quiere saber el costo de alquilar el carro por una semana sin el reproductor de DVD.

Explica en qué se diferencia este problema del problema anterior. Luego, resuélvelo.

Nombre ______________________

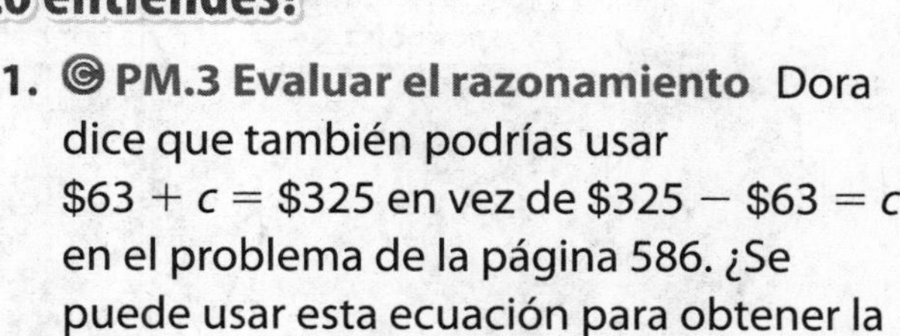

Práctica guiada*

¿Lo entiendes?

1. **PM.3 Evaluar el razonamiento** Dora dice que también podrías usar $\$63 + c = \$325$ en vez de $\$325 - \$63 = c$ en el problema de la página 586. ¿Se puede usar esta ecuación para obtener la respuesta correcta? Explícalo.

2. Mira la siguiente ecuación. ¿Qué cálculo debes hacer primero para hallar *y*?

   $8 \div 4 \times 2 = y$

¿Cómo hacerlo?

Escribe ecuaciones para resolver el Ejercicio **3.** Usa una letra para representar la cantidad desconocida.

3. **PM.4 Representar con modelos matemáticos** Mira el recuadro A de la página 586. ¿Cuánto le costará a Jill alquilar el carro por una semana con el GPS y el reproductor de DVD?

   c = costo del carro con el GPS y el reproductor DVD.

   ______ + ______ × ______ $= c$

   ______ + ______ $= c$

   ______ + ______ = ______

   $c =$ ______

Práctica independiente

Escribe ecuaciones para resolver los Ejercicios **4** y **5.** Usa letras para representar las cantidades desconocidas.

4. **PM.4 Representar con modelos matemáticos** Tere compró 4 yardas de cuerda para hacer un columpio. Juana gastó $18 en la cuerda. ¿Cuánto gastaron ambas niñas en total?

   g = total que gastaron

   ____ × ____ + ____ $= g$

   ____ + ____ $= g$

   ____ + ____ = ____

   $g =$ ____

$3 POR YARDA

5. **PM.4 Representar con modelos matemáticos** Martha tiene 12 estampillas y Toni tiene 21. Toni divide sus estampillas en 3 grupos iguales y le da un grupo a Martha. ¿Cuántas estampillas tiene Martha ahora?

   m = Estampillas de Martha ahora

   ___ + ___ ÷ ___ $= m$

   ___ + ___ $= m$

   ___ + ___ = ___

   $m =$ ___

Comprueba que tu ecuación represente el problema antes de resolverla.

*Puedes encontrar otro ejemplo en el Grupo C, página 600.

Prácticas matemáticas y resolución de problemas

Usa las frutas de la derecha para resolver los Ejercicios **6** y **7.**

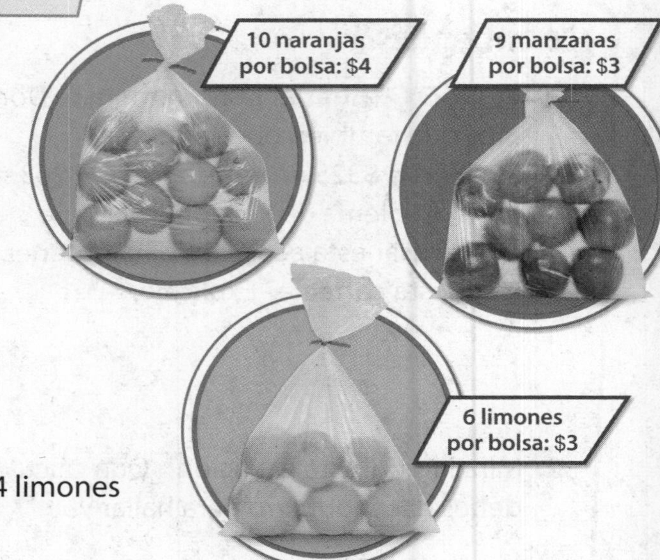

6. **PM.4 Representar con modelos matemáticos** Mauricio necesita 36 manzanas para su fiesta. ¿Cuánto costarán las manzanas? Escribe ecuaciones para resolverlo. Usa una letra para representar la cantidad desconocida.

7. **Razonamiento de orden superior** Delia compró 24 limones y 63 manzanas. ¿Cuánto gastó en las frutas?

8. **Vocabulario** Completa el espacio en blanco.

Cuando ______________ 72 a la decena más cercana, obtienes 70.

9. **Sentido numérico** Carla recolectó 328 conchas marinas y Dan recolectó 176. ¿Cómo puedes usar números compatibles para estimar cuántas conchas marinas recolectaron?

10. **Matemáticas y Ciencias** Sasha está armando un poste rascador de tres niveles para su gato. Ella gasta $10 en el poste y $7 en cada nivel. El plan de Sasha para calcular el costo total aparece a la derecha. ¿Tiene razón? Explícalo.

$3 \times \$10 + \$7 = c$

Primero multiplico $3 \times \$10$.

Evaluación de *Common Core*

11. Usa las frutas de los Ejercicios **6** y **7.** Kaylie compró 4 bolsas de naranjas y 1 bolsa de manzanas. ¿Cuántas frutas compró? Escribe ecuaciones para resolverlo. Usa letras para representar cualquier cantidad desconocida.

Nombre ______________________

Tarea y práctica 11-3

Resolver problemas verbales de 2 pasos: Todas las operaciones

¡Revisemos!

Algunos problemas requieren más de una operación para resolverlos. Necesitas saber qué operación debes resolver primero.

Joseph tenía \$154. Luego, ahorró \$20 cada semana por 6 semanas. ¿Cuánto dinero tiene Joseph ahora?

n = cantidad de dinero que Joseph tiene ahora.

$\$154 + 6 \times \$20 = n$

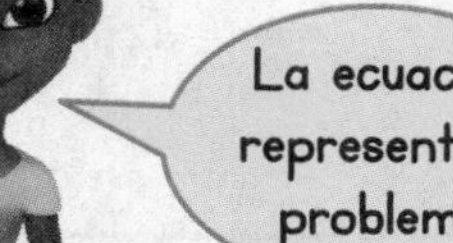

Lo que piensas

Sabes que los paréntesis te indican qué operación debes resolver primero. Esta ecuación no tiene paréntesis, por lo tanto, puedes seguir estas reglas:

- Empieza leyendo la ecuación de izquierda a derecha y resuelve cualquier **multiplicación** o **división.**
- Luego, empieza de nuevo desde la izquierda y resuelve cualquier **suma** o **resta.**

Lo que haces

Primero, **multiplica.**

$\$154 + 6 \times \$20 = n$

$\$154 + \$120 = n$

Luego, **suma.**

$\$154 + \$120 = n$

$n = \$274$

1. **PM.4 Representar con modelos matemáticos** Rahmi compró 1 par de *jeans* y 2 camisetas. ¿Cuánto gastó Rahmi? Escribe ecuaciones para resolverlo. Usa una letra para representar la cantidad desconocida.

g = gasto total

____ + ____ × ____ = g

____ + ____ = g

____ + ____ = ____

g = ____

2. **PM.4 Representar con modelos matemáticos** Las sorpresas de futbol americano para un fiesta se venden en paquetes como el que se muestra a la derecha. ¿Cuánto cuesta comprar 56 sorpresas? Escribe ecuaciones para resolverlo. Usa una letra para representar la cantidad desconocida.

---

3. Hay 12 focas, 4 ballenas y 8 delfines en el acuario. Completa la pictografía para mostrar los datos.

4. Un entrenador le dio de comer a las focas y a las ballenas y otro entrenador le dio de comer a los delfines. ¿A cuántos animales más les dio de comer el primer entrenador?

Mamíferos del acuario	
Delfines	
Focas	
Ballenas	

Cada = 2 animales

---

5. **Razonamiento de orden superior** Selena tiene un tren que mide 32 pulgadas de longitud. Tiene una locomotora, un furgón de cola y un vagón cerrado. Lo demás son vagones de pasajeros. ¿Cuántos vagones de pasajeros tiene el tren de Selena?

DATOS

Los vagones del tren de Selena	
Tipo	**Pulgadas de longitud**
Locomotora	7
Vagón cerrado	3
Vagón de pasajeros	9
Furgón de cola	4

Evaluación de *Common Core*

6. Usa la tabla del Ejercicio **5.** Si el tren de Selena tiene una locomotora y 3 vagones de pasajeros, ¿cuánto mide su tren? Escribe ecuaciones para resolverlo. Usa letras para representar cualquier cantidad desconocida.

Nombre ___________________________

Resuélvelo y coméntalo

Los boletos de adultos para un concierto cuestan \$12 y los boletos para estudiantes cuestan \$9. Marie tiene \$190. Quiere comprar 1 boleto para un adulto y 20 boletos para estudiantes.

Simón dice: "\$190 es suficiente para comprar todos los boletos porque \$9 × 20 = \$180 y \$180 es menos que \$190".

¿Tiene sentido el razonamiento de Simón? Explícalo.

Prácticas matemáticas y resolución de problemas

Lección 11-4
Evaluar el razonamiento

Puedo...

evaluar el razonamiento de otros usando lo que sé sobre la estimación.

Prácticas matemáticas PM.3. También, PM.1, PM.2, PM.5, PM.6.
Estándar de contenido 3.OA.D.8

Hábitos de razonamiento

¡Razona correctamente! Estas preguntas te pueden ayudar.

- ¿Qué preguntas puedo hacer para entender el razonamiento de otros?
- ¿Hay errores en el razonamiento de otros?
- ¿Puedo mejorar el razonamiento de otros?

¡Vuelve atrás! **PM.3 Evaluar el razonamiento** ¿Es correcta la estrategia que usó Simón para hallar el costo total de los boletos para los estudiantes? Explícalo.

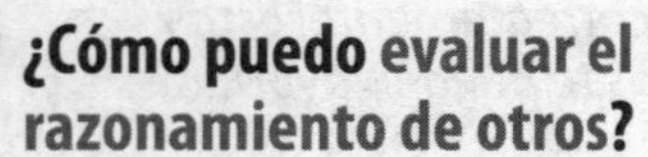

¿Cómo puedes evaluar el razonamiento de otros?

A

Leila tiene $68. Ella gana $9 la hora cuidando niños y quiere comprar un programa informático por $130.

¿Tendrá Leila suficiente dinero para comprar el programa si cuida niños por 6 horas?

Danielle resolvió este problema.

Se muestra su trabajo a la derecha.

$6 \times \$9 = \$54$, que se aproxima a $60. Leila tiene $68, que se aproxima a $70. $\$60 + \$70 = \$130$
Leila puede comprar el programa.

¿Cuál es el razonamiento de Danielle para defender su conclusión?

Danielle usó una estimación para sumar la cantidad que Leila ganó cuidando niños a la cantidad que ya tenía.

B

¿Cómo puedo evaluar el razonamiento de otros?

Puedo

- hacer preguntas si necesito aclaración.
- decidir si tiene sentido la estrategia que se usó.
- identificar las fallas en las estimaciones o los cálculos.

C

Este es mi razonamiento...

Hay errores en el razonamiento de Danielle.

Ella calculó un total que sobrepasa la cantidad real que tendrá Leila.

$6 \times 9 = \$54$

$\$54 + \$68 = \$122$

La conclusión de Danielle es incorrecta porque la cantidad real que tendrá Leila es menos de $130.

¡Convénceme! **PM.3 Evaluar el razonamiento** Tony dice que si Leila cuida niños por 8 horas, tendrá suficiente dinero. Él razona que $8 \times \$9 = \$72$, que se redondea a $70 y $\$70 + \$60 = \$130$. ¿Esto tiene sentido? Explícalo.

Nombre ___________________________________

Práctica guiada*

PM.3 Evaluar el razonamiento

Miguel y Nita tienen como meta recolectar 600 tapas de cajas de cereales. Miguel reúne 253 tapas en enero y 158 tapas en febrero. Nita reúne 209 tapas en total.

Teri estima que ellos sobrepasaron su meta. Ella estima que $250 + 150 = 400$ y $400 + 200 = 600$.

Cuando evalúas el razonamiento, puedes fijarte en buenas estrategias o errores. También puedes ver si puedes aclarar o mejorar el razonamiento.

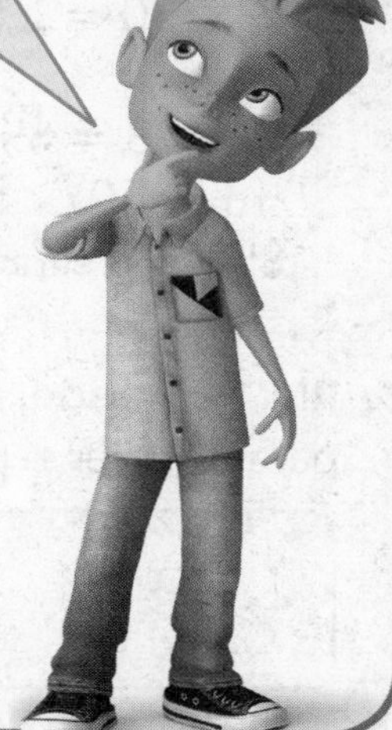

1. ¿Cuál es el argumento de Teri? ¿Cómo lo defiende?

2. ¿Tiene sentido la conclusión de Teri? Explícalo.

Práctica independiente

PM.3 Evaluar el razonamiento

Gilma recibe 24 calcomanías el lunes y el martes también recibe la misma cantidad. Luego, reparte todas sus calcomanías por igual entre 8 amigos.

Liam llegó a la conclusión de que cada amigo recibió menos de 5 calcomanías. Se muestra su trabajo a la derecha.

El trabajo de Liam

$8 \times 3 = 24$
Por tanto, $24 \div 8 = 3$

Cada amigo recibe 3 calcomanías.
3 es menos que 5.

3. ¿Cuál es su argumento y cómo lo defiende?

4. ¿Tiene sentido el razonamiento de Liam? Explícalo.

5. Explica la estrategia que usarías para mejorar el trabajo de Liam.

*Puedes encontrar otro ejemplo en el Grupo D, página 600.

Prácticas matemáticas y resolución de problemas

Evaluación de rendimiento de *Common Core*

La venta de botones

Una clase de tercer grado va a comprar botones como los que se muestran. Cada paquete cuesta $8 y mide 40 cm de longitud. Necesitan saber si $50 son suficientes para comprar 200 botones.

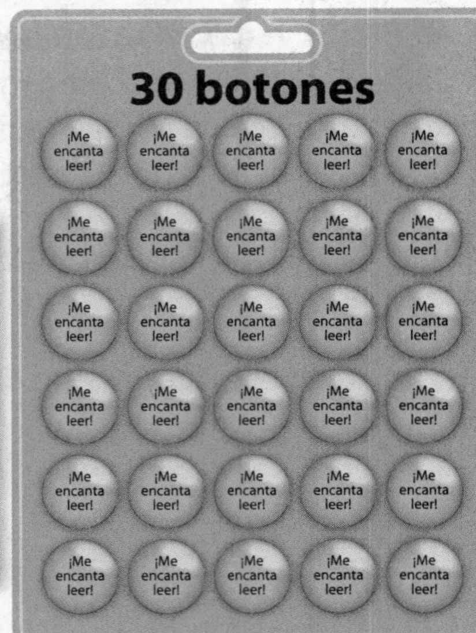

El trabajo de Jim

$6 \times 30 = 180$ botones, que no son suficientes.
$7 \times 30 = 210$ botones, así que la clase necesita comprar 7 paquetes.
$7 \times \$8 = \$48$
$48 < 50$
$50 son suficientes.

6. **PM.1 Entender y perseverar** ¿Qué cantidad dada no necesitas para resolver el problema?

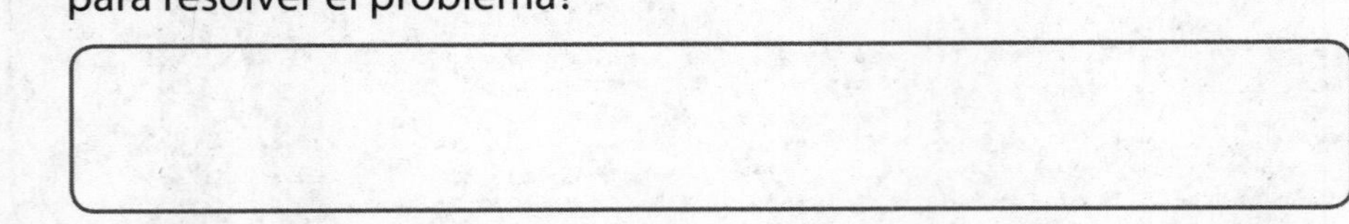

7. **PM.3 Evaluar el razonamiento** Jim resolvió el problema como se muestra en el recuadro. ¿Tiene sentido la estrategia de Jim? Explícalo.

Cuando evalúas el razonamiento, necesitas considerar todas las partes del argumento cuidadosamente.

8. **PM.6 Hacerlo con precisión** ¿Son los cálculos de Jim correctos? Explica cómo lo decidiste.

9. **PM.5 Usar herramientas apropiadas** ¿Se pueden usar los bloques de valor de posición para comprobar si los cálculos matemáticos de Jim son correctos? Explícalo.

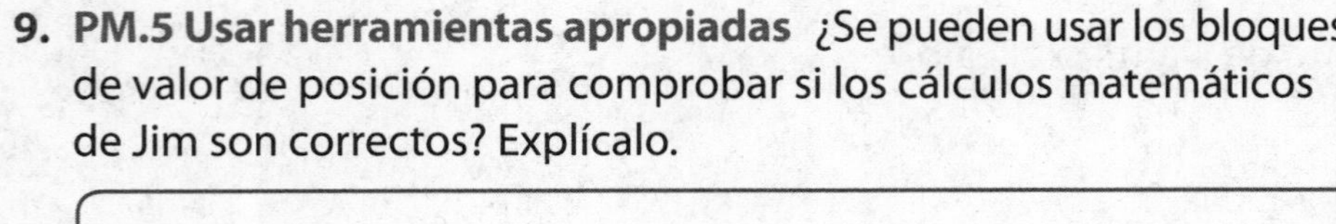

Nombre ____________________

Tarea y práctica 11-4
Evaluar el razonamiento

¡Revisemos!

Frank necesita $169 para comprar una bicicleta y ya tiene $46. Se ganó $20 por cortar el césped de una casa.

Dan dice que Frank necesita cortar el césped de 6 casas para obtener suficiente dinero. Se muestra su trabajo a la derecha.

El trabajo de Dan

$6 \times \$20 = \$120$
$\$120 + \$46$ es aprox. $\$120 + \$50 = \$170$
$\$170 > \$169$.
Frank tiene suficiente dinero.

Di cómo puedes evaluar el razonamiento de Dan.

- Puedo decidir si su estrategia tiene sentido.
- Puedo identificar errores en su manera de pensar.

Cuando evalúas el razonamiento, explicas por qué la forma de pensar de otros es correcta o incorrecta.

Evalúa el razonamiento de Dan.

Su razonamiento no tiene sentido.
Dan redondeó $46 a $50, así que su estimación de $170 es más de lo que tendrá Frank.
Compara la suma real de $\$120 + \$46$ con $169: $\$166 < \$169$.

Frank no tendrá suficiente dinero.

PM.3 Evaluar el razonamiento

Una tienda ganó $650 el lunes. El martes por la mañana ganó $233 y el martes por la tarde ganó $378.

Leah dice que la tienda ganó más dinero el martes. Se muestra su trabajo a la derecha.

El trabajo de Leah

$\$233 + \$378$ es aprox.
$\$300 + \$400 = \$700$.

$\$700 > \$650$
La tienda ganó más dinero el martes.

1. ¿Cuál es el argumento de Leah y cómo lo defiende?

2. Di cómo puedes evaluar el razonamiento de Leah.

3. Evalúa el razonamiento de Leah.

Evaluación de rendimiento de *Common Core*

Abastecimiento de un estanque de peces

Aproximadamente 200 personas visitan el parque del Sr. Ortiz cada día. Hay 636 peces en un estanque del parque y no puede haber más de 700 peces. El Sr. Ortiz tiene 7 bolsas con peces dorados como la que se muestra a la derecha. ¿Puede el Sr. Ortiz colocar todos sus peces dorados en el estanque?

Jason resolvió el problema de la siguiente forma:

> 700 − 636 es aproximadamente 700 − 640.
> 700 − 640 = 60
>
> Hay 8 peces dorados en cada bolsa.
> 7 × 8 = 56
> El Sr. Ortiz tiene 56 peces dorados.
> 56 < 60
>
> El Sr. Ortiz puede colocar todos sus peces dorados en el estanque.

4. **PM.1 Entender y perseverar** ¿Has visto algún problema parecido antes? Si es así, ¿de qué manera te ayudaría a resolverlo?

5. **PM.3 Evaluar el razonamiento** ¿Tiene sentido el método de Jason? Explícalo.

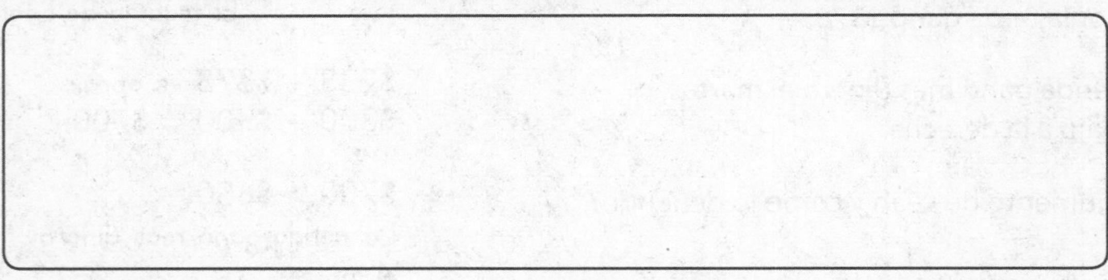

6. **PM.6 Hacerlo con precisión** ¿Son correctos los cálculos de Jason? Explícalo.

7. **PM.2 Razonar** Explica cómo Jason halló el número de peces dorados en cada bolsa.

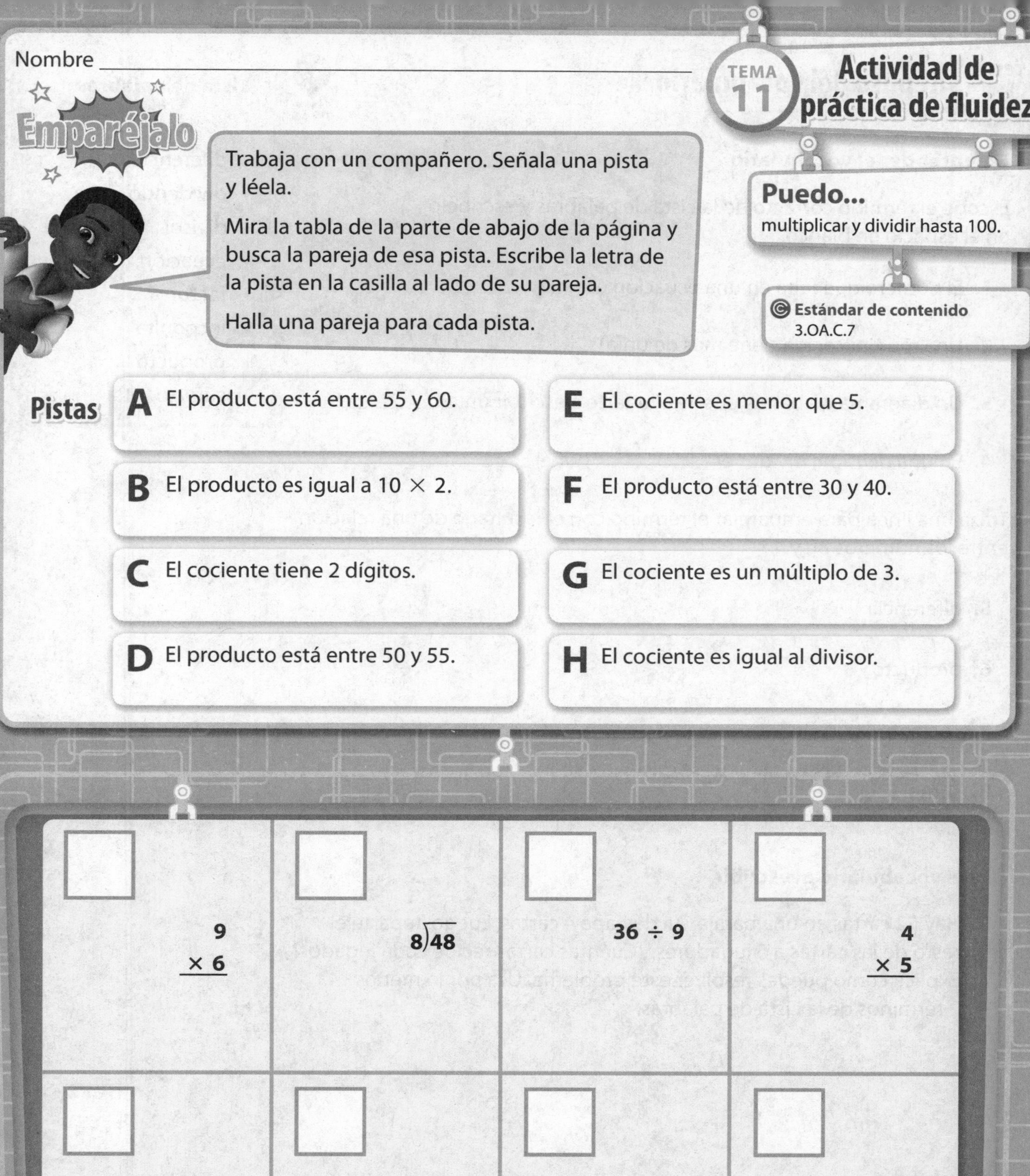

Nombre ______________________________

TEMA 11

Actividad de práctica de fluidez

Emparéjalo

Trabaja con un compañero. Señala una pista y léela.

Mira la tabla de la parte de abajo de la página y busca la pareja de esa pista. Escribe la letra de la pista en la casilla al lado de su pareja.

Halla una pareja para cada pista.

Puedo...
multiplicar y dividir hasta 100.

Estándar de contenido
3.OA.C.7

Pistas

A El producto está entre 55 y 60.

B El producto es igual a 10×2.

C El cociente tiene 2 dígitos.

D El producto está entre 50 y 55.

E El cociente es menor que 5.

F El producto está entre 30 y 40.

G El cociente es un múltiplo de 3.

H El cociente es igual al divisor.

☐ 9×6	☐ $8\overline{)48}$	☐ $36 \div 9$	☐ 4×5
☐ $64 \div 8$	☐ 7×8	☐ $5\overline{)50}$	☐ 5×7

Repaso del vocabulario

Glosario

Lista de palabras

- cociente
- diferencia
- dividendo
- divisor
- ecuación
- factor
- incógnita
- producto
- suma o total

Comprender el vocabulario

Escoge el término correcto de la Lista de palabras y escríbelo en el espacio en blanco.

1. El número que falta en una ecuación es un(a) __________.

2. Una multiplicación tiene más de un(a) __________.

3. Un diagrama de barras puede ayudarte a escribir un(a) __________.

4. En una división, divides el __________ por el __________.

Traza una línea para emparejar el término con el resultado de una relación entre los números 80 y 4.

5. diferencia	20
6. producto	76
7. cociente	84
8. suma	320

Usa el vocabulario al escribir

9. Hay 52 cartas en una baraja. Ali destapa 4 cartas. Luego, reparte el resto de las cartas a 6 jugadores. ¿Cuántas cartas recibe cada jugador? Explica cómo puedes resolver este problema. Usa por lo menos 2 términos de la Lista de palabras.

Nombre ____________________

TEMA 11

Refuerzo

Grupo A

páginas 573 a 578

Puedes usar más de 1 paso para resolver problemas.

Usa diagramas como ayuda para escribir ecuaciones.

Hay 439 pasajeros en un barco. 179 pasajeros más embarcan en el puerto. Luego, desembarcan 250 pasajeros. ¿Cuántos pasajeros hay en el barco ahora?

Pasajeros en total → *p*

439	179

$p = 439 + 179$; $p = 618$

Hay 618 pasajeros en total.

618

250	*q*

← **Pasajeros que quedan**

$q = 618 - 250$; $q = 368$

Quedan 368 pasajeros en el barco.

Recuerda que debes comprobar cada paso para ver si es razonable.

Dibuja diagramas de barras y escribe ecuaciones para resolver los problemas en el Ejercicio **1.**

1. El Sr. Sato tiene $800. Gasta $600 en el alquiler. Luego, gasta $85 en comestibles. ¿Cuánto dinero le queda?

Grupo B

páginas 579 a 584

Puedes usar diagramas y ecuaciones para mostrar cómo se relacionan los números.

Roger lee un poema de 16 líneas. Cada línea tiene 7 palabras. El poema aparece en 2 páginas con la misma cantidad de líneas en cada página. ¿Cuántas palabras hay en cada página?

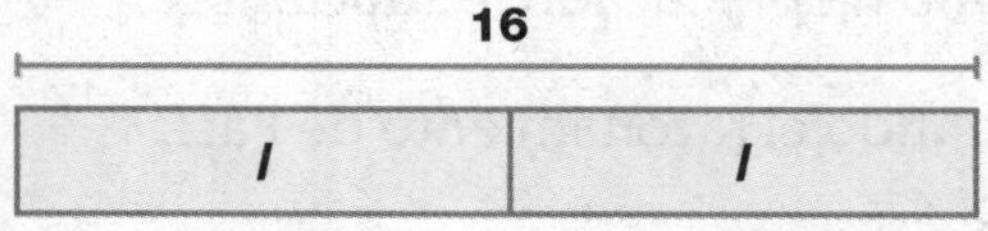
16
l
l

$16 \div 2 = l$ líneas en cada página

$l = 8$ líneas

p

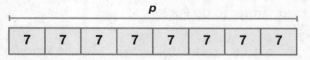

7	7	7	7	7	7	7	7

$8 \times 7 = p$ palabras en cada página

$p = 56$ palabras

Recuerda que debes usar valores desconocidos para representar los números que necesitas hallar.

Dibuja diagramas de barras y escribe ecuaciones para resolver los problemas en el Ejercicio **1.**

1. Un ganadero tiene 24 vacas. Él agrupa el mismo número de vacas en 4 terrenos. Cada vaca produce 5 galones de leche. ¿Cuánta leche producen las vacas de un terreno?

Grupo C páginas 585 a 590

Si no hay paréntesis en una ecuación:

- Primero, **multiplica** y **divide** en orden de izquierda a derecha.
- Luego, **suma** y **resta** en orden de izquierda a derecha.

Ryan lee un libro de 420 páginas. También lee 7 artículos de una revista. Cada artículo tiene 6 páginas. ¿Cuántas páginas lee Ryan?

p = cantidad de páginas que leyó Ryan

$420 + 7 \times 6 = p$

Primero, **multiplica.**

$420 + 7 \times 6 = p$

$420 + 42 = p$

Luego, **suma.**

$420 + 42 = 462$

$p = 462$

Recuerda que debes hacer las operaciones en el orden correcto.

Escribe ecuaciones para resolver el problema en el Ejercicio **1.** Usa letras para representar el valor desconocido.

1. Dina gana $168 al vender galletitas de menta y de chocolate. Ella vende 8 cajas de galletitas de chocolate a $9 la caja. ¿Cuánto gana Dina al vender las galletitas de menta?

t = cantidad total por las galletitas de menta

_____ − _____ × _____ = t

_____ − _____ = t

_____ − _____ = _____

t = _____

2. Mira la siguiente ecuación. ¿Qué cálculo debes hacer primero para hallar s?

$16 \div 2 \times 4 = s$

Grupo D páginas 591 a 596

Piensa en estas preguntas para ayudarte a **evaluar el razonamiento de otros.**

Hábitos de razonamiento

- ¿Qué preguntas puedo hacer para entender el razonamiento de otros?
- ¿Hay errores en el razonamiento de otros?
- ¿Puedo mejorar el razonamiento de otros?

Recuerda que debes considerar todas las partes de una explicación.

Este mes, Pat necesita practicar guitarra por lo menos 40 horas. Durante las últimas 3 semanas practicó 9 horas por semana. Esta semana practicó 15 horas. Pat dice: "3×9 es menos que 40; por tanto, no he practicado lo suficiente".

1. ¿Tiene sentido el razonamiento de Pat? Explícalo.

2. ¿Cómo puedes aclarar o mejorar el razonamiento de Pat?

Nombre ______________________________

1. Emma trabaja en una cafetería. El lunes, atendió 7 mesas con 6 personas en cada mesa. El martes, atendió a 72 personas. Quiere saber a cuántas personas más atendió el martes que el lunes.

   Escoge las operaciones adecuadas para representar el problema usando ecuaciones. Escribe las operaciones en los espacios en blanco.

   $7 \_\_ 6 = l$

   $72 \_\_ 42 = d$

   $+ \quad - \quad \times \quad \div$

2. Madison tiene un frasco con 160 caramelos. Guarda 88 para ella y reparte el resto por igual entre 8 amigos. Madison quiere saber cuántos caramelos recibe cada amigo.

   ¿Qué ecuaciones debe usar? Escoge todas las que apliquen.

   - ☐ $80 \div 8 = j$
   - ☐ $88 - 8 = k$
   - ☐ $160 - 88 = l$
   - ☐ $160 \div 80 = m$
   - ☐ $72 \div 8 = n$

3. Alberto vende suscripciones de revistas a sus vecinos. 3 vecinos compran 3 suscripciones cada uno. Hay 8 ediciones en cada suscripción. Escribe ecuaciones para hallar el total de ediciones que recibieron todos sus vecinos.

4. El restaurante de Hailey tiene un frasco con 585 palillos de dientes. Durante el almuerzo se usan 315 palillos; en la cena se usan 107 palillos. Hailey dice que se usan en total $315 - 107 = p$ palillos y que sobran $585 - 208 = s$ palillos. ¿Es razonable su respuesta? Explica por qué.

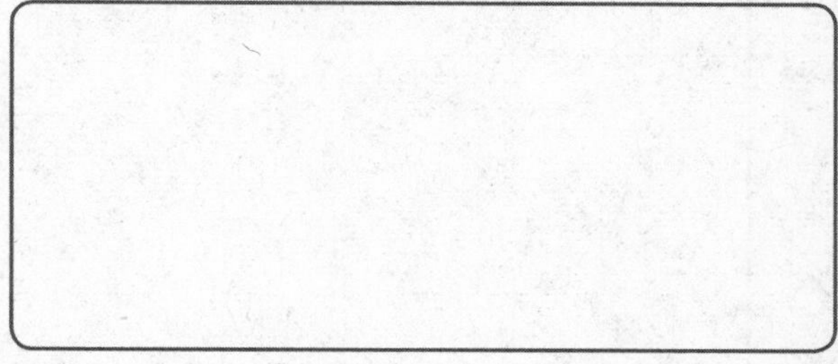

5. Teddy tiene 127 cromos en su colección y Cindy tiene 63 cromos en su colección. Luego, Cindy regala su colección. La divide en partes iguales entre Teddy y 8 amigos más. ¿Cuántos cromos tiene Teddy ahora?

6. Diez personas llevan 4 bandejas de comida cada uno a una reunión familiar. Los 120 invitados comparten las bandejas en partes iguales.

Parte A

¿Cuántos invitados comparten 1 bandeja?

Parte B

Landon piensa que la respuesta es 12 invitados. Él dice: "$10 + 4 = 14$ y 14 se redondea a 10. Por tanto, $10 \times 12 = 120$". ¿Estás de acuerdo con su razonamiento? Explica por qué.

7. Jeri colecciona banderas de las Naciones Unidas. Quiere saber cuántas vitrinas necesita para mostrar su colección. En una vitrina caben 9 banderas. En Naciones Unidas están representados 193 países. Jeri no tiene las banderas de 130 países. ¿Qué ecuación debe de usar primero para resolver este problema?

Ⓐ $c = 193 + 130$
Ⓑ $c = 193 - 130$
Ⓒ $b = 72 \div 9$
Ⓓ $b = 9 \times 7$

8. La Sra. Lazio vive a 8 millas de su oficina. Ella viaja de ida y vuelta a la oficina 5 días a la semana. Los sábados, viaja 173 millas para visitar a su hermana. Dibuja diagramas de barras para representar cuántas millas viaja la Sra. Lazio cada semana.

9. A José le gusta observar aves. Quiere saber cuántas aves más vio este mes que en los últimos 3 meses. Primero, suma la cantidad de aves que vio en los últimos 3 meses. Esa cantidad está representada por a. ¿Qué paso debe seguir José a continuación?

Ⓐ Sumar a a la cantidad de aves que vio este mes.

Ⓑ Restar a de la cantidad de aves que vio este mes.

Ⓒ Multiplicar a por 3.

Ⓓ Multiplicar a por la cantidad de aves que vio este mes.

10. Escoge *Sí* o *No* en las Preguntas 10a a 10d para decir si la estimación es razonable para resolver este problema:
$j = 9 \times 6; 342 - j$.

10a. 50 ○ Sí ○ No

10b. 290 ○ Sí ○ No

10c. 300 ○ Sí ○ No

10d. 390 ○ Sí ○ No

Nombre ____________________

TEMA 11

Evaluación del rendimiento

Campamento de filmación de películas

La Sra. Radner y el Sr. Yu dan clases de filmación de películas en un campamento de verano. Los estudiantes trabajan en equipos para filmar películas. Al finalizar el campamento, el equipo y los actores ven todas las películas.

Detalles de la clase

- La Sra. Radner ayuda a los estudiantes que filman las películas de acción y drama.
- El Sr. Yu ayuda a los estudiantes que filman las películas de comedia.
- Hay 246 actores en total.

Tipos de películas

Tipo	Cantidad de películas	Páginas de guión por película
Acción	2	126
Comedia	3	178
Drama	4	157

Usa la lista de **Detalles de la clase** y la tabla **Tipos de películas** para responder a las Preguntas **1** a **3.**

1. Hay 20 actores que trabajan en cada película de drama. ¿Cuántos actores no trabajan en películas de drama?

2. La Sra. Radner ha leído 139 páginas de guiones de acción. ¿Cuántas páginas más tiene que leer para terminar la lectura de todos los guiones de acción?

3. El Sr. Yu dice: "He leído 169 páginas del guión de cada película de comedia. Necesito leer 27 páginas más para terminar todas las páginas". ¿Estás de acuerdo con su razonamiento? Explica por qué.

4. La Sra. Radner quiere hallar t, el tiempo total para ver todas las películas de los estudiantes. Usa la tabla **Duración de las películas** para responder a las siguientes preguntas.

Duración de las películas

Duración (min.)	Cantidad de películas	Equipo por película
30	1	12
60	3	10
90	5	20

Parte A

La Sra. Radner estima que $t = 810$ minutos. Ella razona: "Hay 9 películas. La mayoría de las películas duran 90 minutos. 9 veces 90 es igual a 810". ¿Estás de acuerdo con su razonamiento? Explica por qué.

Parte B

Usa diagramas de barras o ecuaciones para representar t. Luego, halla t.

5. La Sra. Radner acomoda asientos para que el equipo de cámaras y los actores vean las películas. Usa la tabla **Duración de las películas** y la lista de **Detalles de la clase** para responder a las siguientes preguntas.

Parte A

¿Cuántos estudiantes en total son parte del equipo?

Parte B

Halla la cantidad de asientos que necesita la Sra. radner si 147 estudiantes no pueden ver las películas. Usa la estimación para comprobar tu trabajo.

Las fracciones como números

Pregunta esencial: ¿Cuáles son las diferentes interpretaciones de una fracción?

La mayoría de los fósiles se forman cuando los seres vivos mueren y quedan enterrados en sedimentos.

Los científicos desentierran y estudian los fósiles para mostrar una imagen de los medio ambientes de la Tierra en el pasado.

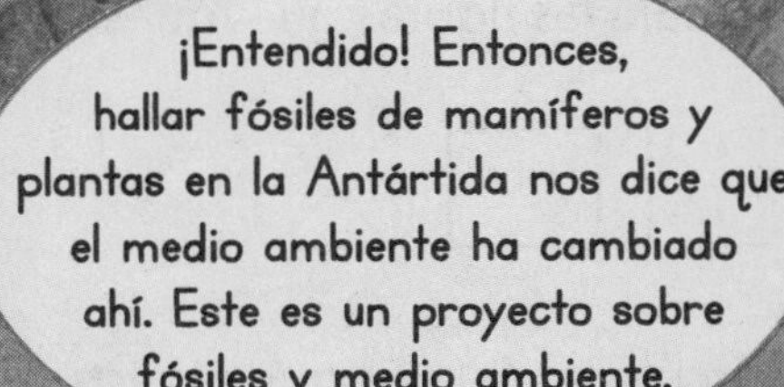

¡Entendido! Entonces, hallar fósiles de mamíferos y plantas en la Antártida nos dice que el medio ambiente ha cambiado ahí. Este es un proyecto sobre fósiles y medio ambiente.

Proyecto de Matemáticas y Ciencias: Fósiles y medio ambiente

Investigar Usa la Internet u otras fuentes para hallar más acerca de lo que nos dicen los fósiles sobre los medio ambientes del pasado. Investiga y haz un folleto sobre fósiles encontrados en tu estado. Halla por lo menos 5 fósiles y usa una página para cada fósil. Incluye dónde se encontró cada fósil y qué tipo de medio ambiente tiene cada lugar ahora.

Diario: Escribir un informe Incluye lo que averiguaste. En tu informe, también:

- haz una lista de los tipos de comida que cada una de las 5 criaturas comía cuando estaba viva.
- explica si cada una de las 5 criaturas de tu lista podría vivir en el medio ambiente actual.
- halla las longitudes de diferentes fósiles a la media pulgada más cercana y anota estas longitudes en un diagrama de puntos.

Nombre ______

Repasa lo que sabes

Vocabulario

Escoge el mejor término del recuadro. Escríbelo en el espacio en blanco.

- mitades
- tercios
- pulgada
- yarda

1. Si una figura se divide en 2 partes iguales, las partes se llaman ______.
2. La punta de tu pulgar mide aproximadamente 1 ______ de longitud.
3. Si una figura se divide en 3 partes iguales, las partes se llaman ______.

Contar salteado en la recta numérica

Cuenta salteado en la recta numérica y escribe los números que faltan.

4. 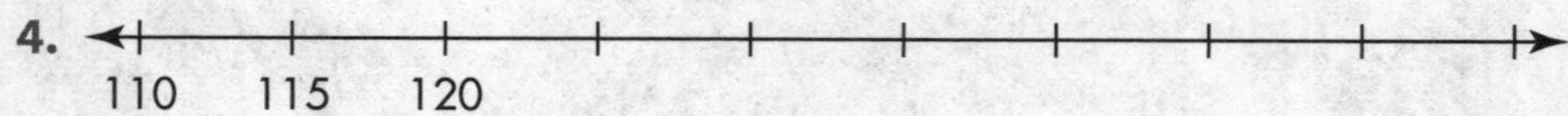

5. 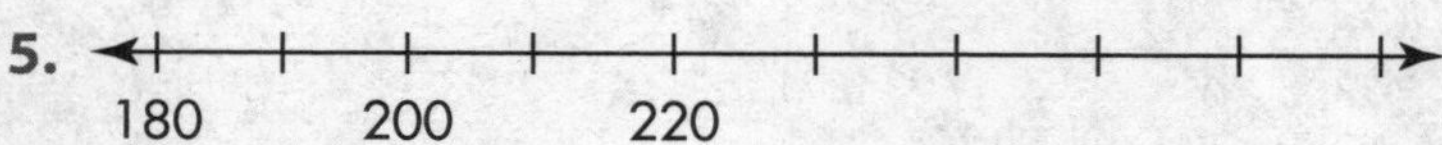

Partes iguales

6. Encierra en un círculo las figuras que muestran mitades.

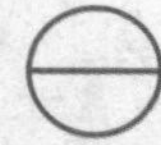  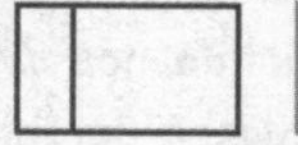

7. Encierra en un círculo las figuras que muestran cuartos.

  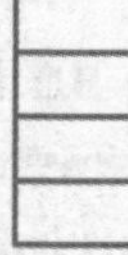

Medición

8. ¿Qué longitud tiene este objeto a la pulgada más cercana? Explica cómo lo sabes.

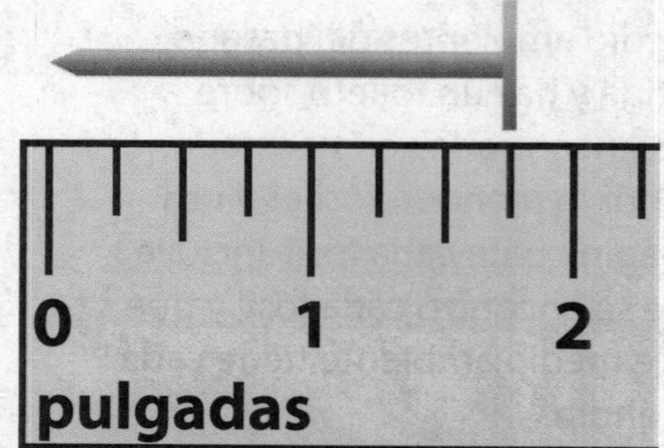

Nombre ______________________

Resuelve

Lección 12-1
Dividir regiones en partes iguales

Puedo...
leer y escribir una fracción unitaria.

Estándares de contenido 3.NOF.A.1, 3.G.A.2
Prácticas matemáticas PM.1, PM.2, PM.3, PM.4, PM.6, PM.7

Resuélvelo y coméntalo Muestra dos maneras diferentes de dividir una región de 2 × 6 en 6 partes iguales. Colorea de un color diferente las 6 partes de cada región. ¿Cómo sabes que las partes son iguales?

Hazlo con precisión. Piensa en el área de cada parte mientras divides las regiones.

¡Vuelve atrás! **PM.7 Usar la estructura** ¿En qué se parecen las partes de las regiones? ¿En qué se diferencian?

¿Cómo puedes nombrar las partes iguales de un entero?

A

Divide un entero en cuartos. ¿Qué fracción puedes escribir para representar un cuarto de un entero?

Una fracción es una parte igual de un entero.

B

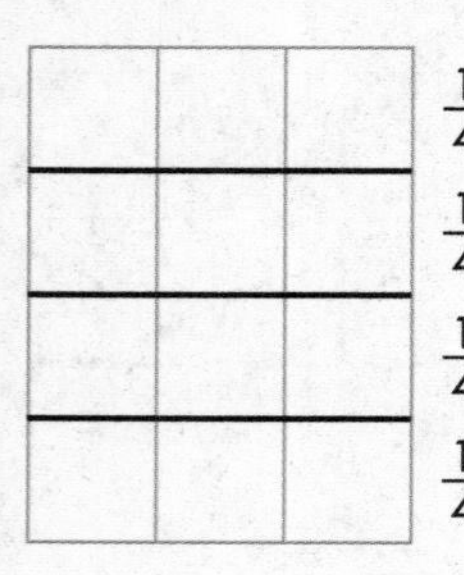

Cada parte está formada por 3 unidades cuadradas. Todas las partes tienen un área igual.

C

Cada parte es **un** cuarto del área de la figura entera.

Se puede escribir la fracción como $\frac{1}{4}$.

$\frac{1}{4}$ es una fracción unitaria.
Una fracción unitaria representa una de las partes iguales.

D

El número que está sobre la barra en una fracción se llama numerador.

El numerador muestra el número de partes iguales representadas por la fracción.

numerador → $\frac{1}{4}$
denominador →

El número que está debajo de la barra en una fracción se llama denominador.

El denominador muestra el número total de partes iguales en el entero.

¡Convénceme! **PM.3 Evaluar el razonamiento** Kim dice que la figura de la derecha está dividida en cuartos porque hay 4 partes iguales. Carrie dice que no está dividida en cuartos porque las partes no tienen la misma forma. ¿Quién tiene razón? Explícalo.

Nombre ______________________________

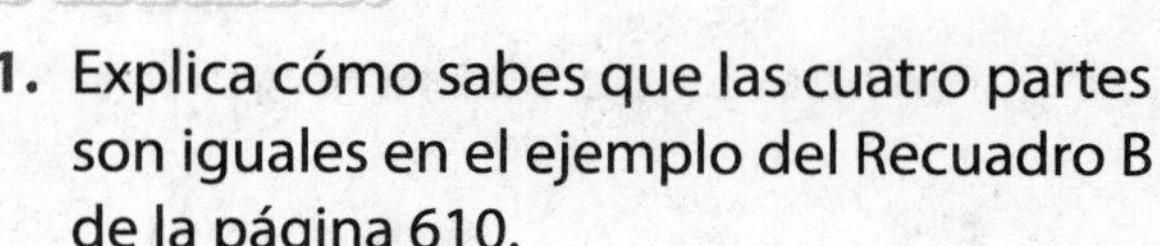

☆Práctica guiada*

¿Lo entiendes?

1. Explica cómo sabes que las cuatro partes son iguales en el ejemplo del Recuadro B de la página 610.

Di si cada figura muestra partes iguales o desiguales en los Ejercicios **2** y **3.** Si las partes son iguales, rotula una de las partes usando una fracción unitaria.

2. 

3. 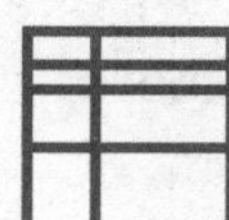

¿Cómo hacerlo?

4. Traza líneas para dividir la figura en 8 partes iguales. Luego, escribe la fracción que representa una parte igual.

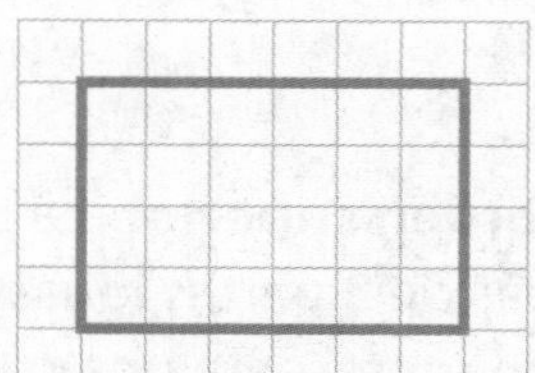

☆Práctica independiente

Di si cada figura muestra partes iguales o desiguales en los Ejercicios **5** a **7.** Si las partes son iguales, rotula una de las partes usando una fracción unitaria.

5. 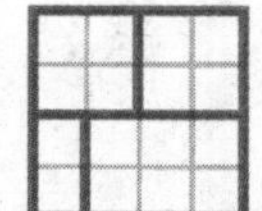

6. 

7. 

Traza líneas para dividir cada figura en la cantidad dada de partes iguales en los Ejercicios **8** a **10.** Luego, escribe la fracción que representa una parte igual.

8. 6 partes iguales

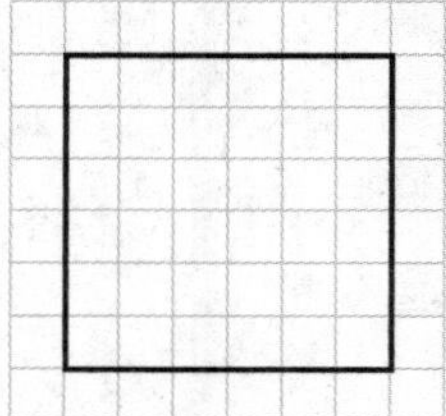

9. 3 partes iguales

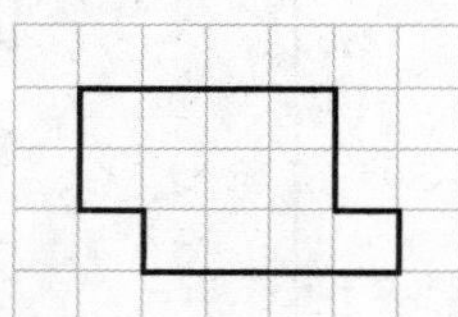

10. 4 partes iguales

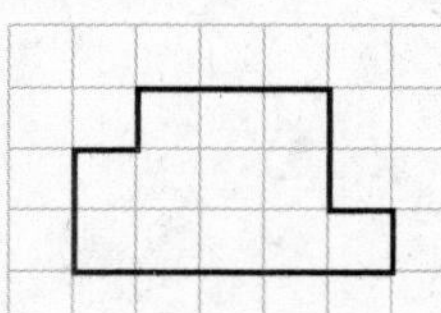

**Puedes encontrar otro ejemplo en el Grupo A, página 659.*

Prácticas matemáticas y resolución de problemas

Usa la tabla de las banderas en los Ejercicos **11** a **14.**

Banderas de distintos países

País	Bandera
Mauricio	
Nigeria	
Polonia	
Seychelles	

11. **PM.6 Hacerlo con precisión** ¿Qué fracción representa la parte blanca de la bandera de Nigeria?

12. ¿La bandera de qué país es $\frac{1}{2}$ roja?

13. **Razonamiento de orden superior** La bandera de este país tiene más de 3 partes iguales. ¿Qué país es y qué fracción representa una parte de su bandera?

14. ¿La bandera de qué país **NO** tiene partes iguales?

15. **PM.4 Representar con modelos matemáticos** Maryann compró 24 latas de refrescos. Los refrescos vienen en cajas de 6 latas. ¿Cuántas cajas compró? Escribe una ecuación de multiplicación y una ecuación de división para mostrar la respuesta.

16. **PM.1 Entender y perseverar** Jim tiene calcomanías en una matriz de 8 filas y 4 columnas. También tiene un paquete de 14 calcomanías. ¿Cuántas calcomanías tiene Jim en total?

Evaluación de *Common Core*

17. Traza líneas para mostrar cómo dividir el pastel en 8 porciones iguales. ¿Qué fracción representa 1 de las porciones? Explica cómo lo sabes.

Nombre ______________________

Tarea y práctica 12-1

Dividir regiones en partes iguales

¡Revisemos!

Divide estas figuras en 6 partes iguales.

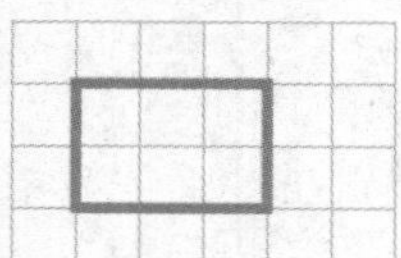

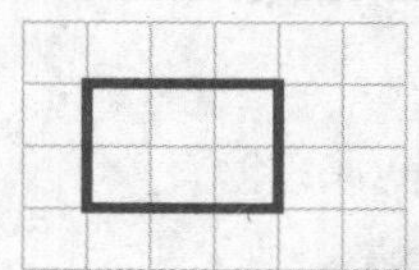

Puedes trazar líneas para dividir las figuras en partes iguales.

Las partes iguales no necesitan tener la misma forma, pero sí deben tener la misma área.

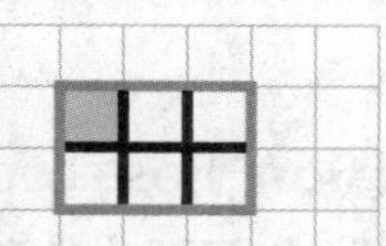

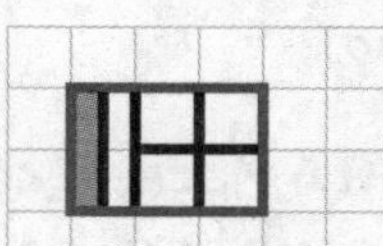

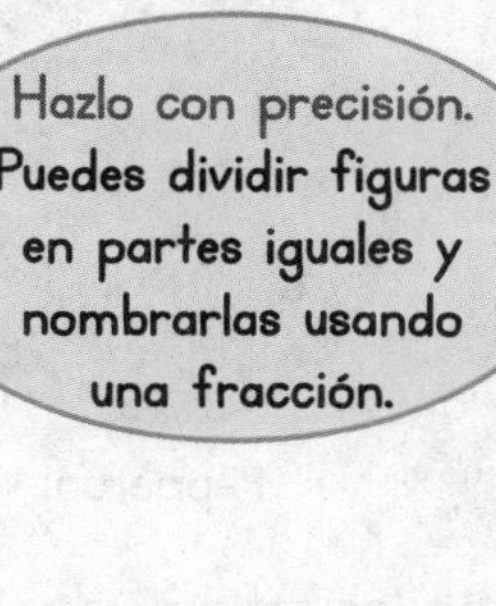

Hazlo con precisión. Puedes dividir figuras en partes iguales y nombrarlas usando una fracción.

Ambas figuras están divididas en seis partes iguales o sextos.

Cada parte es un sexto del área de la figura.

Se puede escribir cada parte como $\frac{1}{6}$.

Indica si cada figura muestra partes iguales o desiguales en los Ejercicios **1** a **3.** Si las partes son iguales, rotula una de las partes usando una fracción unitaria.

1.

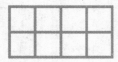

2.

3.

Traza líneas para dividir las figuras en la cantidad dada de partes iguales en los Ejercicios **4** a **6.** Luego, escribe la fracción que representa una parte igual.

4. 3 partes iguales

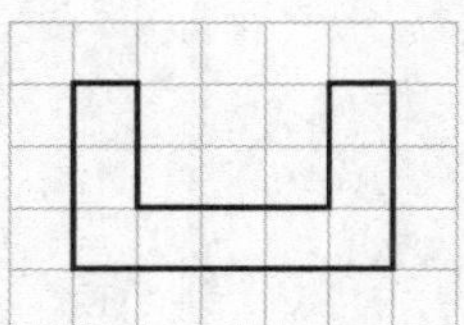

5. 4 partes iguales

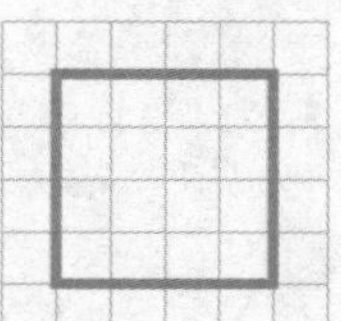

6. 6 partes iguales

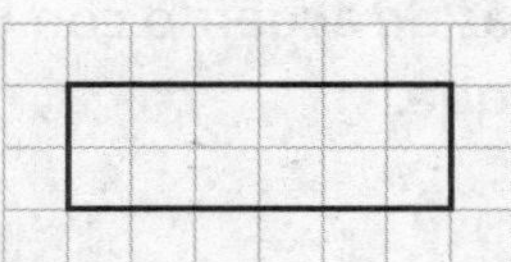

Usa las siguientes ilustraciones en los Ejercicios **7** a **9**.

7. El Sr. Yung pidió 3 pizzas. Dividió las pizzas en la cantidad de partes iguales que se muestran a continuación. Traza líneas para mostrar cómo puede dividir las pizzas el Sr. Yung.

2 partes iguales

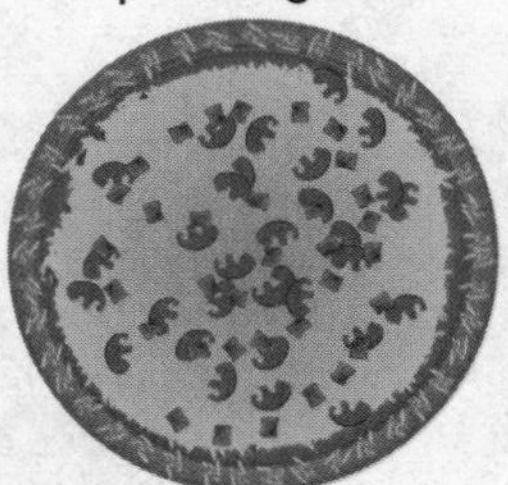

Champiñones

8 partes iguales

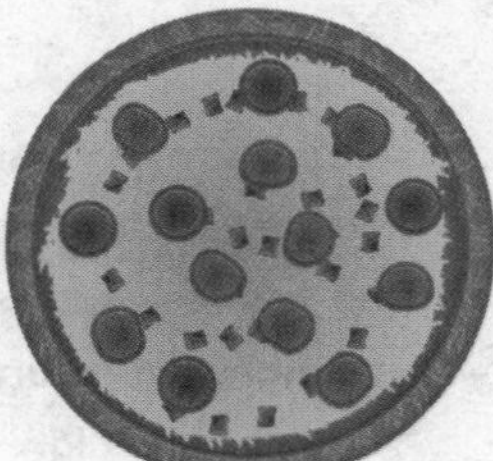

Pepperoni

4 partes iguales

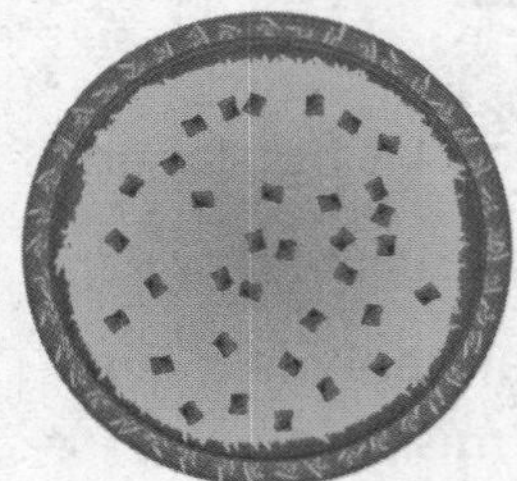

Queso

8. El Sr. Yung colocó cebollas en la pizza de champiñones, pero solo en $\frac{1}{2}$ de esta pizza. Colorea la cantidad de la pizza que tiene cebollas.

9. **PM.6 Hacerlo con precisión** Rosa comió una parte igual de una de las pizzas. Comió $\frac{1}{8}$ de la pizza entera. ¿Qué pizza comió Rosa?

10. **PM.2 Razonar** Ellen dibujó dos polígonos. Uno de los polígonos tiene 3 ángulos más que el otro. ¿Qué figuras pudo haber dibujado?

11. **Vocabulario** Completa los espacios en blanco. En la fracción $\frac{4}{7}$, 4 es el ________ y 7 es el ________.

12. **Razonamiento de orden superior** Traza una línea para dividir este cuadrado en 8 partes iguales. ¿Qué fracción del cuadrado tenía 1 parte antes de trazar la línea? ¿Y después de trazar la línea?

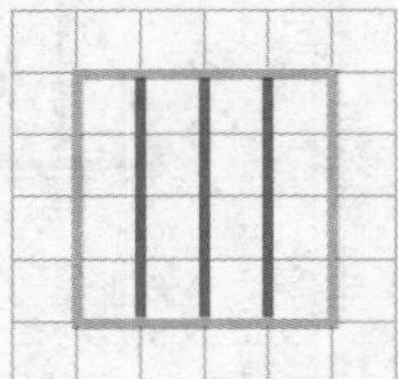

Evaluación de *Common Core*

13. Richard dividió el rectángulo en partes iguales. Coloreó una de estas partes y la rotuló usando una fracción unitaria. ¿Estás de acuerdo con Richard? Explica por qué.

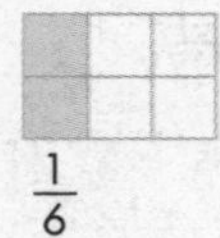

$\frac{1}{6}$

Nombre Cedrica

Lección 12-2
Fracciones y regiones

Puedo...
usar una fracción para representar copias múltiples de una fracción unitaria.

Estándares de contenido 3.NOF.A.1, 3.G.A.2
Prácticas matemáticas PM.1, PM.2, PM.4, PM.6

Resuélvelo y coméntalo Pat hizo un jardín con forma de rectángulo y lo dividió en 4 partes del mismo tamaño. Plantó flores en 3 de las partes. Haz un dibujo de cómo podría ser el jardín de Pat.

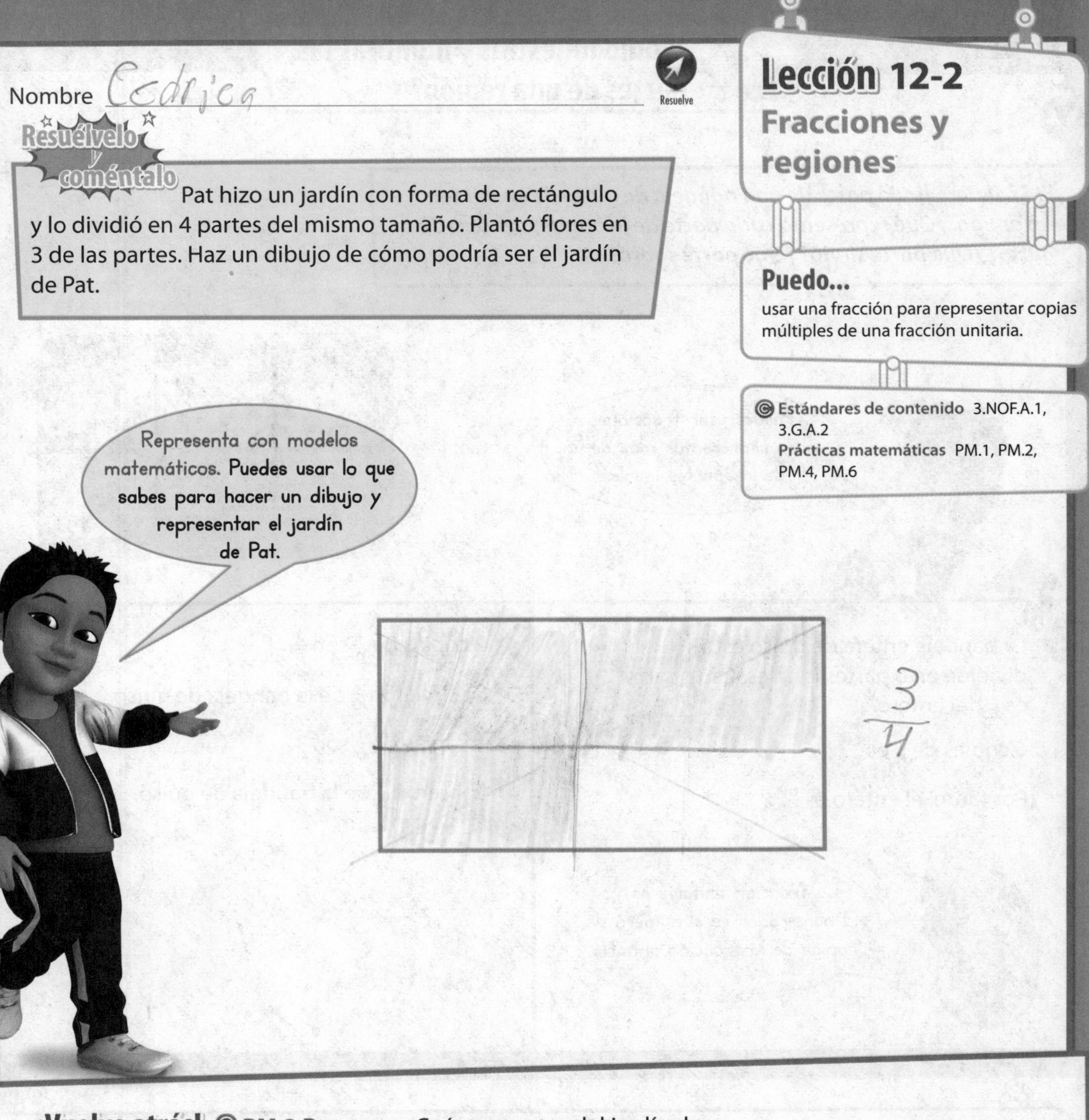

Resuelve
Representa con modelos matemáticos. Puedes usar lo que sabes para hacer un dibujo y representar el jardín de Pat.
3/4

¡Vuelve atrás! PM.2 Razonar ¿Cuántas partes del jardín de Pat **NO** tienen flores? Explícalo.

¿Cómo muestras y nombras las partes de una región?

A

El Sr. Peters sirvió parte de una bandeja de guiso de enchilada a un amigo. ¿Qué representa cada parte de la bandeja entera de guiso? ¿Qué parte sirvió? ¿Qué parte sobró?

Puedes usar fracciones para representar más de una de las partes iguales.

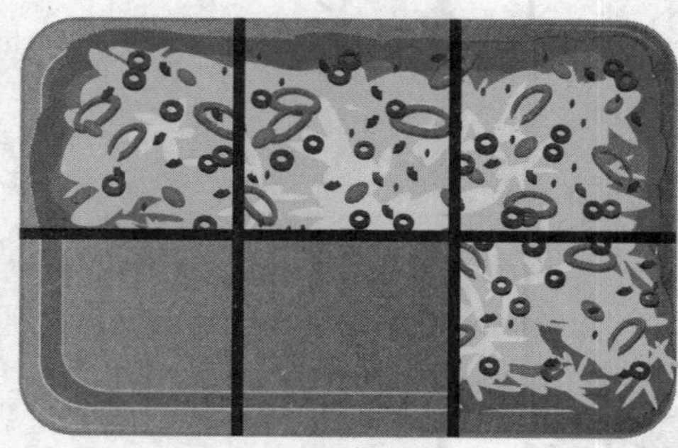

B

La bandeja entera de guiso está dividida en 6 partes iguales. Cada parte es $\frac{1}{6}$ del entero.

6 copias de $\frac{1}{6}$ es $\frac{6}{6}$.

Por tanto, el entero es $\frac{6}{6}$.

La fracción unitaria es $\frac{1}{6}$. El numerador es el número de copias de la fracción unitaria.

C

2 copias de $\frac{1}{6}$ son $\frac{2}{6}$.

Se sirvieron $\frac{2}{6}$ de la bandeja de guiso.

4 copias de $\frac{1}{6}$ son $\frac{4}{6}$.

Sobraron $\frac{4}{6}$ de la bandeja de guiso.

¡Convénceme! © **PM.6 Hacerlo con precisión** Aquí se muestra un dibujo de una bandeja para pasteles. Traza líneas y colorea para mostrar que cinco porciones de $\frac{1}{8}$ del pastel todavía están en la bandeja y que se comieron tres porciones de $\frac{1}{8}$ del pastel. Usa una fracción para rotular la parte del pastel que sobra en la bandeja.

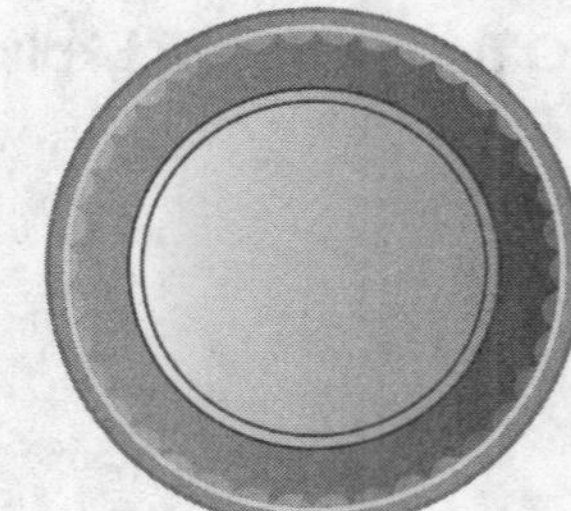

Nombre *Cedric*

Práctica guiada*

¿Lo entiendes?

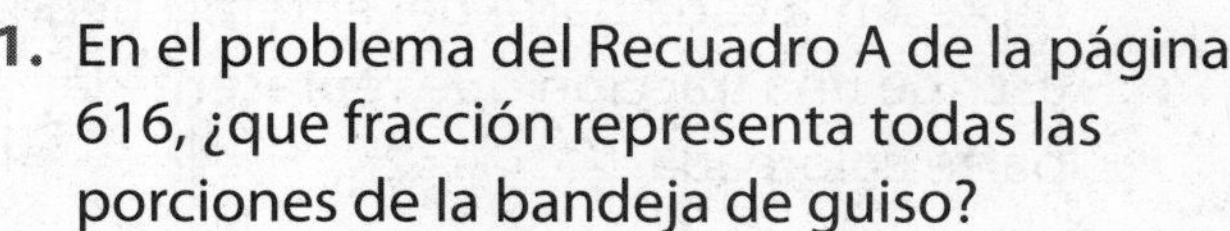

1. En el problema del Recuadro A de la página 616, ¿que fracción representa todas las porciones de la bandeja de guiso?

6/6

2. La Sra. Paci hizo un pastel. ¿Qué fracción del pastel entero representa cada porción?

8/8

3. En el dibujo del Ejercicio 2, ¿cuántas porciones de $\frac{1}{8}$ comieron? ¿Qué fracción del pastel entero comieron?

2/8

¿Cómo hacerlo?

Usa la siguiente figura en los Ejercicios **4** a **6.**

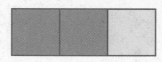

4. ¿Cuántas partes de $\frac{1}{3}$ son azules?

2/3

5. ¿Qué fracción del entero es azul?

2/3

6. ¿Qué fracción muestra *todas* las partes del entero?

3/3

Práctica independiente

Escribe la fracción unitaria que representa cada parte del entero en los Ejercicios **7** a **10.** Luego, escribe el número de partes azules y la fracción del entero que es azul.

7. 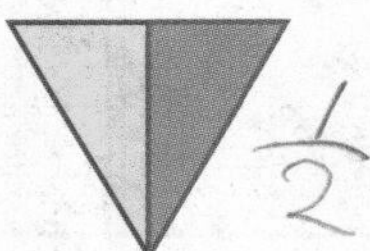 *1/2*

8. 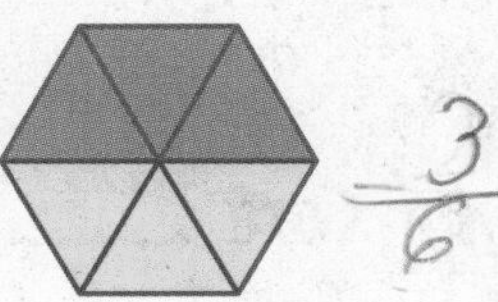 *3/6*

9. 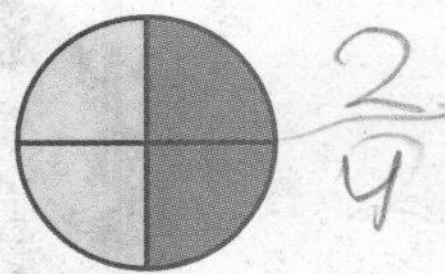 *2/4*

10. 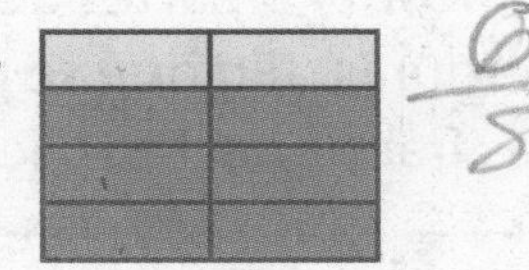 *6/8*

11. Dibuja un rectángulo que muestre 6 partes iguales. Escribe la fracción unitaria que representa cada parte. Luego, colorea $\frac{2}{6}$ del rectángulo. Explica cómo sabes que coloreaste $\frac{2}{6}$ del rectángulo.

**Puedes encontrar otro ejemplo en el Grupo B, página 659.*

Prácticas matemáticas y resolución de problemas

12. **Vocabulario** George cortó un pastel en 8 porciones. Explica cuál es la fracción unitaria del pastel.

13. **PM.6 Hacerlo con precisión** Divide la siguiente cuadrícula en cuartos. Colorea tres de las partes. Escribe la fracción unitaria que representa cada parte del entero. Luego, escribe una fracción que represente la parte coloreada.

14. **PM.4 Representar con modelos matemáticos** Christine tiene 6 bufandas rojas y 3 bufandas azules. Cada bufanda tiene 2 flecos. ¿Cuántos flecos tienen las bufandas de Christine? Escribe ecuaciones para representar y resolver el problema.

15. **Razonamiento de orden superior** Dibuja un círculo que muestre 6 partes iguales. Colorea más de $\frac{3}{6}$ del círculo, pero menos de $\frac{5}{6}$ del círculo. ¿Qué fracción coloreaste?

16. **Sentido numérico** ¿Cuál es el área de la tarjeta de beisbol?

10 cm

7 cm

Evaluación de *Common Core*

17. Escribe fracciones para mostrar 3 partes de cada una de estas bandejas de verduras. ¿En qué se parecen y en qué se diferencian las fracciones? Explícalo.

Nombre

Ayuda · Amigo de práctica · Herramientas · Juegos

Tarea y práctica 12-2

Fracciones y regiones

¡Revisemos!

Se puede usar una fracción para nombrar parte de un entero.

El denominador muestra el número total de partes iguales en un entero. El numerador muestra cuántas partes iguales se describen.

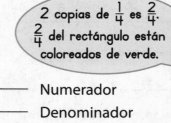

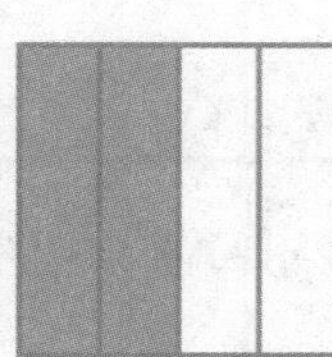

Número de partes de $\frac{1}{4}$ coloreadas → $\frac{2}{4}$ ← Numerador

Número de partes en total → ← Denominador

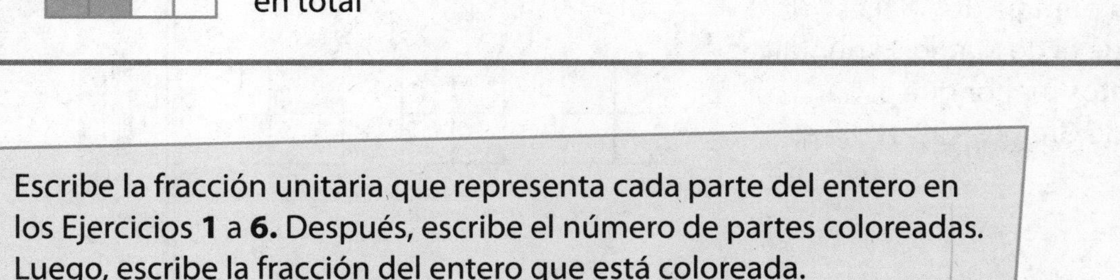

2 copias de $\frac{1}{4}$ es $\frac{2}{4}$.
$\frac{2}{4}$ del rectángulo están coloreados de verde.

Escribe la fracción unitaria que representa cada parte del entero en los Ejercicios **1** a **6.** Después, escribe el número de partes coloreadas. Luego, escribe la fracción del entero que está coloreada.

1. 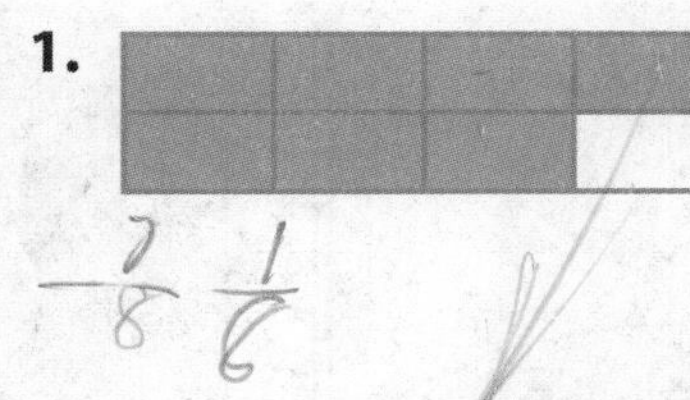

2. 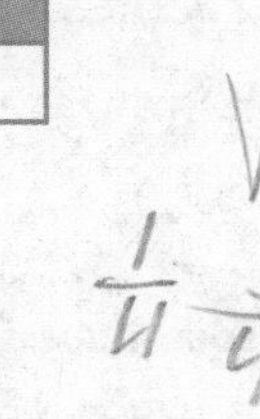

3. 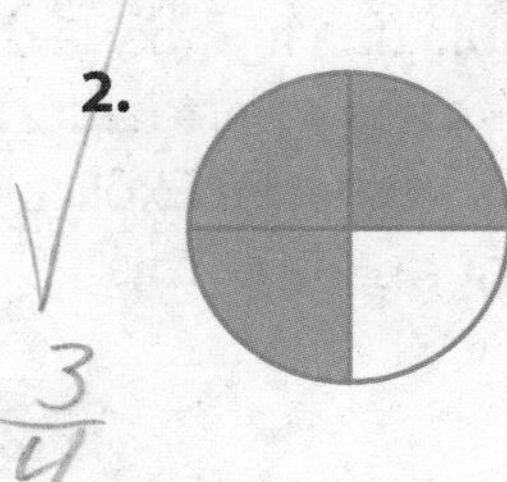

4. 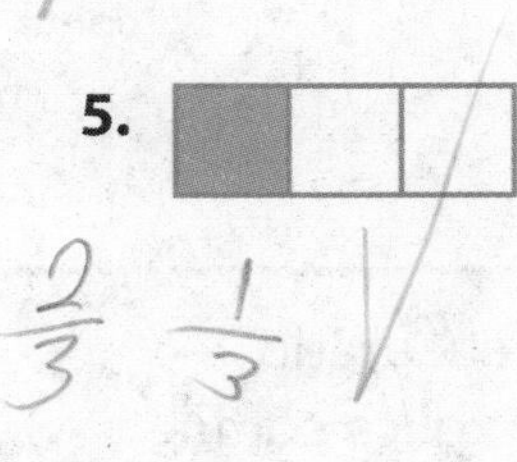

5. 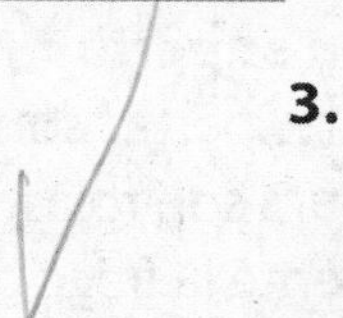

6. 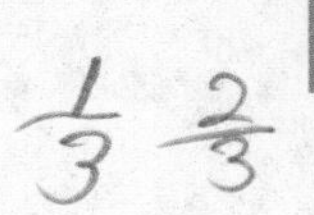

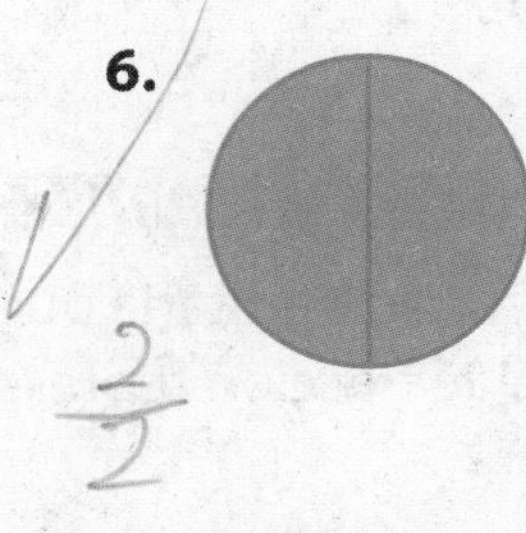

7. Dibuja un rectángulo que muestre 2 partes iguales. Colorea $\frac{1}{2}$ del rectángulo.

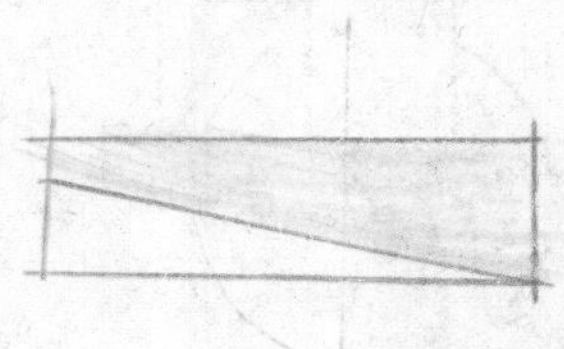

8. Dibuja un círculo que muestre 8 partes iguales. Colorea $\frac{2}{8}$ del círculo.

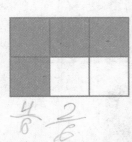

9. **PM.4 Representar con modelos matemáticos** Hay 6 galletas en 1 bolsa. ¿Cuántas galletas hay en 5 bolsas? Usa el diagrama de barras para escribir una ecuación y resolverla.

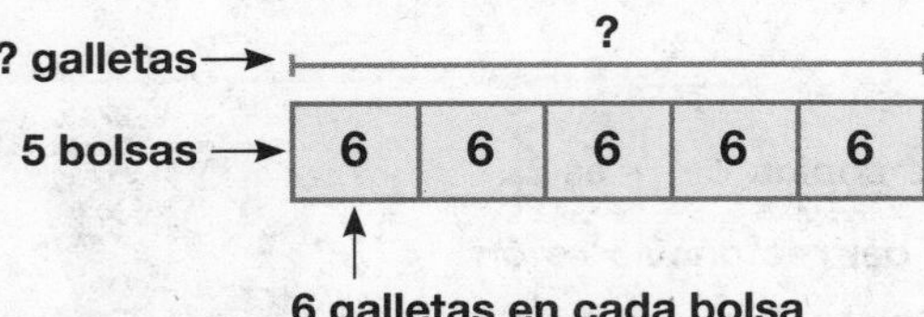

10. Un banderín está formado por 8 partes iguales. Cinco de las partes son verdes. Tres de las partes son amarillas. Dibuja y colorea el banderín.

11. **PM.1 Entender y perseverar** Tres amigos van a jugar bolos. El puntaje de Ariel es 52 puntos mayor que el de Mateo. El puntaje de Mateo es 60 puntos menor que el de Greg. Si el puntaje de Greg es 122, ¿cuál es el puntaje de Ariel?

12. Encierra en un círculo todas las figuras que muestran $\frac{3}{4}$.

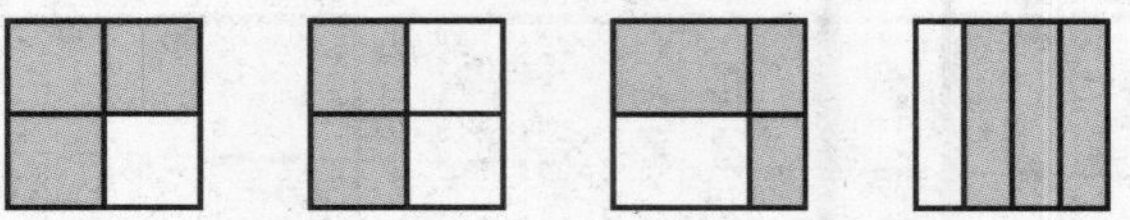

13. **Razonamiento de orden superior** Rafael dibuja una figura y la divide en partes iguales. Dos de las partes son rojas. Las otras 4 partes son azules. Rafael dice que $\frac{2}{4}$ de la figura son rojas. ¿Qué error cometió? Explícalo. Luego, escribe correctamente la fracción de la figura que es roja.

Puedes hacer un dibujo como ayuda para resolver este problema.

Evaluación de *Common Core*

14. Escribe la fracción unitaria que representa un cuadrado morado. ¿Qué fracción representa el entero? Explica cómo lo sabes.

$\frac{\square}{\square}$; $\frac{\square}{\square}$

Nombre ______________________

Lección 12-3
El entero

Puedo...
identificar el entero observando una parte.

© **Estándares de contenido** 3.NOF.A.3c, 3.NOF.A.1
Prácticas matemáticas PM.2, PM.3, PM.7, PM.8

Resuélvelo y coméntalo La clase del tercer grado de la maestra García está plantando flores en su jardín y verduras en el huerto.

Haz un dibujo que represente el entero del jardín y del huerto, basándote en las partes que se muestran. ¿Cómo decidiste qué aspecto tenía el entero del jardín y del huerto?

$\frac{1}{3}$ del jardín de flores

$\frac{2}{4}$ del huerto

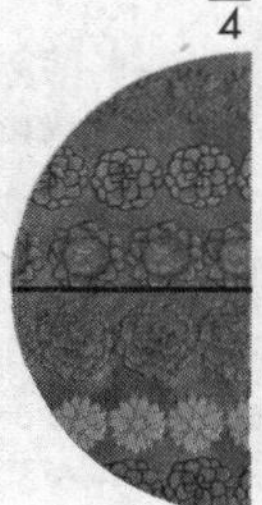

Puedes razonar. Piensa en las partes que conoces y en cuántas partes necesitas para formar el entero.

¡Vuelve atrás! © **PM.7 Usar la estructura** ¿Qué te indican las fracciones $\frac{1}{3}$ y $\frac{2}{4}$ sobre el número de partes iguales del entero?

¿Cómo puedes usar una parte fraccionaria para hallar el entero?

A

Elba y Novi compiten en carreras diferentes. Los siguientes diagramas muestran qué porción de su carrera ha corrido cada una. Haz un dibujo del entero de cada pista. Escribe una fracción que represente el entero.

Puedes fijarte en la fracción para hallar cuántas partes formarán el entero.

Elba $\frac{1}{6}$

Novi $\frac{1}{6}$

B Sabes que Elba y Novi corrieron cada una $\frac{1}{6}$ de sus carreras.

Seis secciones de $\frac{1}{6}$ forman $\frac{6}{6}$ o 1 entero.

Estos diagramas representan el entero de las carreras de Elba y Novi. Los sextos tienen longitudes diferentes porque las pistas de las carreras (el entero) tienen longitudes diferentes.

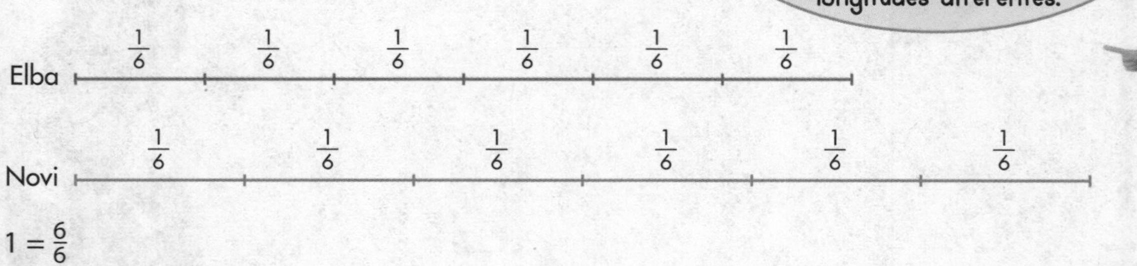

$1 = \frac{6}{6}$

¡Convénceme! **PM.2 Razonar** ¿Por qué la pista de Novi es más larga que la de Elba?

Nombre ______________________________

Otro ejemplo

Se muestra a la derecha la parte de una carrera que corrió Rob. Puedes usar partes fraccionarias como estas para identificar el entero.

$\frac{2}{3}$

Rob

$\frac{2}{3}$ son 2 copias de $\frac{1}{3}$. Divide la pista de Rob en 2 partes iguales.

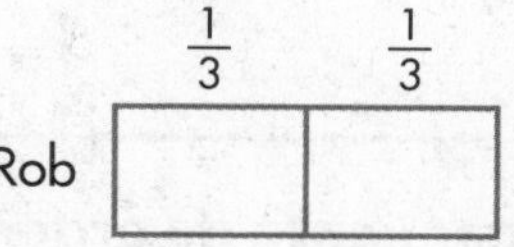

Tres copias de $\frac{1}{3}$ forman $\frac{3}{3}$ o 1 entero. Dibuja un tercio más.

$1 = \frac{3}{3}$

$\frac{1}{3}$ $\frac{1}{3}$ $\frac{1}{3}$

Rob

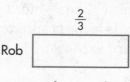

Práctica guiada*

¿Lo entiendes?

1. **PM.2 Razonar** Si la distancia que Elba corrió fue $\frac{1}{5}$ de la longitud de la pista, ¿qué fracción usarías para representar toda la pista?

2. **PM.8 Generalizar** ¿Qué hace que sean verdaderos el numerador y el denominador de cada fracción que representa un entero?

¿Cómo hacerlo?

3. Haz un dibujo y escribe una fracción para representar el entero.

$\frac{2}{8}$

Práctica independiente

Haz un dibujo y escribe una fracción para representar el entero en los Ejercicios **4** a **7**.

4. $\frac{2}{3}$

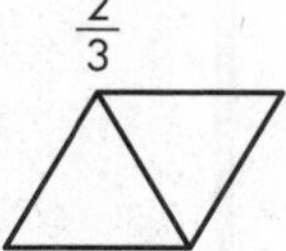

5. $\frac{1}{2}$

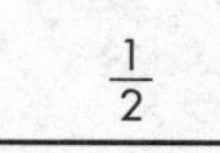

6. $\frac{3}{4}$

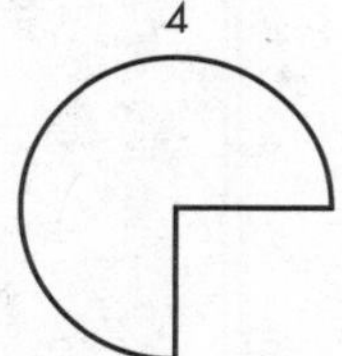

7. $\frac{2}{6}$

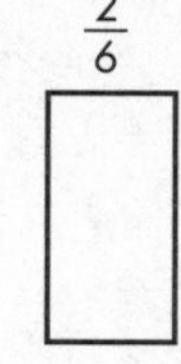

Puedes encontrar otro ejemplo en el Grupo C, página 660.

Prácticas matemáticas y resolución de problemas

8. **PM.3 Evaluar el razonamiento** Les mostraron a Ronnie y Gloria $\frac{1}{2}$ mesa. Cada uno hizo un dibujo de la mesa entera. ¿Cuál es el dibujo correcto? Explícalo.

$\frac{1}{2}$ mesa

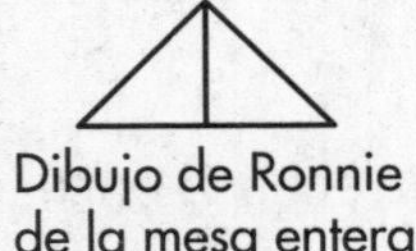

Dibujo de Ronnie de la mesa entera

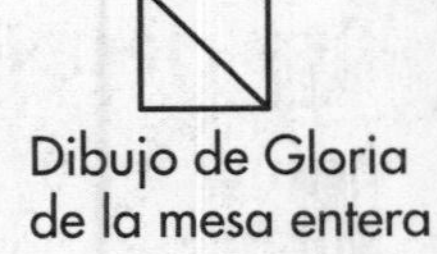

Dibujo de Gloria de la mesa entera

9. **Razonamiento de orden superior** Si la parte que se muestra del Ejercicio **8** es $\frac{1}{4}$ de una mesa, ¿a qué se parece la mesa entera? Haz un dibujo y escribe una fracción para representar el entero.

10. **Sentido numérico** Mike tiene 8 monedas de 5¢ y 4 monedas de 10¢. ¿Cuánto dinero tiene?

11. **PM.3 Construir argumentos** Ariana y Javier hacen alfombras. Han terminado las partes que se muestran. Haz dibujos que representen cada alfombra entera. ¿La alfombra de quién será más larga cuando se termine? Explícalo.

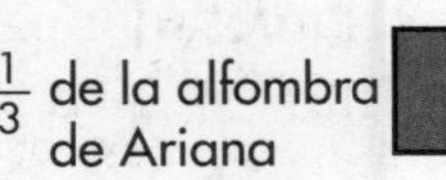

$\frac{1}{3}$ de la alfombra de Ariana

$\frac{1}{3}$ de la alfombra de Javier

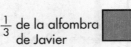

Evaluación de *Common Core*

12. La siguiente ilustración muestra $\frac{2}{3}$ de una barra de granola.

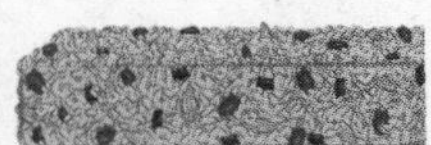

¿Qué opción muestra toda la barra de granola?

Ⓐ 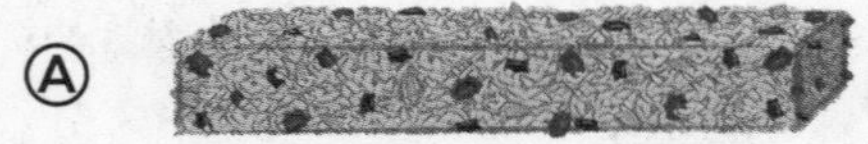

Ⓑ 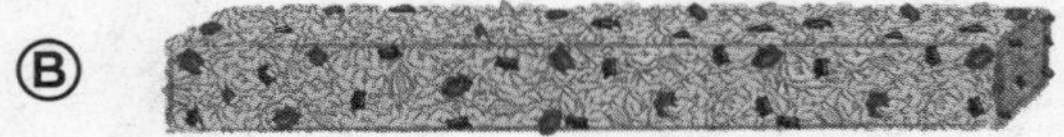

Ⓒ 

Ⓓ 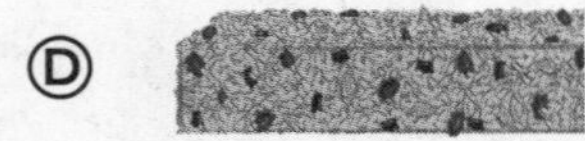

13. Cada una de estas partes es $\frac{1}{2}$ de un entero diferente. ¿Qué opción es parte del entero más grande?

Ⓐ 

Ⓑ 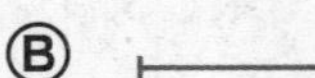

Ⓒ

Ⓓ

Nombre Cedrica

Resuelve

Lección 12-4
Fracciones menores que 1 en la recta numérica

Puedo...
representar fracciones en una recta numérica.

Estándares de contenido 3.NOF.A.2a, 3.NOF.A.2b
Prácticas matemáticas PM.3, PM.4, PM.6

Resuélvelo y coméntalo En un parque estatal hay un sendero de 1 milla entre la entrada del parque y la playa. Hay miradores de vistas panorámicas ubicados en los puntos $\frac{1}{3}$ y $\frac{2}{3}$ de la distancia entre la entrada del parque y la playa. Muestra dónde están ubicados, aproximadamente, los miradores en la siguiente recta.

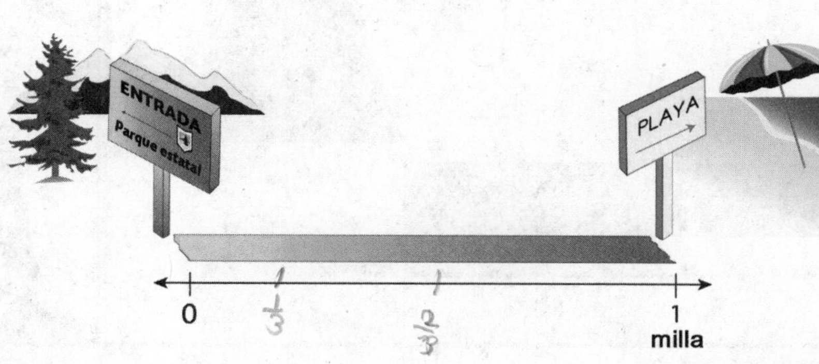

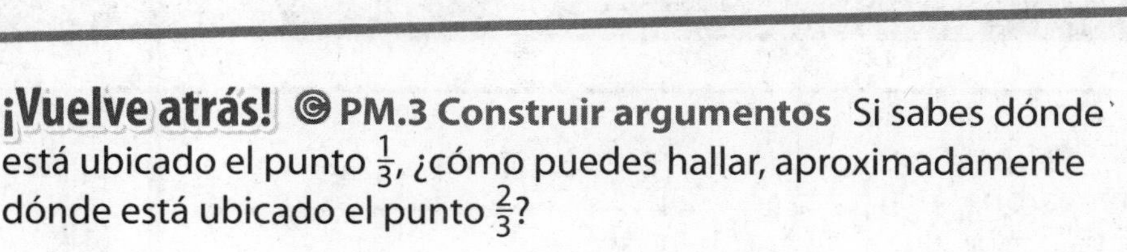

Representa con modelos matemáticos. Puedes representar este problema en una recta numérica.

¡Vuelve atrás! **PM.3 Construir argumentos** Si sabes dónde está ubicado el punto $\frac{1}{3}$, ¿cómo puedes hallar, aproximadamente dónde está ubicado el punto $\frac{2}{3}$?

¿Cómo puedes anotar fracciones en una recta numérica?

A

El Sr. Singer recoge a su hija Greta en la escuela para llevarla a la práctica de futbol. La escuela de Greta está a $\frac{3}{4}$ de la distancia que hay entre la casa de los Singer y el campo de futbol. ¿Cómo puedes representar $\frac{3}{4}$ en una recta numérica?

En una recta numérica, todos los números representan una distancia desde 0.

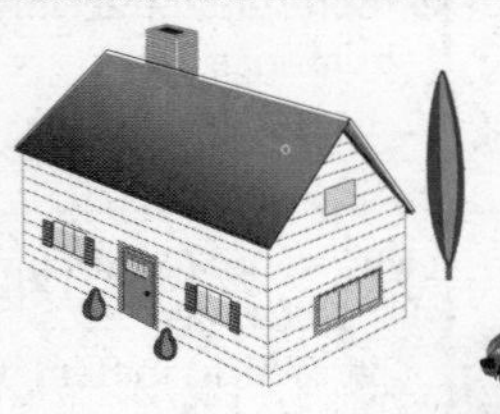

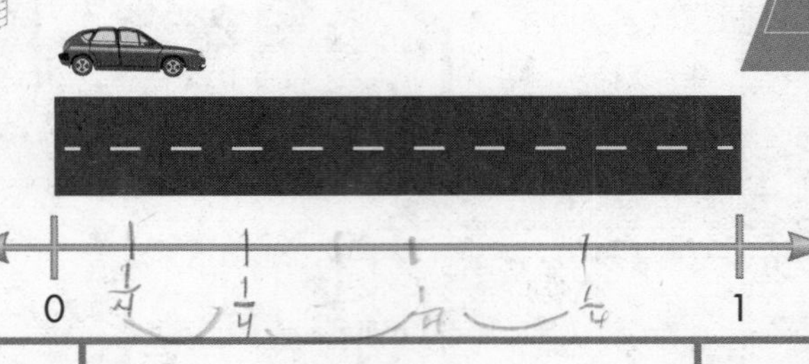

B

Paso 1

Dibuja una recta numérica de 0 a 1.

0 representa la casa de los Singer.

1 representa la distancia de la casa de los Singer al campo de futbol.

C

Paso 2

Divide la distancia de 0 a 1 en 4 partes iguales. Cada parte es $\frac{1}{4}$ del total de la distancia entre 0 y 1.

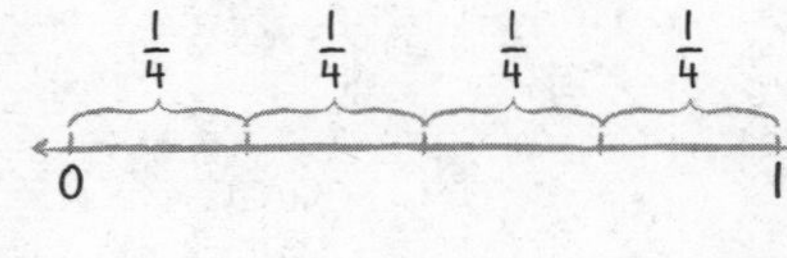

D

Paso 3

Comienza en 0. Dibuja un punto al final del tercer cuarto de la recta. Escribe $\frac{3}{4}$. Este punto representa la distancia de la casa de los Singer a la escuela de Greta.

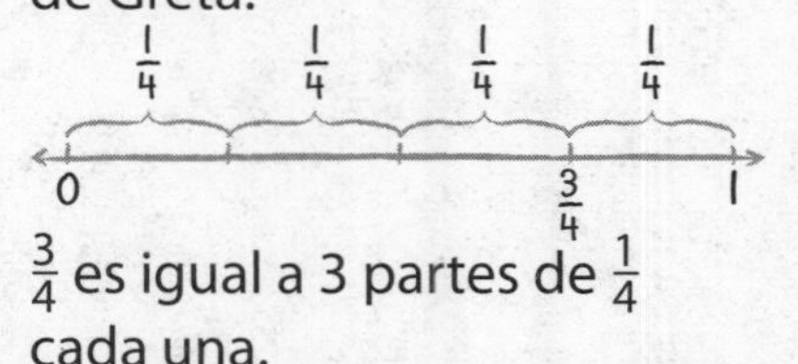

$\frac{3}{4}$ es igual a 3 partes de $\frac{1}{4}$ cada una.

¡Convénceme! **PM.3 Evaluar el razonamiento** Tania y Benito marcaron cada uno $\frac{1}{4}$ en la recta numérica. La longitud del segmento de 0 a $\frac{1}{4}$ en la recta numérica de Tania es más corto que en la recta numérica de Benito. ¿Alguno de los dos se equivocó? Explica tu razonamiento.

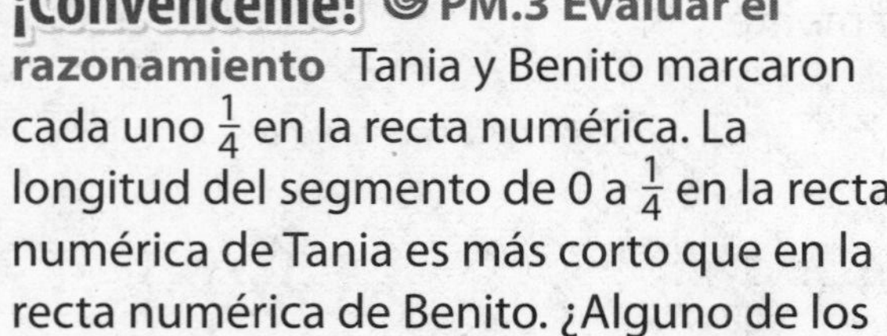

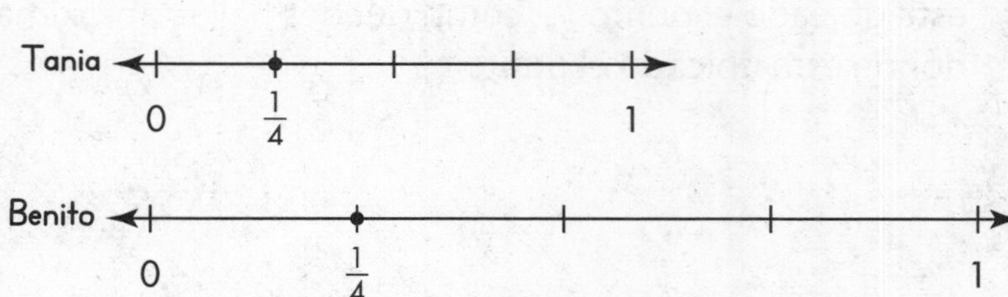

Nombre ______________________________

Práctica guiada*

¿Lo entiendes?

1. PM.3 **Construir argumentos** Maliya divide una recta numérica de 0 a 1 en 6 partes iguales. ¿Qué fracción unitaria representa las partes iguales? ¿Cómo debe rotular la primera marca a la izquierda del rótulo 1? Explícalo.

2. PM.3 **Construir argumentos** José divide una recta numérica de 0 a 1 en 8 partes iguales. ¿Cómo debe rotular la primera marca a la derecha del 0? Explícalo.

¿Cómo hacerlo?

Divide la recta numérica en el número dado de partes iguales en los Ejercicios **3** y **4.** Luego, marca y rotula la fracción dada en la recta numérica.

3. 2 partes iguales; $\frac{1}{2}$

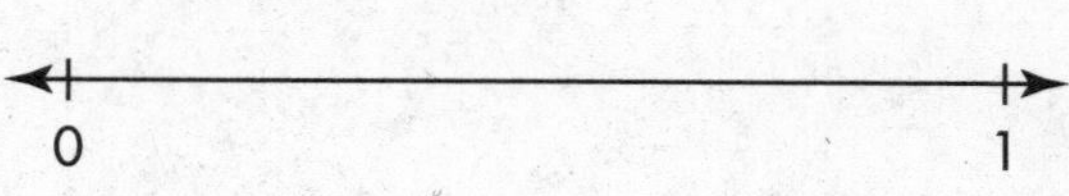

4. 4 partes iguales; $\frac{2}{4}$

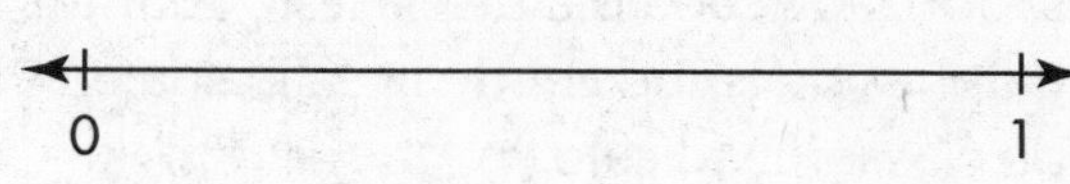

Práctica independiente

Práctica al nivel Divide la recta numérica en el número dado de partes iguales en los Ejercicios **5** y **6.** Luego, marca y rotula la fracción dada en la recta numérica.

5. 3 partes iguales; $\frac{2}{3}$

6. 6 partes iguales; $\frac{2}{6}$

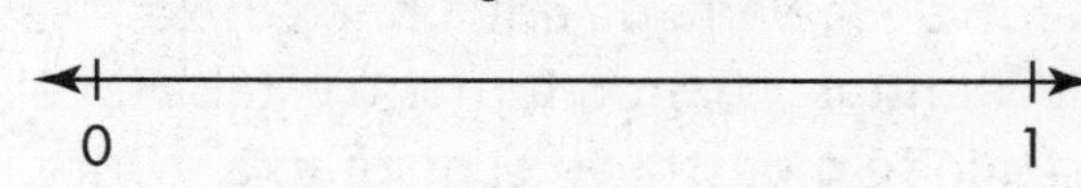

Dibuja una recta numérica en los Ejercicios **7** y **8.** Divide la recta numérica en partes iguales para la fracción dada. Luego, marca y rotula la fracción dada en la recta numérica.

7. $\frac{4}{6}$

8. $\frac{5}{8}$

Puedes encontrar otro ejemplo en el Grupo D, página 660.

Prácticas matemáticas y resolución de problemas

9. **PM.3 Construir argumentos** Manuel y Dana cada uno dibujó una recta numérica y marcaron $\frac{3}{4}$. ¿Representó cada persona $\frac{3}{4}$ en la recta númerica? Explícalo.

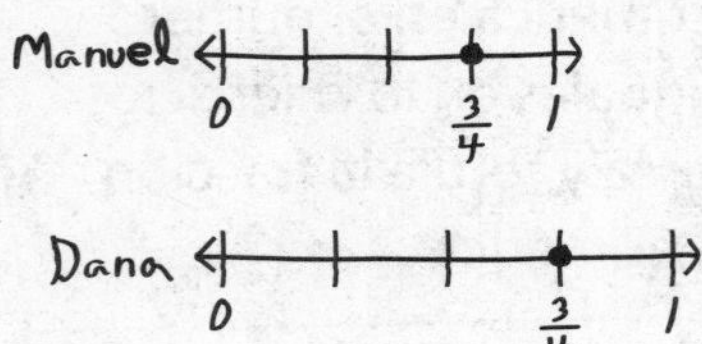

10. **PM.6 Hacerlo con precisión** Jerry se detuvo a $\frac{3}{6}$ de la distancia entre su casa y la escuela. El 0 representa la casa y el 1 representa la escuela en la siguiente recta numérica. Divide la recta numérica en partes iguales y rotula el punto donde se detuvo Jerry.

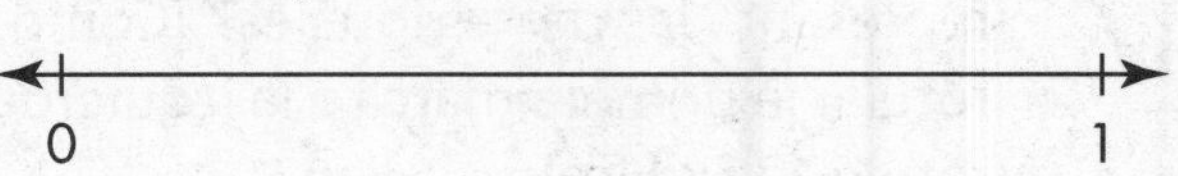

11. La cafetería de la escuela vende 5 galones de leche normal y 3 galones de leche saborizada cada día de clases. ¿Cuántos galones de leche vende la cafetería en 9 días de clases? Explícalo.

12. **Razonamiento de orden superior** Muestra 3 maneras de representar tres octavos.

Evaluación de *Common Core*

13. Una gimnasta comenzó en el extremo izquierdo de la barra de equilibrio e hizo unas volteretas. Cuando terminó estaba en el punto que se muestra en el diagrama. ¿Qué fracción representa hasta dónde llegó en la barra de equilibrio?

Ⓐ $\frac{7}{8}$

Ⓑ $\frac{6}{8}$

Ⓒ $\frac{2}{8}$

Ⓓ $\frac{1}{8}$

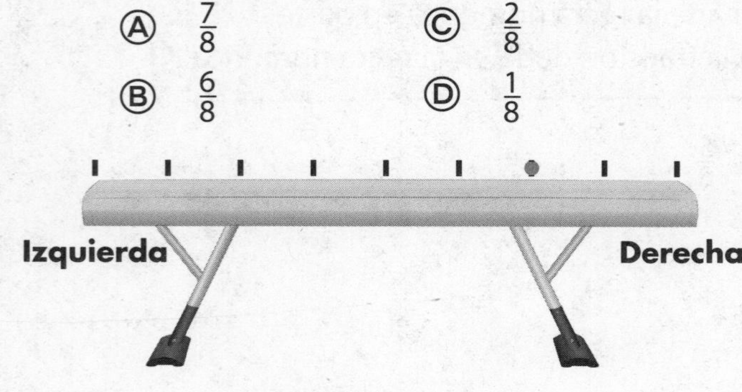

14. ¿Qué fracción representa el extremo derecho de la barra de equilibrio?

Ⓐ 0

Ⓑ $\frac{1}{8}$

Ⓒ $\frac{5}{8}$

Ⓓ $\frac{8}{8}$

Nombre

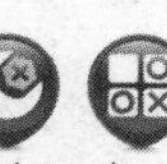

Tarea y práctica 12-4

Fracciones menores que 1 en la recta numérica

¡Revisemos!

Muestra $\frac{3}{8}$ en una recta numérica.

Empieza por dibujar una recta numérica de 0 a 1. Coloca marcas en los extremos y rotúlalas 0 y 1.

Divide la recta numérica en 8 partes iguales. Cada parte es $\frac{1}{8}$ del entero.

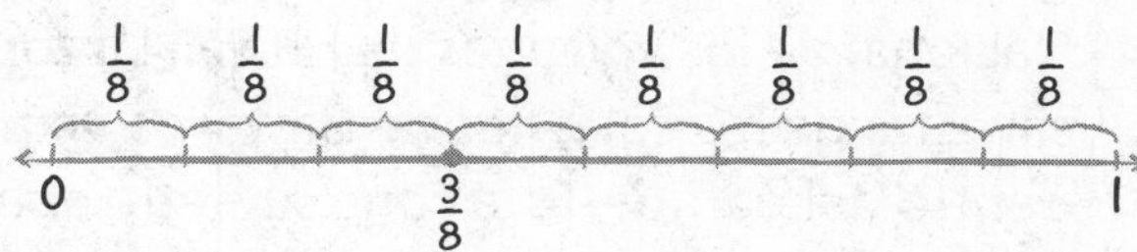

Empieza en 0. Avanza hacia la derecha hasta llegar a la tercera marca. Esa marca representa $\frac{3}{8}$. Dibuja un punto en la parte de la recta numérica que indica $\frac{3}{8}$. Rotula el punto $\frac{3}{8}$.

¡Hazlo con precisión! Puedes usar una recta numérica para mostrar fracciones. El denominador te indica qué número de partes iguales hay en la recta numérica.

Divide la recta numérica en el número dado de partes iguales en los Ejercicios **1** y **2.** Luego, marca y rotula la fracción dada en la recta numérica.

1. 3 partes iguales; $\frac{2}{3}$

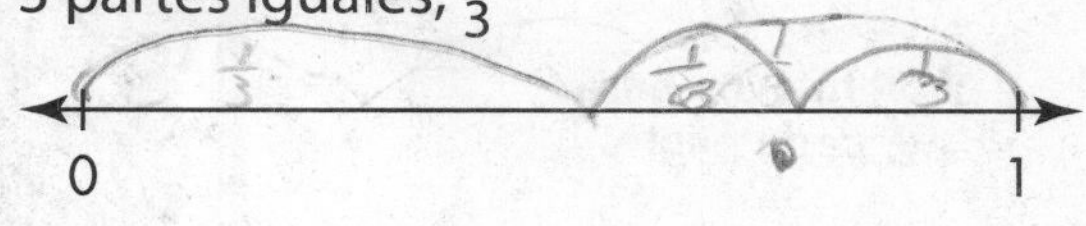

2. 6 partes iguales; $\frac{5}{6}$

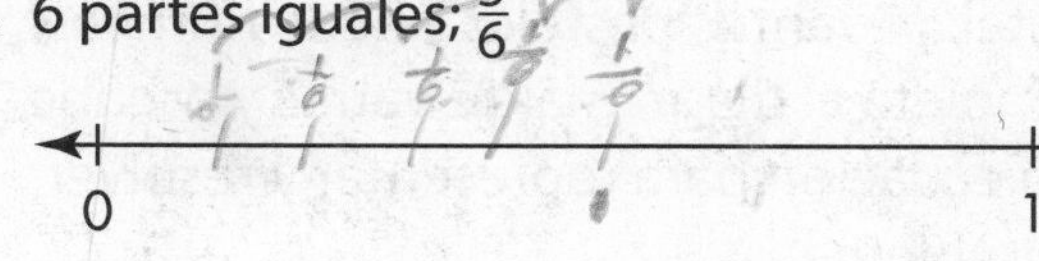

Dibuja una recta numérica en los Ejercicios **3** a **6.** Divide la recta numérica en partes iguales para la fracción dada. Luego, marca y rotula la fracción en la recta numérica.

3. $\frac{3}{4}$

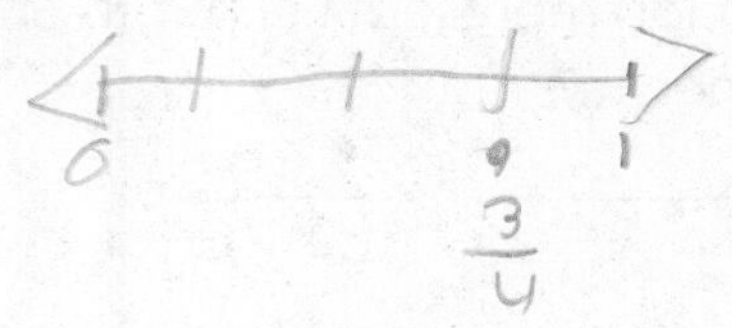

4. $\frac{4}{8}$

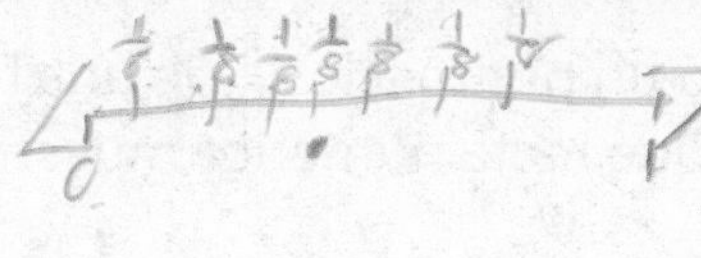

5. $\frac{1}{6}$

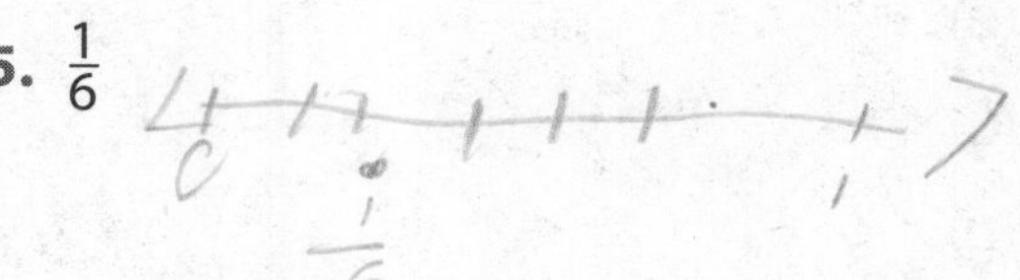

6. $\frac{7}{8}$

7. **Álgebra** Ted escribió la siguiente ecuación. Escribe el número que hace que la ecuación sea correcta.

$824 = 20 + ? + 4$
$? =$ ______

8. **PM.3 Evaluar el razonamiento** Carlo dice que esta recta numérica muestra $\frac{1}{3}$. ¿Estás de acuerdo con Carlo? Explica por qué.

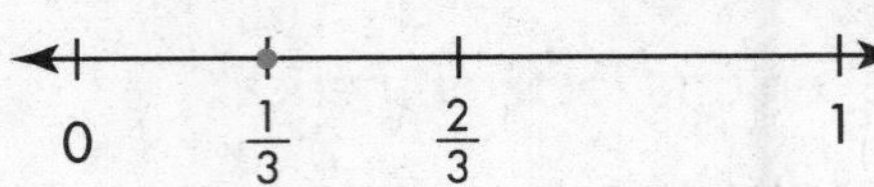

9. **Razonamiento de orden superior** Eddie camina sobre una recta pintada sobre la acera. Necesita dar 8 pasos de igual longitud para llegar de un extremo al otro de la recta. Después de que Eddie dio 5 pasos, ¿qué fracción de la recta quedó detrás de él? ¿Qué fracción de la recta aún está enfrente de él?

10. **Matemáticas y Ciencias** Se han descubierto huellas fosilizadas dentro del Parque Nacional de los Volcanes de Hawái. La zona silvestre de los volcanes de Hawái es un área dentro del parque. Esta zona silvestre abarca aproximadamente $\frac{1}{2}$ del parque. Dibuja una recta numérica. Luego, marca y rotula $\frac{1}{2}$ en la recta.

11. **PM.4 Representar con modelos matemáticos** Marty tiene 1 docena de huevos. Necesita 4 huevos para hornear un pastel. ¿Cuántos pasteles puede hornear? Completa el diagrama de barras y escribe una ecuación para representar y resolver el problema.

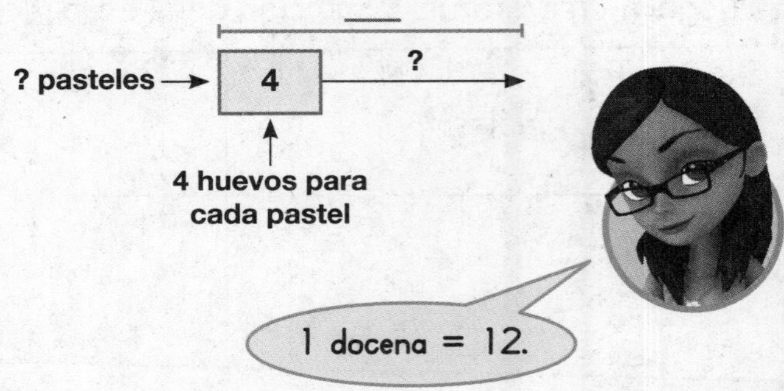

Evaluación de *Common Core*

12. James marcó un punto a los $\frac{3}{8}$ de una recta numérica. ¿Qué recta numérica muestra $\frac{3}{8}$?

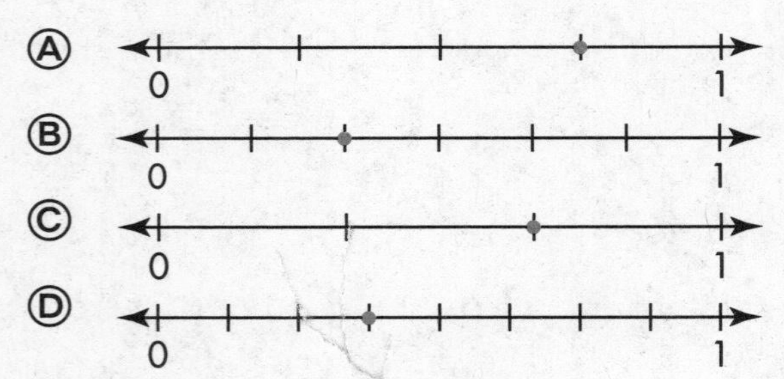

13. ¿Qué fracción representa el punto en la recta numérica?

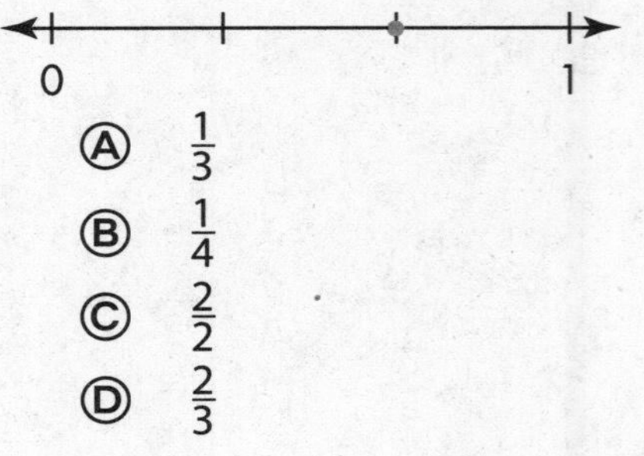

Ⓐ $\frac{1}{3}$

Ⓑ $\frac{1}{4}$

Ⓒ $\frac{2}{2}$

Ⓓ $\frac{2}{3}$

Nombre Cedrica

Resuelve

Lección 12-5

Fracciones mayores que 1 en la recta numérica

Puedo...
representar fracciones iguales que o mayores que 1 en una recta numérica.

Estándares de contenido 3.NOF.A.2b, 3.NOF.A.2a
Prácticas matemáticas PM.3, PM.4, PM.5, PM.6, PM.8

Resuélvelo y coméntalo La longitud de una tira de papel es 1 entero. Dobla por la mitad dos tiras de papel. Abre las tiras de papel y colócalas extremo con extremo.

¿Cuántos medios tienes?
¿Cómo puedes usar medios para nombrar las líneas de doblez?
Di cómo lo decidiste. Haz un dibujo para mostrar tu trabajo.

Usa herramientas apropiadas. Piensa en cómo las tiras de papel muestran copias de fracciones unitarias.

Yo tengo un media

¡Vuelve atrás! PM.8 Generalizar Si pudieras añadir una tercera tira de papel doblada por la mitad, ¿cómo podrías usar medios para nombrar las líneas de doblez? Explícalo.

0, $\frac{1}{2}$, $\frac{2}{2}$, $\frac{3}{2}$, $\frac{4}{2}$, 1

0, $\frac{1}{4}$, $\frac{2}{4}$, $\frac{3}{4}$, $\frac{4}{4}$, 1

¿Cómo puedes usar una recta numérica para representar fracciones mayores que 1?

A

Un conejito saltó $\frac{7}{4}$ de la distancia de una pista. ¿Cómo puedes mostrar esto en una recta numérica?

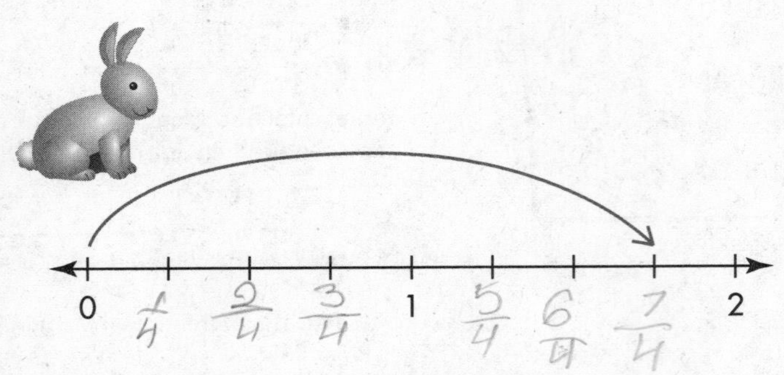

Las rectas numéricas también pueden representar fracciones que son mayores que 1.

B El entero es la distancia entre 0 y 1.

El denominador es 4.

Divide el entero en 4 partes iguales.

Cada parte es $\frac{1}{4}$ del entero.

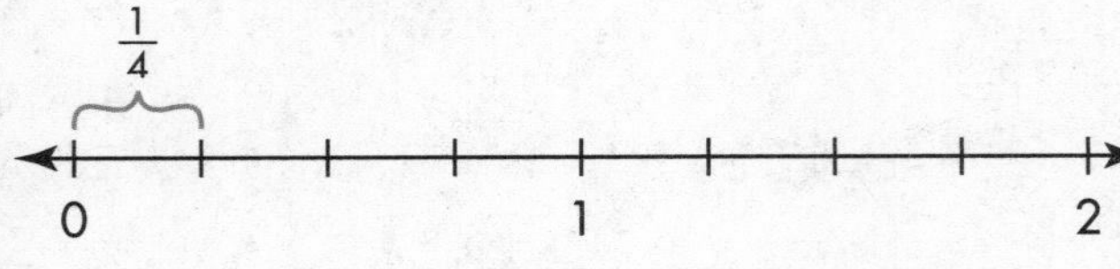

C El numerador es 7.
Hay 7 partes de $\frac{1}{4}$.

Se puede rotular el punto que muestra 7 partes de $\frac{1}{4}$ como $\frac{7}{4}$.

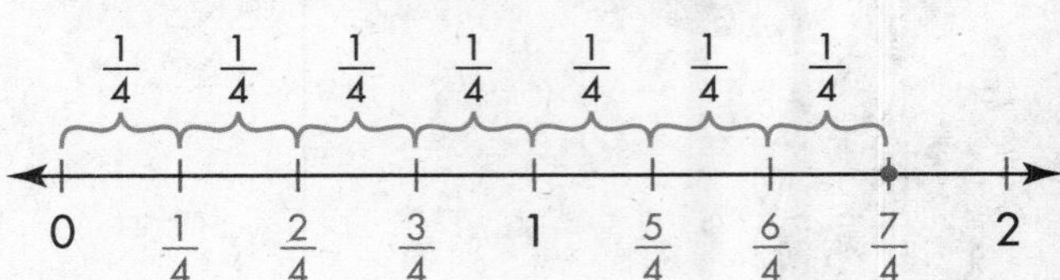

¡$\frac{7}{4}$ es mayor que 1!

¡Convénceme! **PM.6 Hacerlo con precisión** Un punto de la siguiente recta numérica se representó con la fracción $\frac{2}{3}$. Las partes que están marcadas en la recta numérica son iguales. Escribe una fracción para los otros puntos que se muestran en la recta.

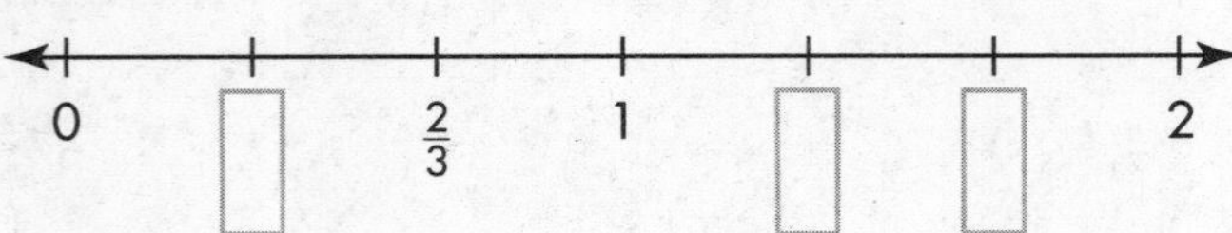

Nombre Cedrica

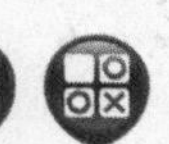
Ayuda Amigo de práctica Herramientas Juegos

Tarea y práctica 12-5
Fracciones mayores que 1 en la recta numérica

¡Revisemos!

Se puede nombrar un punto en una recta numérica usando una fracción.

En las siguientes fracciones, el denominador muestra el número de partes iguales que están entre 0 y 1. El numerador muestra el número de copias de la fracción unitaria.

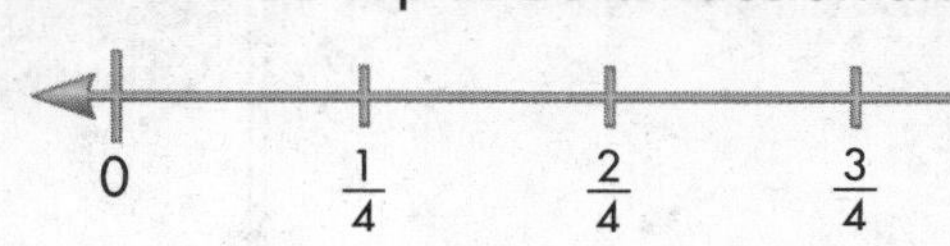

Hay partes iguales que están marcadas en las rectas numéricas de los Ejercicios **1** a **6.** Escribe las fracciones que faltan.

1. 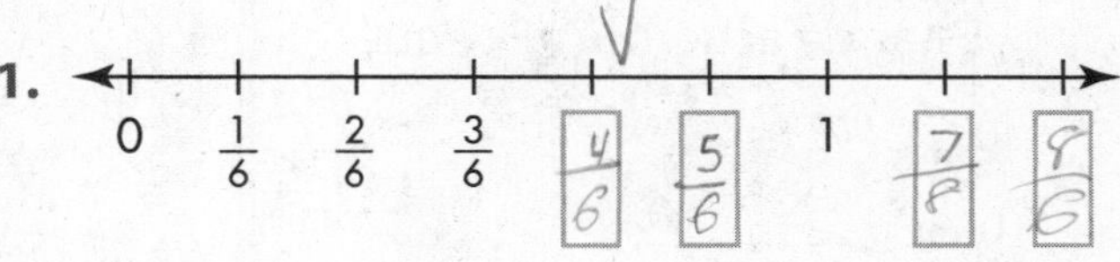

2. 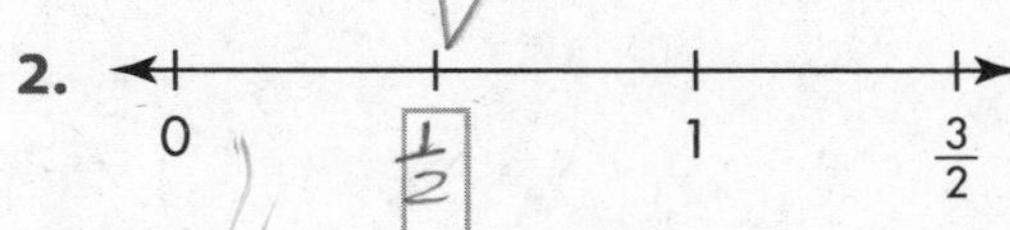

3. 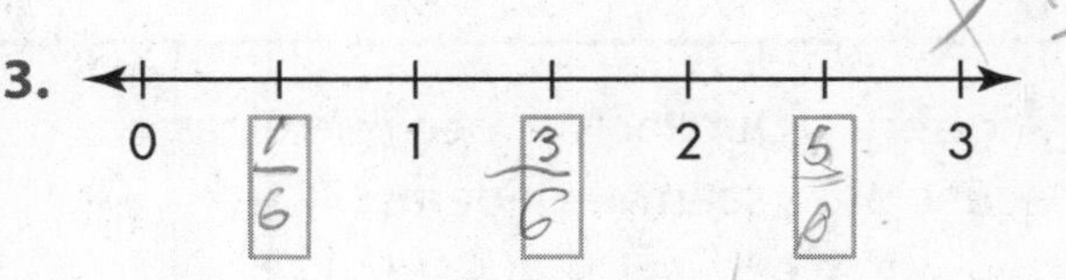

4. 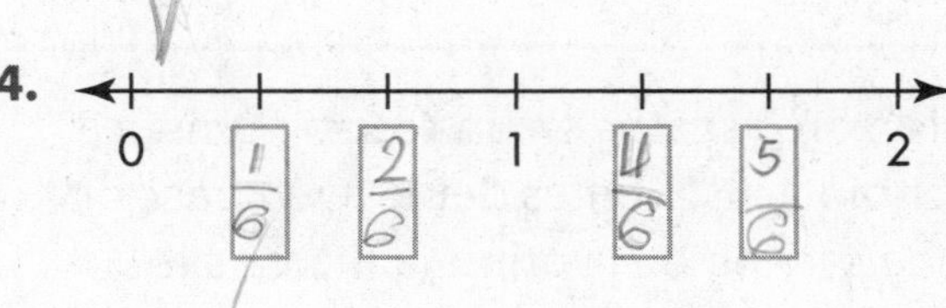

5. 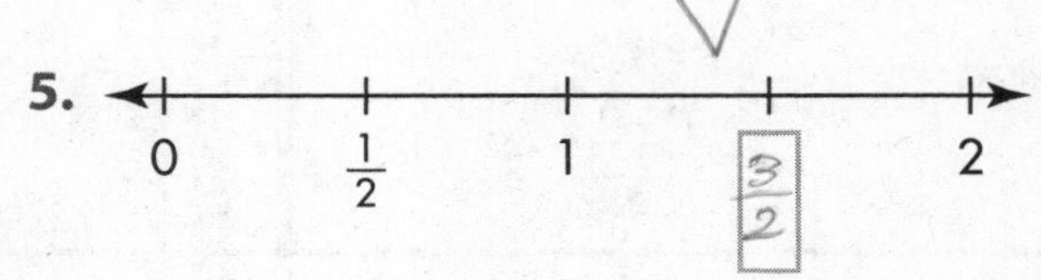

6. 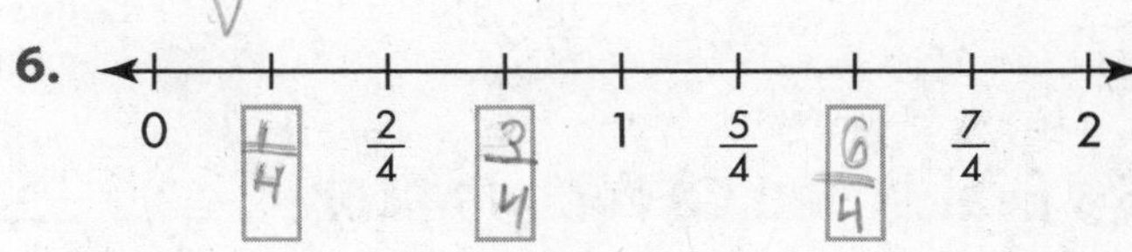

7. Divide la recta numérica en tercios y rotula cada punto.

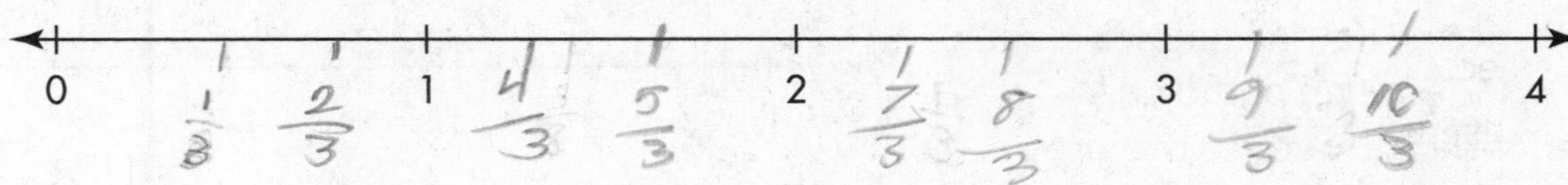

Usa la siguiente recta numérica en los Ejercicios **8** y **9.**

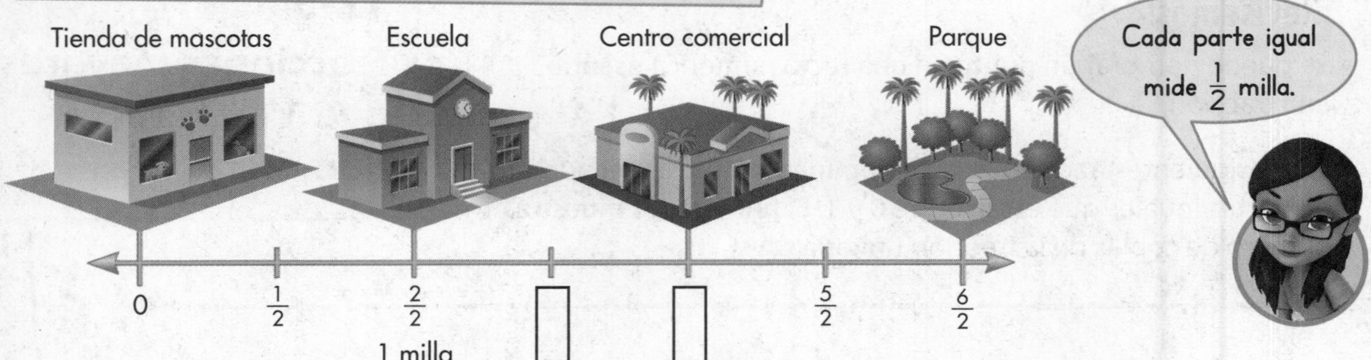

8. **PM.6 Hacerlo con precisión** ¿Qué distancia hay desde el centro comercial hasta la tienda de mascotas? Explica cómo lo sabes.

9. **Razonamiento de orden superior** Ken vive a mitad de camino entre la escuela y la tienda de mascotas. ¿Qué distancia hay entre la casa de Ken y el parque?

10. Dibuja un triángulo en el cual todos los lados tengan diferente longitud.

11. **PM.3 Evaluar el razonamiento** Jan dice que 2 está entre 0 y $\frac{3}{4}$ en una recta numérica. ¿Estás de acuerdo? ¿Por qué?

12. Luis marcó sextos en una recta numérica. Escribió $\frac{5}{6}$ justo antes del 1. ¿Qué fracción debe escribir en la primera marca a la derecha de 1?

13. **Álgebra** ¿Qué factor hace que estas ecuaciones sean verdaderas?

$6 \times ? = 54 \qquad ? \times 9 = 81$

Evaluación de *Common Core*

14. Divide la recta numérica de Katrina en octavos. Divide la recta numérica de Eric en cuartos. Muestra un punto en la recta numérica de Katrina que sea menor que 1. Muestra un punto en la recta numérica de Eric que sea mayor que 1. Escribe fracciones para rotular los puntos que escogiste.

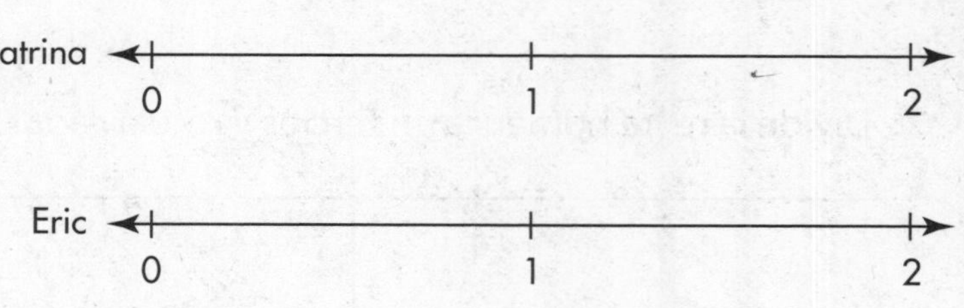

Nombre ____________________

Resuelve

Lección 12-6
Diagramas de puntos y longitud

Puedo...
medir al cuarto de pulgada más cercano y mostrar los datos en un diagrama de puntos.

Estándar de contenido 3.MD.B.4
Prácticas matemáticas PM.1, PM.2

Resuélvelo y coméntalo Mónica y sus amigos midieron las longitudes de sus zapatos. Muestra estos datos marcando un punto por cada longitud en la siguiente recta numérica.

Mide la longitud de uno de tus zapatos. Añade un punto para representar esa longitud en la recta numérica.

¿Qué longitud aparece con más frecuencia?

DATOS

Longitudes de los zapatos

Amigo	Longitud (pulgadas)
A	8
B	$8\frac{2}{4}$
C	$9\frac{1}{4}$
D	$8\frac{2}{4}$
E	$9\frac{1}{4}$
F	$9\frac{1}{4}$
G	9
H	$9\frac{1}{4}$
I	9
J	$8\frac{1}{4}$

Longitudes de los zapatos

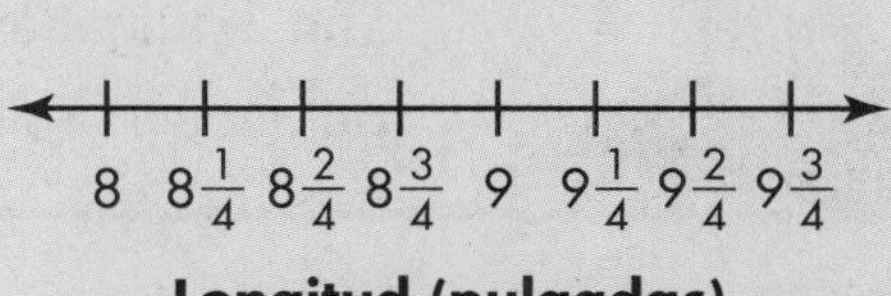

Longitud (pulgadas)

Puedes **entender** los problemas mientras planeas resolverlos. ¿Cómo te ayuda a resolver el problema marcando los datos que conoces en la recta numérica?

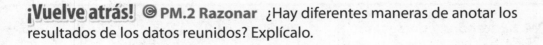

¡Vuelve atrás! **PM.2 Razonar** ¿Hay diferentes maneras de anotar los resultados de los datos reunidos? Explícalo.

¿Cómo puedes hacer y usar diagramas de puntos?

A

Ana mide la longitud de sus crayones. ¿Cómo puede usar una regla para medir al cuarto de pulgada más cercano?

Alinea un extremo del objeto con 0.

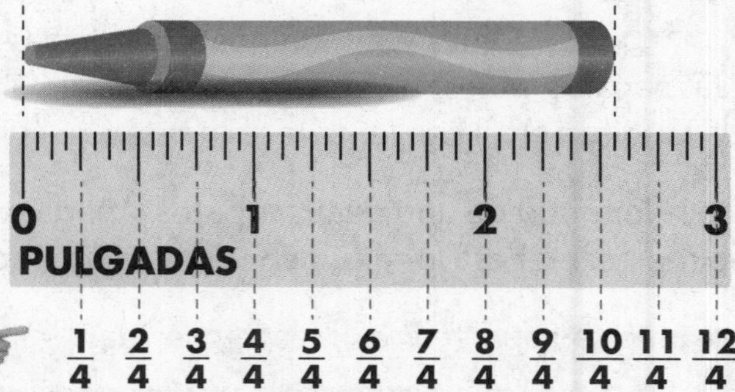

$\frac{1}{4}$ $\frac{2}{4}$ $\frac{3}{4}$ $\frac{4}{4}$ $\frac{5}{4}$ $\frac{6}{4}$ $\frac{7}{4}$ $\frac{8}{4}$ $\frac{9}{4}$ $\frac{10}{4}$ $\frac{11}{4}$ $\frac{12}{4}$

La distancia entre cada número entero en esta regla es 1 pulgada. Cada marca azul muestra $\frac{1}{4}$ de pulgada. Por tanto, cada pulgada entera está dividida en cuatro partes de $\frac{1}{4}$ de pulgada.

La décima marca de $\frac{1}{4}$ de pulgada es la que está más cerca del extremo derecho del crayón. Por tanto, el crayón mide $\frac{10}{4}$ de pulgadas al cuarto de pulgada más cercano.

Son 2 pulgadas enteras y dos partes de $\frac{1}{4}$ de pulgada. Puedes escribir esto como $2\frac{2}{4}$ pulgadas.

B

Ana midió los otros 9 crayones.

Luego, anotó los datos en un diagrama de puntos.

Longitud de los crayones

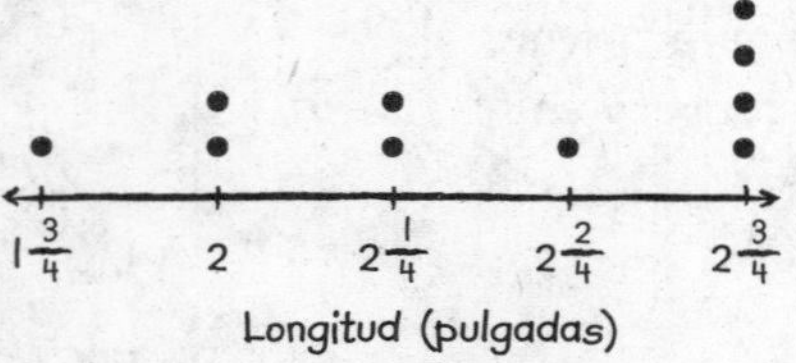

Pasos para hacer un diagrama de puntos

- Dibuja una recta numérica. Muestra una escala basándote en los datos.
- Escribe un título para el diagrama de puntos.
- Marca un punto para cada valor de datos.

Has usado rectas numéricas para mostrar fracciones. Un diagrama de puntos es una manera de organizar datos en una recta numérica.

¡Convénceme! © **PM.1 Entender y perseverar**
Nathan también hizo un diagrama de puntos para mostrar la longitud de sus crayones. Di tres cosas sobre la longitud de los crayones de Nathan.

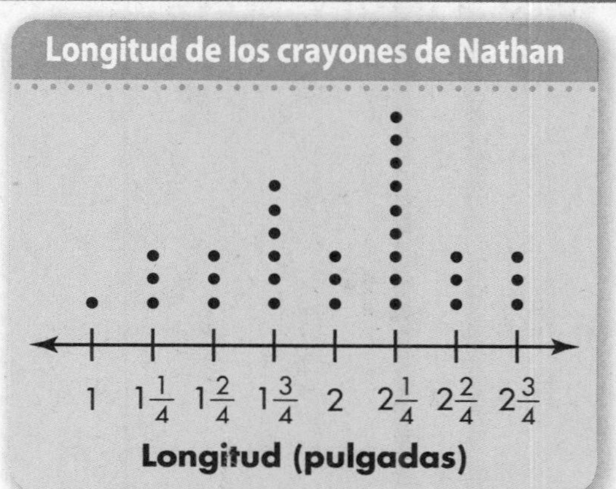

Nombre ______________________

Práctica guiada*

¿Lo entiendes?

1. Mide la longitud de esta recta al cuarto de pulgada más cercano.

2. Describe cómo podrías mostrar esta medida en un diagrama de puntos.

¿Cómo hacerlo?

3. Haz un diagrama de puntos para mostrar los datos.

DATOS

Longitud de los lápices de Sandy				
$3\frac{1}{4}$	$3\frac{3}{4}$	$3\frac{1}{4}$	4	$3\frac{2}{4}$

4. Mide tu lápiz al cuarto de pulgada más cercano. Muestra la longitud en tu diagrama de puntos.

Práctica independiente

5. Daisy midió las longitudes de sus dinosaurios de juguete al cuarto de pulgada más cercano. Hizo una lista de las longitudes. Dibuja un diagrama de puntos para mostrar los datos.

$1\frac{2}{4}$ pulgs., $2\frac{1}{4}$ pulgs., 1 pulg., $1\frac{2}{4}$ pulgs., $1\frac{3}{4}$ pulgs.

6. Mide las longitudes de los dinosaurios de juguete de la derecha al cuarto de pulgada más cercano. Escribe la longitud para cada juguete. Muestra las longitudes en tu diagrama de puntos.

*Puedes encontrar otro ejemplo en el Grupo F, página 661.

Prácticas matemáticas y resolución de problemas

Usa el diagrama de puntos en los Ejercicios **7** y **8.**

7. Arty hizo un diagrama de puntos para mostrar las pulgadas que los caracoles recorrieron en 5 minutos. ¿Cuál fue la distancia más frecuente que recorrieron?

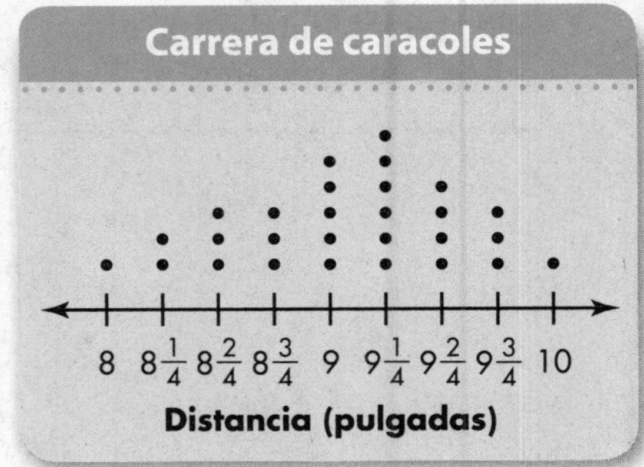

8. Razonamiento de orden superior ¿Cuántas veces más recorrieron los caracoles más de $8\frac{3}{4}$ pulgadas comparado a menos de $8\frac{3}{4}$ pulgadas?

9. Mide las longitudes de 10 objetos de la clase al cuarto de pulgada más cercano. Escoge objetos que midan entre 1 y 5 pulgadas. Anota tus medidas.

10. Usa papel cuadriculado para hacer un diagrama de puntos y mostrar tus medidas.

11. PM.1 Entender y perseverar Jackson compra 5 libros a \$7 cada uno. ¿Cuánto cambio recibe si paga con \$40?

12. Sentido numérico Usa los dígitos 2, 6 y 8 para hacer la mayor cantidad de números de 3 dígitos que puedas. Pon los números en orden de menor a mayor.

Evaluación de *Common Core*

Tonya hizo adornos para el pelo. Ella anotó las longitudes de las cintas que compró.

Cada punto en el diagrama de puntos representa la longitud de las cintas que Tonya compró.

13. ¿Qué longitud es la más frecuente en las cintas que Tonya compró? Escoge todas las que apliquen.

- ☐ 1 pulgada
- ☐ $1\frac{1}{4}$ pulgadas
- ☐ $1\frac{2}{4}$ pulgadas
- ☐ $1\frac{3}{4}$ pulgadas
- ☐ 2 pulgadas

Longitud de las cintas

1 $1\frac{1}{4}$ $1\frac{2}{4}$ $1\frac{3}{4}$ 2

Longitud (pulgadas)

Nombre ______________________________

Resuelve

Lección 12-7
Más sobre diagramas de puntos y longitud

Resuélvelo y coméntalo Mide los lados del pentágono.

Usa el diagrama de puntos que sigue a la figura para mostrar la longitud de cada lado. ¿Cuál es la longitud más frecuente?

Puedo...
medir al cuarto de pulgada más cercano y mostrar los datos en un diagrama de puntos.

Estándar de contenido 3.MD.B.4
Prácticas matemáticas PM.1, PM.2, PM.4, PM.5, PM.6

Hazlo con precisión. Piensa en las unidades que necesitas usar para medir las longitudes de los lados.

Longitudes de los lados

0, $\frac{1}{2}$, 1, $1\frac{1}{2}$, 2

Longitud (pulgadas)

¡Vuelve atrás! **PM.5 Usar herramientas apropiadas** ¿Qué herramienta usaste para medir la longitud de los lados? ¿Cómo usaste esa herramienta?

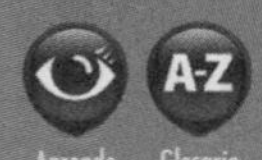

¿Cómo puedes medir longitudes y usar un diagrama de puntos para mostrar los datos?

A

Julio está midiendo algunas longitudes de lana. ¿Cómo puede usar una regla para medir a la media pulgada más cercana?

En la regla la distancia entre cada número entero es de 1 pulgada. Cada marca en rojo representa $\frac{1}{2}$ pulgada. Por tanto, puedes pensar en cada pulgada entera como dos $\frac{1}{2}$ pulgadas.

Alinea un extremo del objeto con 0.

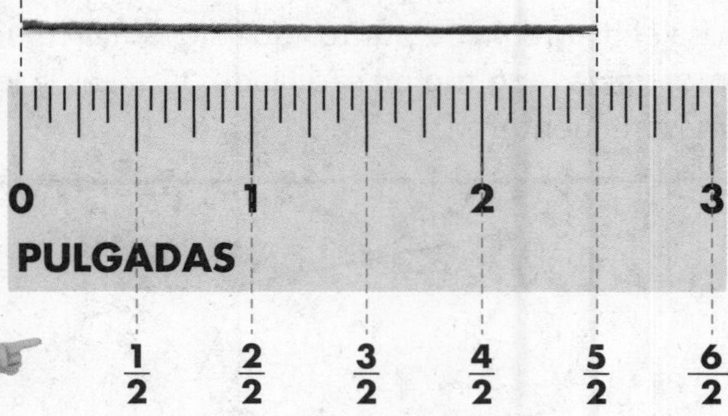

$\frac{1}{2}$ $\frac{2}{2}$ $\frac{3}{2}$ $\frac{4}{2}$ $\frac{5}{2}$ $\frac{6}{2}$

La quinta marca de $\frac{1}{2}$ pulgada está más cerca del final a la derecha de la lana.

Por tanto, a la media pulgada más cercana, la lana mide $\frac{5}{2}$ de pulgada.

La medida es de dos pulgadas enteras y $\frac{1}{2}$ pulgada.

Puedes escribirlo como $2\frac{1}{2}$ pulgadas.

B

Julio midió otras 9 longitudes de lana.
Las longitudes de toda la lana que midió se muestran a continuación.
Después, él anotó los datos en un diagrama de puntos.

$2\frac{1}{2}$ $3\frac{1}{2}$ 3 $3\frac{1}{2}$ 4 3 3 $3\frac{1}{2}$ 4 $3\frac{1}{2}$

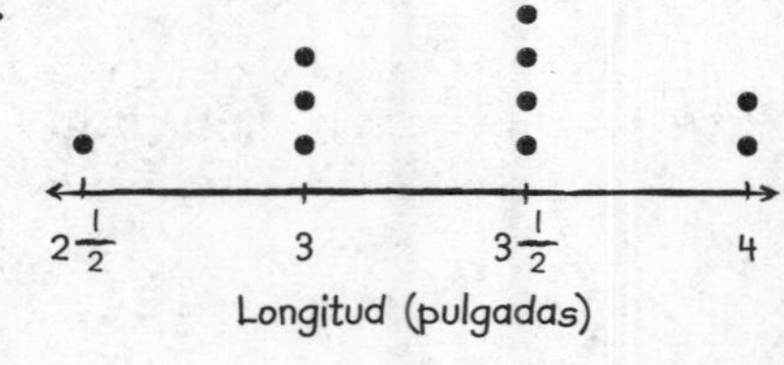

Puedes usar este diagrama de puntos para ver que la longitud más frecuente fue $3\frac{1}{2}$ pulgadas. La longitud menos frecuente fue $2\frac{1}{2}$ pulgadas.

¡Convénceme! **PM.2 Razonar** Imagina que mides una lana de aproximadamente $4\frac{1}{2}$ pulgadas. ¿Qué le tendrías que cambiar al anterior diagrama de puntos para anotar esta longitud?

Nombre ______________________________

Amigo de práctica Herramientas Evaluación

Práctica guiada*

¿Lo entiendes?

1. Traza una línea que mida $1\frac{1}{2}$ pulgadas de longitud.

2. Si una línea mide $3\frac{1}{4}$ pulgadas y necesitas medirla a la $\frac{1}{2}$ pulgada más cercana, ¿qué longitud anotarías? ¿Por qué?

¿Cómo hacerlo?

3. Mide la longitud de tus dedos. Anota las medidas a la media pulgada más cercana.

4. Haz un diagrama de puntos para mostrar las medidas de tus dedos.

Práctica independiente

5. Mide las longitudes de los pedazos de lana de la derecha a la media pulgada más cercana. Escribe la longitud de cada pedazo.

6. Traza una línea para representar otra longitud de lana. Mídela a la media pulgada más cercana.

7. Haz un diagrama de puntos para mostrar las medidas de la lana.

**Puedes encontrar otro ejemplo en el Grupo G, página 662.*

Prácticas matemáticas y resolución de problemas

8. Mide la longitud de 10 objetos de la clase a la media pulgada más cercana. Escoge objetos que midan entre 1 y 6 pulgadas. Anota tus medidas.

9. Traza un diagrama de puntos en papel cuadriculado para mostrar tus datos.

10. **PM.1 Entender y perseverar** Raymond pesó a sus tres perros. El perro mayor pesó 74 libras. Los otros dos pesaron cada uno 34 libras. ¿Cuántas libras más pesa el perro mayor que los otros dos perros juntos?

11. Marcus hizo una matriz con 16 lápices. La matriz tiene 2 columnas. ¿Cuántas filas tiene?

Usa la tabla de la derecha para los Ejercicios **12** y **13**.

12. **PM.6 Hacerlo con precisión** ¿Cuántas más cadenas de papel cortas tiene Rafa en comparación a las cadenas largas? Explícalo.

13. **Razonamiento de orden superior** Mira las medidas de la tabla de Rafa. ¿Puedes decir si él midió las cadenas de papel a la media pulgada más cercana o al cuarto de pulgada más cercano? Explícalo.

DATOS

Cadenas de papel de Rafa

Cadenas de papel	Longitud
3	$6\frac{1}{2}$ pulgs.
2	$7\frac{1}{2}$ pulgs.
4	8 pulgs.
1	$8\frac{1}{2}$ pulgs.

Evaluación de *Common Core*

14. Jessica hizo una pajarera. Usó clavos de tres tamaños como los que a continuación se muestran. Ella usó 4 Clavos A, 2 Clavos B y 3 Clavos C. Mide cada clavo a la pulgada más cercana. Completa el diagrama de puntos para mostrar el tamaño de los clavos.

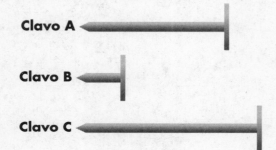

Clavo A

Clavo B

Clavo C

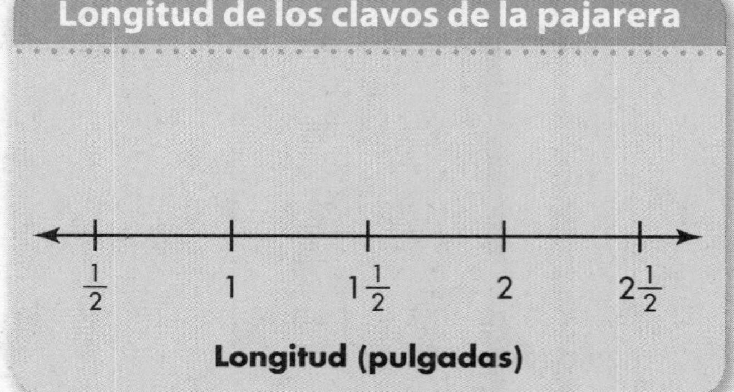

Nombre ______________________________

Ayuda Amigo de práctica Herramientas Juegos

Tarea y práctica 12-7

Más diagramas de puntos y longitudes

¡Revisemos!

Cada marca roja en esta regla representa media pulgada. Franco usa la regla para medir un hexágono a la media pulgada más cercana.

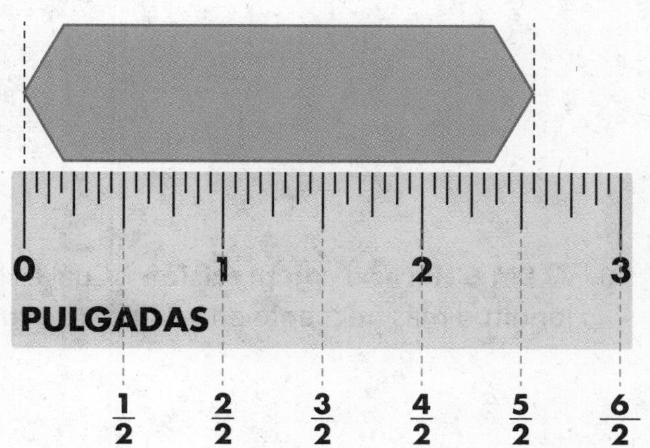

$\frac{1}{2}$ $\frac{2}{2}$ $\frac{3}{2}$ $\frac{4}{2}$ $\frac{5}{2}$ $\frac{6}{2}$

A la media pulgada más cercana la longitud del hexágono es de $2\frac{1}{2}$ pulgadas.

Franco anotó las longitudes de otros hexágonos. Después hizo un diagrama de puntos. Las longitudes más frecuentes fueron de $1\frac{1}{2}$ pulgadas y $2\frac{1}{2}$ pulgadas.

Longitudes de los hexágonos

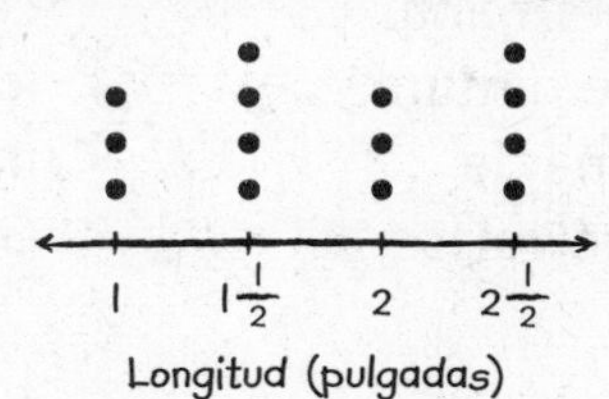

Longitud (pulgadas)

Puedes usar un diagrama de puntos para comparar los datos.

1. Mide la longitud de los rectángulos a la media pulgada más cercana.

2. Jaime hizo 5 de los rectángulos verdes, 3 de los anaranjados y 4 de los morados. ¿Cuántos puntos, o datos, debe tener el diagrama de puntos?

3. Completa el diagrama de puntos para mostrar los datos.

Longitudes de los rectángulos

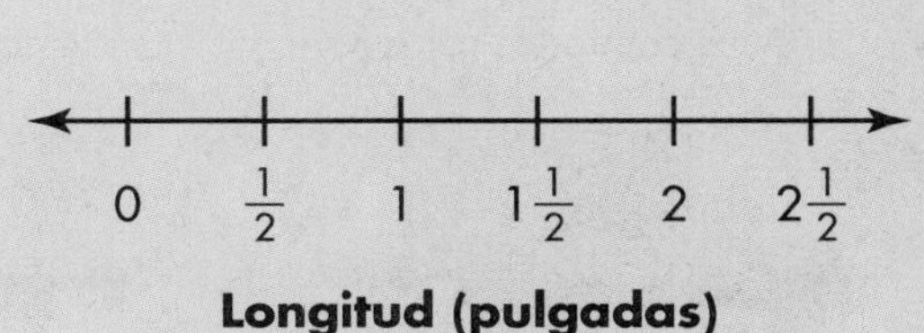

Longitud (pulgadas)

4. Julia midió las longitudes de sus libros al cuarto de pulgada más cercano y las escribió como sigue. Haz un diagrama de puntos para mostrar las longitudes de los libros de Julia.
$8\frac{1}{2}$ pulgs., $9\frac{1}{2}$ pulgs., $8\frac{1}{2}$ pulgs., $9\frac{1}{2}$ pulgs.,
10 pulgs., $9\frac{1}{2}$ pulgs., $8\frac{1}{2}$ pulgs., 9 pulgs., $9\frac{1}{2}$ pulgs.

5. Eli tiene el doble de libros que tiene Julia. ¿Cuántos libros tiene Eli?

6. **PM.6 Hacerlo con precisión** ¿Cuál es la longitud más frecuente en los libros de Julia?

7. **PM.4 Representar con modelos matemáticos** Pedro compró 8 cajitas de pinturas. Le da la mitad a su hermana. Cada cajita contiene 5 botellas de pintura. ¿Cuántas botellas tiene la hermana de Pedro? Escribe ecuaciones y resuélvelas.

8. **Razonamiento de orden superior** Sam mide un objeto al cuarto de pulgada más cercano. Él anota $4\frac{1}{4}$ pulgadas como su longitud. Geri mide el mismo objeto a la media pulgada más cercana. ¿Pueden Sam y Geri obtener la misma medida? Explícalo.

Evaluación de *Common Core*

9. Roberto midió sus carros y camiones de juguete de colección a la media pulgada más cercana. Halla las medidas de cada juguete. Después, completa el diagrama de puntos con tus datos.

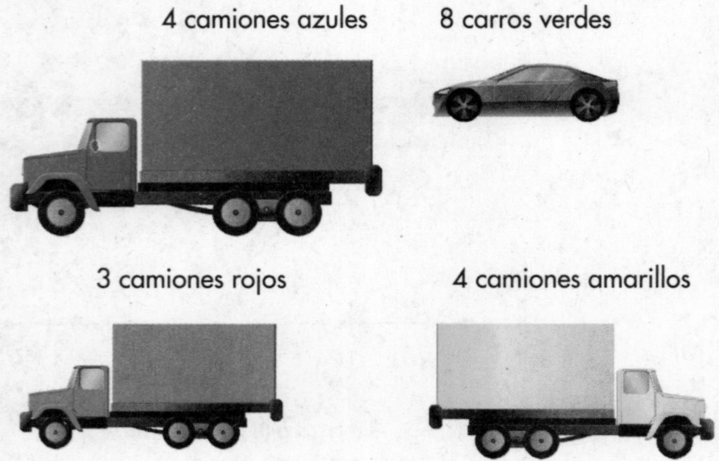

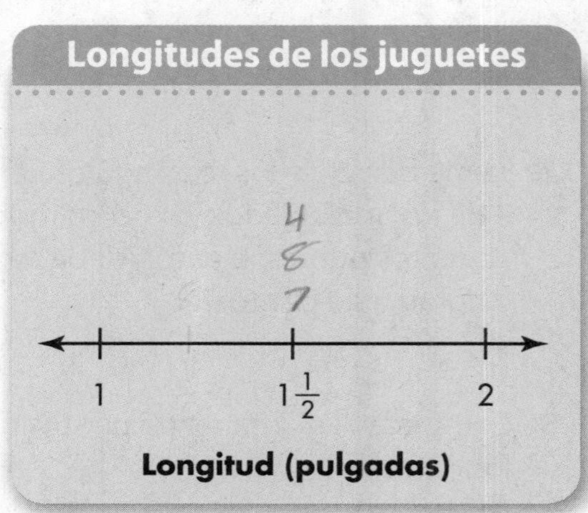

Nombre ______________________

Prácticas matemáticas y resolución de problemas

Lección 12-8
Entender y perseverar

Puedo...
entender los problemas e intentar otras formas si tengo dificultades.

Prácticas matemáticas PM.1, También, PM.2, PM.3, PM.6
Estándar de contenido 3.NOF.A1

Resuélvelo y coméntalo Marcos, María y Tony pintaron un mural. Dividieron el mural en partes iguales. Marcos pintó 2 partes, María 3 partes y Tony pintó el resto. ¿Qué fracción del mural pintó cada estudiante?

Decide si el problema tiene información que falta o que sobra. Si no está la información que necesitas, crea alguna información razonable y resuelve el problema.

Hábitos de razonamiento

¡Razona correctamente! Estas preguntas te pueden ayudar.

- ¿Qué necesito hallar?
- ¿Qué sé?
- ¿Cuál es mi plan para resolver el problema?
- ¿Qué más puedo intentar si no puedo seguir adelante?
- ¿Cómo puedo comprobar si mi solución tiene sentido?

¡Vuelve atrás! **PM.1 Entender y perseverar** ¿Qué información falta en el problema? ¿Cómo pudiste resolver el problema?

¿Cómo puedes entender un problema y perseverar en resolverlo?

A

Suki divide su jardín en 6 partes iguales. Planta margaritas, rosas y violetas. A Suki le toma 1 hora plantar las flores. Planta 1 parte de margaritas, 2 partes de rosas y de violetas el resto del jardín.

¿En qué fracción del jardín planta Suki las violetas?

¿Cuál es un buen plan para resolver el problema?

Necesito entender la información que me da el problema.
Necesito pensar en qué puedo usar para ayudarme a resolver el problema.

Para perseverar puedes comprobar tu estrategia y tu trabajo.

B

¿Cómo puedo entender el problema y resolverlo?

Yo puedo

- identificar las cantidades que se dan.
- comprender qué cantidades se necesitan para resolver el problema.
- escoger e implementar una estrategia apropiada.
- comprobar si mi trabajo y mi respuesta tienen sentido.

C

Este es mi razonamiento...

1 hora para plantar las flores es información que no se necesita para resolver el problema.

Usé un dibujo como ayuda.

Suki planta margaritas y rosas en 3 partes iguales. Quedan 3 partes iguales para las violetas.

3 copias de $\frac{1}{6}$ son $\frac{3}{6}$.
Por tanto, Suki planta violetas en $\frac{3}{6}$ del jardín.

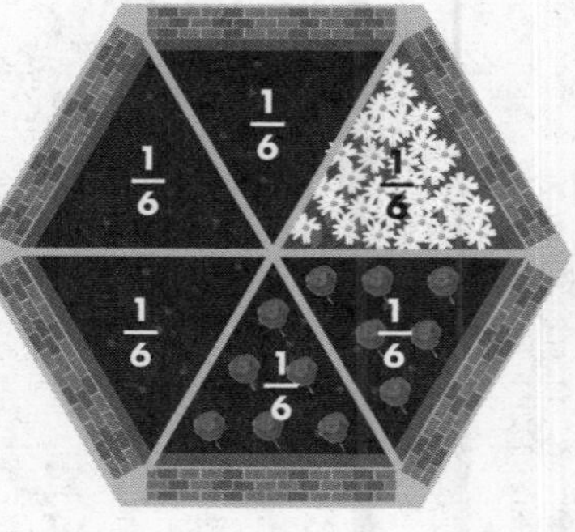

¡Convénceme! **PM.1 Entender y perseverar** ¿Cómo puedes comprobar si el trabajo anterior y la respuesta tienen sentido?

Nombre ______________________________

Práctica guiada*

PM.1 Entender y perseverar

Keira y Matt cortan un sándwich en cuatro partes iguales. Cada uno come una parte. Keira tiene 9 años. Matt tiene la misma edad de Keira. ¿Qué fracción del sándwich no comieron?

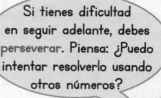

Si tienes dificultad en seguir adelante, debes perseverar. Piensa: ¿Puedo intentar resolverlo usando otros números?

1. ¿Hay información que falta o que sobra? Explícalo.

2. Resuelve el problema. Si falta la información que necesitas, crea alguna información que sea razonable para resolver el problema.

Práctica independiente

PM.1 Entender y perseverar

Marni sembró verduras en el jardín. Sembró lechuga en 1 parte, zanahorias en 4 partes y en el resto sembró brócoli. ¿En qué fracción del jardín sembró brócoli Marni?

3. ¿Hay información que falta o que sobra?

4. Resuelve el problema. Si falta la información que necesitas, crea alguna información que sea razonable para resolver el problema.

5. ¿Puedes usar un número diferente de partes y aun así resolver el problema? Explícalo.

Puedes encontrar otro ejemplo en el Grupo H, página 662.

Prácticas matemáticas y resolución de problemas

Evaluación de rendimiento de *Common Core*

Día deportivo

La Escuela Green divide su gimnasio en 8 partes iguales para un día deportivo. El básquetbol ocupa 2 partes, el futbol 1 parte, el voleibol y el tenis ocupan el resto.

DATOS

Día deportivo de la Escuela Green		
Deporte	**Partes del gimnasio**	**Entrenadores**
Básquetbol	2	2
Futbol	1	1
Tenis	?	3
Voleibol	?	2

6. **PM.1 Entender y perseverar** La maestra de gimnasia quiere saber qué fracción del gimnasio se usa para tenis. ¿Qué información hace falta para resolver el problema?

Haz un dibujo que represente las partes de cada plan en los Ejercicios **7** y **8.**

7. **PM.2 Razonar** ¿Qué fracción del gimnasio se usaría para tenis si 2 partes se usaran para voleibol?

8. **PM.2 Razonar** ¿Qué fracción del gimnasio se usaría para tenis si 3 partes se usaran para voleibol?

9. **PM.3 Construir argumentos** Para tener la misma fracción tanto en tenis como en básquetbol, ¿qué plan, **7** u **8,** se debe usar? Justifica tu respuesta.

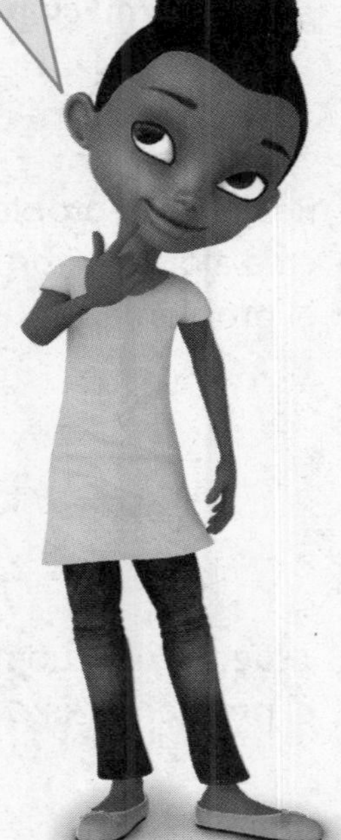

Puedes buscar información adicional o que falta para ayudarte a entender el problema.

Nombre ______________________

Tarea y práctica 12-8
Entender y perseverar

¡Revisemos!

Becky divide un rectángulo en 8 partes iguales y colorea 4 partes de amarillo. El rectángulo tiene 4 lados y 4 vértices. Becky colorea 1 parte de rojo y el resto de azul. ¿Qué fracción coloreó Becky de azul?

Lo que puedo hacer para entender el problema.

- Puedo identificar las cantidades que se dan.
- Puedo entender las cantidades que se necesitan para resolver el problema.

Para entender la información del problema debes identificar las cantidades. Después, usa lo que sabes para resolver el problema.

Usa lo que sabes para resolver el problema.

El rectángulo tiene 4 lados y 4 vértices es información que sobra. Hay 8 partes iguales, por tanto, cada parte es $\frac{1}{8}$. Hay 3 partes que sobran para colorear de azul. Entonces, 3 copias de $\frac{1}{8}$ son los $\frac{3}{8}$. Por tanto, $\frac{3}{8}$ son azules.

$\frac{1}{8}$	$\frac{1}{8}$	$\frac{1}{8}$	$\frac{1}{8}$
$\frac{1}{8}$	$\frac{1}{8}$	$\frac{1}{8}$	$\frac{1}{8}$

PM.1 Entender y perseverar

Tres amigos llegan a una fiesta a las 2 en punto. Cortan una pizza en 4 porciones. Cada uno come una porción. ¿Qué fracción de la pizza sobra?

1. Di lo que puedes hacer para entender el problema.

2. ¿Hay información que falta o que sobra? Explícalo.

3. Resuelve el problema. Si falta la información que necesitas, crea alguna información que sea razonable para resolver el problema. Puedes hacer un dibujo para ayudarte.

Evaluación de rendimiento de *Common Core*

Los banderines escolares

Cuatro estudiantes están haciendo el banderín que se muestra a la derecha. Tienen 1 semana para terminarlo. Ana hace las partes verdes. Michael hace las partes blancas. Adeeba hace la misma cantidad de partes que hace Leo.

4. **PM.1 Entender y perseverar** El maestro quiere saber cuál es la fracción del banderín que hace Leo. ¿Hay información que falta o que sobra?

5. **PM.2 Razonar** ¿Qué fracción del banderín hace Ana?

6. **PM.2 Razonar** ¿Qué fracción del banderín hace Michael?

Si tienes dificulades en seguir adelante, debes perseverar. ¿Puedo resolverlo usando otros números?

7. **PM.6 Hacerlo con precisión** Explica cómo sabes cuál fracción del banderín **no** está hecha por Ana ni por Michael.

8. **PM.3 Construir argumentos** ¿Qué fracción del banderín hace Leo? Explícalo.

Nombre ______________________________

Sigue la ruta

Sombrea una ruta que vaya desde la **Salida** hasta la **Meta.** Sigue las sumas y diferencias donde el dígito en el lugar de las centenas sea mayor que el dígito en el lugar de las decenas. Solo te puedes mover hacia arriba, hacia abajo, hacia la derecha o hacia la izquierda.

TEMA 12

Actividad de práctica de fluidez

Puedo...
sumar y restar hasta 1,000

Estándar de contenido
3.NBD.A.2

Salida

822 − 514	814 − 128	499 + 182	210 + 484	580 − 434
753 − 536	768 + 29	723 − 461	555 − 320	253 + 234
951 − 96	195 + 474	964 − 532	672 − 127	725 − 314
125 + 424	244 − 147	279 + 531	365 − 97	230 + 757
921 − 614	989 − 239	572 + 346	992 − 539	495 + 485

Meta

TEMA 12 Repaso del vocabulario

Lista de palabras

- cuarto de pulgada más cercano
- denominador
- diagrama de puntos
- fracción
- fracción unitaria
- media pulgada más cercana
- numerador

Comprender el vocabulario

1. Encierra en un círculo la *fracción unitaria.*

$\frac{1}{4}$ $\frac{3}{8}$ $\frac{1}{6}$ $\frac{1}{8}$ $\frac{2}{3}$

2. Encierra en un círculo las fracciones que tengan 6 como *denominador.*

$\frac{3}{6}$ $\frac{6}{8}$ $\frac{1}{6}$ $\frac{5}{6}$ $\frac{4}{8}$

3. Encierra en un círculo las fracciones que tengan 4 como *numerador.*

$\frac{2}{4}$ $\frac{4}{8}$ $\frac{1}{4}$ $\frac{3}{4}$ $\frac{4}{6}$

4. Encierra en un círculo las longitudes que se pueden medir a la *media pulgada más cercana.*

$2\frac{1}{2}$ pulgs. 4 pulgs. $3\frac{3}{4}$ pulgs. $7\frac{1}{4}$ pulgs. 6 pulgs.

5. Encierra en un círculo las longitudes que se pueden medir al *cuarto de pulgada más cercano.*

$8\frac{3}{4}$ pulgs. $1\frac{1}{4}$ pulgs. 11 pulgs. $7\frac{1}{4}$ pulgs. 6 pulgs.

Escribe *siempre, algunas veces* o *nunca.*

6. El numerador de una fracción ___?___ es mayor que el denominador. ____________

7. Una fracción ___?___ tiene un numerador y un denominador. ____________

8. Un diagrama de puntos ___?___ muestra las medidas de las longitudes. ____________

Usa el vocabulario al escribir

9. Usa por lo menos 2 términos de la Lista de palabras para explicar cómo hallar la fracción unitaria de la siguiente figura.

Nombre ______________________________

TEMA 12

Refuerzo

Grupo A páginas 609 a 614

Esta es una manera de dividir un entero en cuartos.

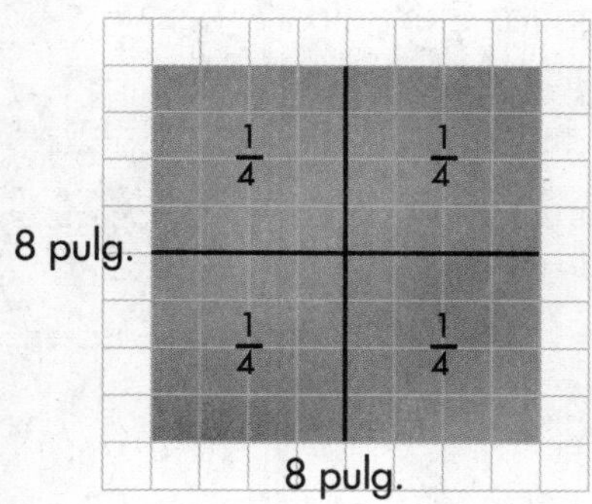

Como cada una de las 4 partes tiene la misma área, cada parte es un cuarto de la figura entera.

Puedes escribir esta fracción como $\frac{1}{4}$.

Una fracción unitaria representa una de las partes iguales. $\frac{1}{4}$ es una fracción unitaria.

$$\frac{\text{numerador}}{\text{denominador}} = \frac{\text{la cantidad de partes que representan la fracción}}{\text{total de las partes iguales}} = \frac{1}{4}$$

Recuerda que las fracciones pueden nombrar partes iguales de un entero.

Traza líneas para dividir la figura en las partes iguales dadas en los Ejercicios **1** y **2.** Después, escribe la fracción que representa una parte.

1. 6 partes iguales

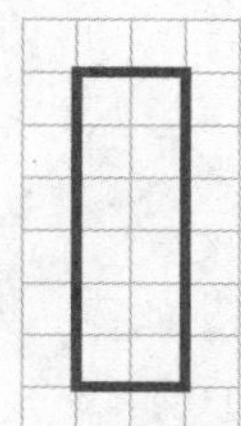

2. 2 partes iguales

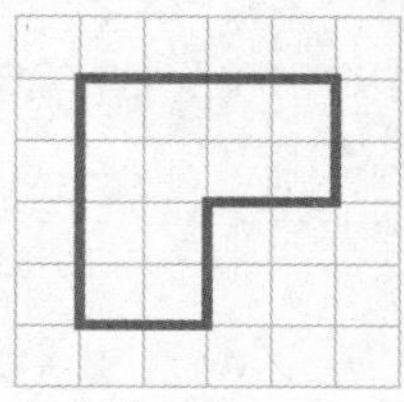

3. Martín divide una figura en 3 partes iguales. ¿Qué fracción unitaria puede escribir para representar 1 parte?

Grupo B páginas 615 a 620

¿Qué fracción de este rectángulo está coloreada?

El rectángulo está dividido en 8 partes iguales. La fracción unitaria del rectángulo es $\frac{1}{8}$.

En el rectángulo entero hay 8 unidades de $\frac{1}{8}$.

8 copias de $\frac{1}{8}$ son $\frac{8}{8}$.

Para la parte coloreada hay 6 partes de $\frac{1}{8}$.

6 copias de $\frac{1}{8}$ son $\frac{6}{8}$.

Por tanto, $\frac{6}{8}$ del rectángulo están coloreados.

Recuerda que necesitas pensar en cuántas partes hay en total y cuántas partes están coloreadas.

Escribe la fracción unitaria que representa cada parte del entero en los Ejercicios **1** a **4.** Después escribe el número de la parte coloreada. Luego escribe la fracción del entero que está coloreada.

1.

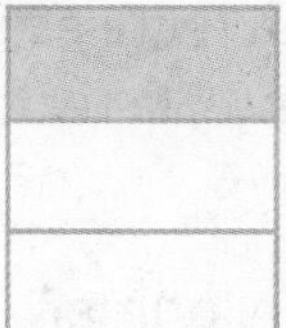

2.

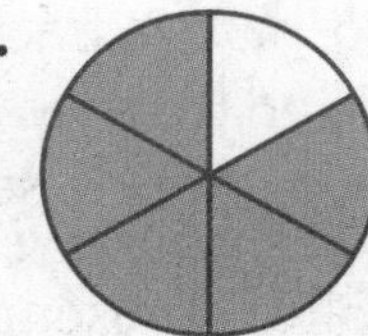

3.

4.

Grupo C páginas 621 a 626

Esta figura representa $\frac{2}{4}$ de la tela que Tina usó para hacer una colcha de retazos. Puedes hacer un dibujo y escribir una fracción para representar el tamaño entero de la colcha.

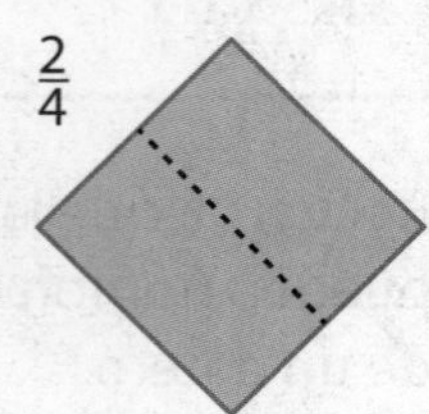

$\frac{2}{4}$ son 2 copias de $\frac{1}{4}$.

Divide la tela en 2 partes iguales.

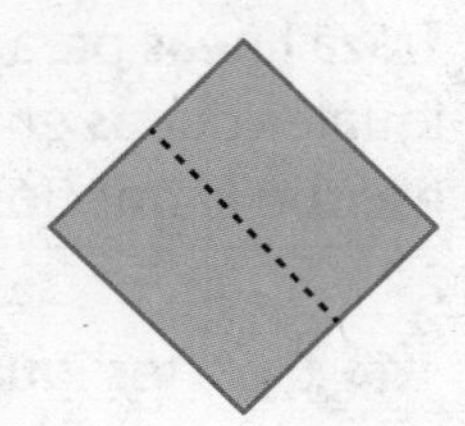

4 copias de $\frac{1}{4}$ hacen $\frac{4}{4}$ o 1 entero.

$1 = \frac{4}{4}$

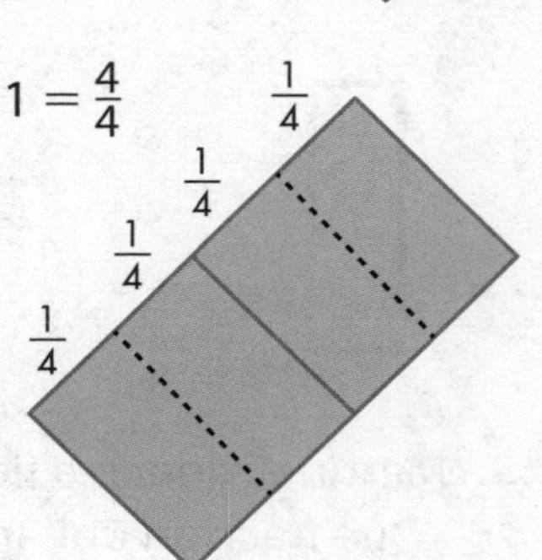

Recuerda que el denominador representa el total de las partes iguales de un entero.

Haz un dibujo y escribe una fracción que represente el entero en los Ejercicios **1** y **2.**

1. $\frac{1}{4}$

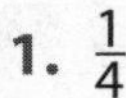

2. $\frac{3}{8}$

Grupo D páginas 627 a 632

Puedes mostrar las fracciones en una recta numérica.

La fracción $\frac{5}{6}$ está marcada. ¿Cuáles son las fracciones que faltan?

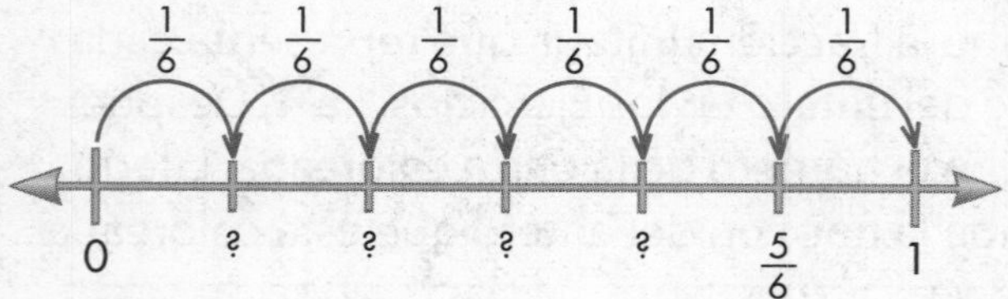

Primero, halla la fracción unitaria. La recta está dividida en 6 partes iguales, por tanto, la recta numérica muestra sextos.

Cada salto representa $\frac{1}{6}$. Por tanto, el primer salto está marcado con $\frac{1}{6}$. El segundo está marcado con $\frac{2}{6}$ y así sucesivamente.

Las fracciones que faltan en la recta numérica son $\frac{1}{6}$, $\frac{2}{6}$, $\frac{3}{6}$ y $\frac{4}{6}$.

Recuerda que debes empezar por la fracción unitaria dada en cada recta numérica.

Escribe las fracciones que faltan en cada recta numérica, en los Ejercicios **1** y **2.**

1.

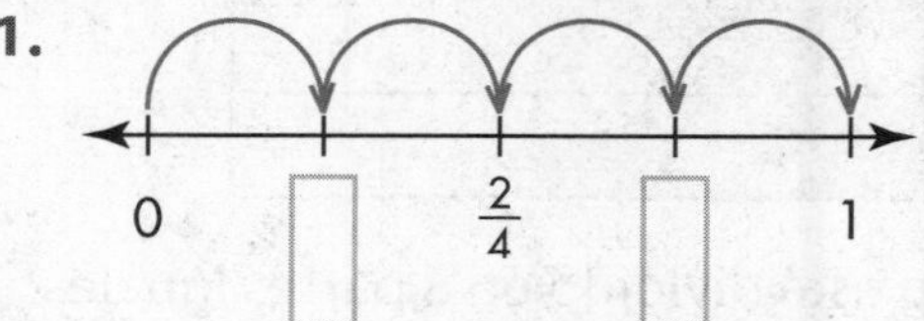

2.

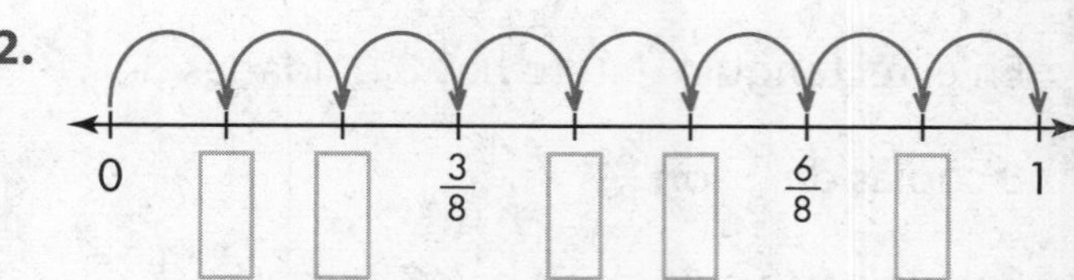

3. Divide la siguiente recta numérica en 3 partes iguales y marca $\frac{2}{3}$ en la recta.

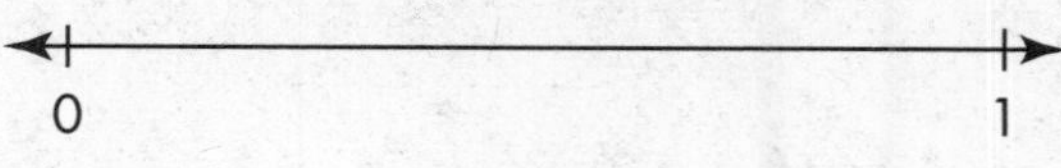

Nombre ______________________

Refuerzo
(continuación)

Grupo E páginas 633 a 638

Las rectas numéricas pueden tener fracciones mayores que 1.

La siguiente recta numérica está dividida en tercios.

El denominador es 3 porque la fracción unitaria es $\frac{1}{3}$. El numerador muestra cuántas copias de la fracción unitaria representa cada punto.

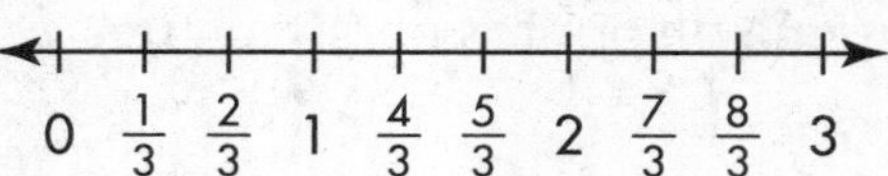

Recuerda que el numerador aumenta en 1 porque cada parte de la recta numérica tiene 1 copia más de la fracción unitaria.

1. La recta numérica está dividida en partes iguales. Escribe las fracciones que faltan.

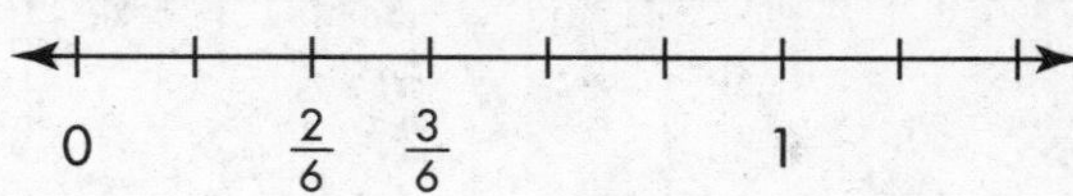

2. Divide la recta numérica en cuartos. Escribe cada fracción.

Grupo F páginas 639 a 644

Puedes usar un diagrama de puntos para mostrar datos, como longitudes medidas a la media pulgada más cercana.

Pasos para hacer un diagrama de puntos:

- Haz una recta numérica y escoge una escala.
- La escala debe mostrar los valores de los datos de menor a mayor.
- Escribe el título del diagrama de puntos.
- Pon un punto por cada valor.

DATOS

Longitud de las cintas de Lily				
$5\frac{1}{2}$ pulgs.	4 pulgs.	$5\frac{1}{2}$ pulgs.	$4\frac{1}{2}$ pulgs.	$4\frac{3}{4}$ pulgs.

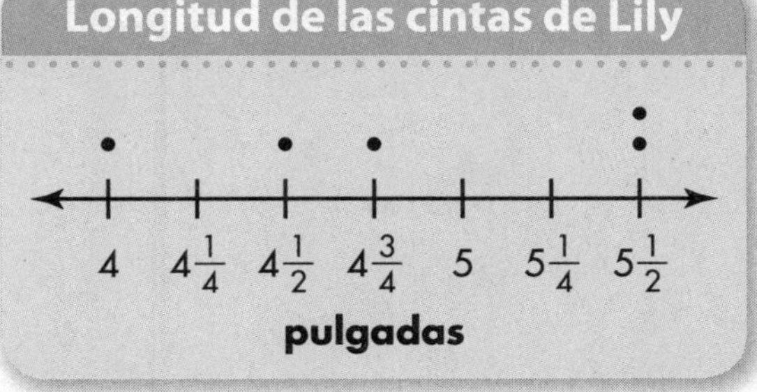

Recuerda que debes poner un punto por cada longitud. Verifica tu diagrama contra los datos de la tabla.

DATOS

Longitud de las cuerdas de Carl				
3 pulgs.	$2\frac{3}{4}$ pulgs.	$2\frac{1}{2}$ pulgs.	$2\frac{1}{2}$ pulgs.	4 pulgs.
$2\frac{1}{2}$ pulgs.	$3\frac{1}{4}$ pulgs.	$3\frac{3}{4}$ pulgs.	$3\frac{3}{4}$ pulgs.	3 pulgs.

1. Haz un diagrama de puntos para mostrar los datos.

2. ¿Cuántas cuerdas tiene Carl en total?

3. Traza una recta que tenga la misma longitud de la cuerda más frecuente.

Grupo G páginas 645 a 650

Puedes medir a diferentes longitudes, como a la media pulgada más cercana.

La media pulgada más cercana a la derecha del rectángulo es la marca de $2\frac{1}{2}$ pulgadas.

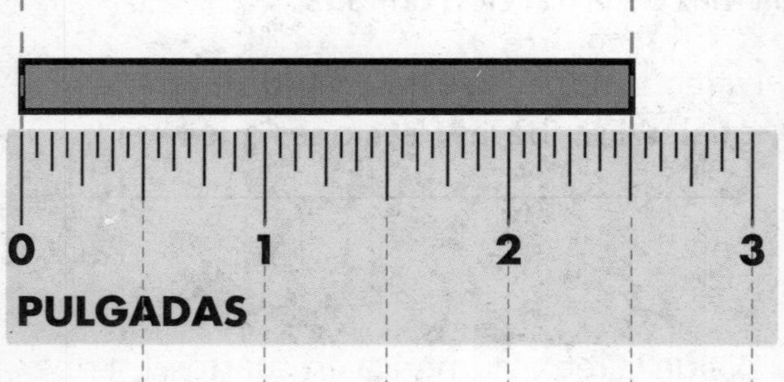

Las longitudes se pueden representar en un diagrama de puntos.

Recuerda que debes pensar en la escala del diagrama de puntos. Se necesita incluir el valor menor y el valor mayor.

1. Mide y anota las longitudes de 5 objetos de la clase a la media pulgada más cercana. Usa objetos que tengan entre 1 y 3 pulgadas de longitud.

2. Haz un diagrama de puntos para mostrar tus datos.

Grupo H páginas 651 a 656

Piensa en estas preguntas para ayudarte a **entender y perseverar** en la resolución de problemas.

Hábitos de razonamiento

- ¿Qué necesito hallar?
- ¿Qué sé?
- ¿Cuál es mi plan para resolver el problema?
- ¿Qué más puedo intentar si no puedo seguir adelante?
- ¿Cómo puedo comprobar si mi solución tiene sentido?

Recuerda que debes identificar las cantidades para entender el problema. Luego, usa lo que sabes para resolverlo.

Gavin dividió su cuaderno en 8 partes iguales. Él quiere usar 3 partes para notas de matemáticas y 2 partes para lectura. Su horario escolar es de 8:30 *a. m.* a 3:30 *p. m.* ¿Qué fracción del cuaderno le sobra?

1. ¿Hay información que falta o que sobra? Explícalo.

2. Resuelve el problema. Si falta la información que necesitas, crea alguna información razonable para resolverlo. Puedes hacer un dibujo para ayudarte.

Mis tarjetas de palabras

Usa los ejemplos de las palabras de las tarjetas para ayudarte a completar las definiciones que están al reverso.

A-Z Glosario

$$\frac{1}{2} = \frac{2}{4}$$

1	
$\frac{1}{2}$	
$\frac{1}{4}$	$\frac{1}{4}$

Mis tarjetas de palabras

Completa cada definición. Para ampliar lo que aprendiste, escribe tus propias definiciones.

Las fracciones que representan la misma parte de un entero o la misma ubicación en una recta numérica se llaman

_______________.

Nombre ________________

Lección 13-1
Fracciones equivalentes: Usar modelos

Puedo...
hallar las fracciones equivalentes que representen la misma parte de un entero.

Estándares de contenido 3.NOF.A.3a, 3.NOF.A.3b
Prácticas matemáticas PM.2, PM.4, PM.5, PM.7

Resuélvelo y coméntalo Gregorio lanzó una pelota de softball a una distancia de $\frac{3}{4}$ de la longitud del patio que hay frente a su casa. Halla tantas fracciones como puedas que representen la misma parte de la longitud a la que Gregorio lanzó la pelota. ***Resuelve este problema de la manera que prefieras. Explica cómo lo decidiste.***

Puedes usar herramientas.
Piensa en lo que necesitas hallar. Piensa en las herramientas que puedes usar para ayudarte a resolver el problema.

El patio de Gregorio

¡Vuelve atrás! **PM.5 Usar herramientas apropiadas** ¿Cómo te ayudan las tiras de fracciones a saber si una fracción con un denominador de 2, 3 o 6 representa la misma parte de un entero como $\frac{3}{4}$?

¿Cómo pueden las fracciones diferentes representar la misma parte de un entero?

A

Se usó el camino Chisholm para transportar el ganado al mercado. La manada de Ross caminó $\frac{1}{2}$ de la distancia al mercado. ¿Cuál es otra manera de representar $\frac{1}{2}$?

1
$\frac{1}{2}$

Las fracciones diferentes pueden representar la misma parte de un entero.

Las fracciones que representan la misma parte de un entero se llaman fracciones equivalentes.

B

$\frac{1}{2} = \frac{\square}{\square}$ Puedes usar tiras de fracciones.

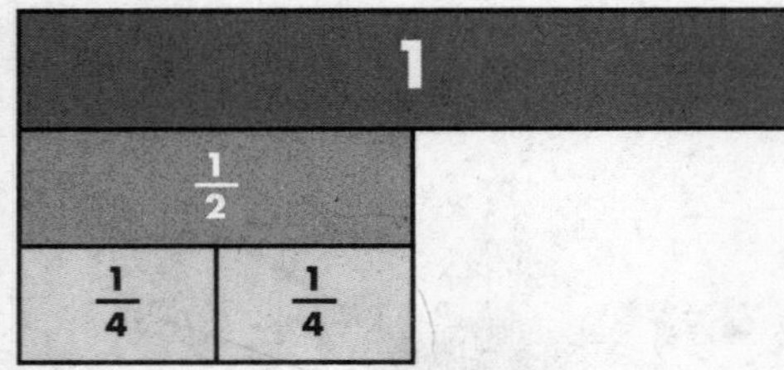

Las fracciones $\frac{1}{2}$ y $\frac{2}{4}$ representan la misma parte de un entero.

Dos tiras de $\frac{1}{4}$ son iguales a $\frac{1}{2}$, por tanto $\frac{1}{2} = \frac{2}{4}$.

Otra representación para $\frac{1}{2}$ es $\frac{2}{4}$.

C

Puedes hallar otras fracciones equivalentes. Piensa en las fracciones que representan la misma parte de un entero.

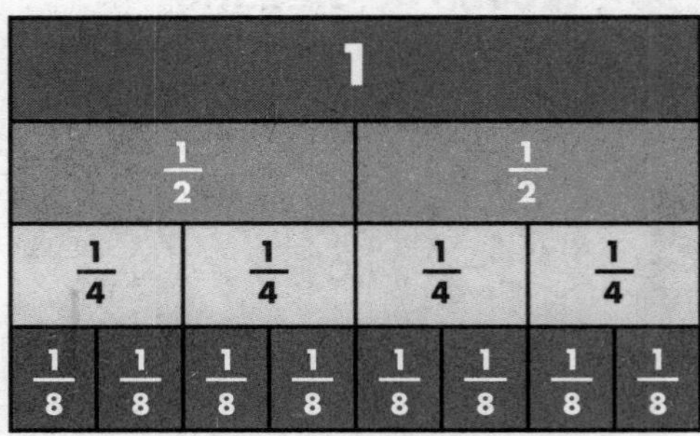

$\frac{1}{2} = \frac{4}{8}$ $\frac{3}{4} = \frac{6}{8}$

¡Convénceme! **PM.7 Buscar relaciones** En los ejemplos de arriba, ¿qué patrón ves en el numerador y denominador de las fracciones que son equivalentes a $\frac{1}{2}$? ¿Cuál es otra representación para $\frac{1}{2}$ diferente a la de arriba?

Nombre Cedatea

Amigo de práctica Herramientas Evaluación

Otro ejemplo

Puedes hallar una fracción equivalente para $\frac{4}{6}$ usando un modelo de área.

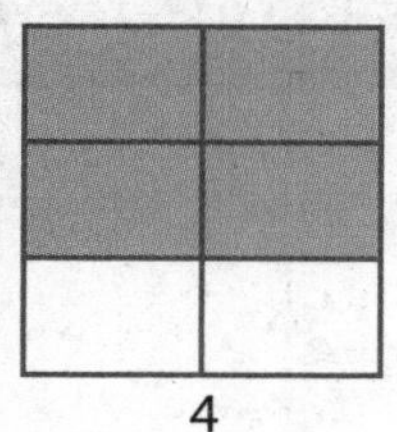

$\frac{4}{6}$

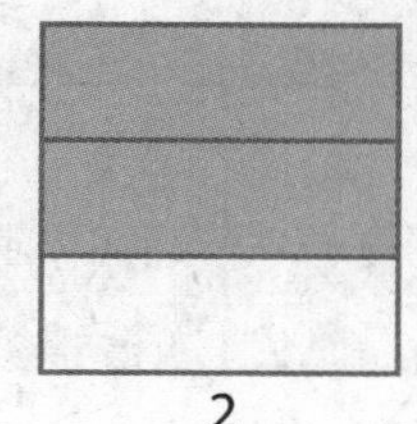

$\frac{2}{3}$

El entero de ambos modelos de área tiene el mismo tamaño. Uno está dividido en sextos y el otro en tercios. Las partes coloreadas muestran la misma parte de un entero.

Porque $\frac{4}{6} = \frac{2}{3}$, otro nombre para $\frac{4}{6}$ es $\frac{2}{3}$.

Práctica guiada*

¿Lo entiendes?

1. Divide el segundo modelo de área en sextos. Coloréalo para mostrar una fracción equivalente a $\frac{1}{3}$.

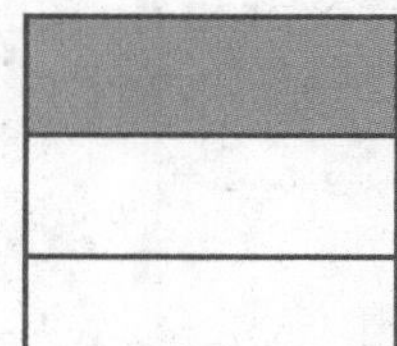

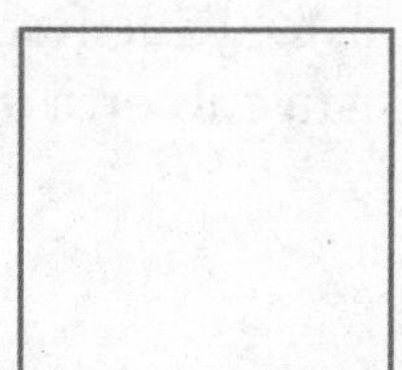

$\frac{1}{3} = \square$

¿Cómo hacerlo?

2. Usa las tiras de fracciones para ayudarte a hallar la fracción equivalente.

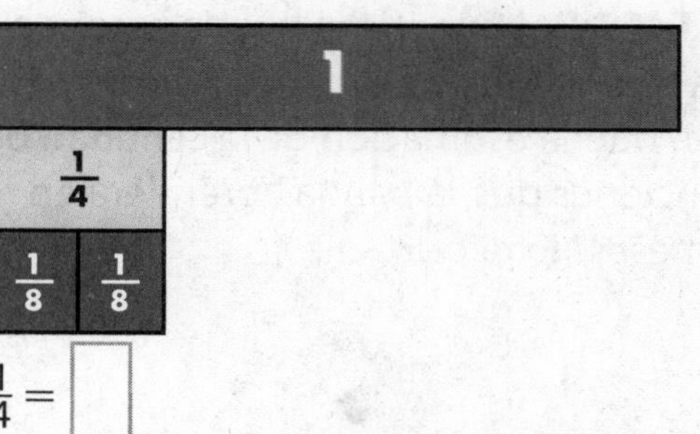

$\frac{1}{4} = \square$

Práctica independiente

3. Usa las tiras de fracciones para ayudarte a hallar una fracción equivalente.

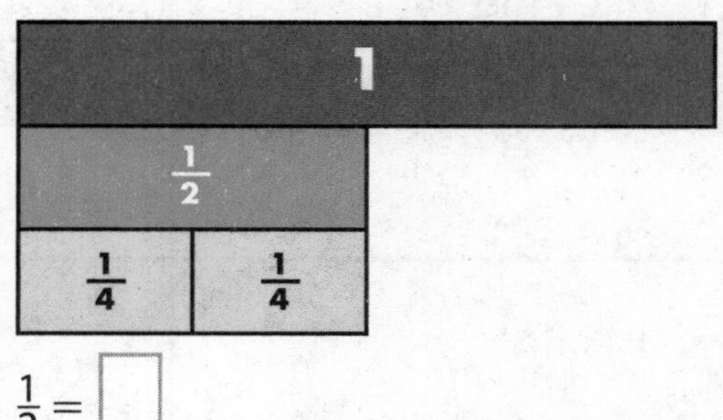

$\frac{1}{2} = \square$

4. Divide el segundo modelo de área en octavos. Coloréalo para mostrar una fracción equivalente a $\frac{1}{2}$.

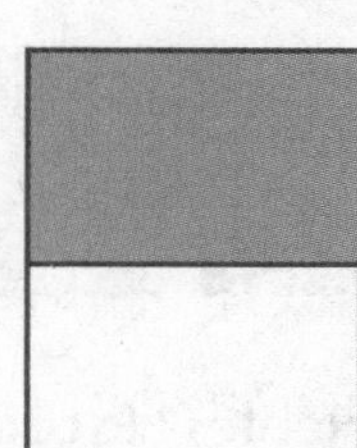

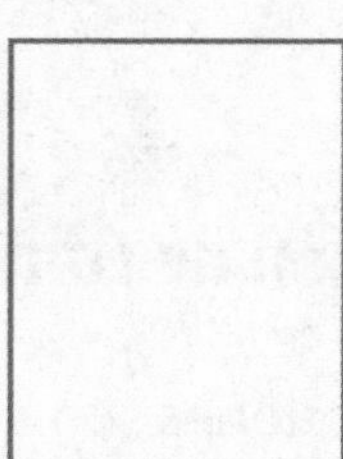

$\frac{1}{2} = \square$

Halla cada fracción equivalente en los Ejercicios **5** a **8.** Para ayudarte usa tiras de fracciones o dibuja modelos de área.

5. $\frac{3}{4} = \frac{\square}{8}$ **6.** $\frac{6}{6} = \frac{\square}{8}$ **7.** $\frac{2}{6} = \frac{\square}{3}$ **8.** $\frac{4}{8} = \frac{\square}{2}$

Puedes encontrar otro ejemplo en el Grupo A, página 723.

Prácticas matemáticas y resolución de problemas

Usa las tiras de fracciones de la derecha para los Ejercicios **9** y **10**.

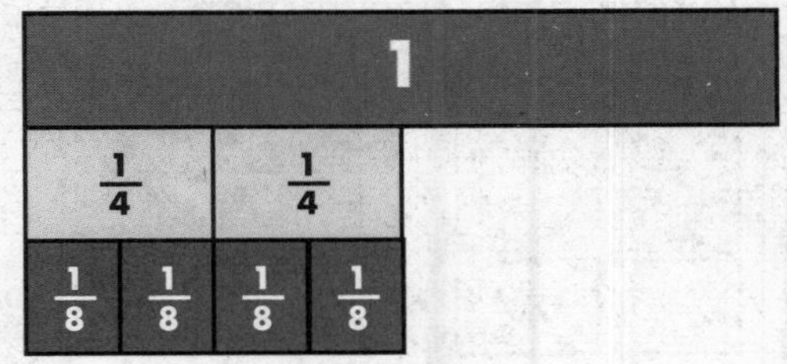

1
1/4 1/4
1/8 1/8 1/8 1/8

9. Mery usó tiras de fracción para mostrar fracciones equivalentes. Completa la ecuación.

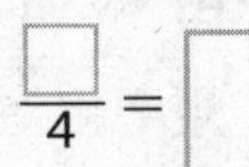

10. **PM.4 Representar con modelos matemáticos** Rita dice que las tiras de fracciones muestran fracciones equivalentes a $\frac{1}{2}$. Explica qué puedes hacer con el diagrama para ver si ella tiene razón.

Ambas fracciones representan la misma parte del entero.

11. **PM.2 Razonar** Una banda aprende entre 4 a 6 canciones nuevas cada mes. ¿Cuál es una buena estimación de la cantidad de canciones que la banda aprenderá en 8 meses? Explícalo.

12. Tres octavos del área de juego están cubiertos de pasto. ¿Qué fracción del área de juego **NO** está cubierta de pasto?

13. **Razonamiento de orden superior** Adrián dobló dos tiras de papel en octavos. Coloreó una fracción igual a $\frac{1}{4}$ en la primera tira y una fracción igual a $\frac{3}{4}$ en la segunda tira. Muestra las fracciones que Adrián coloreó en los dibujos de la derecha. ¿Qué fracción de cada tira coloreó?

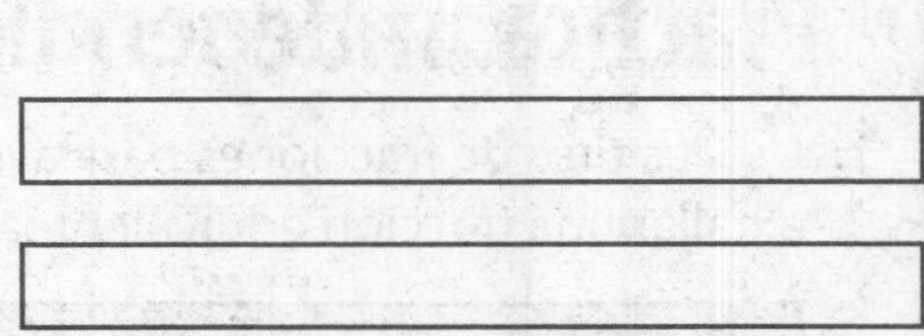

Evaluación de *Common Core*

14. ¿Qué fracciones son equivalentes? Escoge todas las que apliquen.

- ☐ $\frac{1}{4}$ y $\frac{1}{8}$
- ☐ $\frac{1}{4}$ y $\frac{2}{8}$
- ☐ $\frac{2}{4}$ y $\frac{4}{8}$
- ☐ $\frac{3}{4}$ y $\frac{3}{8}$
- ☐ $\frac{3}{4}$ y $\frac{6}{8}$

1					
$\frac{1}{4}$		$\frac{1}{4}$		$\frac{1}{4}$	
$\frac{1}{8}$	$\frac{1}{8}$	$\frac{1}{8}$	$\frac{1}{8}$	$\frac{1}{8}$	$\frac{1}{8}$

Nombre Cedrica

 Ayuda  Amigo de práctica 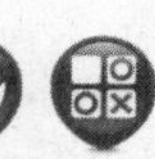 Herramientas Juegos

Tarea y práctica 13-1

Fracciones equivalentes: Usar modelos

¡Revisemos!

Puedes usar tiras de fracciones para hallar fracciones equivalentes.

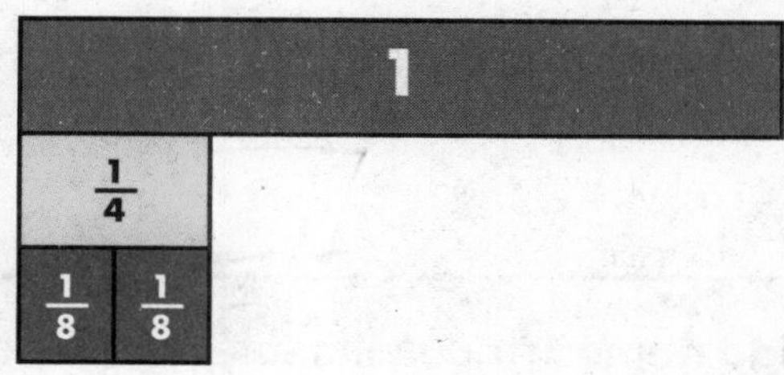

$\frac{1}{4}$ y $\frac{2}{8}$ son fracciones equivalentes porque representan la misma cantidad. Puedes escribir $\frac{1}{4} = \frac{2}{8}$.

También puedes usar modelos de área para mostrar que $\frac{1}{4}$ y $\frac{2}{8}$ son equivalentes. Puedes ver las dos fracciones representadas en la misma parte del entero.

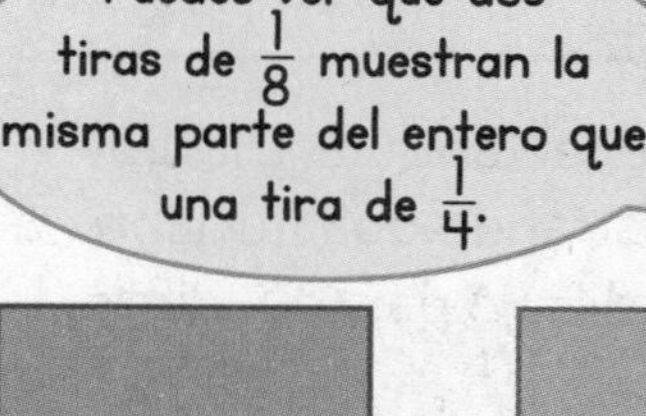

Puedes ver que dos tiras de 1/8 muestran la misma parte del entero que una tira de 1/4.

Halla las fracciones equivalentes en los Ejercicios **1** a **8.** Usa tiras de fracciones o dibuja modelos de área para ayudarte.

1.

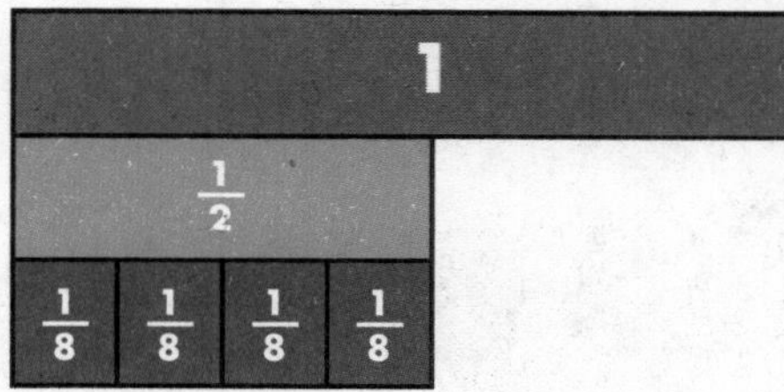

$\frac{1}{2} = \frac{4}{8}$

2.

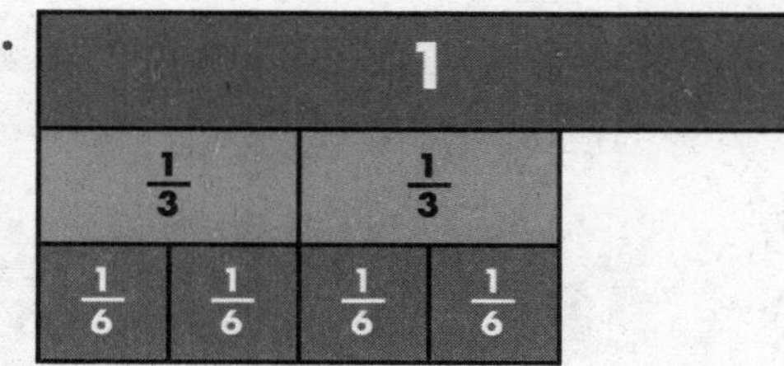

$\frac{2}{3} = \frac{4}{6}$

3.

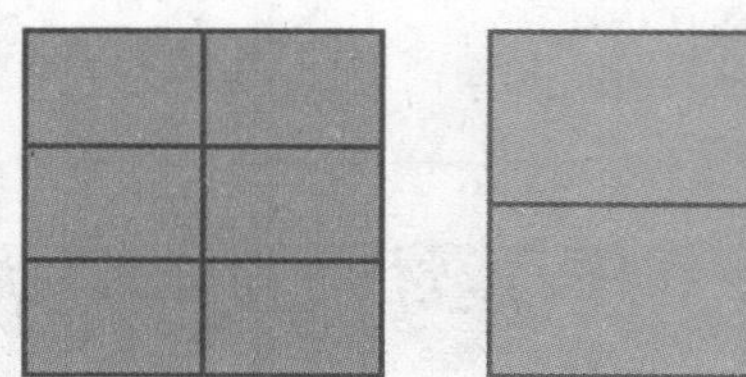

$\frac{6}{6} = \frac{2}{2}$

4.

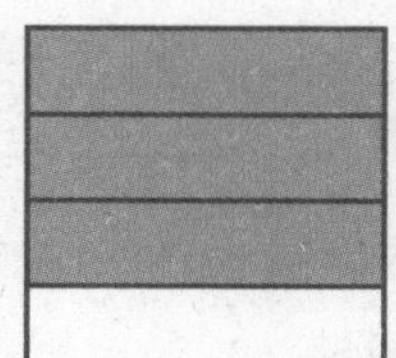

$\frac{3}{4} =$ 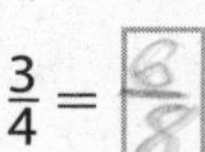 $\frac{6}{8}$

5. $\frac{1}{3} = \frac{2}{6}$ **6.** $\frac{4}{4} = \frac{2}{3}$ **7.** $\frac{1}{2} = \frac{2}{4}$ **8.** $\frac{3}{6} = \frac{3}{2}$

9. **Vocabulario** Explica qué son fracciones equivalentes y da un ejemplo.

10. **PM.5 Usar herramientas apropiadas** Cuando usas tiras de fracciones, ¿cómo puedes saber si dos fracciones **NO** son equivalentes?

11. Taylor coloreó $\frac{1}{4}$ de este rectángulo. Dibujó un modelo de área mostrando una fracción equivalente a $\frac{1}{4}$. Usa el dibujo para ayudarte.

12. **Sentido numérico** Juanita está pensando en un número de 3 dígitos. Su número tiene los dígitos 8, 4 y 6. Redondea a 600 a la centena más cercana. ¿Cuál es el número?

13. **PM.4 Representar con modelos matemáticos** Los platos en un restaurante están organizados en 5 estantes, con 8 platos cada uno. ¿Cuántos platos hay en todos los estantes? Dibuja un diagrama de barras y escribe una ecuación para resolver.

14. **Razonamiento de orden superior** Fredy dice que $\frac{1}{2}$ y $\frac{7}{8}$ son fracciones equivalentes. Dibuja modelos de área para $\frac{1}{2}$ y $\frac{7}{8}$ para mostrar si el enunciado de Fredy tiene razón. Nombra dos fracciones que sepas que son equivalentes a $\frac{1}{2}$.

Evaluación de *Common Core*

15. ¿Qué pares de fracciones **NO** son equivalentes? Selecciona todas las que apliquen.

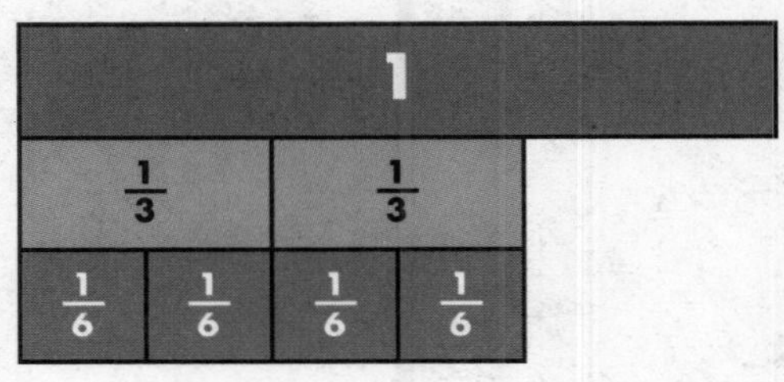

- ☐ $\frac{1}{3}$ y $\frac{1}{6}$
- ☐ $\frac{1}{3}$ y $\frac{3}{6}$
- ☐ $\frac{2}{6}$ y $\frac{1}{3}$
- ☐ $\frac{4}{6}$ y $\frac{2}{3}$
- ☐ $\frac{2}{3}$ y $\frac{3}{6}$

Nombre ______________________

Resuelve

Lección 13-2
Fracciones equivalentes: Usar la recta numérica

Resuélvelo y coméntalo

La primera de las siguientes rectas numéricas muestra un punto en $\frac{1}{4}$. Escribe la fracción para cada uno de los puntos rotulados A, B, C, D, E y F. ¿Cuál de estas fracciones muestra la misma distancia de 0 a $\frac{1}{4}$?

Puedo...
usar rectas numéricas para representar fracciones equivalentes.

Estándares de contenido 3.NOF.A.3a, 3.NOF.A.3b
Prácticas matemáticas PM.3, PM.4, PM.5

0 $\frac{1}{4}$ *A* 1

0 *B* 1

0 *C* 1

0 *D* *E* 1

0 *F* 1

Representar con modelos matemáticos. Puedes representar fracciones equivalentes en una recta numérica.

¡Vuelve atrás! **PM.3 Construir argumentos** ¿Cómo pueden las rectas numéricas mostrar que dos fracciones son equivalentes?

¿Cómo puedes usar rectas numéricas para hallar fracciones equivalentes?

A

Una milla del sendero Circle W Ranch tiene agua para el ganado cada $\frac{1}{4}$ de milla. Una milla del sendero Big T Ranch tiene agua para el ganado cada $\frac{1}{2}$ milla. ¿Qué fracciones representan los puntos en los senderos donde hay agua para el ganado a la misma distancia del comienzo de cada sendero?

B Puedes usar rectas numéricas para hallar las fracciones.

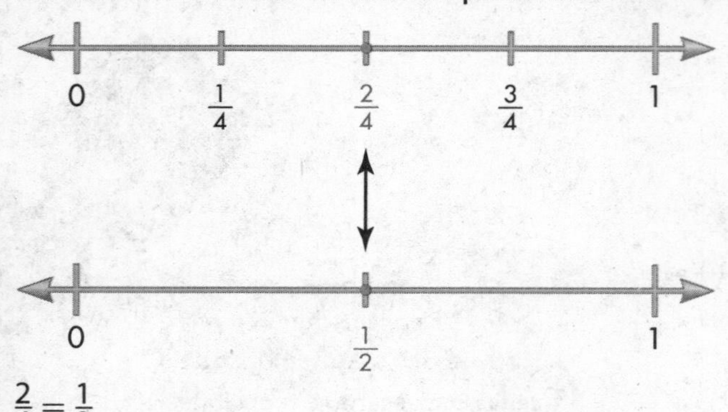

Las fracciones equivalentes tienen nombres diferentes para el mismo punto en una recta numérica. $\frac{2}{4}$ y $\frac{1}{2}$ representan la misma parte del entero.

$\frac{2}{4} = \frac{1}{2}$

Las fracciones $\frac{2}{4}$ y $\frac{1}{2}$ representan los mismos puntos en los senderos donde hay agua para el ganado. Estos puntos están a la misma distancia del comienzo de los senderos.

¡Convénceme! **PM.4 Representar con modelos matemáticos** Iván pinta $\frac{6}{8}$ de una cerca. Ana pinta $\frac{3}{4}$ de otra cerca de igual tamaño y longitud. Dibuja una recta numérica para mostrar que Iván y Ana han pintado la misma cantidad en cada cerca.

Nombre ______________________________

☆ Práctica guiada*

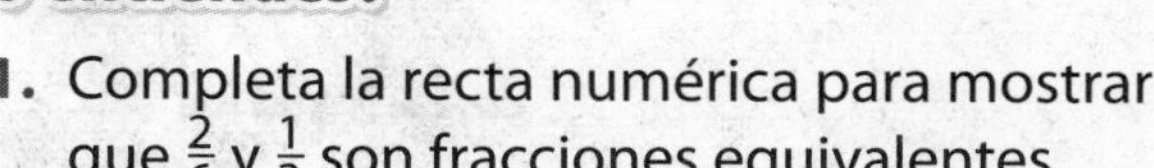

¿Lo entiendes?

1. Completa la recta numérica para mostrar que $\frac{2}{6}$ y $\frac{1}{3}$ son fracciones equivalentes.

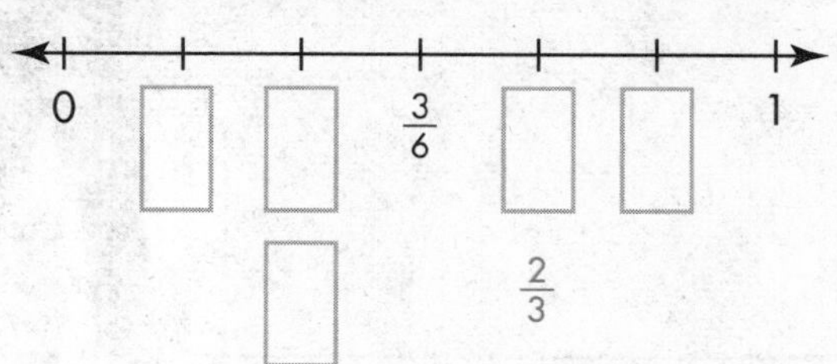

2. Sheila hace una recta numérica para ver si $\frac{4}{6}$ y $\frac{4}{8}$ son equivalentes. Ella descubre que las fracciones **NO** son equivalentes. ¿Cómo supo esto Sheila?

¿Cómo hacerlo?

Escribe dos fracciones que representen la misma ubicación en la recta numérica en los Ejercicios **3** y **4.**

3.

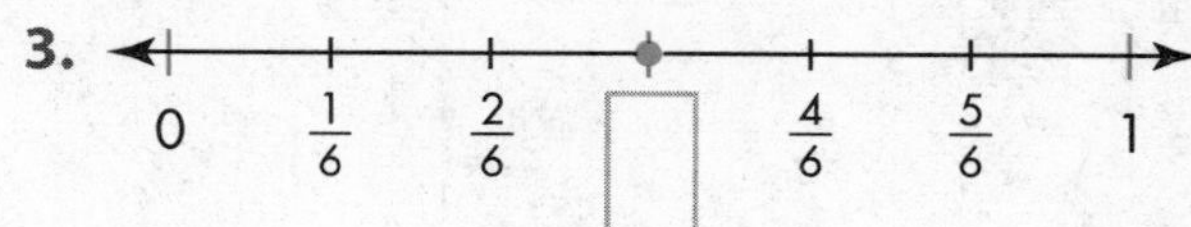

☐ = ☐

4.

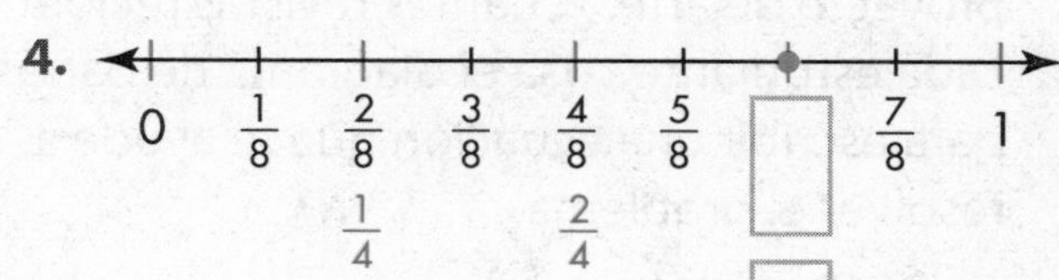

☐ = ☐

☆ Práctica independiente

Escribe dos fracciones que representen la misma ubicación en la recta numérica en los Ejercicios **5** a **8.**

5.

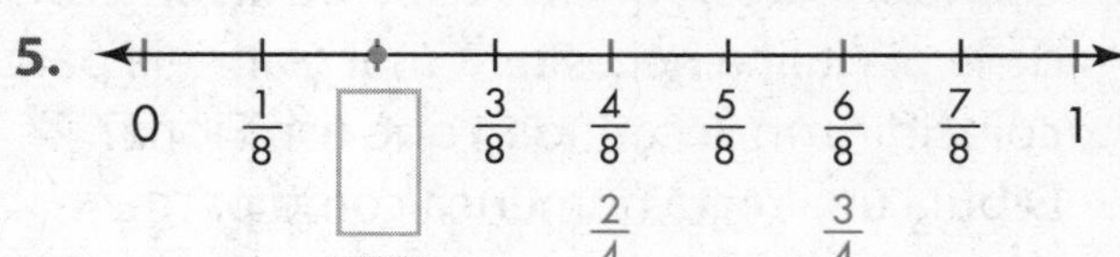

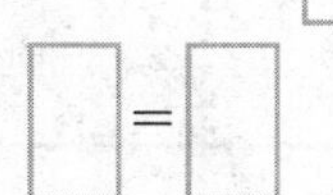

6.

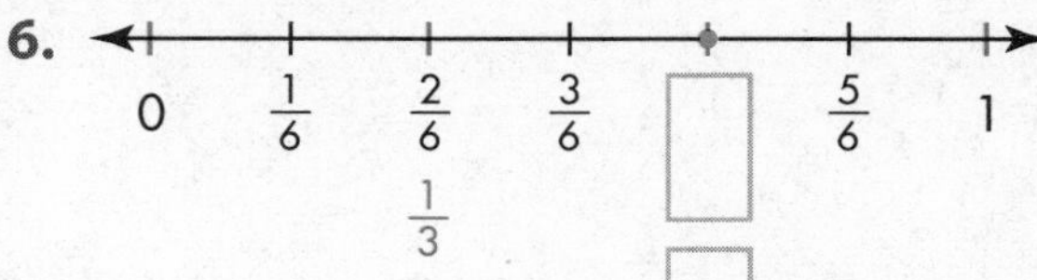

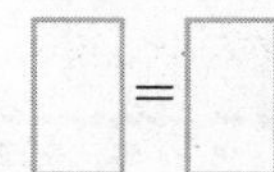

7.

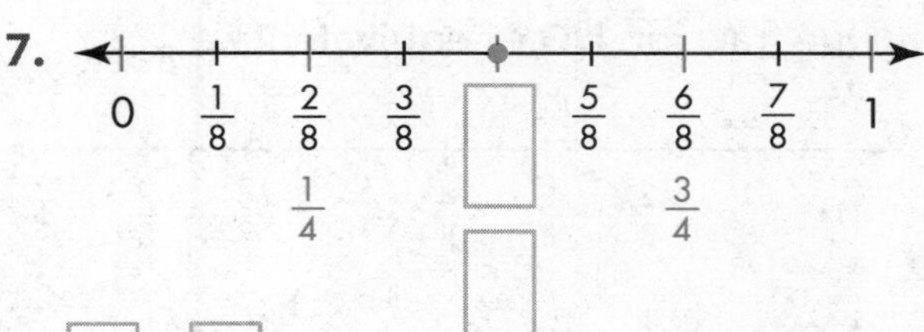

8.

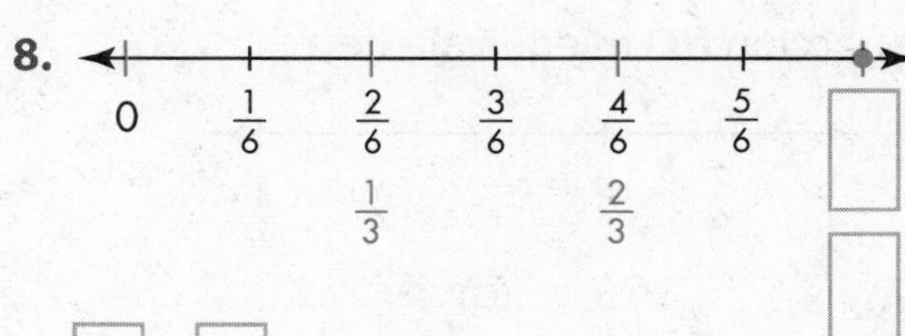

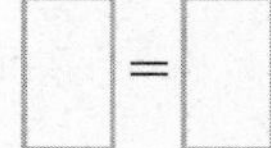

**Puedes encontrar otro ejemplo en el Grupo B, página 723.*

Prácticas matemáticas y resolución de problemas

Cada pizza de Bradley se cortó en 8 porciones.

9. **Sentido numérico** Brandley tenía 40 porciones de pizza para repartir. ¿Cuántas pizzas tenía? Explica cómo resolviste el problema.

10. **PM.4 Representar con modelos matemáticos** La Sra. Owen tiene 15 revistas para repartir entre 5 estudiantes para un proyecto de arte. ¿Cuántas revistas recibe cada estudiante? Usa el diagrama de barras para escribir una ecuación que te ayude a resolver el problema.

15 revistas

?	?	?	?	?

← **5 estudiantes**

11. Yolanda tiene 28 aplicaciones diferentes en su computadora. Carla tiene 14 aplicaciones de música y 20 de juegos en su computadora. ¿Cuántas aplicaciones más tiene Carla que Yolanda?

12. **PM.3 Construir argumentos** ¿Cómo sabes, solo con un vistazo, que las fracciones $\frac{2}{4}$ y $\frac{3}{4}$ **NO** son equivalentes?

13. **Razonamiento de orden superior** Fiona y Gabriela tiene cada una la misma cantidad de plastilina. Fiona usó $\frac{2}{3}$ de su plastilina. Usando sextos, ¿qué fracción de la longitud de la plastilina necesitará usar Gabriela para coincidir con la cantidad que usó Fiona? Dibuja una recta numérica como parte de tu respuesta.

Evaluación de *Common Core*

14. ¿Qué fracción **NO** es equivalente a $\frac{3}{6}$?

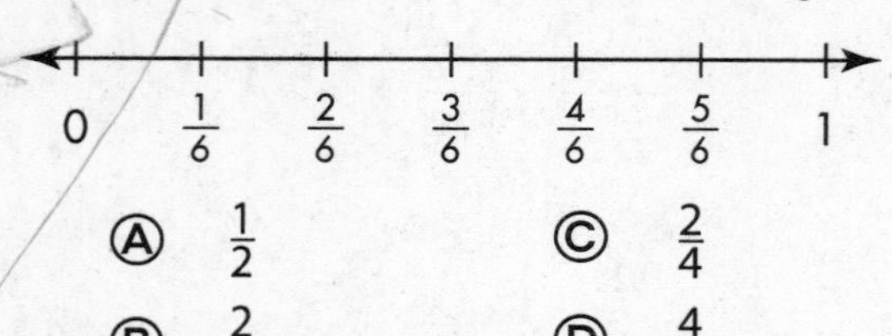

Ⓐ $\frac{1}{2}$

Ⓑ $\frac{2}{3}$

Ⓒ $\frac{2}{4}$

Ⓓ $\frac{4}{8}$

15. ¿Qué fracción **NO** es equivalente a $\frac{4}{8}$?

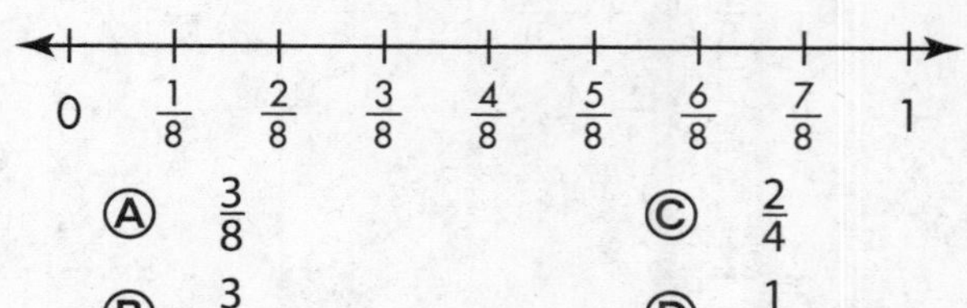

Ⓐ $\frac{3}{8}$

Ⓑ $\frac{3}{4}$

Ⓒ $\frac{2}{4}$

Ⓓ $\frac{1}{4}$

Nombre

Práctica guiada*

¿Lo entiendes?

1. **PM.5 Usar herramientas apropiadas** Explica cómo puedes usar tiras de fracciones para mostrar si $\frac{5}{6}$ o $\frac{3}{6}$ del mismo entero es mayor.

2. ¿Qué es mayor $\frac{3}{4}$ o $\frac{2}{4}$? Dibuja tiras de $\frac{1}{4}$ para completar el diagrama y responder a la pregunta.

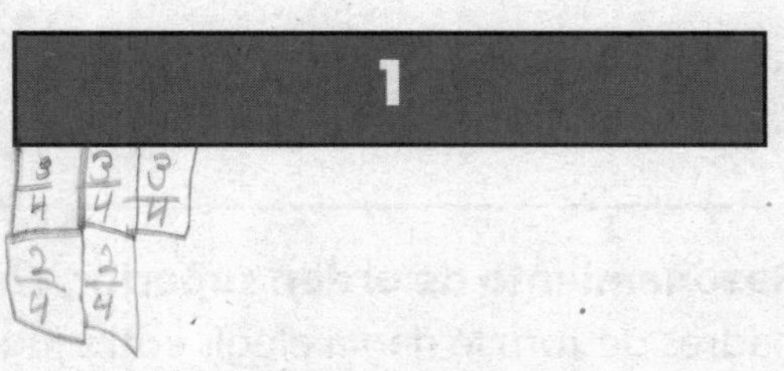

¿Cómo hacerlo?

Compara en los Ejercicios **3** y **4.** Escribe <, > o =. Usa las tiras de fracciones como ayuda.

3.

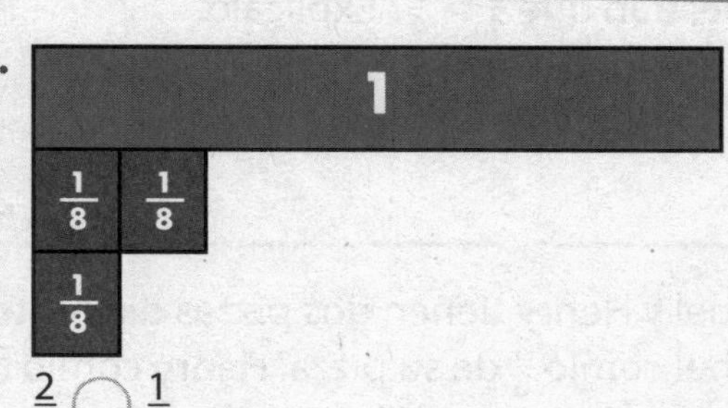

$\frac{2}{8}$ ◯ $\frac{1}{8}$

4.

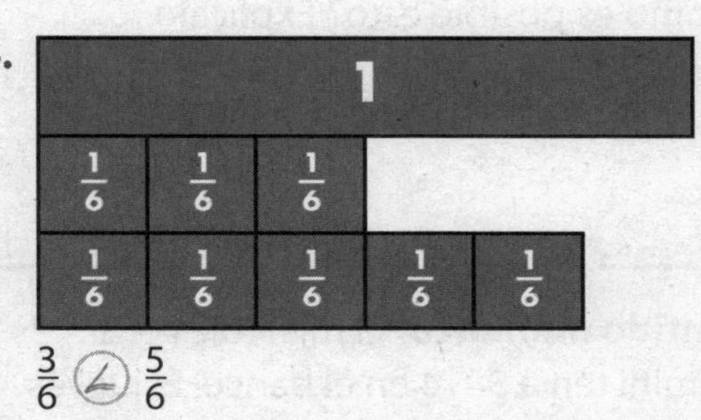

$\frac{3}{6}$ ◯ $\frac{5}{6}$

Práctica independiente

Práctica al nivel En los Ejercicios **5** a **14,** compara. Escribe <, > o =. Usa o dibuja tiras de fracciones como ayuda. Las fracciones se refieren al mismo entero.

5.

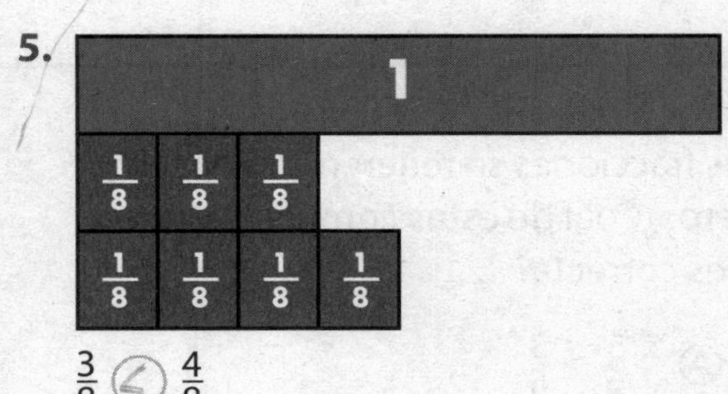

$\frac{3}{8}$ ◯ $\frac{4}{8}$

6. (tiras: 1; $\frac{1}{4}$ $\frac{1}{4}$ $\frac{1}{4}$; $\frac{1}{4}$ $\frac{1}{4}$ $\frac{1}{4}$)

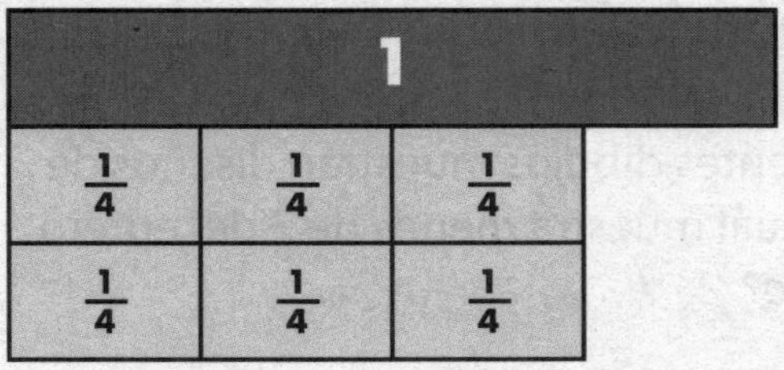

$\frac{3}{4}$ ◯ $\frac{3}{4}$

7. $\frac{6}{8}$ ◯ $\frac{3}{8}$

8. $\frac{5}{8}$ ◯ $\frac{7}{8}$

9. $\frac{1}{2}$ ◯ $\frac{1}{2}$

10. $\frac{1}{3}$ ◯ $\frac{2}{3}$

11. $\frac{6}{6}$ ◯ $\frac{3}{6}$

12. $\frac{2}{8}$ ◯ $\frac{3}{8}$

13. $\frac{3}{3}$ ◯ $\frac{1}{3}$

14. $\frac{1}{4}$ ◯ $\frac{3}{4}$

Puedes encontrar otro ejemplo en el Grupo C, página 724.

Prácticas matemáticas y resolución de problemas

Usa los dibujos de las tiras que están parcialmente coloreadas en los Ejercicios **15** y **16.**

15. Compara. Escribe $<$, $>$ o $=$.
Las tiras verdes muestran que $\frac{1}{6} \bigcirc \frac{2}{6}$.

16. **PM.3 Construir argumentos** ¿Las tiras amarillas muestran que $\frac{2}{4} > \frac{3}{4}$? Explícalo.

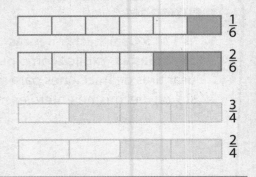

17. Isabel y Henry tienen dos pizzas diferentes. Isabel comió $\frac{3}{8}$ de su pizza. Henry comió $\frac{3}{8}$ de su pizza. Isabel comió más pizza que Henry. ¿Cómo es posible esto? Explícalo.

18. **PM.8 Generalizar** Dos fracciones son iguales y también tienen el mismo denominador. ¿Qué puede ser verdadero para los numeradores de las fracciones? Explícalo.

19. **Sentido numérico** El miércoles el Sr. Domini tenía \$814 en el banco. El jueves retiró \$250 y el viernes retiró \$185. ¿Cuánto dinero le queda en el banco?

20. **Razonamiento de orden superior** Los padres de Tom le dan a elegir entre jugar su juego de mesa favorito por $\frac{7}{8}$ de hora o por $\frac{8}{8}$ de hora. Explica qué tiempo elegiría Tom y por qué.

Evaluación de *Common Core*

21. Los siguientes dibujos muestran diseños de fichas. ¿Cuál muestra menos de $\frac{4}{8}$ del entero coloreado?

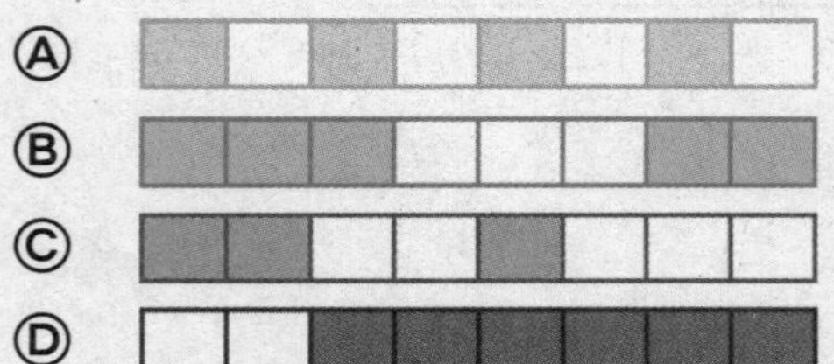

Ⓐ

Ⓑ

Ⓒ

Ⓓ

22. Estas fracciones se refieren al mismo entero. ¿Cuál de estas comparaciones **NO** es correcta?

Ⓐ $\frac{5}{6} > \frac{3}{6}$

Ⓑ $\frac{2}{4} < \frac{3}{4}$

Ⓒ $\frac{3}{8} > \frac{1}{8}$

Ⓓ $\frac{2}{3} < \frac{1}{3}$

Nombre

Ayuda · Amigo de práctica · Herramientas · Juegos

Tarea y práctica 13-3

Usa modelos para comparar fracciones: El mismo denominador

¡Revisemos!

Puedes usar tiras de fracciones para comparar fracciones que tienen el mismo denominador.

Compara $\frac{1}{4}$ y $\frac{3}{4}$.

1		
$\frac{1}{4}$		
$\frac{1}{4}$	$\frac{1}{4}$	$\frac{1}{4}$

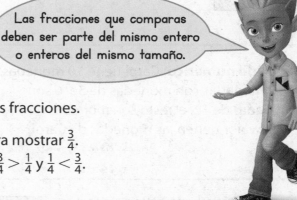

Las fracciones que comparas deben ser parte del mismo entero o enteros del mismo tamaño.

El denominador para cada fracción es 4.
Usa tiras de fracciones para ayudarte a comparar las fracciones.

Usa una tira de $\frac{1}{4}$ para mostrar $\frac{1}{4}$ y tres tiras de $\frac{1}{4}$ para mostrar $\frac{3}{4}$.
Se usaron más tiras de $\frac{1}{4}$ para mostrar $\frac{3}{4}$. Por tanto, $\frac{3}{4} > \frac{1}{4}$ y $\frac{1}{4} < \frac{3}{4}$.

Compara en los Ejercicios **1** a **12.** Escribe $<$, $>$ o $=$. Usa o dibuja tiras de fracciones para ayudarte. Las fracciones se refieren al mismo entero.

1.

1				
$\frac{1}{8}$	$\frac{1}{8}$	$\frac{1}{8}$	$\frac{1}{8}$	
$\frac{1}{8}$	$\frac{1}{8}$	$\frac{1}{8}$	$\frac{1}{8}$	$\frac{1}{8}$

$\frac{4}{8}$ ◯ $\frac{5}{8}$

2.

1		
$\frac{1}{4}$	$\frac{1}{4}$	$\frac{1}{4}$
$\frac{1}{4}$	$\frac{1}{4}$	

$\frac{3}{4}$ ◯ $\frac{2}{4}$

3.

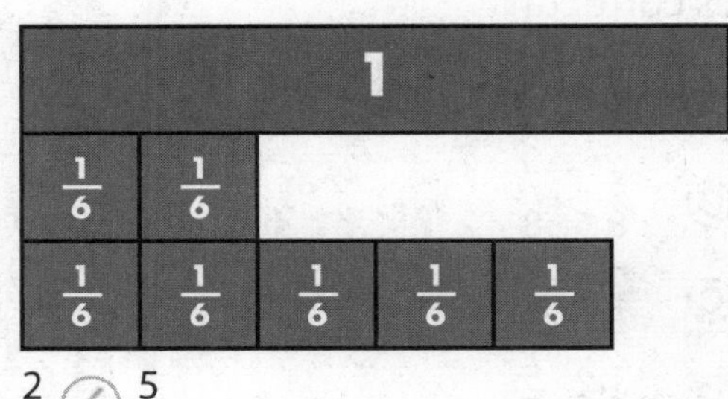

$\frac{2}{6}$ ◯ $\frac{5}{6}$

4.

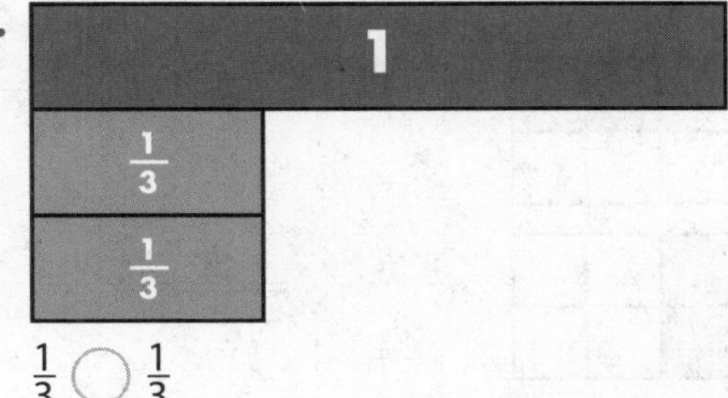

$\frac{1}{3}$ ◯ $\frac{1}{3}$

5. $\frac{4}{8}$ ◯ $\frac{4}{8}$

6. $\frac{2}{4}$ ◯ $\frac{1}{4}$

7. $\frac{7}{8}$ ◯ $\frac{1}{8}$

8. $\frac{2}{6}$ ◯ $\frac{3}{6}$

9. $\frac{5}{6}$ ◯ $\frac{5}{6}$

10. $\frac{1}{8}$ ◯ $\frac{2}{8}$

11. $\frac{4}{6}$ ◯ $\frac{2}{6}$

12. $\frac{1}{6}$ ◯ $\frac{5}{6}$

13. **PM.6 Hacerlo con precisión** Andrés usa tiras de fracciones para comparar fracciones. Usando los símbolos $>$ y $<$, escribe dos comparaciones diferentes para las fracciones.

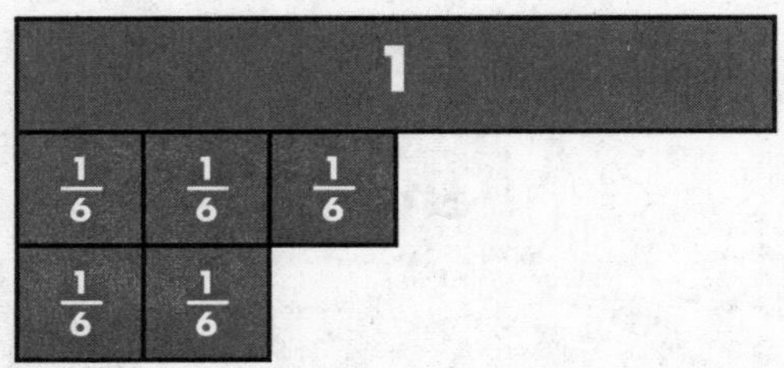

14. **PM.5 Usar herramientas apropiadas** ¿Cómo puedes usar tiras de fracciones para ayudarte a decidir qué fracción es mayor $\frac{5}{8}$ o $\frac{6}{8}$?

15. **Sentido numérico** Carol tiene 10 monedas. Dos monedas son monedas de 5¢, 6 son monedas de 1¢, el resto son monedas de 10¢. ¿Qué valor tienen las monedas de Carol?

16. **Vocabulario** Escribe una fracción que tenga 6 en el denominador. Escribe una fracción que no tenga 6 en el denominador.

17. **Razonamiento de orden superior** Dibuja tiras de fracciones para mostrar las siguientes fracciones: $\frac{4}{6}$, $\frac{1}{6}$ y $\frac{5}{6}$. Luego, escribe las tres fracciones en orden de menor a mayor.

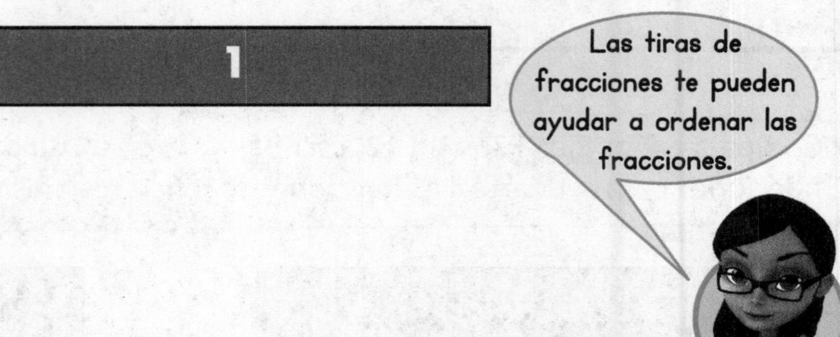

1
Las tiras de fracciones te pueden ayudar a ordenar las fracciones.

Evaluación de *Common Core*

18. Los siguientes dibujos muestran diseños de fichas cuadradas. ¿Qué opción muestra más de $\frac{3}{6}$ del entero coloreado?

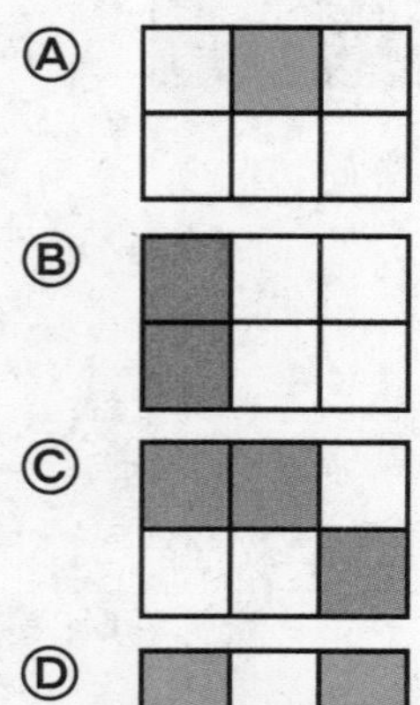

19. Estas fracciones se refieren al mismo entero. ¿Cuál de estas comparaciones **NO** es correcta?

Ⓐ $\frac{2}{4} < \frac{3}{4}$

Ⓑ $\frac{5}{8} > \frac{7}{8}$

Ⓒ $\frac{2}{3} > \frac{1}{3}$

Ⓓ $\frac{1}{6} < \frac{5}{6}$

Nombre ________________

Lección 13-4

Usar modelos para comparar fracciones: El mismo numerador

Puedo...
comparar fracciones que se refieren al mismo entero y tienen el mismo numerador, comparando sus denominadores.

Estándar de contenido 3.NOF.A.3d
Prácticas matemáticas PM.2, PM.3, PM.4, PM.6

Resuélvelo y coméntalo Carol y Alan tienen la misma cantidad de verduras para comer. Carol comió $\frac{1}{4}$ de sus verduras. Alan comió $\frac{1}{3}$ de sus verduras. ¿Quién comió más verduras? ***Resuelve el problema de la manera que prefieras. Explica cómo lo decidiste.***

Hacerlo con precisión.
Usa dibujos, palabras y símbolos para representar y comparar fracciones de diferentes maneras. *¡Muestra tu trabajo en el siguiente espacio!*

¡Vuelve atrás! **PM.3 Construir argumentos** Si Carol comió $\frac{2}{4}$ de sus verduras y Alan comió $\frac{2}{3}$ de sus verduras, ¿cambiaría tu respuesta? Razona sobre el tamaño de las fracciones para explicarlo.

¿Cómo puedes comparar fracciones con el mismo numerador?

A

Dos bufandas tienen el mismo tamaño. Una bufanda es $\frac{5}{6}$ anaranjada y la otra es $\frac{5}{8}$ anaranjada. ¿Cuál es menor $\frac{5}{6}$ o $\frac{5}{8}$?

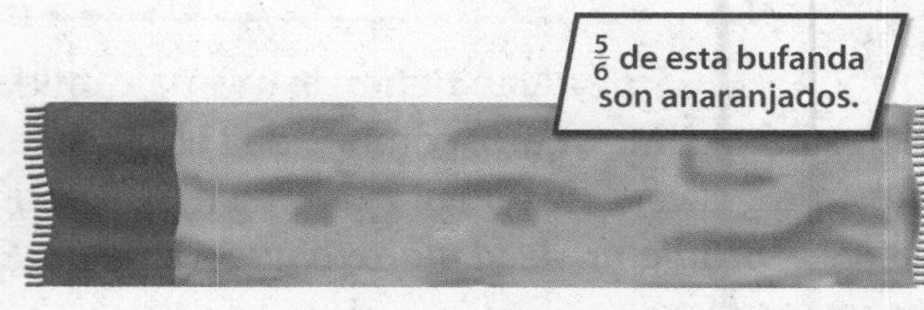

B

Lo que sabes

Usa tiras de fracciones para razonar sobre el tamaño de $\frac{5}{6}$ comparado con el tamaño de $\frac{5}{8}$.

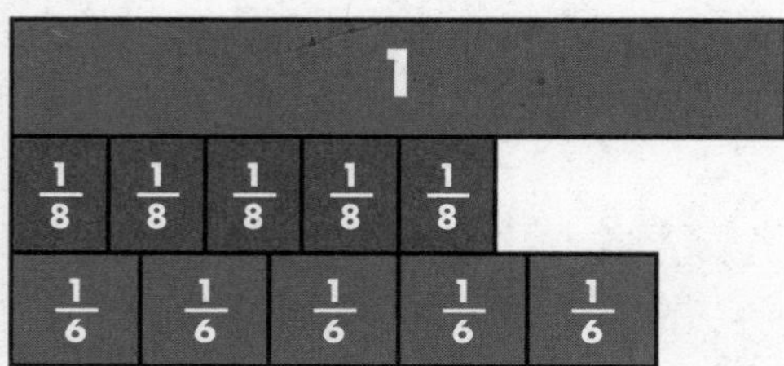

C

Lo que escribes

Justifica la comparación usando símbolos o palabras.

$\frac{5}{8} < \frac{5}{6}$

Cinco octavos es menor que *cinco sextos.*

Si dos fracciones tienen el mismo numerador, la fracción con el mayor denominador es menor que la otra fracción.

Puedes comparar fracciones que tienen el mismo numerador razonando sobre sus tamaños.

¡Convénceme! **PM.3 Evaluar el razonamiento** Julia dice que $\frac{1}{8}$ es mayor que $\frac{1}{4}$ porque 8 es mayor que 4. ¿Tiene razón? Explícalo.

Nombre 

Práctica guiada*

¿Lo entiendes?

1. PM.2 Razonar ¿De qué manera las tiras de fracciones te ayudan a razonar sobre el tamaño de $\frac{4}{6}$ o $\frac{4}{8}$ de un mismo entero para hallar cuál es mayor?

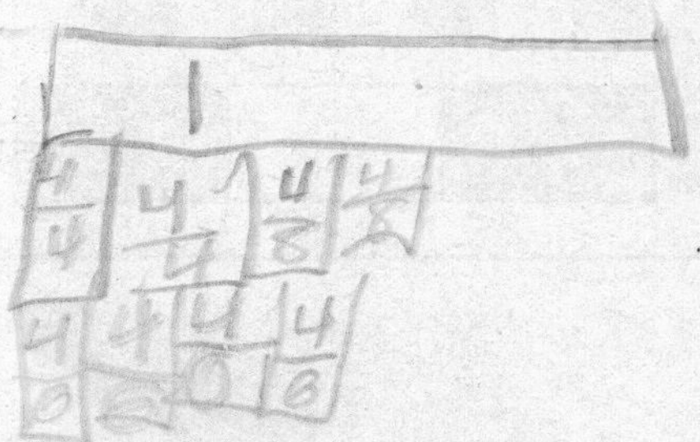

2. ¿Qué fracción es mayor $\frac{1}{4}$ o $\frac{1}{6}$? Dibuja tiras de fracciones para completar el diagrama y responde a la pregunta.

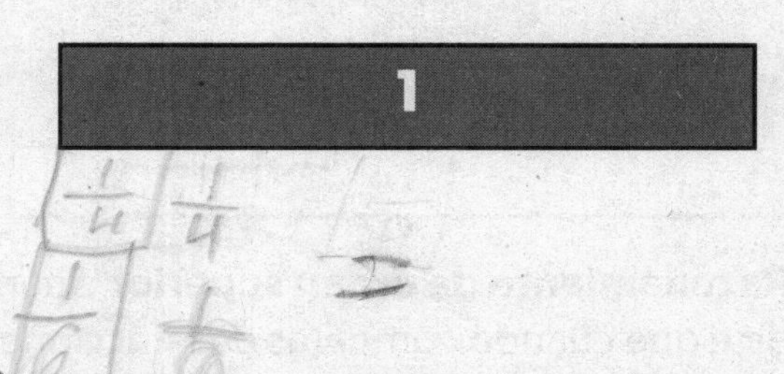

¿Cómo hacerlo?

Compara en los Ejercicios **3** y **4.** Escribe $<$, $>$ o $=$. Usa tiras de fracciones para ayudarte.

3. 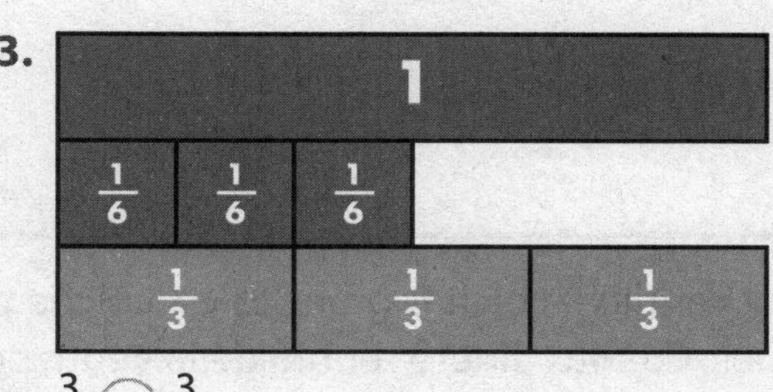

$\frac{3}{6}$ ◯ $\frac{3}{3}$

4. 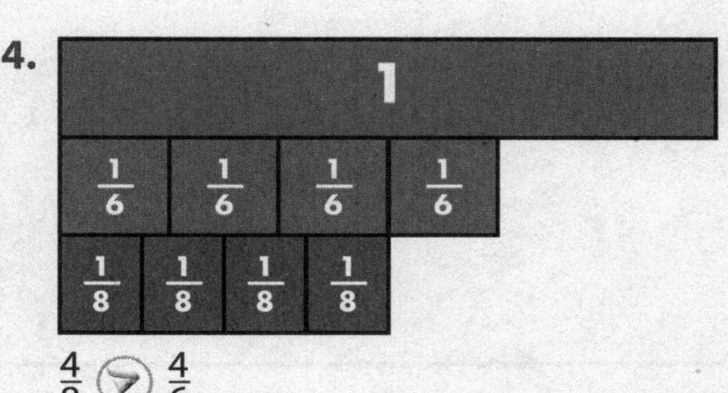

$\frac{4}{8}$ ◯ $\frac{4}{6}$

Práctica independiente

Práctica al nivel Compara en los Ejercicios **5** a **14.** Escribe $<$, $>$ o $=$. Usa o dibuja tiras de fracciones para ayudarte. Las fracciones se refieren al mismo entero.

5. 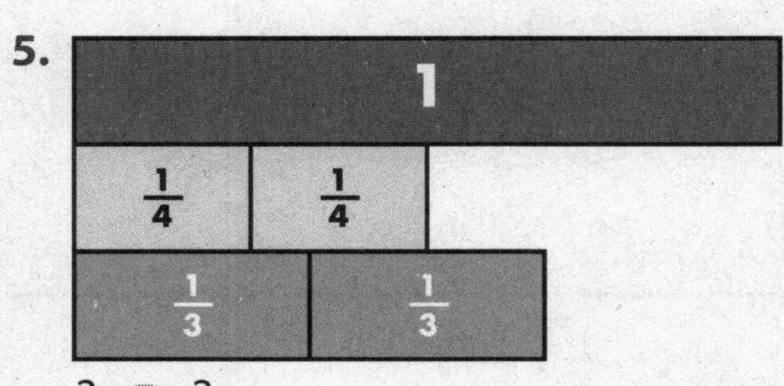

$\frac{2}{3}$ ◯ $\frac{2}{4}$

6. 

$\frac{4}{4}$ ◯ $\frac{4}{6}$

7. $\frac{2}{3}$ ◯ $\frac{2}{2}$

8. $\frac{4}{8}$ ◯ $\frac{4}{8}$

9. $\frac{5}{6}$ ◯ $\frac{5}{8}$

10. $\frac{1}{4}$ ◯ $\frac{1}{3}$

11. $\frac{1}{3}$ ◯ $\frac{1}{6}$

12. $\frac{4}{6}$ ◯ $\frac{4}{6}$

13. $\frac{1}{8}$ ◯ $\frac{1}{2}$

14. $\frac{2}{6}$ ◯ $\frac{2}{3}$

**Puedes encontrar otro ejemplo en el Grupo D, página 724.*

Prácticas matemáticas y resolución de problemas

15. **PM.3 Evaluar el razonamiento** James usa fichas azules y blancas para hacer los dos diseños que se muestran aquí. Cada diseño tiene el mismo tamaño. James dice que el área azul del primer diseño es la misma que el área azul del segundo diseño. ¿Tiene razón? Explícalo.

Cada entero es del mismo tamaño. Por tanto, puedes comparar las fracciones que representan las fichas azules en cada entero.

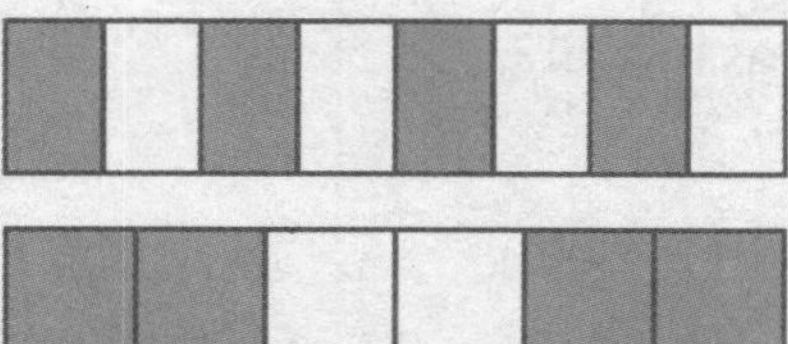

16. Amy vendió 8 colchas grandes y 1 colcha para bebé. ¿Cuánto dinero reunió de la venta de las colchas?

Colcha grande $60

Colcha para bebé $40

17. **PM.6 Hacerlo con precisión** Escribe dos enunciados de comparación sobre las fracciones que se muestran a continuación.

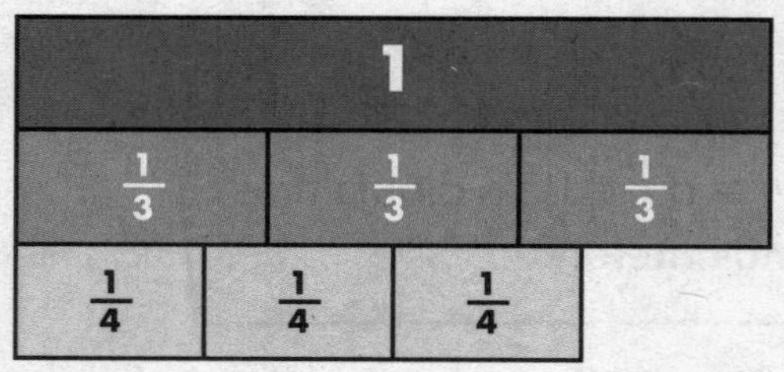

18. **Razonamiento de orden superior** Juan dice que cuando comparas dos fracciones con el mismo numerador, observas los denominadores porque la fracción que tenga el denominador más grande es mayor. ¿Tiene razón? Explícalo y da un ejemplo.

Evaluación de *Common Core*

19. Estas fracciones se refieren al mismo entero. ¿Cuáles de estas comparaciones son correctas? Escoge todas las que apliquen.

- ☐ $\frac{5}{6} < \frac{5}{8}$
- ☐ $\frac{1}{2} > \frac{1}{4}$
- ☐ $\frac{3}{4} > \frac{3}{6}$
- ☐ $\frac{2}{4} > \frac{2}{3}$
- ☐ $\frac{5}{6} = \frac{5}{6}$

Nombre ______________________

Tarea y práctica 13-4

Usar modelos para comparar fracciones: El mismo numerador

¡Revisemos!

Compara $\frac{1}{3}$ y $\frac{1}{4}$. $\frac{1}{3}$ ← los mismos numeradores → $\frac{1}{4}$ ← diferentes denominadores →

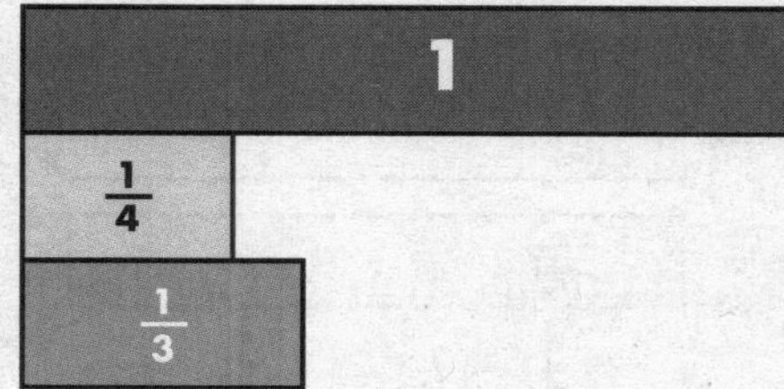

Puedes usar tiras de fracciones para representar y comparar fracciones con el mismo numerador. La tira de $\frac{1}{3}$ representa una parte más grande del entero.

La tira de $\frac{1}{4}$ no es tan larga como la tira de $\frac{1}{3}$. Estas fracciones tienen el mismo numerador y quiere decir que la fracción con el menor denominador es la mayor.

Por tanto, $\frac{1}{3} > \frac{1}{4}$.

Compara en los Ejercicios **1** a **12.** Escribe $<$, $>$ o $=$. Usa o dibuja tiras de fracciones para ayudarte. Las fracciones se refieren al mismo entero.

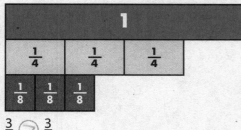

1. 1 | $\frac{1}{4}$ $\frac{1}{4}$ $\frac{1}{4}$ | $\frac{1}{8}$ $\frac{1}{8}$ $\frac{1}{8}$

$\frac{3}{8}$ ◯ $\frac{3}{4}$

2. 1 | $\frac{1}{8}$ $\frac{1}{8}$ | $\frac{1}{6}$ $\frac{1}{6}$

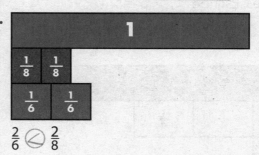

$\frac{2}{6}$ ◯ $\frac{2}{8}$

3. 1

$\frac{4}{6}$ ◯ $\frac{4}{6}$

4. 1

$\frac{2}{8}$ ◯ $\frac{2}{3}$

5. $\frac{2}{3}$ ◯ $\frac{2}{4}$

6. $\frac{1}{8}$ ◯ $\frac{1}{4}$

7. $\frac{3}{6}$ ◯ $\frac{3}{6}$

8. $\frac{1}{2}$ ◯ $\frac{1}{3}$

9. $\frac{4}{4}$ ◯ $\frac{4}{6}$

10. $\frac{2}{3}$ ◯ $\frac{2}{6}$

11. $\frac{3}{4}$ ◯ $\frac{3}{4}$

12. $\frac{6}{8}$ ◯ $\frac{6}{6}$

13. Iván jugó básquetbol durante dos terceras partes de una hora el martes y dos cuartas partes de una hora el miércoles. ¿Qué día estuvo jugando más tiempo? Usa los símbolos $>$, $<$ o $=$ para comparar.

Escribe cada fracción y luego compara.

14. **PM.4 Representar con modelos matemáticos** En una excursión a la playa, José reunió 64 conchas marinas. Su papá reunió 57 y su mamá 73. ¿Cuántas conchas marinas reunieron los padres de José? Completa el diagrama de barras para ayudarte a resolver el problema.

? conchas marinas →

57	

57 conchas marinas del papá | **73 conchas marinas de la mamá**

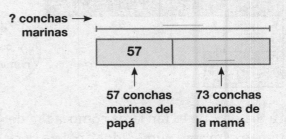

15. **Matemáticas y ciencias** La vida de una planta tiene diferentes etapas. Luz midió la longitud de una semilla de $\frac{1}{4}$ de pulgada. Sembró la semilla que creció y se convirtió en una plántula de $\frac{3}{4}$ de pulgada. Usa las tiras de fracciones para comparar las dos fracciones. Escribe $<$, $>$ o $=$.

$\frac{1}{4} \bigcirc \frac{3}{4}$

1		
$\frac{1}{4}$	$\frac{1}{4}$	$\frac{1}{4}$
$\frac{1}{4}$		

16. **Razonamiento de orden superior** Hay 4 personas en la familia de Mitchell y 3 personas en la familia de Paul. Cada familia compra una bolsa de mezcla de nueces y frutas secas del mismo tamaño para repartirla por igual. ¿Quién recibe más mezcla de nueces y frutas secas, Mitchell o Paul? Razona sobre el tamaño de las fracciones para explicar cómo lo averiguaste.

17. Encierra en un círculo el cuerpo geométrico que tiene dos superficies planas y 0 vértices. ¿Cómo se llama este cuerpo geométrico?

Evaluación de *Common Core*

18. Las fracciones se refieren al mismo entero. ¿Cuáles de estas comparaciones son correctas? Selecciona todas las que apliquen.

- ☐ $\frac{3}{4} = \frac{3}{4}$
- ☐ $\frac{1}{6} < \frac{1}{4}$
- ☐ $\frac{5}{8} > \frac{5}{6}$
- ☐ $\frac{2}{8} = \frac{2}{3}$
- ☐ $\frac{4}{6} < \frac{4}{8}$

Nombre ______________________

Resuelve

Lección 13-5
Comparar fracciones: Usar fracciones de referencia

Resuélvelo y coméntalo

El Sr. Evan escribió $\frac{2}{8}$, $\frac{4}{8}$, $\frac{6}{8}$, $\frac{1}{8}$, $\frac{3}{8}$, $\frac{5}{8}$ y $\frac{7}{8}$ en el pizarrón. Luego, encerró en un círculo las fracciones que están más cerca de 0 que de 1. ¿Qué fracciones encerró en un círculo? ¿Qué fracciones no encerró en un círculo? ***Resuelve este problema de la manera que prefieras. Explica cómo lo decidiste.***

Puedo...
usar lo que sé sobre el tamaño de los números de referencia para comparar fracciones.

Estándar de contenido 3.NOF.A.3d
Prácticas matemáticas PM.1, PM.2, PM.3

0 $\frac{1}{2}$ 1

Puedes usar razonamiento. Referencias como 0, $\frac{1}{2}$ y 1 son útiles cuando se comparan fracciones del mismo entero.

¡Vuelve atrás! **PM.3 Evaluar el razonamiento** Eric dice que $\frac{3}{8}$ está más cerca de 1 que de 0 porque $\frac{3}{8}$ es mayor que $\frac{1}{8}$. ¿Tiene razón? Usa números de referencia para evaluar el razonamiento de Eric y justificar tu respuesta.

¿Cómo se pueden usar los números de referencia para comparar fracciones?

A

Keri quiere comprar $\frac{2}{6}$ de un recipiente de maní tostado. Alan quiere comprar $\frac{2}{3}$ de un recipiente del mismo tamaño de maní tostado. ¿Quién comprará más maní?

Puedes comparar fracciones con los números de referencia de uso general como 0, $\frac{1}{2}$ y 1.

B Compara cada fracción con el número de referencia $\frac{1}{2}$. Luego, observa cómo se relacionan entre sí de acuerdo con el tamaño.

Maní tostado

$\frac{1}{2}$ lleno

$\frac{2}{6}$ es menor que $\frac{1}{2}$.

$\frac{2}{3}$ es mayor que $\frac{1}{2}$.

C Por tanto, $\frac{2}{6}$ es menor que $\frac{2}{3}$.

$\frac{2}{6} < \frac{2}{3}$

Alan comprará más maní que Keri.

¡Convénceme! **PM.1 Entender y perseverar** Carla compra $\frac{2}{8}$ de un recipiente de maní tostado del mismo tamaño que los recipientes usados por Keri y Alan. Dice que si $\frac{2}{8}$ está entre $\frac{1}{2}$ y 1, entonces ella compra más maní que Alan. ¿Tiene razón Carla? Explícalo.

Nombre ______________________________

Amigo de práctica | Herramientas | Evaluación

Práctica guiada*

¿Lo entiendes?

1. Tina usó números de referencia para decidir que $\frac{3}{8}$ es menor que $\frac{7}{8}$. ¿Estás de acuerdo? Explícalo.

2. **PM.2 Razonar** Escribe dos fracciones con un denominador de 6 que estén más cerca de 0 que de 1.

3. **PM.2 Razonar** Escribe dos fracciones con un denominador de 8 que estén más cerca de 1 que de 0.

¿Cómo hacerlo?

Elige entre las fracciones $\frac{1}{8}$, $\frac{1}{4}$, $\frac{6}{8}$ y $\frac{3}{4}$ para resolver los Ejercicios **4** a **6.** Usa tiras de fracciones para ayudarte.

4. ¿Qué fracciones están más cerca de 0 que de 1?

5. ¿Qué fracciones están más cerca de 1 que de 0?

6. Usa las dos fracciones con denominador de 8 para escribir un enunciado verdadero. ■ < ■.

Práctica independiente

Escoge entre las fracciones $\frac{2}{3}$, $\frac{7}{8}$, $\frac{1}{4}$ y $\frac{2}{6}$ para resolver los Ejercicios **7** y **8.**

7. ¿Cuál de las fracciones está más cerca de 0 que de 1?

8. ¿Cuál de las fracciones está más cerca de 1 que de 0?

Compara para resolver los Ejercicios **9** a **14.** Escribe <, > o =.

9. $\frac{5}{8} \bigcirc \frac{7}{8}$

10. $\frac{5}{8} \bigcirc \frac{2}{8}$

11. $\frac{3}{4} \bigcirc \frac{3}{6}$

12. $\frac{4}{6} \bigcirc \frac{4}{8}$

13. $\frac{2}{6} \bigcirc \frac{2}{4}$

14. $\frac{2}{3} \bigcirc \frac{1}{3}$

*Puedes encontrar otro ejemplo en el Grupo E, página 725.

Prácticas matemáticas y resolución de problemas

Usa la tabla de la derecha para resolver los Ejercicios **15** a **17.**

Nombre	Fracción de milla caminada
Sra. Avery	$\frac{1}{6}$
Sr. Núñez	$\frac{5}{6}$
Sra. Chang	$\frac{1}{3}$
Sr. O'Leary	$\frac{4}{8}$
Srta. Lara	$\frac{4}{6}$

15. ¿Quién ha caminado más cerca de 1 milla que de 0 millas?

16. ¿Quién ha caminado más cerca de 0 millas que de 1 milla?

17. **PM.3 Construir argumentos** ¿Quién caminó una fracción de milla que no está más cerca de 0 ni de 1? Explícalo.

18. **PM.3 Evaluar el razonamiento** Raúl compara dos enteros del mismo tamaño. Dice que $\frac{2}{6} < \frac{2}{3}$ porque $\frac{2}{6}$ es menor que $\frac{1}{2}$ y $\frac{2}{3}$ es mayor que $\frac{1}{2}$. ¿Tiene razón Raúl? Explícalo.

Piensa en fracciones que son equivalentes a una mitad.

19. **PM.1 Entender y perseverar** Mario maneja 265 millas más que Janice. Mario maneja 642 millas. ¿Cuántas millas maneja Janice?

20. **Álgebra** Nina tiene 90 lápices. 40 de ellos son amarillos, 13 son verdes, 18 son rojos y los demás son azules. ¿Cuántos lápices azules tiene Nina?

21. **Razonamiento de orden superior** Omar dice que $\frac{2}{3} < \frac{4}{6}$ porque $\frac{2}{3}$ está entre 0 y $\frac{1}{2}$ y $\frac{4}{6}$ está entre $\frac{1}{2}$ y 1. ¿Tiene razón Omar? Explícalo.

Piensa en las fracciones equivalentes que conoces.

Evaluación de *Common Core*

22. Escribe cada fracción en el espacio para la respuesta correcta para mostrar si la fracción está más cerca de 0 o de 1.

Más cerca de 0 que de 1	Más cerca de 1 que de 0

$\frac{1}{8}$ $\frac{6}{8}$ $\frac{2}{3}$ $\frac{3}{4}$ $\frac{2}{6}$ $\frac{1}{6}$

Nombre ______________________

Tarea y práctica 13-5

Comparar fracciones: Usar fracciones de referencia

¡Revisemos!

Compara $\frac{3}{8}$ y $\frac{7}{8}$.

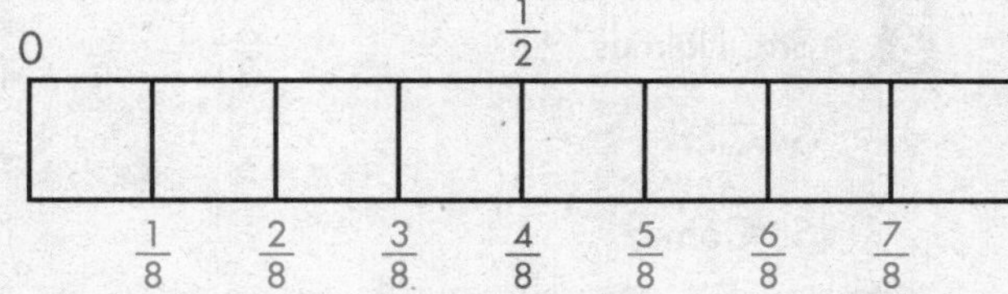

El denominador para cada fracción es 8. Usa los números de referencia 0, $\frac{1}{2}$ y 1 para razonar sobre los tamaños relativos de los numeradores en $\frac{3}{8}$ y $\frac{7}{8}$.

$\frac{1}{2}$ y $\frac{4}{8}$ son fracciones equivalentes. $\frac{3}{8}$ es menor que $\frac{4}{8}$ y está más cerca de 0.

$\frac{7}{8}$ es mayor que $\frac{4}{8}$ y está más cerca de 1. Por tanto, $\frac{3}{8}$ es menor que $\frac{7}{8}$.

Puedes usar números de referencia para comparar fracciones.

Escoge entre las fracciones $\frac{1}{3}, \frac{5}{6}, \frac{3}{4}, \frac{3}{8}$ para resolver los Ejercicios **1** y **2.**

1. ¿Qué fracciones están más cerca de 1 que de 0?

2. ¿Qué fracciones están más cerca de 0 que de 1?

3. Escribe dos fracciones con un denominador de 8 que estén más cerca de 0 que de 1?

4. Usa la referencia $\frac{1}{2}$ y las fracciones $\frac{1}{8}$ y $\frac{5}{8}$ para escribir tres enunciados de comparación.

Compara para resolver los Ejercicios **5** a **10.** Escribe <, > o =.

5. $\frac{2}{6} \bigcirc \frac{2}{4}$

6. $\frac{1}{4} \bigcirc \frac{1}{8}$

7. $\frac{3}{6} \bigcirc \frac{5}{6}$

8. $\frac{2}{3} \bigcirc \frac{2}{3}$

9. $\frac{1}{6} \bigcirc \frac{1}{4}$

10. $\frac{3}{3} \bigcirc \frac{3}{8}$

Usa la tabla de la derecha para resolver los Ejercicios **11** a **14.**

11. Cada una de las clases del Grado 3 en la escuela primaria Haines está haciendo un cartel. Los carteles son todos del mismo tamaño. La tabla muestra la parte del cartel que cada clase ha hecho hasta ahora. ¿Quién ha hecho la mayor fracción del cartel, la clase de la Sra. Holmes o la de la Sra. Johnson?

DATOS

Clases	Fracción de cartel por clase
Sra. Holmes	$\frac{6}{8}$
Sr. Clark	$\frac{3}{6}$
Sr. Gómez	$\frac{1}{3}$
Sra. Johnson	$\frac{7}{8}$
Sra. Park	$\frac{3}{4}$

12. ¿En las clases de quiénes son equivalentes las fracciones de cartel hechas hasta ahora?

13. ¿En las clases de quiénes está la fracción del cartel más cerca de 1 que de 0?

14. **PM.3 Construir argumentos** ¿En la clase de quién está la fracción del cartel que no está más cerca de 0 ni de 1? Usa números de referencia para explicar.

15. Usando los denominadores 2, 3, 6 u 8, escribe dos fracciones menores que 1. Luego, di si las fracciones están más cerca de 0 que de 1.

16. **PM.1 Entender y perseverar** Natalia tenía 28 borradores y compartió algunos en partes iguales con 3 amigos. Le quedan 10 borradores. ¿Cuántos borradores le dio a cada amigo?

17. **Razonamiento de orden superior** Escribe dos fracciones usando los números de las tarjetas de la derecha. Una fracción debe estar más cerca de 0 que de 1. La otra fracción debe estar más cerca de 1 que de 0. Explica qué fracción cumple cada regla.

1	2	3	4

Evaluación de *Common Core*

18. Escribe cada fracción en el espacio para la respuesta correcta para mostrar si la fracción está más cerca de 0 que de 1.

Más cerca de 0 que de 1	Más cerca de 1 que de 0

$\frac{5}{6}$ $\frac{3}{8}$ $\frac{1}{4}$ $\frac{1}{3}$ $\frac{2}{8}$ $\frac{4}{6}$

Nombre

Lección 13-6
Comparar fracciones: Usar la recta numérica

Puedo...
comparar dos fracciones ubicándolas en una recta numérica.

Estándar de contenido 3.NOF.A.3d
Prácticas matemáticas PM.2, PM.3, PM.6, PM.7

Resuélvelo y coméntalo Tanya, Rita y Ryan usaron una bolsa de harina cada uno para hacer modelos de arcilla. Las bolsas se rotularon $\frac{3}{4}$ lb, $\frac{1}{4}$ lb y $\frac{2}{4}$ lb. Muestra estas fracciones en una recta numérica. ¿Cómo puedes usar la recta numérica para comparar dos de estas fracciones?

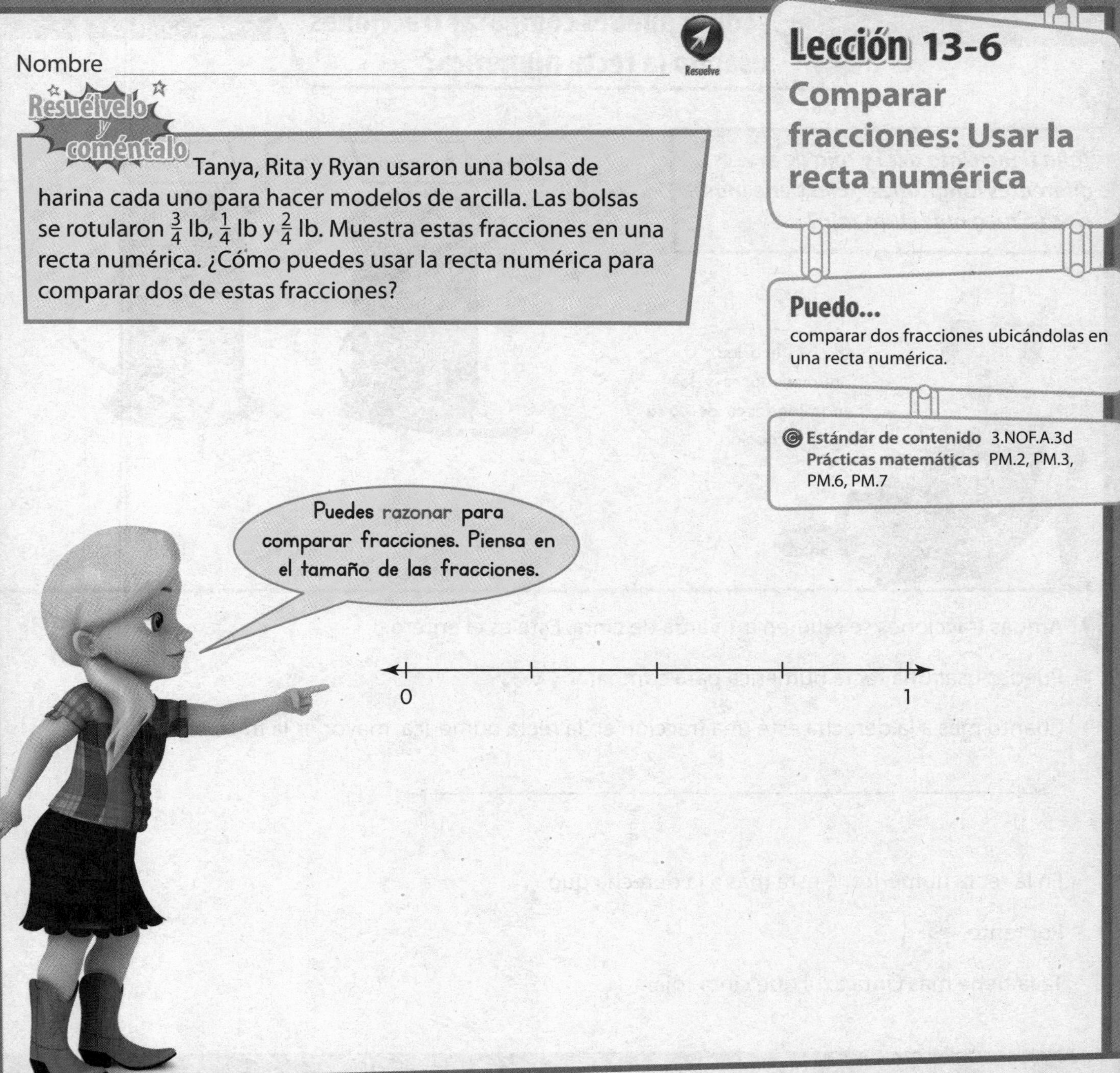

Puedes razonar para comparar fracciones. Piensa en el tamaño de las fracciones.
0
1

¡Vuelve atrás! **PM.7 Usar la estructura** Si las bolsas se marcaran $\frac{4}{8}$ de lb, $\frac{3}{8}$ de lb y $\frac{6}{8}$ de lb. ¿Cómo podría una recta numérica ayudarte a resolver este problema?

¿Cómo puedes comparar fracciones usando la recta numérica?

A

Talía tiene cinta azul y roja de diferentes longitudes. ¿Ella tiene más cinta azul o más cinta roja?

Mira los numeradores y los denominadores de cada fracción.

B

Ambas fracciones se refieren a 1 yarda de cinta. Este es el entero.

Puedes usar una recta numérica para comparar $\frac{1}{3}$ y $\frac{2}{3}$.

Cuanto más a la derecha esté una fracción en la recta numérica, mayor es la fracción.

En la recta numérica, $\frac{2}{3}$ está más a la derecha que $\frac{1}{3}$.

Por tanto, $\frac{2}{3} > \frac{1}{3}$.

Talía tiene más cinta azul que cinta roja.

¡Convénceme! **PM.7 Usar la estructura** Talía tiene también cinta verde que mide $\frac{3}{6}$ de yarda. ¿Cómo puedes usar la recta numérica para comparar la longitud de la cinta verde con las longitudes de las cintas azul y roja?

Nombre ____________________ Resuelve

Lección 13-7
Números enteros y fracciones

Puedo...
usar representaciones para hallar nombres de fracciones para números enteros.

Estándares de contenido 3.NOF.A.3c, 3.NOF.A.3a
Prácticas matemáticas PM.2, PM.3, PM.7

Resuélvelo y coméntalo Jaime comió seis pedazos de tarta de manzana durante la semana. Cada pedazo era $\frac{1}{6}$ de la tarta. ¿Cuánta tarta comió Jaime? ¿Cuánta tarta quedó? ***Resuelve este problema de la manera que prefieras. Explica cómo lo decidiste.***

Razona.
Piensa en el tamaño de cada pedazo y en el tamaño de toda la tarta. *¡Muestra tu trabajo!*

¡Vuelve atrás! **PM.3 Construir argumentos** Jaime corta otra tarta en pedazos más pequeños. Cada pedazo es $\frac{1}{8}$ del entero. Jaime reparte 8 pedazos. ¿Le quedó a Jaime algo de la tarta? Explica cómo lo sabes.

¿Cómo puedes usar nombres de fracciones para representar números enteros?

A

¿Cuáles son los nombres de algunas fracciones equivalentes para 1, 2 y 3?

Puedes escribir un número entero como una fracción escribiendo el número entero como el numerador y 1 como el denominador.

La recta numérica muestra 3 enteros. Cada entero está dividido en 1 parte igual.

1 entero dividido en 1 parte igual se puede escribir como $\frac{1}{1}$.

2 enteros divididos en 1 parte igual se pueden escribir como $\frac{2}{1}$.

3 enteros divididos en 1 parte igual se pueden escribir como $\frac{3}{1}$.

$1 = \frac{1}{1}$

$2 = \frac{2}{1}$

$3 = \frac{3}{1}$

B

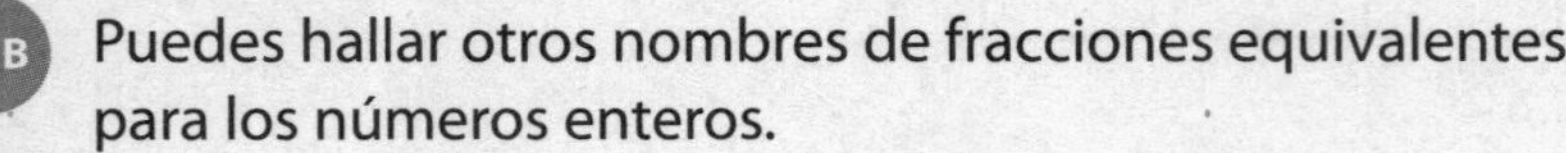

Puedes hallar otros nombres de fracciones equivalentes para los números enteros.

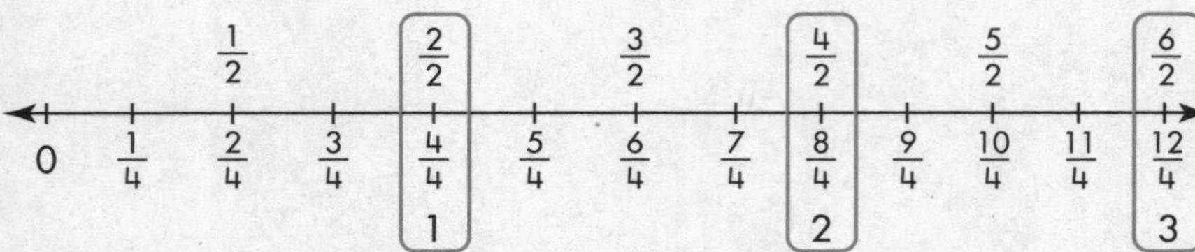

$1 = \frac{1}{1} = \frac{2}{2} = \frac{4}{4}$

$2 = \frac{2}{1} = \frac{4}{2} = \frac{8}{4}$

$3 = \frac{3}{1} = \frac{6}{2} = \frac{12}{4}$

¡Hay muchos nombres de fracciones para los números enteros!

¡Convénceme! **PM.2 Razonar** ¿Qué nombres de fracciones equivalentes se pueden escribir para 4 usando denominadores de 1, 2 o 4?

Nombre ______________________

Otro ejemplo

Puedes usar fracciones para nombrar números enteros.

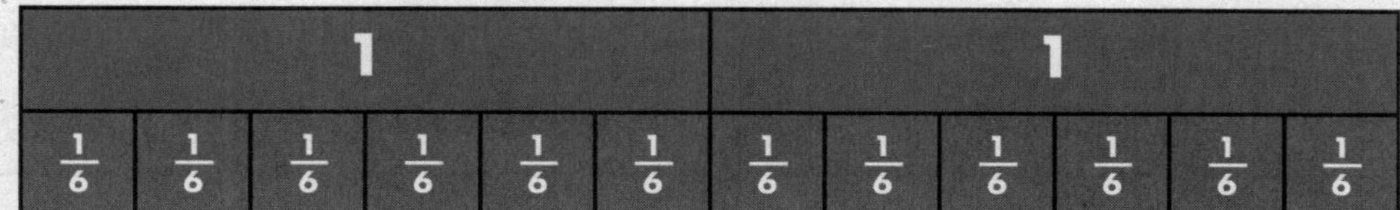

Doce tiras de fracciones de $\frac{1}{6}$ son iguales a 2 tiras de fracciones de 1 entero.

Todos los números enteros tienen nombres de fracciones. Puedes escribir $2 = \frac{12}{6}$.

También sabes que $2 = \frac{2}{1}$, por tanto, puedes escribir $2 = \frac{2}{1} = \frac{12}{6}$.

Práctica guiada*

¿Lo entiendes?

1. **PM.2 Razonar** Explica cómo sabes que $\frac{4}{1} = 4$.

¿Cómo hacerlo?

2. Completa la recta numérica.

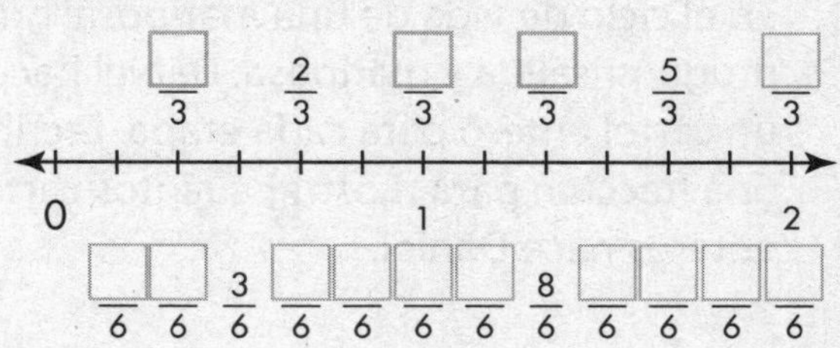

3. Observa la recta numérica. Escribe dos fracciones equivalentes para cada número entero.

$1 = \frac{\square}{3} = \frac{\square}{6}$ $2 = \frac{\square}{3} = \frac{\square}{6}$

Práctica independiente

Escribe dos fracciones equivalentes para cada número entero en los Ejercicios **4** a **7.** Puedes dibujar rectas numéricas para ayudarte.

4. $4 = \frac{\square}{2} = \frac{\square}{1}$ **5.** $1 = \frac{\square}{4} = \frac{\square}{1}$ **6.** $2 = \frac{\square}{3} = \frac{\square}{1}$ **7.** $5 = \frac{\square}{2} = \frac{\square}{1}$

Para cada par de fracciones escribe el número entero equivalente en los Ejercicios **8** a **11.**

8. $\frac{6}{2} = \frac{3}{1} =$ **9.** $\frac{3}{3} = \frac{6}{6} =$ **10.** $\frac{8}{4} = \frac{6}{3} =$ **11.** $\frac{9}{3} = \frac{12}{4} =$

*Puedes encontrar otro ejemplo en el Grupo G, página 726.

Prácticas matemáticas y resolución de problemas

12. Henry necesita reparar o reemplazar su refrigerador. Costará $376 repararlo. ¿Cuánto más costará comprar un refrigerador nuevo que arreglar el actual?

Refrigerador nuevo $969

13. **PM.3 Evaluar el razonamiento** Daniel dice: "Para escribir el nombre de una fracción equivalente para 5, puedo escribir 5 como el denominador y 1 como el numerador". ¿Estás de acuerdo con Daniel? Explícalo.

14. **PM.7 Buscar relaciones** Describe uno de los patrones en las fracciones equivalentes a 1 entero.

15. **Matemáticas y Ciencias** Hay cuatro etapas en el ciclo de vida de una mariposa: huevo, oruga, crisálida y mariposa. Daniel hace un cartel entero para cada etapa. Escribe una fracción para mostrar cuántos carteles enteros hace Daniel.

16. Karen compra 4 boletos para el cine a $9 cada uno. Le quedan $12. ¿Cuánto dinero tenía Karen al empezar?

17. **Razonamiento de orden superior** Peggy tiene 4 sándwiches enteros, corta cada uno en mitades. Invita $\frac{2}{2}$ de los sándwiches. Muestra como una fracción el número de mitades que le quedan a Peggy.

Cada sándwich se corta en partes iguales.

Evaluación de *Common Core*

18. Completa las ecuaciones. Traza una línea para emparejar el número entero de la izquierda con las fracciones equivalentes de la derecha.

4	$\frac{6}{1} = \frac{12}{2} = ?$
1	$\frac{6}{3} = \frac{4}{2} = ?$
2	$\frac{4}{4} = \frac{1}{1} = ?$
6	$\frac{8}{2} = \frac{16}{4} = ?$

Nombre ____________________

Tarea y práctica 13-7

Números enteros y fracciones

¡Revisemos!

Los números enteros tienen nombres de fracciones equivalentes.

1 entero dividido en 1 parte igual se puede escribir como $\frac{1}{1}$.

2 enteros divididos cada uno en 1 parte igual se puede escribir como $\frac{2}{1}$.

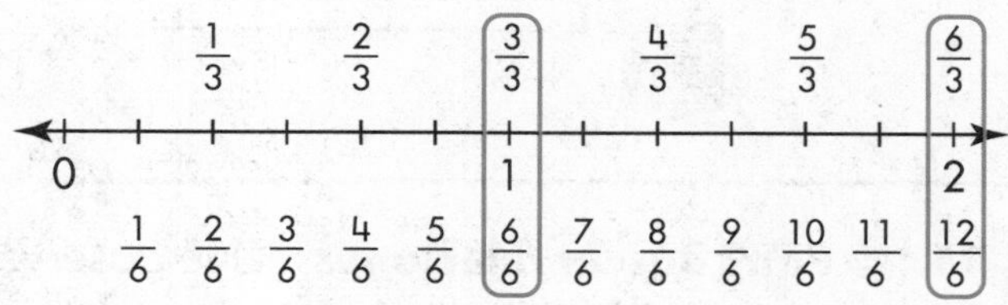

Puedes nombrar fracciones como números enteros y números enteros como fracciones.

Esta recta numérica muestra otras fracciones equivalentes para 1 y 2. Puedes ver cuántas partes iguales forman 1 o 2 enteros.

$1 = \frac{1}{1} = \frac{3}{3} = \frac{6}{6}$

$2 = \frac{2}{1} = \frac{6}{3} = \frac{12}{6}$

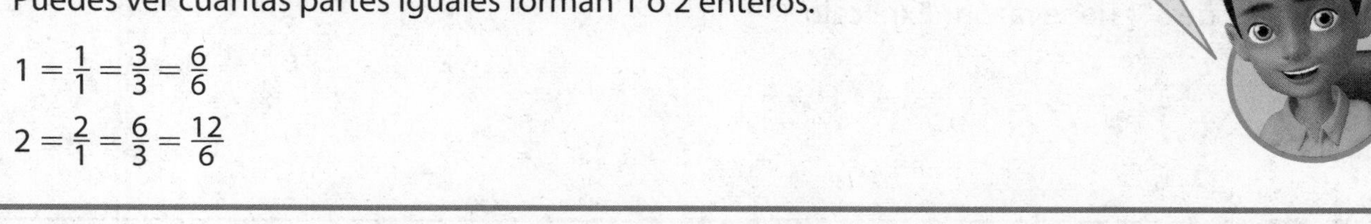

Completa cada recta numérica en los Ejercicios **1** a **4**.

1. sextos

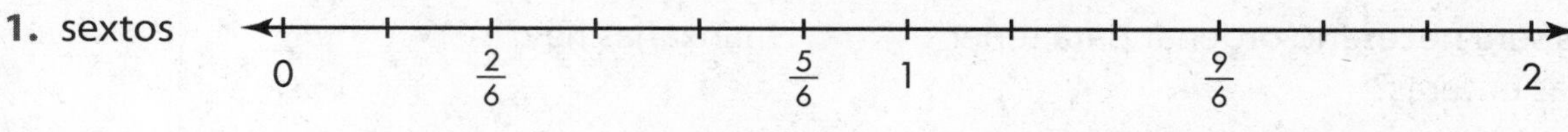

2. tercios

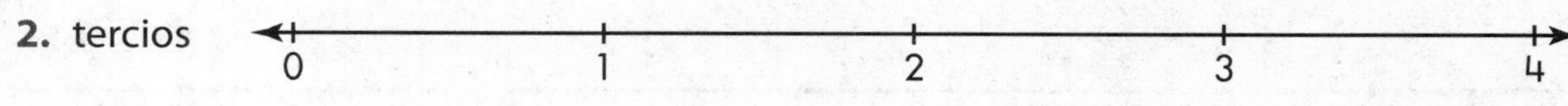

3. cuartos

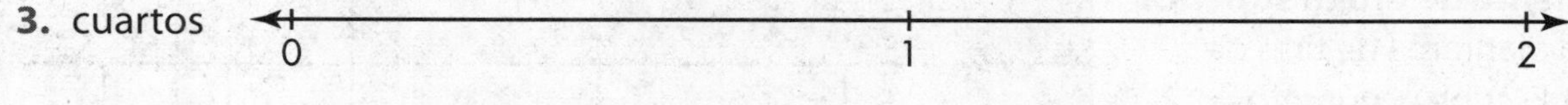

4. mitades

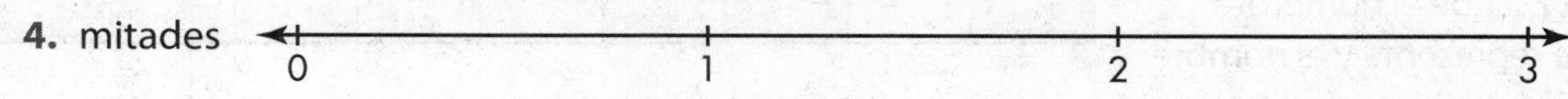

Escribe dos fracciones equivalentes para cada número entero en los Ejercicios **5** a **8.** Puedes dibujar rectas numéricas para ayudarte.

5. $3 = \frac{\square}{1} = \frac{\square}{3}$ **6.** $2 = \frac{\square}{1} = \frac{\square}{4}$ **7.** $8 = \frac{\square}{1} = \frac{\square}{2}$ **8.** $1 = \frac{\square}{2} = \frac{\square}{3}$

Para cada par de fracciones escribe el número entero equivalente en los Ejercicios **9** a **12.**

9. $\frac{12}{3} = \frac{4}{1} =$ **10.** $\frac{18}{3} = \frac{6}{1} =$ **11.** $\frac{5}{5} = \frac{3}{3} =$ **12.** $\frac{15}{3} = \frac{5}{1} =$

13. Andy ganó $38 dólares el lunes y $34 el martes. ¿Cuántas plantas de bambú de la suerte puede comprar con el dinero que ganó en total?

Plantas de bambú de la suerte a $9 cada una.

14. © **PM.3 Evaluar el razonamiento** Julio dice: "Para convertir el número entero 3 en una fracción, solo pongo 3 bajo un numerador de 3" ¿Tiene razón? Explícalo.

15. © **PM.7 Buscar relaciones** ¿Qué observas en todas las fracciones que son equivalentes a 2? Explícalo y da un ejemplo.

16. La comida del niño en Happy Time Diner viene con una porción de manzana que es $\frac{1}{4}$ de la manzana entera. ¿Cuántas comidas para niños será necesario ordenar para tener 3 manzanas enteras?

17. Kevin está vendiendo manzanas en el mercado. Él ordena 32 manzanas en una matriz con 4 filas. ¿Cuántas columnas de manzanas hay?

18. **Razonamiento de orden superior** Observa el diagrama de tiras de fracciones. Escribe el número entero que representa y el nombre de la fracción equivalente. Luego escribe un problema-cuento donde el mismo número entero sea igual a la fracción.

1			1			1		
$\frac{1}{3}$	$\frac{1}{3}$	$\frac{1}{3}$	$\frac{1}{3}$	$\frac{1}{3}$	$\frac{1}{3}$	$\frac{1}{3}$	$\frac{1}{3}$	$\frac{1}{3}$

© Evaluación de *Common Core*

19. Completa las ecuaciones. Traza una línea para emparejar el número entero de la izquierda con las fracciones equivalentes de la derecha.

3	$\frac{2}{1} = \frac{4}{2} = ?$
5	$\frac{15}{3} = \frac{5}{1} = ?$
1	$\frac{9}{3} = \frac{12}{4} = ?$
2	$\frac{8}{8} = \frac{1}{1} = ?$

Nombre ____________________

Resuélvelo y coméntalo

Linda y Mateo participan en una carrera de 1 milla. Hasta el momento, ambos han corrido la misma distancia. Escribe una fracción que muestre qué tan lejos pudo haber corrido Linda. Escribe una fracción diferente que muestre qué tan lejos pudo haber corrido Mateo. Construye un argumento matemático para apoyar tu respuesta.

Prácticas matemáticas y resolución de problemas

Lección 13-8
Construir argumentos

Puedo...
construir argumentos matemáticos usando lo que sé sobre fracciones.

Prácticas matemáticas PM.3 También, PM.1, PM.4, PM.5, PM.6
Estándares de contenido 3.NOF.A.3b, 3.NOF.A.3d

Pista de atletismo

Hábitos de razonamiento

¡Razona correctamente! Estas preguntas te pueden ayudar.

- ¿Cómo puedo usar números, objetos, dibujos o acciones para justificar mi argumento?
- ¿Estoy usando los números y los signos o símbolos correctamente?
- ¿Es mi explicación clara y completa?

¡Vuelve atrás! **PM.3 Construir argumentos** ¿Son equivalentes las dos fracciones que escribiste? ¿Cómo lo sabes?

¿Cómo puedes construir argumentos?

Aprende Glosario

A

Clara y Ana están haciendo alfombras del mismo tamaño. Hasta ahora, Clara ha hecho $\frac{3}{4}$ de su alfombra y Ana $\frac{3}{8}$. ¿Quién tiene más avanzada su alfombra?

Conjetura: Clara ha hecho una porción de alfombra mayor que la de Ana.

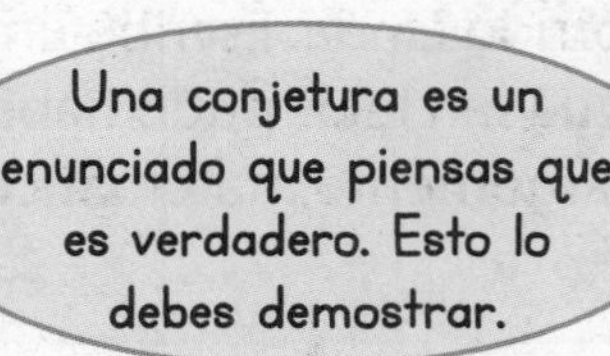

Una conjetura es un enunciado que piensas que es verdadero. Esto lo debes demostrar.

¿De qué manera puedo explicar por qué mi conjetura es correcta?

Necesito construir un argumento para justificar mi conjetura.

B

¿Cómo puedo construir un argumento?

Puedo

- usar números, objetos, dibujos o acciones correctamente para explicar mis ideas.
- asegurarme de que la explicación es simple, completa y fácil de entender.

C

Usaré dibujos y números para explicar mis ideas.

Las rectas numéricas representan el mismo entero. Una está dividida en cuartos. La otra está dividida en octavos.

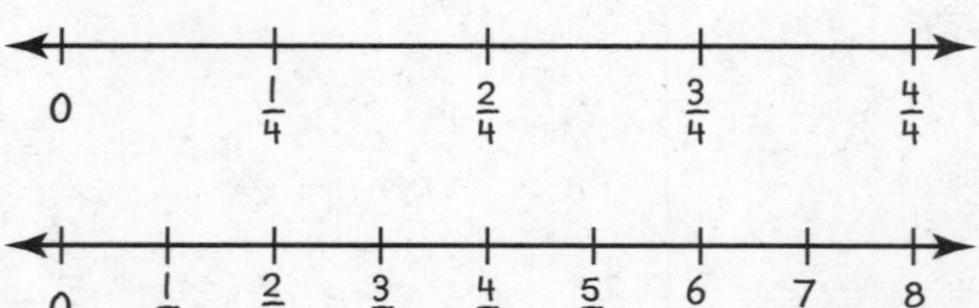

Las rectas numéricas muestran que 3 de los cuartos son mayores que 3 de los octavos.

Por tanto, $\frac{3}{4} > \frac{3}{8}$. La conjetura es correcta.

¡Convénceme! **PM.3 Construir argumentos** Usa números para construir otro argumento matemático que justifique la anterior conjetura. Piensa en cómo lo puedes ver en el numerador y el denominador.

Nombre ______________________________

Práctica guiada*

PM.3 Construir argumentos

Pablo y Ana están comiendo burritos del mismo tamaño. Pablo comió $\frac{4}{6}$ de un burrito y Ana comió $\frac{2}{3}$ de un burrito. Conjetura: Pablo y Ana comieron la misma cantidad.

1. Dibuja un diagrama como ayuda para justificar la conjetura.

Un ejemplo te puede ayudar a construir un argumento.

2. ¿Es correcta la conjetura? Construye un argumento para justificar tu respuesta.

Práctica independiente

PM.3 Construir argumentos

Reyna tiene una cinta azul que mide 1 yarda y una cinta roja que mide 2 yardas. Ella usa $\frac{1}{2}$ de la cinta roja y $\frac{2}{4}$ de la cinta azul.

Conjetura: Reyna usó la misma cantidad de cinta azul y roja.

3. Dibuja un diagrama como ayuda para justificar la conjetura.

4. ¿Es correcta la conjetura? Construye un argumento para justificar tu respuesta.

5. Explica de qué otra manera podrías justificar tu respuesta.

**Puedes encontrar otro ejemplo en el Grupo H, página 726.*

Prácticas matemáticas y resolución de problemas

Evaluación de rendimiento de *Common Core*

Feria escolar

En la feria escolar trabajaron 21 estudiantes. Los estudiantes de la Sra. Gómez trabajaron en una caseta. La tabla muestra qué fracción de 1 hora trabajaron los estudiantes el lunes. La Sra. Gómez quiere saber qué estudiantes trabajaron menos tiempo que Cathy el lunes.

DATOS

Estudiante	Tim	Cathy	José	Pedro
Horas trabajadas	$\frac{1}{4}$	$\frac{2}{4}$	$\frac{2}{6}$	$\frac{3}{4}$

6. **PM.1 Entender y perseverar** ¿Qué comparaciones necesitas hacer para hallar quién trabajó menos tiempo que Cathy el lunes?

7. **PM.6 Hacerlo con precisión** ¿Cuál es el entero para el tiempo de Cathy? ¿Usan el mismo entero los tiempos para los otros estudiantes?

8. **PM.5 Usar herramientas apropiadas** ¿Qué herramienta podrías usar para resolver este problema? Explica cómo usarías esta herramienta.

Cuando construyes argumentos, explicas por qué una conjetura es verdadera.

9. **PM.3 Construir argumentos** ¿Quién trabajó menos tiempo que Cathy? Construye un argumento matemático para justificar tu respuesta.

Nombre ____________________

Ayuda Amigo de práctica Herramientas Juegos

Tarea y práctica 13-8
Construir argumentos

¡Revisemos!

Tania y Jorge tienen peceras del mismo tamaño.
Tania llena con agua $\frac{1}{2}$ de la pecera.
Jorge llena con agua $\frac{3}{6}$ de la pecera.

Conjetura: Tania y Jorge vierten la misma cantidad de agua.

Di cómo puedes justificar la conjetura.

- Puedo usar números, objetos, dibujos o acciones para explicarla.
- Puedo asegurarme de que mi argumento sea sencillo, completo y fácil de entender.

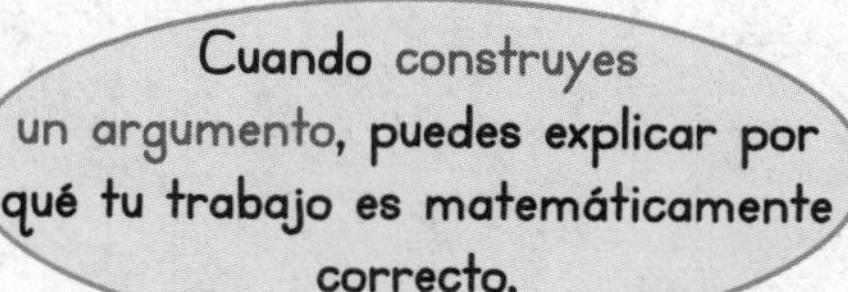

Cuando construyes un argumento, puedes explicar por qué tu trabajo es matemáticamente correcto.

Construir un argumento para justificar la conjetura.

Ambas fracciones corresponden al mismo entero. La recta numérica muestra que $\frac{1}{2} = \frac{3}{6}$, por tanto, Tania y Jorge vierten la misma cantidad de agua.

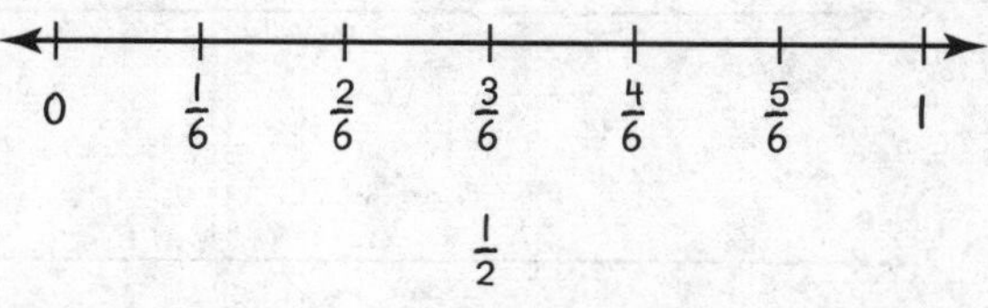

PM.3 Construir argumentos El Sr. Duque trota $\frac{13}{8}$ de milla. La Sra. Duque trota $\frac{13}{6}$ de milla.

Conjetura: La distancia que trota la Sra. Duque es mayor que la del Sr. Duque.

1. ¿Cuáles son los elementos importantes a considerar para justificar una conjetura?

2. Construir un argumento para justificar la conjetura.

3. Explica otra manera de justificar la conjetura.

Evaluación de rendimiento de *Common Core*

Batido de fruta

Liza halló una receta para un batido de fruta. Ella quiere saber si se encuentran cantidades iguales de algunos ingredientes en el batido.

DATOS

Ingrediente	Tazas
Yogur de vainilla	$\frac{6}{8}$
Piñas	$\frac{1}{4}$
Plátanos	$\frac{2}{3}$
Fresas	$\frac{4}{6}$
Naranjas	$\frac{2}{4}$

4. **PM.1 Entender y perseverar** ¿Qué comparaciones necesitas hacer para hallar qué ingredientes del batido se encuentran en iguales cantidades?

5. **PM.6 Hacerlo con precisión** ¿Cuál es el entero para las fracciones en este problema? ¿Todas las fracciones corresponden al mismo entero?

6. **PM.4 Representar con modelos matemáticos** Usa las rectas numéricas para representar la fracción de cada ingrediente. ¿Qué representan las fracciones equivalentes?

7. **PM.3 Construir argumentos** ¿Algunos de los ingredientes se encuentran en igual cantidad en el batido? Construye un argumento matemático para explicar por qué.

Diagramas como las rectas numéricas pueden ayudarte a construir argumentos.

Nombre ___________________________________

TEMA 13

Actividad de práctica de fluidez

Empaaréjalo

Trabaja con un compañero. Señala una pista.

Lee la pista.

Mira la tabla de la parte de abajo de la página y busca la pareja de esa pista. Escribe la letra de la pista en el recuadro al lado de su pareja.

Halla una pareja para cada pista.

Puedo...
multiplicar y dividir hasta 100.

Estándar de contenido
3.OA.C.7

Pistas

A Es igual a 3×3	**E** Es igual a $35 \div 5$	**I** Es igual a 2×5
B Es igual a 4×4	**F** Es igual a $12 \div 4$	**J** Es igual a 3×10
C Es igual a 9×4	**G** Es igual a 5×4	**K** Es igual a 9×2
D Es igual a $0 \div 10$	**H** Es igual a 3×8	**L** Es igual a 2×4

☐ 6×6	☐ $3\overline{)27}$	☐ 6×4
☐ $40 \div 4$	☐ 0×9	☐ 3×6
☐ $32 \div 4$	☐ 5×6	☐ $4\overline{)28}$
☐ 10×2	☐ $7\overline{)21}$	☐ 8×2

Lista de palabras

- denominador
- fracción
- fracción unitaria
- fracciones equivalentes
- numerador
- recta numérica

Comprender el vocabulario

Escribe V para *verdadero* y F para *falso.*

1. ________ $\frac{1}{6}$ y $\frac{2}{6}$ tienen el mismo numerador.
2. ________ $\frac{1}{2}$ y $\frac{4}{8}$ son fracciones equivalentes.
3. ________ $\frac{3}{8}$ es una fracción unitaria.
4. ________ Un número entero se puede escribir como una fracción.
5. ________ El denominador en $\frac{1}{3}$ y en $\frac{2}{3}$ es el mismo.
6. ________ Una recta numérica siempre muestra fracciones.

Para cada uno de estos términos, da un ejemplo y un contraejemplo.

	Ejemplo	Contraejemplo
7. fracción	________	________
8. fracción unitaria	________	________
9. fracciones equivalentes	________	________

Usa el vocabulario al escribir

10. Usa por lo menos dos términos de la Lista de palabras para explicar cómo comparas $\frac{1}{2}$ y $\frac{1}{3}$.

Nombre ______________________________

TEMA 13

Refuerzo

Grupo A páginas 673 a 678

Dos fracciones son equivalentes si representan la misma parte de un entero.

¿Qué fracción es equivalente a $\frac{6}{8}$?

Puedes usar tiras de fracciones para hallar fracciones equivalentes.

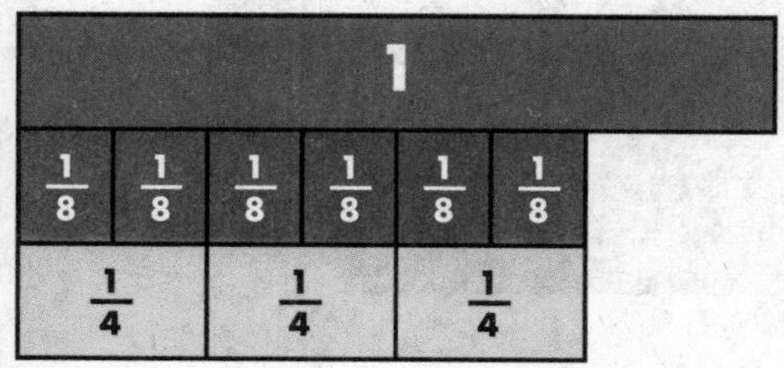

$\frac{6}{8} = \frac{3}{4}$

O puedes usar modelos de área para ver que $\frac{6}{8}$ y $\frac{3}{4}$ son fracciones equivalentes. Ambas fracciones coloreadas muestran la misma parte del entero.

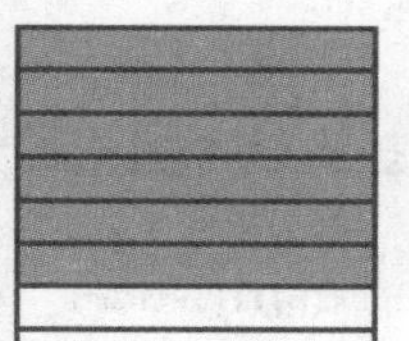

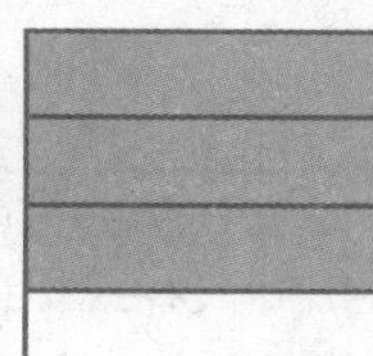

Recuerda que debes revisar que los dos grupos de tiras sean de la misma longitud.

Halla la fracción equivalente en los Ejercicios **1** y **2**.

1.

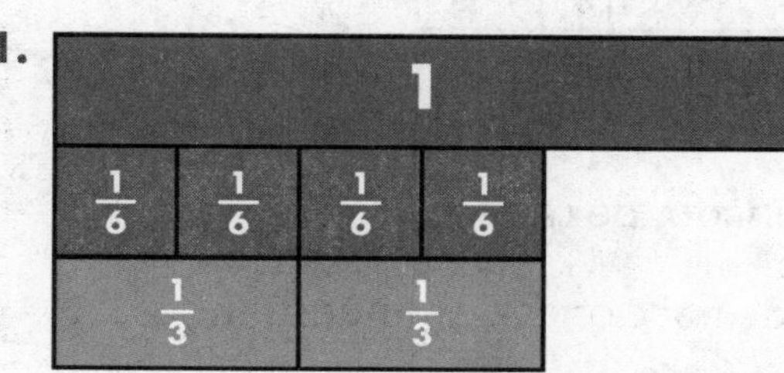

$\frac{4}{6} =$ ☐

2.

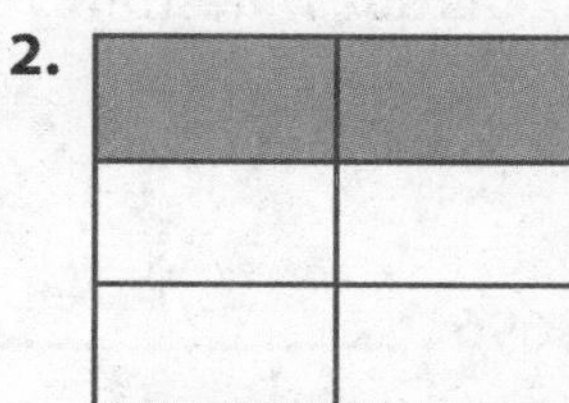

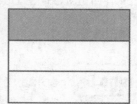

$\frac{2}{6} =$ ☐

Grupo B páginas 679 a 684

Rafael dice que la biblioteca está a $\frac{2}{8}$ de milla de su casa. Silvia dice que está a $\frac{1}{4}$ de milla.

Usa una recta numérica para hallar quién tiene razón.

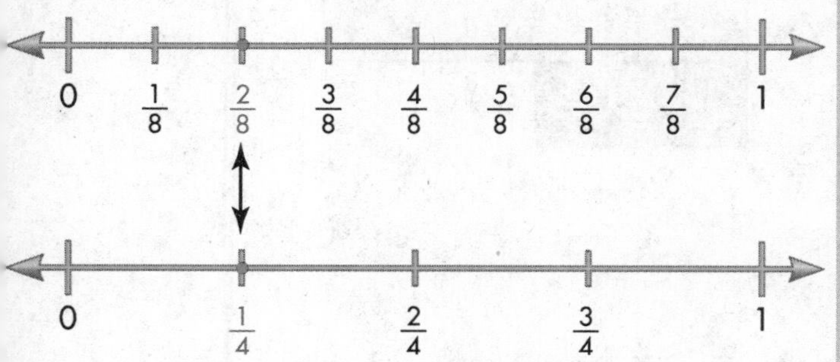

Las fracciones $\frac{2}{8}$ y $\frac{1}{4}$ son equivalentes. Están a la misma distancia de 0 en la recta numérica. Rafael y Silvia tienen razón.

Recuerda que las fracciones equivalentes tienen nombres diferentes, pero ellas representan el mismo punto en una recta numérica.

Escribe dos fracciones que representen la misma ubicación en la recta numérica en los Ejercicios **1** y **2**.

1.

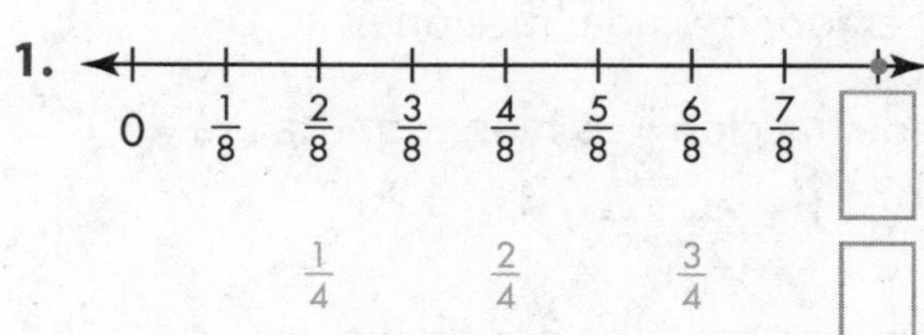

2.

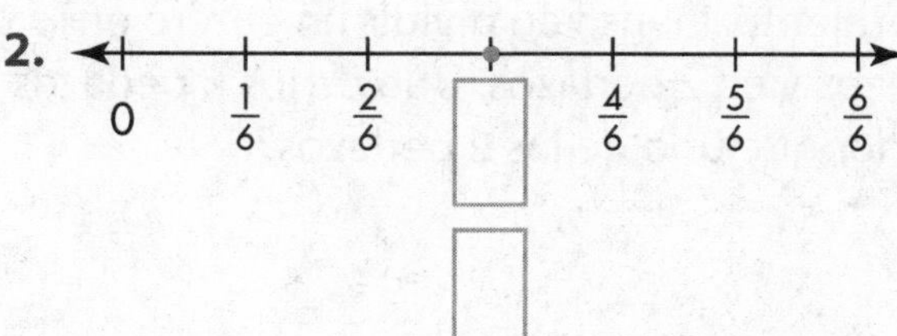

Grupo C páginas 685 a 690

Puedes usar tiras de fracciones para comparar fracciones con el mismo denominador.

Compara $\frac{3}{4}$ con $\frac{2}{4}$.

El denominador de cada fracción es 4.

Tres tiras de fracciones de $\frac{1}{4}$ muestran $\frac{3}{4}$.

Dos tiras de fracciones de $\frac{1}{4}$ muestran $\frac{2}{4}$.

Las tiras de fracciones que muestran $\frac{3}{4}$ tienen 1 fracción unitaria más que las tiras que muestran $\frac{2}{4}$.

Por tanto, $\frac{3}{4} > \frac{2}{4}$.

Recuerda que si las fracciones tienen el mismo denominador, la fracción mayor tiene un numerador mayor.

Compara en los Ejercicios **1** a **3.** Escribe <, > o =. Usa tiras de fracciones como ayuda.

1.

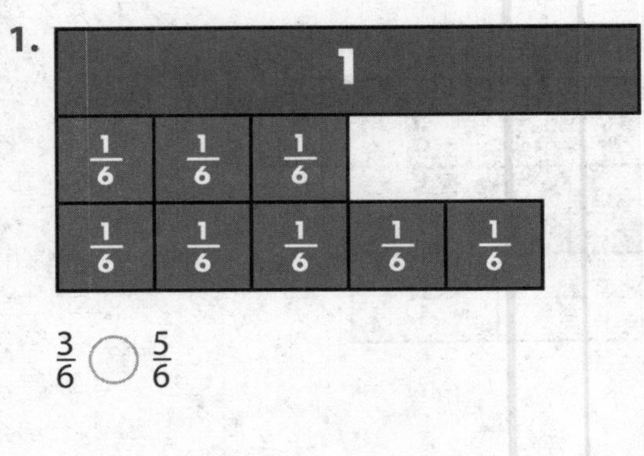

$\frac{3}{6} \bigcirc \frac{5}{6}$

2. $\frac{4}{6} \bigcirc \frac{5}{6}$

3. $\frac{5}{8} \bigcirc \frac{3}{8}$

Grupo D páginas 691 a 696

Puedes usar tiras de fracciones para comparar fracciones con el mismo numerador.

Compara $\frac{1}{6}$ con $\frac{1}{2}$.

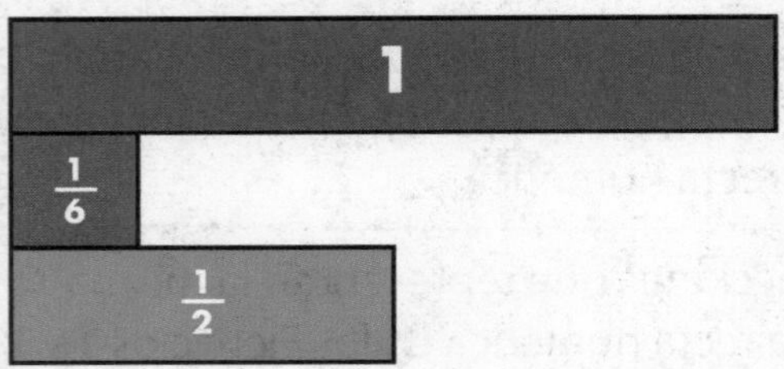

El numerador de cada fracción es 1.

La tira de fracción $\frac{1}{6}$ es menor que la tira $\frac{1}{2}$.

Por tanto, $\frac{1}{6} < \frac{1}{2}$.

La comprensión viene por medio del razonamiento. Piensa en dividir un entero en 6 pedazos y en 2 pedazos. Uno de los 6 pedazos es menor que uno de los 2 pedazos.

Recuerda que si las fracciones tienen el mismo numerador, la fracción mayor tiene el menor denominador.

Compara en los Ejercicios **1** a **3.** Escribe <, > o =. Usa tiras de fracciones como ayuda.

1.

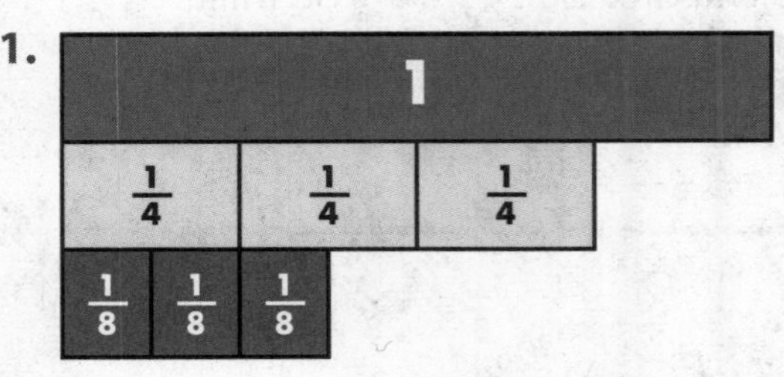

$\frac{3}{4} \bigcirc \frac{3}{8}$

2. $\frac{5}{6} \bigcirc \frac{5}{8}$

3. $\frac{1}{3} \bigcirc \frac{1}{2}$

Nombre ______________________________

TEMA 13

Refuerzo (continuación)

Grupo E páginas 697 a 702

Puedes comparar fracciones usando números de referencia como 0, $\frac{1}{2}$ y 1.

Chris y Mary están haciendo dibujos del mismo tamaño. Chris pintó $\frac{3}{4}$ de su dibujo. Mary pintó $\frac{3}{8}$. ¿Cuál de los dos pintó la mayor cantidad?

$\frac{3}{4}$ es mayor que $\frac{1}{2}$.

$\frac{3}{8}$ es menor que $\frac{1}{2}$.

Chris pintó la mayor cantidad.

Recuerda que puedes comparar cada fracción con un número de referencia para ver cómo se relacionan entre sí.

Usa los números de referencia como ayuda para resolver en los Ejercicios **1** y **2**.

1. Mike tenía $\frac{2}{6}$ de una barra de chocolate. Sally tenía $\frac{4}{6}$ de una barra de chocolate. ¿De quién es la fracción de barra de chocolate que está más cerca a 1? ¿Más cerca a 0?

2. Pablo comparó dos bolsas de arroz. Una pesa $\frac{4}{6}$ de libra y la otra pesa $\frac{4}{8}$ de libra. ¿Qué bolsa es más pesada?

Grupo F páginas 703 a 708

Puedes usar una recta numérica para comparar fracciones.

¿Cuál es mayor, $\frac{3}{6}$ o $\frac{4}{6}$?

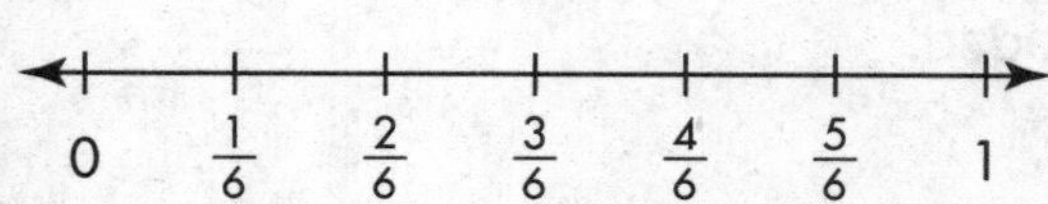

$\frac{4}{6}$ está más a la derecha que $\frac{3}{6}$ por tanto, $\frac{4}{6}$ es mayor.

También puedes comparar dos fracciones con el mismo numerador dibujando dos rectas numéricas.

¿Cuál es mayor, $\frac{2}{4}$ o $\frac{2}{3}$?

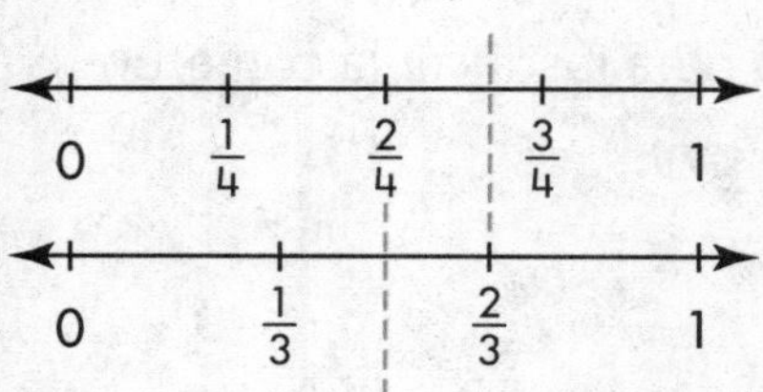

$\frac{2}{3}$ está más a la derecha que $\frac{2}{4}$ por tanto, $\frac{2}{3}$ es mayor.

Recuerda que debes dibujar dos rectas numéricas de igual longitud cuando compares fracciones con diferentes denominadores.

Compara en los Ejercicios **1** y **2.** Escribe <, > o =. Usa rectas numéricas como ayuda.

1. $\frac{2}{6}$ ◯ $\frac{3}{6}$

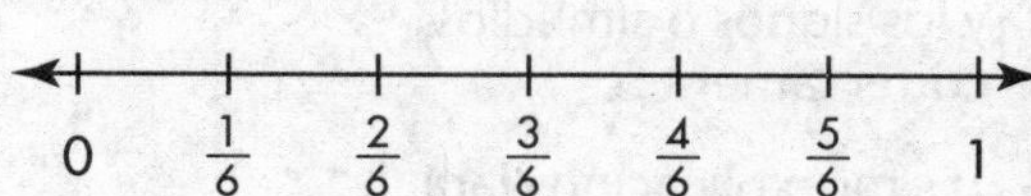

2. $\frac{3}{4}$ ◯ $\frac{3}{6}$

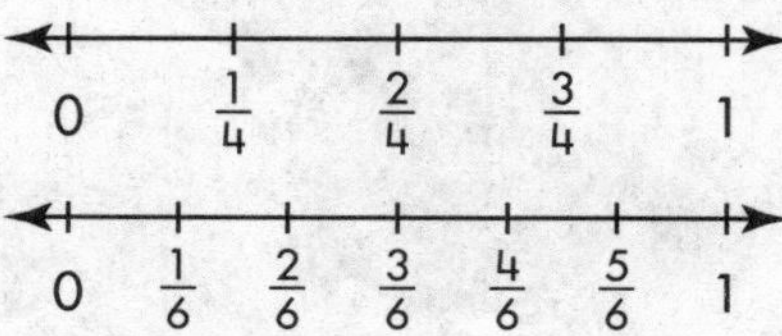

Grupo G páginas 709 a 714

¿Cuántos tercios hay en 2 enteros?

Puedes usar una recta numérica o tiras de fracciones para hallar el nombre de la fracción para 2 usando tercios.

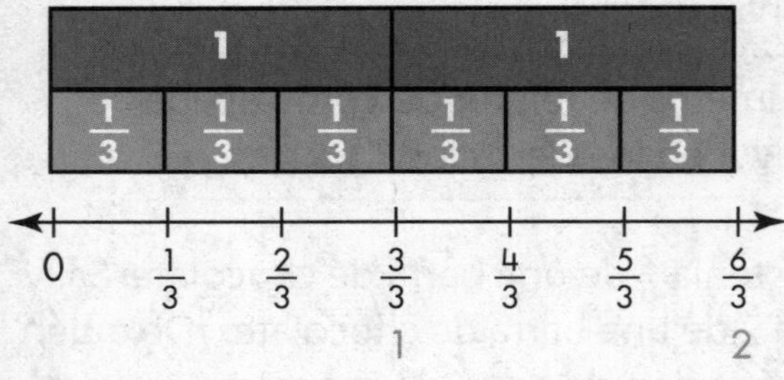

$2 = \frac{6}{3}$

El número entero 2 también se puede escribir como la fracción $\frac{6}{3}$.

Recuerda que cuando escribes números enteros como fracciones, el numerador puede ser mayor que el denominador.

Escribe una fracción equivalente para cada número entero en los Ejercicios **1** a **4.**

1. 3

2. 2

3. 5

4. 1

Para cada fracción escribe el número entero equivalente en los Ejercicios **5** a **8.**

5. $\frac{6}{3}$

6. $\frac{10}{2}$

7. $\frac{14}{2}$

8. $\frac{8}{8}$

Grupo H páginas 715 a 720

Piensa en estas preguntas como ayuda para **construir argumentos**.

Hábitos de razonamiento

- ¿Cómo puedo usar números, objetos, dibujos o acciones para justificar mi argumento?
- ¿Estoy usando los números y los signos o símbolos correctamente?
- ¿Es mi explicación clara y completa?

Recuerda que cuando construyes un argumento, explicas por qué está bien tu trabajo.

Óscar y Tania pintan dos paredes iguales. Óscar pinta $\frac{2}{6}$ de una pared. Tania pinta $\frac{1}{3}$ de la otra pared. Conjetura: Óscar y Tania pintan la misma cantidad.

1. Dibuja un diagrama para justificar la conjetura.

2. Usa el diagrama para justificar la conjetura.

1. Tres amigos trabajan en un proyecto. Cindy hace $\frac{4}{8}$ del proyecto. Kim hace $\frac{3}{8}$ del proyecto. Sandy hace $\frac{1}{8}$ del proyecto. ¿Qué parte del proyecto completan ellos juntos?

2. Serena puede comparar $\frac{3}{4}$ y $\frac{3}{6}$ sin usar tiras de fracciones. Ella dice que un entero dividido en 6 partes iguales tendrá partes más pequeñas que el mismo entero dividido en 4 partes iguales. Tres partes más pequeñas son menores en tamaño que 3 partes más grandes. Por tanto, $\frac{3}{6}$ es menor que $\frac{3}{4}$. ¿Tiene razón Serena? Escoge la mejor respuesta.

   Ⓐ Sí, ella tiene razón.

   Ⓑ No, los enteros no tienen que ser del mismo tamaño para comparar las fracciones.

   Ⓒ No, 4 es menor que 6, por tanto $\frac{3}{4}$ es menor que $\frac{3}{6}$.

   Ⓓ No, ambas fracciones son iguales.

3. Jill leyó $\frac{2}{3}$ de un libro para el proyecto de lectura del verano. Owen leyó $\frac{2}{8}$ del mismo libro. ¿Quién leyó más del libro?

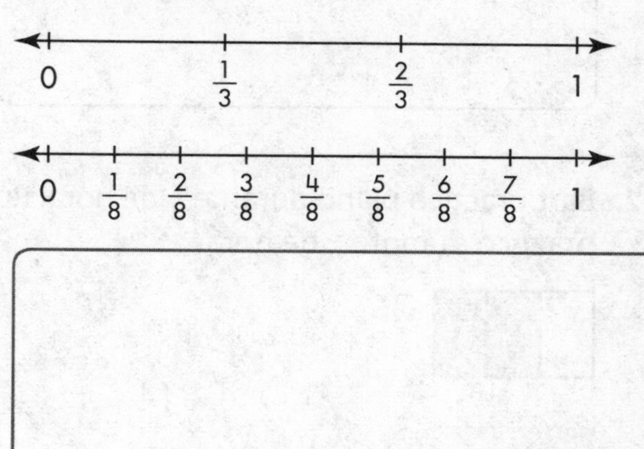

4. En cada recipiente de ensalada de frutas hay $\frac{1}{4}$ de pera. Muestra qué cantidad de peras hay en 8 recipientes usando una fracción.

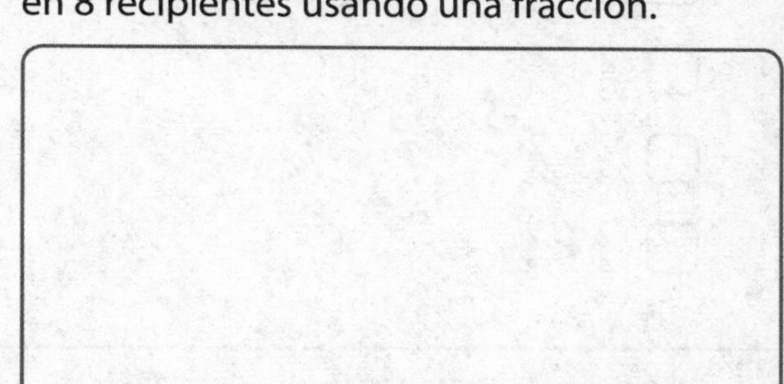

5. Durante el tiempo permitido, Delia nadó $\frac{3}{6}$ de la longitud de la piscina. Loren nadó $\frac{4}{6}$. Escribe el símbolo correcto para comparar las fracciones.

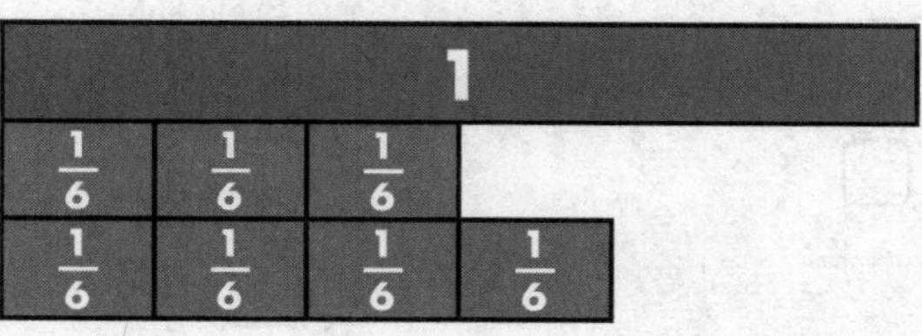

$\frac{3}{6}$ ◯ $\frac{4}{6}$

6. Mark y Silvia tienen cada uno un pedazo de madera del mismo tamaño. Mark pinta $\frac{2}{8}$ de su pedazo de madera. Silvia pinta $\frac{5}{8}$ de su pedazo. ¿Quién pintó una fracción más cerca de 1 que de 0?

7. Bart practicó piano durante $\frac{2}{3}$ de hora. Ruby practicó durante $\frac{2}{4}$ de hora.

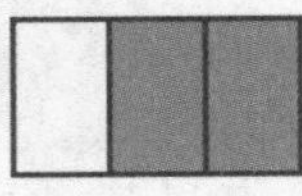

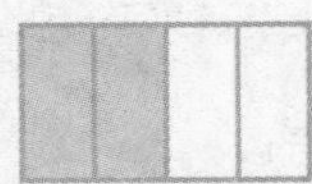

¿Cuál comparación es verdadera? Escoge todas las que apliquen.

- ☐ $\frac{2}{3} < \frac{2}{4}$
- ☐ $\frac{2}{4} > \frac{2}{3}$
- ☐ $\frac{2}{3} > \frac{2}{4}$
- ☐ $\frac{2}{3} = \frac{2}{4}$
- ☐ $\frac{2}{4} < \frac{2}{3}$

8. Greg coloreó el siguiente modelo de fracción. ¿Qué fracciones representan la parte morada del modelo? Escoge todas las que apliquen.

- ☐ $\frac{1}{2}$
- ☐ $\frac{2}{3}$
- ☐ $\frac{3}{4}$
- ☐ $\frac{4}{6}$
- ☐ $\frac{6}{8}$

9. Los estudiantes Juan y Ed compraron un almuerzo cada uno. Juan comió $\frac{2}{3}$ de su sándwich. Ed comió $\frac{3}{3}$ de su sándwich.

1		
$\frac{1}{3}$	$\frac{1}{3}$	
$\frac{1}{3}$	$\frac{1}{3}$	$\frac{1}{3}$

¿Cuál comparación es verdadera?

Ⓐ $\frac{2}{3} > \frac{3}{3}$

Ⓑ $\frac{3}{3} < \frac{2}{3}$

Ⓒ $\frac{2}{3} < \frac{3}{3}$

Ⓓ $\frac{2}{3} = \frac{3}{3}$

10. Carl y Julio compartieron sándwiches grandes del mismo tamaño cortados en octavos. Carl comió $\frac{7}{8}$ de sándwich y Julio comió $\frac{6}{8}$ de sándwich. ¿Quién comió más? Explícalo.

Nombre ______________________________

11. George quiere saber si dos pedazos de alambre tienen la misma longitud. Un alambre mide $\frac{6}{8}$ de pie. El otro mide $\frac{3}{4}$ de pie. Completa las fracciones en la recta numérica para mostrar que los dos tienen la misma longitud.

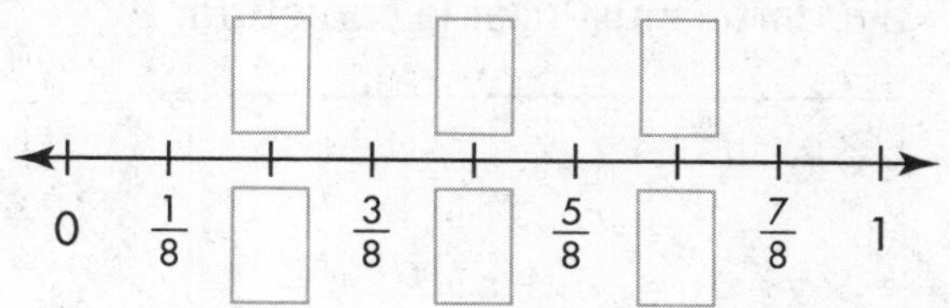

12. Liz caminó $\frac{3}{8}$ de milla el lunes, el miércoles caminó $\frac{3}{6}$ de milla y el viernes caminó $\frac{3}{4}$ de milla. Usa números de referencia para hallar qué día caminó más distancia.

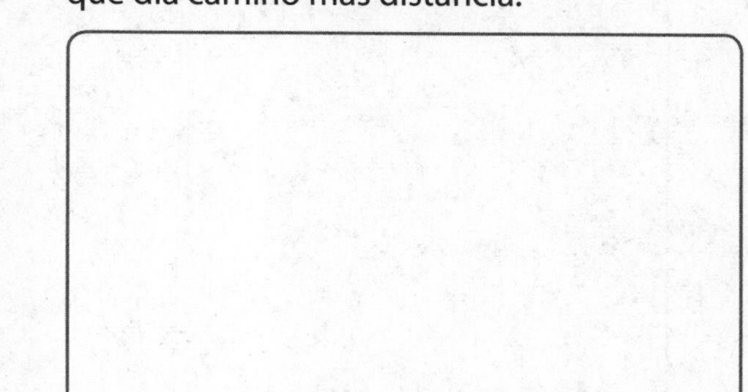

13. Jamal pasó el día haciendo una pintura para su amigo. Al final del día había terminado $\frac{1}{2}$ de la pintura. Si él puede pintar la misma cantidad cada día, ¿qué fracción muestra cuántas pinturas puede hacer Jamal en 4 días?

Ⓐ $\frac{2}{2}$

Ⓑ $\frac{2}{4}$

Ⓒ $\frac{1}{4}$

Ⓓ $\frac{4}{2}$

14. Megan comió $\frac{3}{4}$ de una galleta. Escribe una fracción equivalente para la cantidad de galleta que Megan no comió.

15. Alejandra compró dos tartas para una comida informal. Sobraron $\frac{4}{6}$ de tarta de arándano azul y $\frac{5}{6}$ de tarta de manzana.

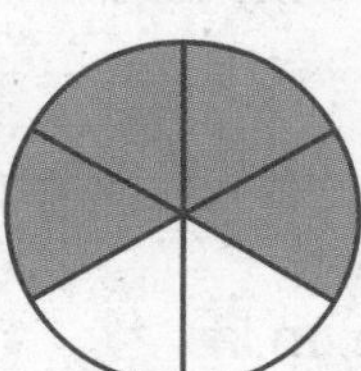
Arándano azul

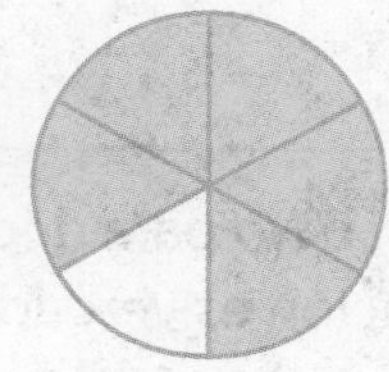
Manzana

Escoge todas las comparaciones que son verdaderas.

☐ $\frac{5}{6} < \frac{4}{6}$

☐ $\frac{4}{6} > \frac{5}{6}$

☐ $\frac{4}{6} < \frac{5}{6}$

☐ $\frac{5}{6} > \frac{4}{6}$

☐ $\frac{5}{6} = \frac{4}{6}$

16. Escribe cada fracción en el punto que le corresponda en la recta numérica. Luego, encierra en un círculo las fracciones equivalentes que muestran las rectas numéricas.

$\frac{1}{4}$ $\frac{3}{6}$ $\frac{4}{6}$ $\frac{2}{4}$ $\frac{4}{4}$ $\frac{6}{6}$

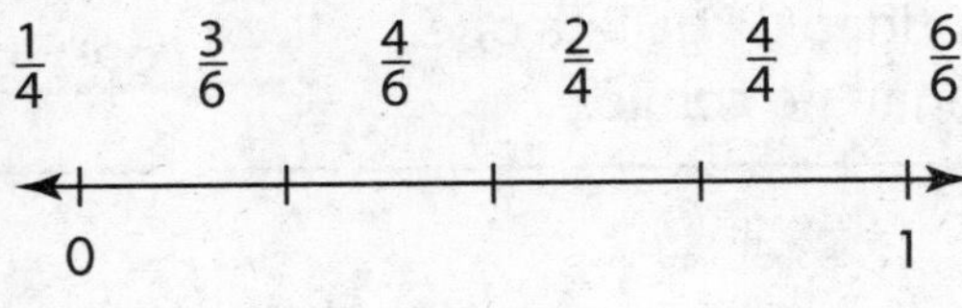

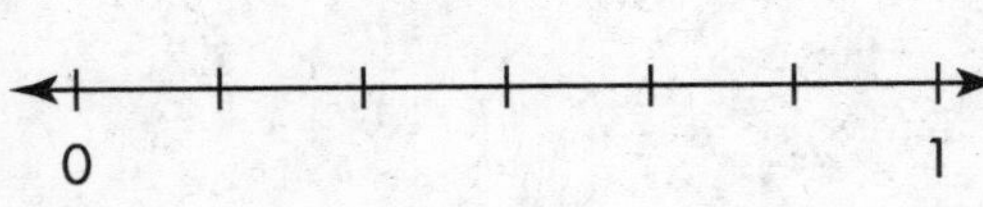

17. Traza líneas para emparejar las fracciones equivalentes.

$\frac{1}{2}$

$\frac{3}{3}$

$\frac{4}{6}$

$\frac{6}{3}$

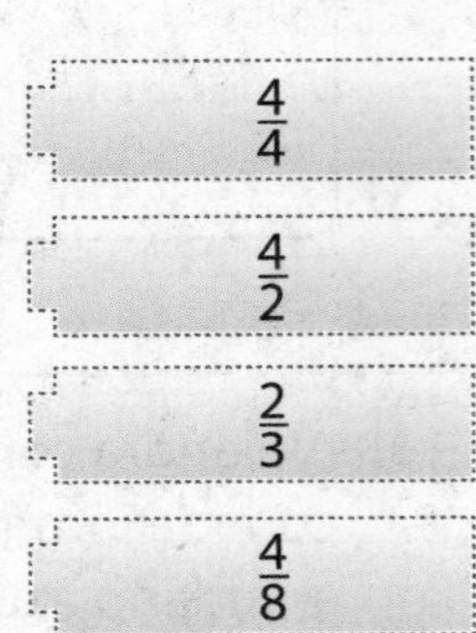

18. Escoge *Sí* o *No* para decir si la comparación es verdadera en las Preguntas 18a a 18d.

18a. $\frac{4}{6} > \frac{4}{8}$ ○ Sí ○ No

18b. $\frac{4}{8} > \frac{4}{4}$ ○ Sí ○ No

18c. $\frac{4}{4} < \frac{4}{6}$ ○ Sí ○ No

18d. $\frac{4}{8} < \frac{4}{6}$ ○ Sí ○ No

19. Eva y Luis tienen la misma tarea de matemáticas. Eva terminó $\frac{2}{4}$ de la tarea. Luis terminó $\frac{4}{8}$ de la tarea. Conjetura: Eva y Luis terminaron la misma cantidad de sus tareas.

Parte A

Completa las rectas numéricas para ayudarte a justificar la conjetura.

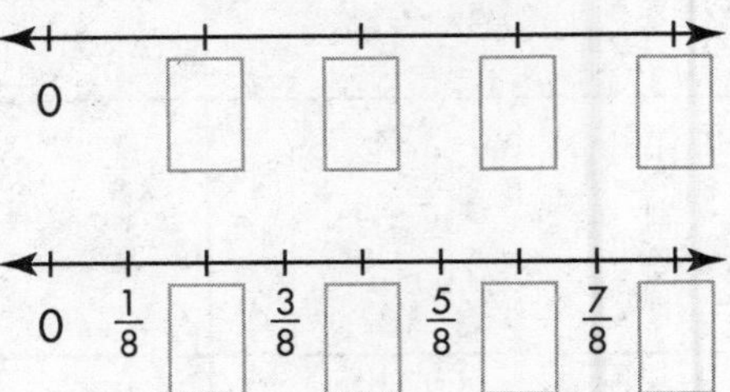

Parte B

Usa tu diagrama para justificar la conjetura.

20. Para cada par de fracciones escribe en el recuadro el número del entero equivalente.

$\frac{16}{4} = \frac{8}{2} = \square$

$\frac{6}{3} = \frac{4}{2} = \square$

$\frac{8}{8} = \frac{6}{6} = \square$

Nombre ______________________________

TEMA 13

Evaluación del rendimiento

Tienda de ropa

David, Jimena, Eli y Gaby trabajan en una tienda de ropa. El sábado cada uno de ellos trabaja el mismo número de horas.

La tabla **Tiempo dedicado en la caja registradora** muestra la fracción de tiempo que cada persona atiende a los clientes. La tabla **Tiempo dedicado a llamadas de los clientes** muestra la fracción de una hora que pasa Jimena respondiendo el teléfono.

Usa la tabla **Tiempo dedicado en la caja registradora** para responder a las Preguntas 1 a 3.

Tiempo dedicado en la caja registradora

Nombre	Fracción de trabajo por día
David	$\frac{3}{6}$
Jimena	$\frac{2}{6}$
Eli	$\frac{6}{6}$
Gaby	$\frac{5}{6}$

1. Dibuja tiras de fracciones para mostrar la fracción de tiempo que cada persona trabajó en la caja registradora.

1

2. ¿Quién estuvo más tiempo en la caja registradora?

3. Escribe una comparación que muestre el tiempo que estuvo Gaby en la caja registradora comparado con el tiempo que estuvo David. Usa $>$, $<$ o $=$.

4. Usa la tabla **Tiempo dedicado a llamadas de los clientes** para responder la pregunta. ¿En qué día Jimena estuvo más cerca de una hora en el teléfono? Explica cómo lo sabes.

Tiempo dedicado a llamadas de los clientes

Día	Sábado	Domingo	Lunes
Fracción de una hora	$\frac{3}{6}$	$\frac{3}{5}$	$\frac{3}{4}$

La tienda vende calcetines para hombre de diferentes colores. La tabla **Calcetines** muestra la fracción para cada color de calcetines en la tienda.

Calcetines	
Color	**Fracción**
blanco	$\frac{1}{8}$
negro	$\frac{1}{4}$
café	$\frac{3}{8}$
gris	$\frac{2}{8}$

Usa la tabla **Calcetines** para responder a las Preguntas 5 y 6.

5. Parte A

Completa las fracciones en la recta numérica. Rotula la fracción que represente cada color de calcetín.

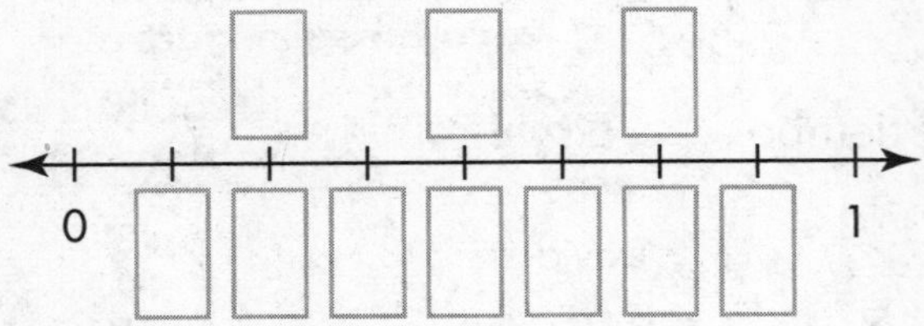

Parte B

¿Tiene la tienda más calcetines cafés o más calcetines blancos?

6. Usa la recta numérica del Ejercicio 5 Parte A para construir un argumento y justificar la siguiente conjetura: La tienda tiene una cantidad igual de calcetines grises y negros.

7. Usa la tabla **Los calcetines de Miguel** para responder a la pregunta.

Miguel compró algunos calcetines en la tienda de ropa. Después de lavarlos, contó los calcetines individuales que tenía. Cada calcetín es $\frac{1}{2}$ del par. ¿Cuántos pares de calcetines negros tiene? Escribe el número como una fracción.

Los calcetines de Miguel	
Color	**Número de calcetines**
negro	6
gris	8

TEMA
14

Resolver problemas sobre la hora, la capacidad y la masa

Pregunta esencial: ¿Cómo se pueden medir y hallar el tiempo transcurrido, la capacidad y la masa?

Recursos digitales
Resuelve
Aprende
Glosario
Amigo de práctica
Herramientas
Evaluación
Ayuda
Juegos

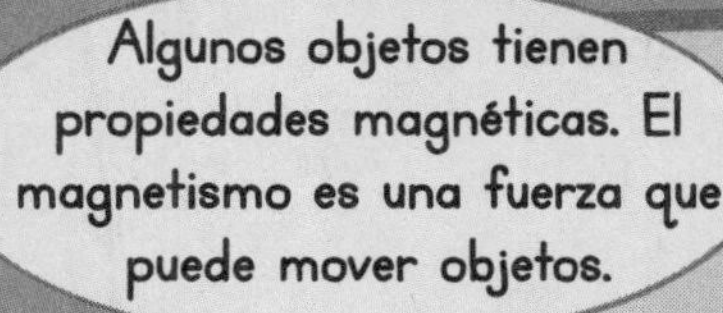
Algunos objetos tienen propiedades magnéticas. El magnetismo es una fuerza que puede mover objetos.
El imán atrae ciertos metales, como el hierro. Pero no atrae a otros materiales, como el papel.

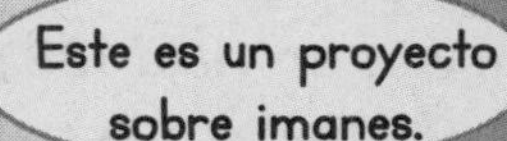
Este es un proyecto sobre imanes.

Proyecto de Matemáticas y Ciencias: Fuerzas e interacciones

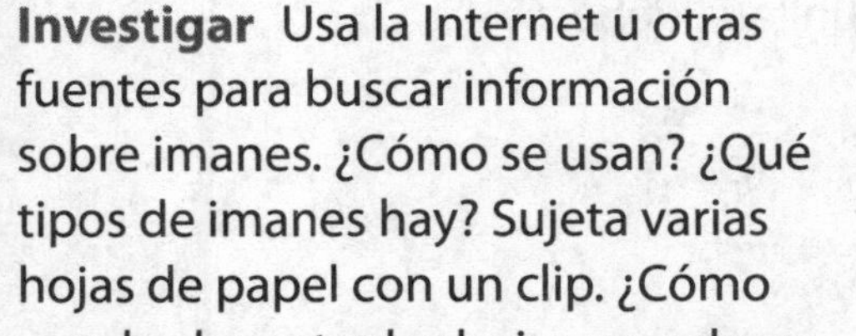

Investigar Usa la Internet u otras fuentes para buscar información sobre imanes. ¿Cómo se usan? ¿Qué tipos de imanes hay? Sujeta varias hojas de papel con un clip. ¿Cómo puedes levantar las hojas usando un imán? ¿Cuántas hojas puede levantar el imán?

Diario: Escribir un informe Incluye lo que averiguaste. En tu informe, también:

- da ejemplos de materiales con propiedades magnéticas y sin propiedades magnéticas.
- halla las masas del clip y del papel.
- escribe una ecuación que represente cuánta masa puedes levantar con un imán.

Nombre ___

Repasa lo que sabes

Vocabulario

Escoge el mejor término del recuadro.
Escríbelo en el espacio en blanco.

- denominador
- numerador
- fracción unitaria
- recta numérica

1. El número que está arriba de la barra de fracción es el ___.

2. El total de las partes iguales es el ___.

3. Una parte igual de un entero se puede representar usando una ___.

Resolver problemas de dos pasos

4. El Sr. Vernon viaja 188 millas en tren. Después, viaja en tren subterráneo y hace 9 paradas. Las paradas están a 2 millas entre sí. ¿Qué distancia viaja en total?

5. La Sra. Solís tiene una caja con 320 focos. Ella cambia los focos de 50 lámparas. Cada lámpara tiene 5 focos. ¿Cuántos focos le quedan a la Sra. Solís?

Rectas numéricas

Escribe los números que faltan en las rectas numéricas.

6. 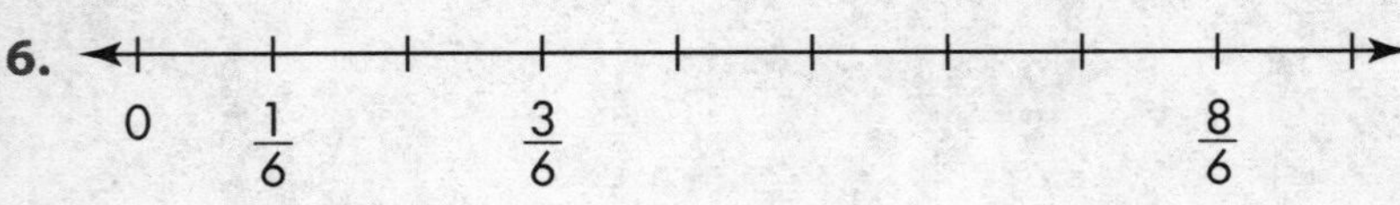

7. 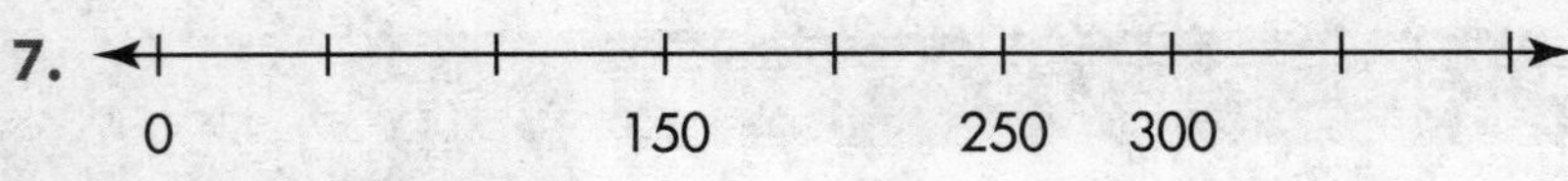

Fracciones

8. Rena divide un cuadrado en 8 partes iguales. ¿Qué fracción unitaria debe escribir para representar cada parte?

Ⓐ $\frac{0}{8}$ Ⓑ $\frac{1}{8}$ Ⓒ $\frac{8}{8}$ Ⓓ $\frac{8}{1}$

9. Escribe dos fracciones que sean iguales a $\frac{1}{2}$.

Mis tarjetas de palabras

A-Z Glosario

Usa los ejemplos de las palabras de las tarjetas para ayudarte a completar las definiciones que están al reverso.

a. m.

p. m.

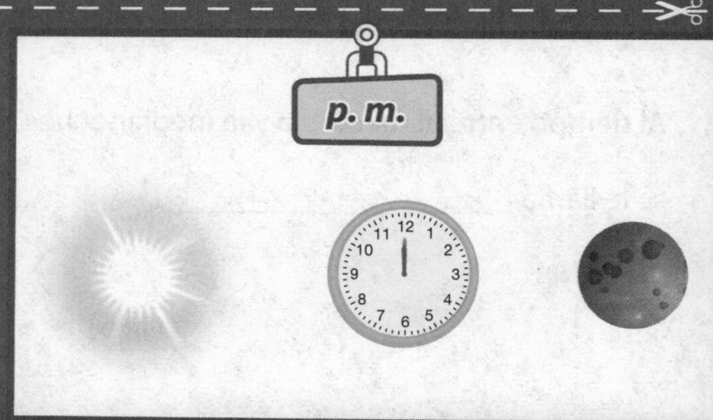

tiempo transcurrido

1 hora de tiempo transcurrido

Intervalo de tiempo

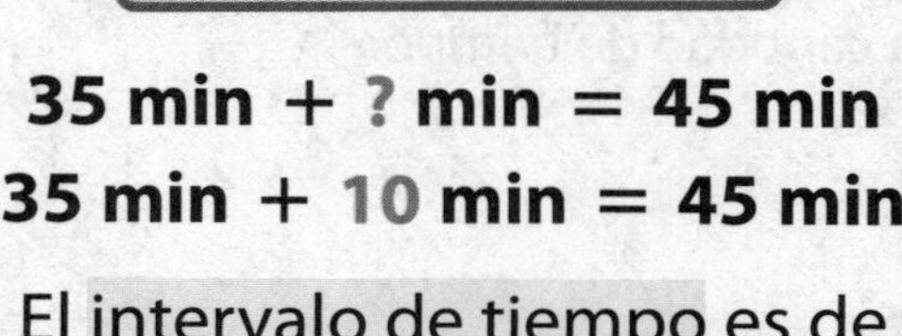

35 min + ? min = 45 min

35 min + 10 min = 45 min

El intervalo de tiempo es de 10 minutos.

Mis tarjetas de palabras

Completa cada definición. Para ampliar lo que aprendiste, escribe tus propias definiciones.

Al tiempo entre el mediodía y la medianoche se le llama ______________________.

Al tiempo entre la medianoche y el mediodía se le llama______________________.

Un ______________________________ es una cantidad de tiempo.

El tiempo total que transcurre desde el inicio hasta el final se llama

_______________________________.

Mis tarjetas de palabras

Usa los ejemplos de las palabras de las tarjetas para ayudarte a completar las definiciones que están al reverso.

capacidad (volumen líquido)

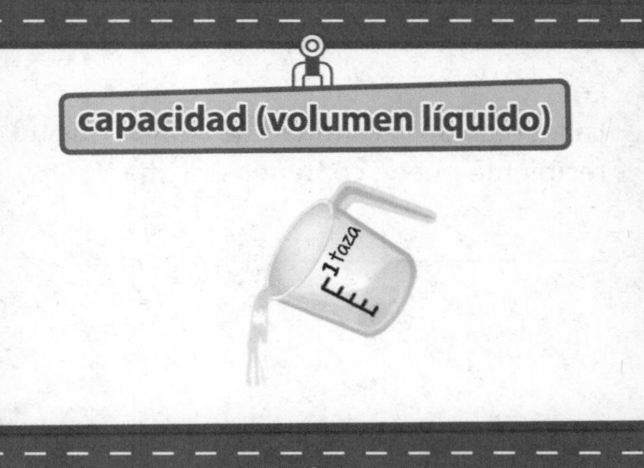

mililitro (mL)

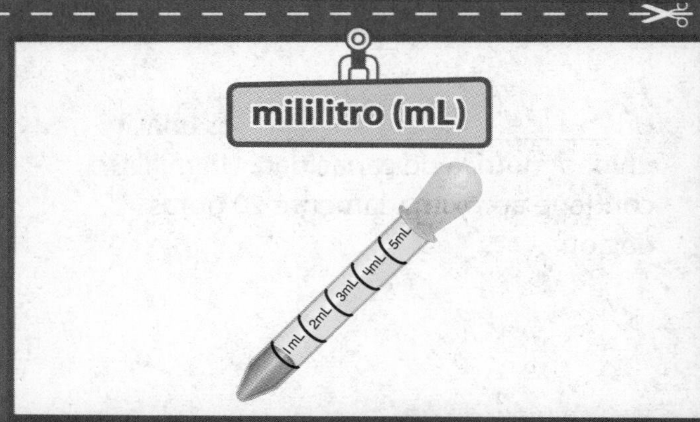

litro (L)

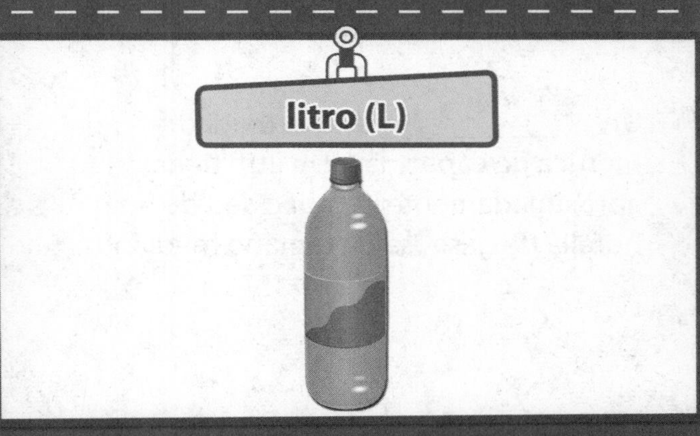

masa

gramo (g)

kilogramo (kg)

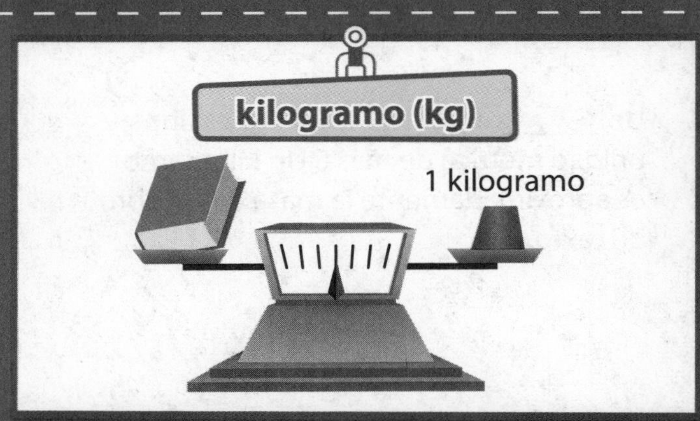

Mis tarjetas de palabras

Completa cada definición. Para ampliar lo que aprendiste, escribe tus propias definiciones.

Un ______________________ es una unidad métrica de capacidad. Un mililitro contiene aproximadamente 20 gotas de agua.

La medida de la cantidad de líquido que un recipiente puede contener se llama

______________________.

__________ es la medida de la cantidad de materia que hay en un objeto.

Un ____________ es una unidad métrica de capacidad. Un litro tiene aproximadamente la capacidad de una botella de gaseosa de tamaño mediano.

Un ______________________ es una unidad métrica de masa. Un kilogramo es aproximadamente la masa de un libro de texto.

Un ______________ es una unidad métrica de masa. Un gramo es aproximadamente la masa de un clip.

Nombre ____

Lección 14-1
La hora al minuto más cercano

Resuélvelo y coméntalo Javier y su mamá viajan de Nueva York a Chicago. El avión llega a las 8:47. ¿Cómo puedes mostrar esta hora en un reloj? ***Explica cómo resolviste el problema.***

Puedo...
usar relojes para mostrar y decir la hora al minuto más cercano.

Estándar de contenido 3.MD.A.1
Prácticas matemáticas PM.3, PM.4, PM.5, PM.6

Representar con modelos matemáticos. Muestra dónde deben estar la manecilla de la hora y el minutero en el reloj para mostrar la hora de llegada de Javier.

¡Vuelve atrás! **PM.6 Hacerlo con precisión** ¿Cúantos minutos antes de las 9 debe llegar el avión donde viaja Javier? Para mostrar la hora después de las 8 pero antes de las 9, ¿dónde dibujaste la manecilla de la hora en el reloj? Hazlo con toda la precisión posible.

¿Cómo puedes decir la hora al minuto más cercano?

A

El reloj muestra la hora en que un tren que viene de Memphis debe llegar a la estación Central. ¿A qué hora debe llegar el tren? Escribe la hora en forma digital y de otras dos maneras.

Los relojes analógicos son herramientas que nos ayudan a mostrar la hora al minuto más cercano usando los minuteros y las manecillas de la hora.

La forma digital usa números y símbolos para mostrar la hora. También puedes escribir la hora con palabras y números.

B

Paso 1

La manecilla de la hora está entre el 12 y el 1. La hora es después de las 12:00 y antes de la 1:00.

C

Paso 2

En 5 minutos el minutero se moverá de un número al siguiente.

Cuenta de cinco en cinco desde el 12 hasta el 8.
40 minutos

D

Paso 3

En 1 minuto el minutero se moverá de una marca a la siguiente.

Cuenta dos números más.
La hora digital es 12:42. Eso es 42 minutos después de las 12 o 18 minutos para la 1.

¡Convénceme! **PM.6 Hacerlo con precisión** Un tren llega de Atlanta una hora después del tren de Memphis. Escribe la hora de llegada del tren de Atlanta en forma digital y de otras dos maneras. Usa una esfera de reloj como ayuda.

Nombre ______________________________

Práctica guiada*

¿Lo entiendes?

1. PM.3 **Construir argumentos** ¿Por qué 42 minutos después de las 12 es lo mismo que 18 minutos para la 1 en el ejemplo del tren de Memphis? Explícalo.

2. Un avión aterriza a las 3:55. ¿Este reloj muestra correctamente la hora en que aterriza el avión? Explícalo.

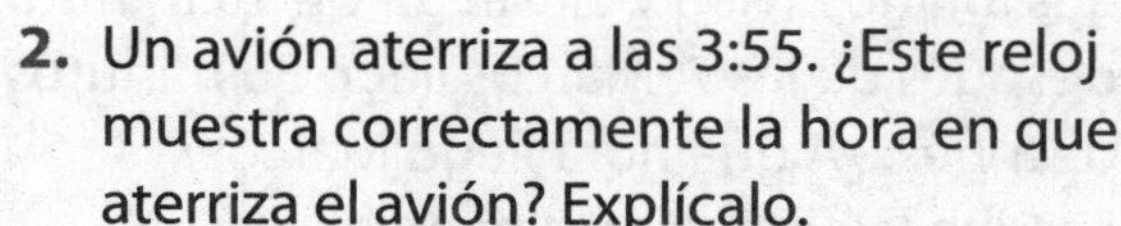

¿Cómo hacerlo?

Escribe de dos maneras la hora de cada reloj en los Ejercicios **3** y **4**.

3.

4.

Práctica independiente

Escribe de dos maneras la hora de cada reloj en los Ejercicios **5** a **7**.

5.

6.

7.

Puedes encontrar otro ejemplo en el Grupo A, página 795.

Prácticas matemáticas y resolución de problemas

Usa la tabla en los Ejercicios **8** y **9.**

Venta de invierno

Artículo		Precio
Frazada		$19
Gorra		$12
Bufanda		$18

8. **PM.3 Construir argumentos** Roy dice que la bufanda y la gorra cuestan lo mismo que la frazada y la gorra. ¿Es una estimación razonable? Explícalo.

9. ¿Qué artículos compró Jorge en la venta de invierno si $19 + $19 + $19 + $18 representa el total de su compra?

10. **PM.6 Hacerlo con precisión** Maya salió de su casa cuando faltaban 25 minutos para las 3. Dibuja las manecillas en el reloj para mostrar la hora en que salió.

11. **Razonamiento de orden superior** La fiesta de Sandra empezó a las 7:00. Sus amigos Theo y Lily llegaron 10 minutos después de las 7. Marcos llegó 35 minutos después. ¿A qué hora llegó Marcos? Escribe la hora de dos maneras.

Evaluación de *Common Core*

12. Clay y su familia se sentaron a cenar a la hora que se muestra en el reloj. ¿Qué opciones son otras maneras de escribir esa hora? Escoge todas las que apliquen.

- ☐ 3:25
- ☐ 5:16
- ☐ 16 minutos después de las 5
- ☐ 44 minutos para las 5
- ☐ 16 minutos para las 5

13. Mary Ann llamó a su abuela. Ella terminó la llamada a la hora que se muestra en el reloj. ¿Qué opciones **NO** son maneras de escribir esta hora?

- ☐ 14 minutos para las 9
- ☐ 3:46
- ☐ 46 minutos después de las 3
- ☐ 9:19
- ☐ 14 minutos para las 4

Nombre ______________________

Tarea y práctica 14-1

La hora al minuto más cercano

¡Revisemos!

Puedes decir la hora al minuto más cercano de diferentes maneras. La manecilla de la hora y el minutero del reloj muestran la hora.

Recuerda que debes hacerlo con precisión. Usa dibujos, palabras, números y símbolos para describir la hora y los minutos con exactitud.

En la manera digital esta hora está escrita como 10:15. También puedes escribir la misma hora como 15 minutos después de las 10.

Escribe de dos maneras la hora que se muestra en cada reloj en los Ejercicios **1** a **3.**

1.

2.

3.

Escribe la hora en forma digital en los Ejercicios **4** a **9.** Usa los relojes como ayuda.

4. 12 minutos para el mediodía

5. 21 minutos después de las 2

6. 30 minutos después de las 9

7. 2 minutos después de las 7

8. 45 minutos para las 6

9. 4 en punto

10. **PM.6 Hacerlo con precisión** La familia de Tonya fue al cine. La película comenzó a las 4:30 y terminó a las 6:36. Muestra en el reloj la hora en que terminó la película.

11. **Matemáticas y Ciencias** El Telescopio Espacial Hubble ha estado moviéndose en su órbita por 1 hora. Dentro de 37 minutos completará una órbita. ¿En cuántos minutos completa el Telescopio Espacial Hubble 1 órbita?

12. Ross empezó a pasear su perro a las 3:15. Terminó de pasearlo a las 4:00. Usa la forma digital para escribir la hora en que Ross terminó de pasear al perro.

13. **Razonamiento de orden superior** John montó en bicicleta desde las 2:30 hasta las 3:30. Luego se duchó, terminó de ducharse 30 minutos después de que terminó de montar en bicicleta. ¿A qué hora terminó de ducharse? ¿Cómo muestras la hora en el reloj?

Evaluación de *Common Core*

14. Judy y su familia fueron a la piscina a la hora que se muestra en el reloj. ¿Cuáles de las siguientes opciones son otras maneras de escribir esta hora? Escoge todas las que apliquen.

- ☐ 3:13
- ☐ 2:16
- ☐ 16 minutos después de las 2
- ☐ 44 minutos antes de las 4
- ☐ 13 minutos después de las 3

15. Phil lee una revista. Deja de leer a la hora que se muestra en el reloj. ¿Cuáles de las siguientes **NO** son otras maneras de escribir esta hora? Escoge todas las que apliquen.

- ☐ 20 minutos después de las 3
- ☐ 3:20
- ☐ 7 minutos después de las 4
- ☐ 4:07
- ☐ 20 minutos después de las 1

Nombre ______________________________

Resuelve

Lección 14-2

Unidades de tiempo: Medir el tiempo transcurrido

Puedo...
medir intervalos de tiempo en horas y minutos.

Estándar de contenido 3.MD.A.1
Prácticas matemáticas PM.1, PM.2, PM.3

Resuélvelo y coméntalo Denise fue al cine. La película empezó a la 1:05 *p. m.* y terminó a las 2:35 *p. m.* ¿Cuánto tiempo duró la película? Explica tu razonamiento.

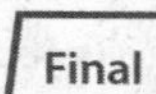

Inicio

Final

Usa el razonamiento. Usa las esferas de los relojes para ayudarte a determinar los cambios en la hora. *¡Muestra tu trabajo en el espacio que sigue!*

¡Vuelve atrás! **PM.2 Razonar** Sin contar las horas y los minutos, ¿cómo sabes que la película que Denise fue a ver duró menos de 2 horas?

¿Cómo puedes medir el tiempo transcurrido?

A

Janey tomó parte en la caminata para una obra benéfica. La caminata empezó a las 7:10 a. m. y terminó a las 11:20 a. m. ¿Cuánto tiempo duró la caminata?

Tiempo transcurrido es el tiempo total que transcurre desde el inicio hasta el final.

Las horas entre la medianoche y el mediodía son las horas *a. m.* Las horas entre el mediodía y la medianoche son las horas *p. m.*

B **Paso 1**

Halla la hora de inicio.

C **Paso 2**

Cuenta las horas.

D **Paso 3**

Cuenta los minutos.

La caminata duró 4 horas y 10 minutos.

¡Convénceme! **PM.1 Entender y perseverar** Después de la caminata para la obra benéfica Janey habló con sus amistades desde las 11:25 *a. m.* hasta las 11:40 *a. m.* Después sirvieron el almuerzo desde las 11:45 *a. m.* hasta las 2:10 *p. m.* ¿Durante cuánto tiempo se sirvió el almuerzo?

Nombre ___

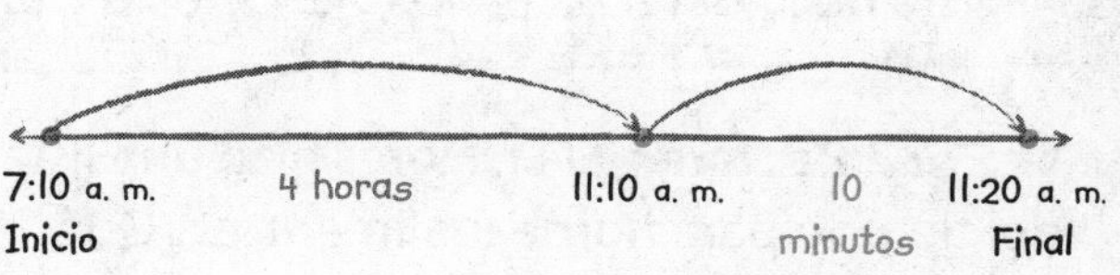

Otro ejemplo

También puedes usar una recta numérica para medir el tiempo transcurrido.

La caminata de caridad duró 4 horas con 10 minutos.

La recta numérica muestra las horas y los minutos que transcurrieron durante la caminata.

Práctica guiada*

¿Lo entiendes?

1. **PM.2 Razonar** Si la hora de inicio es a las 7:15 *a. m.* y la hora final es a las 8:05 *a. m.*, ¿por qué no necesitas contar las horas para hallar el tiempo transcurrido?

2. Una película empieza a las 2:30 *p. m.* y dura 2 horas y 15 minutos. ¿A qué hora terminó la película?

¿Cómo hacerlo?

3. Dibuja flechas en el segundo reloj para contar las horas desde las 11:00 *a. m.* hasta las 5:00 *p. m.* ¿Cuánto tiempo ha transcurrido?

Inicio

Final

Práctica independiente

Práctica al nivel Halla el tiempo transcurrido o la hora final en los Ejercicios **4** a **7**.

4. Hora inicial: 6:30 *p. m.* Hora final: 9:50 *p. m.*

Horas desde las 6:30 *p. m.* hasta las 9:30 *p. m.*

___

Minutos desde las 9:30 *p. m.* hasta las 9:50 p. m. ___

El tiempo transcurrido es de __ horas con ___ minutos.

5. Hora inicial: 10:00 *a. m.*

   Hora final: 3:00 *p. m.*
   Tiempo transcurrido:

   ___

6. Hora inicial: 9:15 *a. m.*

   Hora final: 10:45 *a. m.*
   Tiempo transcurrido:

   ___

7. Hora inicial: 11:30 *a. m.*

   Tiempo transcurrido:
   5 horas, 25 minutos
   Hora final:

   ___

**Puedes encontrar otro ejemplo en el Grupo B, página 795.*

Prácticas matemáticas y resolución de problemas

Usa la lista de la derecha en los Ejercicios **8** y **9**.

Alimento	Tiempo en minutos
Pan	27
Barras de granola	21
Plato de fideos	48
Vegetales	24

8. **PM.2 Razonar** El Sr. Flores hizo una lista del tiempo para hornear alimentos. ¿Qué alimentos se hornean en menos de $\frac{1}{2}$ hora?

9. ¿Qué dos alimentos, al sumar sus tiempos en el horno, toman menos tiempo para hornear que el plato de fideos?

10. **PM.2 Razonar** Sally halla el tiempo transcurrido usando estas esferas de relojes. Sally cuenta las horas de 1 en 1 y los minutos de 5 en 5. ¿Por qué cuenta los minutos de 5 en 5 en vez de 1 en 1?

11. **Razonamiento de orden superior** Un torneo de básquetbol empieza a las 12:15 *p. m.* y termina a las 4:00 *p. m.* ¿Duró el torneo más de 4 horas? Explícalo.

12. **Álgebra** Un granjero vende 744 productos. Vende 162 sandías, 345 mazorcas y algunos aguacates. Escribe una ecuación para hallar cuántos aguacates vende. Sea *a* la letra que representa la cantidad desconocida de aguacates.

Evaluación de *Common Core*

13. Geo viaja en tren desde Carlton hasta Elgin. El tren parte de Carlton a las 9:25 *a. m.* y llega a Elgin a las 10:55 *a. m.* ¿Cuánto tiempo dura el viaje? Usa una recta numérica como ayuda.

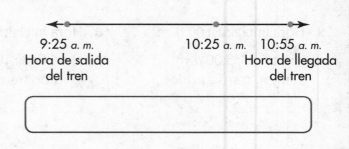

9:25 *a. m.* Hora de salida del tren

10:25 *a. m.*

10:55 *a. m.* Hora de llegada del tren

Nombre ______________________

Tarea y práctica 14-2

Unidades de tiempo: Medir el tiempo transcurrido

¡Revisemos!

Un museo infantil abre todos los días desde la 1:00 *p. m.* hasta las 6:35 *p. m.* ¿Cuánto tiempo permanece abierto el museo?

Paso 1

Empieza con la hora inicial.

Paso 2

Cuenta las horas.

Hay 5 horas.

Paso 3

Cuenta los minutos.

Hay 35 minutos.

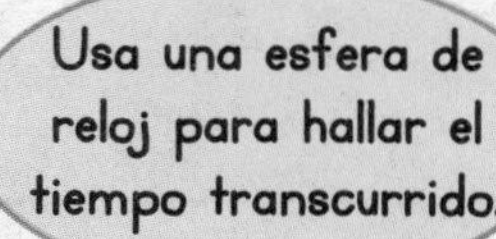

Usa una esfera de reloj para hallar el tiempo transcurrido.

El museo permanece abierto 5 horas y 35 minutos.

Halla el tiempo transcurrido o la hora final en los Ejercicios **1** a **6**. Puedes usar las esferas de los relojes o una recta numérica como ayuda.

1. Hora inicial: 3:30 *p. m.*
Hora final: 7:00 *p. m.*
Tiempo transcurrido:
____

2. Hora inicial: 8:10 *a. m.*
Hora final: 10:55 *a. m.*
Tiempo transcurrido:
____

3. Hora inicial: 3:20 *p. m.*
Hora final: 6:00 *p. m.*
Tiempo transcurrido:
____

4. Hora inicial: 1:20 *p. m.*
Hora final: 2:00 *p. m.*
Tiempo transcurrido:
____

5. Hora inicial: 8:00 *a. m.*
Tiempo transcurrido:
5 horas, 15 minutos
Hora final:
____

6. Hora inicial: 7:30 *a. m.*
Tiempo transcurrido:
2 horas, 20 minutos
Hora final:
____

7. **Álgebra** Mindy divide una tela de forma rectangular en 8 piezas de igual tamaño para dos proyectos de costura. Para el Proyecto A, usará $\frac{1}{2}$ de la tela. Para el Proyecto B, usará $\frac{1}{4}$ de la tela original. Dibuja un modelo para mostrar cómo se dividió la tela y los pedazos que se usaron. ¿Qué fracción unitaria representa uno de los pedazos? Escribe una ecuación para hallar la cantidad de tela que no usará Mindy. Sea *t* la letra que representa la fracción de tela que sobra.

Una fracción unitaria representa 1 parte igual del entero.

8. **PM.3 Evaluar el razonamiento** Tanner quiere hallar 569 + 274. El trabajo que hasta ahora ha realizado se muestra abajo. ¿Estás de acuerdo con la forma en que sumó las decenas? Termina el problema para hallar la suma y explica los pasos que seguiste.

$$\begin{array}{r} \scriptstyle 1 \\ 569 \\ +\,274 \\ \hline 3 \end{array}$$

9. **PM.1 Entender y perseverar** La película empieza a las 2:30 *p. m.* y termina a las 4:15 *p. m.* Después, Anne y sus amigas se van a comer helados desde las 4:30 *p. m.* hasta las 5:00 *p. m.* ¿Cuánto tiempo transcurrió desde que empezó la película hasta que terminaron de comer helados?

10. El papá de Gary lo llevó a la práctica de futbol a las 2:45 *p. m.* La mamá lo recogió a las 5:00 *p. m.* ¿Cuánto tiempo duró la práctica?

11. **Razonamiento de orden superior** Raquel asistió a un partido de voleibol que empezó a las 9:30 *a. m.* y terminó a las 11:45 *a. m.* Raquel empezó a almorzar a las 12:00 *p. m.* y terminó a la 1:00 *p. m.* ¿Cuánto tiempo estuvo Raquel en el partido y almorzando?

Evaluación de *Common Core*

12. El picnic empieza a las 12:10 *p. m.* Kevin llega a 1:40 *p. m.* El picnic continúa hasta las 3 *p. m.* ¿Cuánto tiempo transcurrió desde que el picnic empezó hasta la hora en que llegó Kevin? Usa una recta numérica como ayuda.

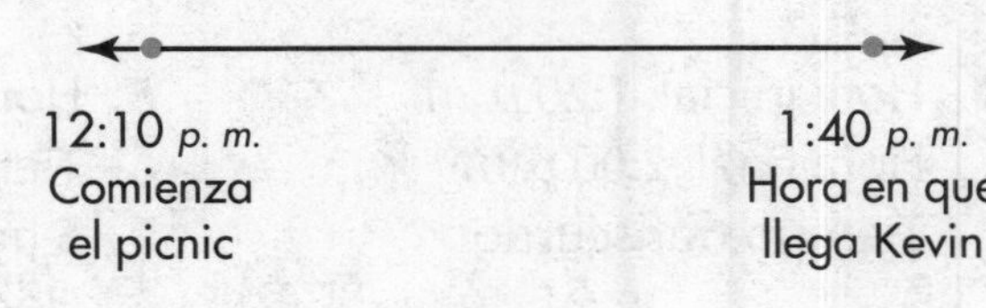

Nombre ________________

Lección 14-3

Unidades de tiempo: Resolver problemas verbales

Puedo...
usar representaciones para resolver problemas verbales acerca del tiempo.

Estándar de contenido 3.MD.A.1
Prácticas matemáticas PM.1, PM.2, PM.3, PM.4

Resuélvelo y coméntalo Madison quiere hacer 30 minutos de ejercicio cada día. Antes de ir a la escuela ella tiene 10 minutos o menos para hacer ejercicio. Un día hizo ejercicio por 8 minutos antes de ir a la escuela y 22 minutos después de la escuela. Esta es una manera como ella puede hacer ejercicio durante 30 minutos.

Halla otras maneras para que ella pueda hacer ejercicio antes y después de la escuela, y así pueda cumplir su meta de hacer ejercicio 30 minutos cada día. ***Resuelve este problema de la manera que prefieras. Muestra tu trabajo.***

Representa con modelos matemáticos. Puedes usar una recta numérica, un diagrama de barras o una tabla para mostrar las maneras en que Madison puede organizar su tiempo para hacer 30 minutos de ejercicio cada día.

¡Vuelve atrás! **PM.3 Construir argumentos** ¿Crees que hallaste todas las maneras para resolver el anterior problema? Explícalo.

Pregunta esencial

¿Cómo puedes sumar o restar intervalos de tiempo?

A

Joaquín hizo una lista del tiempo que le dedica a diferentes actividades. Joaquín ha practicado el piano 35 minutos hasta ahora. ¿Cuánto tiempo más necesita practicar el piano?

Un intervalo de tiempo es una cantidad de tiempo.

Actividades después de la escuela

Jugar con Raúl: 50 min
Practicar el piano: 45 min
Hacer las tareas: 60 min

B

Una manera

Puedes usar un diagrama de barras para representar el problema y mostrar los intervalos de tiempo.

45 minutos

35	?

$35 + ? = 45$

$35 + 10 = 45$

¿Cuánto tiempo necesitas sumar a 35 minutos para llegar a 45 minutos?

Joaquín tiene que practicar 10 minutos más.

C

Otra manera

Puedes usar una recta numérica para representar el problema y mostrar los intervalos de tiempo.

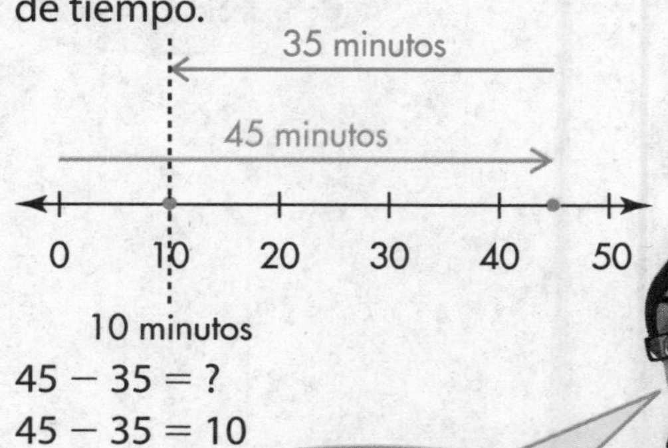

$45 - 35 = ?$

$45 - 35 = 10$

Joaquín tiene que practicar 10 minutos más.

¡Convénceme! **PM.4 Representar con modelos matemáticos** ¿Cuánto tiempo más necesita Joaquín para terminar todas las actividades que hace después de la escuela? Muestra una manera de representar el problema y resuélvelo.

Nombre ______________________

Práctica guiada*

¿Lo entiendes?

Completa el diagrama de barras o la recta numérica para resolver los Ejercicios **1** y **2.**

1. Rhody planea montar en bicicleta durante 55 minutos. Hasta ahora ha montado 29 minutos. ¿Cuántos minutos le quedan por montar?

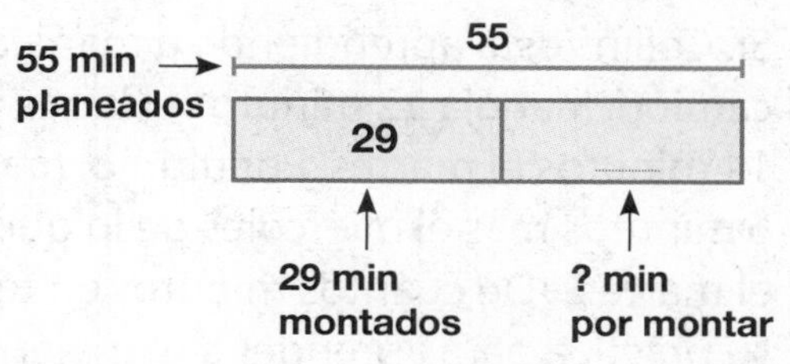

¿Cómo hacerlo?

2. La Sra. Darren dedica el período de lectura para trabajar con dos grupos de lectura. Se reúne por 23 minutos con el primer grupo y 17 minutos con el segundo. ¿Cuánto tiempo dura el período de lectura?

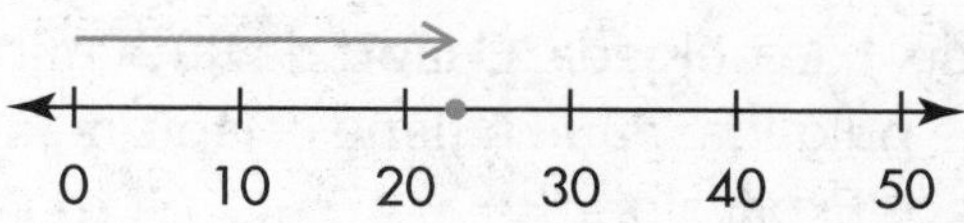

Práctica independiente

Práctica al nivel Completa o haz un diagrama de barras o una recta numérica para resolver los Ejercicios **3** a **6.**

3. Clara y Óscar juegan videojuegos. El primer juego dura 24 minutos. Después del primer juego toman el almuerzo por 30 minutos. El segundo juego dura 36 minutos. ¿Cuántos minutos les dedican a los videojuegos?

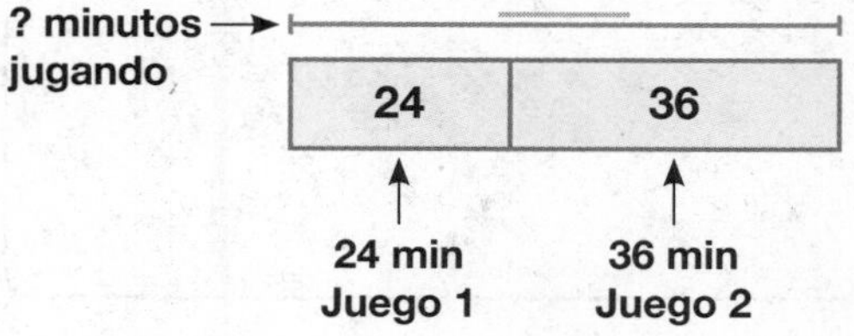

4. Yan trotó 60 minutos el viernes. Dino 12 minutos menos que Yan. Los dos nadaron 40 minutos cada semana. ¿Cuántos minutos trotó Dino el viernes?

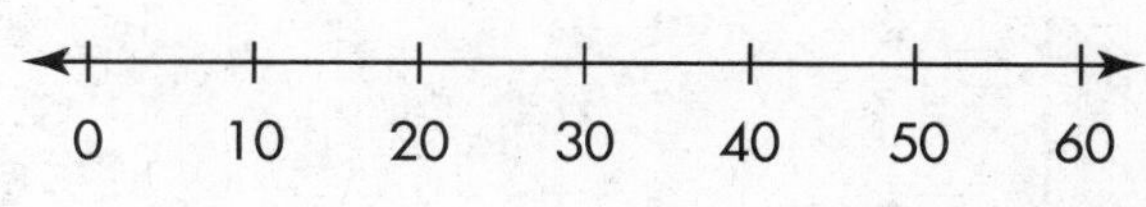

5. La clase del Sr. Ortiz prepara una obra de teatro. La obra está dividida en dos actos. Cada acto dura 27 minutos. ¿Cuántos minutos dura la obra?

6. Un chef quiere hornear una comida en 30 minutos. Hasta ahora la comida se ha horneado 12 minutos. ¿Cuántos minutos más necesita hornearse?

*Puedes encontrar otro ejemplo en el Grupo C, página 796.

Prácticas matemáticas y resolución de problemas

7. **PM.2 Razonar** La Sra. Marín dedica 55 minutos para lavar las ventanas en su casa de dos pisos. ¿Cuánto tiempo le puede dedicar a cada piso? Completa la tabla para mostrar tres maneras diferentes.

Tiempo para lavar las ventanas	
Primer piso	Segundo piso
25 min	

8. **Sentido numérico** Harry tiene un lápiz que mide $\frac{4}{2}$ de pulgada. El lápiz de Ruth mide $\frac{6}{2}$ de pulgada. ¿Quién tiene el lápiz más largo? Explícalo.

9. **Razonamiento de orden superior** El Sr. Collins está aprendiendo a manejar un camión. Maneja 22 minutos el lunes y 14 minutos el martes. Por último, maneja 6 minutos más el miércoles de lo que manejó el martes. ¿De cuántos minutos en total fue su práctica para aprender a manejar?

Evaluación de *Common Core*

10. Sonia va de caminata al Mount Baldy. Le toma 25 minutos subir una colina que es parte del camino a la montaña. Después, ella camina 17 minutos más. ¿Cuántos minutos en total duró la caminata de Sonia?

Parte A

Haz una recta numérica para mostrar el problema.

Parte B

Resuelve el problema.

11. Meg pasea a su perro Shep 12 minutos. Después ella pasea a Sparky. Por último, pasea a Brownie 18 minutos. Meg dedica 52 minutos a pasear los tres perros. ¿Cuánto tiempo le dedica Meg a pasear a Sparky?

Parte A

Haz un diagrama de barras para mostrar el problema.

Parte B

Resuelve el problema.

Nombre ______________________

Tarea y práctica 14-3

Unidades de tiempo: Resolver problemas verbales

¡Revisemos!

Ted tiene asignadas 2 tareas. Le dedica 15 minutos a la tarea de matemáticas. Después, le dedica 38 minutos a la tarea de lectura. ¿Cuánto tiempo le dedica Ted a sus tareas?

Haz una recta numérica.

Muestra primero los minutos que Ted le dedica a su tarea de matemáticas. Después, suma los minutos que le dedica a la tarea de lectura.

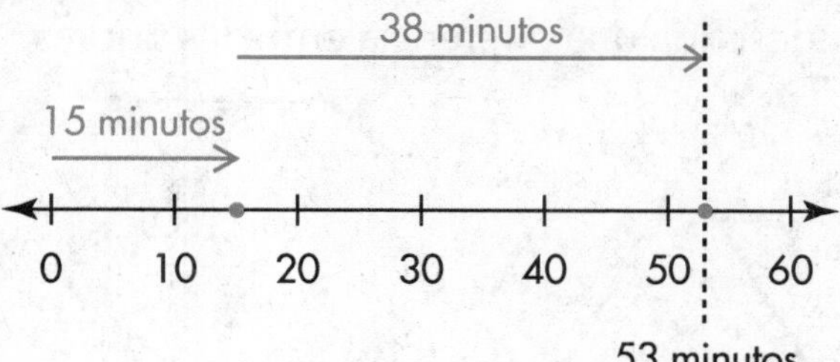

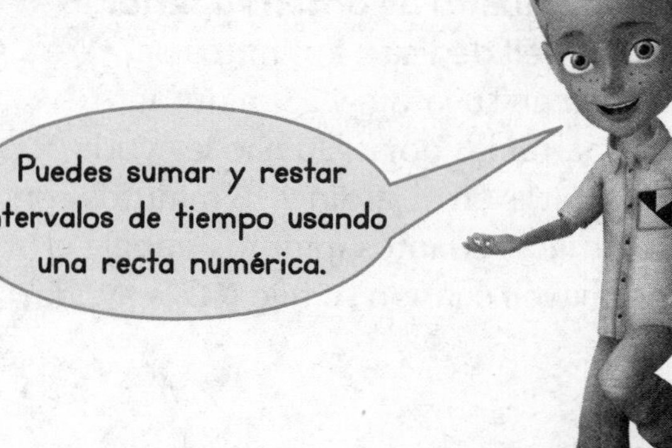

Puedes sumar y restar intervalos de tiempo usando una recta numérica.

$15 + 38 = ?$

$15 + 38 = 53$. Por tanto, Ted dedica 53 minutos para hacer sus tareas.

Completa o haz un diagrama de barras o una recta numérica para resolver los Ejercicios **1** a **4**.

1. Un autobús viaja 22 minutos de Greensburg a Pleasant Valley. Después viaja 16 minutos de Pleasant Valley a Red Mill. ¿Cuántos minutos viaja en total?

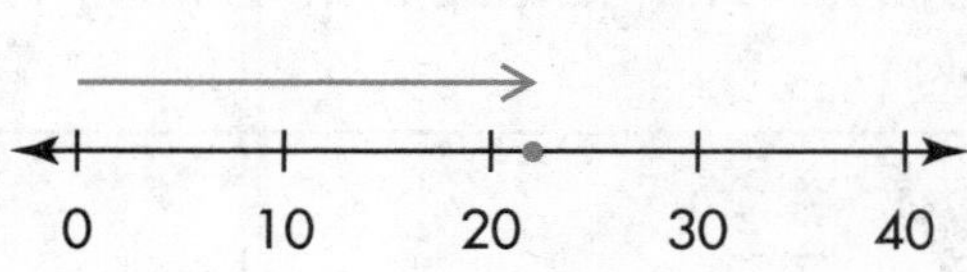

2. Iván necesita 35 minutos para limpiar su cuarto. Hasta ahora él ha limpiado durante 11 minutos. ¿Cuántos minutos más necesita para terminar de limpiar?

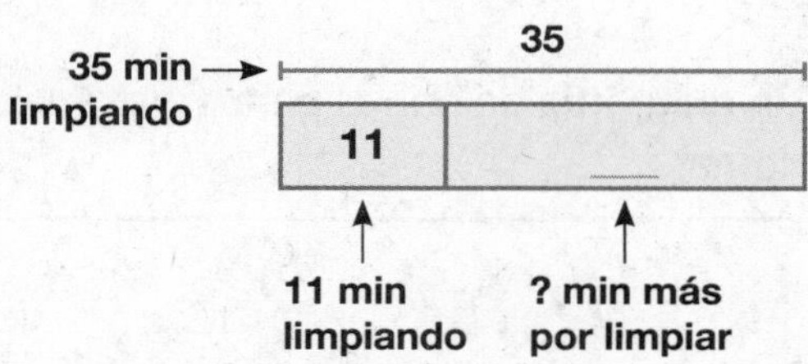

3. El plan de Jaime es dedicar 60 minutos diarios para practicar lanzamiento en beisbol. A Jaime le quedan 14 minutos de práctica hoy. ¿Cuántos minutos ha practicado Jaime en el día de hoy?

4. Margot es ayudante en un establo. Una mañana le dedica 26 minutos para cepillar un caballo. Ese mismo día le dedica 39 minutos para cepillar otro caballo. ¿Cuántos minutos en total dedica ella para cepillar los caballos?

5. **PM.1 Entender y perseverar** Un barbero les corta el pelo a 3 personas en 35 minutos. Cada corte de pelo dura por lo menos 10 minutos y el primer corte dura la mayor cantidad del tiempo. Escribe una manera en que el barbero puede cortar el pelo de 3 personas con esta información.

6. **Vocabulario** Escribe un problema de matemáticas que use las palabras *intervalo de tiempo.*

7. **Razonamiento de orden superior** El Sr. Maxwell dedica 34 minutos para trabajar en su jardín y 25 minutos para barrer las hojas. Su hijo le ayuda 10 minutos en el jardín y 15 minutos con el rastrillo. ¿Cuántos minutos trabaja el Sr. Maxwell cuando su hijo **NO** le ayuda?

8. Lisa dibujó las siguientes dos figuras geométricas. Escribe un enunciado que describa una diferencia entre las figuras.

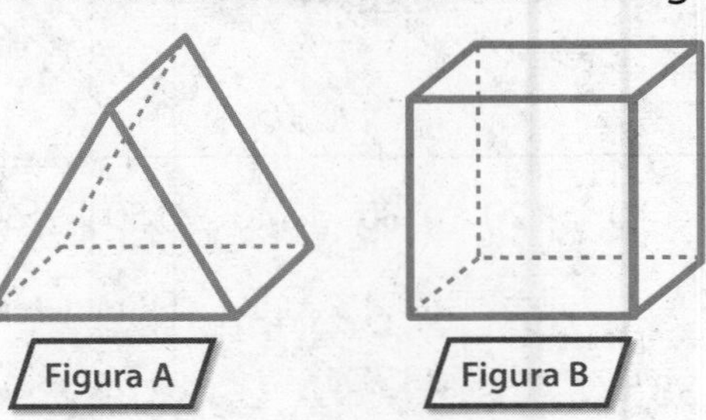

Evaluación de *Common Core*

9. La clase de arte de Colby es de 50 minutos. Ella corta papel por 21 minutos y el resto del tiempo hace un *collage.* ¿Cuánto tiempo le dedicó Colby al *collage*?

Parte A

Haz un diagrama de barras para mostrar el problema.

Parte B

Resuelve el problema.

10. Dennis pasó 39 minutos escribiendo en su diario y 43 minutos hablando con un amigo. ¿Cuánto tiempo pasó Dennis escribiendo y hablando?

Parte A

Haz una recta numérica para mostrar el problema.

Parte B

Resuelve el problema.

Nombre ______________________

Lección 14-4
Estimar el volumen de un líquido

Puedo...
usar unidades estándar para estimar volúmenes de líquidos.

Estándar de contenido 3.MD.A.2
Prácticas matemáticas PM.1, PM.2, PM.4, PM.6, PM.8

Resuélvelo y coméntalo La botella de agua de la ilustración tiene una capacidad de 1 litro. Estima la capacidad del tazón grande en litros. Usa 1 recipiente de 1 litro y un tazón grande para resolver este problema. ***Resuelve este problema de la manera que prefieras.***

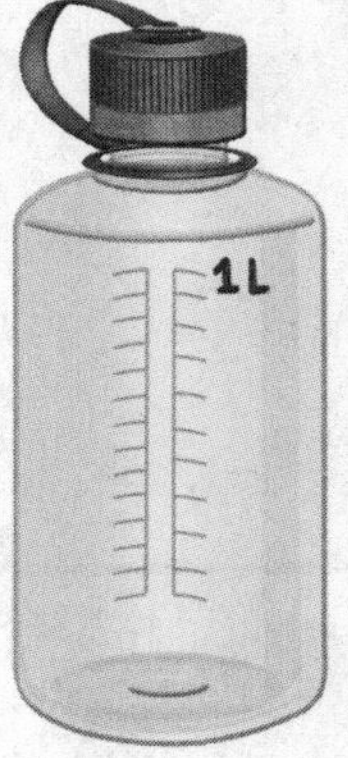

Cuando haces estimaciones y mides objetos, recuerda que debes hacerlo con precisión. ¿Qué unidad usas para estimar la capacidad del tazón grande? *¡Muestra tu trabajo!*

¡Vuelve atrás! **PM.1 Entender y perseverar** Después de estimar la capacidad del recipiente más grande, ¿cómo puedes usar el recipiente de 1 litro para comprobar si la capacidad que hallaste para el tazón grande tiene sentido?

¿Qué unidades métricas se usan para estimar y medir el volumen de un líquido?

A

¿Cuál es la capacidad del balde?

Un mililitro es aproximadamente 20 gotas de un gotero.
Mililitro (mL)
Esta botella tiene una capacidad aproximada de 1 litro.
Litro (L)
?

Capacidad (volumen líquido) es la cantidad medida en unidades líquidas que un recipiente puede contener. Dos unidades métricas de capacidad son los mililitros y los litros.

B

Paso 1

Escoge una unidad apropiada y haz una estimación.

DATOS

Unidades de capacidad
1,000 mililitros = 1 litro

Un mililitro es una unidad my pequeña. Por tanto, usé litros. El balde parece ser lo suficientemente grande para contener varios litros.

C

Paso 2

Verifica que la estimación tenga sentido.

Cuenta cuántas veces puedes llenar el recipiente de un litro y verterlo en el balde.

El balde contiene aproximadamente 8 litros.

¡Convénceme! **PM.2 Razonar** Supón que la capacidad del balde de arriba se da en mililitros. ¿Es la cantidad de mililitros mayor que o menor que la de los litros? Usa tu razonamiento acerca del tamaño de las unidades métricas de capacidad para explicar cómo lo sabes.

Nombre ____________________

Amigo de práctica · Herramientas · Evaluación

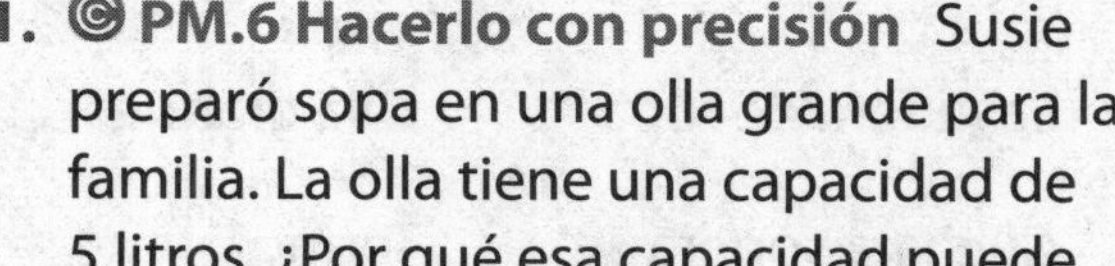

Práctica guiada*

¿Lo entiendes?

1. **PM.6 Hacerlo con precisión** Susie preparó sopa en una olla grande para la familia. La olla tiene una capacidad de 5 litros. ¿Por qué esa capacidad puede ser también 5,000 mililitros?

2. **PM.8 Generalizar** Halla un recipiente que según tus predicciones va a contener más de un litro y otro que va a contener menos de un litro. Usa recipientes de 1 litro y de 1 mililitro para comprobar tus predicciones hallando la capacidad real de cada recipiente.

¿Cómo hacerlo?

Encierra en un círculo la mejor estimación para cada uno en los Ejercicios **3** a **6.**

3.

250 mL o 2 L

4.

5 mL o 1 L

5. Botella de jugo

10 mL o 1 L

6. Tazón de cereal

300 mL o 3 L

Práctica independiente

Encierra en un círculo la mejor estimación para cada objeto en los Ejercicios **7** a **14.**

7.

40 mL o 40 L

8.

15 mL o 1 L

9.

14 mL o 14 L

10.

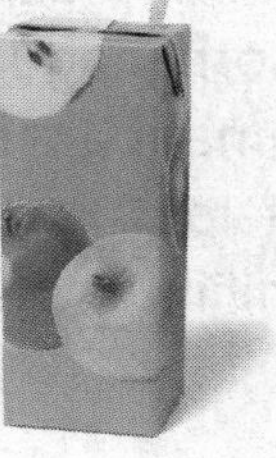

250 mL o 250 L

11. Taza de té

150 mL o 15 L

12. Bañera

115 mL o 115 L

13. Tapa de botella

3 mL o 3 L

14. Tetera

1 L o 10 L

15. Escribe un estimado de la capacidad de un plato de comida para perros.

____

16. Escribe un estimado de la capacidad de un florero. ____________

*Puedes encontrar otro ejemplo en el Grupo D, página 796.

Prácticas matemáticas y resolución de problemas

17. **PM.8 Generalizar** ¿Cuál de las hieleras tiene mayor capacidad? Explica tu razonamiento.

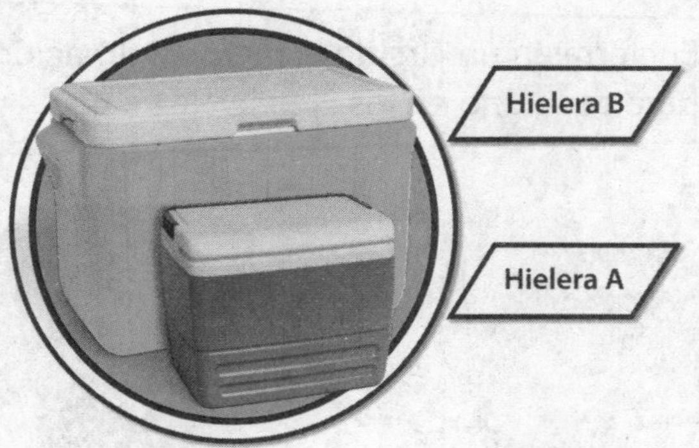

18. Escribe estos recipientes en orden de menor a mayor capacidad. Junto a cada uno escribe L o mL para indicar si mides su capacidad en litros o en mililitros.

Lavadora de ropa   Olla grande

Cuchara sopera   Termo

19. **PM.2 Razonar** Un equipo de básquetbol anota 27 puntos en el primer partido y 41 en el segundo. Después de tres partidos el puntaje total es de 100. ¿Cuántos puntos anotó el equipo en el tercer partido?

20. **Razonamiento de orden superior** Becky quiere medir la capacidad de la pequeña piscina de su hermano. Tiene recipientes de 1 L y de 10 mL. ¿Cuál debe usar? Explica tu razonamiento.

21. **PM.8 Generalizar** Una perdiz puede absorber agua en sus suaves plumas para llevar agua a sus polluelos. ¿Podría la perdiz llevar 20 mililitros o 2 litros de agua?

Una perdiz puede absorber suficiente agua para llenar una botella pequeña de perfume.

Evaluación de *Common Core*

22. Gary está pintando un cobertizo pequeño. Estima que puede hacerlo usando una lata de pintura. ¿Qué opción es la mejor estimación del volumen total de una lata de pintura?

Ⓐ Aprox. 4 mL   Ⓑ Aprox. 4 L   Ⓒ Aprox. 40 L   Ⓓ Aprox. 40 mL

Nombre ____________________

Tarea y práctica 14-4

Estimar el volumen de un líquido

¡Revisemos!

Dos unidades de capacidad en el sistema métrico son los mililitros (mL) y los litros (L).

1 litro = 1,000 mililitros

Un mililitro es aproximadamente 20 gotas de un gotero.

Un litro es un poco más grande que un cuarto.

Se usan los mililitros para medir cantidades muy pequeñas de líquido.

La capacidad de esta cuchara es de 5 mL.

Muchas bebidas se venden en botellas de 1 litro y de 2 litros.

La capacidad de esta botella es de 2 L.

Encierra en un círculo la mejor estimación para cada objeto en los Ejercicios **1** a **12.**

1. 

350 mL o 35 L

2. 

100 mL o 10 L

3. 

1 mL o 1 L

4. 

2 L o 20 L

5. Piscina pequeña

1,000 mL o 85 L

6. Pecera

500 mL o 6 L

7. Botella de agua pequeña

500 mL o 5 L

8. Cucharón de sopa

60 mL o 700 mL

9. Envase pequeño de leche

250 mL o 25 L

10. Lata de sopa

500 mL o 5 L

11. Hielera

2 L o 20 L

12. Salero

40 mL o 1 L

13. Escribe una estimación para la capacidad de un vaso de jugo. ____________

14. Escribe una estimación para la capacidad de una jarra de agua. ____________

15. **Vocabulario** Explica cómo se relaciona un litro con un mililitro.

16. **PM.2 Razonar** La inscripción a un gimnasio cuesta $19 mensuales. Si la Srta. Larco se inscribe por un año, ¿pagará más o menos de $190? Explica tu respuesta.

Usa la cuadrícula de la derecha en los Ejercicios **17** y **18.**

17. **PM.4 Representar con modelos matemáticos** El área de un rectángulo es de 16 unidades cuadradas. Usa la cuadrícula para dibujar el rectángulo. Después colorea el área. ¿Qué dimensiones tiene?

18. **PM.4 Representar con modelos matemáticos** ¿Hay otro rectángulo que puedas dibujar en la cuadrícula que tenga un área de 16 unidades cuadradas? Si es así, ¿cuáles son las dimensiones? Dibújalo y coloréalo en la cuadrícula.

19. **PM.6 Hacerlo con precisión** Halla un recipiente que creas que puede almacenar aproximadamente 2 litros de líquido. Usa un recipiente de un litro para medir y hallar la capacidad real de tu recipiente. Escribe lo que hallaste.

20. **Razonamiento de orden superior** Elsa tiene dos recipientes iguales. Llena uno con leche y el otro con agua. Si el primer recipiente contiene 10 L de leche, ¿cuánta agua contiene el segundo recipiente? ¿Cómo lo sabes?

Evaluación de *Common Core*

21. ¿Qué recipiente tiene una capacidad más cercana a 1 mL?

Ⓑ

Ⓒ

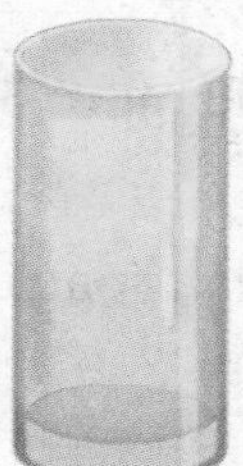

Ⓓ

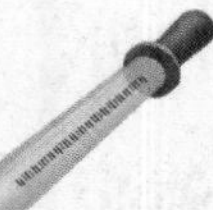

Nombre ______________________________

Resuelve

Resuélvelo y coméntalo

Usa un vaso de laboratorio de 1 litro para medir la capacidad de otros seis recipientes. Anota tus medidas en una tabla. Luego, escríbelas en orden de menor a mayor volumen.

Lección 14-5
Medir el volumen de un líquido

Puedo...
usar unidades estándar para medir volúmenes de líquidos.

Estándar de contenido 3.MD.A.2
Prácticas matemáticas PM.3, PM.4, PM.5, PM.6, PM.8

Hazlo con precisión. Cuando mides 1 litro usando un vaso de laboratorio, puedes medir a los 100 mililitros más cercanos.

¡Vuelve atrás! **PM.5 Usar herramientas apropiadas** ¿Cómo mides la capacidad de recipientes que contienen menos de 1 litro? ¿Hay otra manera para medir?

¿Cómo mides la capacidad?

A

Eric está limpiando su pecera y quiere saber qué cantidad de agua necesita para llenarla. ¿Cómo puede hallar la capacidad de la pecera?

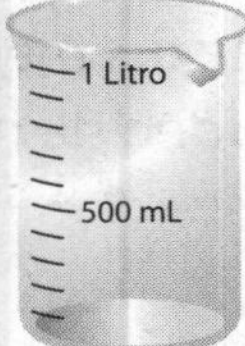

B Vierte el líquido de la pecera en el recipiente de 1 litro. Vacía el agua del recipiente y vuelve a llenarlo hasta que la pecera quede vacía.

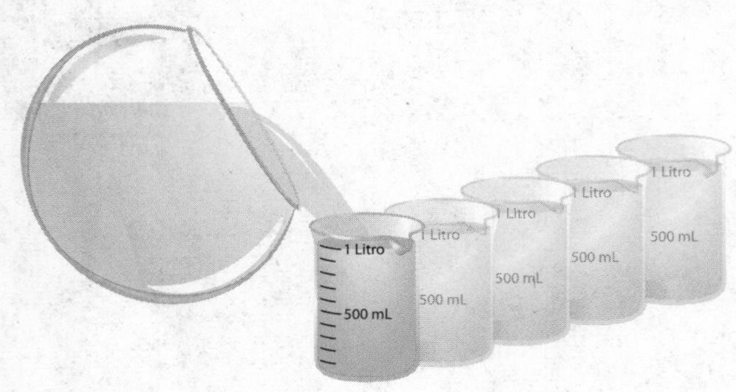

El recipiente de 1 litro se llenó 5 veces.

Por tanto, la capacidad de la pecera es de 5 litros.

Te puede ser de ayuda anotar las medidas que haces.

¡Convénceme! **PM.3 Evaluar el razonamiento** Jason dice, "Pienso que es mejor hallar la capacidad de la pecera usando mililitros". ¿Tiene razón Jason?

Nombre ______________________

Otro ejemplo

Cuando solo parte del recipiente de 1 litro está lleno, usa mililitros.

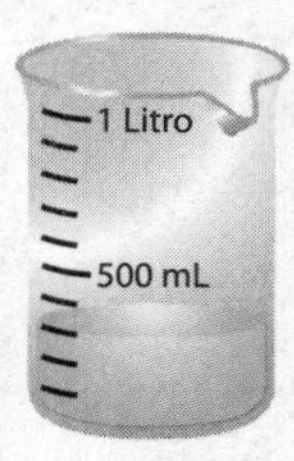

La capacidad de la taza es de 300 mililitros.

La capacidad de la olla es de 2 litros y 500 mililitros.

Práctica guiada*

¿Lo entiendes?

1. **PM.5 Usar herramientas apropiadas** Halla un recipiente que pienses que puede contener menos de un litro. Mide la capacidad del recipiente.

2. ¿Cuál es la capacidad de 2 tazas como la taza del anterior Otro ejemplo?

¿Cómo hacerlo?

¿Cuál es la capacidad total representada en cada Ejercicio?

3.

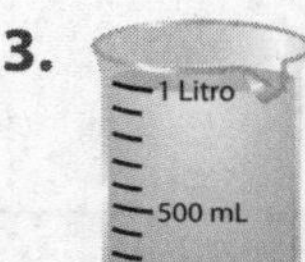
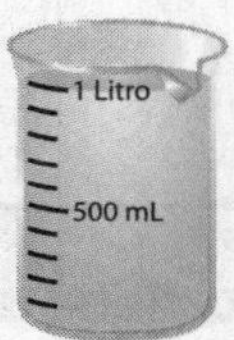
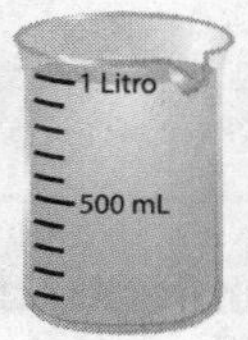
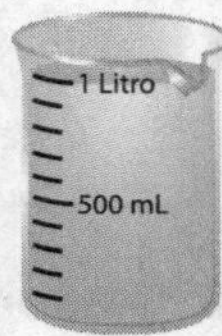

4.

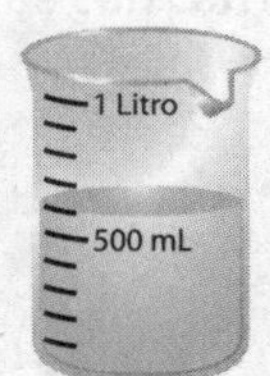

Práctica independiente

¿Cuál es la capacidad total representada en cada Ejercicio?

5.

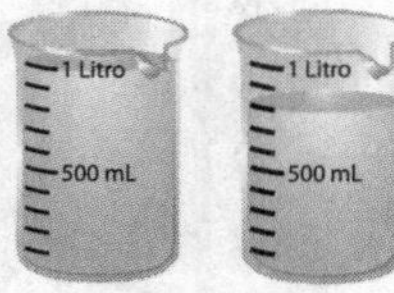

6.

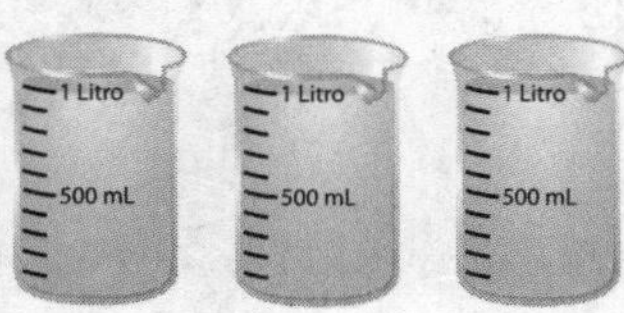

7.

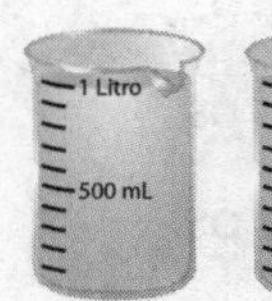
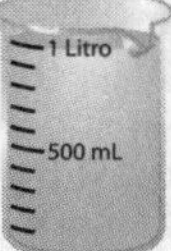
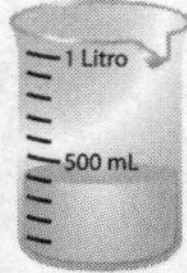

**Puedes encontrar otro ejemplo en el Grupo E, página 796.*

Prácticas matemáticas y resolución de problemas

8. Lawrence recibe una canasta de regalo con un frasco de 200 mililitros de mermelada de uva y otro de 350 mililitros de mermelada de fresa. Su hermana usa 135 mililitros de la mermelada de uva. ¿Qué cantidad de mermelada le queda?

9. **PM.5 Usar herramientas apropiadas** Halla un recipiente que pienses que puede contener más de un litro. Mide la capacidad del recipiente.

10. **PM.8 Generalizar** ¿Cuáles de las siguientes medidas **NO** son razonables para medir la capacidad de un lavamamos: 15 litros, 300 mililitros, 10 litros, 9 litros, 12 litros? Explícalo.

11. ¿Cuántos envases de 2 litros puedes llenar con 18 litros de jugo?

Puedes hacer un dibujo para representar este problema.

12. **Razonamiento de orden superior** Emma puso 750 mililitros de salsa en un recipiente de 1 litro. Si ella quiere llenar el recipiente, ¿cuánta más salsa necesita? Explícalo.

Evaluación de *Common Core*

13. Usa el dibujo de los recipientes de agua para hallar la cantidad de agua que bebe el equipo durante la práctica de futbol.

Ⓐ 6 litros

Ⓑ 7 litros

Ⓒ 9 litros

Ⓓ 19 litros

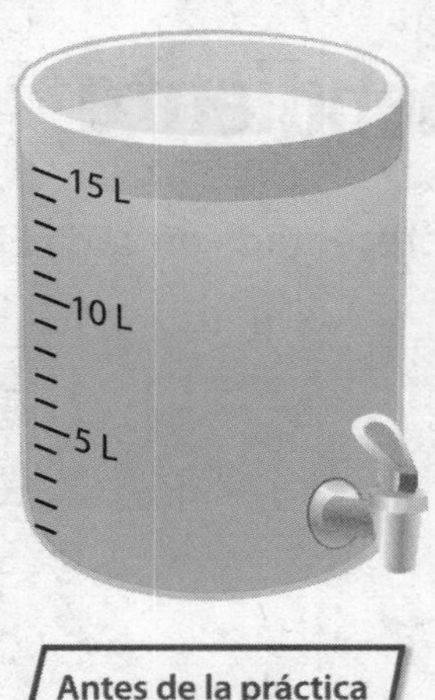

Antes de la práctica de futbol

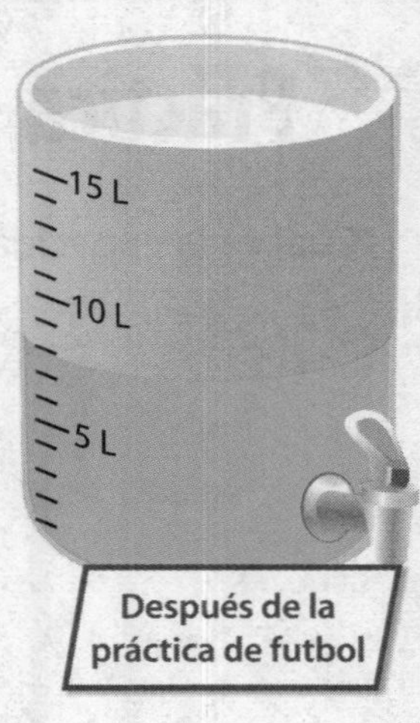

Después de la práctica de futbol

Nombre ____________________

Juegos

Tarea y práctica 14-5

Medir el volumen de un líquido

¡Revisemos!

Un vaso de laboratorio de 1 litro se puede usar para medir la capacidad de otros recipientes.

La capacidad de la lata es de 400 mililitros.

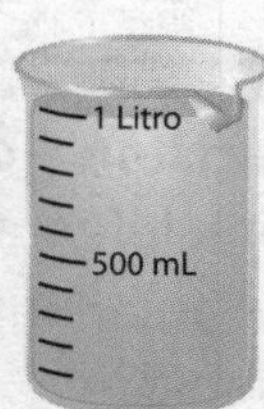

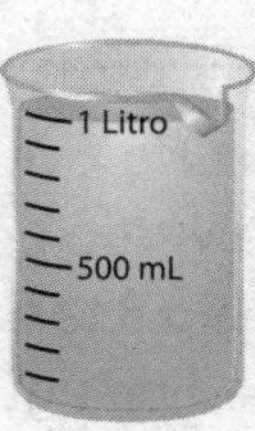

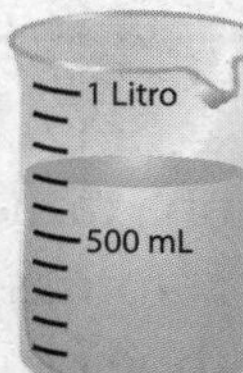

La capacidad de la botella es de 2 litros y 700 mililitros.

¿Cuál es la capacidad total representada en cada Ejercicio?

1. 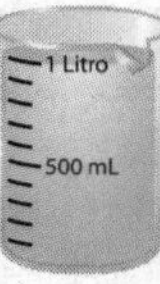 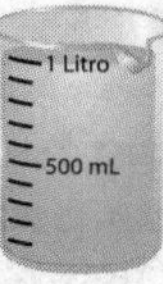

____

2. 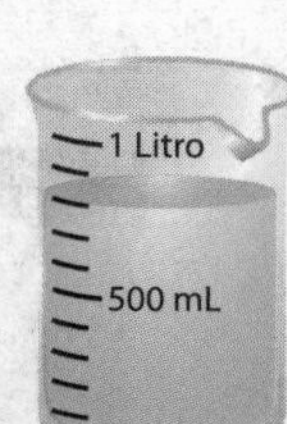

____

3. 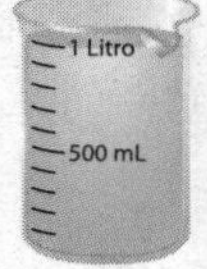 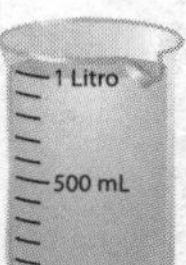 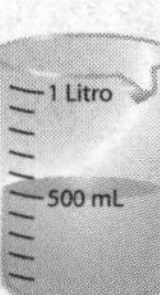

____

4. 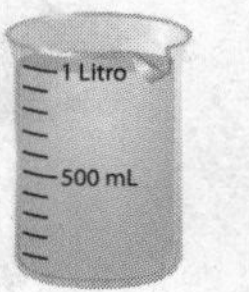 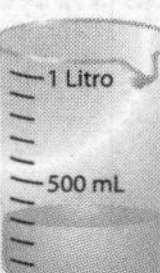

____

5. 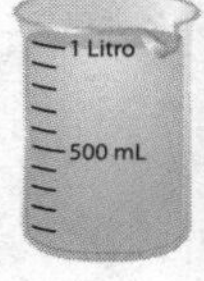 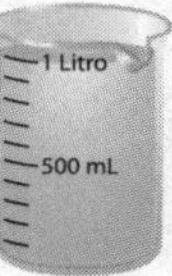 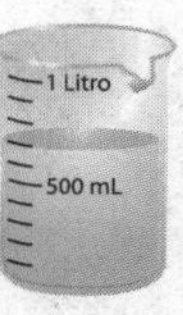

____

6. 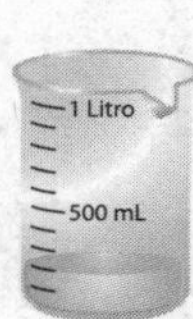

____

7. **PM.4 Representar con modelos matemáticos** La capacidad de una botella pequeña de pegamento es de 185 mililitros. ¿Qué cantidad hay en 3 botellas? Usa las matemáticas para representar el problema.

8. Encierra en un círculo la mejor estimación para la capacidad de la botella.

2 mL o 2 L

9. **PM.6 Hacerlo con precisión** Tomás llenó una taza y la vertió en el recipiente de 1 litro. Si Tomás bebió 8 tazas de agua en el día, ¿qué cantidad de agua bebió?

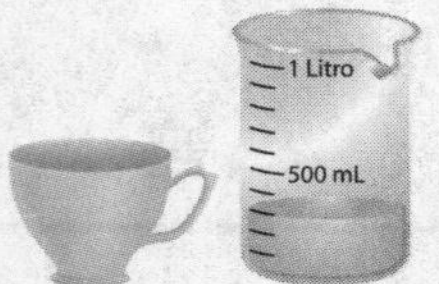

10. **PM.3 Evaluar el razonamiento** Julia tiene un envase de leche de 500 mililitros y se bebe 350 mililitros. Ella dice que le sobran más de 200 mililitros de leche. ¿Tiene razón? Explícalo.

11. **Razonamiento de orden superior** Algunas personas usan una tabla como la que se muestra para ayudarse a decidir la cantidad de peces que pueden poner en sus peceras. Harrison tiene una pecera de 40 litros. ¿Cuántos peces de 4 cm puede poner en su pecera?

DATOS

Longitud de los peces	Cantidad de agua por pez
1 centímetro	2 litros
2 centímetros	4 litros
3 centímetros	6 litros
4 centímetros	8 litros

Evaluación de *Common Core*

12. Benito hizo una jarra pequeña de jugo de frutas. Mezcló la limonada con jugo de cerezas. Usa la ilustración para saber la cantidad de jugo que hizo Benito.

Ⓐ 9 litros

Ⓑ 100 mililitros

Ⓒ 900 mililitros

Ⓓ 2 litros 900 mililitros

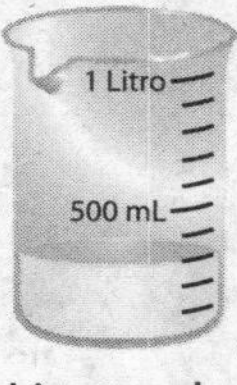

Limonada

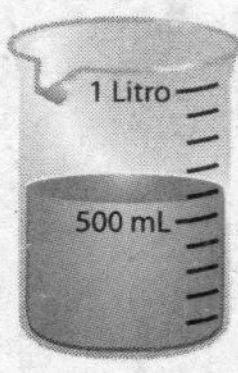

Jugo de cerezas

Nombre ______________________

Lección 14-6
Estimar la masa

Puedo...
usar unidades estándar para estimar la masa de objetos sólidos.

Estándar de contenido 3.MD.A.2
Prácticas matemáticas PM.2, PM.3, PM.4, PM.5

Resuélvelo y coméntalo Mira la ilustración del libro y de la aceituna. Escribe una lista de 4 objetos que se puedan medir usando kilogramos y 4 objetos que se puedan medir usando gramos. ***Resuelve este problema de la manera que prefieras. Explica tu razonamiento.***

1 kilogramo

1 gramo

1,000 gramos = 1 kilogramo

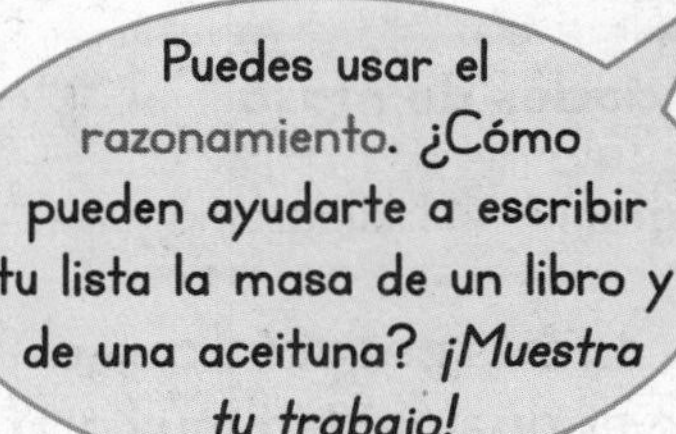

Puedes usar el razonamiento. ¿Cómo pueden ayudarte a escribir tu lista la masa de un libro y de una aceituna? ¡Muestra tu trabajo!

¡Vuelve atrás! **PM.5 Usar herramientas apropiadas** ¿Cómo puedes usar herramientas para comprobar si los objetos que elegiste para tu lista son opciones razonables para medir la masa usando gramos? Explícalo.

¿Cómo puedes usar el razonamiento para estimar la masa?

A

Stephen y Marissa hicieron una estimación de la masa de una manzana. Stephen estima que es 250 g. Marissa estima que es 2 kg. ¿Cuál es una estimación más acertada de la masa de una manzana?

La masa es la medida de la cantidad de materia que hay en un objeto. Los gramos y los kilogramos son dos unidades métricas de la masa.

B

Paso 1

Usa las masas conocidas y la tabla para comparar gramos y kilogramos. Elige la unidad que te dé la mejor estimación.

DATOS Unidades de masa
1,000 gramos = 1 kilogramo

La manzana es más pequeña que el melón. El kilogramo es una unidad muy grande para estimar la masa de una manzana.

La uva es más pequeña que la manzana. Los gramos son unidades más pequeñas que se puede usar para estimar la masa de la manzana.

C

Paso 2

Usa una balanza de platillos para hallar la masa de la manzana y evaluar la estimación de Stephen.

La manzana tiene una masa de 262 gramos.

250 gramos está cerca de 262 gramos.
La estimación de Stephens es razonable.

250 g es una mejor estimación que 2 kg.

¡Convénceme! **PM.3 Evaluar el razonamiento** Zoe dice que dos manzanas tienen una masa mayor que un kilogramo. ¿Estás de acuerdo? Explícalo.

Nombre ___________________________________

Práctica guiada*

¿Lo entiendes?

1. **PM.3 Construir argumentos** En el Paso 2 de la página 770, ¿por qué necesitas hallar la masa real de la manzana?

2. **PM.5 Usar herramientas apropiadas** Halla un objeto que pienses que tiene una masa de más de un kilogramo y otra que tenga menos de un kilogramo. Luego, decide qué herramientas debes usar para comprobar tu estimación.

¿Cómo hacerlo?

Encierra en un círculo la mejor estimación en los Ejercicios **3** a **6.**

3. 

5 g o 5 kg

4. 40 g o 4 kg

5. Gafas de sol

16 g o 1 kg

6. Sobre

1 g o 70 g

Práctica independiente

Práctica al nivel Encierra en un círculo la mejor estimación en los Ejercicios **7** a **18.**

7. 

100 g o 10 kg

8. 

15 g o 15 kg

9. 

4 g o 400 g

10. 

200 g o 2 kg

11. Bicicleta

2 kg o 12 kg

12. Pluma

1 g o 1 kg

13. Caballo

5 kg o 550 kg

14. Moneda de 1¢

3 g o 300 g

15. Mesa de comedor

350 g o 35 kg

16. Horno microondas

1,500 g o 15 kg

17. Gatito

2 kg o 20 kg

18. Crayón

20 g o 200 g

Puedes encontrar otro ejemplo en el Grupo F, página 797.

Prácticas matemáticas y resolución de problemas

19. PM.5 Usar herramientas apropiadas Escoge la herramienta más apropiada para medir cada objeto. Escribe la letra de la herramienta en el espacio en blanco.

La capacidad de una taza ____

La temperatura del agua ____

La longitud de una caja ____

La masa de una pera ____

La hora en que terminas de almorzar ____

20. Sentido numérico Ethan resta un número de 3 dígitos de 920. Ethan dice que la diferencia puede ser un número de 1 dígito, un número de 2 dígitos o un número de 3 dígitos. Escribe tres ecuaciones de resta que muestren cada diferencia. Asegúrate de empezar con 920 y restarle un número de 3 dígitos cada vez.

Puedes usar el valor de posición y el cálculo mental para resolver este problema.

21. Matemáticas y Ciencias Clay aprendió que los sólidos tienen una figura definida. Ahora quiere medir algunos sólidos y mide la masa de la cuenta de un collar que tiene 10 gramos de masa. Clay estima que 10 cuentas tienen una masa de 1 kilogramo. ¿Tiene razón? Explícalo.

22. Razonamiento de orden superior Corrige los errores de la siguiente lista de compras.

Lista de compras
2 L de manzanas
3 kg de leche
5 cm de harina

Evaluación de *Common Core*

23. Todd está pensando en un animal que tiene una masa mayor de 1 kilogramo, pero menor de 20 kilogramos. Escribe dos animales en los que Todd podría estar pensando.

24. Ana tiene una barra de jabón y hace una estimación de la masa antes de pesarla y hallar su masa real. ¿Tiene más sentido estimar la masa en gramos o estimarla en mililitros? Explícalo.

Nombre ______________________

Ayuda   Amigo de práctica   Herramientas   Juegos

Tarea y práctica 14-6

Estimar la masa

¡Revisemos!

Las unidades de masa incluyen los gramos (g) y los kilogramos (kg).

1 kilogramo = 1,000 gramos

La masa es una medida de la cantidad de materia que hay en un cuerpo.

Un clip tiene una masa de aprox. 1 gramo.

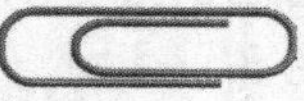

Un bate grande tiene una masa de aprox. 1 kilogramo.

Puedes hacer una estimación de la masa de diferentes objetos con base en la masa del clip y en la masa del bate.

Encierra en un círculo la mejor estimación en los Ejercicios **1** a **16**.

1. 

150 g o 150 kg

2. 

1 g o 100 g

3. 

200 g o 2 kg

4.

15 g o 150 g

5. Pelota de fútbol

500 g o 5 kg

6. Tigre

30 kg o 300 kg

7. Moneda de 10¢

2 g o 2 kg

8. Guante de beisbol

100 g o 1 kg

9. Perro grande

400 g o 40 kg

10. Televisor de pantalla plana

15 kg o 100 kg

11. Limón

100 g o 1 kg

12. Teléfono celular

150 g o 15 kg

13. Ancla

40 g o 40 kg

14. Calculadora

95 g o 1 kg

15. Camiseta

50 g o 300 g

16. Plato

300 g o 3 kg

17. **PM.5 Usar herramientas apropiadas** Escoge la herramienta más apropiada para medir cada objeto. Escribe la letra de la herramienta en el espacio en blanco.

La masa de un durazno ______

La capacidad de un tazón ______

La hora en que terminas de desayunar ______

La longitud de un crayón ______

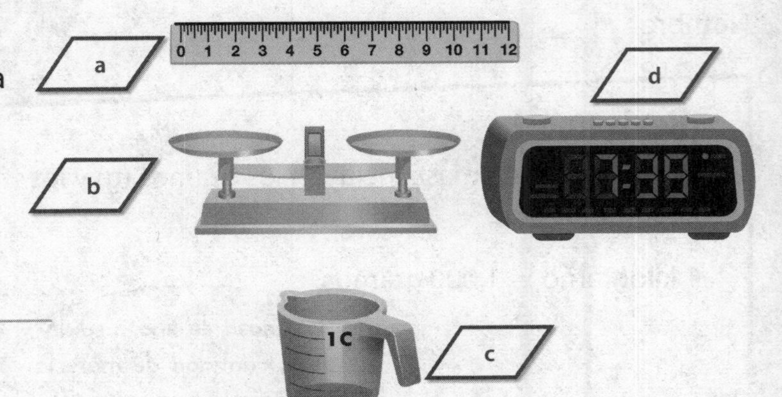

18. **Matemáticas y Ciencias** La clase de ciencias hizo una estimación de la masa de objetos que se pueden levantar con un imán. El imán levanta 2 llaves y 1 llave inglesa. ¿Cuál es la estimación del total de la masa que el imán levantó?

DATOS

Objeto	Masa estimada
llave	30 g
llave inglesa	350 g

19. **PM.4 Representar con modelos matemáticos** Stan trabaja para una compañía de mudanzas. Tiene 36 cajas puestas en grupos iguales en 6 estantes. Haz un dibujo o un diagrama de barras para hallar cuántas cajas hay en cada estante.

20. **Razonamiento de orden superior** Rosa sabe que una moneda de un dólar tiene una masa de un poco menos que 10 gramos. Ella supone que 1 kilogramo de monedas equivale a un millón de dólares. ¿Es esto razonable? Explícalo.

21. Cody está pensando en un objeto que tiene una masa mayor que 1 gramo pero menor que 1 kg. Escribe dos objetos en los que Cody podría estar pensando.

Evaluación de *Common Core*

22. ¿Qué unidad métrica se debe usar para estimar la masa de una galleta? Explícalo.

Nombre ________________

Lección 14-7
Medir la masa

Puedo...
usar gramos y kilogramos para medir la masa de los objetos.

Estándar de contenido 3.MD.A.2
Prácticas matemáticas PM.1, PM.2, PM.3, PM.6, PM.7

Resuélvelo y coméntalo Trabaja con un compañero para escoger 6 objetos cuyas masas se puedan medir usando una balanza de platillos. Hagan una estimación de la masa de cada objeto. Usen las pesas métricas para hallar la masa real de cada uno en gramos (g) o kilogramos (kg). ***Usa la tabla y resuelve este problema de la manera que prefieras. Explica tu razonamiento.***

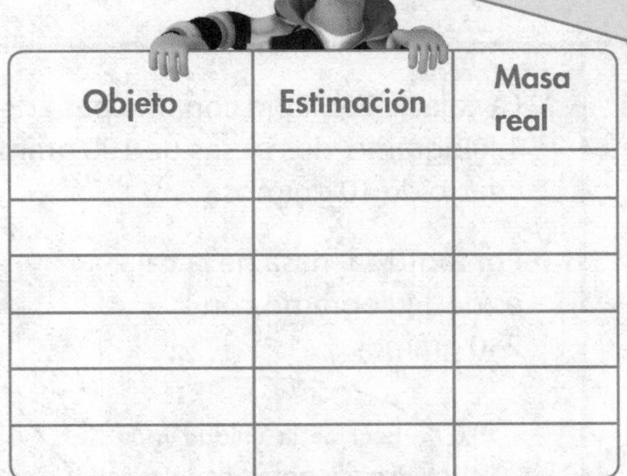

Objeto	Estimación	Masa real

Buscar relaciones. Piensa en qué se parecen y en qué se diferencian los objetos para ayudarte a decidir si es apropiado usar gramos, kilogramos o las dos unidades para medir la masa de los objetos. *¡Muestra tu trabajo!*

¡Vuelve atrás! **PM.3 Construir argumentos** ¿Cómo puedes decidir qué unidad o unidades métricas debes usar cuando haces estimaciones? Explícalo.

¿Cómo mides la masa?

A

Se puede usar una balanza de platillos con pesas de gramos y kilogramos para hallar la masa de un objeto. ¿Cuál es la masa de la caja de tiza?

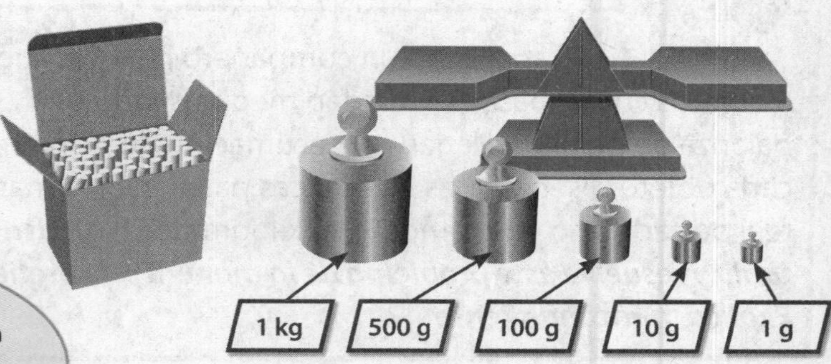

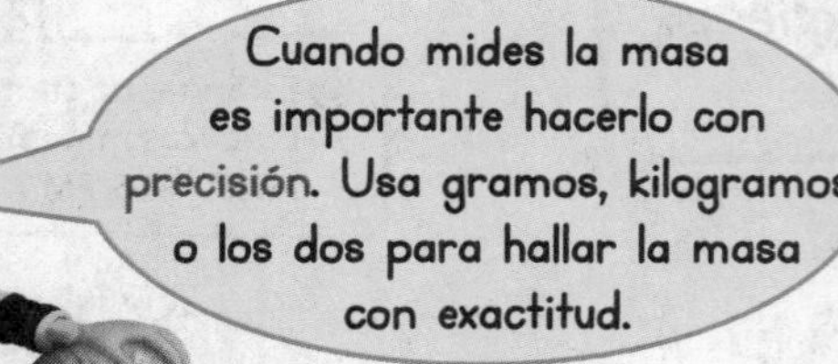

Cuando mides la masa es importante hacerlo con precisión. Usa gramos, kilogramos o los dos para hallar la masa con exactitud.

B Pon la caja en un platillo. Pon suficientes pesas de gramos y kilogramos en el otro platillo para equilibrar los platillos.

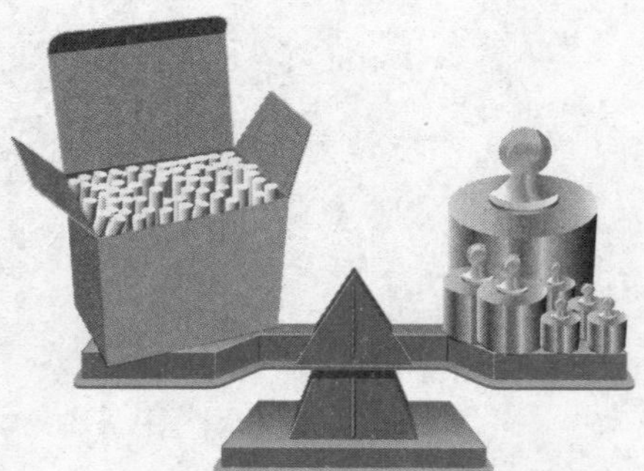

C La caja se equilibra con una pesa de 1 kilogramo, dos pesas de 100 gramos y cuatro de 10 gramos.

Por tanto, la masa de la caja es de 1 kilogramo con 240 gramos.

Escribe la unidad más grande antes de la más pequeña cuando anotes las medidas.

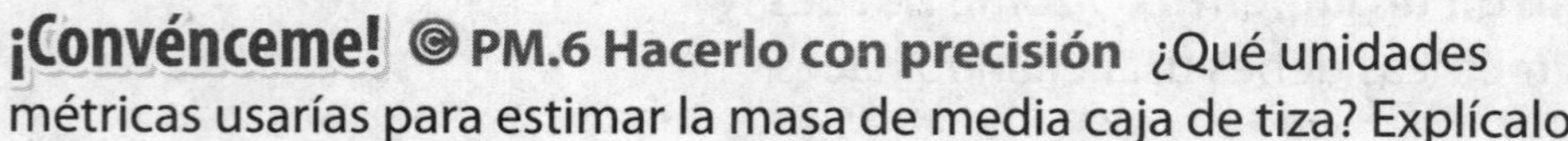

¡Convénceme! **PM.6 Hacerlo con precisión** ¿Qué unidades métricas usarías para estimar la masa de media caja de tiza? Explícalo.

Nombre ____________________

Práctica guiada*

¿Lo entiendes?

1. **PM.2 Razonar** Halla un objeto que piensas que tiene una masa mayor que un kilogramo. Halla otro objeto que tenga una masa menor que un kilogramo. Usa una balanza de platillos con pesas de gramos y kilogramos para medir la masa de cada objeto.

2. **PM.3 Construir argumentos** Si usas una balanza de platillos para medir la masa de un bolígrafo, ¿usarías pesas de kilogramo? Explícalo.

¿Cómo hacerlo?

Escribe el total de la masa representada en cada ilustración en los Ejercicios **3** y **4**.

3.

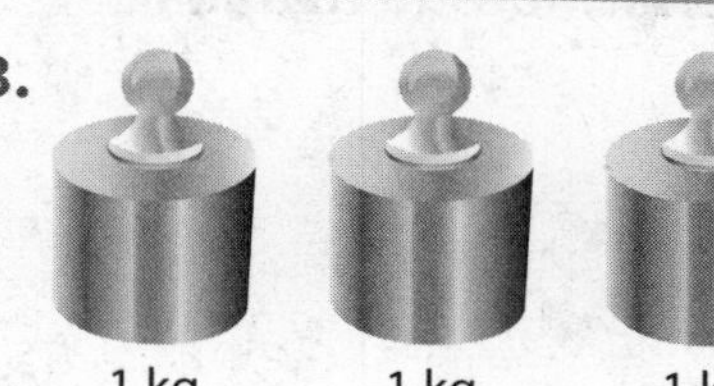

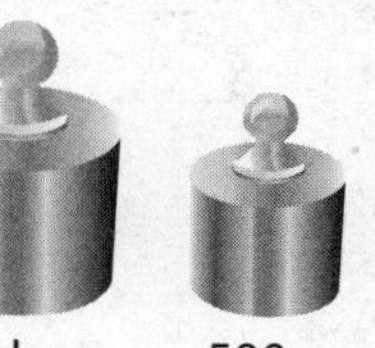

4.

Práctica independiente

Escribe el total de la masa representada en cada ilustración en los Ejercicios **5** a **7**.

5.

100 g 100 g

500 g 100 g 100 g

10 g 10 g 10 g 1 g

6.

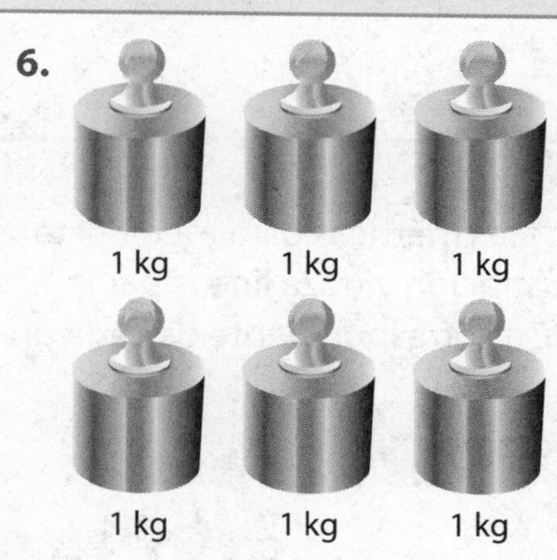

7.

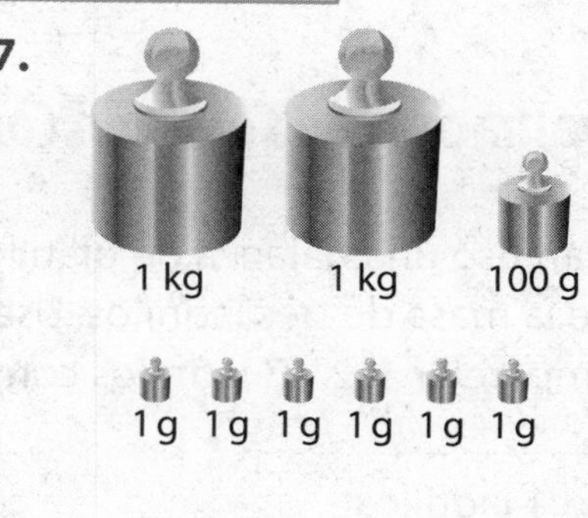

**Puedes encontrar otro ejemplo en el Grupo G, página 797.*

Prácticas matemáticas y resolución de problemas

8. **Álgebra** Olivia pone 220 gramos de nueces en una bolsa. Le añade más nueces a la bolsa. La masa total de la bolsa de nueces es de 850 gramos. Usa la expresión $220 + n = 850$ para hallar en gramos la masa de las nueces que Olivia le añadió a la bolsa. Muestra tu trabajo.

9. El consejero del campamento trajo 8 bolsas de carbón. La masa de cada bolsa es de 5 kilogramos. ¿Cuál es el total de la masa de las bolsas?

10. **PM.2 Razonar** Sofía usó una balanza de platillos para medir la masa de una piña. Los platillos están equilibrados cuando ella usa una pesa de 500 gramos y 3 de 100 gramos. Rafa midió la misma piña pero usó ocho pesas de 100 gramos. ¿Alguien cometió un error? Explícalo.

11. **Razonamiento de orden superior** Lawrence compró algunas papas rojas que tienen una masa de 410 gramos. También compró papas blancas con masa de 655 gramos. ¿Compró más o compró menos de 1 kilogramo de papas? Explica cómo lo sabes.

Evaluación de *Common Core*

12. Iván usó una balanza de platillos y pesas métricas para medir el total de la masa de tres ladrillos. Usa la ilustración y traza líneas para emparejar 1, 2 y 3 ladrillos con la masa correspondiente de cada uno.

1 ladrillos	6 kilogramos
2 ladrillos	4 kilogramos
3 ladrillos	2 kilogramos

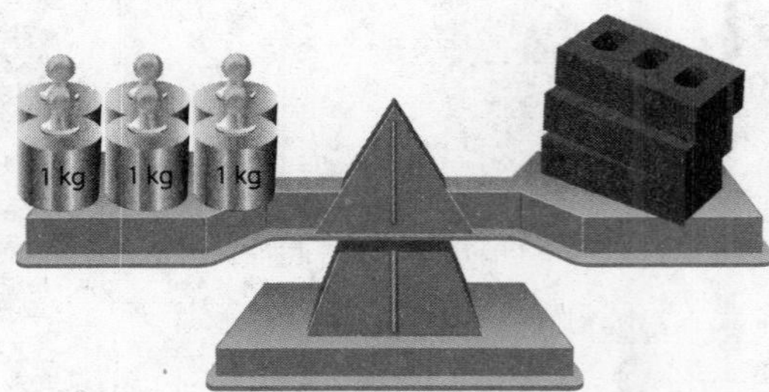

Nombre ______________________

   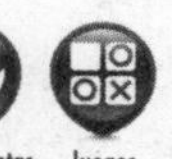

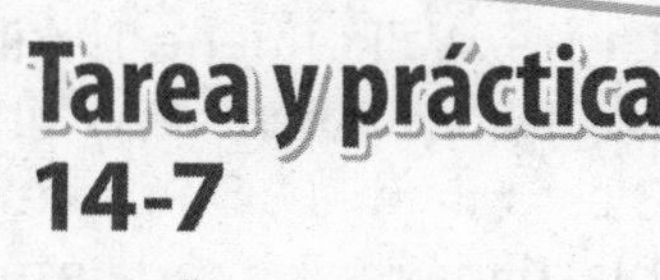

Tarea y práctica 14-7

Medir la masa

¡Revisemos!

Tanya estimó que una caja de clavos tiene una masa de 2 kilogramos. Después ella usó una balanza de platillos y pesas métricas para hallar la masa real.

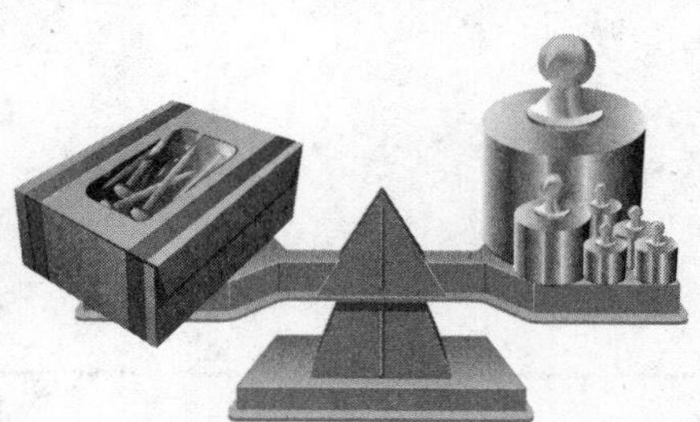

Puedes usar el razonamiento para estimar y medir la masa de un objeto en gramos, kilogramos en ambas unidades métricas: 1,000 gramos = 1 kilogramo

Se equilibra una caja de clavos usando una pesa de 1 kilogramo, una de 500 gramos y cuatro de 100 gramos.

Por tanto, la masa de la caja de clavos es de 1 kilogramo 900 gramos.

Escribe el total de la masa representada en cada ilustración en los Ejercicios **1** a **6.**

1.      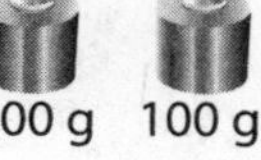

2.  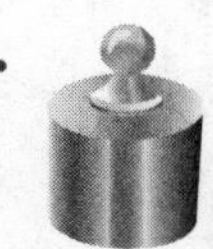 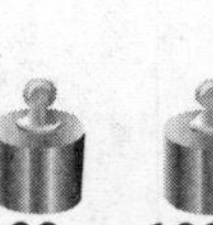 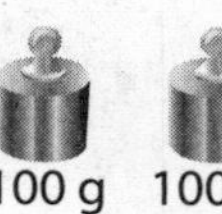 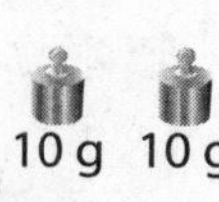 

3.     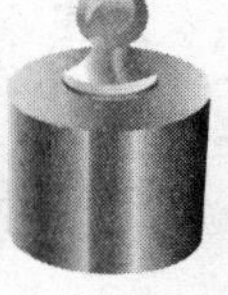     

4.   

5.  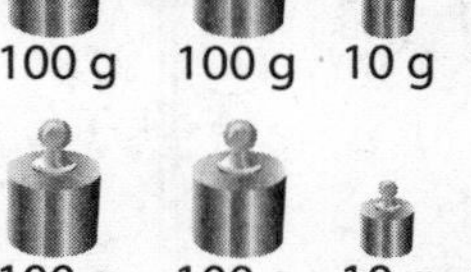  

6.   

7. La Sra. Walker tiene 15 kilogramos de plastilina. Quiere repartirla por igual entre 3 estudiantes. ¿Qué cantidad de masa de plastilina recibe cada estudiante?

8. **Razonamiento de orden superior** La perrita de Cecilia tuvo 6 cachorritos. Cada cachorro tiene una masa de casi 3 kilogramos. ¿Cuál es el total aproximado de la masa de todos los cachorritos en kilogramos? ¿El total aproximado en gramos? Recuerda: 1,000 gramos = 1 kilogramo.

9. **PM.2 Razonar** Willie tiene 4 gorras de beisbol. Tiene dos gorras azules, una roja y una verde. ¿Qué fracción de las gorras es azul?

10. **PM.1 Entender y perseverar** Lynn llena tres bolsas con 2 kilogramos y 450 gramos de arena. ¿Es la masa de 2 bolsas mayor que o menor que 5 kilogramos? Explica cómo lo sabes.

Evaluación de *Common Core*

11. Renzo hizo una estimación de la masa de cada uno de los siguientes. Después Renzo los midió para hallar la masa real. Traza líneas para emparejar cada objeto con la mejor estimación de la masa real.

Computadora portátil

Chimpancé

Estampilla

Durazno

Nombre ______________________________

Lección 14-8
Resolver problemas verbales sobre la masa y el volumen de un líquido

Puedo...
usar ilustraciones como ayuda para resolver problemas sobre masa y volumen.

Estándar de contenido 3.MD.A.2
Prácticas matemáticas PM.1, PM.2, PM.4, PM.6

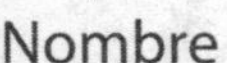

Los animales de una tienda de mascotas comen 80 kilogramos de verduras cada día. ¿Cuántos kilogramos de verduras consumen en una semana?

Representar con modelos matemáticos. Puedes hacer diagramas de barras como ayuda para hallar las operaciones que necesitar hacer.

¡Vuelve atrás! PM.1 Entender y perseverar Describe el plan que usaste para resolver el problema.

Pregunta esencial ¿Cómo usas los dibujos para resolver problemas?

A

En una fábrica de jugos un recipiente de 50 litros tenía solo 28 litros de jugo. Una hora después tenía 45 litros. ¿Cuántos litros de jugo se le agregaron?

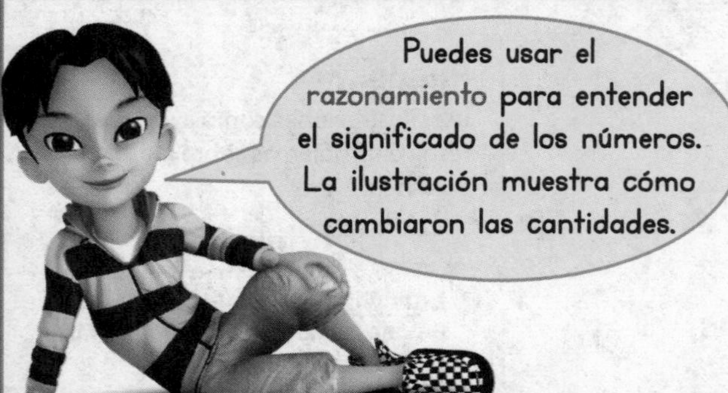

B Haz un dibujo para mostrar lo que sabes.

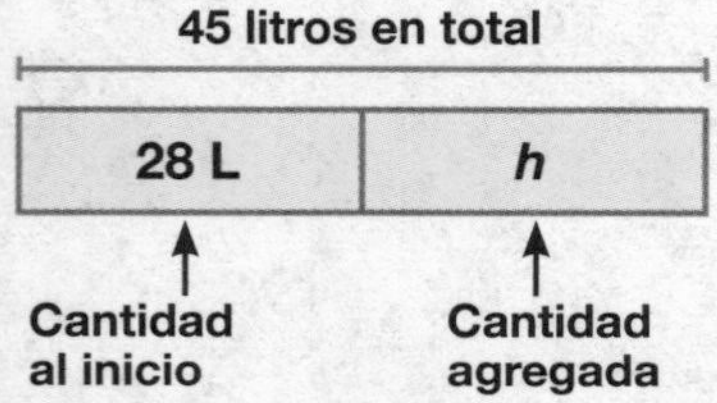

Sabes cuál es el total y una parte. Resta para hallar cuántos litros se agregaron.

C

Los dibujos pueden ser de ayuda para entender la operación que debes usar.

Resta para resolver el problema.

$45 - 28 = h$

$$\begin{array}{r} 45 \\ -\ 28 \\ \hline 17 \end{array}$$

17 litros de jugo fueron agregados al recipiente.

¡Convénceme! **PM.1 Entender y perseverar** En el ejemplo anterior, hay otro vaso de laboratorio con 33 litros de jugo. ¿Cuántos litros de jugo hay en total? ¿Cómo puedes resolver este problema?

Nombre ______________________

Práctica guiada*

¿Lo entiendes?

1. Supón que 42 litros de jugo son divididos por igual en 6 recipientes. Haz un dibujo para mostrar cuántos litros de jugo hay en cada recipiente.

¿Cómo hacerlo?

2. Alex compra una caja de mezcla para un pastel y una caja de cacao. La masa de la caja para el pastel es de 100 gramos. El total de la masa de las 2 cajas es de 550 gramos. ¿Cuál es la masa de la caja de cacao?

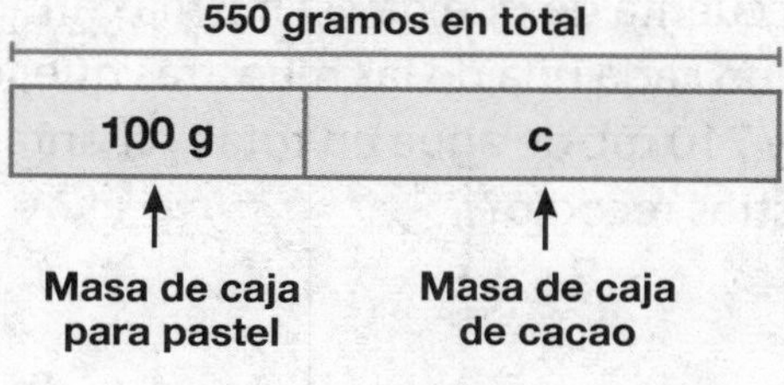

Práctica independiente

Práctica al nivel Usa dibujos para resolver los problemas en los Ejercicios **3** a **6**.

3. Peter divide 120 litros de agua por igual en 3 recipientes. ¿Cuántos litros vierte en cada recipiente?

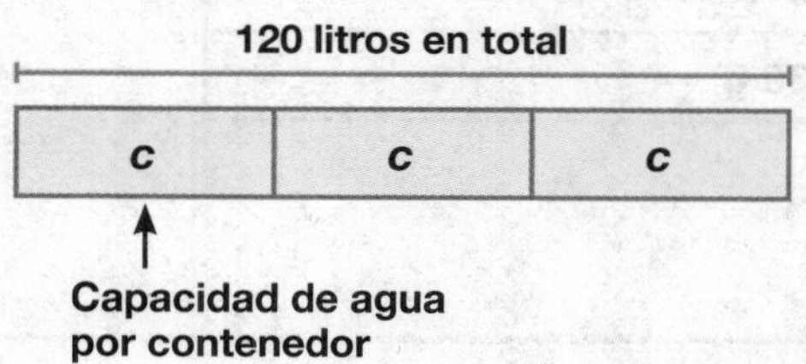

4. Adela vierte 235 mililitros de leche en un vaso y 497 mililitros de leche en una botella. ¿Cuántos mililitros de leche vertió en total? Haz un dibujo como ayuda para resolver el problema.

5. Samantha compró 523 gramos de uvas. Después de comer algunas le quedan 458 gramos. ¿Cuántos gramos de uvas comió?

6. Omar está enviando 3 cajas por correo. La masa de cada caja es de 8 kilogramos. ¿Cuál es el total de la masa de todas las cajas?

Puedes encontrar otro ejemplo en el Grupo H, página 798.

Prácticas matemáticas y resolución de problemas

Usa la tabla en los Ejercicios **7** y **8.** Usa el diagrama de barras en el Ejercicio **8.**

7. La profesora Newman recogió una muestra de suelo de un parque bajo protección en su pueblo. ¿Cuál es la masa total de los 2 minerales que contiene la muestra?

DATOS

Muestra de suelo	
Componente	**Cantidad**
Cuarzo	141 g
Calcita	96 g
Agua	42 mL

8. **Razonamiento de orden superior** La profesora se da cuenta de que hay la misma cantidad de agua en cada una de las muestras que recogió. Si hay 210 mL de agua en total, ¿cuántas muestras recogió?

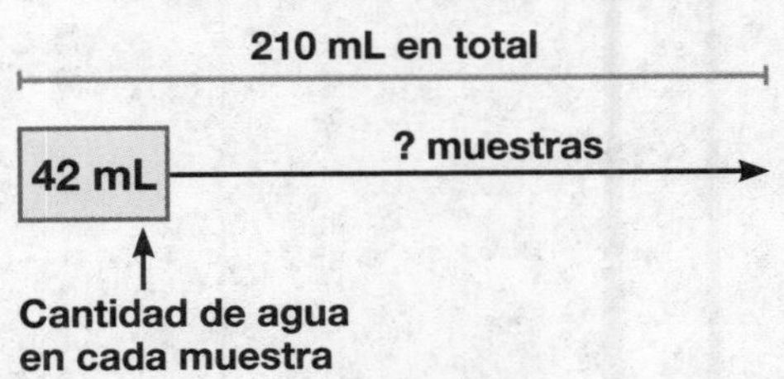

9. Elías tiene 2 horas libres antes de la cena. En los primeros 37 minutos practica la guitarra y en los siguientes 48 minutos hace sus tareas. ¿Cuánto tiempo le queda libre antes de la cena?

10. **PM.2 Razonar** Laura compra 500 mililitros de crema. Usa parte de la crema y le sobran 245 mililitros. ¿Cuántos mililitros de crema usó?

11. **PM.1 Entender y perseverar** Escribe y resuelve un problema relacionado con el diagrama de barras.

678 g

239 g	*a*

Evaluación de *Common Core*

12. Hace una hora Eric llenó un recipiente con jugo hasta la marca de 18 L. Ahora el jugo está en la marca de 15 L. Muestra la cantidad de jugo que Eric tenía. Después usa las ilustraciones para hallar cuántos litros de jugo se han sacado.

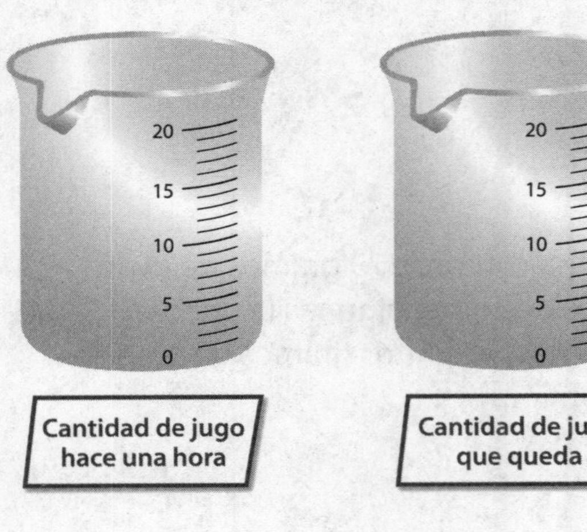

Nombre ______________________

Tarea y práctica 14-8

Resolver problemas verbales sobre la masa y el volumen de un líquido

¡Revisemos!

Puedes usar diferentes diagramas de barras para resolver un problema.

La Sra. Jones compró 35 litros de jugo para un picnic escolar. En el picnic cada clase consumió 5 litros. No sobró jugo. ¿Cuántas clases fueron al picnic?

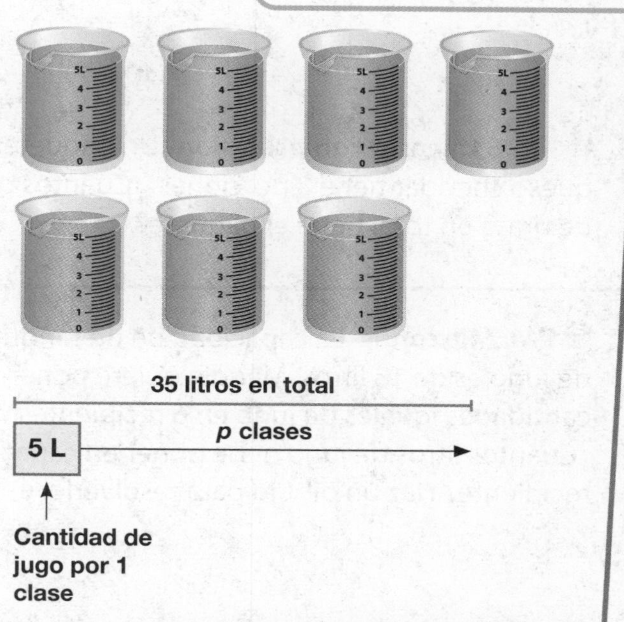

Puedes hacer dibujos con la información dada para resolver el problema.

Para hallar cuántas clases hay puedes dividir $35 \div 5$.

$35 \div 5 = 7$ Por tanto, 7 clases fueron al picnic.

Haz un dibujo como ayuda para resolver el problema en los Ejercicios **1** y **2.**

1. Frank tiene 42 kilogramos de masa y Dino tiene 39 kilogramos. ¿Cuánta masa tienen los dos en total?

2. Una bicicleta pequeña tiene 7 kilogramos de masa. El total de todas las bicicletas pequeñas en la Tienda de bicicletas Mike es de 21 kilogramos. ¿Cuántas bicicletas pequeñas hay en la Tienda de bicicletas Mike?

3. Doris tiene 6 botiquines de primeros auxilios. Cada botiquín pesa 8 kilogramos. ¿Cuál es el total de la masa de todos los botiquines de Doris?

4. Cloe pintó 4 habitaciones de su casa. Usó 10 litros de pintura en cada habitación. ¿Cuántos litros en total usó Cloe?

La tabla de la derecha muestra la masa de grasa en gramos por porción de determinados alimentos. Usa la tabla en los Ejercicios **5** y **6.** Haz un dibujo para resolver el problema.

DATOS

Grasa total (por porción)	
Alimento	**Cantidad de grasa (g)**
Queso cheddar	9
Jamón	2
Nueces	15

5. ¿Cuánto es el total de los gramos de grasa por porción del queso cheddar y de las nueces?

6. **PM.6 Hacerlo con precisión** Un paquete de queso cheddar tiene 8 porciones. ¿Cuántos gramos de grasa en total tiene el paquete?

7. **PM.2 Razonar** La capacidad de un tanque de jugo es de 18 litros. Maggie quiere poner cantidades iguales de jugo en 6 recipientes. ¿Cuántos litros de jugo debe poner en cada recipiente? Haz un dibujo para resolverlo.

8. **Sentido numérico** George está pensando en un número menor que 10 y cuyo producto es un número impar cuando se multiplica por 5. ¿En qué número está pensando George?

9. **Razonamiento de orden superior** Tina tiene 60 gramos de palomitas de maíz. Quiere repartirlas entre 3 amigas. Tina dice que hay 2 maneras para repartirlas en cantidades iguales. ¿Tiene razón? Explícalo.

Evaluación de *Common Core*

10. Salma usó un recipiente para recoger agua de lluvia. El lunes por la mañana había recogido 66 mL y 26 mL por la noche. El martes por la noche tenía 145 ml de agua de lluvia. Muestra en los recipientes la cantidad de agua de lluvia que recogió por día. Después, muestra cuánta más agua recogió el martes que el lunes.

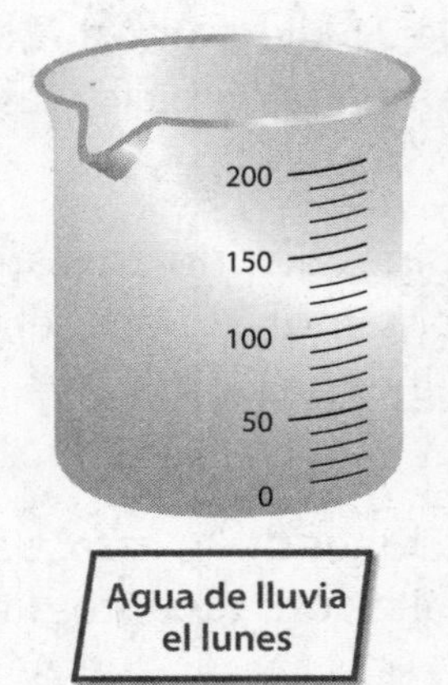

Agua de lluvia el lunes

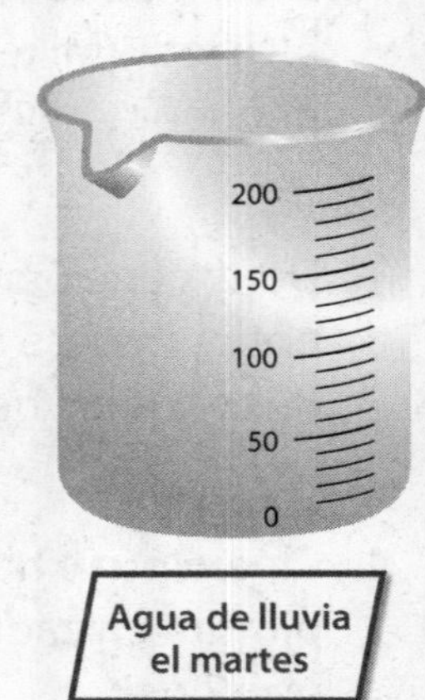

Agua de lluvia el martes

Nombre ______________________

Resuélvelo y coméntalo

Nina quiere llegar a las 9:30 *a. m.* al centro comunitario para asistir a una clase de arte. Le toma 15 minutos caminar hasta el centro, 30 minutos preparar el desayuno y desayunar, y 15 minutos para alistarse para salir. ¿A qué hora debe Nina empezar a preparar el desayuno? Usa tu razonamiento para resolverlo.

Resuelve

Prácticas matemáticas y resolución de problemas

Lección 14-9

Razonar

Puedo...

puedo entender cantidades y relaciones que se dan en los problemas.

Prácticas matemáticas PM.2, También, MP.1, PM.3, PM.4, PM.6, PM.8
Estándar de contenido 3.MD.A.1

Llegada al centro comunitario

Hábitos de razonamiento

¡Razona correctamente! Estas preguntas te pueden ayudar.

- ¿Qué significan los números y los signos o símbolos del problema?
- ¿Cómo están relacionados los números o las cantidades?
- ¿Cómo puedo representar un problema verbal usando dibujos, números o ecuaciones?

¡Vuelve atrás! **PM.2 Razonar** ¿Tiene sentido usar "minutos" como la unidad para resolver este problema? Explícalo.

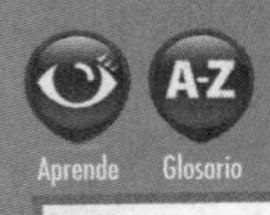

¿Cómo puedes usar el razonamiento para resolver problemas?

A

La familia de Eric quiere llegar al cine a las 2:30 p. m. Les toma 30 minutos almorzar, 15 minutos prepararse después del almuerzo y 30 minutos llegar al cine.

¿A qué hora debe la familia empezar a almorzar? Usa tu razonamiento para resolverlo.

Puedes hacer un dibujo como ayuda para razonar.

¿Qué necesito hacer para resolver este problema?

Necesito empezar por la hora final. Después necesito usar los intervalos de tiempo que se dan y empezar por el final para hallar la hora inicial.

Llegar al cine

B

¿Cómo puedo usar el razonamiento para resolver este problema?

Puedo

- identificar las cantidades que conozco.
- hacer una recta numérica para mostrar las relaciones.
- dar la respuesta usando la unidad correcta.

C

Este es mi razonamiento...

Usé una recta numérica para mostrar las cantidades y mi razonamiento.

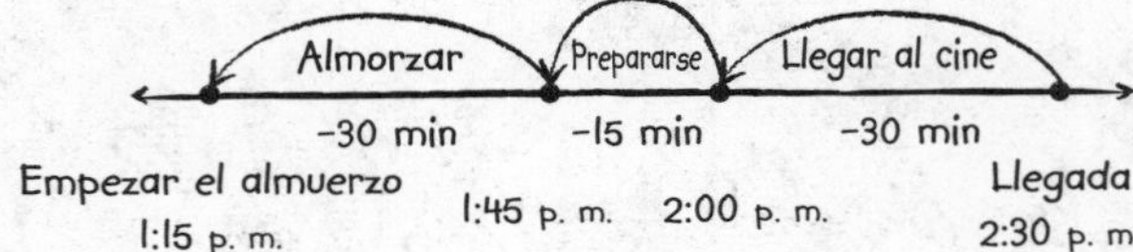

30 minutos antes de las 2:30 *p. m.* son las 2:00 *p. m.*
15 minutos antes de las 2:00 *p. m.* es la 1:45 *p. m.*
30 minutos antes de la 1:45 *p. m.* es la 1:15 *p. m.*

La familia de Eric debe empezar a almorzar a la 1:15 *p. m.*

¡Convénceme! **PM.2 Razonar** ¿Cómo puedes comprobar que la anterior respuesta tiene sentido?

Nombre

Práctica guiada*

PM.2 Razonar

La cita médica de Kevin es a las 10:30 *a. m.* A Kevin le toma 30 minutos ordenar su habitación, 20 minutos prepararse después de limpiarla y 20 minutos caminar al consultorio del doctor. ¿A qué hora debe Kevin empezar a ordenar su habitación? Usa tu razonamiento para resolverlo.

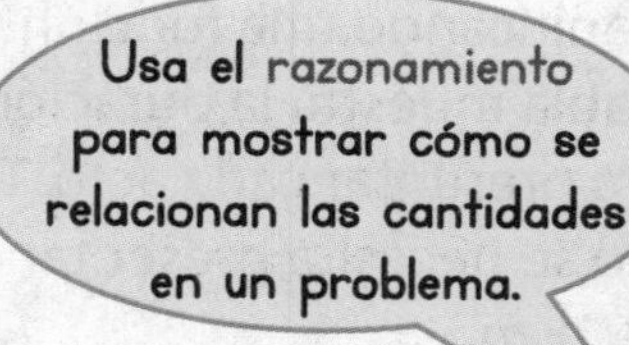

Usa el razonamiento para mostrar cómo se relacionan las cantidades en un problema.

1. Describe las cantidades que conoces.

2. Resuelve el problema y explica tu razonamiento. Puedes usar un dibujo como ayuda.

Práctica independiente

PM.2 Razonar

El programa de televisión preferido de Dora empieza a las 5:30 *p. m.* Ella quiere cortarse el pelo antes del programa. Le toma 10 minutos caminar hasta la peluquería y 10 minutos regresar a casa. El corte de pelo se demora 25 minutos. ¿A qué hora debe Dora salir de casa para regresar a tiempo y ver el programa? Usa tu razonamiento para resolverlo.

3. Describe las cantidades que conoces.

4. Resuelve el problema y explica tu razonamiento. Puedes usar un dibujo como ayuda.

5. ¿Cómo supiste si debías usar *a. m.* o *p. m.* en tu respuesta al Ejercicio **4**?

*Puedes encontrar otro ejemplo en el Grupo I, página 798.

Prácticas matemáticas y resolución de problemas

Evaluación de rendimiento de *Common Core*

Teatro escolar

Karina está planificando una función escolar con 28 estudiantes. La siguiente tabla muestra la duración de cada acto. Karina necesita 5 minutos para presentar cada acto. También necesita 20 minutos de intermedio. No se necesita presentar el intermedio. La función debe finalizar a las 9 *p. m.*

DATOS

Actos antes del intermedio	Tiempo en minutos	Actos después del intermedio	Tiempo en minutos
Grado 3 danza	10	Grado 5 canto	10
Grado 3 canto	10	Grado 5 acto de magia	10
Grado 4 canto	10	Grado 5 danza	10
Grado 4 acto de magia	15	Final	30

6. PM.6 Hacerlo con precision ¿Cuánto tiempo en total se necesita antes del intermedio? Explica tu razonamiento.

7. PM.3 Evaluar el razonamiento Sachi dice que los cantantes del Grado 5 deben comenzar a las 7:40 *p. m.* Phil dice que deben comenzar a las 8:00. ¿Quién tiene razón?

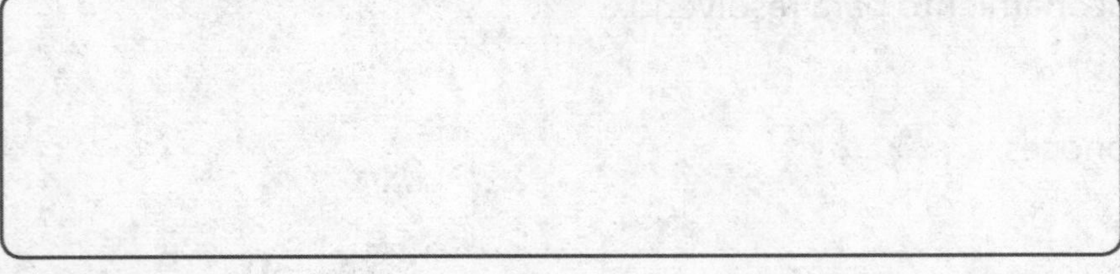

8. PM.2 Razonar ¿A qué hora debe empezar la función? Explica tu razonamiento. Puedes usar un dibujo como ayuda.

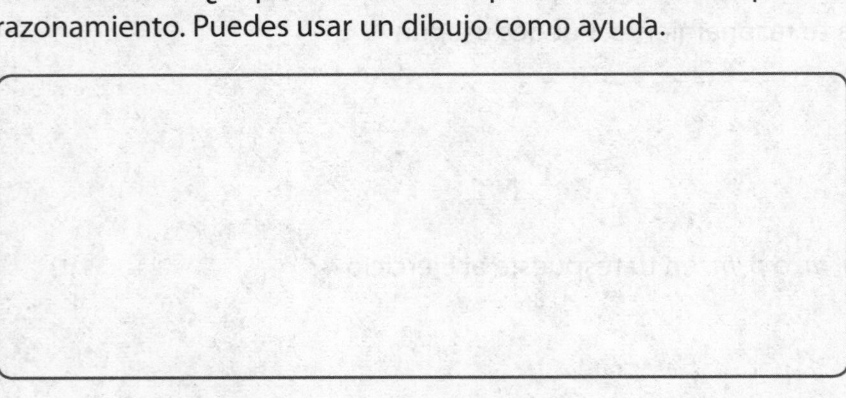

Usa tu razonamiento. Piensa en el significado de cada número.

Nombre ______________________

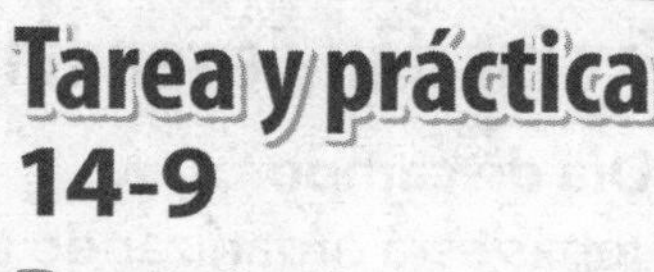

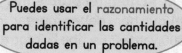

Tarea y práctica 14-9
Razonar

¡Revisemos!

Natalie terminó de escuchar música a las 4:30 *p. m.* Natalie había estado escuchando música por 45 minutos. Antes de eso ella leyó por 15 minutos. Antes de ponerse a leer ella jugó al futbol por 40 minutos. ¿A qué hora terminó Natalie de jugar al futbol? Usa tu razonamiento para resolverlo.

Di cómo puedes mostrar las relaciones que hay en el problema.

- Puedo identificar los tiempos y mostrarlos haciendo un dibujo.
- Puedo hallar el tiempo total que se necesita empezando por el final.

Resuelve el problema y explica tu razonamiento.

Natalie empezó a las 2:50 *p. m.* Yo empecé por el final desde las 4:30 *p. m.* y usé una recta numérica para mostrar mi razonamiento.

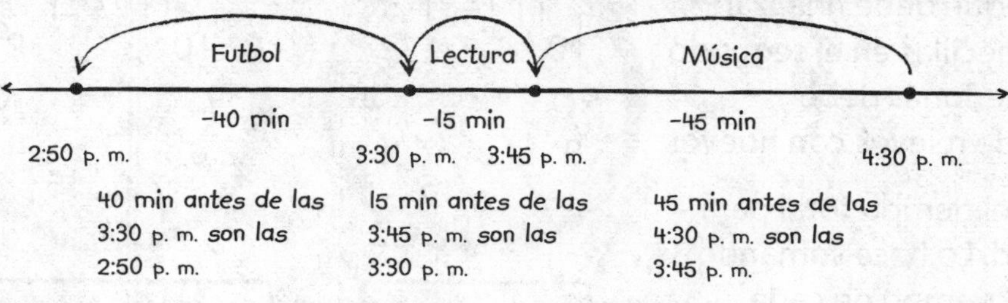

40 min antes de las 3:30 p. m. son las 2:50 p. m.
15 min antes de las 3:45 p. m. son las 3:30 p. m.
45 min antes de las 4:30 p. m. son las 3:45 p. m.

Puedes usar el razonamiento para identificar las cantidades dadas en un problema.

PM.2 Razonar

Dino llega a la oficina de su mamá a las 11:00 *a. m.* Le tomó 30 minutos caminar desde la casa hasta el centro comercial donde estuvo por 45 minutos. Le tomó 15 minutos caminar desde el centro comercial hasta la oficina. ¿A qué hora salió de la casa?

1. Describe las cantidades que conoces.

2. Di cómo puedes mostrar las relaciones que hay en el problema.

3. Resuelve el problema y explica tu razonamiento. Puedes usar un dibujo como ayuda.

Evaluación de rendimiento de *Common Core*

Día de campo

Jonás está organizando un Día de campo en su escuela. La tabla muestra el orden de las actividades y el tiempo de cada una. Se necesitan 10 minutos para organizar cada actividad antes de que empiece. Los estudiantes almorzarán a las 12:00 *p. m.* y el Día de campo debe finalizar a las 2:35 *p. m.*

DATOS

Actividad	Tiempo en minutos
Tira y afloja	20
Tragabolas	15
Carrera de relevos con huevos	20
Carrera de 800 metros	10

4. **PM.1 Entender problemas y perseverar en resolverlos** ¿A qué hora debe empezar Jonás a organizar la carrera de 800 yardas? Escribe la información que necesitas usar y resuélvelo.

5. **PM.4 Representar con modelos matemáticos** El primer reloj muestra la hora en que debe finalizar el Día de campo. Dibuja las manecillas en el segundo reloj para mostrar la hora en que Jonás debe empezar a organizar la carrera de relevos con huevos.

Finaliza el Día de campo

Organiza la carrera de relevos con huevos

6. **PM.8 Generalizar** Jonás halla el tiempo total para organizar y hacer cada actividad. Lo hace sumando la misma cantidad de tiempo al tiempo de cada actividad. ¿Qué número les suma? Explícalo.

Usa tu razonamiento para entender qué números te ayudan a resolver el problema.

7. **PM.2 Razonar** ¿A qué hora debe empezar el Día de campo con la organización del juego Tira y afloja? Explícalo.

Nombre ____________________

TEMA 14

Actividad de práctica de fluidez

Trabaja con un compañero. Necesitan papel y lápiz. Cada uno escoge un color diferente: celeste o azul.

El Compañero 1 y el Compañero 2 apuntan a uno de los números negros al mismo tiempo. Ambos restan el número menor del número mayor.

Si la respuesta está en el color que escogiste, puedes anotar una marca de conteo. Sigan la actividad hasta que uno de los compañeros tenga siete marcas de conteo.

Puedo...
restar hasta 1,000.

Estándar de contenido
3.NBD.A.2

Compañero 1
790
382
180
327
705

139	283	430	84
228	95	542	235
180	375	173	164
249	547	150	47
572	194	657	462
79	487	689	63

Compañero 2
243
610
555
133
869

Marcas de conteo del Compañero 1	Marcas de conteo del Compañero 2

TEMA 14 Repaso del vocabulario

Lista de palabras

- *a. m.*
- capacidad
- gramo
- hora
- intervalo de tiempo
- kilogramo
- litro
- masa
- mililitro
- minuto
- *p. m.*
- tiempo transcurrido

Comprender el vocabulario

1. Tacha las unidades que **NO** son unidades para medir la *capacidad*.

gramo　　mililitro　　kilogramo　　hora　　litro

2. Tacha las unidades que **NO** son unidades para medir la *masa*.

kilogramo　　minuto　　hora　　gramo　　mililitro

3. Tacha las cantidades que representan *litros* o *mililitros*.

5 kg　　2 L　　80 mL　　250 g　　12 kg

Escoge el término correcto de la Lista de palabras. Escríbelo en el espacio en blanco.

4. Las horas entre la medianoche y el mediodía son las horas ________________.

5. Una cantidad de tiempo es un ________________.

6. Las horas entre el mediodía y la medianoche son las horas ________________.

7. 1 ________________ es igual a 1,000 gramos.

8. El total del tiempo que pasa desde el inicio hasta el final se llama ________________.

9. 1,000 mililitros es igual a 1 ________________.

Usar el vocabulario al escribir

10. Maggie quiere medir la capacidad de este recipiente. Usa por lo menos 3 términos de la Lista de palabras para explicar cómo puede Maggie medir el recipiente de diferentes maneras.

Nombre ______________________

TEMA 14

Grupo A páginas 739 a 744

¿Qué hora es al minuto más cercano?

La manecilla de la hora está entre las 10 y las 11. La hora indica después de las 10:00.

Cuenta de cinco en cinco desde el 12 hasta el 5. 5, 10, 15, 20, 25 minutos.

Después de contar de cinco en cinco, cuenta las marcas de uno en uno. 5, 10, 15, 20, 25, 26, 27 minutos.

La hora digital es 10:27.
Son 27 minutos después de las 10 o 33 minutos para las 11.

Refuerzo

Recuerda que para contar los minutos se cuentan los números del reloj de cinco en cinco y las marcas se cuentan de uno en uno.

Escribe de dos maneras la hora que se muestra en cada reloj.

1.

2.

Grupo B páginas 745 a 750

Tomás empieza a practicar la viola a las 4:25 *p. m.* Practica hasta las 5:05 *p. m.* ¿Cuánto tiempo practica?

La cantidad de tiempo es menos de 1 hora, por tanto, cuento los minutos de cinco en cinco desde que empezó a practicar hasta que terminó.

Hay 40 minutos entre las 4:25 *p. m.* y las 5:05 *p. m.* Así que Tomás practicó 40 minutos.

Recuerda que puedes usar una esfera de reloj para hallar el tiempo transcurrido.

Halla el tiempo transcurrido en los Ejercicios **1** a **3**.

1. La práctica de básquetbol empieza a las 6:30 *p. m.* y termina a las 8:15 *p. m.* ¿Cuánto tiempo dura la práctica?

2. El Sr. Walters empieza a preparar el desayuno a las 6:45 *a. m.* y termina a las 7:50 *a. m.* ¿Cuánto tiempo le toma preparar el desayuno?

3. Juana monta su caballo dos veces por semana en los establos Libre y audaz. Un lunes ella fue a pasear desde las 2:10 *p. m.* hasta las 2:50 *p. m.* ¿Cuánto tiempo duró el paseo?

Grupo C páginas 751 a 756

Puedes usar una recta numérica para mostrar la suma y la resta de intervalos de tiempo.

Xavier corre 19 minutos por la mañana y 27 minutos por la noche. ¿Cuánto tiempo corre Xavier en total?

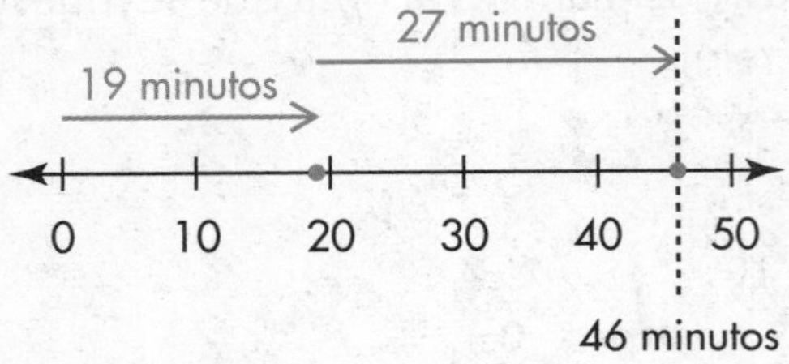

$19 + 27 = ?$

$19 + 27 = 46$ Por tanto, Xavier corre 46 minutos.

Recuerda que debes decidir si necesitas sumar o restar.

Resuelve el problema dibujando una recta numérica o un diagrama de barras en el Ejercicio **1.**

1. Dany se tarda 52 minutos para ir a su trabajo manejando. Ya ha manejado 16 mimutos. ¿Cuántos minutos más tiene que manejar?

Grupo D páginas 757 a 762

Estima la capacidad de una jarra.

Un mililitro es una unidad muy pequeña, por tanto, para estimar usa litros.

Piensa en algo que ya conoces. Un litro es aproximadamente la misma cantidad de una botella grande de agua. Una jarra generalmente contiene más líquido que una botella de agua. Por tanto, 2 litros puede ser una buena estimación.

Recuerda que la capacidad se puede medir usando litros y mililitros.

Encierra en un círculo la mejor estimación en los Ejercicios **1** a **4.**

1.

1 L o 10 L

2.

8 mL o 8 L

3. Vaso

5 mL o 500 mL

4. Lavadora

40 L o 4 L

Grupo E páginas 763 a 768

¿Qué cantidad de agua hay en este vaso de laboratorio?

Usa la escala para determinar qué tan lleno está el vaso de laboratorio. Piensa en la escala como si fuera una recta numérica. Cada marca representa 20 mililitros. El agua está 3 marcas arriba de 100 mL.

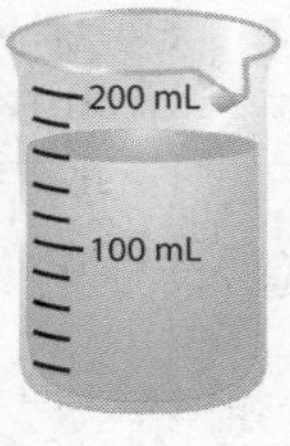

$3 \times 20 = 60$

$100 + 60 = 160$ mL

Recuerda que debes usar las unidades correctas cuando midas la capacidad.

Halla la capacidad total en los Ejercicios **1** y **2.**

1.

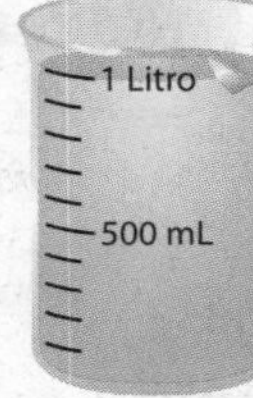

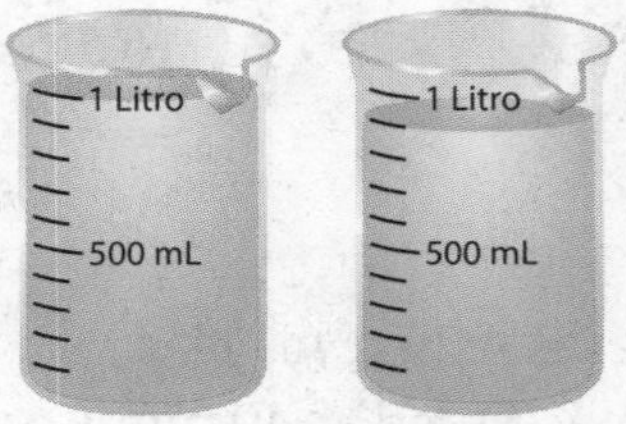

1 Litro

500 mL

2.

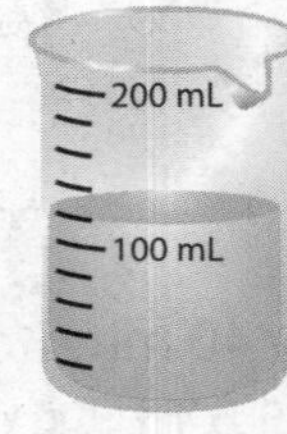

Nombre ______________________________

Refuerzo
(continuación)

Grupo F
páginas 769 a 774

Estima la masa de esta pila.

Un kilogramo es muy pesado, por tanto, estima usando gramos.

Piensa en lo que ya sabes. Un gramo es aproximadamente el mismo peso de una uva. Una pila pesa aproximadamente tanto como un racimo de uvas. Por tanto, 30 gramos puede ser una buena estimación.

Recuerda que se puede medir la masa usando gramos y kilogramos.

Encierra en un círculo la mejor estimación de la masa en los Ejercicios **1** a **6.**

1. 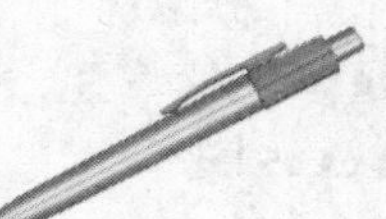

15 g o 15 kg

2. 

500 g o 500 kg

3. Una oveja

800 g o 80 kg

4. Bolsa de harina

2 g o 2 kg

5. Computadora portátil

3 g o 3 kg

6. Moneda de 25¢

5 g o 500 g

Grupo G
páginas 775 a 780

¿Cuál es la masa de esta barra de jabón?

Cuando una balanza de platillos está equilibrada, la masa en el lado izquierdo es igual a la masa en el lado derecho.

Halla el total de las pesas en el lado izquierdo. Usa el cálculo mental y el valor de posición como ayuda para sumar.

$100 + 10 + 5 + 1 + 1 + 1 = 118$

La barra de jabón tiene una masa de 118 gramos.

Recuerda que debes usar las unidades correctas cuando midas la masa.

Halla la masa total en en los Ejercicios **1** y **2.**

1.

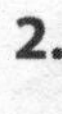

2.

Grupo H páginas 781 a 786

Hay 7 personas en el equipo de bolos de Elí. Cada miembro es dueño de su bola de bolos. La masa de cada bola es de 5 kilogramos. ¿Cuál es la masa total de todas las bolas del equipo?

? kg en total

5 kg	5 kg	5 kg	5 kg	5 kg	5 kg	5 kg

$7 \times 5 = \blacksquare$ **El total de la masa de todas**
$7 \times 5 = 35$ **las bolas del equipo es 35 kg.**

Recuerda que puedes hacer dibujos para mostrar la información que conoces.

Usa dibujos para resolver en los Ejercicios **1** y **2.**

1. El tanque de agua del patio de Mary tiene capacidad para 60 litros de agua. Mary usó 13 litros para regar sus plantas. ¿Cuántos litros quedan en el tanque?

2. Eric tiene 3 perros y cada uno tiene una masa de 8 kg. ¿Cuánta masa tienen los perros de Eric en total?

Grupo I páginas 787 a 792

Piensa en estas preguntas como ayuda para **razonar de manera abstracta y cuantitativa.**

Hábitos de razonamiento

- ¿Qué representan los números y los símbolos en el problema?
- ¿Cómo se relacionan los números o cantidades?
- ¿Cómo puedo representar un problema verbal usando dibujos, números o ecuaciones?

Recuerda que debes pensar en las unidades que se te dan en la información.

Ted se reunirá con un amigo en el parque a la 1:00 *p. m.* Ted necesita 30 minutos para caminar hasta el parque, 15 minutos para almorzar y 10 minutos para preparar el almuerzo. ¿A qué hora necesita Ted empezar a preparar el almuerzo?

1. Describe las cantidades que conoces.

2. ¿Cómo puedes mostrar las relaciones que hay en este problema?

3. ¿Cuándo debe empezar a preparar el almuerzo?

Nombre ______________________________

1. Dibuja las manecillas en el reloj para mostrar las 8:36.

2. Jessica y Cody participaron en una carrera de larga distancia por la tarde. La hora del inicio fue diferente de manera que los atletas no comenzaron a la misma hora. ¿Quién terminó primero y por cuántos minutos?

Jessica

Inicio

Final

Cody

Inicio

Final

Ⓐ Jessica; 5 minutos antes que Cody

Ⓑ Cody; 5 minutos antes que Jessica

Ⓒ Jessica; 10 minutos antes que Cody

Ⓓ Los dos terminaron con el mismo tiempo.

3. Una tienda vende bolsas de manzanas. Cada bolsa pesa 2 kg. Traza líneas para emparejar cada cantidad de bolsas en la izquierda con el peso total correcto en la derecha.

2 bolsas	12 kg
6 bolsas	16 kg
5 bolsas	4 kg
8 bolsas	10 kg

4. Escribe una unidad métrica que pueda ser la más apropiada para medir la capacidad de un lavaplatos.

5. Mason está buscando una herramienta para medir la masa de una manzana. ¿Qué herramienta debe usar?

Ⓐ Balanza de platillos

Ⓑ Regla

Ⓒ Recipiente de 1 taza

Ⓓ Reloj

6. El autobús escolar recoge a Dave a las 7:45 *a. m.* Para prepararse para ir a la escuela Dave necesita 15 minutos para desayunar, 10 minutos para preparar el almuerzo y 10 minutos para vestirse. ¿A qué hora necesita Dave empezar a prepararse para ir a la escuela? Usa tu razonamiento para decidir.

Parte A

Describe las cantidades que conoces.

Parte B

Resuelve el problema. Explica tu razonamiento. Puedes usar dibujos como ayuda.

7. Mary tiene un total de 18 litros de agua en 6 botellas. Si las botellas están llenas con cantidades iguales, ¿qué cantidad de agua hay en cada botella?

8. Eric toca la guitarra 33 minutos el lunes y 19 minutos el martes. ¿Cuántos minutos más toca Eric la guitarra el lunes?

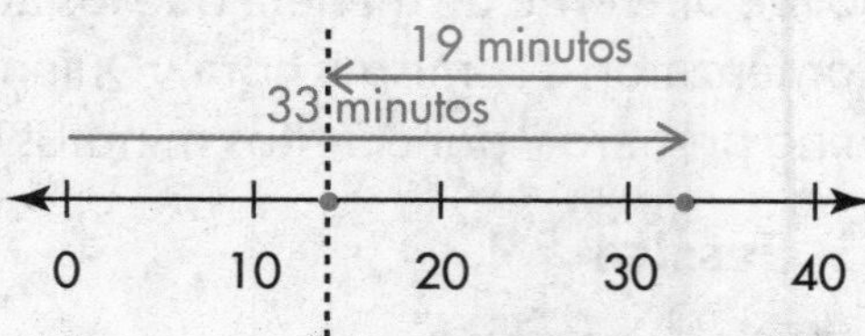

Ⓐ 52 minutos

Ⓑ 33 minutos

Ⓒ 19 minutos

Ⓓ 14 minutos

9. El Sr. Grigg escribe una lista de compras. Mira las siguientes unidades de medida. Escribe las unidades de medida correctas en los espacios en blanco para completar la lista.

L   mL   g   kg

3 _____ de manzanas

1 _____ de leche

100 _____ de loción antisolar

100 _____ de sal

Nombre ______________________

10. Irene midió la capacidad de una jarra grande usando mililitros. Forest midió el mismo recipiente usando litros. ¿Cómo se comparan las medidas? Escoge todas las oraciones que son verdaderas.

- ☐ Hay más mililitros que litros.
- ☐ Hay más litros que mililitros.
- ☐ Hay una cantidad igual de mililitros y litros.
- ☐ Hay menos mililitros que litros.
- ☐ Hay menos litros que mililitros.

11. Jason dice que la masa de su libro es de aproximadamente 1 kilogramo. Julie dice que es 1 litro. ¿Quién tiene razón? Escoge la mejor respuesta.

Ⓐ Jason tiene razón porque los kilogramos son unidades de masa; los litros son unidades de capacidad.

Ⓑ Julie tiene razón porque los litros son unidades métricas.

Ⓒ Los dos tienen razón porque los kilogramos y los litros son unidades de masa.

Ⓓ Ninguno de los dos tiene razón porque sus estimados no son razonables.

12. Explica por qué es mejor usar gramos en vez de kilogramos para medir la masa de un crayón.

13. A Wallace le tomó 45 minutos leer parte de un capítulo de su libro de ciencias. Terminó de leer el resto del capítulo en 17 minutos. ¿En cuánto tiempo leyó Wallace el capítulo?

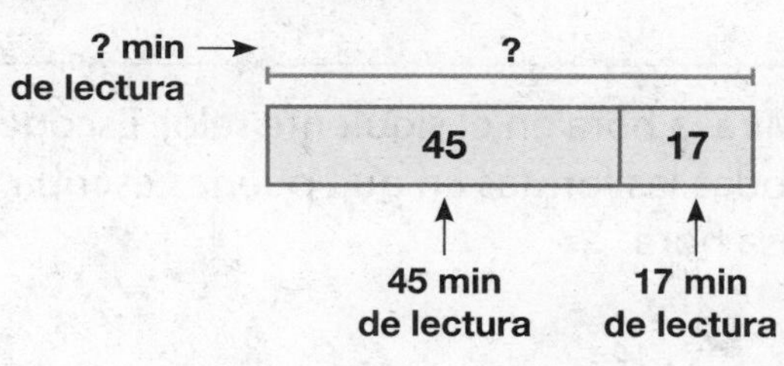

14. ¿La capacidad de cada objeto se mide mejor en mililitros? Escoge Sí o No.

14a. Papelera ○ Sí ○ No

14b. Gotero ○ Sí ○ No

14c. Pecera ○ Sí ○ No

14d. Cuchara de sopa ○ Sí ○ No

---

15. Mike usó una balanza de platillos para hallar la masa de su pelota de básquetbol. Mike dice que es de 580 kilogramos. ¿Es razonable su respuesta? Explícalo.

---

16. Mira la hora en el siguiente reloj. Escoge todas las formas en que puedes escribir esa hora.

- ☐ 3:46
- ☐ 14 minutos antes de las 4
- ☐ 46 minutos después de las 3
- ☐ 9 minutos antes de las 4
- ☐ 4:14

---

17. Maryann se fue al mercado a las 3:10 *p. m.* Regresó a casa 1 hora y 15 minutos después. ¿A qué hora regreso?

---

18. Ricardo usó 337 gramos de harina para hornear un pan en la tarde. Él ya había usado 284 gramos de harina para hornear panes por la mañana. ¿Cuántos gramos de harina usó Ricardo en total?

---

19. Las marcas del siguiente recipiente representan su capacidad en mililitros. Joanna llenó el recipiente con agua hasta la marca de 750 mL. Después usó parte del agua. ¿Cuántos mililitros de agua usó?

1 L
750 mL
500 mL
250 mL

Nombre ________________________________

Evaluación del rendimiento

Reunión familiar

Anita y su hermano Logan preparan una reunión familiar.

1. Usa la tabla **Frutas compradas** para responder a la pregunta. Logan hizo una estimación de la masa de las frutas, pero olvidó incluir la unidad de masa. Explica si él usó gramos o kilogramos en cada fruta.

Frutas compradas

Fruta	Masa aproximada
bolsa de toronjas	4
un limón	90
una sandía	3

2. Usa la ilustración **Masa de un limón** para responder a las preguntas.

Parte A

La masa de cada limón se muestra a la derecha. ¿Cuál es la masa de un limón?

Masa de un limón

Parte B

Logan necesita comprar por lo menos 200 gramos de limones. Logan espera poder comprar 7 limones. ¿Comprará lo suficiente? Usa tu respuesta de la Parte A para explicarlo.

3. Usa la tabla **Líquidos necesarios** para responder a la pregunta.

Logan mide los líquidos que necesitan. Completa la tabla para mostrar si Logan necesita usar L o mL para medir cada ingrediente de acuerdo a cada recipiente.

Ingrediente	Recipiente
vinagre	
leche	
agua	

Líquidos necesarios

Ingrediente	Recipiente
vinagre	cuchara
leche	taza para medir
agua	olla

La ilustración **Caldo usado** muestra la cantidad de caldo que Anita tenía al inicio y el caldo que le quedó después de usarlo en dos sopas.

Caldo usado

Cantidad al inicio

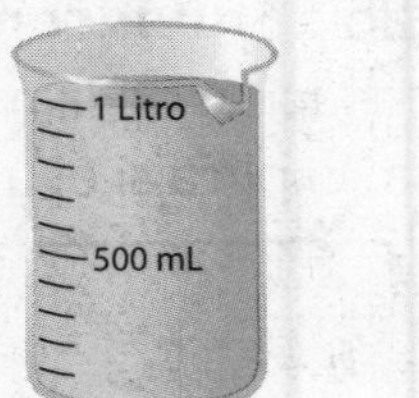

Cantidad al final

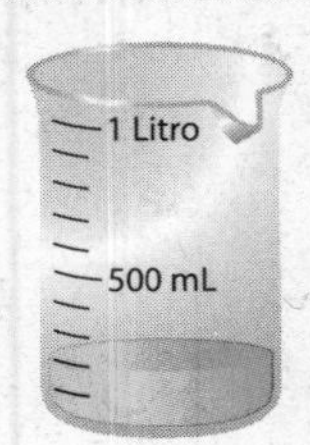

4. Usa la ilustración **Caldo usado** para responder a las preguntas.

Parte A

¿Qué cantidad de caldo usó Anita?

Parte B

Anita puso partes iguales del caldo en 2 ollas. ¿Qué cantidad puso en 1 olla?

5. Usa la tabla **Tiempo para cocinar el pollo** para responder a la pregunta.

Las instrucciones dan el total del tiempo para cocinar el pollo y cuándo Logan debe voltearlo. ¿Cuántos minutos más debe hornearlo antes de voltearlo? Muestra tu trabajo en una recta numérica.

Tiempo para cocinar el pollo

Actividad	Tiempo en minutos
tiempo total	50
voltear el pollo	22

6. Usa la tabla **Antes de la reunión** para responder a la pregunta.

Anita y Logan quieren llegar a la reunión a la 1:45 *p. m.* Ellos necesitan limpiar, empacar y manejar al lugar de la reunión. ¿A qué hora deben empezar a limpiar? Explícalo.

Antes de la reunión

Actividad	Tiempo en minutos
limpiar	20
empacar	15
manejar	55

Atributos de las figuras bidimensionales

Pregunta esencial: ¿Cómo se pueden describir, analizar y clasificar las figuras bidimensionales?

Recursos digitales

Aunque la pelota no esté en movimiento, todavía hay fuerzas que actúan sobre ella.

La fuerza de una patada cambiará el movimiento de la pelota.

¡No lo sabía! Este es un proyecto sobre fuerzas y figuras.

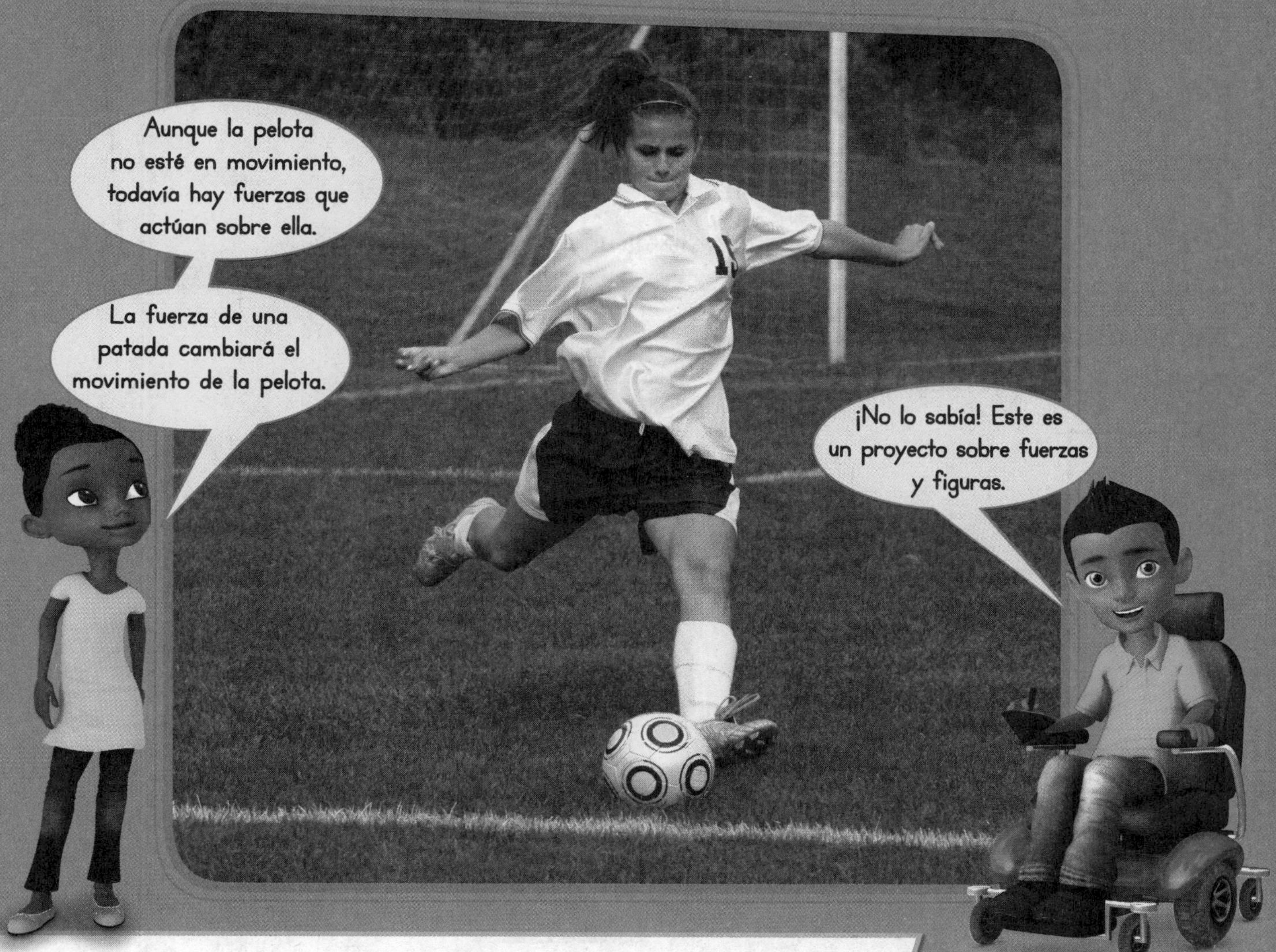

Proyecto de Matemáticas y Ciencias: Fuerzas y movimiento

Investigar Usa la Internet u otras fuentes para hallar información acerca de las fuerzas y el movimiento de un objeto. ¿Qué significa una fuerza equilibrada? ¿Qué sucede cuando las fuerzas no están equilibradas?

Diario: Escribir un informe Incluye lo que averiguaste. En tu informe, incluye también:

- ejemplos de fuerzas equilibradas y desequilibradas en los objetos.
- un dibujo que muestre la fuerza que actúa sobre un objeto y el resultado.
- una descripción de las figuras en tus dibujos.

Nombre ______________________________

Repasa lo que sabes

Vocabulario

Escoge el mejor término del recuadro. Escríbelo en el espacio en blanco.

- círculo
- pentágono
- hexágono
- triángulo

1. Una figura con 6 lados exactamente se llama un ______________.

2. Una figura con 3 lados exactamente se llama un ______________.

3. Una figura con 5 lados exactamente se llama un ______________.

Nombres de figuras

Escribe el nombre de cada figura.

4. 

5. 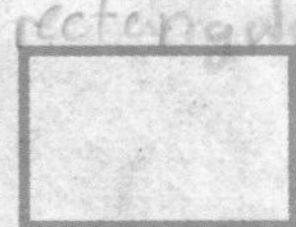

6. 

7. 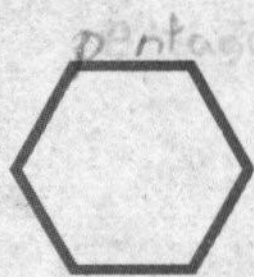

Figuras

Escribe el número de vértices que tiene cada figura en los Ejercicios **8** a **11.**

8. 

9. 

10. 

11. 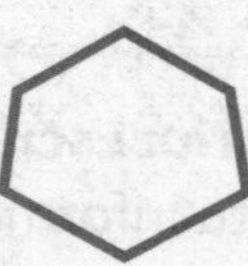

12. ¿Cuántas caras tiene un cubo?

Ⓐ 3 Ⓑ 4 Ⓒ 5 Ⓓ 6

13. ¿En qué se parecen los cuadrados y los triángulos? ¿En qué se diferencian?

Nombre Cedrieca

Resuelve

Lección 15-1
Describir cuadriláteros

Resuélvelo y coméntalo Mira las figuras a continuación. De los siguientes cuadriláteros nombra cada tipo y describe sus atributos.

Puedo...
identificar cuadriláteros y usar atributos para describirlos.

Estándar de contenido 3.G.A.1
Prácticas matemáticas PM.1, PM.3, PM.4, PM.6, PM.7, PM.8

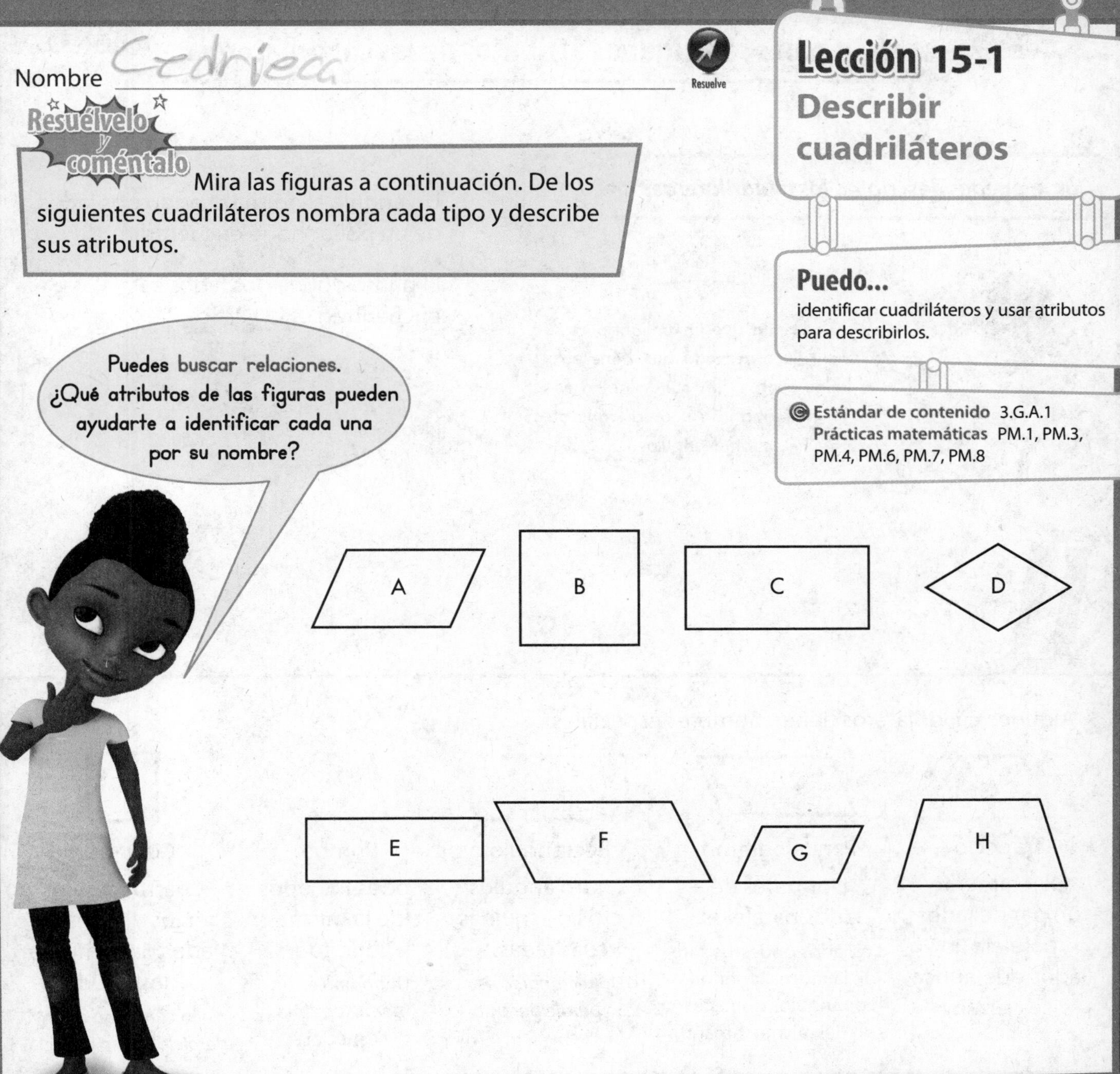

Puedes buscar relaciones. ¿Qué atributos de las figuras pueden ayudarte a identificar cada una por su nombre?
A
B
C
D
E
F
G
H

¡Vuelve atrás! **PM.8 Generalizar** Describe cómo usaste lo que sabes sobre cuadriláteros para identificar las figuras.

¿Cuáles son algunos atributos de los cuadriláteros?

A

¿Cómo puedes describir a los cuadriláteros?

Recuerda que un polígono es una figura cerrada que tiene solo lados rectos. Un cuadrilátero es un polígono con cuatro lados y cuatro ángulos.

Un ángulo se forma cuando dos lados de un polígono se encuentran.

El punto donde dos lados se encuentran es el vértice.

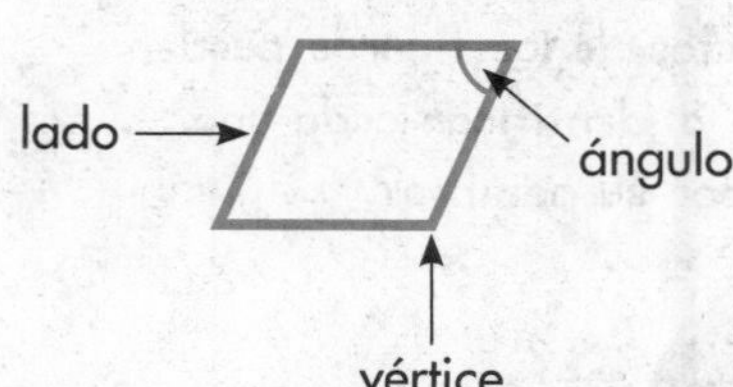

B Algunos cuadriláteros tienen nombres especiales.

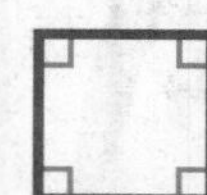

Trapecio	Paralelogramo	Rectángulo	Rombo	Cuadrado
Exactamente un par de lados paralelos o lados que nunca se cruzan.	Dos pares de lados paralelos. Los lados opuestos son de la misma longitud. Los ángulos opuestos son del mismo tamaño.	Cuatro ángulos rectos o esquinas cuadradas. Un *rectángulo* es un *paralelogramo* especial.	Todos los lados de la misma longitud Un *rombo* es un *paralelogramo* especial.	Cuatro ángulos rectos y todos los lados de la misma longitud Un *cuadrado* es un *paralelogramo* especial.

¡Convénceme! **PM.1 Entender y perseverar** Dibuja un cuadrilátero que sea un ejemplo de una de las figuras del Recuadro B. Da un nombre a la figura. Luego, dibuja un cuadrilátero que NO sea un ejemplo de las figuras que aparecen en el Recuadro B.

Nombre ____________________

Otro ejemplo

Estos son polígonos convexos. Todos los ángulos apuntan hacia fuera.

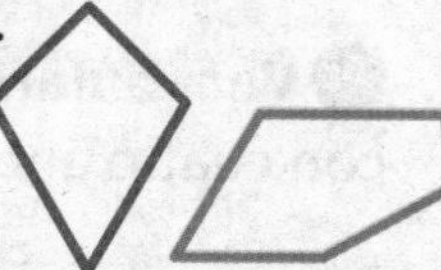

Estos son polígonos cóncavos. Uno o más ángulos apuntan hacia dentro.

Práctica guiada*

¿Lo entiendes?

1. Esta figura es un rectángulo, pero **NO** es un cuadrado. ¿Por qué?

2. Dibuja dos cuadriláteros diferentes que no sean rectángulos, cuadrados o rombos.

¿Cómo hacerlo?

Escribe tantos nombres como sea posible para cada cuadrilátero en los Ejercicios **3** a **6.**

3.

4.

5.

6.

Práctica independiente

Escribe tantos nombres como sea posible para cada cuadrilátero en los Ejercicios **7** a **9.**

7.

8.

9.

Nombra todos los cuadriláteros posibles que cumplan la regla en el Ejercicio **10.**

10. Tiene 2 pares de lados paralelos ____________________

**Puedes encontrar otro ejemplo en el Grupo A, página 837.*

Prácticas matemáticas y resolución de problemas

Escribe el nombre que mejor describa el cuadrilátero en los Ejercicios **11** y **12.** Haz un dibujo para ayudarte.

11. **Vocabulario** Un rectángulo con todos los lados de la misma longitud es un cuadrilátero.

12. **Vocabulario** Un paralelogramo con cuatro ángulos rectos es un cuadrilátero.

13. **PM.7 Buscar relaciones** Soy un cuadrilátero con lados opuestos de la misma longitud. ¿Qué cuadriláteros puedo ser?

Es un cuadrado

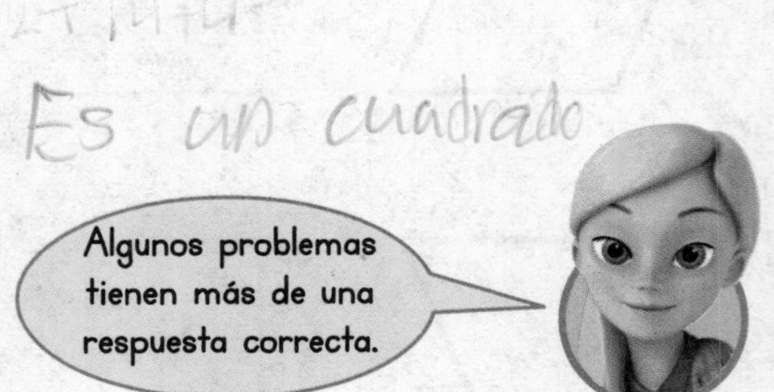
Algunos problemas
tienen más de una
respuesta correcta.

14. **Razonamiento de orden superior** Juan dice que la figura de la izquierda es un trapecio. Carmen dice que la figura de la derecha es un trapecio. ¿Quién tiene razón? Explícalo.

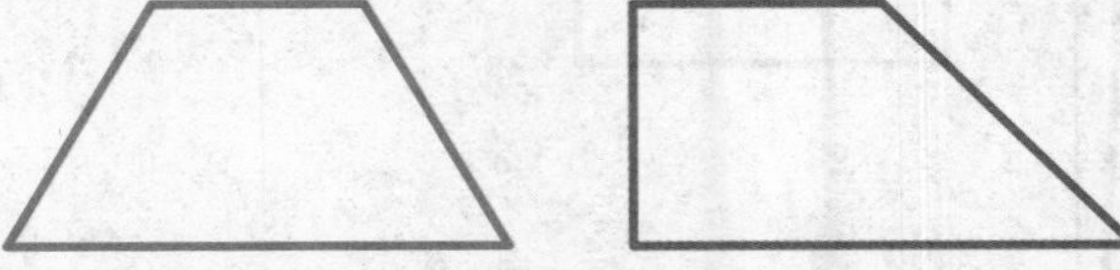

Juan tiene rason.

15. Sue compró un libro por $12, dos mapas por $7 cada uno y un paquete de tarjetas postales por $4. ¿Cuál fue el costo total?

12+14+4=30

16. **Álgebra** Ángela dibujó 9 rombos y 6 trapecios. Quiere hallar *c*, el total de ángulos en los cuadriláteros. Explica cómo puede Ángela hallar *c*.

Evaluación de *Common Core*

17. ¿Describe el nombre el siguiente cuadrilátero? Escoge Sí o No.

Polígono convexo	○ Sí	● No
Rombo	○ Sí	● No
Cuadrado	● Sí	○ No
Rectángulo	○ Sí	● No

Nombre ______________________

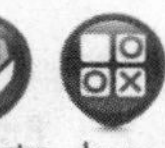

Tarea y práctica 15-1

Describir cuadriláteros

¡Revisemos!

Algunos cuadriláteros tienen nombres especiales debido a sus lados. Otros cuadriláteros tienen nombres especiales debido a sus ángulos. A continuación algunos ejemplos.

El mismo polígono puede tener más de un nombre.

Paralelogramo Los lados opuestos son iguales y paralelos.

Rectángulo Un paralelogramo con cuatro ángulos rectos.

Rombo Un paralelogramo con cuatro lados iguales.

Cuadrado Un rombo con cuatro ángulos rectos.

Trapecio Exactamente un par de lados paralelos.

Lee la descripción y encierra en un círculo el cuadrilátero correcto en los Ejercicios **1** a **4.** Escribe el nombre.

1. Tengo 4 ángulos rectos y todos mis lados tienen la misma longitud. Soy un __________.

2. Tengo exactamente un par de lados paralelos. Soy un __________.

3. Tengo 4 ángulos rectos, pero solo mis lados opuestos son iguales. Soy un __________.

4. Tengo todos los lados de la misma longitud, pero no tengo ángulos rectos. Soy un __________.

5. ¿Un trapecio es también un paralelogramo? Explica por qué sí o no.

____

____

6. Christine dibuja la siguiente figura. Madison cambia la figura de Christine para que tenga todos los lados y todos los ángulos iguales. ¿Qué figura hizo Madison?

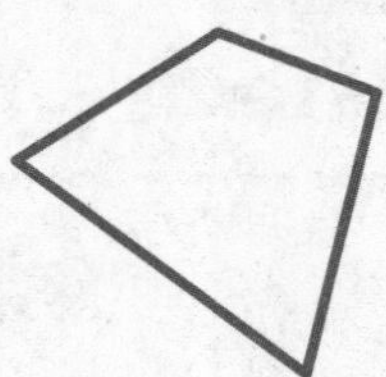

7. **PM.4 Representar con modelos matemáticos** Hay 20 tajadas en un pan. ¿Cuántos sándwiches de dos tajadas puedes hacer con un pan? Escribe una multiplicación y una división que podrías usar para resolver este problema.

8. **Matemáticas y Ciencias** Mari empujó una caja que es un cubo y se cayó de la mesa. ¿La cara de la caja tiene un ángulo recto? Explica cómo lo sabes.

9. **PM.6 Hacerlo con precisión** El Sr. Rojas dijo a sus estudiantes que dibujaran un cuadrilátero cóncavo con 4 lados desiguales. Dibuja un ejemplo de esta clase de cuadrilátero.

Usa la figura de la derecha en los Ejercicios **10** y **11**.

10. **Razonamiento de orden superior** Melissa dibujó la figura de la derecha. ¿Qué dos cuadriláteros usó para dibujar la figura? Traza una línea para dividir la figura en dos cuadriláteros.

11. **PM.3 Construir argumentos** Imagina que Melissa volvió a dibujar la figura girándola sobre un lado. ¿Cambiarían los nombres de los cuadriláteros que usó? Explícalo.

Evaluación de *Common Core*

12. Pedro dibujó un cuadrilátero convexo y tiene 2 pares de lados paralelos. ¿Podría ser alguna de estas figuras la que dibujó Perry? Escoge *Sí* o *No*.

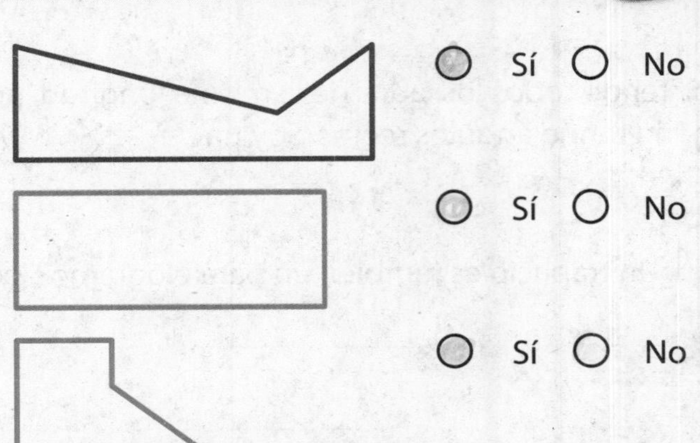

Nombre

Resuélvelo y coméntalo

Lección 15-2
Clasificar figuras

Puedo...
clasificar figuras de varias maneras teniendo en cuenta en qué se parecen y en qué se diferencian.

Estándar de contenido 3.G.A.1
Prácticas matemáticas PM.3, PM.5, PM6, PM.7, PM.8

Ordena las siguientes figuras en dos grupos. Usa lápices de colores o crayones para colorear cada grupo de diferente color. ¿Cómo ordenaste las figuras? ¿En qué se parecen las figuras de los dos grupos?

Puedes usar lo que sabes para generalizar. ¿Qué atributos son los mismos en las figuras?

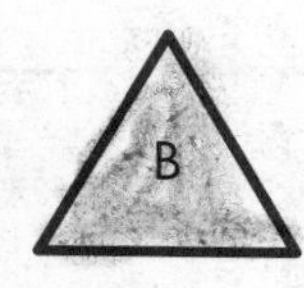

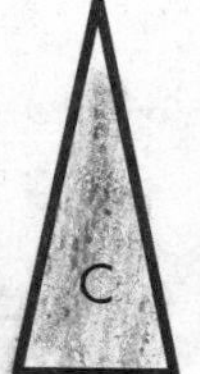

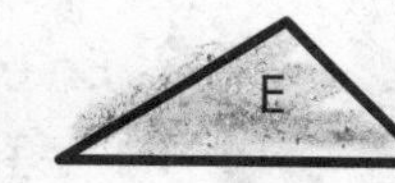

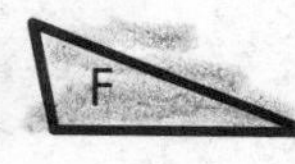

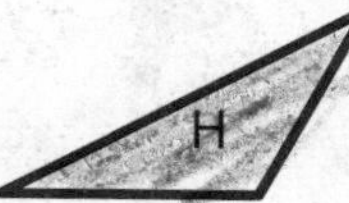

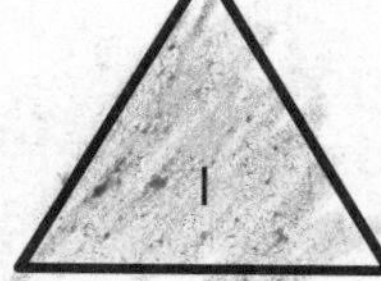

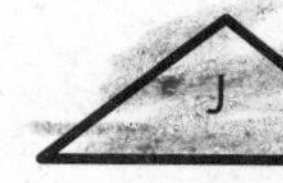

¡Vuelve atrás! **PM.6 Hacerlo con precisión** Dibuja un polígono nuevo que corresponda al primer grupo. Dibuja otro polígono nuevo que corresponda al segundo grupo. Coloréalos del color del grupo al que pertenecen.

¿Cómo describes grupos diferentes de figuras?

A

Ethan hizo dos grupos de polígonos. ¿En qué se diferencian y en qué se parecen los grupos?

Cuando clasificas grupos de figuras, identificas los atributos de cada una y luego las comparas con otras figuras.

Grupo 1: Rombos

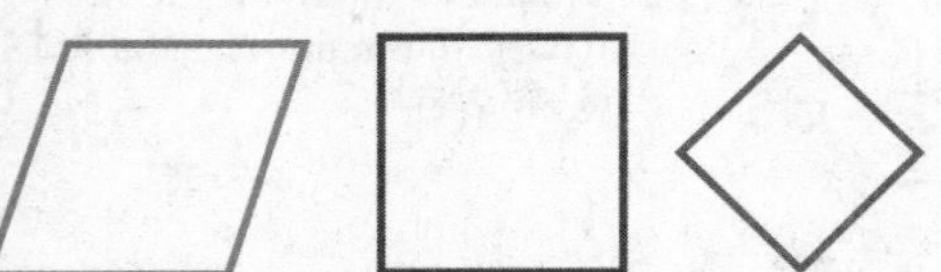

Grupo 2: Trapecios

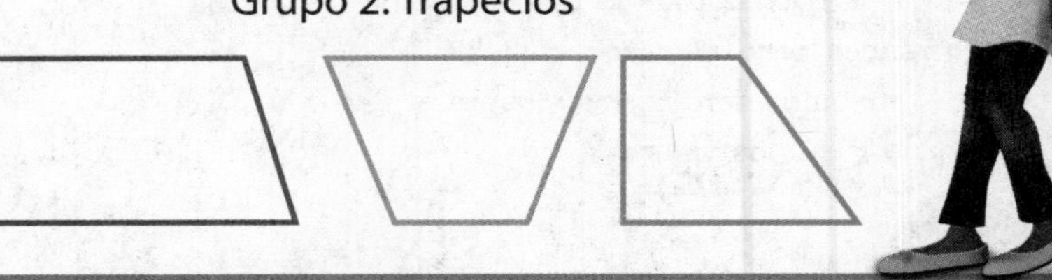

B

Algunos aspectos en los que se diferencian los grupos.

En el Grupo 1, cada polígono tiene lados y todos los lados son de la misma longitud.

En el Grupo 2, cada polígono tiene lados y no todos los lados tienen la misma longitud.

En el Grupo 1, cada polígono tiene 2 pares de lados paralelos.

En el Grupo 2, cada polígono tiene solo 1 par de lados paralelos.

C

Algunos aspectos en los que se parecen los grupos.

En el Grupo 1 y en el Grupo 2, todos los polígonos tienen 4 lados.

En el Grupo 1 y en el Grupo 2, todos los polígonos tienen 4 ángulos.

En el Grupo 1 y en el Grupo 2, todos los polígonos son cuadriláteros.

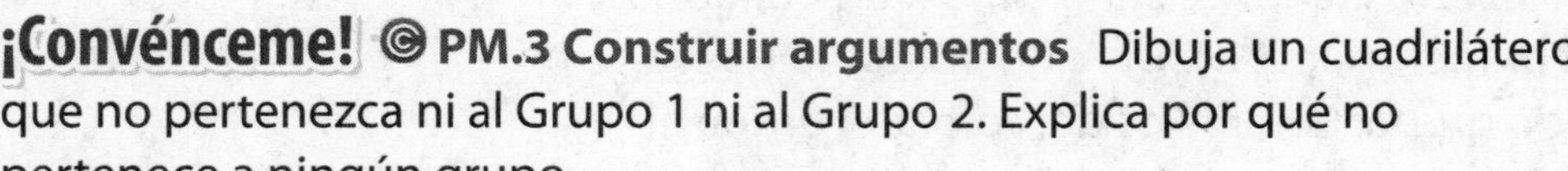

¡Convénceme! **PM.3 Construir argumentos** Dibuja un cuadrilátero que no pertenezca ni al Grupo 1 ni al Grupo 2. Explica por qué no pertenece a ningún grupo.

Nombre

Práctica guiada*

¿Lo entiendes?

1. **PM.6 Hacerlo con precisión** Nellie dibujó un grupo de rectángulos y un grupo de trapecios. ¿En qué se diferencian los grupos?

2. ¿En qué se parecen los rectángulos y los trapecios?

3. **PM.8 Generalizar** ¿A qué grupo más grande de figuras pertenecen las figuras de Nellie?

¿Cómo hacerlo?

Usa los grupos de la página 818 en los Ejercicios **4** a **6.**

4. Dibuja un figura que pertenezca al Grupo 1 de Ethan.

5. Dibuja un figura que pertenezca al Grupo 2 de Ethan.

6. ¿Por qué hay un cuadrado en el Grupo 1?

Práctica independiente

Usa los siguientes grupos en los Ejercicios **7** a **11.**

Grupo 1

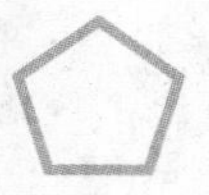
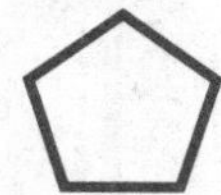

Grupo 2

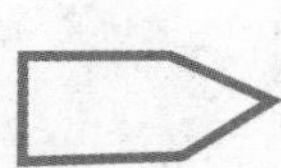

7. ¿En qué se diferencian las figuras del Grupo 1 de las del Grupo 2?

8. ¿En qué se parecen los dos grupos?

9. ¿A qué grupo más grande pertenecen todas las figuras?

10. Dibuja una figura que puede pertenecer al Grupo 2, pero no al Grupo 1.

11. Dibuja una figura que puede pertenecer al Grupo 1, pero no al Grupo 2.

**Puedes encontrar otro ejemplo en el Grupo B, página 837.*

Prácticas matemáticas y resolución de problemas

Usa el dibujo de la derecha en los Ejercicios **12** a **14.**

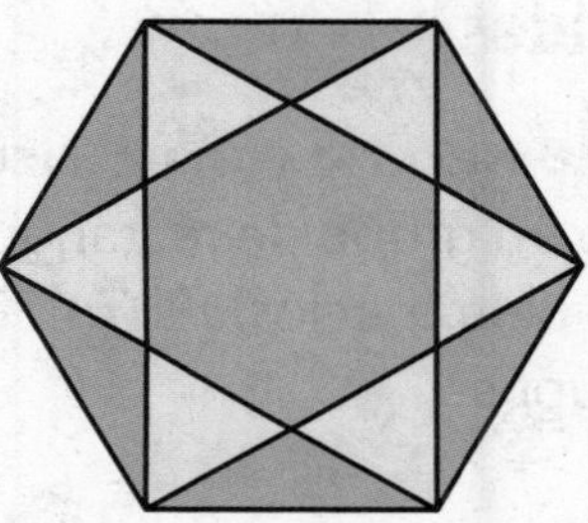

12. ¿En qué se parecen y en qué se diferencian las figuras amarillas y las azules?

13. ¿A qué grupo más grande de polígonos pertenecen las figuras amarillas y las azules?

14. **PM.7 Usar la estructura** ¿Pertenece la figura rosada al grupo identificado en el Ejercicio 13? Explica tu respuesta.

15. Dibuja un cuadrilátero que no sea un rectángulo, un rombo o un cuadrado.

16. Todd compró una chaqueta por $57 y dos mapas por $9 cada uno. ¿Cuál fue el costo total?

17. **PM.5 Usar herramientas apropiadas** Victoria quiere hacer dos rombos del mismo tamaño. ¿Qué herramienta puede usar? Explícalo.

18. **Razonamiento de orden superior** Jane necesita hallar 3×3, 4×6 y 7×2. Dibuja modelos de área para resolver el problema. ¿A qué grupo de polígonos pertenecen sus modelos de área? Explícalo.

Evaluación de *Common Core*

19. Dibuja líneas para mostrar qué atributos se aplican a las figuras del grupo.

Convexo   4 lados   No tiene lados iguales   2 pares de lados paralelos   4 ángulos

Nombre ______________________________

Ayuda | Amigo de práctica | Herramientas | Juegos

Tarea y práctica 15-2

Clasificar figuras

¡Revisemos!

¿Qué atributos tienen en común estas dos figuras?

¿Qué otra figura comparte este atributo?

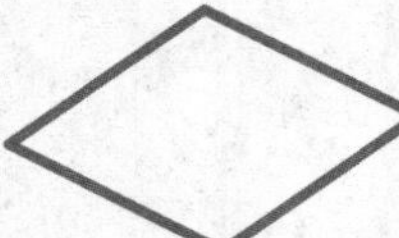 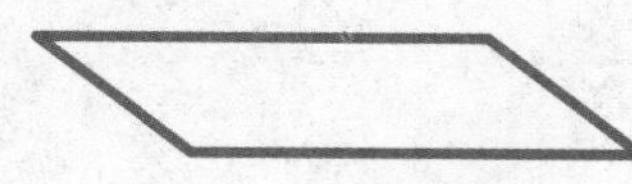

Piensa sobre los atributos que tienen las figuras. ¿Qué atributos comparten estas figuras?

El rombo tiene 2 pares de lados paralelos.
El paralelogramo también tiene 2 pares de lados paralelos.

Un rectángulo también tiene 2 pares de lados paralelos.

Usa los siguientes grupos en los Ejercicios **1** a **3**.

Grupo 1

Grupo 2

1. ¿En qué se diferencian las figuras del Grupo 1 de las figuras del Grupo 2?

2. ¿En qué se parecen los dos grupos?

3. ¿A qué grupo de polígonos pertenecen todas las figuras?

4. Dibuja una figura que no sea un cuadrado ni cóncava.

5. Dibuja una figura que no sea un trapecio ni tenga un ángulo recto.

6. PM.3 Construir argumentos Frida clasificó polígonos y el Grupo 1 era de cuadrados. El Grupo 2 de rectángulos, no había cuadrados. Frida dijo que todas las figuras eran paralelogramos. Sam dijo que todas las figuras eran cuadriláteros. ¿Quién tiene razón? ¿Por qué?

7. PM.6 Hacerlo con precisión ¿Puedes dibujar un cuadrado que **NO** sea un rombo? Explícalo.

8. **Sentido numérico** Un casco de bicicleta tiene una masa de 285 gramos. Elena dice que es de unos 300 gramos. ¿Su estimación es mayor que, menor que o igual a la masa actual?

9. A-Z **Vocabulario** Define *lados paralelos.* Dibuja una figura con lados paralelos.

10. **Razonamiento de orden superior** Heidi hace 3 grupos de figuras. ¿A qué grupo más grande pertenecen las figuras del Grupo A y B? ¿A qué grupo más grande pertenecen las figuras del Grupo A y C? ¿A qué grupo más grande pertenecen las figuras del Grupo B y C?

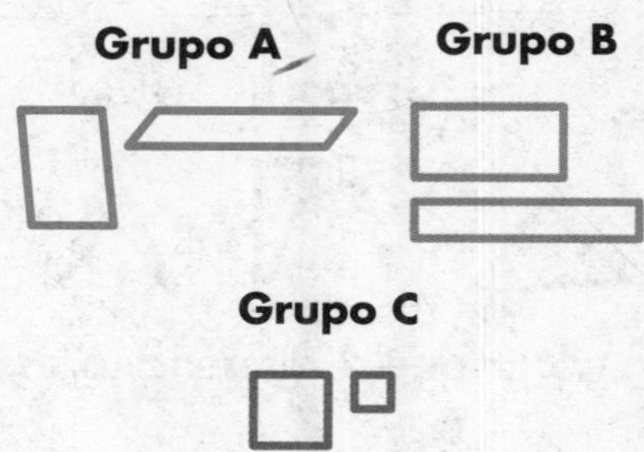

Evaluación de *Common Core*

11. Nick clasificó las figuras con base en el número de lados de cada una. Dibuja una línea desde cada figura anaranjada hasta el grupo a que pertenezca.

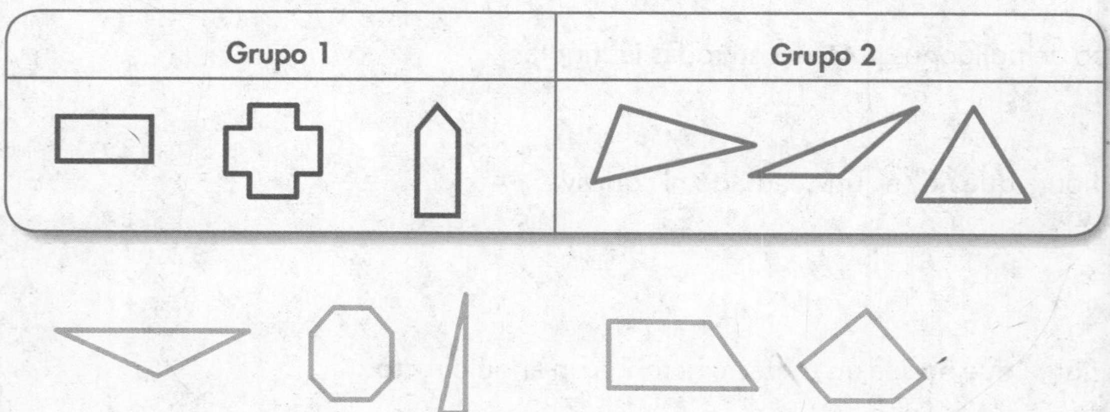

Nombre edrieg

Resuélvelo y coméntalo

Describe por lo menos dos cosas que sean iguales en todas o algunas de estas figuras. Describe dos cosas que sean diferentes.

Lección 15-3

Analizar y comparar cuadriláteros

Puedo...
analizar, comparar y agrupar los cuadriláteros por sus atributos.

Estándares de contenido 3.G.A.1, 3.MD.C.5b
Prácticas matemáticas PM.2, PM.3, PM.4, PM.7

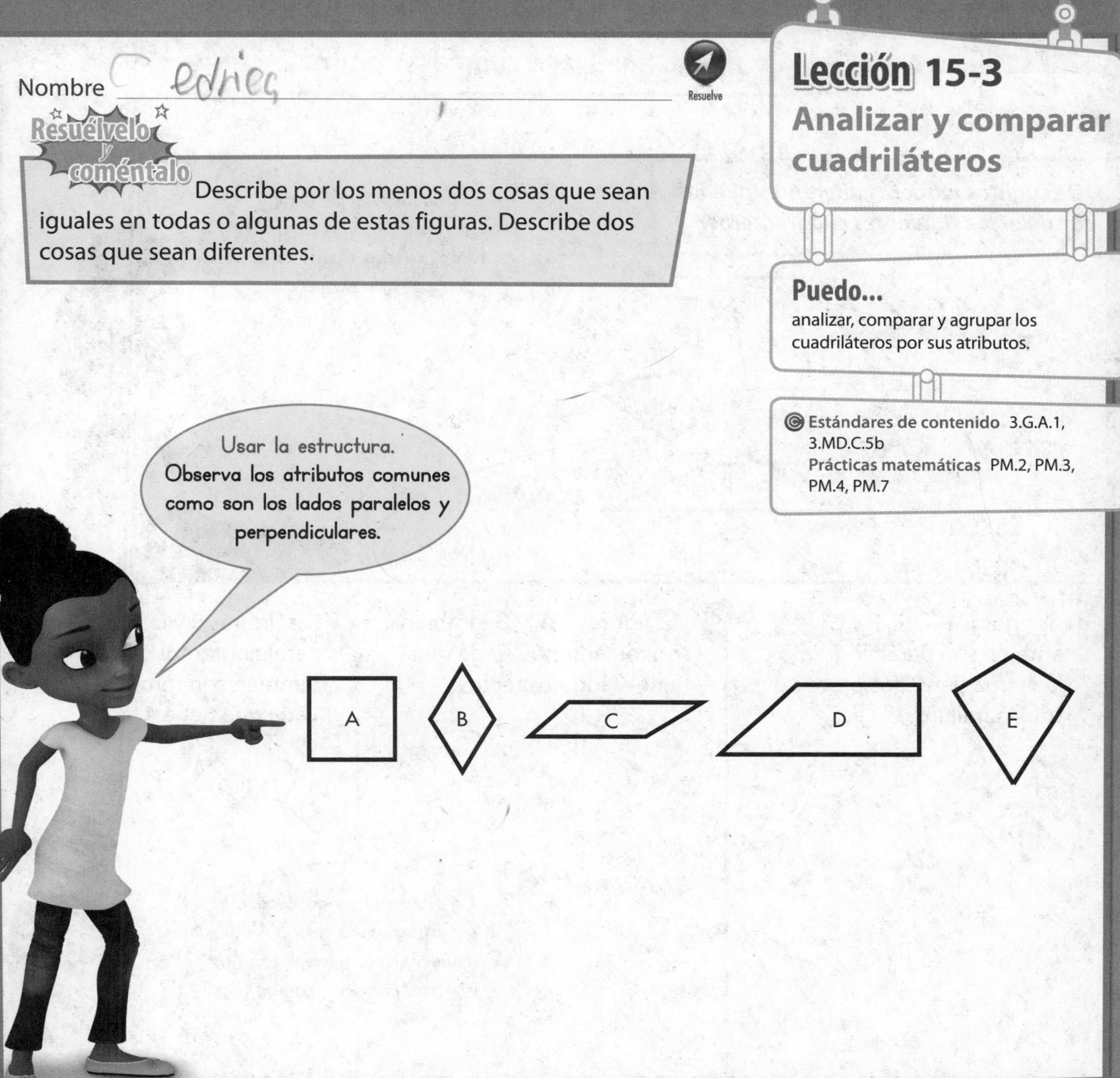

Usar la estructura.
Observa los atributos comunes como son los lados paralelos y perpendiculares.
A
B
C
D
E

¡Vuelve atrás! **PM.4 Representar con modelos matemáticos**
Dibuja un cuadrilátero que sea diferente a todos los cuadriláteros anteriores. Di cómo es diferente.

¿Cómo analizas y comparas figuras?

A

¿De cuántas maneras diferentes puedes clasificar los siguientes cuadriláteros?

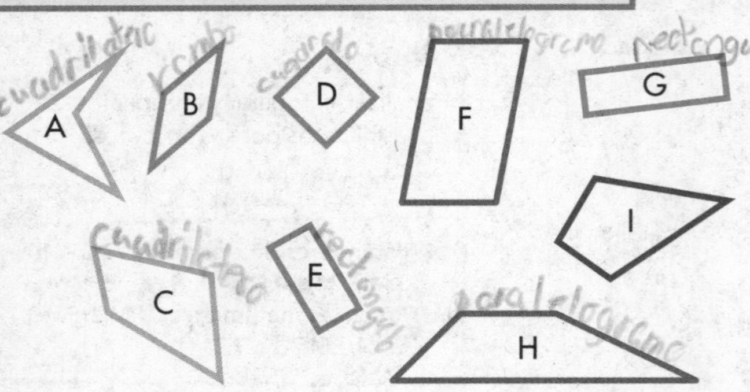

Los cuadriláteros tienen 4 lados. También son diferentes, por tanto, puedes clasificarlos en grupos más pequeños.

B Las figuras B, D, E, F y G también son paralelogramos. Cada una tiene dos pares de lados paralelos.

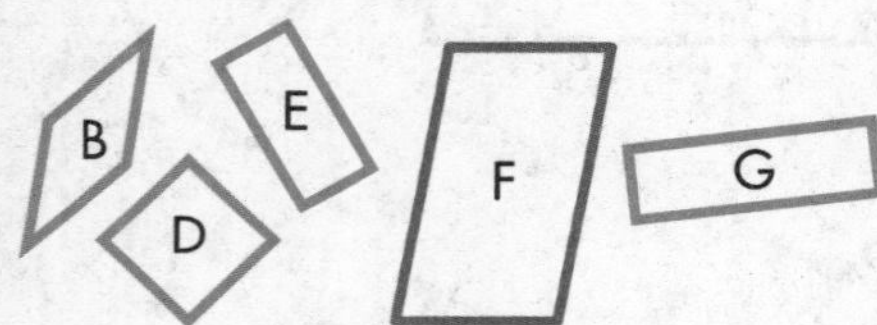

C Las figuras D, E y G también son rectángulos. Cada una tiene 4 ángulos rectos.

D Las figuras B y D son paralelogramos que también son rombos. Cada una tiene 4 lados.

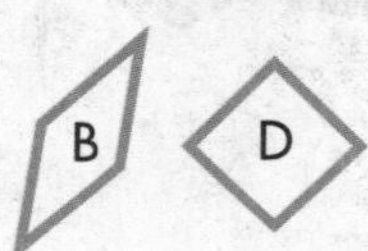

La figura D es un cuadrado y está en cada grupo. Es un cuadrilátero, paralelogramo, rectángulo y rombo.

¡Convénceme! **PM.2 Razonar** ¿Cuál de las anteriores figuras puedes cubrir con unidades cuadradas sin dejar espacios o sobreposiciones? ¿Qué atributos tienen en común las figuras?

Nombre ______________________________

Amigo de práctica | Herramientas | Evaluación

Práctica guiada*

¿Lo entiendes?

1. PM.7 Usar la estructura ¿Qué figura de la página anterior es un rombo, pero no es un rectángulo? Explícalo.

2. PM.2 Razonar ¿Puede haber un trapecio cuadrado? Explícalo.

¿Cómo hacerlo?

3. ¿Qué figuras de la página anterior no son un paralelogramo, rectángulo, rombo o cuadrado?

4. ¿Qué atributos tiene un cuadrado por los cuales es siempre un rectángulo?

Práctica independiente

Haz una lista de todos los polígonos que están a la derecha y se ajustan a cada descripción en los Ejercicios **5** a **9.** Si no es un polígono, di por qué.

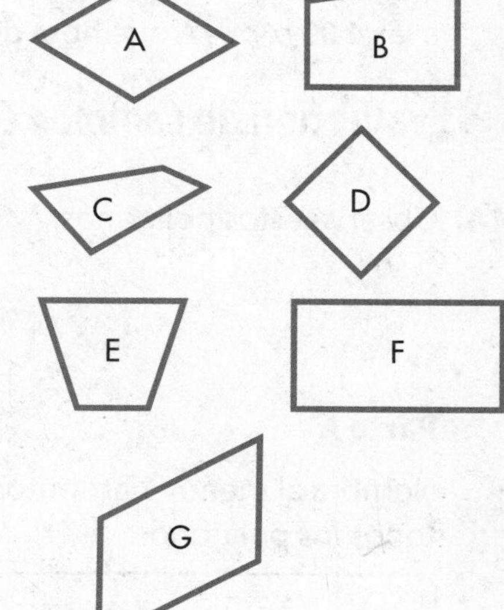

5. Tiene al menos un grupo de lados paralelos, pero no es un paralelogramo

poligono B.E.

6. Es un cuadrilátero, pero no es un paralelogramo o trapecio

poligono C.

7. Es un cuadrado y no es un paralelogramo

poligono

8. Es un rombo y no es un rectángulo

poligono A

9. Es un paralelogramo y no es un rombo

poligono F-G

*Puedes encontrar otro ejemplo en el Grupo C, página 838.

Prácticas matemáticas y resolución de problemas

10. **PM.7 Usar la estructura** Carl juntó los bloques 1 y 2 para hacer una nueva figura. ¿En qué se parecen los bloques que usó? ¿En que se diferencian?

1 2

11. **PM.2 Razonar** ¿Cuál de las figuras de la derecha puedes cubrir con unidades cuadradas sin dejar espacios o sobreposiciones?

12. **Razonamiento de orden superior** Dibuja un cuadrilátero que no tenga lados paralelos. Di por qué no es un paralelogramo ni un trapecio.

Usa definiciones y dibujos para apoyar tu respuesta.

13. Sam necesita 25 minutos para estar listo y 15 minutos para ir en bicicleta a la práctica de natación. La práctica comienza a las 4:00 *p. m.* ¿A qué hora debe comenzar a alistarse?

Evaluación de *Common Core*

14. Observa estos polígonos.

A C B D

Parte A

Nombra al menos 2 atributos que tengan todos los polígonos.

Parte B

Nombra un atributo que tengan A y D, pero que no lo tenga B y C.

Nombre ______________________________

Ayuda | Amigo de práctica | Herramientas | Juegos

Tarea y práctica 15-3

Analizar y comparar cuadriláteros

¡Revisemos!

Escribe todos los nombres y atributos de un cuadrado.

Un cuadrado tiene 4 lados, por tanto, es un cuadrilátero. Como es un cuadrilátero, tiene 4 ángulos.

Un cuadrado tiene lados opuestos paralelos, por tanto, es un paralelogramo. Como es un paralelogramo sus lados opuestos tienen la misma longitud. Sus ángulos opuestos son del mismo tamaño.

Un cuadrado tiene cuatro ángulos rectos, por tanto, es un rectángulo. Como es un rectángulo, todos los 4 ángulos son ángulos rectos.

Un cuadrado tiene los 4 lados de la misma longitud, por tanto, es un rombo.

Puedes usar la estructura para analizar y comparar los atributos de un cuadrado con otros polígonos.

Haz una lista de todos los polígonos que están a la derecha y se ajustan a la descripción en los Ejercicios **1** a **6.** Si no es un polígono, di por qué.

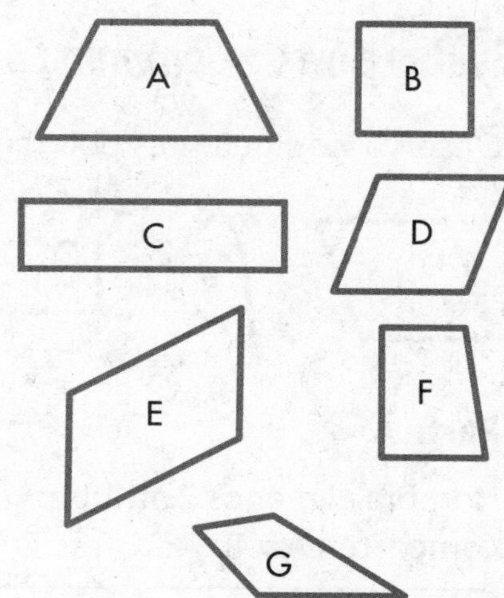

1. Tiene lados paralelos, pero no es un trapecio

2. Tiene al menos un ángulo recto, pero no es un cuadrado.

3. No tiene lados de la misma longitud.

4. Es un rectángulo, pero no es un paralelogramo.

5. Es un paralelogramo, pero no es un rectángulo

6. Es un rectángulo que no tiene ángulos del mismo tamaño

7. **PM.3 Evaluar el razonamiento** Mary dice que puede cortar un paralelogramo a lo largo de su diagonal y obtener dos pedazos del mismo tamaño e igual figura. Larry dice que no puedes cortar los paralelogramos así. ¿Quién tiene razón? Explica tu razonamiento.

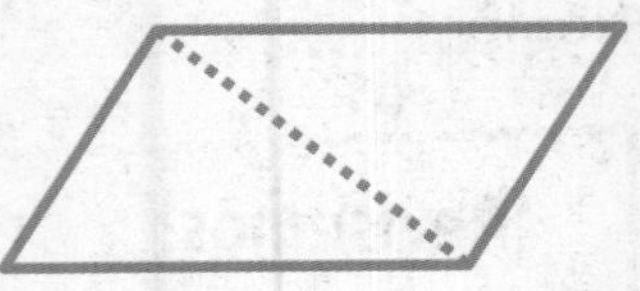

8. **PM.7 Usar la estructura** ¿En qué se parecen y en qué se diferencian todos los polígonos del mosaico?

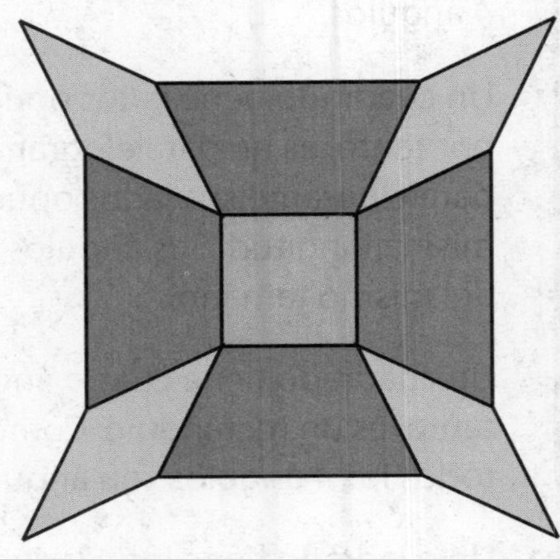

9. **Razonamiento de orden superior** ¿Puedes crear un mosaico usando el siguiente cuadrilátero? El mosaico no debe tener ningún espacio o superposiciones. Dibuja el mosaico o di por qué no puedes crearlo.

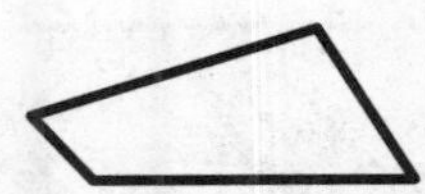

Evaluación de *Common Core*

10. Observa los siguientes polígonos.

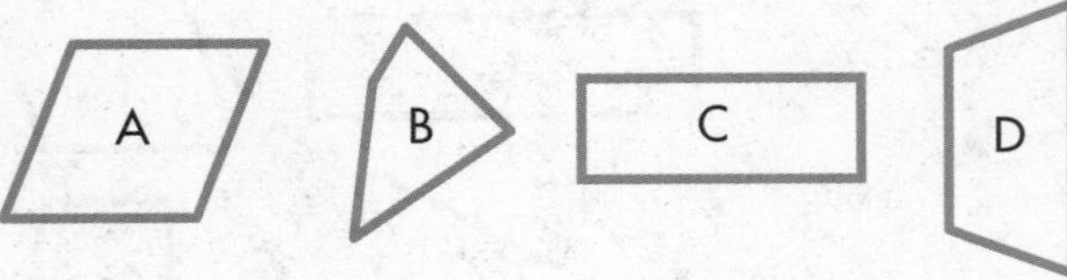

Parte A

Nombra al menos 2 atributos que comparten A y C.

Parte B

Di en qué se diferencia B de los otros 3 polígonos.

Nombre ____________________

Prácticas matemáticas y resolución de problemas

Lección 15-4

Precisión

Puedo...
ser preciso cuando resuelvo problemas de matemáticas.

Prácticas matemáticas PM.6 También, PM.1, PM.3, PM.5, PM.7
Estándar de contenido 3.G.A.1

Resuélvelo y coméntalo Dibuja figuras que correspondan a estas pistas. Usa palabras y números de matemáticas para nombrar cada figura y explicar cómo se ajustan a las pistas.

Pista 1: *Soy un polígono con 4 lados.*

Pista 2: *Soy un polígono con 4 ángulos rectos.*

Pista 3: *Soy un polígono con 2 grupos de lados paralelos.*

Hábitos de razonamiento

¡Razona correctamente! Estas preguntas te pueden ayudar.

- ¿Estoy usando los números, las unidades y los signos o símbolos correctamente?
- ¿Estoy usando las definiciones correctas?
- ¿Estoy haciendo los cálculos con precisión?
- ¿Es clara mi respuesta?

¡Vuelve atrás! **PM.6 Hacerlo con precisión** ¿Cómo usaste los términos matemáticos o los números para que tu explicación fuera clara?

¿Cómo puedes resolver problemas de matemáticas con precisión?

A

¿Qué figuras puedes dibujar para esta adivinanza?

Soy un polígono con 4 lados.
Solo 2 de mis lados son iguales.
Solo 2 de mis lados son paralelos.

Hacerlo con precisión significa que usas de manera correcta las palabras, números y símbolos matemáticos mientras resuelves los problemas.

¿Qué necesito hacer para resolver este problema?

Leeré la información dada y la usaré para dibujar las figuras que correspondan a la descripción.

B

¿Cómo puedo ser preciso resolviendo este problema?

Puedo

- usar correctamente la información dada.
- usar dibujos u objetos para identificar las posibles respuestas.
- decidir si mi respuesta es clara y apropiada.

C

Este es mi razonamiento...

Sé que la figura es un polígono de 4 lados con exactamente 2 lados iguales y 2 lados paralelos.

Dibujo figuras que correspondan a todas las pistas. Luego, doy un nombre a cada figura.

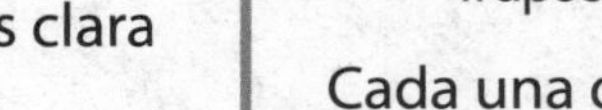

Trapecio   Trapecio

Cada una de las figuras tiene 4 lados. Para cada trapecio, 2 de los lados son iguales y 2 de los lados son paralelos.

¡Convénceme! **PM.6 Hacerlo con precisión** Dibuja una figura para esta adivinanza. Nombra la figura y explica cómo corresponde a las pistas.

Soy un polígono con 4 lados.
Ninguno de mis ángulos son ángulos rectos.
Ninguno de mis lados son paralelos.

Nombre ____________________

Amigo de práctica Herramientas Evaluación

Práctica guiada*

PM.6 Hacerlo con precisión

Los estudiantes de la clase del Sr. Triana hicieron dibujos de sus figuras favoritas. Jackie hizo un polígono con 4 lados que tiene 4 ángulos rectos, pero no todos los lados de la figura son de la misma longitud.

Hacerlo con precisión. Detenidamente considera y usa la información dada para resolver los problemas.

1. ¿Qué palabras y números de matemáticas son importantes en este problema?

2. Dibuja y escribe el nombre del tipo de polígono que hizo Jackie.

3. ¿Cómo puedes comprobar para asegurarte de que tu respuesta es clara y correcta?

Práctica independiente

PM.6 Hacerlo con precisión

Los estudiantes de la clase de la Sra. Edison diseñaron un mural para mostrar lo que aprendieron sobre cuadriláteros. Édgar hizo una figura con lados opuestos de la misma longitud.

4. ¿Qué palabras y números de matemáticas son importantes en este problema?

5. Dibuja el polígono que pudo haber hecho Édgar. ¿Hay más de un tipo de cuadrilátero que represente correctamente la descripción? Explícalo.

6. ¿Cómo puedes comprobar para asegurarte de que tu respuesta es clara y correcta?

*Puedes encontrar otro ejemplo en el Grupo D, página 838.

Prácticas matemáticas y resolución de problemas

Evaluación de rendimiento de *Common Core*

Colchas de retazos
Los estudiantes de la clase de arte de la Sra. Beardon están diseñando una pieza para una colcha de retazos. Ellos pueden usar diferentes colores, pero cada pieza debe ser igual. Los atributos del diseño de la pieza se observan en el recuadro de la derecha.

- 4 lados iguales
- 2 pares de lados paralelos
- 4 ángulos rectos

Dibuja y da un nombre a la figura que represente la descripción. Para resolver el problema responde los Ejercicios 7 a 10.

7. **PM.1 Entender y perseverar** ¿Qué sabes? ¿Qué se te pide hacer?

8. **PM.6 Hacerlo con precisión** ¿Qué términos y números matemáticos pueden ayudarte a resolver el problema?

Asegúrate de usar las definiciones correctas de tal forma que tus respuestas sean precisas.

9. **PM.5 Usar herramientas apropiadas** Escoge herramientas para ayudarte a resolver este problema. Luego, dibuja y da un nombre al posible diseño de la pieza.

10. **PM.3 Evaluar el razonamiento** Talía siguió las instrucciones de la Sra. Beardon e hizo una pieza para la colcha de retazos con la siguiente figura. ¿Siguió correctamente las instrucciones? Explícalo.

Nombre ______________________

Tarea y práctica 15-4
Precisión

¡Revisemos!

Yoshy piensa en un cuadrilátero que tiene dos grupos de lados paralelos. Los cuatro lados tienen la misma longitud y la figura no tiene ángulos rectos. Observa las siguientes figuras. ¿En qué figura está pensando Yoshi?

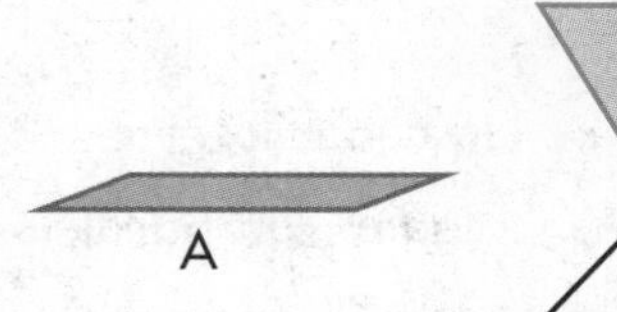

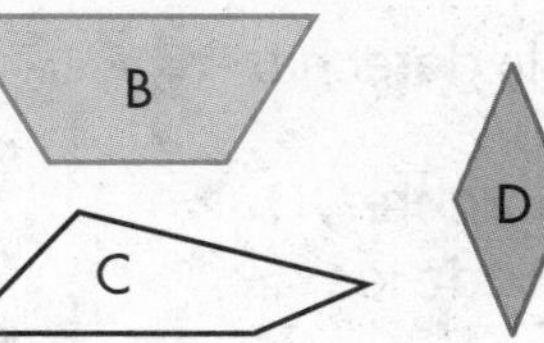

E

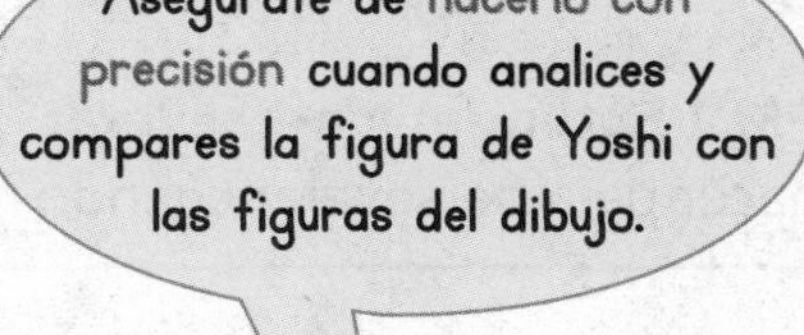

Asegúrate de hacerlo con precisión cuando analices y compares la figura de Yoshi con las figuras del dibujo.

Di cómo resuelves el problema con precisión.

- Uso correctamente la información dada.
- Hago dibujos para identificar las posibles respuestas.
- Decido si mi respuesta es clara y apropiada.

Hazlo con precisión mientras resuelves el problema.

Todas las figuras son cuadriláteros.
B y C no tienen dos grupos de lados paralelos. A, D, E y F son paralelogramos. A y E no tienen 4 lados de la misma longitud. D y F son rombos. F es un rombo cuadrado con 4 ángulos rectos. El rombo D es el único cuadrilátero que se ajusta a todas las pistas.

PM.6 Hacerlo con precisión

Jacob hizo un banderín con la figura de un polígono que cumple las reglas de la derecha. ¿Qué figura pudo haber hecho Jacob?

- Es un cuadrilátero.
- Tiene dos grupos de lados paralelos.
- Los lados opuestos tienen la misma longitud.
- Dos lados son más largos que los otros dos.

1. ¿Qué palabras y números de matemáticas son importantes en este problema?

2. Dibuja y nombra una figura que se ajuste a la descripción del banderín de Jacob.

3. ¿Cómo compruebas para asegurarte de que tu respuesta es clara y correcta?

Evaluación de rendimiento de *Common Core*

El juego de los nombres

Los estudiantes de la clase del Sr. Kuan practican en parejas el Juego de los nombres. Un miembro del equipo da la lista de los atributos y debe dibujar una figura que corresponda a la descripción. El miembro del otro equipo debe dar el nombre a la figura. Gana la primera pareja que complete la tarea.

A Wilfredo le entregaron la lista con la información de la derecha.

- Un cuadrilátero
- 2 lados son paralelos
- 2 lados son iguales
- 2 ángulos rectos

Él dibujó una figura y su compañera, Olivia, le dio un nombre. ¿Qué figura dibujó Wilfredo? Para resolver el problema responde los Ejercicios 4 a 7.

4. PM.1 Entender y perseverar ¿Qué se te pide hacer? ¿Qué puedes hacer para perseverar cuando resuelves un problema?

5. PM.6 Hacerlo con precisión ¿Qué términos y números de matemáticas pueden ayudarte a resolver el problema?

Prestar atención a la precisión identificando las palabras y los números que te pueden ayudar a resolver el problema.

6. PM.7 Usar la estructura ¿Qué sabes sobre un cuadrilátero? Usa lo que sabes para dibujar y dar un nombre a la figura que se ajuste a la información de la lista.

7. PM.3 Construir argumentos ¿Hay más de una manera posible para que Wilfredo dibuje la figura? Explícalo.

Nombre ______________________________

Actividad de práctica de fluidez

TEMA 15

Sombrea una ruta que vaya desde la **Salida** hasta la **Meta.** Sigue los productos y cocientes que son números pares. Solo te puedes mover hacia arriba, hacia abajo, hacia la derecha o hacia la izquierda.

Puedo...
multiplicar y dividir hasta 100.

Estándar de contenido
3.OA.C.7

Salida

6 × 2	9 ÷ 1	9 × 5	24 ÷ 4	10 × 0	56 ÷ 7	3 × 8	35 ÷ 5
20 ÷ 5	5 × 8	8 × 2	36 ÷ 6	54 ÷ 6	3 × 5	2 × 3	27 ÷ 3
3 × 7	15 ÷ 3	5 × 7	5 ÷ 1	25 ÷ 5	6 ÷ 6	9 × 8	21 ÷ 7
48 ÷ 8	2 × 9	42 ÷ 7	3 × 5	8 ÷ 2	5 × 4	30 ÷ 5	9 × 9
3 × 6	5 × 1	6 × 10	0 ÷ 6	4 × 6	7 × 1	9 × 1	45 ÷ 9
9 × 6	4 × 8	72 ÷ 8	9 × 3	9 ÷ 3	4 × 4	18 ÷ 9	16 ÷ 2
5 × 5	2 × 7	81 ÷ 9	6 ÷ 2	4 × 7	80 ÷ 8	3 × 9	9 × 4
63 ÷ 9	4 × 3	7 × 8	8 × 9	10 ÷ 5	24 ÷ 8	9 × 7	40 ÷ 5

Meta

Lista de palabras
- ángulo
- ángulo recto
- cóncavo
- convexo
- cuadrado
- cuadrilátero
- lados paralelos
- paralelogramo
- polígono
- rectángulo
- rombo
- trapecio

Comprender el vocabulario

Encierra en un círculo todos los términos que correspondan a cada descripción.

1. Un cuadrilátero

cuadrado rombo trapecio polígono

2. Un polígono

ángulo cuadrilátero rectángulo cóncavo

3. Un polígono tiene 4 ángulos rectos

cuadrado trapecio rombo rectángulo

4. Un paralelogramo

rombo lados paralelos rectángulo trapecio

Para cada término dibuja un ejemplo y un contraejemplo.

	Ejemplo	Contraejemplo
5. ángulo recto		
6. polígono cóncavo		
7. trapecio		

Usar el vocabulario al escribir

8. Usa al menos 3 términos de la Lista de palabras para explicar por qué un *cuadrado* es un *rectángulo.*

Nombre ______________________________

TEMA 15

Refuerzo

Grupo A páginas 811 a 816

Puedes dibujar y describir cuadriláteros por sus atributos.

Nombre: Paralelogramo
Atributo: 2 pares de lados paralelos

Nombre: Cuadrilátero
Atributos: Cóncavo, no tiene lados paralelos

Nombre: Rectángulo
Atributos: 2 pares de lados paralelos, 4 ángulos rectos

Recuerda que un polígono con cuatro lados es un cuadrilátero.

Dibuja las figuras mencionadas a continuación y describe sus atributos en los Ejercicios **1** a **3.**

1. Trapecio

2. Rombo

3. Un cuadrilátero que **NO** es un trapecio, paralelogramo, rectángulo, rombo o cuadrado.

Grupo B páginas 817 a 822

¿En qué se diferencian y en qué se parecen las figuras del Grupo 1 y 2?

Grupo 1

Grupo 2

Las figuras en los grupos son diferentes porque en el Grupo 1, todas las figuras son convexas. En el Grupo 2, todas las figuras son cóncavas.

Las figuras en ambos grupos son parecidas porque todas ellas tienen líneas rectas y son cerradas. Por tanto, todas son polígonos.

Recuerda que todas las figuras en estos grupos tienen algo en común.

Usa los siguientes grupos en los Ejercicios **1** y **2.**

Grupo 1

Grupo 2

1. ¿En qué se diferencian las figuras del Grupo 1 y 2?

2. ¿En qué se parecen las figuras del Grupo 1 y 2?

Grupo C páginas 823 a 828

Todas las siguientes figuras tienen 4 lados, por tanto son cuadriláteros. Algunos cuadriláteros se pueden clasificar en varios grupos.

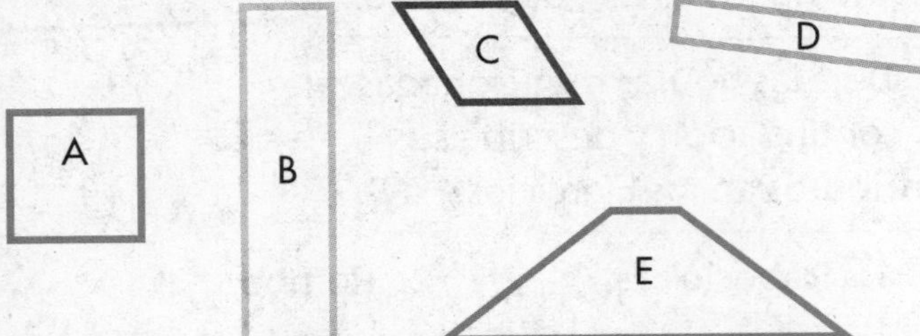

Los paralelogramos tienen 2 pares de lados paralelos. Las figuras A, B, C y D son paralelogramos.

Los rombos tienen 2 pares de lados paralelos y 4 lados iguales. Las figuras A y C son rombos.

Los rectángulos tienen 2 pares de lados paralelos y 4 ángulos rectos. Las figuras A, B y D son rectángulos.

Los cuadrados tienen 4 lados iguales y 4 ángulos rectos. La figura A es un cuadrado.

Los trapecios tienen 1 par de lados paralelos y no tienen ángulos rectos. La figura E es un trapecio.

Recuerda que los cuadriláteros con nombres diferentes pueden tener algunos de los mismos atributos.

Escribe todos los polígonos que se ajustan a los atributos dados en los Ejercicios **1** a **4.**

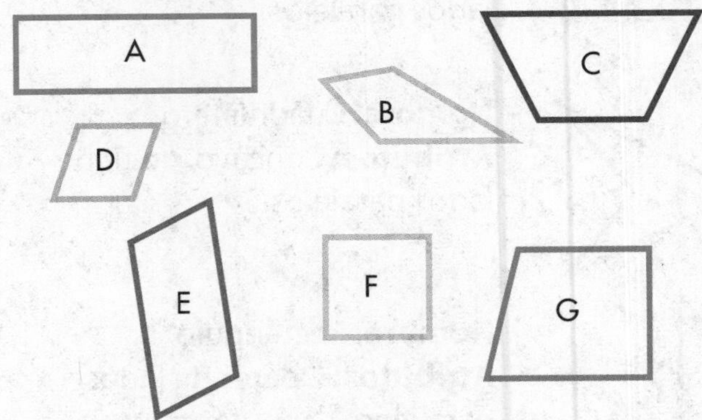

1. Tiene al menos 2 ángulos rectos, pero no es un rectángulo.
2. Tiene lados paralelos, pero no es un rectángulo.
3. Es un cuadrilátero que no tiene ángulos rectos.
4. Tiene 4 lados de la misma longitud, pero no es un cuadrado.

Grupo D páginas 829 a 834

Piensa en estas preguntas para ayudarte a **Prestar atención a la precisión.**

Hábitos de razonamiento

- ¿Estoy usando los números, las unidades y los signos o símbolos correctamente?
- ¿Estoy usando las definiciones correctas?
- ¿Estoy haciendo los cálculos con precisión?
- ¿Es clara mi respuesta?

Recuerda que debes tener en cuenta todas las partes de la pregunta.

Anton dibujó un cuadrilátero con 2 lados paralelos y no tiene ángulos rectos. Los lados no tienen la misma longitud.

1. ¿Qué cuadrilátero dibujó?
2. ¿Podría dibujar otra figura? Explícalo.

Nombre ___________________________________

Evaluación

1. El amigo de Sara dibujó un cuadrilátero con todos los lados de la misma longitud. Sara dice que la figura debe ser un cuadrado. ¿Tiene razón?

Ⓐ Sí, no podría ser otra figura.

Ⓑ No, también podría ser un triángulo.

Ⓒ No, también podría ser un rombo.

Ⓓ No, también podría ser un trapecio.

2. Usa las palabras del siguiente recuadro. Escribe los nombres para las figuras en la columna correcta.

Cuadrilátero	Paralelogramo

rectángulo rombo cuadrado trapecio

3. Escribe el nombre y dibuja una figura de un polígono cóncavo con 4 lados.

4. Rose dibujó un paralelogramo con 4 ángulos rectos. ¿Cuáles serían las posibles figuras?

5. Elliot clasificó las siguientes figuras en dos grupos. Después, encerró en un círculo solo las figuras que coinciden con la regla para uno de los grupos. ¿Cuál regla usó Elliot para encerrar en un círculo algunas de las figuras?

6. Escoge los enunciados verdaderos.

☐ Un trapecio es un paralelogramo.

☐ Un paralelogramo es un cuadrilátero.

☐ Un cuadrado es un rombo.

☐ Un triángulo es un cuadrilátero.

☐ Un cuadrado es un rectángulo.

7. ¿Qué dos cuadriláteros usó Kim para hacer el diseño de la alfombra?

8. Observa cada grupo.

Grupo 1 **Grupo 2**

Parte A

¿En qué se parecen los dos grupos?

Parte B

¿En qué son diferentes los dos grupos?

9. Para las Preguntas 9a a 9d, escoge Sí o No para decir si un cuadrado pertenece al nombre indicado.

9a. rectángulo ○ Sí ○ No

9b. rombo ○ Sí ○ No

9c. trapecio ○ Sí ○ No

9d. paralelogramo ○ Sí ○ No

10. ¿Qué figura tiene solo un grupo de lados paralelos?

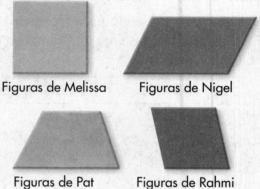

Figuras de Melissa Figuras de Nigel

Figuras de Pat Figuras de Rahmi

11. Escribe el nombre y dibuja un cuadrilátero que **NO** es un rectángulo ni rombo. ¿Hay otra figura que pudieras haber dibujado? Explícalo.

Nombre ______________________________

TEMA 15

Evaluación del rendimiento

Etiquetas de identificación para mascotas

Amelia y Bryce trabajan en una tienda de mascotas que vende etiquetas de identificación de varias figuras. El diagrama **Etiquetas de identificación para mascotas** muestra las diferentes figuras disponibles.

Usa el arte de **Etiquetas de identificación para mascotas** para responder a las Preguntas 1 a 4.

Etiquetas de identificación para mascotas

A B C D E F G H

1. Un cliente le pregunta a Amelia si la tienda tiene etiquetas de mascotas cóncavas. ¿Cómo debería responder Amelia?

2. Otro cliente le pregunta a Bryce qué etiquetas para mascotas tienen 2 pares de lados paralelos y son cuadriláteros. ¿Qué etiquetas tienen estos atributos? Incluye el nombre común para cada figura.

3. La dueña de la tienda quiere rebajar las etiquetas para mascotas que tienen al menos 1 par de lados paralelos y no son rectángulos. ¿Qué etiquetas debe rebajar y qué figuras son?

4. La dueña le dice a Bryce que agrupe las etiquetas para mostrar cuáles tienen por lo menos 1 par de lados paralelos. Completa la tabla con los rótulos de las etiquetas.

Lados paralelos	No tienen lados paralelos

5. Usa el diagrama **Etiquetas de identificación para mascotas** y la tabla **Clasificación de etiquetas** para responder a las Preguntas en la Parte A y B.

Clasificación de etiquetas	
Grupo 1	**Grupo 2**
B, G, D, H	A, C, E, F

Amelia clasificó algunas de las etiquetas para mascotas en dos grupos diferentes.

Parte A

¿En qué son diferentes los grupos?

Parte B

¿En qué son parecidos los grupos?

Usa el diagrama **Etiquetas de identificación para mascotas** para responder a las Preguntas 6 y 7.

6. Un cliente quiere comprar la etiqueta para mascota que es un rombo y un rectángulo. ¿Qué etiqueta quiere? Explícalo.

7. Diseña una etiqueta para mascotas nueva que tenga 2 pares de lados paralelos y 2 pares de lados de la misma longitud, pero que no sea un rectángulo ni un rombo. Explica la figura que dibujaste.

TEMA 16

Resolver problemas sobre perímetro

Pregunta esencial: ¿Cómo se puede medir y hallar el perímetro?

Los animales viven en hábitats.

Algunos animales solo viven en determinados hábitats.

¡Aquí viven muchos animales! Este es un proyecto sobre hábitats y perímetros.

Proyecto de Matemáticas y Ciencias: ¿Qué vive aquí?

Investigar Usen la Internet u otras fuentes para investigar los hábitats. Incluye una lista de animales que pueden sobrevivir en un determinado hábitat y algunos que no podrían sobrevivir ahí.

Diario: Escribir un informe Incluye lo que averiguaste. En tu informe, también:

- usa papel cuadriculado para hacer un dibujo que represente uno de los hábitats que investigaste. Rotula el hábitat para mostrar lo que se puede encontrar allí. Cuenta el número de unidades cuadradas que mide el hábitat.
- halla el perímetro del hábitat. Luego halla otro posible perímetro que tenga la misma área.

Nombre ______________________________

Repasa lo que sabes

Vocabulario

Escoge el mejor término del recuadro. Escríbelo en el espacio en blanco.

- área
- unidades cuadradas
- rectángulo
- unidad cuadrada

1. Si 14 unidades cuadradas cubren una figura, el área es de 14 ______________.
2. Puedes usar metros cuadrados o pies cuadrados para medir el ______________.
3. Un cuadrado con una longitud de lado de 1 unidad es una ______________.

Área de las figuras

Halla el área de cada figura. Usa papel cuadriculado como ayuda.

4.

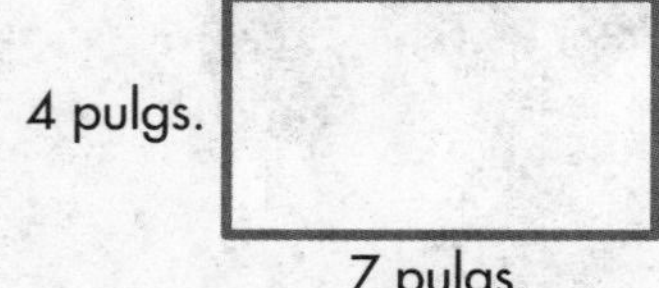

5.

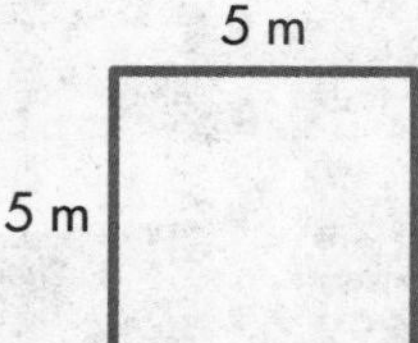

6. El área de un rectángulo es de 32 centímetros cuadrados. Tiene 4 centímetros de ancho. ¿Cuál es la longitud del rectángulo?

Ⓐ 4 centímetros Ⓑ 8 centímetros Ⓒ 16 centímetros Ⓓ 32 centímetros

Área de las figuras irregulares

7. ¿Cuál es el área de la figura de la derecha? Explica cómo resolviste el problema.

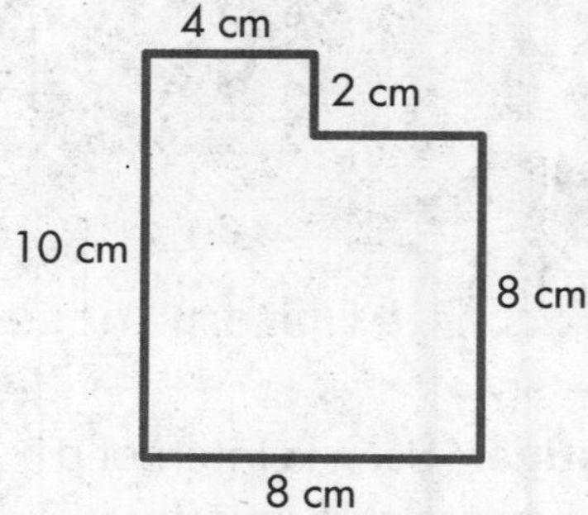

Dividir las regiones en partes iguales

8. Encierra en un círculo las figuras que muestran partes iguales. Rotula una de las partes iguales usando una fracción unitaria.

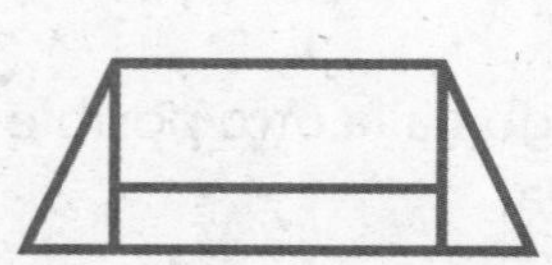

Nombre ____________________

Resuelve

Lección 16-1
El perímetro

Puedo...
hallar el perímetro de diferentes polígonos.

Estándar de contenido 3.MD.D.8
Prácticas matemáticas PM.1, PM.2, PM.3, PM.4, PM.6

Resuélvelo y coméntalo

Troy hizo un dibujo de su jardín. Cada cuadrado de la siguiente cuadrícula tiene 1 pie de longitud por lado. Halla la distancia que hay alrededor del jardín de Troy. Luego, dibuja en el papel cuadriculado un jardín que tenga diferente forma, pero cuya distancia alrededor sea la misma que la del jardín de Troy. ***Resuelve este problema de la manera que prefieras.***

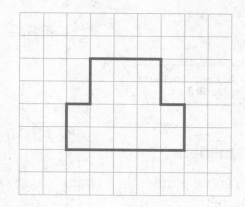

Hazlo con precisión cuando halles la distancia total. Conoces la longitud de cada lado del jardín. *¡Muestra tu trabajo en el espacio que sigue!*

¡Vuelve atrás! **PM.6 Hacerlo con precisión** Usa palabras, números y símbolos para explicar cómo hallaste la distancia alrededor del jardín de Troy.

Aprende Glosario

Pregunta esencial ¿Cómo se puede hallar el perímetro?

A

Gustavo quiere hacer un parque para perros y rodearlo de una valla. Él hace dos diseños. ¿Cuál es el perímetro del parque en cada diseño? ¿Qué diseño debería usar Gustavo?

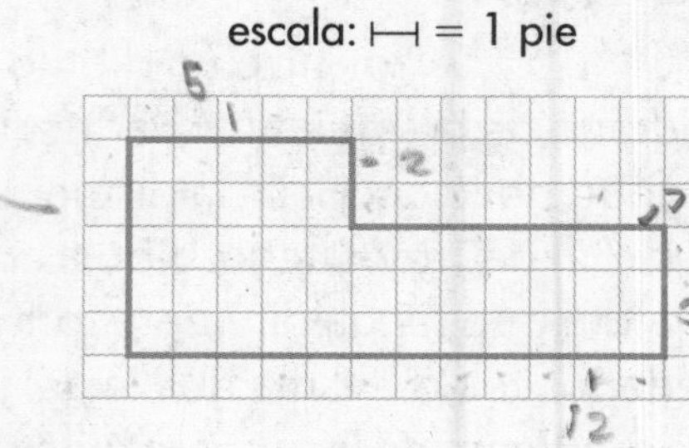

La distancia alrededor de una figura es su perímetro.

El perímetro del parque debe tener al menos 30 pies.

3 pies 6 pies 7 pies 9 pies 3 pies

B

Una manera

Puedes hallar el perímetro contando los segmentos de unidades.

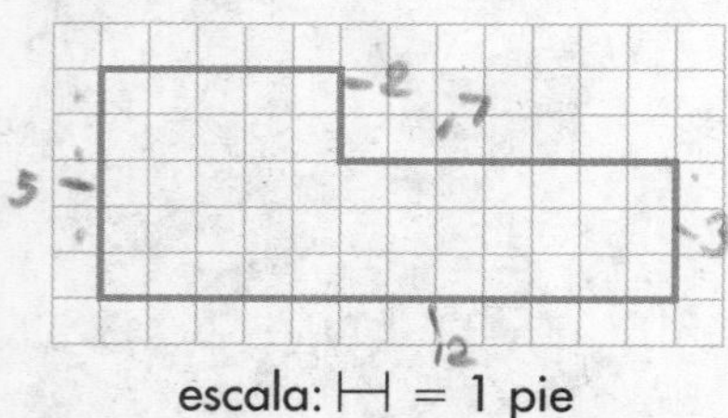

escala: ⊢⊣ = 1 pie

El perímetro tiene 34 pies.
34 > 30. Gustavo puede usar este diseño.

C

Otra manera

Suma las longitudes de los lados para hallar el perímetro.

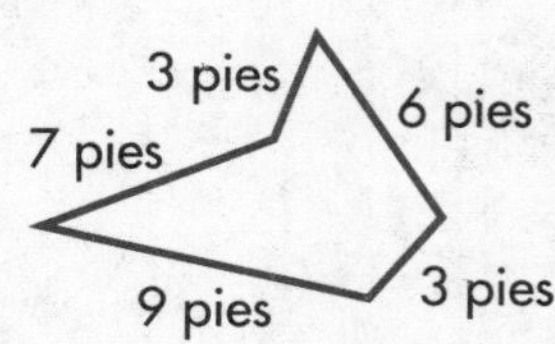

$3 + 9 + 7 + 3 + 6 = 28$
El perímetro tiene 28 pies.
28 < 30. Gustavo no puede usar este diseño.

¡Convénceme! **PM.4 Representar con modelos matemáticos** Haz un diseño diferente del parque para perros que podría usar Gustavo. Halla el perímetro de tu diseño.

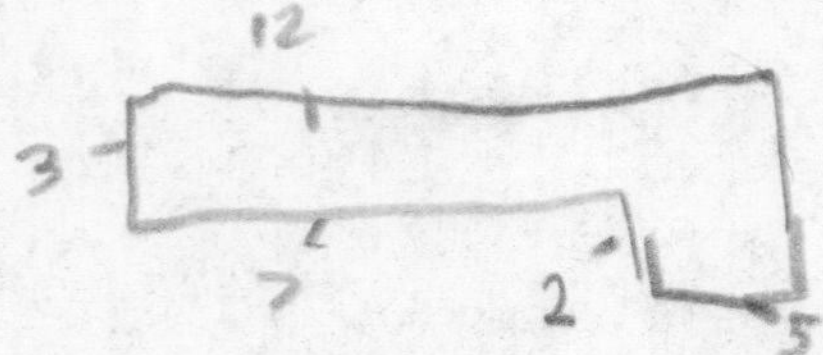

Nombre Cedrica

Amigo de práctica Herramientas Evaluación

Práctica guiada*

¿Lo entiendes?

1. ¿Cuál es el perímetro del jardín que se muestra en el diagrama?

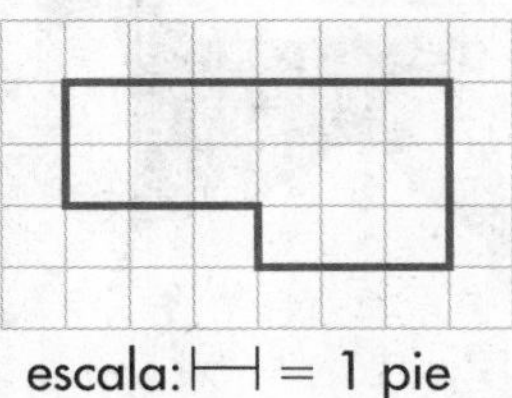

escala: ⊢⊣ = 1 pie

2. PM.6 Hacerlo con precisión En el Ejercicio 1, ¿cómo sabes qué unidad debes usar para el perímetro?

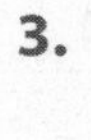

¿Cómo hacerlo?

Halla el perímetro en los Ejercicios **3** y **4.**

3.

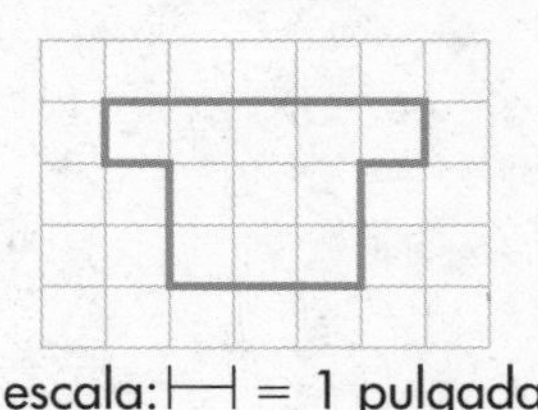

escala: ⊢⊣ = 1 pulgada

4.

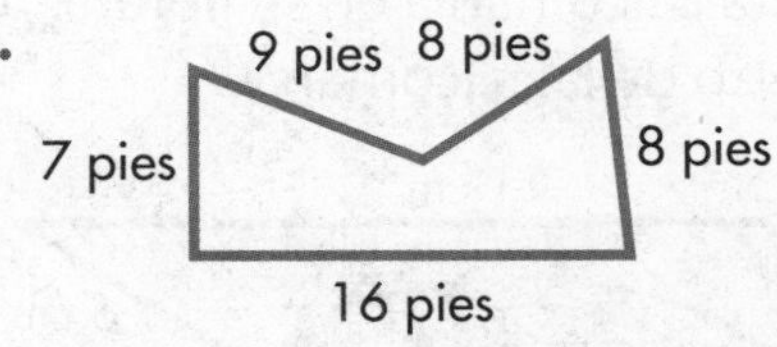

Práctica independiente

Práctica al nivel Halla el perímetro de cada polígono en los Ejercicios **5** a **7.**

5.

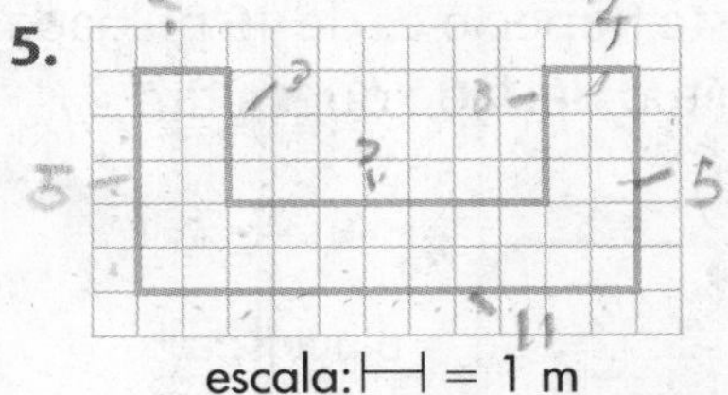

escala: ⊢⊣ = 1 m

6.

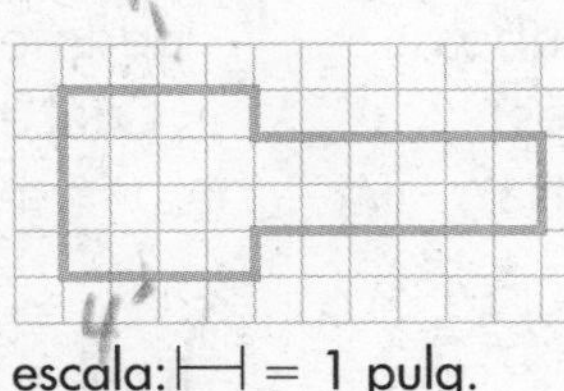

escala: ⊢⊣ = 1 pulg.

7.

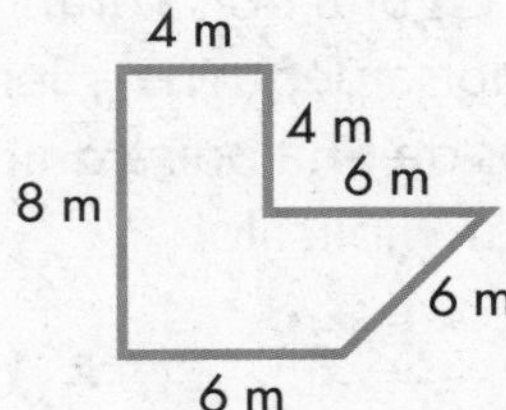

8. Dibuja una figura con un perímetro de 20 unidades en la cuadrícula.

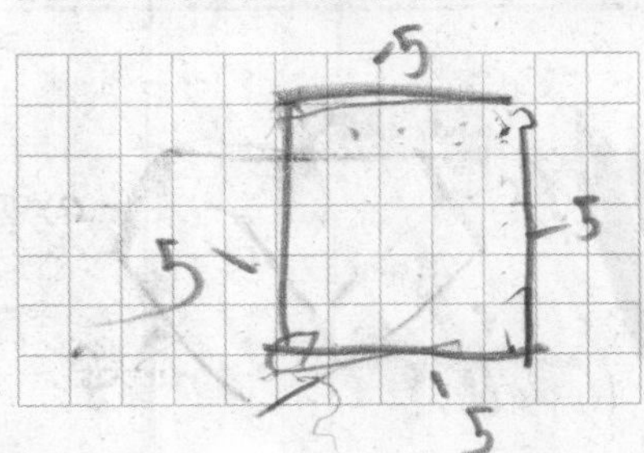

Puedes dibujar muchas figuras diferentes que tengan el mismo perímetro.

Puedes encontrar otro ejemplo en el Grupo A, página 885.

Prácticas matemáticas y resolución de problemas

9. **PM.4 Representar con modelos matemáticos** Niko hace collares de cuentas de tres tamaños diferentes. ¿Cuántas cuentas más, que las de un collar largo, necesita para hacer dos collares medianos? Escribe ecuaciones para resolver el problema.

DATOS

Tamaño del collar	Número de cuentas
Pequeño	68
Mediano	129
Largo	212

10. Javi pega esta calcomanía en su libreta. ¿Cuál es el perímetro de la calcomanía?

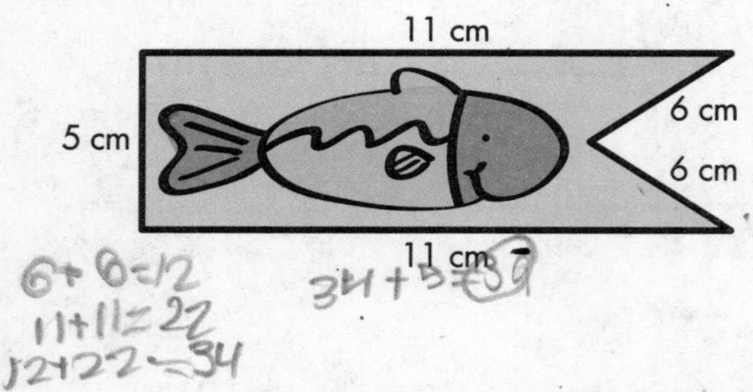

11. **PM.2 Razonar** ¿Cuál es el perímetro del contorno del parche de tela que se muestra?

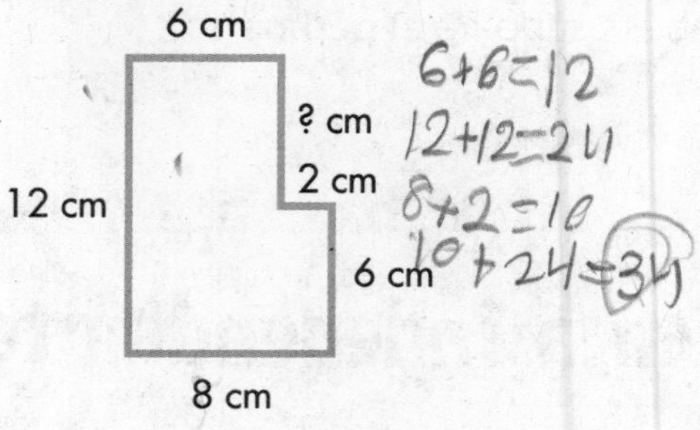

12. **Sentido numérico** Yuli necesita 425 cubos. Hay 275 en una bolsa grande. Hay 175 cubos en una bolsa pequeña. ¿Serían suficientes los cubos de una bolsa grande y una bolsa pequeña? Explícalo.

13. **Razonamiento de orden superior** El perímetro de este trapecio es de 40 pulgadas. ¿Cuál es la longitud del lado que falta?

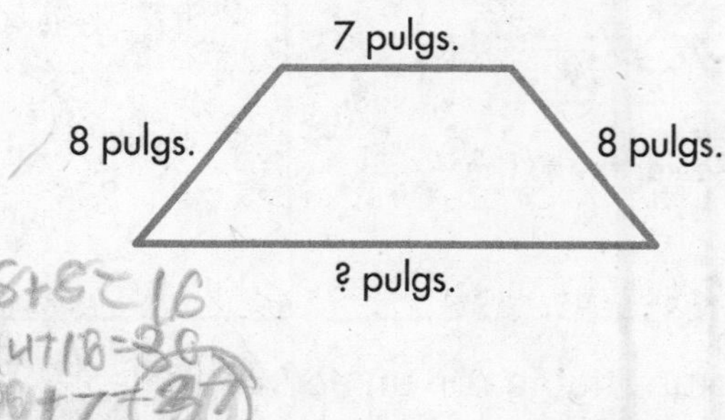

Evaluación de *Common Core*

14. El señor Korda necesita hallar el perímetro del patio que se muestra a la derecha. ¿Cuál es el perímetro del patio? ¿Cómo puede el señor Korda hallar el perímetro?

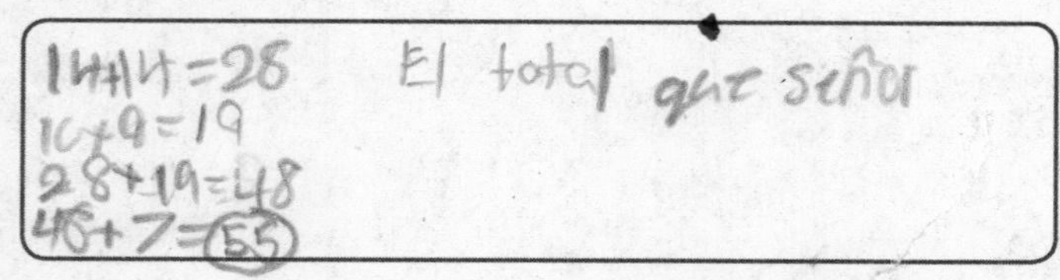

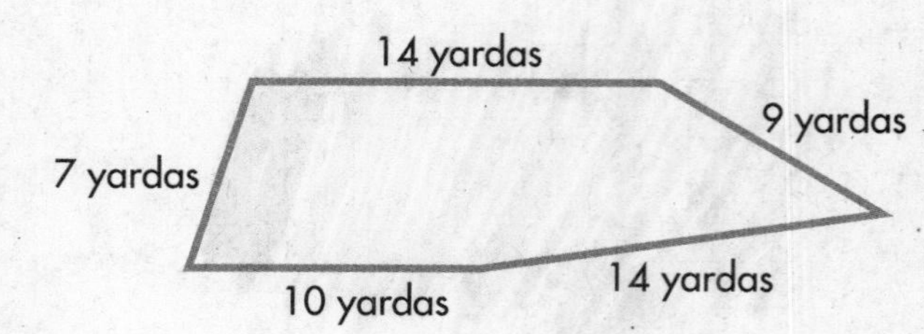

Nombre Cedrice

Ayuda Amigo de práctica Herramientas Juegos

Tarea y práctica 16-1

El perímetro

¡Revisemos!

¿Cuál es el perímetro de la figura?

Suma las longitudes de los lados.

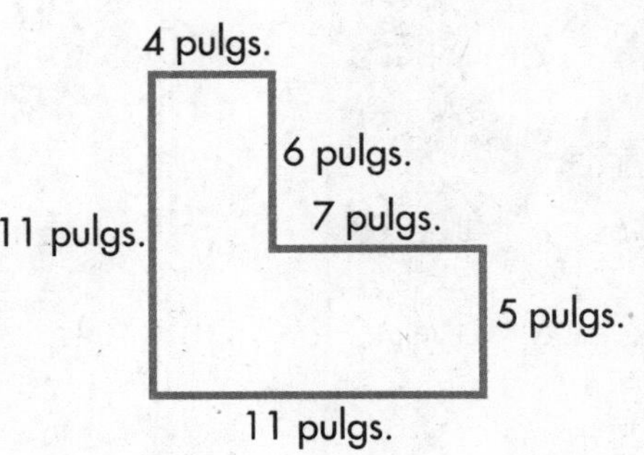

El perímetro es la distancia alrededor de una figura.

$4 + 6 + 7 + 5 + 11 + 11 = 44$

El perímetro de la figura es de 44 pulgadas.

Práctica al nivel Halla el perímetro de cada polígono en los Ejercicios **1** a **3**.

1.

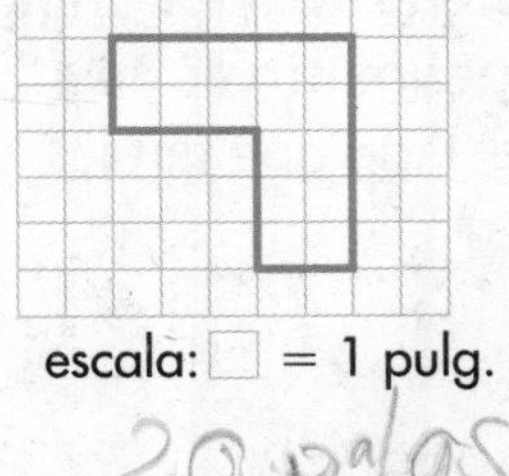

escala: □ = 1 pulg.

20 pulgs

2.

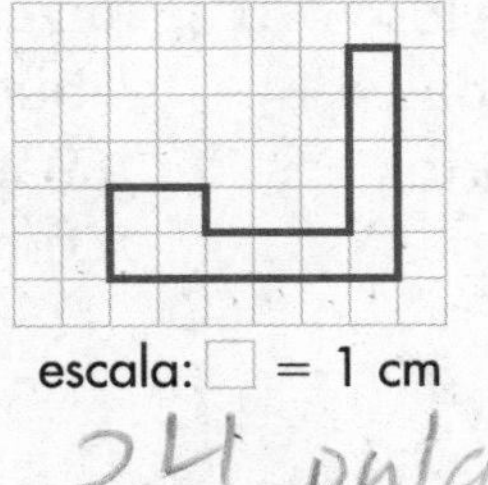

escala: □ = 1 cm

24 pulgs

3.

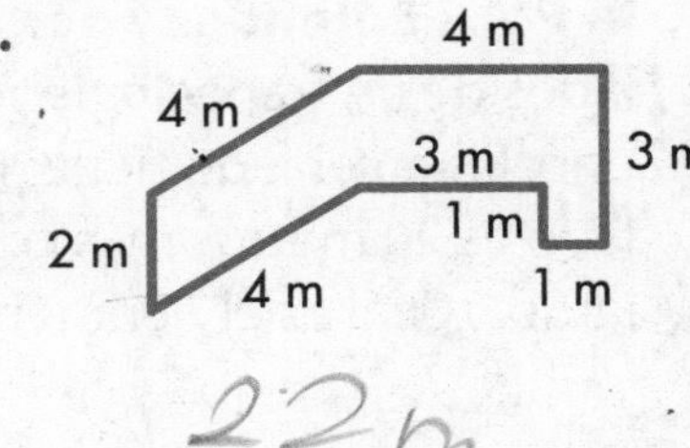

22 m

Dibuja una figura que tenga el perímetro dado en los Ejercicios **4** a **6**.

4. 12 unidades

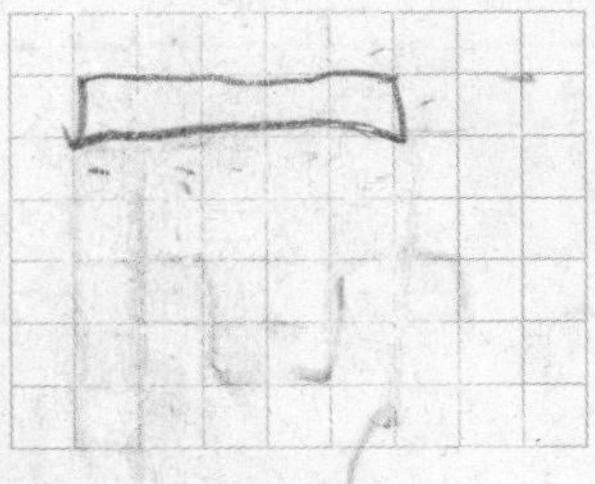

5. 18 unidades

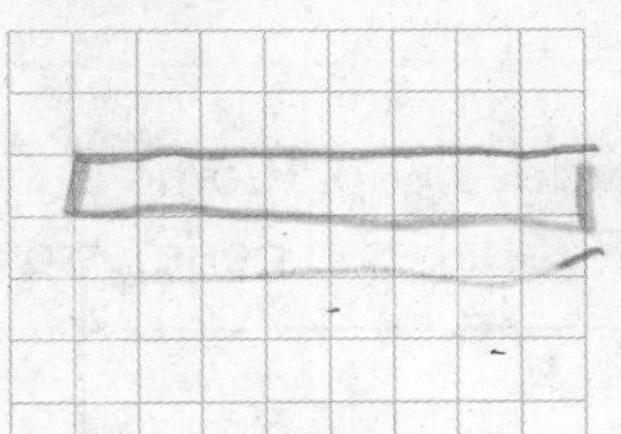

6. 22 unidades

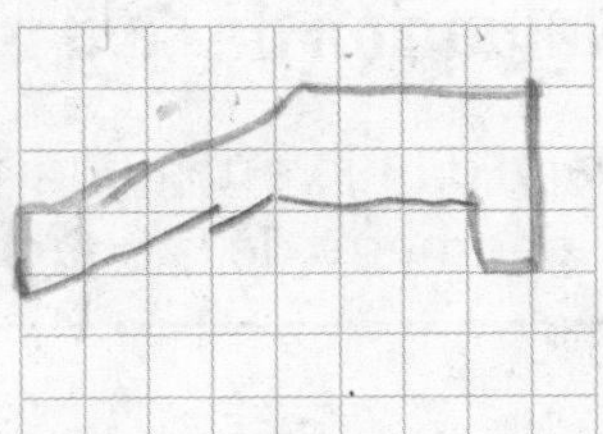

7. **MP.3 Evaluar el razonamiento** Rosa tiene un jardín en forma de paralelogramo. Dice que puede hallar el perímetro de su jardín si suma las longitudes de los dos lados y duplica el resultado de la suma. ¿Tiene razón? Por qué.

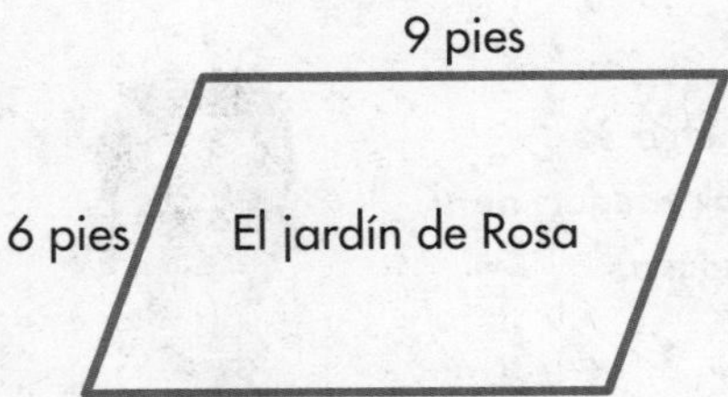

8. **PM.3 Construir argumentos** Mayi compró 12 sombreros. ¿A qué cuerpo geométrico se parecen? ¿Qué atributos te ayudaron a decidirlo?

9. **Vocabulario** Explica la diferencia entre perímetro y área.

10. Una figura plana tiene 2 lados de 5 pulgadas cada uno y 2 lados de 3 pulgadas cada uno. ¿Cuál es el perímetro de la figura plana?

11. **PM.1 Entender y perserverar** Dos de los lados de un trapecio tienen 25 metros cada uno. El tercer lado tiene 40 metros. El cuarto lado es 20 metros más corto que el lado más largo. ¿Cuál es el perímetro? Explícalo.

12. **Razonamiento de orden superior** Ming dibujó esta figura. Su perímetro es de 47 cm. ¿Cuál es la longitud del lado que falta? ¿Cómo puedes hallarla?

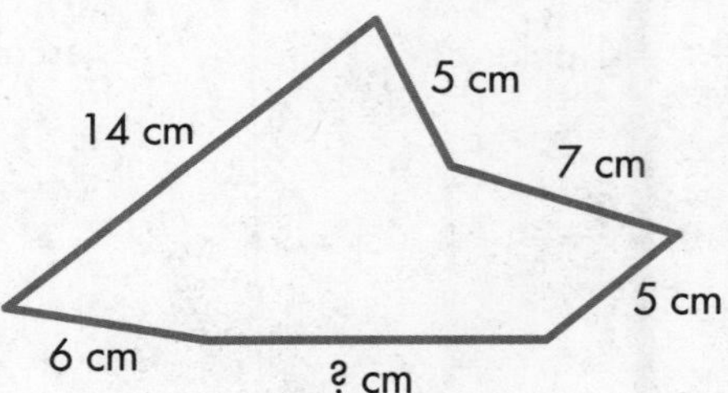

Evaluación de *Common Core*

13. Daryl dibujó esta figura en papel cuadriculado. ¿Cómo puede Daryl hallar el perímetro de la figura que dibujó? ¿Cuál es el perímetro de la figura?

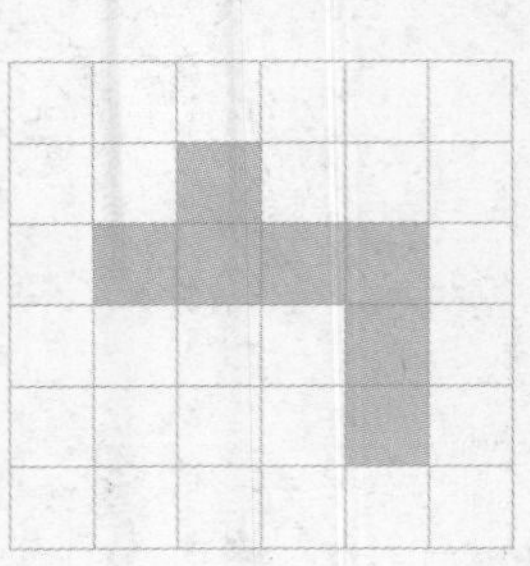

Nombre ______________________

Resuelve

Lección 16-2

El perímetro de figuras comunes

Resuélvelo y coméntalo

¿Cuál es el perímetro del rectángulo? Muestra dos maneras de hallar el perímetro que no sea midiéndolo.

Puedo...
hallar el perímetro de polígonos con figuras comunes.

Estándar de contenido 3.MD.D.8
Prácticas matemáticas PM.1, PM.2, PM.3, PM.6, PM.7, PM.8

Puedes usar la estructura. ¿De qué manera lo que sabes sobre los atributos de las figuras comunes te puede ayudar para hallar el perímetro? *¡Muestra tu trabajo en el espacio que sigue!*

5 pulgs.

3 pulgs.

¡Vuelve atrás! **PM.8 Generalizar** ¿Cómo puedes usar la suma y la multiplicación para hallar el perímetro?

¿Cómo se puede hallar el perímetro de figuras comunes?

A

El señor Gómez necesita hallar el perímetro de dos diseños de piscinas. Una de las piscinas tiene forma de rectángulo. La otra tiene forma de cuadrado. ¿Cuál es el perímetro de cada piscina?

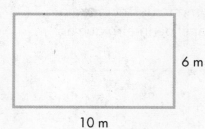

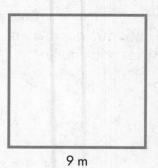

B Halla el perímetro de la piscina que tiene forma rectangular.

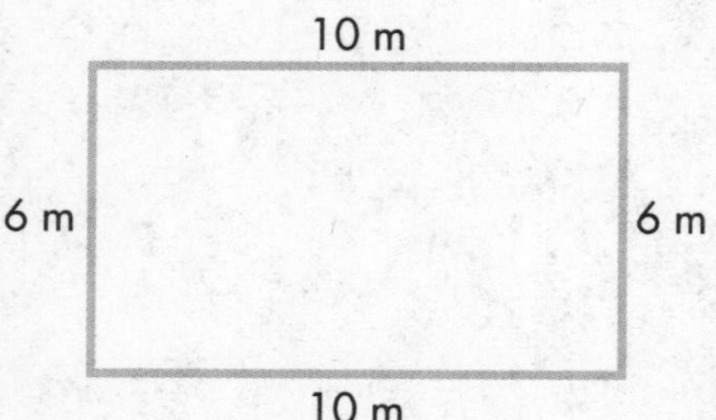

$10 + 6 + 10 + 6 = 32$ o
$(10 \times 2) + (6 \times 2) = 32$
El perímetro de esta piscina es 32 metros.

Recuerda, los lados opuestos de un rectángulo tienen la misma longitud.

C Halla el perímetro de la piscina que tiene forma cuadrada.

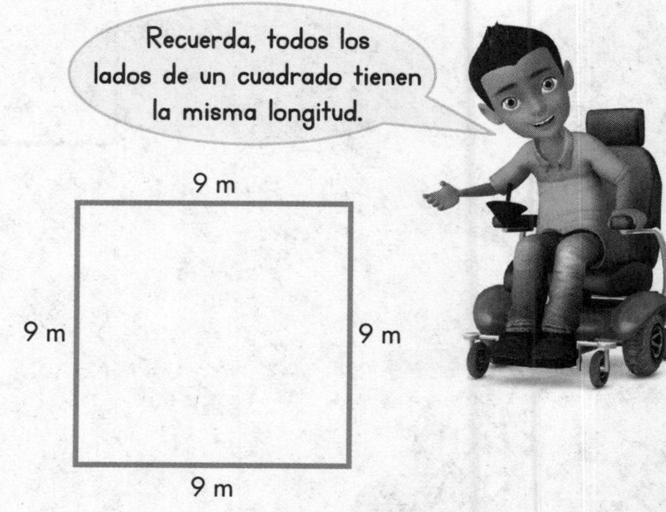

Recuerda, todos los lados de un cuadrado tienen la misma longitud.
9 m
9 m
9 m
9 m

$9 + 9 + 9 + 9 = 36$ o $4 \times 9 = 36$
El perímetro de esta piscina es 36 metros.

¡Convénceme! **PM1. Entender y perseverar** Diana dibujó el paralelogramo de la derecha. Di cómo hallar el perímetro.

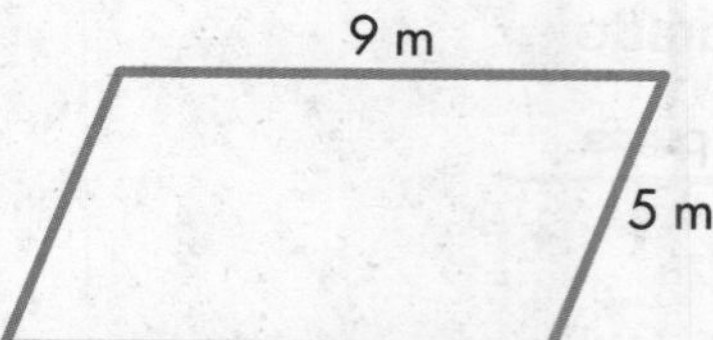

Nombre ______________________

Otro ejemplo

Un **triángulo equilátero** tiene los 3 lados de la misma longitud.

$4 + 4 + 4 = 12$ o $3 \times 4 = 12$.

Por tanto, el perímetro de este triángulo equilátero tiene 12 pulgadas.

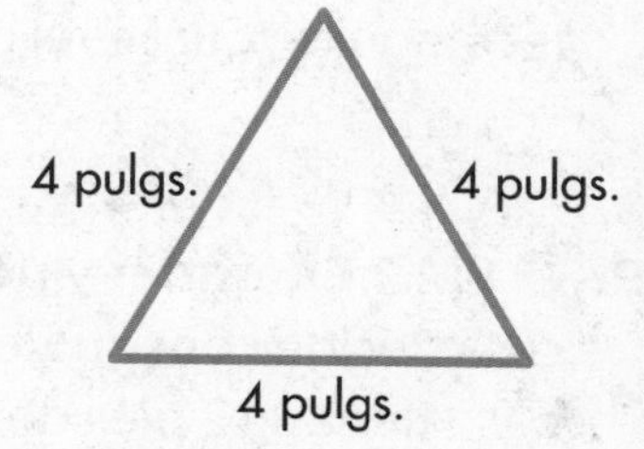

Práctica guiada*

¿Lo entiendes?

1. **PM.2 Razonar** ¿Cómo puedes usar la multiplicación y la suma para hallar el perímetro de un rectángulo que tiene 6 pies de longitud y 4 pies de ancho?

2. **PM.2 Razonar** Explica cómo puedes hallar el perímetro de un cuadrado que tiene 7 cm de longitud por lado.

¿Cómo hacerlo?

Halla los perímetros en los Ejercicios **3** y **4.**

3. Rectángulo

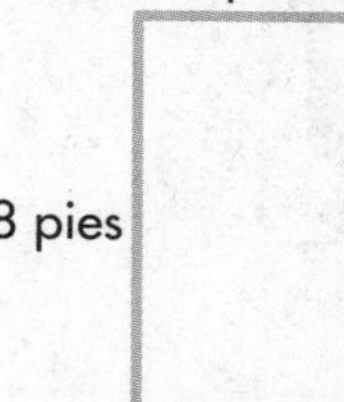

4. Cuadrado

5 cm

Práctica independiente

Halla los perímetros de cada polígono en los Ejercicios **5** a **7.**

5. Cuadrado

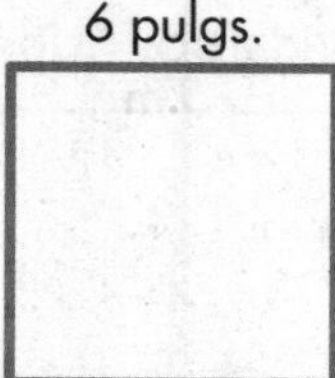

6. Rectángulo

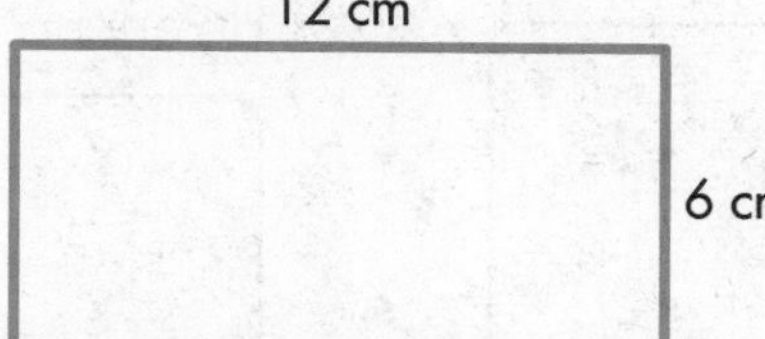

7. Triángulo equilátero

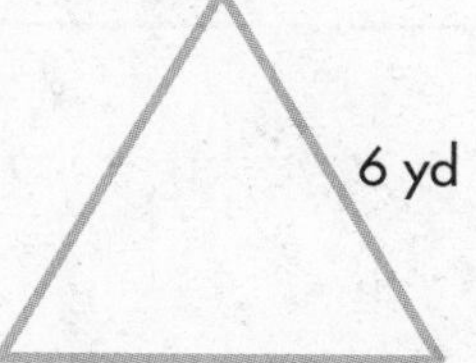

Puedes encontrar otro ejemplo en el Grupo A, página 885.

Prácticas matemáticas y resolución de problemas

Usa la imagen de la derecha en los Ejercicios **8** y **9.**

8. La base de la casa de cristal de la derecha es un rectángulo. ¿Cuál es el perímetro de la base de la casa?

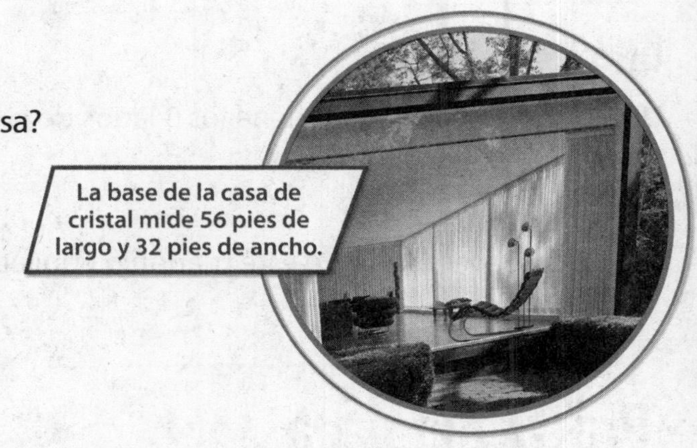

La base de la casa de cristal mide 56 pies de largo y 32 pies de ancho.

9. **PM.1 Entender y perseverar** El dueño de la casa decide construirle una extensión. La nueva base tiene 112 pies de largo y 64 pies de ancho. ¿Cuál es el nuevo perímetro?

10. **PM.6 Hacerlo con precisión** Identifica el número de lados y vértices del siguiente hexágono.

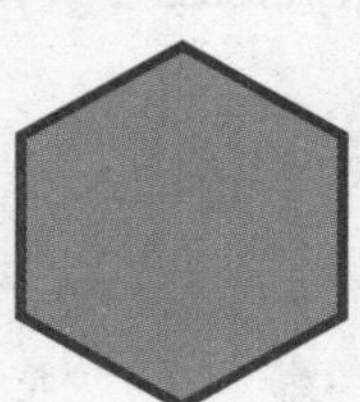

11. **PM.3 Evaluar el razonamiento** Marcos dice que puede hallar el perímetro del salón cuadrado del zoológico multiplicando la longitud de uno de los lados por 4. ¿Tiene razón? Explica por qué.

12. **Razonamiento de orden superior** Dani dibujó el trapecio de la derecha. La parte superior mide 3 pulgadas de largo. La longitud de la parte inferior es el doble de la superior. La longitud de uno de sus lados es de 5 pulgadas. ¿Cómo puedes hallar el perímetro del trapecio? Rotula las longitudes de los lados.

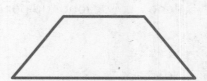

Evaluación de *Common Core*

13. José dibuja un rectángulo y Micaela dibuja un paralelogramo. Si los lados de ambas figuras tienen 6 cm y 15 cm, ¿serán iguales sus perímetros? Explícalo.

14. Emma dice que el perímetro total de dos cuadrados que tienen lados de 3 pulgadas es el mismo que el perímetro de un rectángulo que tiene 6 pulgadas de largo y 3 pulgadas de ancho. ¿Tiene razón? Explica por qué.

Nombre ______________________

Resuelve

Lección 16-3

El perímetro y longitudes de lados desconocidas

Resuélvelo y coméntalo

Julio tiene 16 pies de madera para hacer un arenero de 4 lados. Julio hace los lados de 6 pies, 5 pies y 3 pies. ¿Qué longitud debe tener el cuarto lado para que Julio pueda usar los 16 pies de madera? ***Resuelve el problema de la manera que prefieras.***

Puedo...

hallar la longitud desconocida de un polígono usando un perímetro conocido.

Estándar de contenido 3.MD.D.8
Prácticas matemáticas PM.1, PM.2, PM.3, PM.4, PM.7

Usa el razonamiento para mostrar cómo se relacionan el perímetro y las longitudes de los lados.

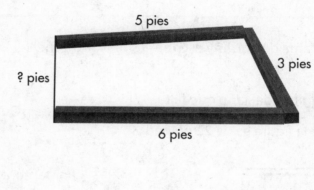

5 pies
3 pies
? pies
6 pies

¡Vuelve atrás! **PM.1 Entender y perseverar** Describe el plan que usaste para resolver el problema.

¿Cómo se puede hallar la longitud de lado desconocida de un perímetro?

A

Lilia hace decoraciones con pajillas y tela y les coloca encaje alrededor. ¿De qué longitud debe ser la cuarta pajilla para que pueda usar todo el encaje?

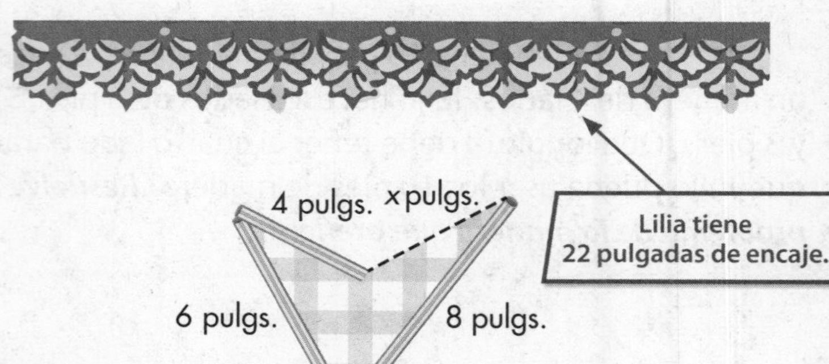

Lilia necesita hallar la longitud que le dé un perímetro de 22 pulgadas a la figura.

B Dibuja un diagrama de barras y escribe una ecuación.

Sea $x =$ a la longitud del lado que falta.

El perímetro de la figura es de 22 pulgadas.

22			
8	6	4	x

$x + 8 + 6 + 4 = 22$

$x + 18 = 22$

C Resuelve.

$x + 18 = 22$

Piensa: ¿Qué número más 18 es igual a 22?

$4 + 18 = 22$, por tanto, $x = 4$.

Por tanto, el cuarto lado debe tener 4 pulgadas de largo.

También puedes usar la resta para hallar 22 − 18 = 4.

¡Convénceme! **PM.7 Buscar relaciones** Si Lilia tuviese 25 pulgadas de encaje, ¿cómo cambiaría la longitud de la cuarta pajilla? Explica cómo resolverlo.

Nombre ______________________________

Práctica guiada*

¿Lo entiendes?

1. **PM.3 Construir argumentos** En el problema de la página 860, ¿por qué es $x + 8 + 6 + 4$ igual al perímetro, 22 pulgadas?

2. **PM.4 Representar con modelos matemáticos** Escribe una ecuación que puedas usar para hallar la longitud del lado que falta en este triángulo que tiene un perímetro de 23 cm. Luego, resuelve.

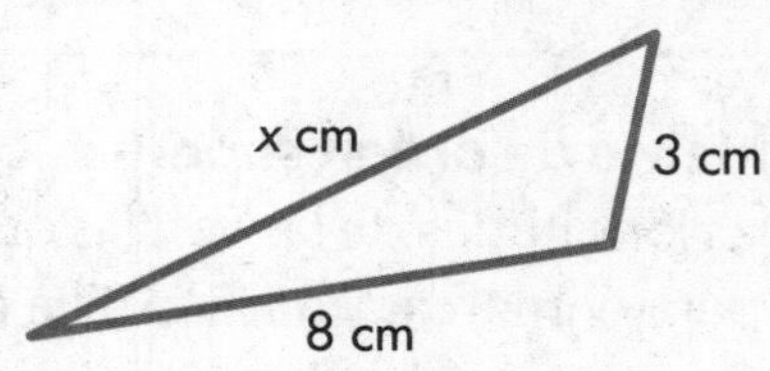

¿Cómo hacerlo?

Halla la longitud en los Ejercicios **3** y **4** del lado que falta en cada polígono para que tenga el perímetro que se da.

3. perímetro = 30 cm

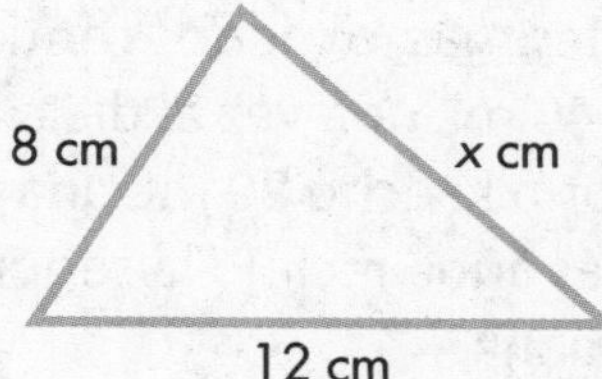

4. perímetro = 25 pies

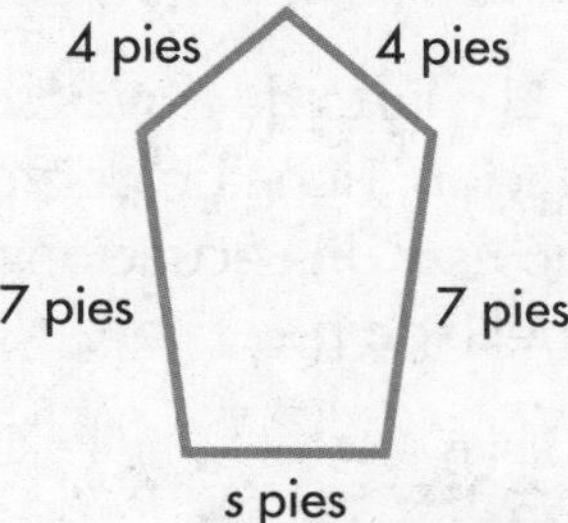

Práctica independiente

En los Ejercicios **5** a **10**, halla la longitud del lado que falta en cada polígono para que tenga el perímetro que se da.

5. perímetro = 24 pulgs.

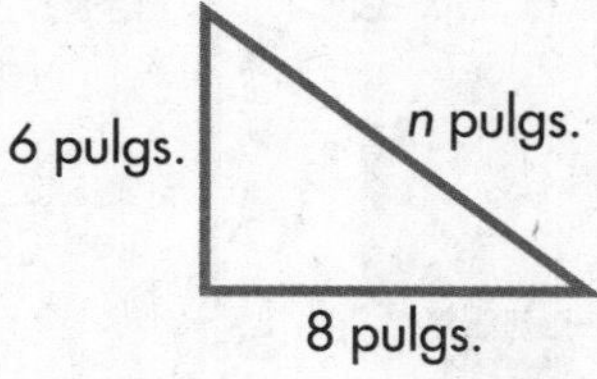

6. perímetro = 30 m

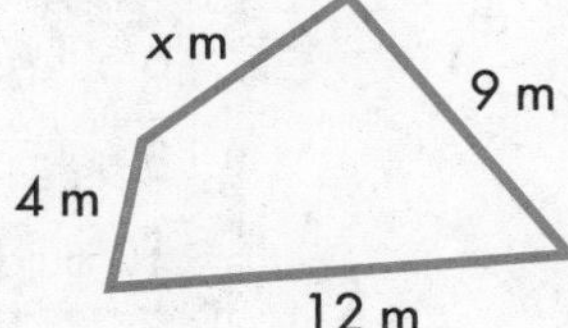

7. perímetro = 37 yd

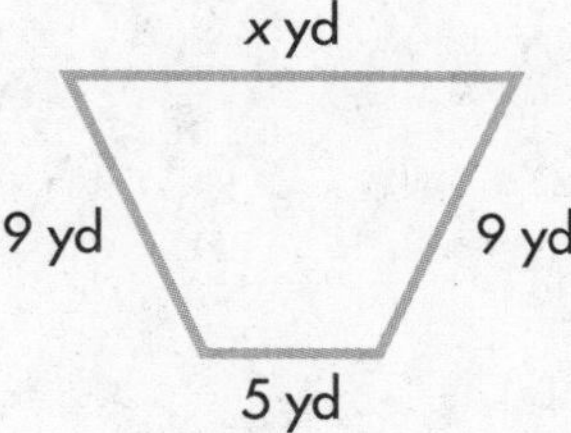

8. perímetro = 37 cm

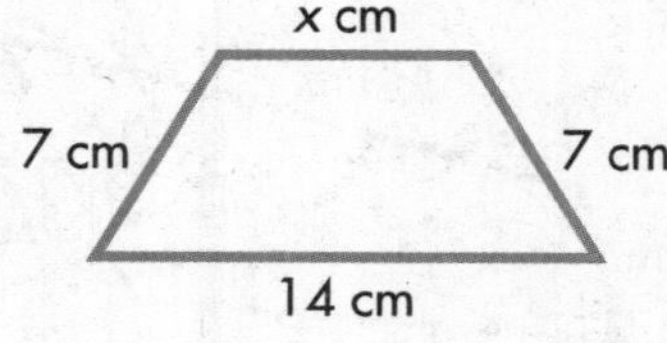

9. perímetro = 18 pies

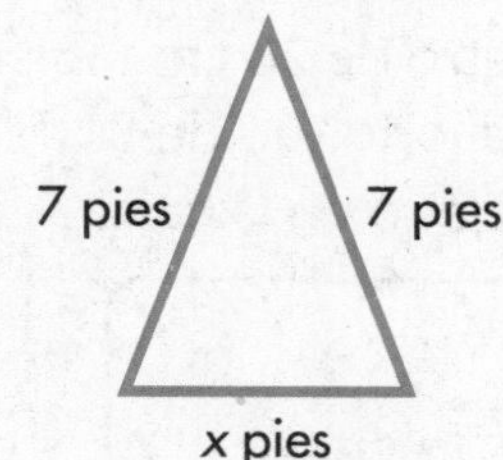

10. perímetro = 32 pulgs.

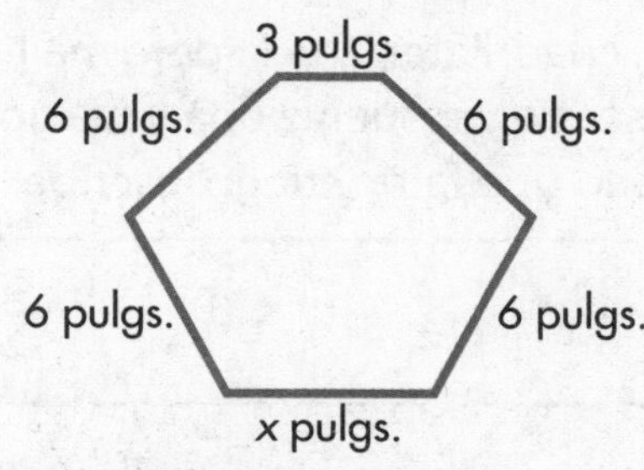

*Puedes encontrar otro ejemplo en el Grupo B, página 885.

Prácticas matemáticas y resolución de problemas

11. PM.3 Construir argumentos Cada una de estas figuras planas tiene lados iguales que son números enteros. Una de las figuras tiene un perímetro de 25 pulgadas. ¿Cuál de ellas puede ser? Explícalo.

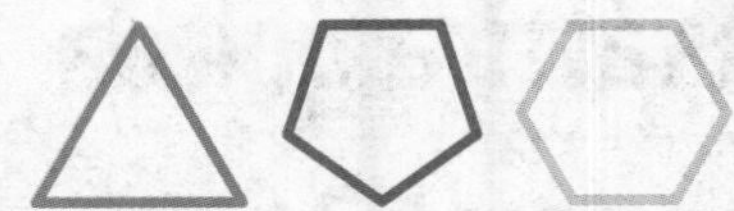

12. Matemáticas y Ciencias Leticia hizo un experimento para saber si sería mejor para sus plantas echarles más, o menos cantidad de agua. Le echó 40 mL una vez al día a una de las plantas. A otra le echó 80 mL una vez al día. ¿Cuánta más agua recibió la segunda planta en una semana?

13. PM.1 Entender y perseverar Manuel tiene 18 pies de madera para hacer el marco para una ventana. Él quiere que la ventana tenga forma de rectángulo de 3 pies de ancho. ¿Cuál deberá de ser el largo? Di cómo sabes que tu respuesta es correcta.

14. PM.2 Razonar El cuarto de Novak se muestra a continuación. Tiene un perímetro de 52 pies. Di cómo usar una ecuación para hallar la longitud del lado que falta.

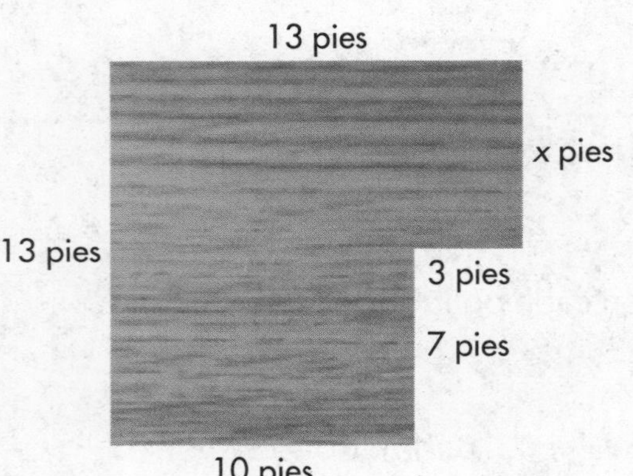

15. Razonamiento de orden superior La tabla muestra las longitudes de las varillas que Sonia necesita para enmarcar una foto. Ella quiere que el marco tenga 5 lados y un perímetro de 40 pulgadas. Dibuja y rotula un diagrama de un posible marco que Sonia pueda hacer.

DATOS

Longitud de las varillas	Número de piezas
6 pulgs.	2
8 pulgs.	2
10 pulgs.	2

Evaluación de *Common Core*

16. El cuadrilátero de la derecha tiene un perímetro de 28 cm. Escribe y resuelve una ecuación para hallar la longitud de lado que falta. Luego, escribe la longitud del lado en la caja.

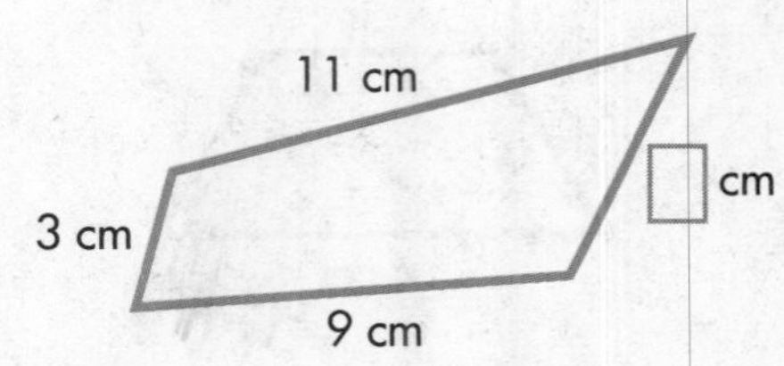

Nombre Cedrica

Tarea y práctica 16-3

El perímetro y longitudes de lados desconocidas

¡Revisemos!

Si conoces el perímetro de un polígono y las longitudes de todos sus lados menos uno, puedes hallar la longitud de lado desconocida.

El perímetro del triángulo es de 14 metros. Otra manera de hallar el perímetro es sumando la longitud de sus lados.

$5 + 6 + s =$ perímetro

Por tanto, $5 + 6 + s = 14$

$11 + s = 14$

Dado que $11 + 3 = 14$, $s = 3$ y la longitud de lado desconocida es 3 metros.

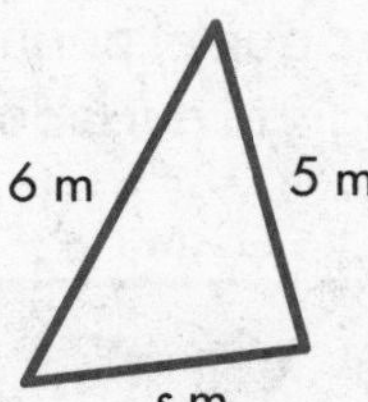

Halla la longitud de lado desconocida de cada polígono en los Ejercicios **1** a **6**.

1. perímetro = 29 cm

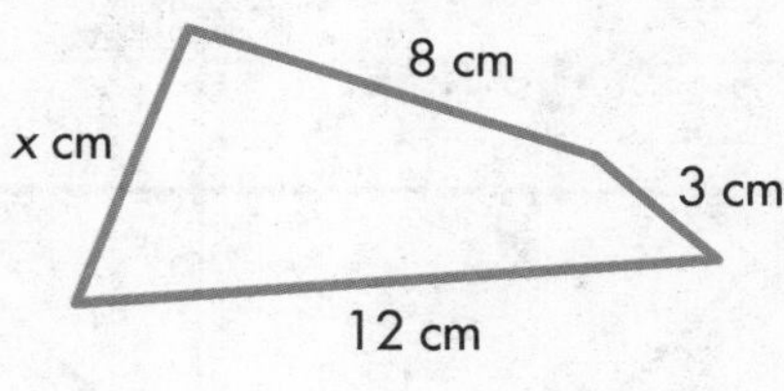

2. perímetro = 55 pies

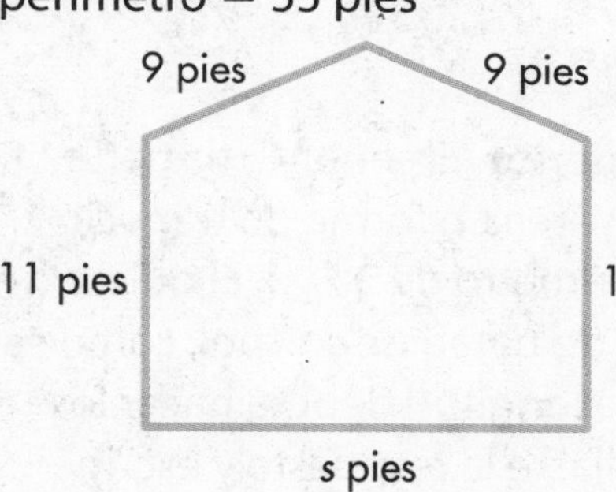

3. perímetro = 30 pulgs.

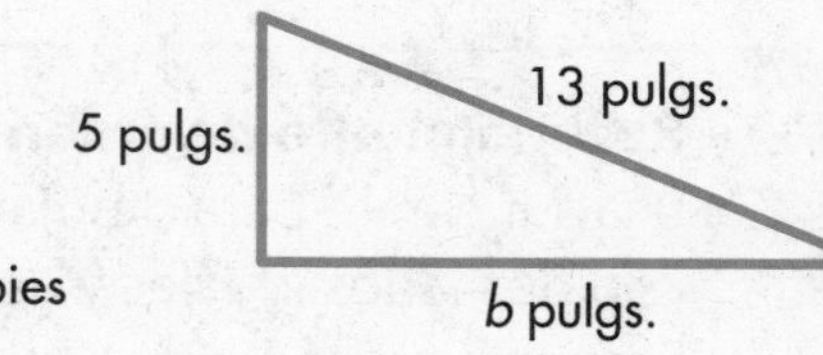

4. perímetro = 35 cm

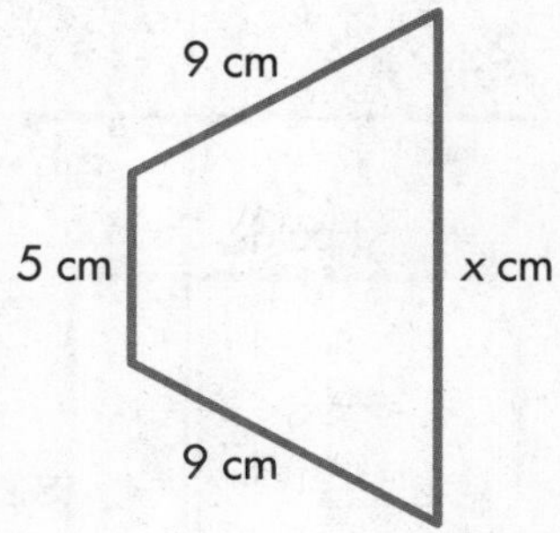

5. perímetro = 22 pies

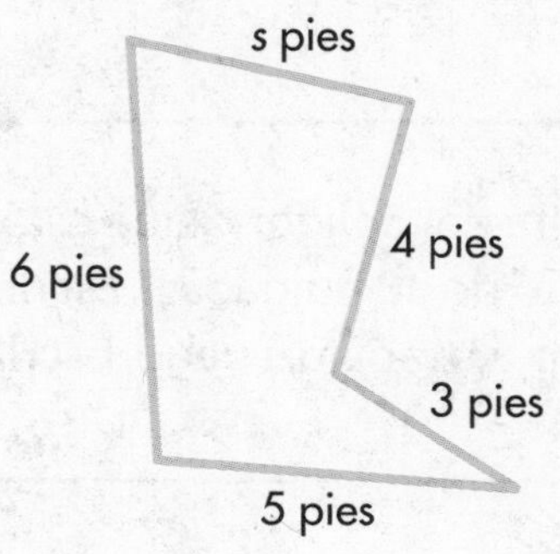

6. perímetro = 48 mm

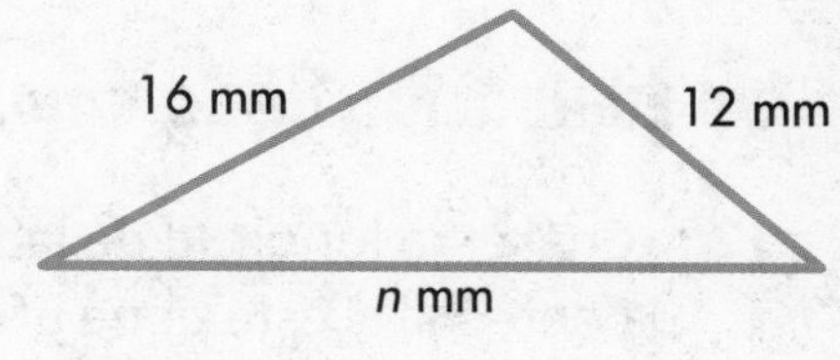

7. **PM.2 Razonar** Un rectángulo tiene un perímetro de 40 cm. Uno de sus lados tiene 12 cm. ¿Cuáles son las longitudes de los otros 3 lados? Explica tu respuesta.

8. Un cuadrado tiene un perímetro de 36 centímetros. ¿Cuál es la longitud de cada lado? Explica tu respuesta.

9. Trini midió los lados de la figura que dibujó. Se olvidó de rotular la longitud de uno de ellos, pero sabe que el perímetro tiene 40 cm. ¿Cuál es la longitud del lado que falta?

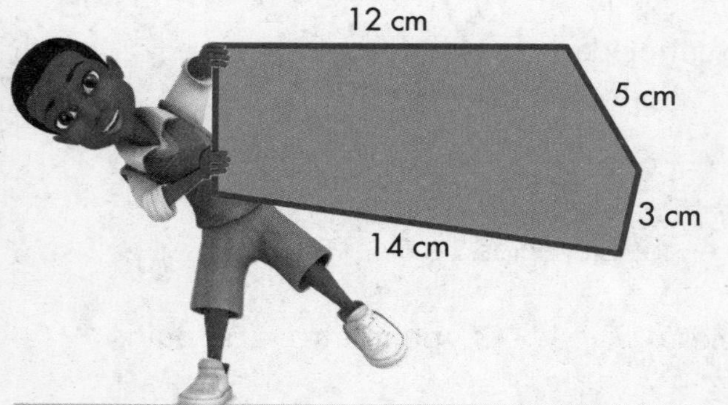

10. **PM.4 Representar con modelos matemáticos** Arturo está colocando 18 borradores en filas iguales. Él dice que habrá más borradores en 2 filas iguales que en 3 filas iguales. ¿Tiene Arturo razón? Explícalo.

11. **Razonamiento de orden superior** El señor Ortiz tiene tiza suficiente para dibujar un área en forma de trapecio con dos lados iguales y un perímetro de 36 yd. Él quiere hacer un lugar para prácticas de bateo de softbol, como se muestra a la derecha. ¿De qué longitud deberá hacer los lados que faltan? Di cómo hallaste la respuesta y escribe una ecuación que se pueda usar para resolver el problema.

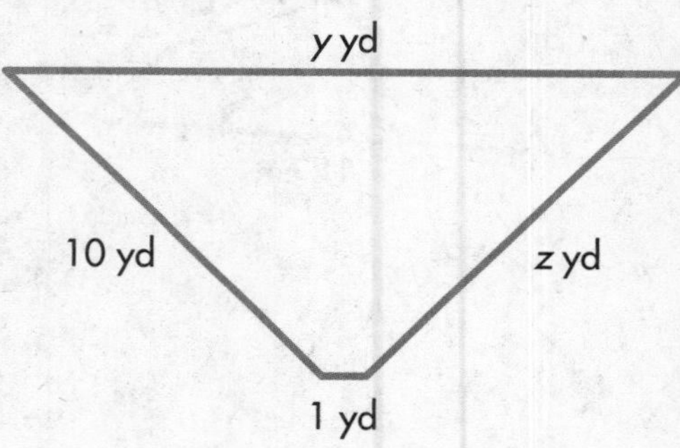

Evaluación de *Common Core*

12. ¿Cuál es la longitud de lado que falta del polígono que está a la derecha si este tiene un perímetro de 30 pulgadas? Escribe y resuelve una ecuación para mostrar tu trabajo. Luego, escribe la longitud del lado en el recuadro.

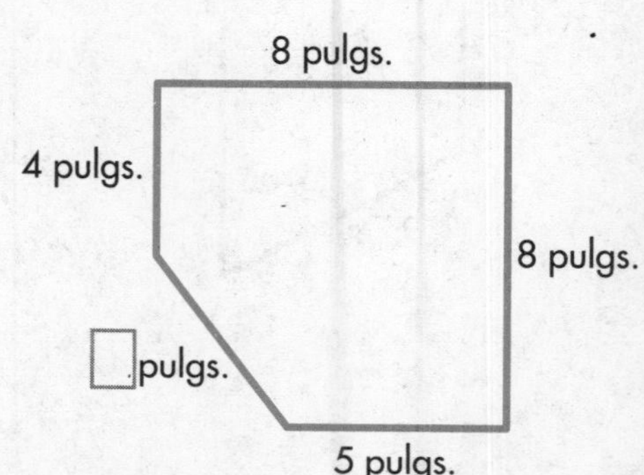

Nombre

Lección 16-4

El mismo perímetro con un área diferente

Resuélvelo y coméntalo Dibuja 2 rectángulos diferentes con un perímetro de 10 unidades. Halla el área de cada rectángulo. Compara las áreas. ***Resuelve el problema de la manera que prefieras.***

Puedo...
entender la relación de las figuras que tienen el mismo perímetro y diferentes áreas.

Estándares de contenido 3.MD.D.8, También 3.MD.C.7b
Prácticas matemáticas PM.1, PM.2, PM.3, PM.6, PM.7, PM.8

Hazlo con precisión cuando dibujes y halles el perímetro y el área. Piensa en cómo se miden y anotan el perímetro y el área.

¡Vuelve atrás! **PM.3 Construir argumentos** Explica por qué los rectángulos tienen áreas diferentes.

¿Pueden los rectángulos tener áreas diferentes y el mismo perímetro?

A

Beth, Marcia y Nancy construyen corrales rectangulares para sus conejos. Cada corral tiene un perímetro de 12 pies. ¿Cuál de los corrales tiene mayor área?

1 pie

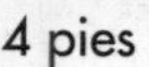
5 pies

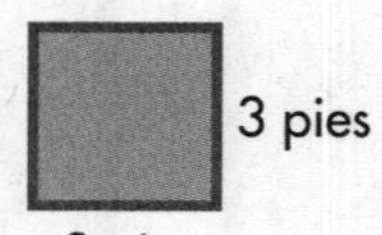
2 pies

4 pies

3 pies

3 pies

Hacer dibujos te ayuda a ver en qué se parecen y se diferencian los rectángulos.

B **El plan de Beth**

Halla el perímetro
$P = 5 + 1 + 5 + 1 = 12$ pies

Para hallar el área, multiplica el número de filas por el número de unidades cuadradas en cada fila.

$A = 1 \times 5 = 5$ pies cuadrados

El corral de Beth tiene un área de 5 pies cuadrados.

C **El plan de Nancy**

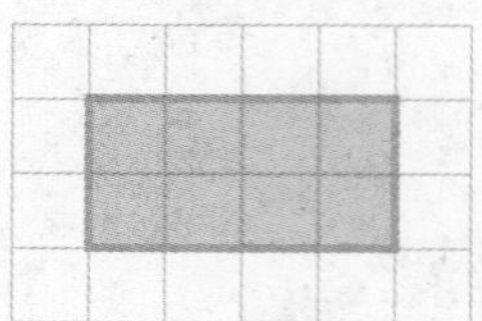

Halla el perímetro
$P = 4 + 2 + 4 + 2 = 12$ pies

Halla el área:
$A = 2 \times 4 = 8$ pies cuadrados

El corral de Nancy tiene un área de 8 pies cuadrados

D **El plan de Marcia**

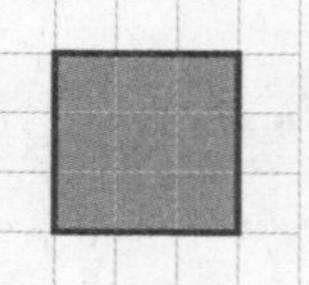

Halla el perímetro
$P = 3 + 3 + 3 + 3 = 12$ pies

Halla el área:
$A = 3 \times 3 = 9$ pies cuadrados

El corral de Marcia tiene un área de 9 pies cuadrados.

El corral de Marcia tiene la mayor área.

¡Convénceme! **PM.8 Generalizar** Halla posibles corrales rectangulares con un perímetro de 14 pies. ¿Tienen todos la misma área? ¿Qué generalización puedes hacer a partir de esta información?

Nombre ___

Práctica guiada*

¿Lo entiendes?

1. **PM.7 Buscar relaciones** En el problema de la página 866, ¿qué notas acerca del área de los rectángulos a medida en que la forma se va pareciendo más a un cuadrado?

2. Andrés está construyendo un corral para conejos con 25 pies de cerca. ¿Cuáles son las dimensiones del rectángulo que debe construir para tener la mayor área?

¿Cómo hacerlo?

Usa el papel cuadriculado para dibujar dos rectángulos diferentes con el perímetro dado en los Ejercicios **3** a **6.** Di las dimensiones y el área de cada rectángulo. Encierra en un círculo el que tenga la mayor área.

3. 16 pies
4. 20 centímetros
5. 24 pulgadas
6. 40 metros

Práctica independiente

Usa el papel cuadriculado para dibujar dos rectángulos diferentes con el perímetro dado en los Ejercicios **7** a **10.** Di las dimensiones y el área de cada rectángulo. Encierra en un círculo el que tenga el área mayor.

7. 10 pulgadas
8. 22 centímetros
9. 26 yardas
10. 32 pies

Práctica al nivel Describe un rectángulo diferente que tenga el mismo perímetro que el que se muestra en los Ejercicios **11** a **14.** Luego, di qué rectángulo tiene el área mayor.

11. 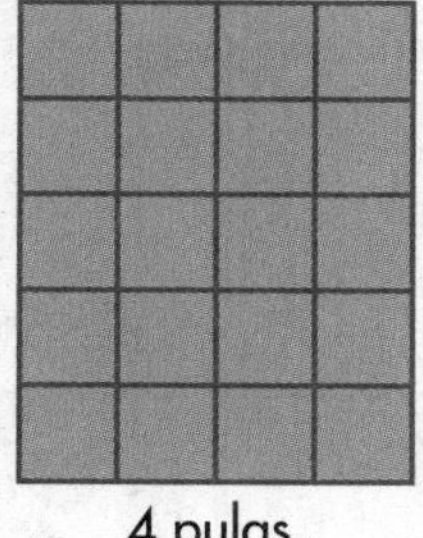

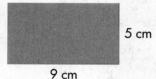

12. 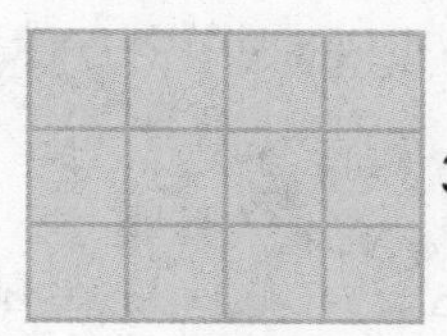

13. 

14. 

Puedes encontrar otro ejemplo en el Grupo C, página 886.

Prácticas matemáticas y resolución de problemas

15. **PM.8 Generalizar** Tere está preparando la tierra para sembrar un jardín de rosas en su patio. El jardín tendrá forma de cuadrado con una longitud de lado de 7 metros. ¿Cuál será el área del jardín?

16. **PM.3 Evaluar el razonamiento** Karen dibujó un rectángulo con un perímetro de 20 pulgadas. El lado más corto mide 3 pulgadas. Karen dijo que el lado más largo del rectángulo tiene que ser de 7 pulgadas. ¿Tiene razón?

17. **Razonamiento de orden superior** Los rectángulos *X* y *Y* tienen el mismo perímetro. ¿Cómo puedes decir cuál de los rectángulos tiene mayor área sin medir o multiplicar?

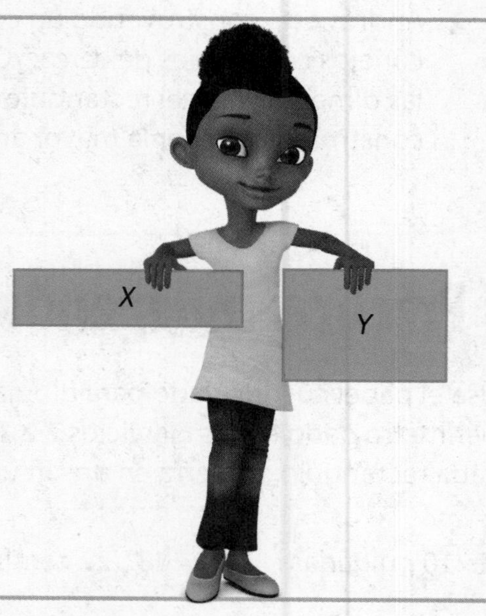

18. **Álgebra** Marcos hizo el mismo número de tiros libres en 4 juegos de básquetbol. Cada tiro libre vale 1 punto. Si hizo un total de 24 tiros libres, ¿cuántos tiros libres hizo en cada juego?, ¿cuántos puntos?

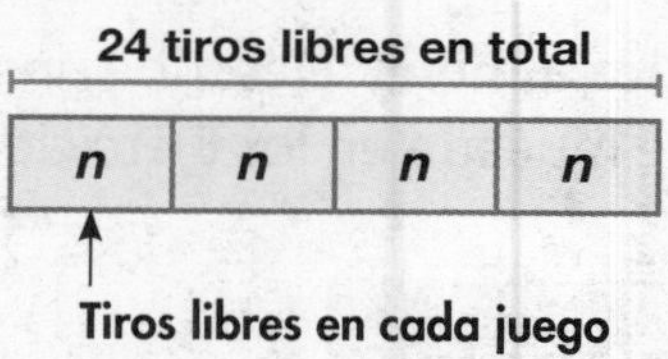

Evaluación de *Common Core*

19. Selecciona todos los enunciados verdaderos acerca de las figuras que hay a la derecha.

- ☐ Tienen las mismas longitudes de lado.
- ☐ Tienen diferentes longitudes de lado.
- ☐ Tienen el mismo perímetro.
- ☐ Tienen áreas diferentes.

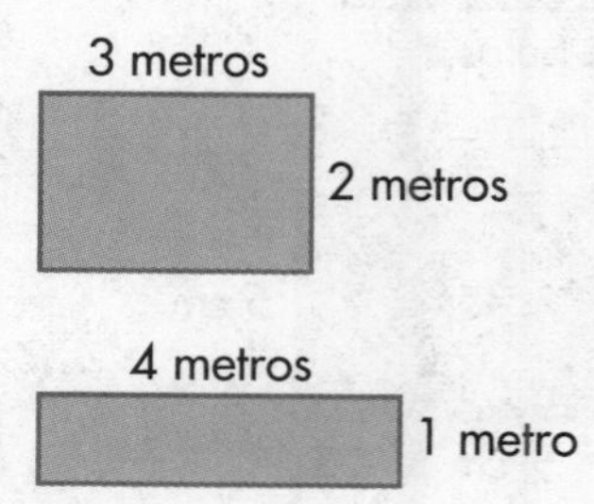

Nombre ______________________

Ayuda | Amigo de práctica | Herramientas | Juegos

Tarea y práctica 16-4

El mismo perímetro con un área diferente

¡Revisemos!

Los rectángulos con áreas diferentes pueden tener el mismo perímetro. Observa los rectángulos a continuación.

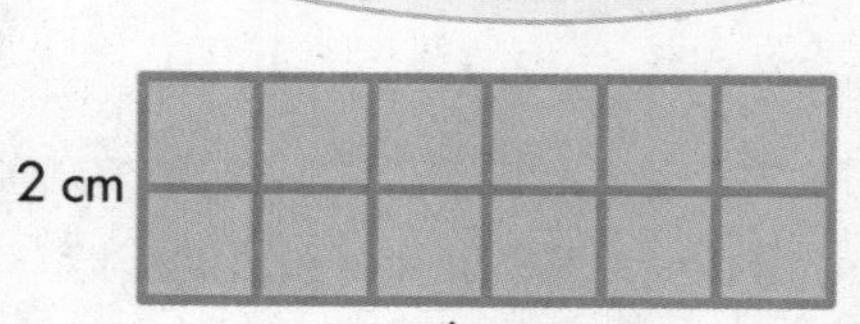

$A = 2 \times 6$
$A = 12$ cm cuadrados

$P = 6 + 2 + 6 + 2$
$P = 16$ cm

3 cm
5 cm

$A = 3 \times 5$
$A = 15$ cm cuadrados

$P = 5 + 3 + 5 + 3$
$P = 16$ cm

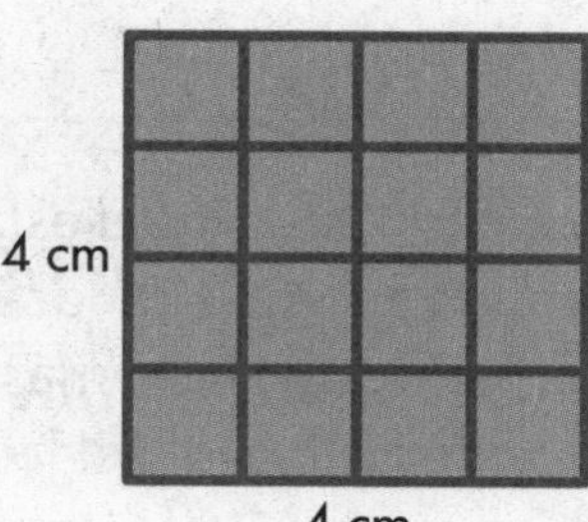

$A = 4 \times 4$
$A = 16$ cm cuadrados

$P = 4 + 4 + 4 + 4$
$P = 16$ cm

Cada uno de estos rectángulos tiene un área diferente. Pero todos tienen el mismo perímetro.

Usa papel cuadriculado para dibujar dos rectángulos diferentes con los perímetros dados en los Ejercicios **1** a **4.** Indica las dimensiones y el área de cada rectángulo. Encierra en un círculo el que tenga mayor área.

1. 12 metros

2. 28 pulgadas

3. 20 pies

4. 24 centímetros

Práctica al nivel Describe un rectángulo diferente con el mismo perímetro del que se muestra en los Ejercicios **5** a **7.** Luego, indica qué rectángulo tiene mayor área.

5.

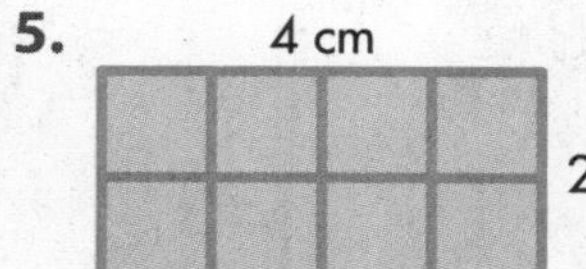

6.

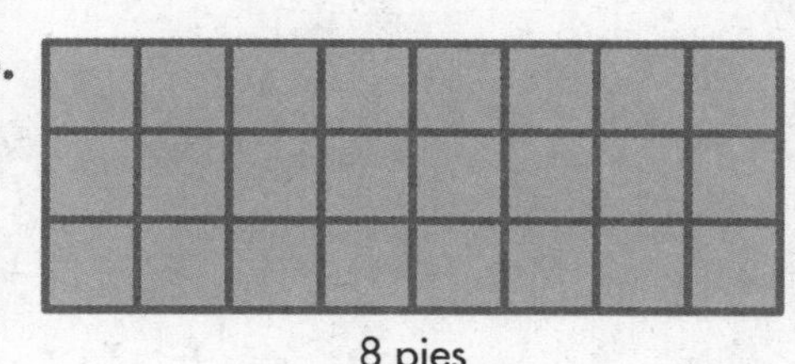

7.

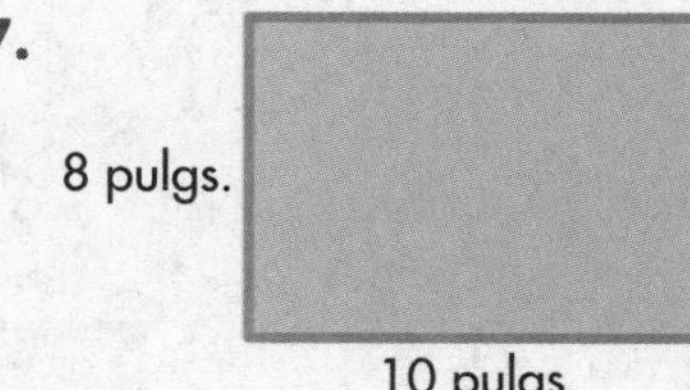

8. **PM.1 Entender y perseverar** Luis hizo un jardín en forma de rectángulo con un área de 36 pies cuadrados. Explica cómo puedes hallar el perímetro del jardín.

9. **PM.2 Razonar** Miguel está construyendo una terraza. La terraza tendrá la forma de un rectángulo cuyo lado más largo será de 20 metros de longitud y el lado más corto será de 6 metros. ¿Cuál será el área de la terraza de Miguel?

10. Supón que ordenas 48 fichas en filas. La primera fila tiene 3 fichas. Después de esa fila, cada una de las siguientes tiene 2 fichas más que la anterior. ¿Cuántas filas necesitas hacer para usar las 48 fichas?

11. **Razonamiento de orden superior** Ale quiere ponerle un tapete al piso de su casita en el árbol. El tapete tiene un área de 72 pies cuadrados. Su casita en el árbol mide 8 pies por 8 pies. ¿Hay suficiente espacio en la casita en el árbol para ese tapete? ¿Cómo lo sabes?

Evaluación de *Common Core*

12. La longitud de un rectángulo es de 12 pulgadas y el ancho es de 6 pulgadas. Selecciona todos los rectángulos que tienen el mismo perímetro.

☐ 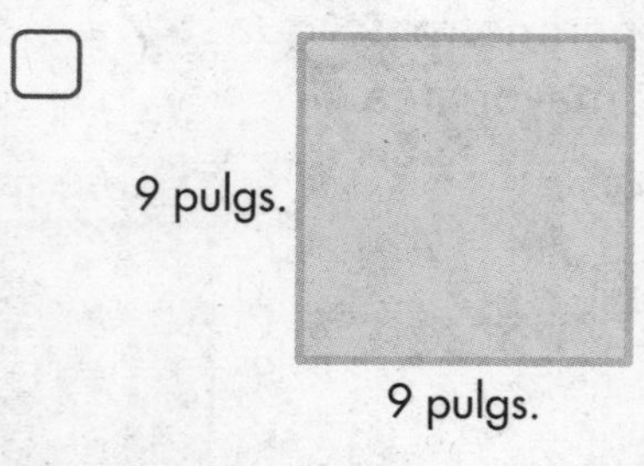

☐ 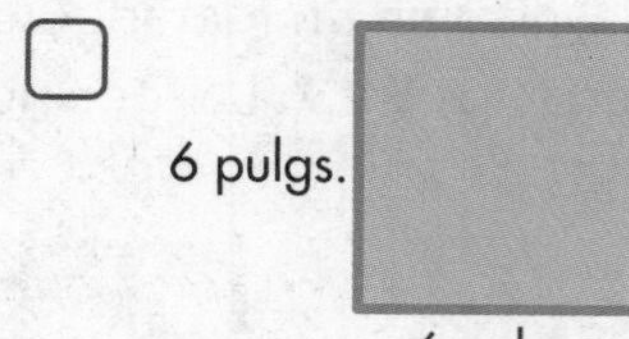

☐ 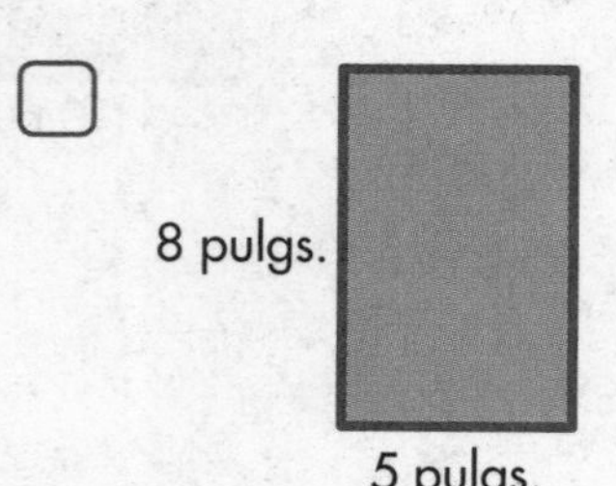

☐ 

Nombre ______________________________

Resuelve

Lección 16-5

La misma área con un perímetro diferente

Puedo...

entender la relación de las figuras que tienen la misma área y perímetros diferentes.

Estándares de contenido 3.MD.D.8, También 3.MD.C.7b
Prácticas matemáticas PM.1, PM.2, PM.3, PM.4, PM.5, PM.7, PM.8

Resuélvelo y coméntalo

Jessica tiene 12 fichas cuadradas que quiere usar para formar rectángulos. Halla 3 rectángulos que puede hacer usando todas las fichas. Incluye el área y el perímetro de cada rectángulo. Luego, compara las áreas y los perímetros. ***Resuelve este problema de la manera que prefieras.***

Puedes seleccionar las herramientas apropiadas, como papel cuadriculado o cuadrados de papel recortados, y usarlas como ayuda para resolver el problema.

¡Vuelve atrás! **PM.8 Generalizar** ¿Cómo afecta al perímetro la forma de cada rectángulo?

¿Pueden los rectángulos tener la misma área y diferentes perímetros?

A

En un videojuego, tienes 16 fichas de castillo para hacer un castillo rectangular, y 16 fichas de agua para hacer un foso. ¿Cómo podrías rodear todo el castillo de agua?

Haz rectángulos que tengan un área de 16 unidades cuadradas. Halla el perímetro de cada rectángulo.

Las fichas para el castillo representan el área y las fichas para el agua representan el perímetro.

B

Halla el área:
$A = 1 \times 16$
$= 16$ unidades cuadradas

Halla el perímetro:
$P = (2 \times 16) + (2 \times 1)$
$= 32 + 2$
$= 34$ unidades

C

Halla el área:
$A = 2 \times 8$
$= 16$ unidades cuadradas

Halla el perímetro:
$P = (2 \times 8) + (2 \times 2)$
$= 16 + 4$
$= 20$ unidades

D

Halla el área:
$A = 4 \times 4$
$= 16$ unidades cuadradas

Halla el perímetro:
$P = (2 \times 4) + (2 \times 4)$
$= 8 + 8$
$= 16$ unidades

Solo el castillo de 4×4 puede rodearse con las 16 fichas para el agua.

¡Convénceme! **PM.3 Evaluar el razonamiento** Isabel dice que si se aumenta la cantidad de fichas a 25, es posible usar exactamente 25 fichas de agua para rodear el castillo. ¿Estás de acuerdo? Explica por qué.

Nombre ______________________________

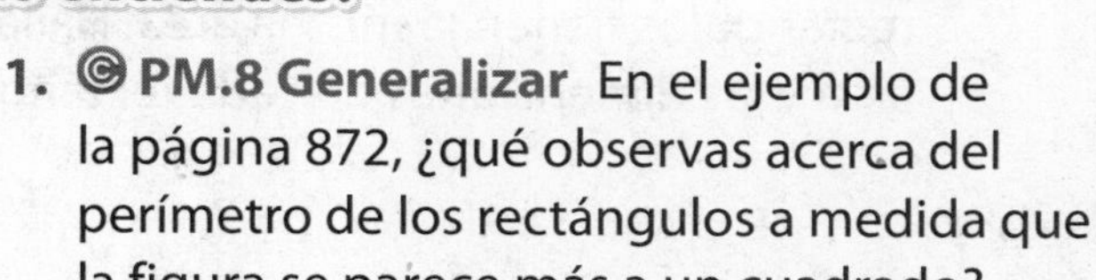

¿Lo entiendes?

1. **PM.8 Generalizar** En el ejemplo de la página 872, ¿qué observas acerca del perímetro de los rectángulos a medida que la figura se parece más a un cuadrado?

2. **PM.7 Usar la estructura** En la Ronda 2 del videojuego de rompecabezas, tienes 24 fichas de castillo. ¿Cuál es la cantidad menor de fichas para el agua que necesitarías para rodear tu castillo?

¿Cómo hacerlo?

Usa papel cuadriculado para dibujar dos rectángulos diferentes con el área que se da en los Ejercicios **3** a **6.** Indica las dimensiones y el perímetro de cada rectángulo y di cuál tiene el menor perímetro.

3. 6 pies cuadrados
4. 36 yardas cuadradas
5. 64 metros cuadrados
6. 80 pulgadas cuadradas

Práctica independiente

Usa papel cuadriculado para dibujar dos rectángulos diferentes con el área que se da en los Ejercicios **7** a **10.** Indica las dimensiones y el perímetro de cada rectángulo. Encierra en un círculo el que tenga el menor perímetro.

7. 9 pulgadas cuadradas
8. 18 pies cuadrados
9. 30 metros cuadrados
10. 32 centímetros cuadrados

Práctica al nivel Describe un rectángulo diferente que tenga la misma área del que se muestra en los Ejercicios **11** a **14.** Luego, di qué rectángulo tiene el menor perímetro.

11. 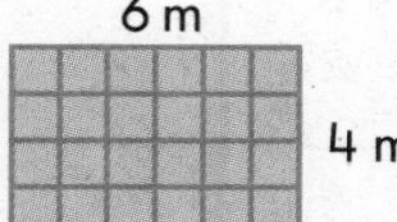

12. 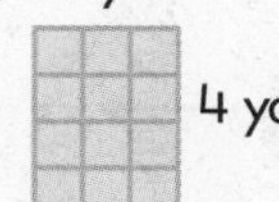

13. 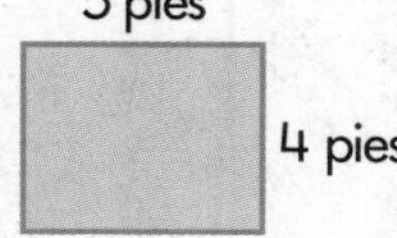

14. 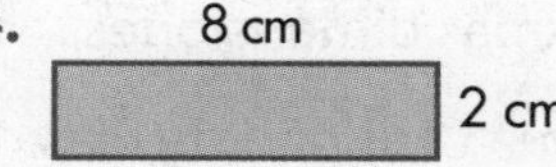

Puedes encontrar otro ejemplo en el Grupo C, página 886.

Prácticas matemáticas y resolución de problemas

15. **PM.1 Entender y perseverar** Susi compró 2 suéteres por $18 cada uno y mitones por $11. Aproximadamente, ¿cuánto dinero gastó? Aproximadamente, ¿cuánto dinero de vuelto recibirá si paga con 3 billetes de veinte dólares?

16. **PM.2 Razonar** El perímetro del rectángulo *P* es de 12 pies. El perímetro del rectángulo *A* es de 18 pies. Ambos rectángulos tienen la misma área. Halla el área y las dimensiones de cada rectángulo.

17. **Razonamiento de orden superior** La escuela Park y la escuela Norte cubren la misma área. En las clases de educación física, cada estudiante corre una vuelta alrededor de la escuela. ¿En cuál de las escuelas los estudiantes tienen que correr más lejos? ¿Cómo lo sabes?

18. La señora Falcón usa 64 cuadrados de alfombra para hacer un área de lectura en su clase. Cada cuadrado mide 1 pie por 1 pie. Ella quiere ordenar los 64 cuadrados de forma rectangular y con el menor perímetro posible. ¿Qué dimensiones debe usar para hacer el área de lectura?

19. **PM.7 Buscar relaciones** Bety está poniendo césped nuevo. Ella tiene 20 yardas cuadradas de césped. Indica las dimensiones de dos regiones rectangulares que ella puede cubrir con césped. ¿Cuál es el perímetro de cada región?

Evaluación de *Common Core*

20. ¿Cuál de los enunciados sobre los rectángulos de la derecha es verdadero?

Ⓐ Tienen las mismas dimensiones.

Ⓑ Tienen la misma cantidad de filas.

Ⓒ Tienen el mismo perímetro.

Ⓓ Tienen la misma área.

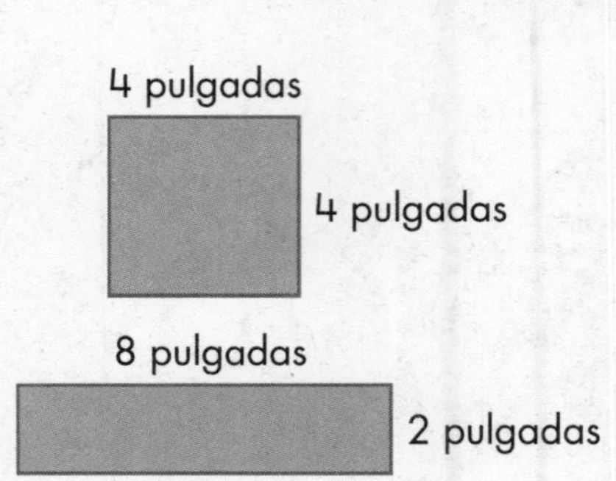

Nombre ______________________

Tarea y práctica 16-5

La misma área con un perímetro diferente

¡Revisemos!

Felipe tiene 18 fichas cuadradas con lados de 1 pie. Él usa las fichas para hacer 3 rectángulos diferentes. Cada rectángulo tiene un área de 18 pies cuadrados. ¿Qué rectángulos puede hacer? ¿Cuál es el perímetro de cada rectángulo?

Puedes usar papel cuadriculado o fichas de colores para mostrar cada rectángulo y como ayuda para hallar su perímetro.

Rectángulo 1

1 fila de 18 fichas
$A = 1 \times 18 = 18$ pies cuadrados

Halla el perímetro:
$P = (2 \times 18) + (2 \times 1)$
$P = 36 + 2 = 38$ pies

Rectángulo 2

3 filas de 6 fichas
$A = 3 \times 6 = 18$ pies cuadrados

Halla el perímetro:
$P = (2 \times 6) + (2 \times 3)$
$P = 12 + 6 = 18$ pies

Rectángulo 3

2 filas de 9 fichas
$A = 2 \times 9 = 18$ pies cuadrados

Halla el perímetro:
$P = (2 \times 9) + (2 \times 2)$
$P = 18 + 4 = 22$ pies

Práctica al nivel Describe un rectángulo diferente que tenga la misma área del que se muestra en los Ejercicios **1** a **4.** Luego, indica cuál tiene menor perímetro.

1. 4 cm; 6 cm

2. 6 pies; 5 pies

3. 4 m; 4 m

4. 10 pies; 10 pies

5. **PM.4 Representar con modelos matemáticos** Wes tiene 20 pies de cerca para jardín. Si quiere que el lado más corto de su jardín sea de 3 pies o más largo, ¿qué posibles rectángulos puede hacer?

Puedes hacer un dibujo para resolver el problema.

6. Mai dibujó el diseño que se muestra a continuación. Cada rectángulo del diseño tiene la misma área. ¿Qué fracción muestra el área de uno de los rectángulos?

7. **PM.2 Razonar** Mari tiene 39 pies cuadrados de ladrillos para patio. Los lados de cada ladrillo cuadrado son de 1 pie. ¿Cuál es el mayor perímetro de un rectángulo que ella puede hacer con los ladrillos?

8. **A-Z Vocabulario** Yolanda empezó a hacer su proyecto de arte a las 9:00 *a. m.* y lo terminó a las 9:50 *a. m.* El ________________ en el proyecto fue de 50 minutos.

9. **Razonamiento de orden superior** El área de un rectángulo es de 100 pulgadas cuadradas. El perímetro del rectángulo es de 40 pulgadas. Un segundo rectángulo tiene la misma área pero un perímetro diferente. ¿Es el segundo rectángulo un cuadrado? Explícalo.

Evaluación de *Common Core*

10. Las dimensiones de un rectángulo son de 5 pulgadas por 6 pulgadas. ¿Cuál de los siguientes rectángulos tiene la misma área pero un perímetro diferente?

Ⓐ 10 pulgs. 3 pulgs.

Ⓑ 5 pulgs. 7 pulgs.

Ⓒ 8 pulgs. 4 pulgs.

Ⓓ 20 pulgs. 1 pulg.

Nombre ___

Resuélvelo y coméntalo Supón que quieres cortar un trozo de correa para enrollarla alrededor de tu libro de matemáticas. Mide el ancho y la altura de tu libro y luego, usa esas dimensiones para hallar una longitud posible para la correa. Asegúrate de incluir correa adicional para poner la hebilla. Usa el razonamiento para decidirlo.

Prácticas matemáticas y resolución de problemas

Lección 16-6

Razonar

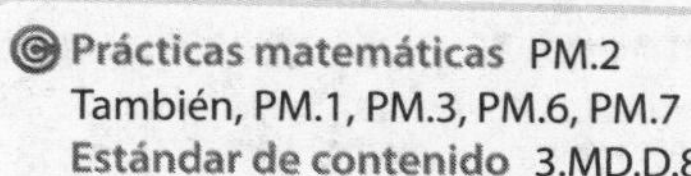

Puedo...

entender la relación entre los números para simplificar y resolver problemas que involucren perímetro.

Prácticas matemáticas PM.2
También, PM.1, PM.3, PM.6, PM.7
Estándar de contenido 3.MD.D.8

Hábitos de razonamiento

¡Razona correctamente!
Estas preguntas te pueden ayudar.

- ¿Qué significan los números y los signos o símbolos del problema?
- ¿Cómo están relacionados los números o las cantidades?
- ¿Cómo puedo representar un problema verbal usando dibujos, números o ecuaciones?

¡Vuelve atrás! **PM.2 Razonar** Explica cómo puedes resolver el problema usando una unidad diferente. ¿Tienes que cambiar la longitud que hallaste?

¿Cómo puedes usar el razonamiento para resolver problemas?

A

Ana está colocando 3 de estas mesas en una fila larga para una fiesta. Cada persona de la mesa necesita un espacio de 2 pies de ancho.

¿Cómo puede Ana averiguar cuántas personas se pueden sentar a la mesa? Usa el razonamiento para decidirlo.

Puedes hacer un dibujo para ayudarte con tu razonamiento.

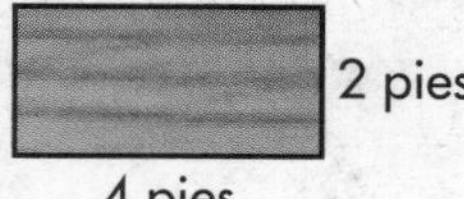

¿Qué debo hacer para resolver el problema?

Necesito usar la información que conozco para hallar el número de personas que pueden sentarse en 3 mesas.

B

¿Cómo puedo usar el razonamiento para resolver este problema?

Puedo

- identificar las cantidades que conozco.
- hacer un dibujo para mostrar las relaciones.
- responder usando la unidad correcta.

C

Este es mi razonamiento...

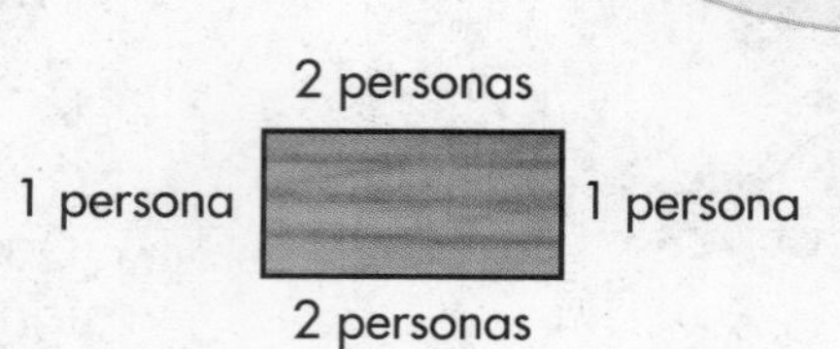

$2 + 1 + 2 + 1 = 6$. Sé que en 1 mesa se pueden sentar 6 personas.

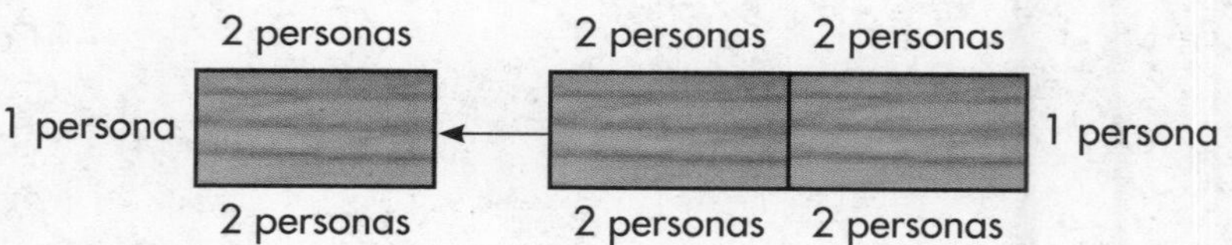

Si son 3 mesas, el número de personas que se pueden sentar en las cabeceras se mantiene igual. Hay 4 personas más en cada lado. $6 + 1 + 6 + 1 = 14$. Sé que en 3 mesas se pueden sentar 14 personas.

¡Convénceme! **PM.2 Razonar** Ana decide girar las mesas. Ahora las mesas están unidas por los lados más largos. ¿Cómo cambia esto el número de personas que se pueden sentar? Puedes usar un dibujo como ayuda.

Nombre ______________________________

Amigo de práctica Herramientas Evaluación

☆Práctica guiada*

PM.2 Razonar

Corina tiene 3 mesas triangulares con lados de la misma longitud. Ella quiere saber cuántas personas se pueden sentar si coloca las mesas una al lado de la otra en una fila. Cada persona necesita un espacio de 2 pies. ¿Cuántas personas se pueden sentar?

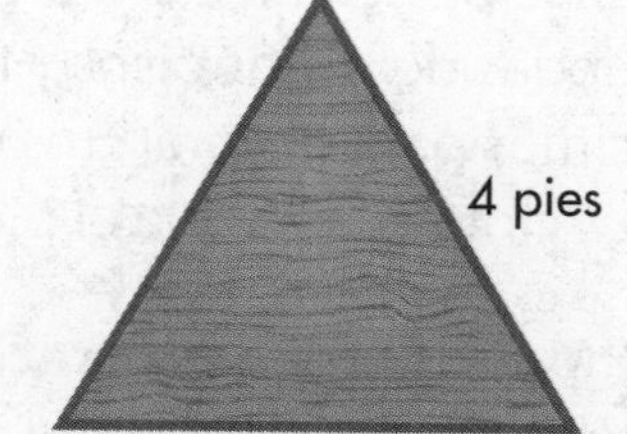

1. Describe las cantidades que se dan.

2. Resuelve el problema y explica tu razonamiento. Puedes usar un dibujo como ayuda.

☆Práctica independiente

PM.2 Razonar

Tito tiene 3 bloques en forma de trapecio. Él quiere hallar el perímetro de los bloques cuando los coloque lado a lado en una fila.

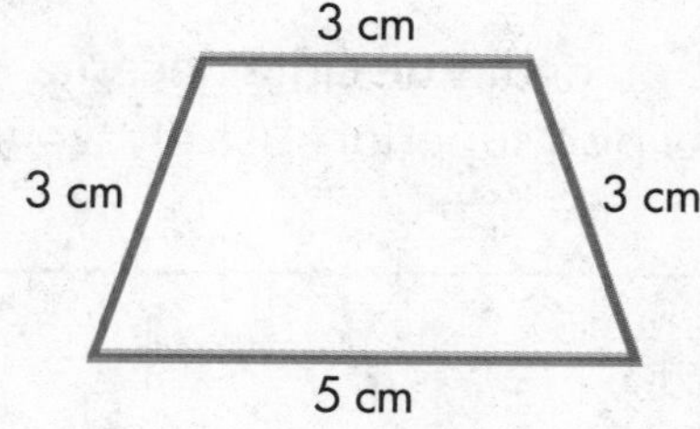

3. Describe las cantidades que se dan.

4. Resuelve el problema y explica tu razonamiento. Puedes usar un dibujo como ayuda.

Usa el razonamiento pensando en cómo cambian los números en el problema.

Puedes encontrar otro ejemplo en el Grupo D, página 886.

Prácticas matemáticas y resolución de problemas

Evaluación de rendimiento de *Common Core*

Un pastel de boda
En la pastelería Las delicias se hacen pasteles de bodas de varios pisos y formas. María compra cintas para decorar tres cuadrados de un pastel. La cinta cuesta 50¢ el pie.

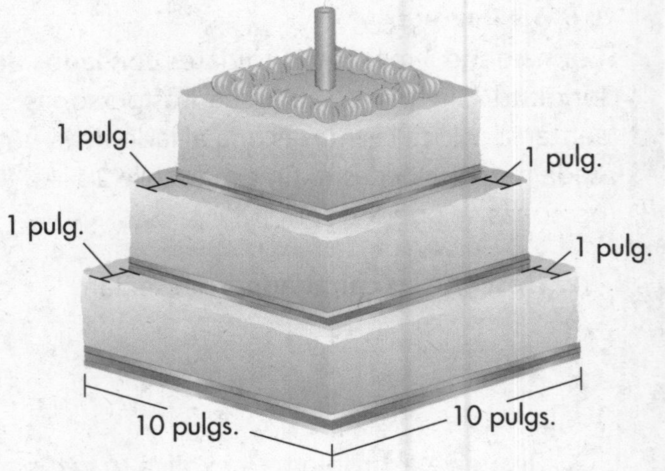

5. **PM.6 Hacerlo con precisión** ¿Cuántas pulgadas de cinta necesita María para el piso inferior del pastel?

6. **PM.1 Entender y perseverar** ¿Qué longitud tiene un lado del piso del medio? Explica cómo sabes que tu respuesta tiene sentido.

7. **PM.2 Razonar** ¿Cuántas pulgadas de cinta necesita María para el piso del medio y el piso superior? Usa el razonamiento para decidirlo.

Hacer un diagrama te puede ayudar con tu razonamiento al resolver un problema.

8. **PM.3 Evaluar el razonamiento** María dice que si ella compra 100 pulgadas de cinta tendría suficiente cinta para los 3 pisos. Graciela dice que María necesita más de 100 pulgadas de cinta. ¿Quién tiene razón? Explícalo.

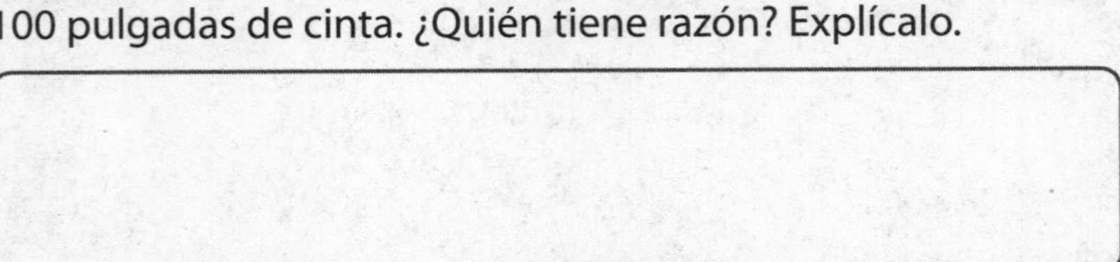

Nombre ______________________

Tarea y práctica 16-6
Razonamiento

¡Revisemos!

Marisa y Amelia están haciendo un jardín rectangular de 8 pies de largo y 6 pies de ancho. Ellas planean poner una cerca alrededor del jardín con una separación entre postes de 2 pies. En cada esquina hay un poste. ¿Cuántos postes van a necesitar? ¿Cómo se relaciona la cantidad de postes con la cantidad de secciones?

Indica las maneras en que puedes mostrar las relaciones en el problema.

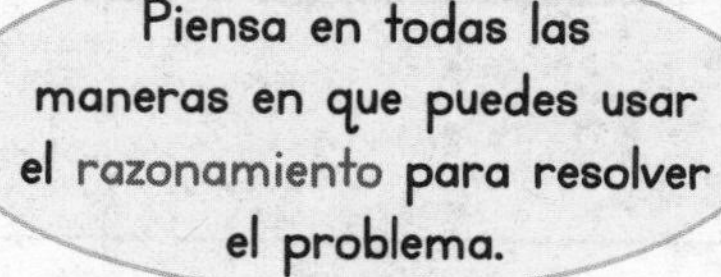

Piensa en todas las maneras en que puedes usar el razonamiento para resolver el problema.

- Puedo hacer un dibujo para mostrar las relaciones.
- Puedo dar la respuesta usando la unidad de medida correcta.

Resuélvelo y explica tu razonamiento.

Ellas necesitan 14 postes. Cuando hago el dibujo, veo que hay cuatro secciones de 2 pies en cada uno de los lados de 8 pies. Por tanto, ellas necesitan 5 postes por cada lado.

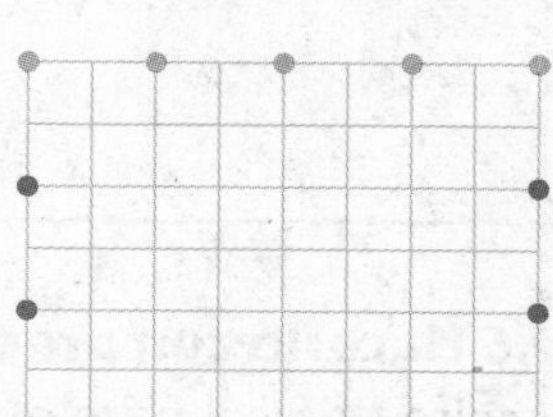

Hay tres secciones de 2 pies en cada uno de los lados de 6 pies. Los postes de las esquinas ya se muestran en los lados de 8 pies. Por tanto, marco 2 postes por cada ancho.

$(5 \times 2) + (2 \times 2) = 14$ postes

El número de secciones es igual al número de postes.
$(4 \times 2) + (3 \times 2) = 14$ secciones

PM.2 Razonar
Un granjero quiere construir una cerca en línea recta que tenga un poste cada 7 pies. En cada extremo hay un poste. Si la cerca tiene 49 pies de largo, ¿cuántos postes necesitará el granjero?

1. Describe las cantidades que se dan.

2. Indica cómo puedes mostrar las relaciones en el problema.

3. Resuélvelo y explica tu razonamiento.

Evaluación de rendimiento de *Common Core*

Día de maniobras

Miguel quiere hacer un arenero en su patio. Él necesita decidir qué diseño usar. Quiere rodear los bordes del arenero con piezas de madera de 2 pies de largo. Cada pieza de madera cuesta $3. Cada pie cuadrado de arena cuesta $2.

Arenero A: 2 pies, ?, 4 pies, 6 pies, 4 pies, 6 pies

Arenero B: 4 pies, ?, 6 pies, 2 pies, 2 pies, 6 pies

4. **PM.1 Entender y perseverar** ¿Cuáles son las longitudes que faltan en el Arenero A y el Arenero B?

5. **PM.6 Hacerlo con precisión** ¿Cuántas piezas de madera necesita Miguel para el Arenero A?

6. **PM.6 Hacerlo con precisión** ¿Cuántas piezas de madera necesita Miguel para el Arenero B?

7. **PM.7 Usar la estructura** ¿Cuál sería el precio de la madera que hay que comprar para el Arenero A comparado con el precio de la madera para el Arenero B? Explica cómo resolverlo sin calcular. ¿Por qué?

Cuando emplees el razonamiento, recuerda verificar las unidades que debes usar.

8. **PM.2 Razonar** ¿Cuál de los areneros cubriría una mayor área? Explica cómo lo sabes.

Nombre ______________________________

Actividad de práctica de fluidez

Trabaja con un compañero. Señala una pista y léela.

Mira la tabla de la parte de abajo de la página y busca la pareja de esa pista. Escribe la letra de la pista en la casilla al lado de su pareja.

Halla una pareja para cada pista.

Puedo...
sumar y restar hasta 1,000.

Estándar de contenido
3.NBD.A.2

Pistas

A El número que falta es 725.

B El número que falta es 898.

C El número que falta es 580.

D El número que falta es 419.

E El número que falta es 381.

F El número que falta es 83.

G El número que falta es 750.

H El número que falta es 546.

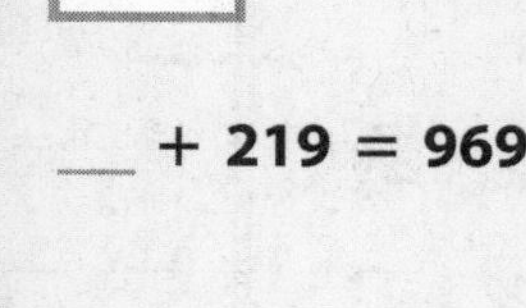

☐ ___ + 219 = 969	☐ 529 − 148 = ___	☐ 642 + 256 = ___	☐ 878 − ___ = 332
☐ 850 − ___ = 125	☐ ___ + 511 = 930	☐ 910 − 827 = ___	☐ 399 + 181 = ___

Lista de palabras

- área
- cuadrado
- ecuación
- multiplicación
- perímetro
- rectángulo
- unidad cuadrada

Comprender el vocabulario

Escribe V si es *verdadero* o F si es *falso*.

1. ______ Para hallar el *área* de un *cuadrado,* puedes multiplicar la longitud de un lado por 4.

2. ______ El *perímetro* se mide en *unidades cuadradas.*

3. ______ Puedes usar una suma o una *ecuación de multiplicación* para hallar el *área* de un *rectángulo.*

4. ______ Un *rectángulo* con un ancho de 6 pulgadas y una longitud de 8 pulgadas tiene un *perímetro* de 28 pulgadas.

5. ______ Un *cuadrado* con una longitud de lado de 5 metros tiene un *área* de 20 metros cuadrados.

Di si cada ecuación muestra una manera de hallar el *área* o el *perímetro* de la figura en los Ejercicios **6** a **8.**

6. 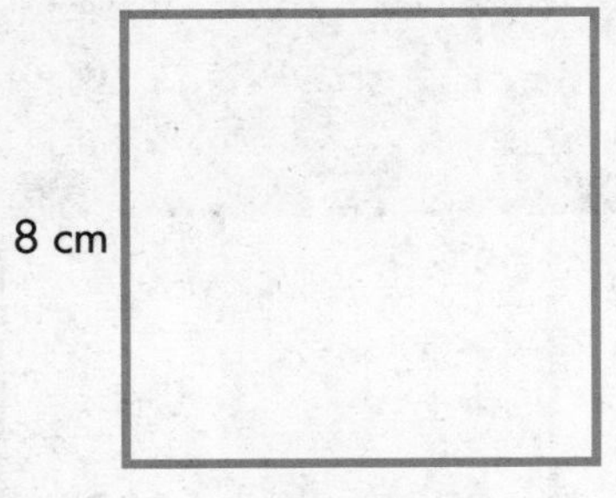

$8 \times 4 = ?$

____

7. 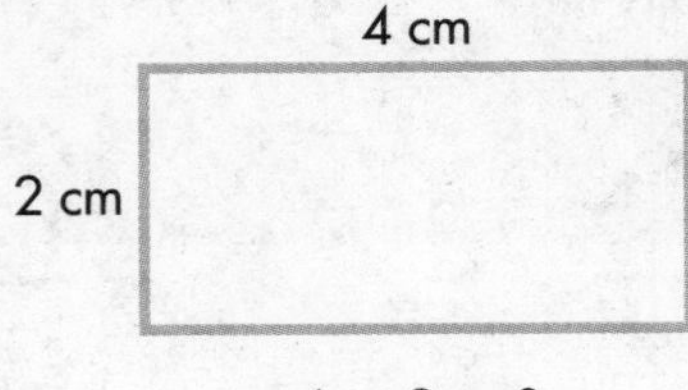

$4 \times 2 = ?$

____

8. 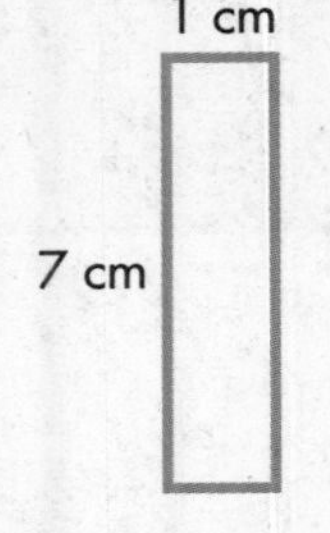

$7 + 7 + 1 + 1 = ?$

____

Usar el vocabulario al escribir

9. Compara el *perímetro* y el *área* de cada figura. Usa al menos 2 términos de la Lista de palabras en tu respuesta.

Figura A

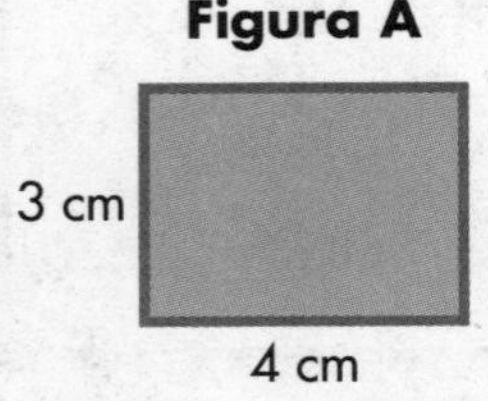

Figura B

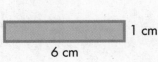

1 cm

6 cm

Nombre ______________________________

TEMA 16

Refuerzo

Grupo A páginas 847 a 858

Puedes hallar el perímetro si cuentas los segmentos de unidades.

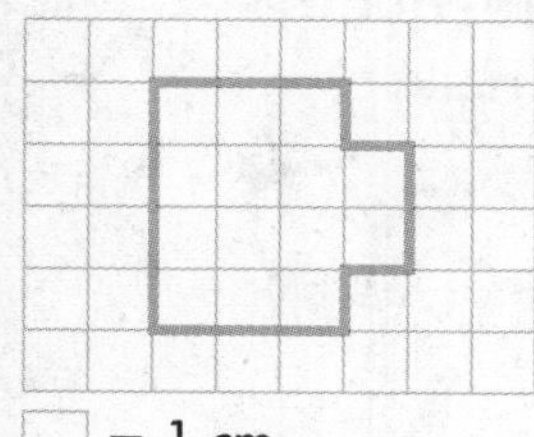

= 1 cm

El perímetro de esta figura es de 16 centímetros.

Puedes hallar el perímetro de una figura si sumas las longitudes de sus lados.

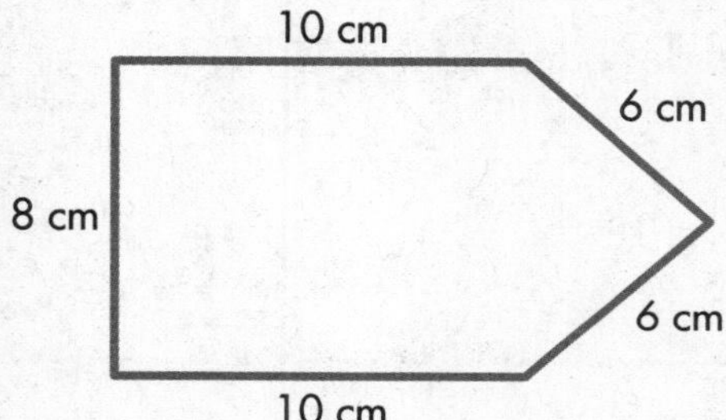

$10 + 10 + 8 + 6 + 6 = 40$

El perímetro de esta figura es de 40 centímetros.

Recuerda que la distancia alrededor de una figura es su perímetro.

Halla el perímetro de cada figura en los Ejercicios **1** a **3.**

1.

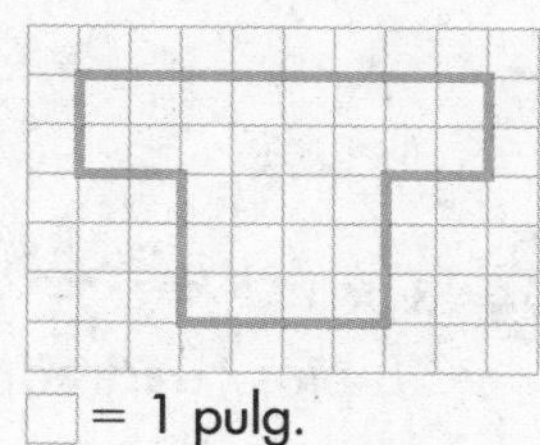

= 1 pulg.

2.

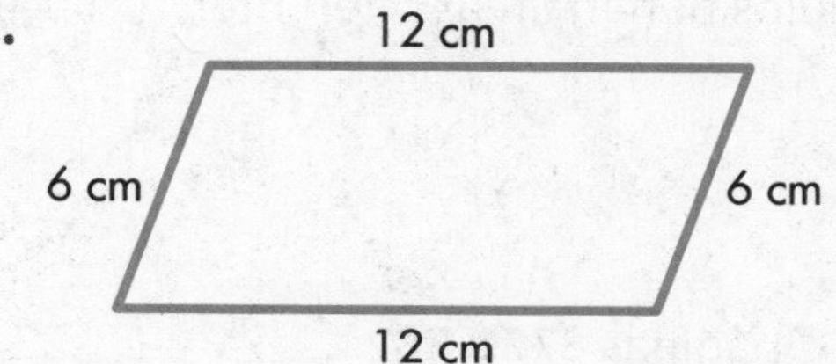

3.

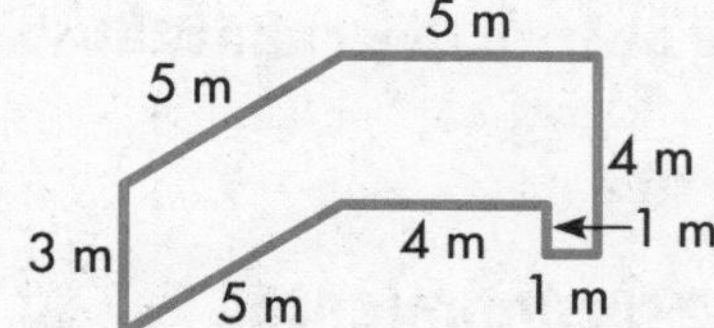

Grupo B páginas 859 a 864

Si conoces el perímetro, puedes hallar la longitud del lado que falta. ¿Cuál es la longitud del lado que falta en este polígono?

perímetro = 21 yd

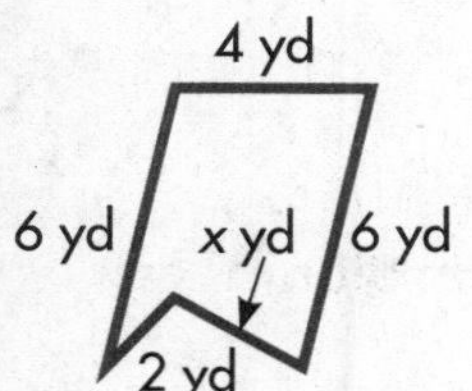

$x + 2 + 6 + 4 + 6 = 21$

$x + 18 = 21$

$3 + 18 = 21$ por tanto, $x = 3$

El lado que falta es de 3 yd de longitud.

Recuerda que para hallar la longitud del lado que falta, necesitas hallar la suma de los lados que conoces.

Halla la longitud del lado que falta.

1. perímetro = 35 cm

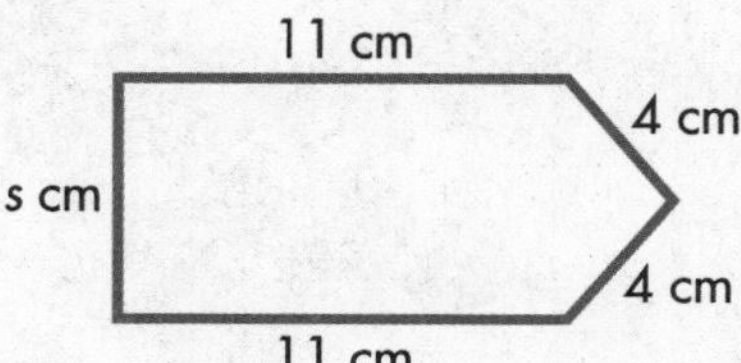

Grupo C páginas 865 a 876

Halla el perímetro y el área de los rectángulos.

8 pies

3 pies

$P = 3 + 8 + 3 + 8$
$= 22$ pies

$A = 8 \times 3$
$= 24$ pies cuadrados

7 pies

4 pies

$P = 4 + 7 + 4 + 7$
$= 22$ pies

$A = 7 \times 4$
$= 28$ pies cuadrados

Los rectángulos tienen el mismo perímetro.
Los rectángulos tienen áreas diferentes.

Recuerda que dos rectángulos pueden tener el mismo perímetro y diferentes áreas, o la misma área y perímetros diferentes.

Dibuja dos rectángulos diferentes que tengan el perímetro que se da. Halla el área de cada rectángulo.

1. $P = 24$ pies

Dibuja dos rectángulos diferentes que tengan el área que se da. Halla el perímetro de cada rectángulo.

2. $A = 64$ pulgadas cuadradas

Grupo D páginas 877 a 882

Piensa en estas preguntas como ayuda para **razonar de manera abstracta y cuantitativa.**

Hábitos de razonamiento

- ¿Qué significan los números y los signos o símbolos del problema?
- ¿Cómo están relacionados los números o las cantidades?
- ¿Cómo puedo representar un problema verbal usando dibujos, números o ecuaciones?

Recuerda que debes pensar en cómo se relacionan las cantidades en el problema. Puedes usar un dibujo para mostrar las relaciones.

Julián tiene 5 bloques de triángulos con lados de la misma longitud. ¿Cuál es el perímetro de los bloques si Julián los coloca juntos uno al lado del otro?

2 pulgs.

1. Describe las cantidades que se dan.

2. Resuelve el problema y explica tu razonamiento. Puedes usar un dibujo como ayuda.

Nombre ______________________________

1. ¿Cuál es el perímetro de un hexágono si todos sus lados miden 6 pies?

2. El diseño que hizo Roberto con sus fichas se muestra a continuación.

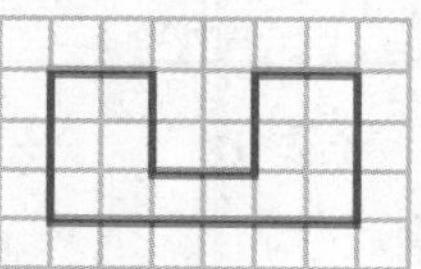

Dibuja otro diseño que tenga la misma área que el de Roberto y un perímetro diferente.

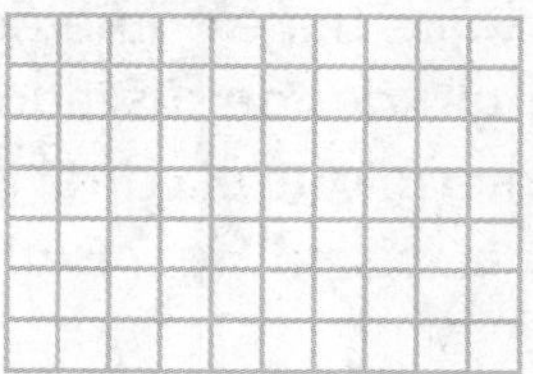

3. Delia dibujó un rectángulo con un perímetro de 34 centímetros. Ella rotuló uno de los lados de 7 centímetros, pero se olvidó de rotular el otro lado. Escribe un número en la caja para mostrar la longitud del lado que falta.

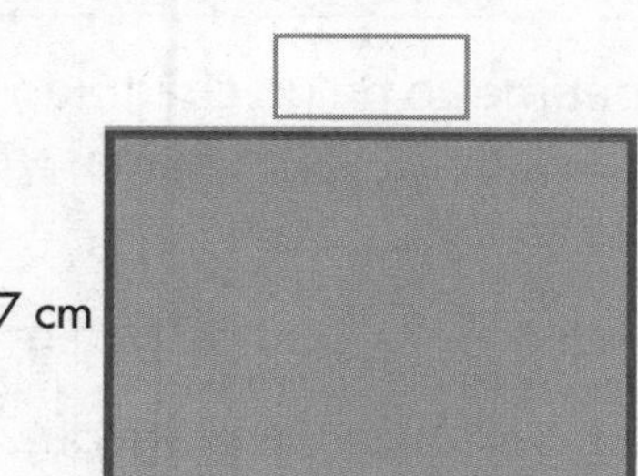

4. La señora Gil tiene 24 cuadrados de alfombra. ¿Cómo los puede ordenar para obtener el menor perímetro?

Ⓐ En un rectángulo de 12 por 2.

Ⓑ En un rectángulo de 1 por 24.

Ⓒ En un rectángulo de 8 por 3.

Ⓓ En un rectángulo de 4 por 6.

5. El diseño del jardín de Eugenio se muestra a continuación.

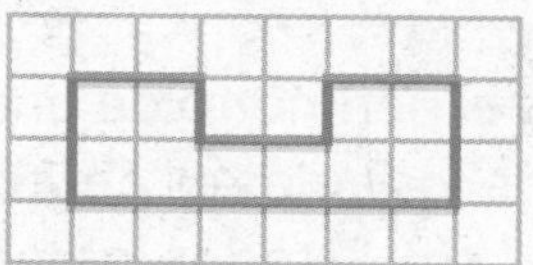

¿Tienen algunas de las figuras a continuación el mismo perímetro y diferente área que el diseño de jardín de Eugenio? En las Preguntas 5a a 5d, selecciona Sí o No.

5a. 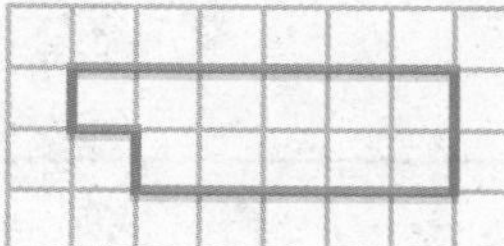 ○ Sí ○ No

5b. 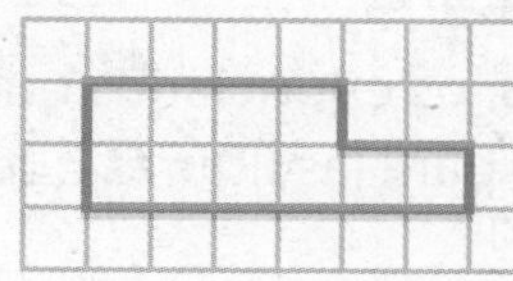 ○ Sí ○ No

5c. 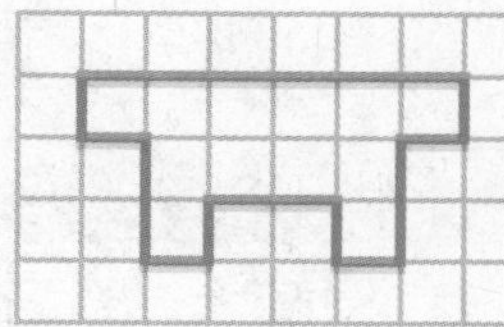 ○ Sí ○ No

5d. 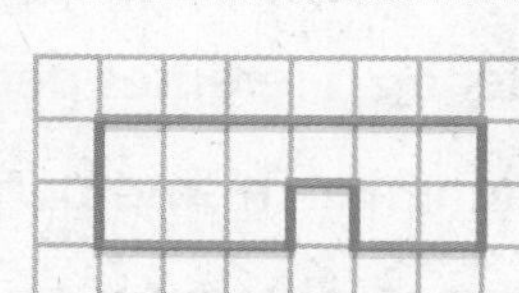 ○ Sí ○ No

6. El perímetro de un polígono es de 24 pies. ¿Cuál es la longitud del lado que falta?

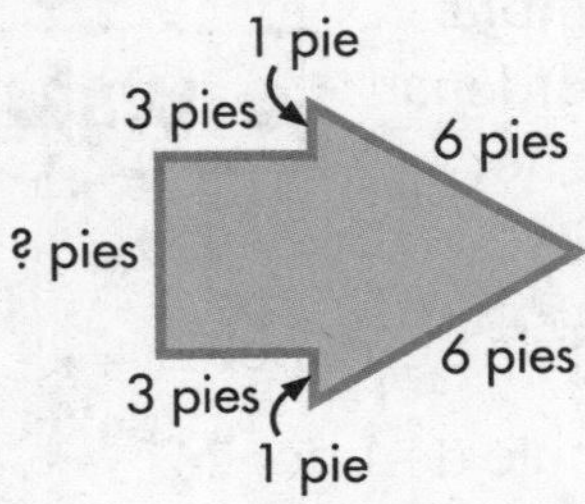

Ⓐ 4 pies

Ⓑ 5 pies

Ⓒ 6 pies

Ⓓ 7 pies

7. La señora Kent mide el perímetro de una figura común. Uno de los lados es de 7 cm y el perímetro es de 21 cm. Si todos los lados tienen la misma longitud, ¿qué figura midió la señora Kent?

8. Selecciona todos los enunciados que sean verdaderos para las figuras que se muestran.

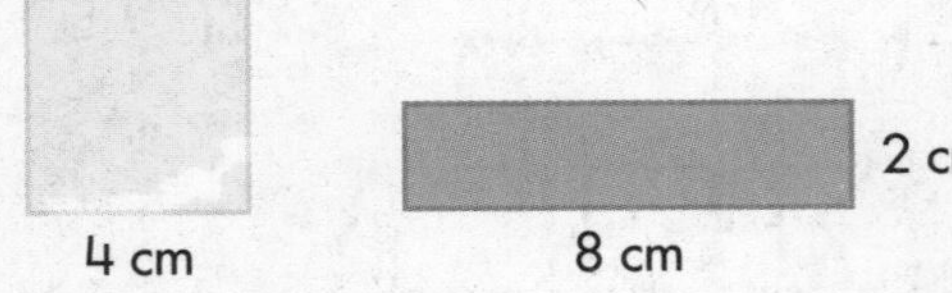

- ☐ Las figuras tienen diferentes perímetros.
- ☐ Las figuras tienen el mismo perímetro.
- ☐ Las figuras tienen diferentes áreas.
- ☐ Las figuras tienen la misma área.
- ☐ El cuadrado tiene mayor área que el rectángulo.

9. El jardín con forma de trapecio de Mandy tiene un perímetro de 42 pies. Ella conoce las longitudes de 3 de los lados: 8 pies, 8 pies y 16 pies. ¿Cuál es la longitud del cuarto lado?

10. El corral para perros de Pepa se muestra a continuación.

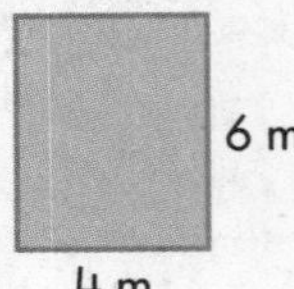

Parte A

Halla el perímetro y el área del corral para perros.

Parte B

¿Puede un cuadrado, que tiene números enteros como las longitudes de sus lados, tener el mismo perímetro que el corral para perros? ¿Puede tener la misma área? Explícalo.

11. Max halló el perímetro de un cuadrado con una longitud de lado de 24 pulgadas. ¿Cuál es el perímetro?

Ⓐ 24 pulgadas

Ⓑ 48 pulgadas

Ⓒ 80 pulgadas

Ⓓ 96 pulgadas

Nombre ______________________________

TEMA 16

Evaluación del rendimiento

Planeando el nuevo parque

La señora Martínez planea construir un nuevo parque. Tres posibles diseños se muestran a continuación. Se construirá un sendero a lo largo de cada lado del parque.

Diseño A

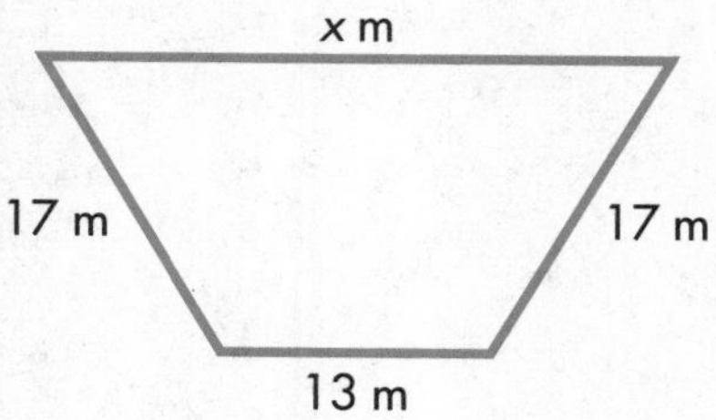

x m
17 m
17 m
13 m

perímetro = 73 m

Diseño B

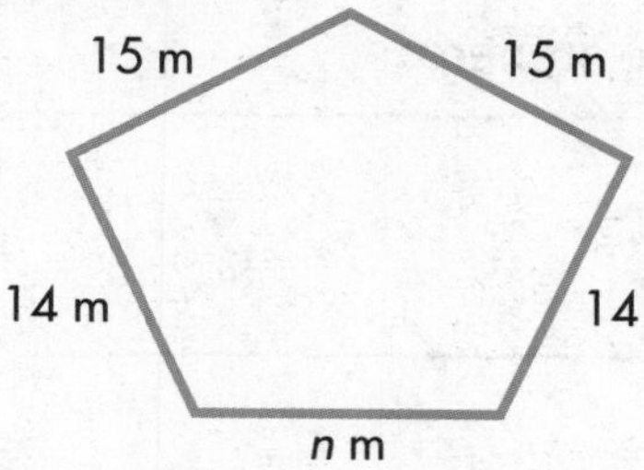

15 m
15 m
14 m
14 m
n m

perímetro = 75 m

Diseño C

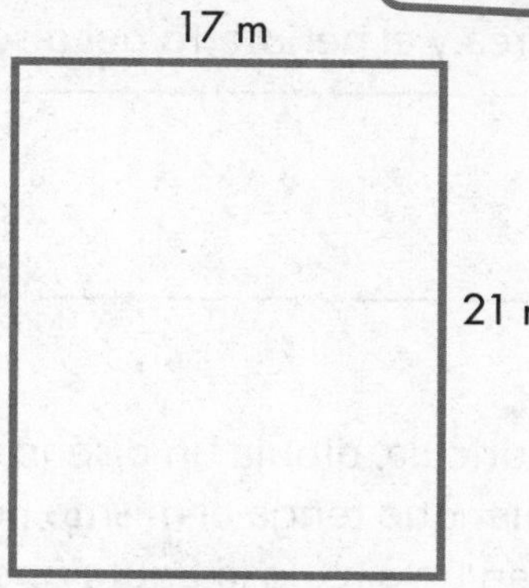

17 m
21 m

Usa las figuras del **Diseño A,** el **Diseño B** y el **Diseño C** para responder las Preguntas 1 a 3.

1. En el Diseño A, ¿cuán largo debería ser el sendero para la longitud de lado que falta?

2. En el Diseño B, ¿cuán largo debería ser el sendero para la longitud de lado que falta?

3. La señora Martínez selecciona el diseño que tiene el mayor perímetro.

Parte A

¿Cuál es el perímetro del Diseño C? Explícalo.

Parte B

¿Qué diseño escogió la señora Martínez?

Usa la figura del **Diseño de arenero** para responder a la Pregunta 4.

Diseño del arenero

3 m

5 m

4. El parque tendrá un arenero. Uno de los diseños se muestra a la derecha.

Parte A

Halla el área y el perímetro del diseño de arenero.

Parte B

En la cuadrícula, dibuja un diseño diferente de arenero rectangular que tenga el mismo perímetro pero un área diferente. Encierra en un círculo la figura que tenga la mayor área.

Usa la figura **Laguna sur** para responder la Pregunta 5.

Laguna sur

4 m

3 m

5. Habrá 2 lagunas en el parque. Cada laguna tendrá forma rectangular.

Parte A

Halla el área y el perímetro de la laguna sur.

Parte B

La laguna norte tiene la misma área pero un perímetro diferente. Dibuja una figura para representar la laguna norte. Encierra en un círculo la figura con mayor perímetro.

Laguna norte

6. El parque tendrá un cartel cuadrado. Uno de los lados del cartel será de 2 metros de longitud. Explica dos maneras de hallar el perímetro del cartel.

Un paso adelante hacia el Grado 4

Estas lecciones son un vistazo al próximo año y te ayudarán a dar un paso adelante hacia el Grado 4.

Lecciones

Nombre ____________________

Resuélvelo y coméntalo

¿Qué relación hay entre el valor del primer 5 y el valor del segundo 5 en 5,500? ***Resuelve este problema de la manera que prefieras.***

millares | unidades

centenas de millar | decenas de millar | millares | centenas | decenas | unidades

Un paso adelante hacia el Grado 4

Lección 1

Cómo se relacionan los valores de posición

Puedo...
reconocer que un dígito en una posición es diez veces el mismo dígito en el lugar a su derecha.

Estándares de contenido 4.NBD.A.1, 4.NBD.A.2
Prácticas matemáticas PM.2, PM.3, PM.8

Usa el razonamiento. Puedes usar el valor de posición para analizar la relación entre los dígitos del problema.

¡Vuelve atrás! **PM.2 Razonar** Describe dos maneras en que 5,000 y 500 se relacionan entre sí.

¿Cómo se relacionan entre sí los dígitos de un número que tiene varios dígitos?

A

Karen reunió 1,100 tapas de botellas. ¿Cuál es la relación entre los valores del dígito 1 en cada lugar?

Una tabla de valor de posición te puede ayudar a ver la relación entre los dígitos de un número.

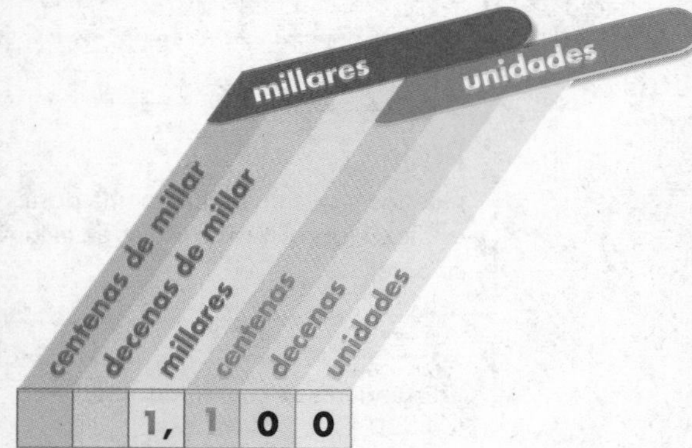

B

1,100

El primer 1 está en el lugar de los millares. Su valor es 1,000.

El segundo 1 está en el lugar de las centenas. Su valor es 100.

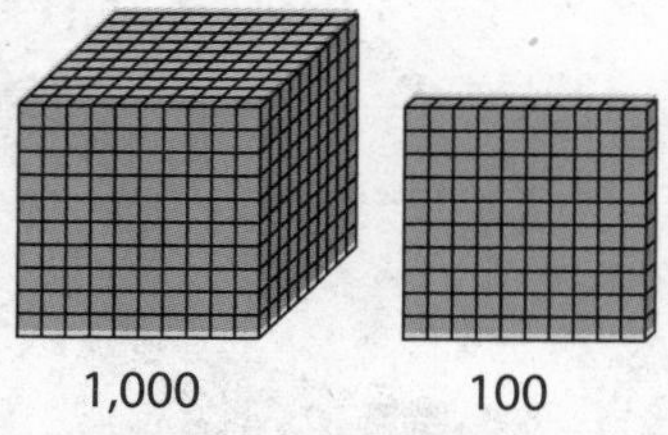

C

¿Qué relación hay entre 1,000 y 100?

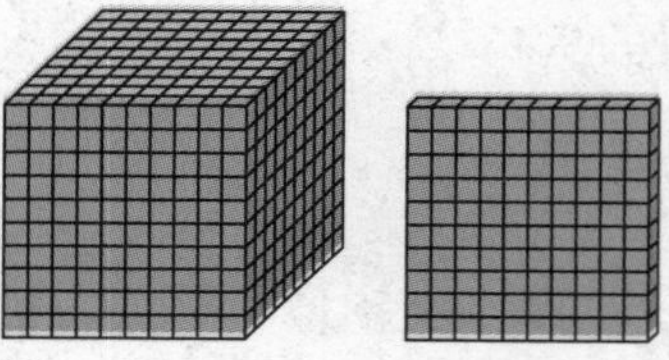

10 centenas son iguales a 1 millar.

Cuando los dígitos que están juntos en un número son los mismos, el dígito de la izquierda siempre tiene diez veces el valor del dígito de la derecha.

¡Convénceme! © **PM.8 Generalizar** ¿El valor del primer 4 es 10 veces el valor del segundo 4 en 4,043? Explícalo. ¿Qué puedes generalizar sobre el valor de los dígitos que están separados por dos lugares en un número?

Nombre ______________________

Otro ejemplo

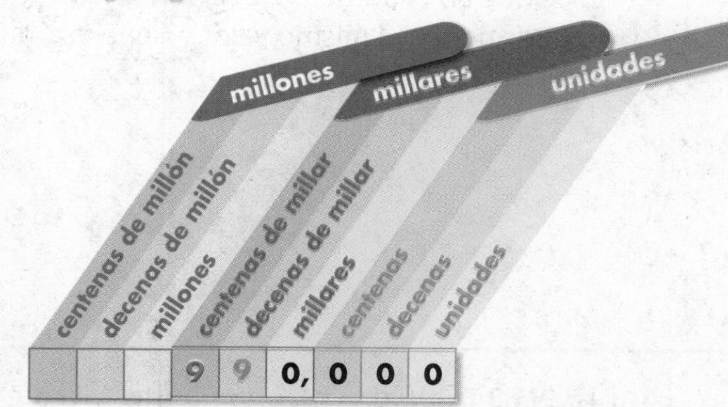

El primer 9 está en el lugar de las centenas de millar. Su valor es 900,000.

El segundo 9 está en el lugar de las decenas de millar. Su valor es 90,000.

El valor del primer 9 es 10 veces el valor del segundo 9.

Práctica guiada

¿Lo entiendes?

1. **PM.2 Razonar** ¿Es el valor del primer 7 diez veces el valor del segundo 7 en 7,027? Explícalo.

2. **PM.3 Construir argumentos** ¿Es el valor del 8 en 87,503 diez veces el valor del 7? Explícalo.

¿Cómo hacerlo?

Nombra los valores de los dígitos en cada número en los Ejercicios **3** y **4.** ¿Cuál es la relación entre los valores de los dígitos?

3. los 5 en 5,500

4. los 2 en 220,400

Práctica independiente

Nombra los valores de los dígitos en cada número en los Ejercicios **5** a **12.**

5. los 8 en 1,884
6. los 4 en 44,391
7. los 9 en 79,951
8. los 2 en 220,000
9. los 5 en 45,035
10. los 4 en 4,448
11. los 2 en 20,723
12. los 7 en 378,708

Prácticas matemáticas y resolución de problemas

13. **PM.3 Construir argumentos** ¿Qué puedes decir acerca de los 9 en el número 59,992?

14. **PM.3 Evaluar el razonamiento** Maira dice que en el número 2,222, todos los dígitos tienen el mismo valor. ¿Tiene razón Maira? Explícalo.

15. **Sentido numérico** El río Mississippi se inundó en 1927. ¿Es el valor del 9 en el lugar de las centenas diez veces el valor del 2 en el lugar de las decenas en el número 1927? Explícalo.

16. **PM.3 Evaluar el razonamiento** Vicente dice que un 6 es 10 veces el valor del otro 6 en 2,616. ¿Tiene razón? Explícalo.

17. Describe 2 maneras de hallar el área del rectángulo sombreado.

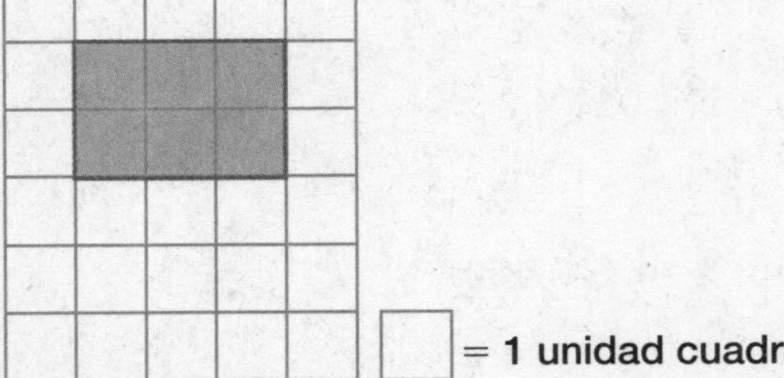

18. **Razonamiento de orden superior** ¿Cómo es igual la relación entre el primer par de 8 y la relación entre el segundo par de 8 en el número 881,588?

Evaluación de *Common Core*

19. ¿Cuál de las siguientes opciones expresa el valor de los 7 en el número 57,707?

Ⓐ 70,000; 7,000; 700

Ⓑ 70,000; 700; 70

Ⓒ 7,000; 700; 7

Ⓓ 700; 70; 7

20. ¿En cuál de los siguientes números es el valor del dígito rojo diez veces el valor del dígito verde?

Ⓐ 886,628

Ⓑ 886,628

Ⓒ 886,628

Ⓓ 886,628

Nombre ______________________

Resuelve

Resuélvelo y coméntalo

Halla los productos de 3×4, 3×40, 3×400 y $3 \times 4{,}000$. ***Resuelve los problemas usando la estrategia que prefieras.***

Un paso adelante hacia el Grado 4

Lección 2
Cálculo mental: Multiplicar por múltiplos de 10, 100 y 1,000

Puedo...
hallar los productos de múltiplos de 10, 100 y 1,000 usando el cálculo mental y estrategias de valor de posición.

Estándar de contenido 4.NBD.B.5
Prácticas matemáticas PM.2, PM.4, PM.7

Puedes buscar relaciones entre los productos. ¿Cómo te puede ayudar el hecho de hallar el primer producto para hallar los otros productos? *¡Muestra tu trabajo en el anterior espacio!*

¡Vuelve atrás! **PM.7 Buscar relaciones** ¿Qué patrón observas en los productos?

¿Cómo se multiplica por múltiplos de 10, 100 y 1,000?

A

Calcula 3 × 50, 3 × 500 y 3 × 5,000 usando operaciones básicas de multiplicación y propiedades de las operaciones. Luego, calcula 6 × 50, 6 × 500 y 6 × 5,000.

La propiedad asociativa de la multiplicación establece que se puede cambiar la agrupación de los factores y el producto es el mismo.

B Halla 3 × 50, 3 × 500 y 3 × 5,000.

$$3 \times 50 = 3 \times (5 \times 10)$$
$$= (3 \times 5) \times 10$$
$$= 15 \times 10$$
$$= 150$$

Método abreviado de la regla 3 × 50:
Multiplica 3 × 5 y agrega 1 cero.
Por tanto, 3 × 50 = 150

Método abreviado de la regla 3 × 500:
Multiplica 3 × 5 y agrega 2 ceros.
3 × 500 = 1,500

Método abreviado de la regla 3 × 5,000:
Multiplica 3 × 5 y agrega 3 ceros.
3 × 5,000 = 15,000

C Halla 6 × 50, 6 × 500 y 6 × 5,000.

Aplica los métodos abreviados de las reglas

6 × 5 = 30
6 × 50 = 300
6 × 500 = 3,000
6 × 5,000 = 30,000

Cuando el producto de una operación básica termina en cero, el producto tendrá un cero adicional. El cero adicional es parte de la operación básica que usaste.

¡Convénceme! **PM.2 Razonar** ¿Cuántos ceros tendrá el producto de 5 × 200? Explícalo.

Nombre ______

Herramientas Evaluación

Otro ejemplo

Usa el valor de posición para calcular 5 × 50, 5 × 500 y 5 × 5,000.

5 × 50 es 5 grupos de 5 decenas o 5 × 5 decenas. 5 × 5 decenas es 25 decenas o 250.

5 × 500 es 5 grupos de 5 centenas o 5 × 5 centenas. 5 × 5 centenas es 25 centenas o 2,500.

5 × 5,000 es 5 grupos de 5 millares o 5 × 5 millares. 5 × 5 millares es 25 millares o 25,000.

Práctica guiada

¿Lo entiendes?

1.  **PM.7 Buscar relaciones** Muestra cómo puedes usar la operación básica 4 × 5 = 20 para hallar el producto de 4 × 500.

2. Bob dice que 5 × 800 = 400. Explica por qué no tiene razón.

¿Cómo hacerlo?

Usa las estrategias que aprendiste para ayudarte a multiplicar en los Ejercicios **3** a **5**.

3. 7 × 3 = ______
7 × 30 = ______
7 × 300 = ______
7 × 3,000 = ______

4. 6 × 60

5. 6 × 300

Práctica independiente

Puedes usar las estrategias de valor de posición para hallar cada producto.

Práctice al nivel Halla los productos en los Ejercicios **6** a **11**.

6. 9 × 40 = ______
9 × 400 = ______
9 × 4,000 = ______

7. 2 × 90 = ______
2 × 900 = ______
2 × 9,000 = ______

8. 7 × 80 = ______
7 × 800 = ______
7 × 8,000 = ______

9. 3 × 3,000

10. 800 × 6

11. 2 × 70

Prácticas matemáticas y resolución de problemas

12. Matemáticas y Ciencias El río Amazonas mide aproximadamente 5 veces la longitud del río Rin. Si el río Rin mide aproximadamente 800 millas de longitud, ¿aproximadamente cuántas millas de longitud mide el río Amazonas? Escribe y resuelve una ecuación.

13. PM.4 Representar con modelos matemáticos Sofía, Emma y Jacob quieren recaudar $300 para un albergue de la ciudad. Sofía recaudó $50. Emma recaudó $140. ¿Cuánto dinero necesita recaudar Jacob para alcanzar la meta?

$300		
$50	$140	?

Usa la tabla de la derecha en los Ejercicios **14** y **15.**

14. La tropa de exploradores de Eduardo tiene 7 niños y 2 adultos. ¿Cuánto pagó la tropa por las entradas para el parque de diversiones?

15. Razonamiento de orden superior Mario visitó el Parque Happyland con su papá y su amigo. Escogieron el Plan C. ¿Cuánto dinero ahorraron en las entradas de los dos niños al comprar entradas para el Plan C en vez de comprar boletos individuales para el Plan A y Plan B?

DATOS

Precios de Happyland

Planes	Adultos	Niños
Plan A Parque acuático	$50	$40
Plan B Parque de diversiones	$40	$30
Plan C Combinación A + B	$80	$60

Evaluación de *Common Core*

16. Isabel dice que 7×900 es mayor que $9 \times 7{,}000$. Noah dice que 7×900 es menor que $9 \times 7{,}000$.

Parte A

Sin calcular la respuesta, explica cómo usar estrategias de valor de posición o de la propiedad asociativa para hallar cuál es mayor.

Parte B

Sin calcular la respuesta, explica cómo usar relaciones u operaciones básicas para hallar cuál es menor.

Nombre ______________________________

Un paso adelante hacia el Grado 4

Lección 3
Cálculo mental: Multiplicar por múltiplos de 10

Resuélvelo y coméntalo El director de tu escuela necesita pedir útiles escolares para 20 salones de clase nuevos. Cada salón necesita los siguientes artículos: 20 escritorios, 30 sillas y 40 lápices. ¿Cuántos de cada artículo necesita pedir el director? ***Resuelve este problema de la manera que prefieras.***

Puedo...
usar estrategias del valor de posición o patrones para multiplicar por múltiplos de 10.

Estándares de contenido 4.NBD.B.5, 4.OA.A.3
Prácticas matemáticas PM.2, PM.7

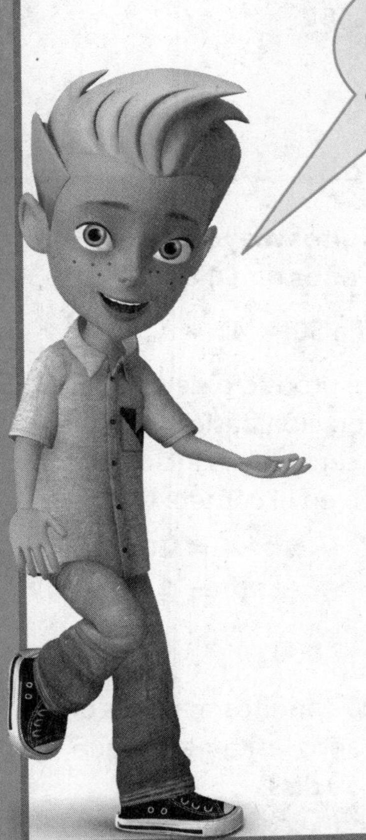

Puedes usar la estructura. ¿Qué operaciones básicas puedes usar para ayudarte a resolver estos problemas? ¿Cómo se relacionan? ¡Muestra tu trabajo en el siguiente espacio!

¡Vuelve atrás! **PM.7 Buscar relaciones** Mira los factores y los productos. ¿Qué patrones ves?

Aprende Glosario

¿Cómo puedes multiplicar por múltiplos de 10?

A

A continuación está la cantidad de visitantes de cada grupo de edades que van al parque de diversiones Sunny Day. ¿Cuántos adultos menores de 65 años visitan el parque en 20 días? ¿Cuántos niños visitan el parque en 30 días? ¿Cuántos adultos mayores de 65 años visitan el parque en 50 días?

Puedes usar un patrón para multiplicar por un múltiplo de 10.

Número de visitantes por día

B **Adultos menores de 65 años en 20 días**

Halla $20 \times 60 = a$.

Para multiplicar 20×60, usa un patrón.

$$2 \times 6 = 12$$
$$20 \times 6 = 120$$
$$20 \times 60 = 1{,}200$$

$a = 1{,}200$

1,200 adultos menores de 65 años visitan el parque en 20 días.

C **Niños en 30 días**

Halla $30 \times 80 = n$.

El número de ceros en el producto es el número total de ceros en ambos factores.

$$30 \times 80 = 2{,}400$$

1 cero   1 cero   2 ceros

$n = 2{,}400$

2,400 niños visitan el parque en 30 días.

D **Adultos mayores de 65 años en 50 días**

Halla $50 \times 40 = a$.

Si el producto de una operación básica termina en cero, debes incluir ese cero en el conteo.

$$5 \times 4 = 20$$
$$50 \times 40 = 2{,}000$$

$a = 2{,}000$

2,000 adultos mayores de 65 años visitan el parque en 50 días.

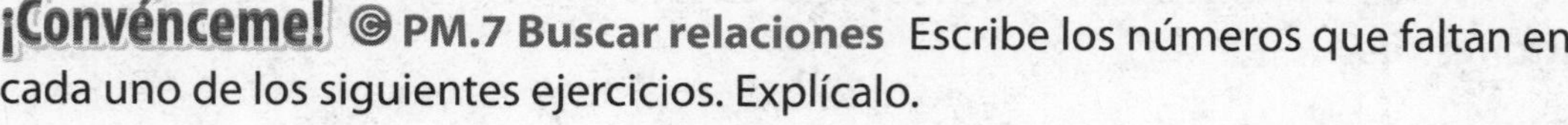

¡Convénceme! **PM.7 Buscar relaciones** Escribe los números que faltan en cada uno de los siguientes ejercicios. Explícalo.

_______ $\times 7 = 280$ _______ $\times 40 = 1{,}600$ _______ $\times 50 = 3{,}000$

Nombre ______________________________

Otro ejemplo

Halla 30 × 80. El producto tiene el mismo número de ceros que aparecen en los dos factores.

$30 \times 80 = 3 \times 10 \times 8 \times 10$
$= (3 \times 8) \times (10 \times 10)$
$= 24 \times 100$
$= 2{,}400$

¡Puedes usar las propiedades conmutativa y asociativa de la multiplicación para ver por qué funcionan los patrones de ceros!

Práctica guiada

¿Lo entiendes?

1. **PM.2 Razonar** Halla 50 × 80. ¿Cuántos ceros hay en el producto?

2. Menos personas van al parque en septiembre que en marzo. Septiembre tiene 30 días. Si 50 personas visitan el parque cada día en septiembre, ¿cuántas personas visitan el parque durante todo el mes?

¿Cómo hacerlo?

Usa operaciones básicas y estrategias de valor de posición para hallar el producto en los Ejercicios **3** a **8.**

3. 10 × 90 **4.** 40 × 10

5. 80 × 10 **6.** 50 × 90

7. 60 × 40 **8.** 70 × 70

Práctica independiente

Usa operaciones básicas y estrategias de valor de posición para hallar el producto en los Ejercicios **9** a **16.**

9. 10 × 50 **10.** 40 × 20 **11.** 70 × 30 **12.** 20 × 90

13. 40 × 80 **14.** 30 × 60 **15.** 30 × 20 **16.** 90 × 80

Halla el factor que falta en los Ejercicios **17** a **22.**

17. 10 × ______ = 100 **18.** ______ × 20 = 1,400 **19.** ______ × 70 = 3,500

20. 30 × ______ = 1,500 **21.** ______ × 80 = 5,600 **22.** 50 × ______ = 3,000

Prácticas matemáticas y resolución de problemas

23. **PM.2 Razonar** El producto de dos factores es 3,200. Si uno de los factores es 40, ¿cuál es el otro factor? Explícalo.

24. **Álgebra** Hay 30 jugadores en cada equipo de futbol americano de la escuela secundaria. Explica cómo puedes hallar el total de los jugadores si hay 10 equipos. Escribe una ecuación y resuélvela.

25. Alan deja que el agua corra mientras se lava los dientes y usa 2 galones de agua. Después usa 10 galones de agua para lavar ropa. ¿Cuántos cuartos de agua más usa Alan mientras lava ropa que mientras se lava los dientes?

Hay 4 cuartos en 1 galón.

26. **PM.7 Buscar relaciones** Emilia caminó 60 minutos cada día durante 80 días. Muestra cómo puedes usar operaciones básicas para hallar cuántos minutos caminó Emilia en total.

27. **Razonamiento de orden superior** Explica por qué el producto de 50 y 20 tiene tres ceros cuando 50 tiene un cero y 20 tiene un cero.

Evaluación de *Common Core*

28. El Sr. Cano viaja 20 semanas al año por trabajo. Permanece en su ciudad las otras 32 semanas. Hay 7 días en 1 semana. ¿Cuál de las siguientes expresiones puede usar él para calcular mentalmente cuántos días se queda en casa?

Ⓐ $(7 \times 2) + (3 \times 10)$

Ⓑ 7×100

Ⓒ $(7 \times 30) + (7 \times 10)$

Ⓓ $(7 \times 30) + (7 \times 2)$

29. La Sra. Cano viaja 22 semanas al año por trabajo. Se queda en su ciudad las otras 30 semanas. Hay 7 días en 1 semana. ¿Cuál de las siguientes operaciones básicas puede usar ella para hallar cuántos días se queda en casa?

Ⓐ 2×7

Ⓑ 3×7

Ⓒ $22 + 7$

Ⓓ $30 + 7$

Nombre ______________________

Un paso adelante hacia el Grado 4

Lección 4
Usar modelos para multiplicar números de 2 dígitos por múltiplos de 10

Puedo...
usar modelos y las propiedades de las operaciones como ayuda para multiplicar.

Estándar de contenido 4.NBD.B.5
Prácticas matemáticas PM.1, PM.2, PM.4, PM.5

Resuélvelo y coméntalo

Hay 10 equipos en una liga de beisbol. Cada equipo tiene 25 jugadores. ¿Cuántos jugadores hay en total en la liga? ***Resuelve este problema usando la estrategia que prefieras.***

Puedes utilizar herramientas apropiadas. Los bloques de valor de posición o el papel cuadriculado te pueden ayudar a visualizar el problema. *¡Muestra tu trabajo en el espacio de arriba!*

¡Vuelve atrás! **PM.2 Razonar** ¿Cómo se relacionan los dígitos de un número multiplicado por 10 con los dígitos del producto? Explícalo.

¿Cómo puedes usar matrices o modelos de área para multiplicar?

A

La Compañía de Mudanzas Max tiene cajas para empacar libros. Si en cada caja caben 24 libros, ¿cuántos libros caben en 20 cajas?

Hacer una matriz con bloques de valor de posición o utilizar modelos de área te ayuda a visualizar y hallar los productos parciales.

B Usa bloques de valor de posición para hacer una matriz.

Halla $20 \times 24 = l$.

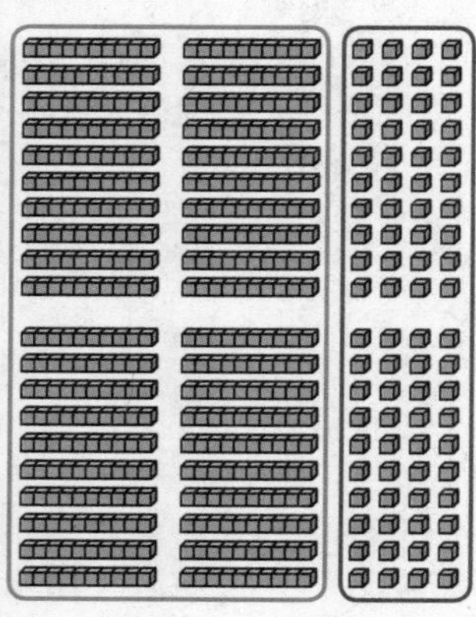

$$\begin{array}{r} 400 \\ +\ 80 \\ \hline 480 \end{array}$$

Productos parciales

$20 \times 24 = 480$

$l = 480$

Caben 480 libros en 20 cajas.

C Dibuja un modelo de área.

Halla $20 \times 24 = l$.

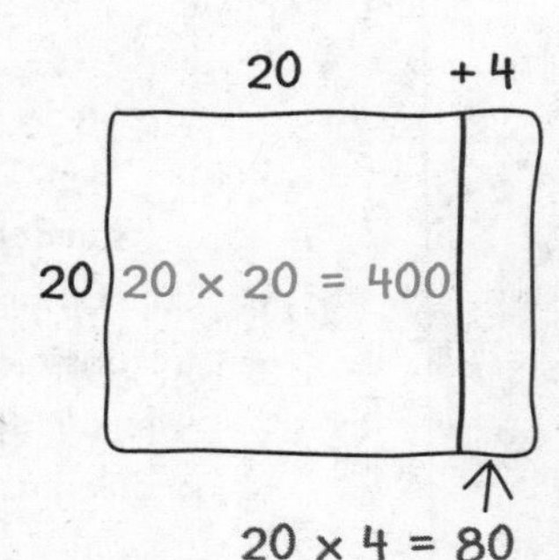

$$\begin{array}{r} 400 \\ +\ 80 \\ \hline 480 \end{array}$$

Productos parciales

$20 \times 24 = 480$

$l = 480$

Caben 480 libros en 20 cajas.

¡Convénceme! **PM.4 Representar con modelos matemáticos** Usa la cuadrícula para representar una matriz de 20×27. ¿Cuál es el producto? Explícalo.

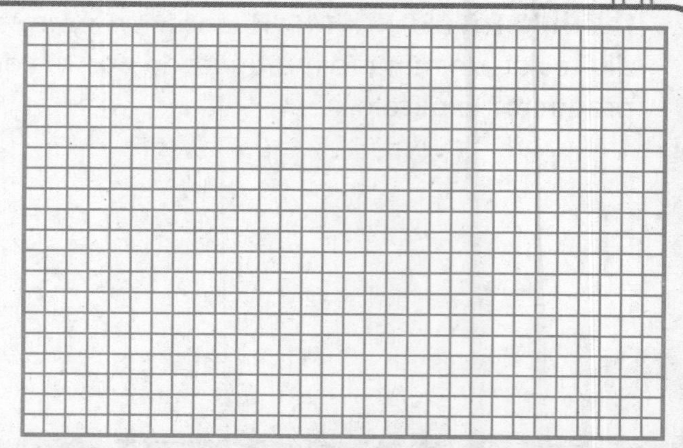

Nombre ______________________

Herramientas Evaluación

Práctica guiada

¿Lo entiendes?

1. PM.4 Representar con modelos matemáticos Dibuja un modelo de área que represente 20 × 22. Luego, halla el producto.

¿Cómo hacerlo?

2. La matriz de bloques de valor de posición representa 10 × 14. Halla el producto.

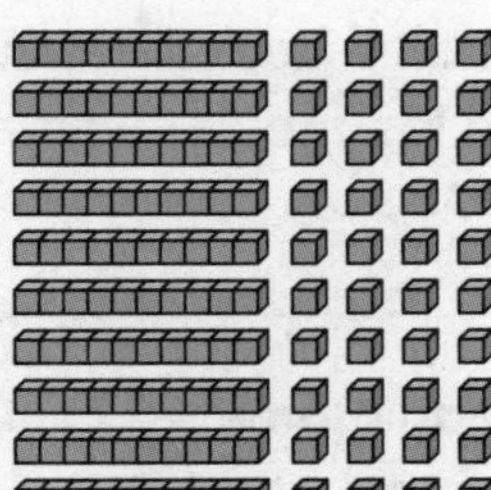

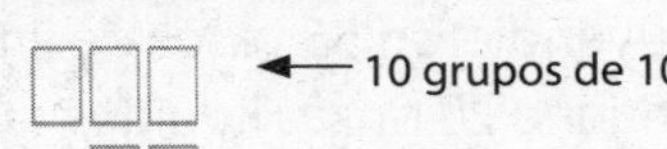

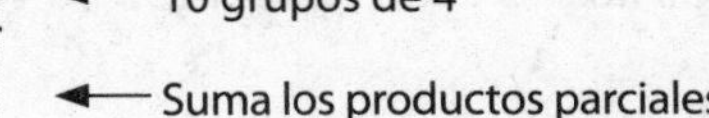

Práctica independiente

Usa bloques de valor de posición, modelos de área o matrices para hallar cada producto en los Ejercicios **3** a **12**.

3. 10 × 25

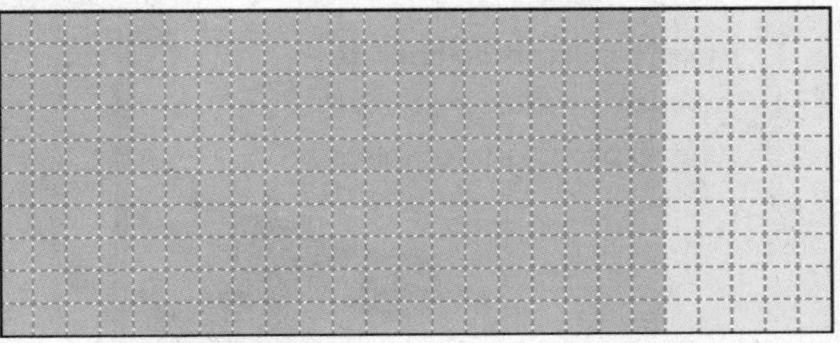

4. 10 × 12

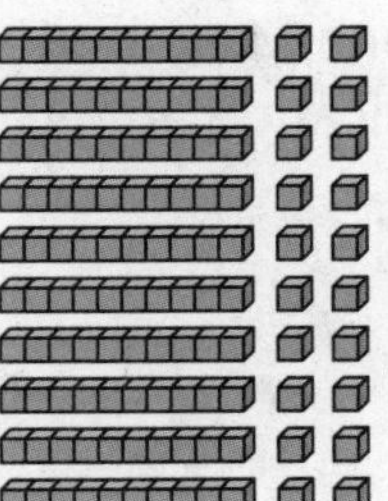

Puedes usar una hoja de papel cuadriculado para dibujar matrices o modelos de área.

5. 20 × 31 **6.** 20 × 46 **7.** 30 × 25 **8.** 40 × 34

9. 10 × 63 **10.** 50 × 16 **11.** 70 × 21 **12.** 80 × 46

Prácticas matemáticas y resolución de problemas

13. Álgebra En los últimos 3 meses del año una tienda de productos electrónicos vendió 908 teléfonos celulares. ¿Cuántos teléfonos celulares vendieron en diciembre? Escribe una ecuación y resuélvela.

DATOS

Ventas de teléfonos celulares

Mes	Teléfonos vendidos
Octubre	319
Noviembre	257

14. La tienda vendió 34 cables. Los cables cuestan $30 cada uno. ¿Cuánto costaron los cables en total?

15. PM.4 Representar con modelos matemáticos Durante un partido de básquetbol se vendieron 55 vasos de limonada. Cada vaso contiene 20 onzas líquidas. ¿Cuántas onzas líquidas de limonada se vendieron?

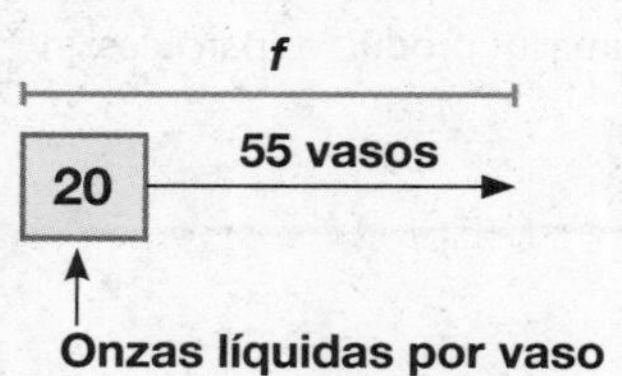

16. Razonamiento de orden superior En una escuela hay 58 estudiantes de tercer grado. Cada estudiante escribe 4 resúmenes de libros. Muestra cómo usar la propiedad distributiva para hallar la cantidad total de resúmenes que escribieron los estudiantes.

Evaluación de *Common Core*

17. William vendió 17 suscripciones de revistas a $40 cada subscripción. Abigail vendió 28 suscripciones a $30 cada una. Usa matrices o modelos de área para explicar quién recaudó más dinero.

Las representaciones te pueden ayudar a escribir una explicación completa.

Nombre ______________________________

Un paso adelante hacia el Grado 4

Lección 5
Interpretar residuos

Puedo...
aplicar lo que sé sobre la división de objetos en grupos iguales para resolver problemas.

Estándar de contenido 4.NBD.B.6
Prácticas matemáticas PM.1, PM.2, PM.3, PM.4

Resuélvelo y coméntalo Imagina que estás haciendo canastas de frutas para regalar. Tienes 14 manzanas y piensas colocar 4 manzanas en cada canasta. ¿Cuántas canastas puedes llenar? ¿Sobrarán algunas manzanas? Si es así, ¿cuántas sobrarán? ***Resuelve este problema usando la estrategia que prefieras.***

Puedes hacer un dibujo para representar con modelos matemáticos. *¡Muestra tu trabajo en el siguiente espacio!*

¡Vuelve atrás! **PM.4 Representar con modelos matemáticos** ¿Cuántas manzanas hay en total en las canastas? Escribe una multiplicación para representar la cantidad de manzanas.

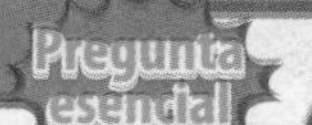

¿Qué haces con el residuo después de dividir?

A

Cuando divides con números enteros, cualquier número entero que quede después de terminar la división se llama residuo.

Ned tiene 27 tarjetas de futbol en un álbum. Puede colocar 6 tarjetas en cada página. Sabe que 27 ÷ 6 = 4 y el residuo es 3 porque 6 × 4 + 3 = 27.

Usa una R para escribir un residuo: 27 ÷ 6 = 4 R3.

¿Cómo puedes usar el residuo para responder a las preguntas?

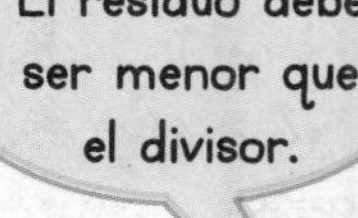

El residuo debe ser menor que el divisor.

B *¿Cuántas páginas puede llenar Ned?*

Para responder a esta pregunta, halla cuántos grupos de 6 hay. El residuo puede ser ignorado ahora.

27 ÷ 6 = 4 R3

Ned puede llenar 4 páginas.

C *¿En cuántas páginas trabajará Ned?*

Para responder a esta pregunta, halla cuántos grupos están llenos o comenzados. Agrega 1 al cociente sin el residuo.

27 ÷ 6 = 4 R3

Ned trabajará en 5 páginas.

D *¿Cuántas tarjetas colocará Ned en la quinta página?*

La respuesta a esta pregunta es el residuo.

27 ÷ 6 = 4 R3

Ned colocará 3 tarjetas en la quinta página.

¡Convénceme! **PM.1 Entender y perseverar** El cálculo de la derecha no es correcto. ¿Qué error se cometió? ¿Cuál es la respuesta correcta? Haz un dibujo como ayuda.

45 ÷ 6 = 6 R9

Nombre ______

Otro ejemplo

Usa fichas para hallar $20 \div 3$. Escribe el cociente e incluye el residuo.

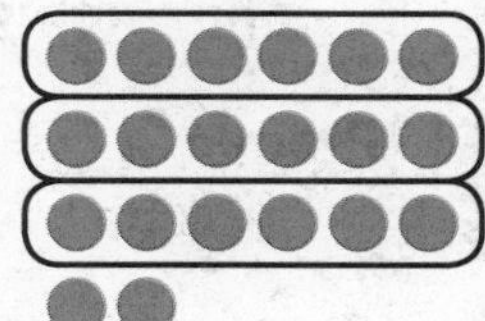

3 grupos iguales de 6 y sobran 2
$20 \div 3 = 6$ R2, porque
$3 \times 6 + 2 = 20$.

Práctica guiada

¿Lo entiendes?

1. PM.2 Razonar Cuando el divisor es 4, ¿el residuo puede ser 6? Explícalo.

2. María está poniendo 27 suéteres en cajas. En cada caja caben 4 suéteres. ¿Cuántas cajas llenará? ¿Cuántas cajas necesitará? Explícalo.

¿Cómo hacerlo?

Halla cuántos grupos hay y cuánto sobra en los Ejercicios **3** a **6.** Dibuja una matriz si es necesario.

3. $14 \div 5 =$ ____ y sobran ____

4. $7 \div 3 =$ ____ y sobran ____

5. $18 \div 7 =$ ____ y sobran ____

6. $29 \div 3 =$ ____ y sobran ____

Práctica independiente

Halla cuántos grupos hay y cuánto sobra en los Ejercicios **7** a **10.**

7. $15 \div 2 =$ ____ y sobran ____

8. $28 \div 6 =$ ____ y sobran ____

9. $52 \div 5 =$ ____ y sobran ____

10. $34 \div 7 =$ ____ y sobran ____

Interpreta el residuo en los Ejercicios **11** a **13.**

11. 9 tarjetas de futbol americano, 4 tarjetas en cada página

    ¿Cuántas páginas puede llenar Alex?

12. 19 tarjetas de beisbol, 6 tarjetas en cada página

    ¿Cuántas tarjetas hay en la tercera página?

13. 42 calcomanías, 8 calcomanías en cada página

    ¿Cuántas páginas tendrán calcomanías?

Prácticas matemáticas y resolución de problemas

Usa la tabla de la derecha en los Ejercicios **14** y **15**.

DATOS

Premio	Número de boletos
Intercambio de boletos	
Yoyó	8
Anillo	9
Canica	7
Calcomanía	4

14. Madison tiene 50 boletos de premios. ¿Cuántos anillos puede obtener?

15. Luis escogió 4 yoyós y 7 canicas. ¿Cuántos boletos usó?

16. Julieta hace collares como el que se muestra en el dibujo de la derecha. Julieta tiene 14 cuentas azules y 9 cuentas rojas. ¿Cuántos collares puede hacer? ¿Cuántas cuentas de cada color sobrarán?

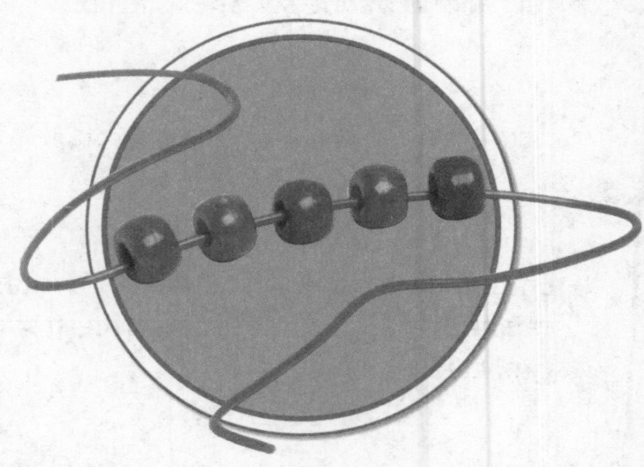

17. **PM.3 Evaluar el razonamiento** Michael halló que $29 \div 7 = 3$ R8. ¿Es correcta su respuesta? Si no, ¿cuál es la respuesta correcta? Explícalo.

18. **Razonamiento de orden superior** Escribe un problema en que se necesite sumar 1 al cociente cuando se interpreta el residuo.

Evaluación de *Common Core*

19. Hay 33 niños en el parque. Quieren formar equipos de 8 niños. Cinco de los niños se van a casa. ¿Cuántos equipos completos pueden formar? Explícalo.

Puedes dibujar una matriz como ayuda para resolver el problema.

Nombre ______________________________

Un paso adelante hacia el Grado 4

Lección 6

Representar la suma de fracciones

Puedo...

usar herramientas como tiras de fracciones o modelos de área para sumar fracciones.

Estándar de contenido 4.NOF.B.3a
Prácticas matemáticas PM.1, PM.2, PM.4, PM.5

Resuélvelo y coméntalo Kyle y Julián están haciendo un banderín de deportes. Pintaron de verde $\frac{3}{8}$ del banderín y de morado $\frac{4}{8}$ del banderín. ¿Cuánto han pintado? ***Resuelve el problema de la manera que prefieras.***

Puedes usar herramientas apropiadas. Puedes usar dibujos, modelos de área o tiras de fracciones para resolver este problema. *¡Muestra tu trabajo en el siguiente espacio!*

¡Vuelve atrás! **PM.5 Usar herramientas apropiadas** Kyle dice que $\frac{1}{8} + \frac{1}{8} + \frac{1}{8} = \frac{3}{8}$. Julián dice que $\frac{1}{8} + \frac{1}{8} + \frac{1}{8} = \frac{3}{24}$. Usa tiras de fracciones para decidir quién tiene razón.

¿Cómo puedes usar herramientas para sumar fracciones?

A

Diez equipos hacen una competencia de canoas en un río. Cinco equipos tienen canoas plateadas y dos equipos tienen canoas de color café. ¿Qué fracción de las canoas son plateadas o cafés?

Puedes usar herramientas como tiras de fracciones para sumar dos o más fracciones.

B Halla $\frac{5}{10} + \frac{2}{10}$. Usa cinco tiras de fracciones de $\frac{1}{10}$ para representar $\frac{5}{10}$ y dos tiras de $\frac{1}{10}$ para representar $\frac{2}{10}$.

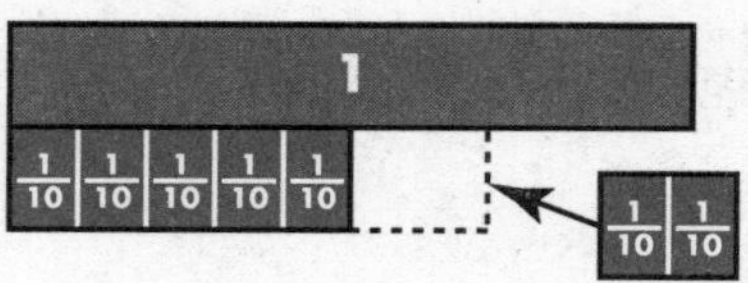

Cinco tiras de $\frac{1}{10}$ unidas con dos tiras de $\frac{1}{10}$ son siete tiras de $\frac{1}{10}$.

Suma los numeradores. Luego, escribe la suma sobre el mismo denominador.

$$\frac{5}{10} + \frac{2}{10} = \frac{7}{10}$$

C Halla $\frac{5}{10} + \frac{2}{10}$. Marca cinco segmentos de $\frac{1}{10}$ para representar $\frac{5}{10}$ y dos segmentos de $\frac{1}{10}$ para representar $\frac{2}{10}$.

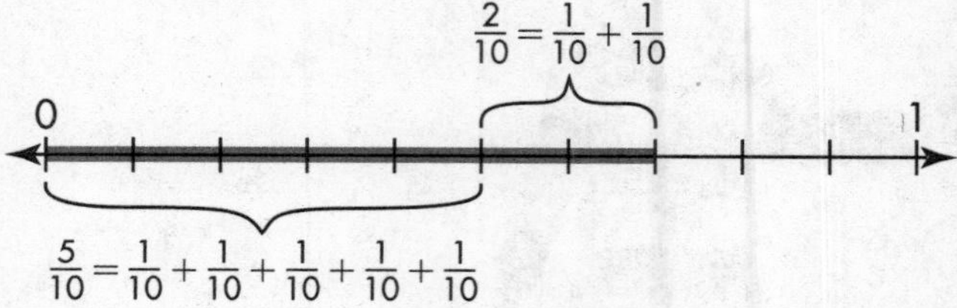

Sumar $\frac{5}{10}$ y $\frac{2}{10}$ significa unir cinco segmentos de $\frac{1}{10}$ y dos segmentos de $\frac{1}{10}$.

$\frac{7}{10}$ de las canoas son plateadas o cafés.

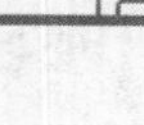

¡Convénceme! **PM.1 Entender y perseverar** ¿Qué dos fracciones sumas para hallar la fracción de todas las canoas que son verdes o cafés? ¿Cuál es la suma? ¿Cómo sabes que la suma es correcta?

Nombre ____________________

Práctica guiada

¿Lo entiendes?

1. **PM.2 Razonar** En el problema de la página anterior, ¿por qué las tiras moradas de $\frac{1}{10}$ no tienen la misma longitud que la tira roja?

2. ¿Qué dos fracciones se están sumando a continuación? ¿Cuál es la suma?

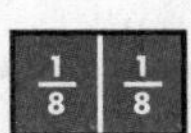

¿Cómo hacerlo?

Halla las sumas en los Ejercicios **3** y **4.**

3. $\frac{2}{5} + \frac{2}{5}$

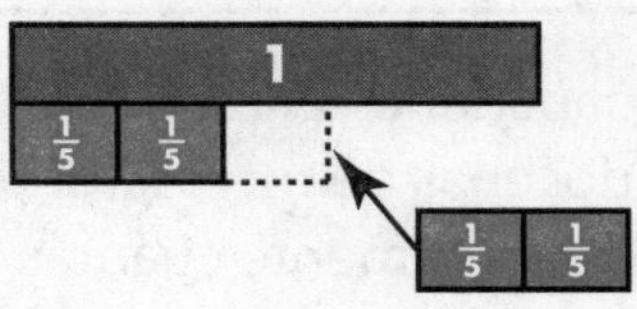

4. $\frac{1}{6} + \frac{4}{6}$

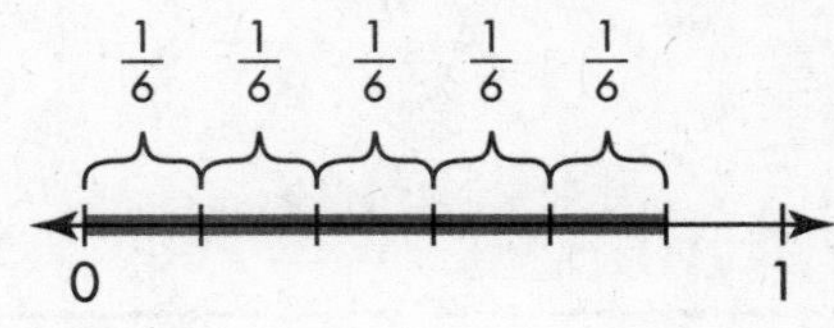

Práctica independiente

Práctica al nivel Halla las sumas en los Ejercicios **5** a **16.** Usa tiras de fracciones u otras herramientas.

5. $\frac{3}{12} + \frac{6}{12}$

6. $\frac{4}{10} + \frac{4}{10}$

7. $\frac{2}{12} + \frac{6}{12}$

8. $\frac{3}{6} + \frac{2}{6} + \frac{1}{6}$

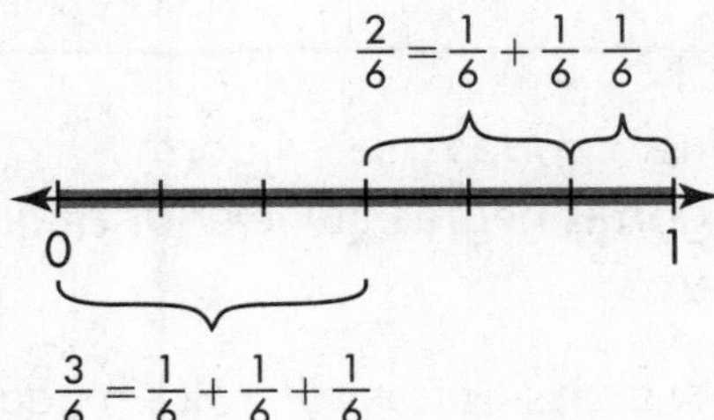

9. $\frac{1}{4} + \frac{3}{4}$

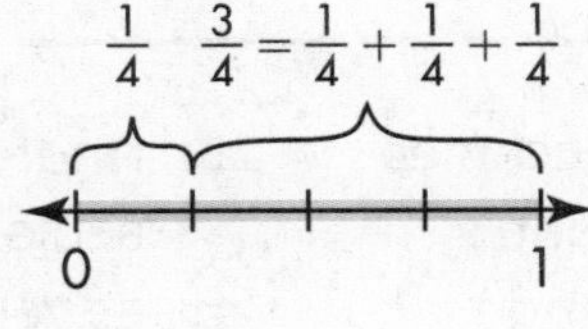

10. $\frac{2}{3} + \frac{1}{3}$

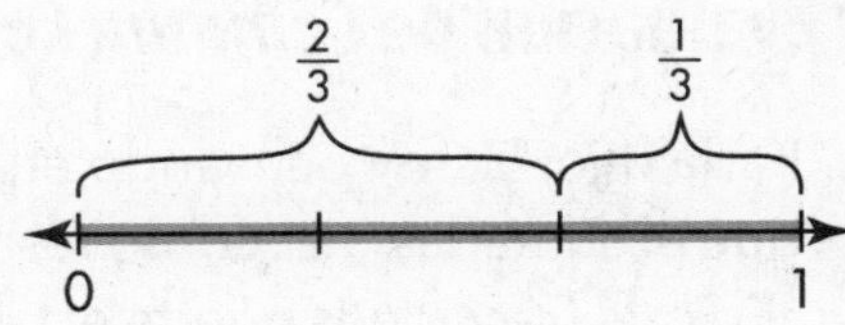

11. $\frac{4}{8} + \frac{1}{8}$

12. $\frac{1}{12} + \frac{3}{12}$

13. $\frac{4}{10} + \frac{3}{10}$

14. $\frac{1}{8} + \frac{6}{8}$

15. $\frac{2}{6} + \frac{3}{6}$

16. $\frac{1}{10} + \frac{2}{10} + \frac{4}{10}$

Prácticas matemáticas y resolución de problemas

17. Sentido numérico Usa tres numeradores distintos para escribir una ecuación de cuatro fracciones que al sumarlas den un resultado de 1.

18. PM.4 Representar con modelos matemáticos Una cuerda se divide en 10 partes iguales. Haz un dibujo para representar $\frac{3}{10} + \frac{5}{10} = \frac{8}{10}$.

19. Una panadería vende un promedio de 5 docenas de roscas por día. ¿Aproximadamente cuántas roscas vende la panadería en 3 días? Explícalo.

20. ¿Qué problema de suma se representa por las siguientes tiras de fracciones?

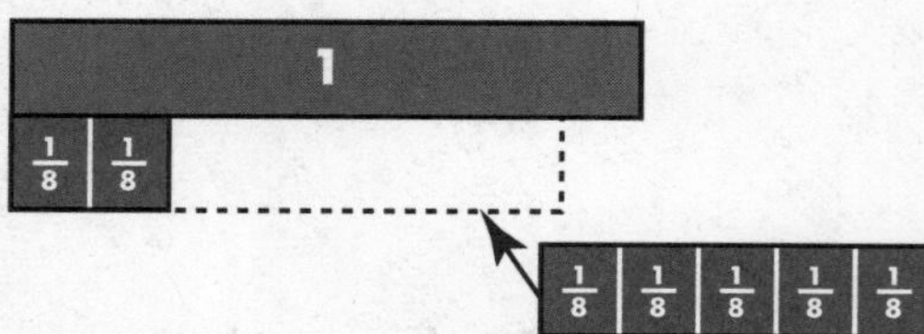

21. Razonamiento de orden superior Elizabeth corrió $\frac{2}{10}$ de la distancia de la escuela a su casa. Caminó $\frac{3}{10}$ más de la distancia y luego saltó $\frac{1}{10}$ más de la distancia. ¿Qué fracción de la distancia a su casa le queda por recorrer a Elizabeth?

Vuelve atrás para comprobar si respondiste a la pregunta que se hizo.

Evaluación de *Common Core*

22. Karla dijo: "Estoy pensando en dos fracciones que al sumarlas den como resultado uno". ¿En qué fracciones puede estar pensando Karla?

Ⓐ $\frac{1}{2}$ y $\frac{2}{2}$

Ⓑ $\frac{1}{6}$ y $\frac{2}{6}$

Ⓒ $\frac{3}{8}$ y $\frac{5}{8}$

Ⓓ $\frac{3}{5}$ y $\frac{4}{5}$

23. Andrés tiene 6 gorras rojas, 4 gorras azules y 2 gorras negras. ¿Qué enunciado es verdadero?

Ⓐ $\frac{2}{12}$ de las gorras son rojas o negras.

Ⓑ $\frac{4}{12}$ de las gorras son rojas o negras.

Ⓒ $\frac{1}{2}$ de las gorras son rojas o negras.

Ⓓ $\frac{8}{12}$ de las gorras son rojas o negras.

Nombre ______________________________

Resuélvelo y coméntalo

Camilo tiene $\frac{11}{8}$ de libra de *chili* para poner en tres tazones. La cantidad de *chili* en cada tazón no tiene que ser igual. ¿Cuánto puede poner en cada tazón? ***Resuelve este problema de la manera que prefieras.***

Un paso adelante hacia el Grado 4

Lección 7
Descomponer fracciones

Puedo...
usar tiras de fracciones, modelos de área o dibujos para descomponer fracciones.

Estándar de contenido 4.NOF.B.3b
Prácticas matemáticas PM.2, PM.4, PM.5

¿Cómo puedes representar la cantidad de *chili* que Camilo pone en cada tazón? *¡Muestra tu trabajo en el siguiente espacio!*

¡Vuelve atrás! **PM.5 Usar herramientas apropiadas** Usa un dibujo o tiras de fracciones como ayuda para escribir fracciones equivalentes para la cantidad de *chili* en uno de los tazones.

¿Cómo puedes representar una fracción de varias maneras?

A

Charlene quiere dejar $\frac{1}{6}$ de su patio vacío. ¿Cuáles son algunas maneras en que ella puede sembrar el resto de su jardín?

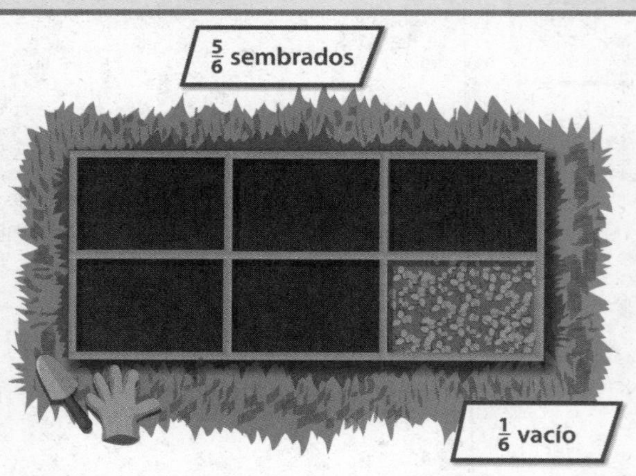

Descomponer significa separar en partes. Componer significa combinar partes. La fracción del patio que Charlene sembrará puede estar descompuesta de más de una manera.

B Una manera

Charlene podría sembrar cuatro secciones de $\frac{1}{6}$ de flores azules y una sección de $\frac{1}{6}$ de pimientos rojos.

$\frac{5}{6}$ es $\frac{4}{6}$ y $\frac{1}{6}$.

$$\frac{5}{6} = \frac{4}{6} + \frac{1}{6}$$

C Otra manera

Charlene podría sembrar una sección de $\frac{1}{6}$ de habichuelas verdes, una sección de $\frac{1}{6}$ de calabacín amarillo, una sección de $\frac{1}{6}$ de pimientos rojos y dos secciones de $\frac{1}{6}$ de flores azules.

$\frac{5}{6}$ es $\frac{1}{6}$ y $\frac{1}{6}$ y $\frac{1}{6}$ y $\frac{2}{6}$.

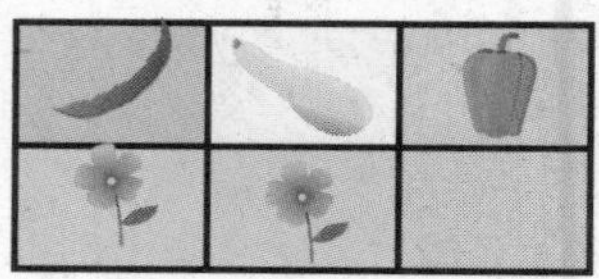

$$\frac{5}{6} = \frac{1}{6} + \frac{1}{6} + \frac{1}{6} + \frac{2}{6}$$

¡Convénceme! **PM.5 Usar herramientas apropiadas** Haz dibujos o usa tiras de fracciones para mostrar por qué estas dos ecuaciones son verdaderas.

$\frac{5}{6} = \frac{3}{6} + \frac{2}{6}$ $\frac{5}{6} = \frac{1}{6} + \frac{2}{6} + \frac{2}{6}$

Nombre ______________________

Herramientas Evaluación

Otro ejemplo ¿Cómo puedes descomponer $3\frac{1}{8}$?

$3\frac{1}{8}$ es 1 entero + 1 entero + 1 entero + $\frac{1}{8}$.

Cada entero también se puede representar como ocho partes iguales.

Un número mixto tiene una parte que es un número entero y una parte fraccionaria.

$3\frac{1}{8} = 1 + 1 + 1 + \frac{1}{8}$

$3\frac{1}{8} = \frac{8}{8} + \frac{8}{8} + \frac{8}{8} + \frac{1}{8}$

☆Práctica guiada

¿Lo entiendes?

1. **PM.4 Representar con modelos matemáticos** Dibuja un modelo para representar una manera de descomponer $\frac{6}{8}$.

2. Sam dijo que la suma de $\frac{2}{8} + \frac{3}{8} + \frac{4}{8}$ es igual a la suma de $\frac{1}{8} + \frac{4}{8} + \frac{4}{8}$. ¿Tiene razón? Explícalo.

¿Cómo hacerlo?

Descompón las fracciones o los números mixtos de dos maneras diferentes en los Ejercicios **3** y **4.** Usa dibujos o tiras de fracciones, si es necesario.

3. $\frac{3}{6} = \frac{\square}{\square} + \frac{\square}{\square}$ $\qquad \frac{3}{6} = \frac{\square}{\square} + \frac{\square}{\square} + \frac{\square}{\square}$

4. $1\frac{1}{5} = \frac{\square}{\square} + \frac{\square}{\square}$ $\qquad 1\frac{1}{5} = \frac{\square}{\square} + \frac{\square}{\square}$

☆Práctica independiente

Práctica al nivel Descompón las fracciones o los números mixtos de dos maneras diferentes en los Ejercicios **5** a **10.** Usa dibujos o tiras de fracciones, si es necesario.

5. $\frac{4}{10} = \frac{\square}{\square} + \frac{\square}{\square}$ $\qquad \frac{4}{10} = \frac{\square}{\square} + \frac{\square}{\square} + \frac{\square}{\square}$

6. $\frac{3}{7} = \frac{\square}{\square} + \frac{\square}{\square}$ $\qquad \frac{3}{7} = \frac{\square}{\square} + \frac{\square}{\square} + \frac{\square}{\square}$

7. $1\frac{3}{4} = \frac{\square}{\square} + \frac{\square}{\square}$ $\qquad 1\frac{3}{4} = \frac{\square}{\square} + \frac{\square}{\square} + \frac{\square}{\square}$

8. $3\frac{1}{2} = \frac{\square}{\square} + \frac{\square}{\square}$ $\qquad 3\frac{1}{2} = \frac{\square}{\square} + \frac{\square}{\square} + \frac{\square}{\square}$

9. $\frac{7}{8} =$ $\qquad \frac{7}{8} =$

10. $2\frac{1}{3} =$ $\qquad 2\frac{1}{3} =$

Prácticas matemáticas y resolución de problemas

11. Ted comió $\frac{3}{10}$ de una bolsa de palomitas de maíz. Compartió el resto con Ada. Haz una lista de tres maneras en que ellos pudieron haber compartido las palomitas de maíz restantes.

12. **PM.4 Representar con modelos matemáticos** Dibuja un modelo de área para representar $\frac{3}{8} + \frac{2}{8} + \frac{2}{8} = \frac{7}{8}$.

13. En una clase de 16 estudiantes, 12 estudiantes son niñas. Escribe dos fracciones equivalentes que indiquen qué parte de la clase son niñas.

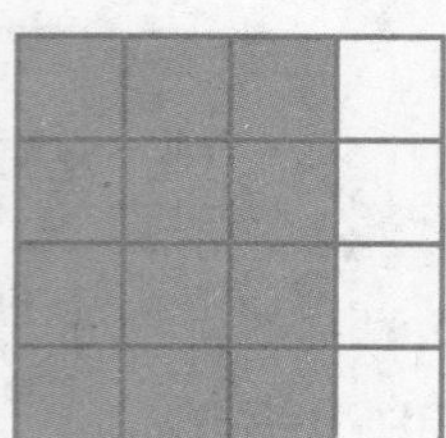

El modelo de área muestra 16 secciones. Cada sección representa $\frac{1}{16}$ de la clase.

14. 56 niñas y 71 niños asistieron a una obra de teatro de la escuela. Cada boleto de entrada cuesta $8. ¿Cuánto cuestan los boletos en total?

15. **Razonamiento de orden superior** Jaime escribió $1\frac{1}{2}$ como la suma de tres fracciones. Ninguna de las fracciones tiene el denominador 2. ¿Qué fracciones escribió Jaime?

Evaluación de *Common Core*

16. La maestra reparte una resma de papel entre 3 grupos. Cada grupo recibe una cantidad diferente de papel. Selecciona todas las maneras en que la maestra pudo haber repartido el papel, descomponiendo $1\frac{2}{8}$ pulgadas. Usa tiras de fracciones si es necesario.

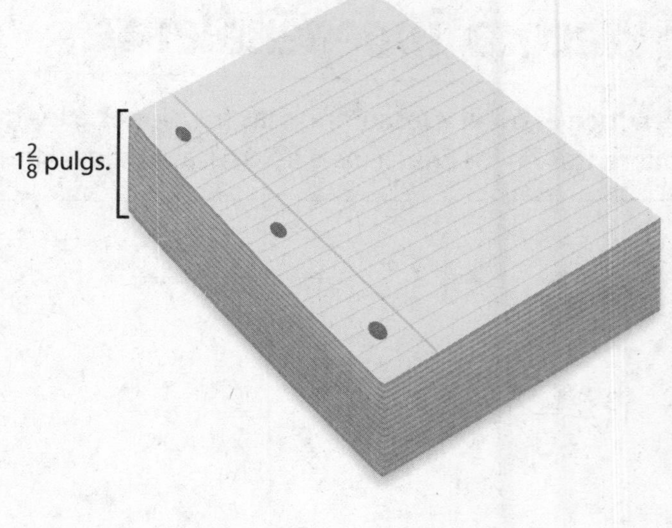

- ☐ $1 + \frac{1}{8} + \frac{1}{8}$
- ☐ $\frac{3}{8} + \frac{4}{8} + \frac{5}{8}$
- ☐ $\frac{1}{8} + \frac{1}{8} + \frac{1}{8} + \frac{1}{8} + \frac{1}{8} + \frac{1}{8} + \frac{1}{8} + \frac{1}{8}$
- ☐ $\frac{2}{8} + \frac{3}{8} + \frac{5}{8}$
- ☐ $1 + \frac{3}{6}$

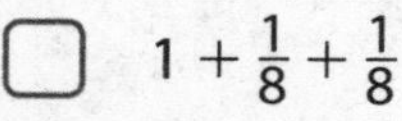

Nombre ______________________________

Un paso adelante hacia el Grado 4

Lección 8
Rectas, semirrectas y ángulos

Resuélvelo y coméntalo Un ángulo recto forma una esquina cuadrada, como la siguiente. Dibuja dos ángulos que estén menos abiertos que el ángulo recto. ***Resuelve este problema de la manera que prefieras.***

Puedo...

reconocer y dibujar rectas, semirrectas y ángulos con nombres diferentes.

Estándares de contenido 4.MD.C.5, 4.G.A.1
Prácticas matemáticas PM.2, PM.4, PM.6, PM.7

Puedes razonar. Cuánto más cercanos son los lados de un ángulo, más pequeña es la medida del ángulo. ¡Muestra tu trabajo en el siguiente espacio!

¡Vuelve atrás! **PM.2 Razonar** Dibuja un ángulo que esté más abierto que un ángulo recto.

¿Cuáles son algunos términos geométricos comunes?

A

Punto, recta, segmento de recta, semirrecta, ángulo recto, ángulo agudo, ángulo obtuso y ángulo llano son términos geométricos comunes.

Las rectas y partes de rectas reciben sus nombres según los puntos. Una semirrecta recibe su nombre que empieza con el extremo.

Término geométrico	Ejemplo	Rótulo	Lo que dices
Un punto es una ubicación exacta en el espacio.	• Z	Punto *Z*	Punto *Z*
Una recta es una sucesión de puntos alineados que se extiende indefinidamente en dos direcciones opuestas.	A B	$\overleftrightarrow{AB}$	Recta *AB*
Un segmento de recta es una parte de una recta con dos extremos.	G R	$\overline{GR}$	Segmento de recta *GR*
Una semirrecta es una parte de una recta que tiene un extremo y se extiende infinitamente en una dirección.	N O	$\overrightarrow{NO}$	Semirrecta *NO*

B

Un ángulo está formado por dos semirrectas que tienen el mismo extremo.

Los ángulos reciben nombres con 3 letras. El extremo en común de las semirrectas es la letra del centro. Las otras letras representan puntos de cada semirrecta.

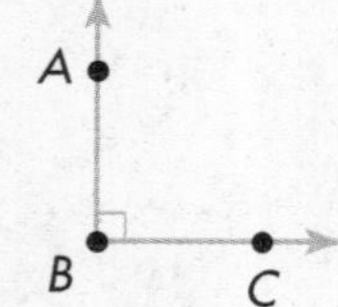

∠*ABC* es un ángulo recto. Un ángulo recto forma una esquina cuadrada.

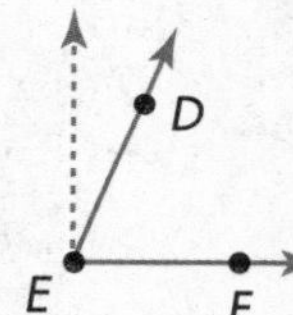

∠*DEF* es un ángulo agudo. Un ángulo agudo está menos abierto que un ángulo recto.

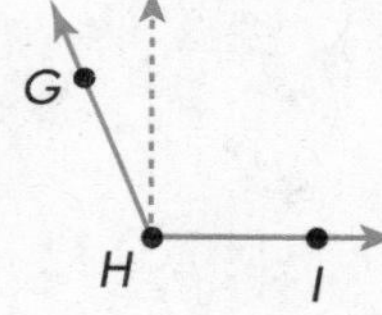

∠*GHI* es un ángulo obtuso. Un ángulo obtuso está más abierto que un ángulo recto pero menos que un ángulo llano.

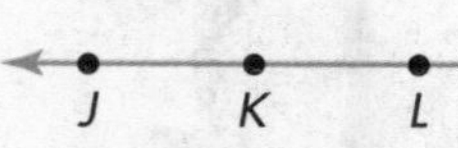

∠*JKL* es un ángulo llano. Un ángulo llano forma una línea recta.

¡Convénceme! **PM.7 Buscar relaciones** Completa cada figura para mostrar el ángulo dado.

Ángulo obtuso

Ángulo llano

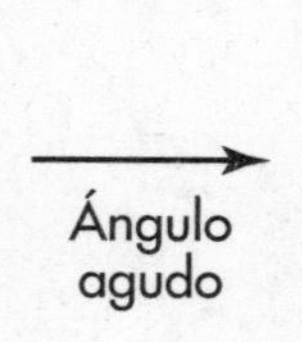

Nombre ____

Práctica guiada

¿Lo entiendes?

1. **PM.6 Hacerlo con precisión** ¿Qué término geométrico describe una parte de una recta que tiene dos extremos? Dibuja un ejemplo.

2. ¿Qué término geométrico describe la parte de una recta que tiene un solo extremo? Dibuja un ejemplo.

3. ¿Qué término geométrico describe un ángulo que forma una esquina cuadrada? Dibuja un ejemplo.

¿Cómo hacerlo?

Usa términos geométricos para describir lo que se muestra en los Ejercicios **4** a **7**.

4. B Y

5.

6. P X

7. P Q R

Práctica independiente

Usa términos geométricos para describir lo que se muestra en los Ejercicios **8** a **11**.

8.

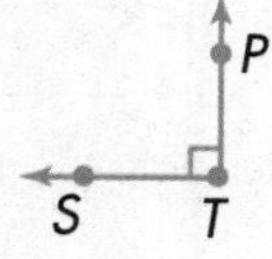

9.

10.

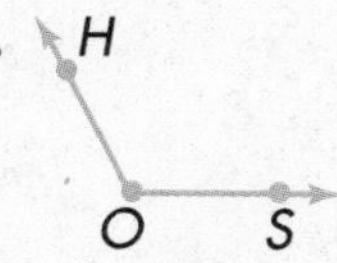

11.

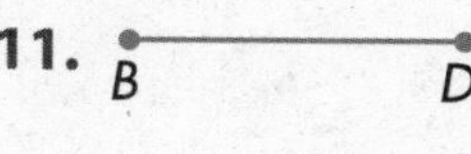

Usa el diagrama de la derecha en los Ejercicios **12** a **14**.

12. Nombra dos ángulos rectos.

13. Nombra cuatro semirrectas.

14. Nombra cuatro segmentos de recta.

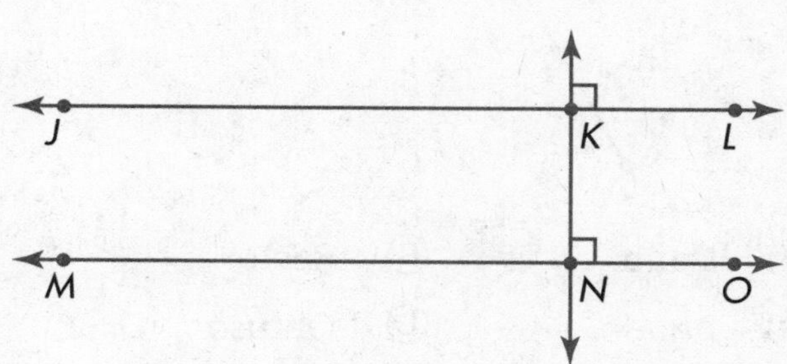

Prácticas matemáticas y resolución de problemas

Usa el mapa de Nevada en los Ejercicios **15** a **17.** Escribe el término geométrico que encaja mejor con cada descripción. Dibuja un ejemplo.

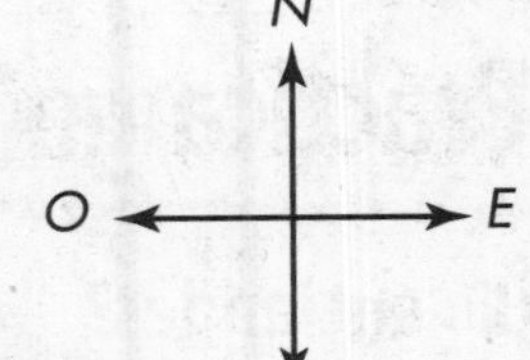

15. **PM.6 Hacerlo con precisión** La ruta entre 2 ciudades

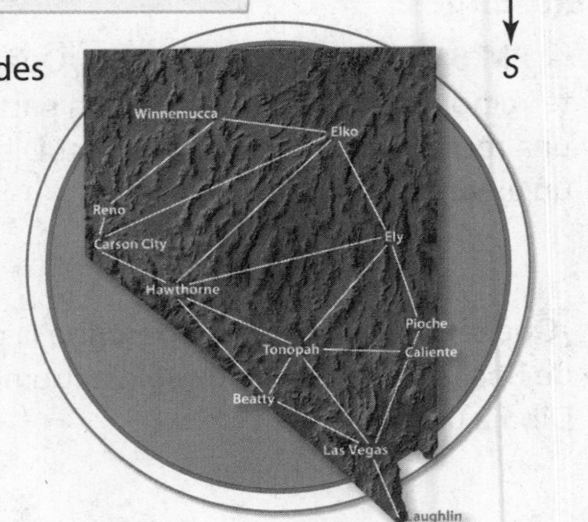

16. Las ciudades

17. Donde las líneas del norte y del este se cruzan

18. **Vocabulario** Escribe una definición de *ángulo obtuso.* Dibuja un ángulo obtuso. Da 3 ejemplos de ángulos obtusos en la clase.

19. **Razonamiento de orden superior** Jarrett dice que él puede hacer un ángulo recto con un ángulo agudo y un ángulo obtuso que tienen una semirrecta en común. ¿Tiene razón? Haz un dibujo y explícalo.

Evaluación de *Common Core*

20. ¿Qué término geométrico describe $\angle HJL$?

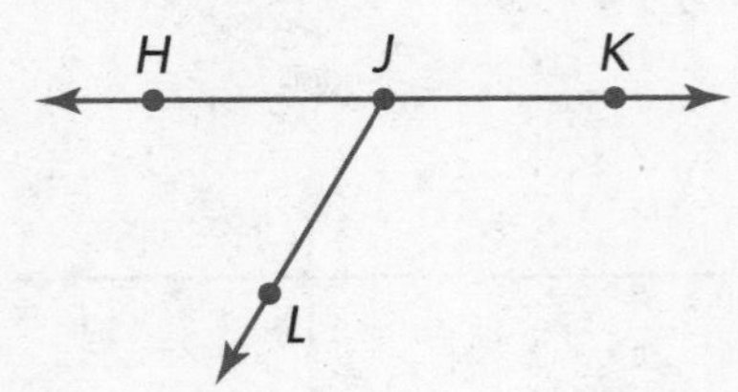

Ⓐ Llano
Ⓑ Agudo
Ⓒ Recto
Ⓓ Obtuso

21. Lou dibujó 2 semirrectas que tienen un extremo en común. ¿Cuál de las siguientes opciones es el dibujo de Lou?

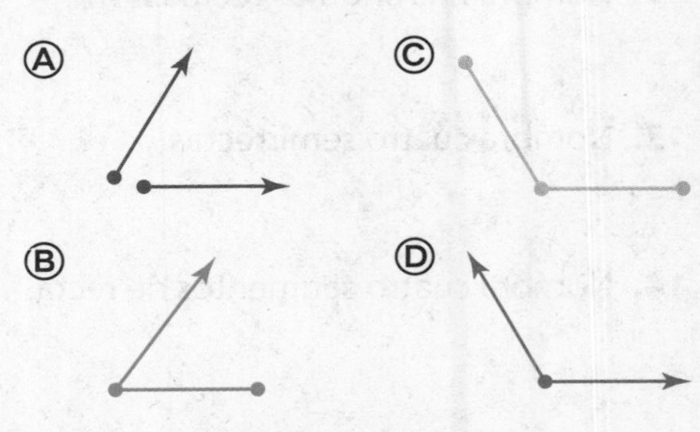

Nombre ______________________

Resuélvelo y coméntalo

Si un reloj muestra que son las 3:00, ¿cómo puedes describir el ángulo más pequeño formado por las manecillas del reloj? ***Resuelve este problema de la manera que prefieras.***

Un paso adelante hacia el Grado 4

Lección 9

Ángulos y ángulos de un grado sexagesimal

Puedo...

usar lo que sé sobre fracciones para medir ángulos.

Estándar de contenido 4.MD.C.5a
Prácticas matemáticas PM.1, PM.2, PM.3, PM.4

Puedes entender el problema usando lo que sabes sobre ángulos agudos, rectos y obtusos. *¡Muestra tu trabajo en el siguiente espacio!*

¡Vuelve atrás! **PM.2 Razonar** ¿En qué dos fracciones dividen las manecillas al reloj?

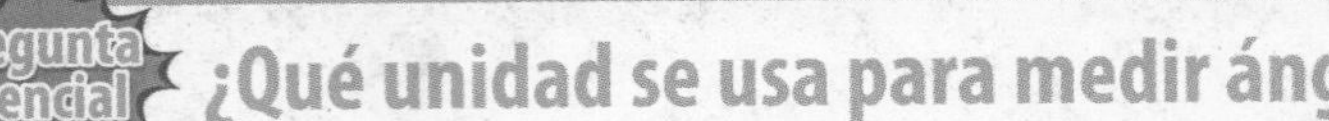

Pregunta esencial ¿Qué unidad se usa para medir ángulos?

A

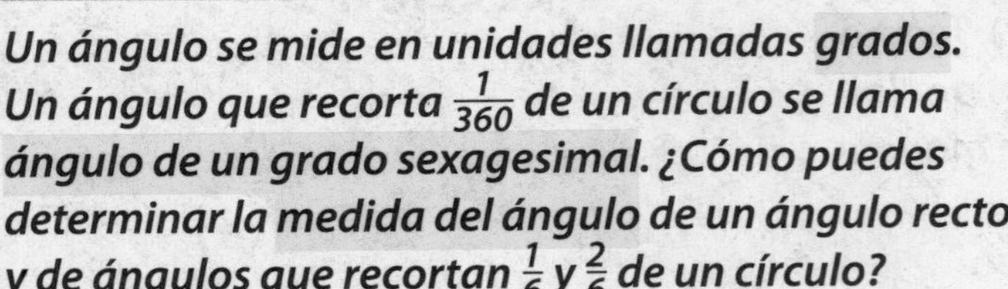

Un ángulo se mide en unidades llamadas grados. Un ángulo que recorta $\frac{1}{360}$ de un círculo se llama ángulo de un grado sexagesimal. ¿Cómo puedes determinar la medida del ángulo de un ángulo recto y de ángulos que recortan $\frac{1}{6}$ y $\frac{2}{6}$ de un círculo?

Un ángulo que mide 1° es un ángulo de un grado sexagesimal o un ángulo de un grado.

$1° = \frac{1}{360}$ de un círculo

B Divide para hallar la medida del ángulo de un ángulo recto.

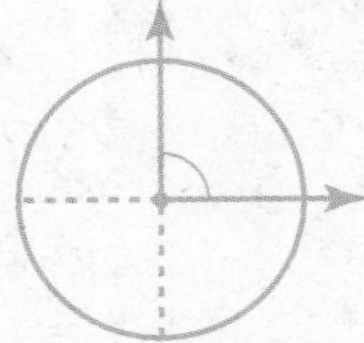

Los ángulos rectos dividen un círculo en 4 partes iguales.

$360° \div 4 = 90°$

La medida del ángulo de un ángulo recto es 90°.

C Multiplica para hallar la medida del ángulo que recorta $\frac{1}{6}$ de un círculo.

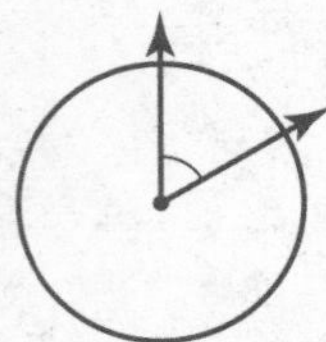

Multiplica por $\frac{1}{6}$ para calcular la medida del ángulo.

$\frac{1}{6} \times 360° = \frac{360°}{6}$ o 60°

La medida del ángulo es 60°.

D Suma para hallar la medida del ángulo que recorta $\frac{2}{6}$ de un círculo.

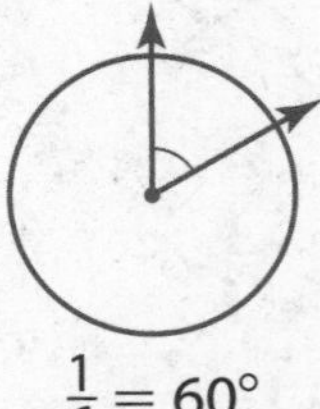

$\frac{1}{6} = 60°$ $\quad$ $\frac{2}{6} = ?$

Recuerda que $\frac{2}{6} = \frac{1}{6} + \frac{1}{6}$. Por tanto, puedes sumar para calcular la medida de $\frac{2}{6}$ de un círculo.

$60° + 60° = 120°$

La medida del ángulo de $\frac{2}{6}$ de un círculo es 120°.

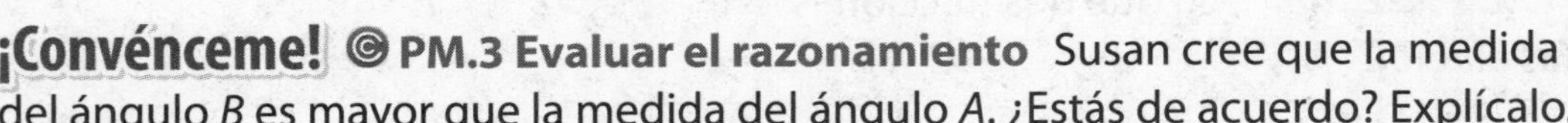

¡Convénceme! **PM.3 Evaluar el razonamiento** Susan cree que la medida del ángulo *B* es mayor que la medida del ángulo *A*. ¿Estás de acuerdo? Explícalo.

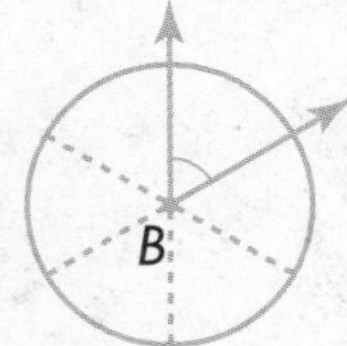

Nombre ______________________

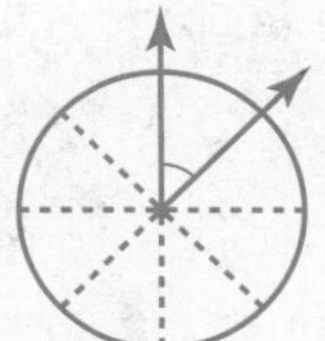

Otro ejemplo

Halla la fracción de un círculo que un ángulo de una medida de 45° recorta.

Un ángulo de 45° recorta $\frac{45}{360}$ de un círculo.

$45° \times 8 = 360°$; por tanto, 45° es $\frac{1}{8}$ de 360°.

Un ángulo de 45° es $\frac{1}{8}$ de un círculo.

$45° = \frac{1}{8}$ de un círculo de 360°

Práctica guiada

¿Lo entiendes?

1. ¿Qué fracción del círculo recorta un ángulo de 90°?

2.  **PM.4 Representar con modelos matemáticos** Maya cortó una tarta en 3 porciones iguales. ¿Cuál es la medida del ángulo de cada porción? Escribe y resuelve una ecuación.

¿Cómo hacerlo?

3. Un círculo está dividido en 9 partes iguales. ¿Cuál es la medida del ángulo de una de esas partes?

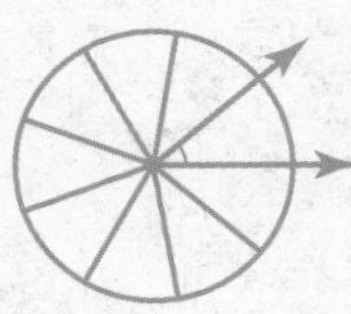

4. Un ángulo recorta $\frac{1}{8}$ del círculo. ¿Cuál es la medida de ese ángulo?

Práctica independiente

Halla la medida de los ángulos en los Ejercicios **5** a **8.**

5. El ángulo recorta $\frac{1}{10}$ del círculo.

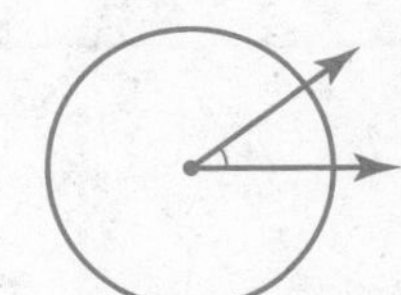

6. El ángulo recorta $\frac{2}{5}$ del círculo.

7. El ángulo recorta $\frac{1}{5}$ del círculo.

8. El ángulo recorta $\frac{3}{8}$ del círculo.

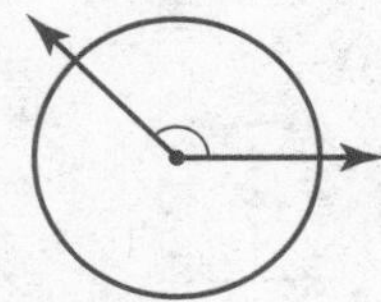

Prácticas matemáticas y resolución de problemas

9. **PM.2 Razonar** Usa el reloj para hallar la medida del ángulo más pequeño que se forma por las manecillas en cada hora.

a. 9:00

b. 8:00

c. 5:00

10. **Álgebra** Natalie escribió una ecuación para hallar una medida del ángulo. ¿Qué representan las incógnitas a y b en la ecuación de Natalie? $360° \div a = b$

11. **Matemáticas y Ciencias** Se puede usar un espejo para reflejar un rayo de luz en un ángulo. ¿Qué fracción de un círculo recorta el ángulo que se muestra abajo?

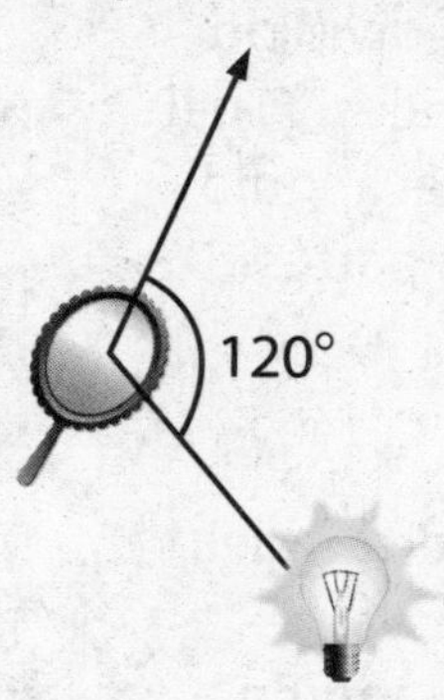

12. David pagó $421 por tres boletos de avión. Un boleto costó $159 y otro boleto costó $138. ¿Cuánto costó el otro boleto?

$421

?	138	159

13. **PM.1 Entender y perseverar** Una pizza se corta en partes iguales. Se comen tres porciones de la pizza. Las 5 porciones que sobran crean un ángulo que mide 225°. ¿Qué medida tiene el ángulo de una porción de la pizza?

14. **Razonamiento de orden superior** Alexis corta un pastel redondo en 12 porciones iguales. Se comen 5 porciones. ¿Cuál es la medida del ángulo del pastel que sobra?

Evaluación de *Common Core*

15. Traza una línea entre la hora y el ángulo más pequeño que puede representar la hora en un reloj. Usa el reloj como ayuda.

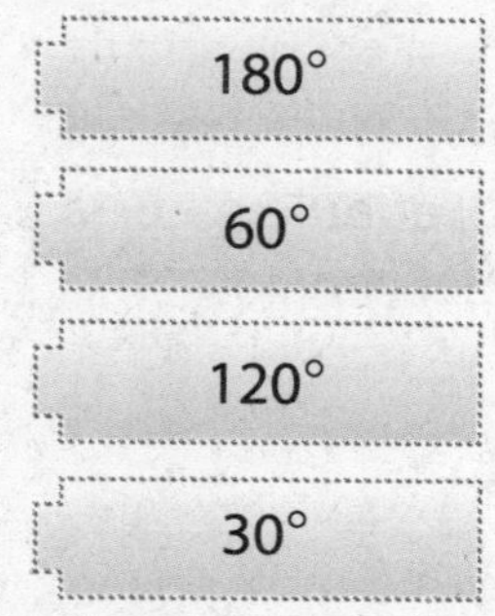

Nombre ______________________________

Un paso adelante hacia el Grado 4

Lección 10
Rectas

Puedo...
dibujar e identificar rectas perpendiculares, paralelas e intersecantes.

Estándar de contenido 4.G.A.1
Prácticas matemáticas PM.3, PM.4, PM.6

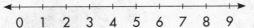

Resuélvelo y coméntalo

La siguiente recta numérica es un ejemplo de una recta. Una recta se extiende indefinidamente formando un camino derecho en direcciones opuestas. Dibuja los siguientes pares de rectas: Dos rectas que nunca se cruzarán, dos rectas que se cruzan en un punto y dos rectas que se cruzan en dos puntos. Si no puedes dibujar las rectas, explica por qué.

0 1 2 3 4 5 6 7 8 9

Hazlo con precisión. Piensa en el lenguaje matemático que ya sabes y úsalo. ¡Muestra tu trabajo en el siguiente espacio!

¡Vuelve atrás! **PM.6 Hacerlo con precisión** Terry dijo: "Las rectas que se muestran se intersecan en tres puntos". ¿Tiene razón Terry? Explícalo.

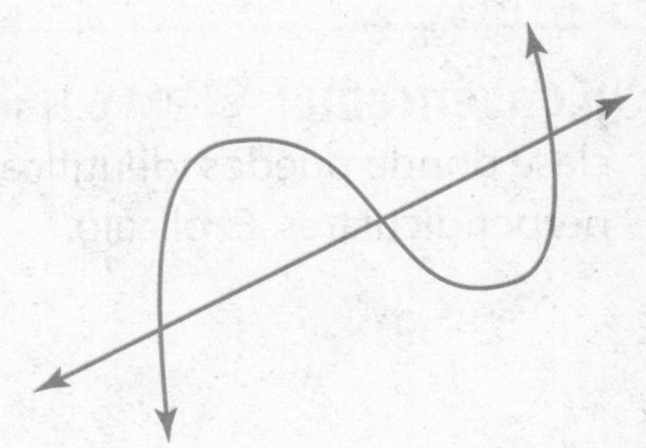

¿Cómo puedes describir pares de rectas?

A

Una recta es un camino derecho de puntos que se extiende indefinidamente en direcciones opuestas. Se puede describir un par de rectas como paralelas, perpendiculares o intersecantes.

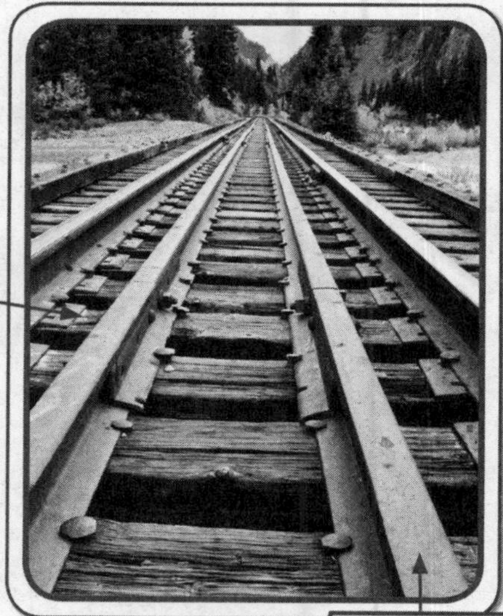

Los rieles del tren en la fotografía son paralelos porque nunca se cruzan. Los durmientes de tren son perpendiculares a las vías del tren porque se intersecan en ángulos rectos.

B Los pares de rectas reciben un nombre especial según sea su relación.

Las rectas paralelas nunca se intersecan.

Las rectas intersecantes pasan por el mismo punto.

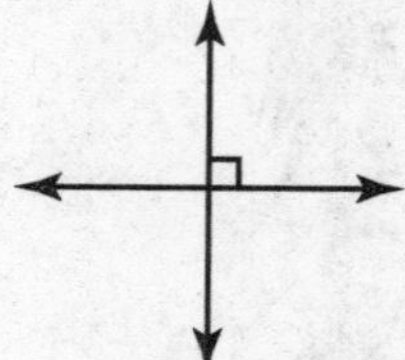

Las rectas perpendiculares son rectas que forman ángulos rectos.

¡Convénceme! **PM.6 Hacerlo con precisión** Busca ejemplos en tu clase donde puedes identificar rectas paralelas, rectas intersecantes y rectas perpendiculares. Explícalo.

Nombre ____

Práctica guiada

¿Lo entiendes?

1. **PM.6 Hacerlo con precisión** ¿Qué término geométrico puedes usar para describir los bordes inferiores que se cruzan y forman las esquinas cuadradas de una pecera?

2. ¿Qué pares de rectas se parecen a unas tijeras abiertas? ¿Por qué?

¿Cómo hacerlo?

Usa el diagrama en los Ejercicios **3** a **6.**

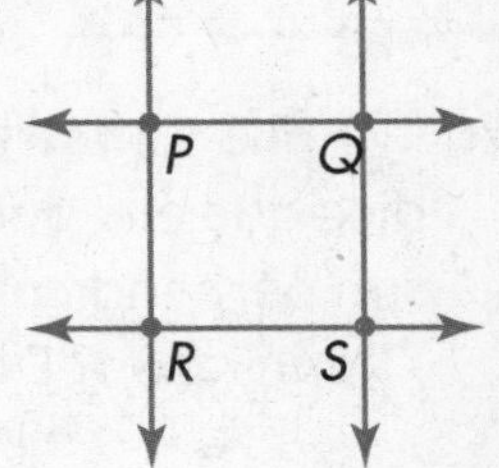

3. Nombra cuatro puntos.

4. Nombra cuatro rectas.

5. Nombra dos pares de rectas paralelas.

6. Nombra dos pares de rectas perpendiculares.

Práctica independiente

Usa los mejores términos geométricos para describir lo que se muestra en los Ejercicios **7** a **15.**

7.

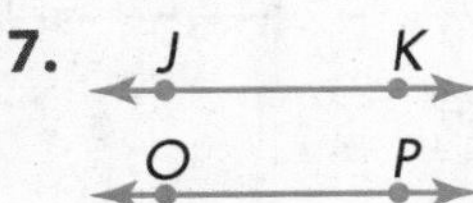

8.

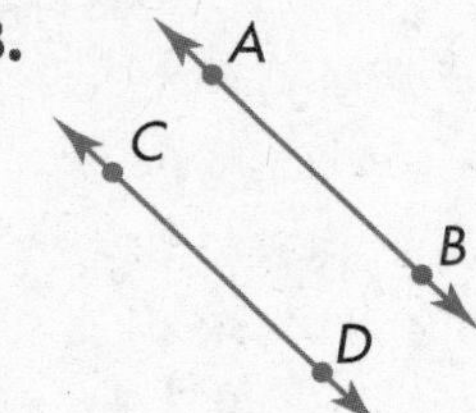

9.

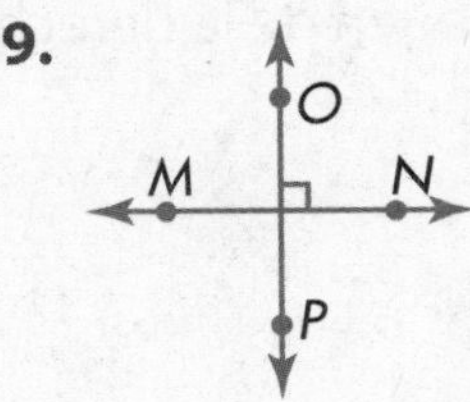

10. • Y

11.

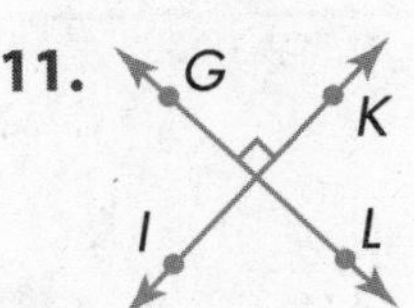

12.

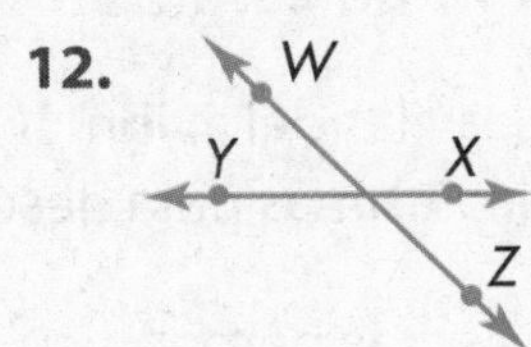

13.

14.

15.

Prácticas matemáticas y resolución de problemas

16. **PM.3 Construir argumentos** Josh nombra esta recta $\overleftrightarrow{AC}$. Ava nombra la recta $\overleftrightarrow{AB}$. ¿Quién tiene razón? Explícalo.

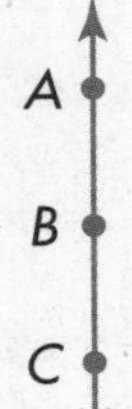

Piensa en el vocabulario matemático cuando escribes explicaciones.

17. **PM.3 Construir argumentos** Judith dice que ella puede dibujar dos rectas que son perpendiculares y a la vez son paralelas. ¿Tiene razón? Explícalo.

18. **PM.4 Representar con modelos matemáticos** Dibuja tres rectas de modo que dos de las rectas se intersequen y la tercera recta sea perpendicular a una de las rectas. Las rectas se deben cruzar exactamente en un punto. Rotula las rectas con puntos.

19. **Razonamiento de orden superior** Si todas las rectas perpendiculares también son rectas intersecantes, ¿acaso son todas las rectas intersecantes también rectas perpendiculares? Usa la imagen de la derecha para explicarlo.

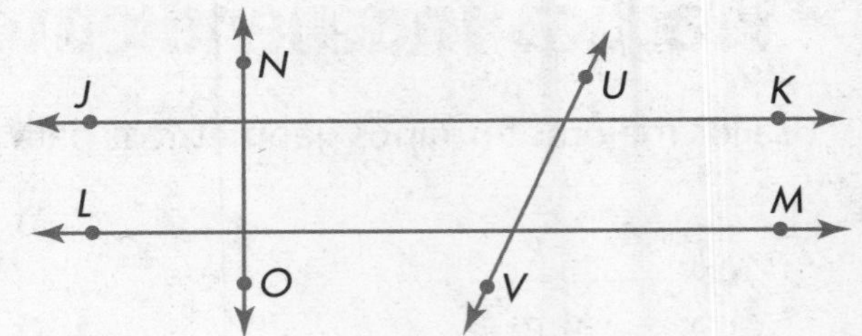

Evaluación de *Common Core*

20. Observa las alas del avión. ¿Qué término geométrico usarías para describirlas?

Ⓐ Rectas perpendiculares

Ⓑ Rectas paralelas

Ⓒ Rectas intersecantes

Ⓓ Plano

Glosario

a. m. Tiempo entre la medianoche y el mediodía.

ángulo Figura que se forma por dos lados que se encuentran.

ángulo agudo Ángulo que está menos abierto que un ángulo recto.

ángulo llano Ángulo que forma una línea recta.

ángulo obtuso Ángulo que está más abierto que un ángulo recto.

ángulo recto Ángulo que forma una esquina cuadrada.

ángulo unitario Ángulo con una medida de 1 grado.

área Número de unidades cuadradas que se necesitan para cubrir una región.

arista Segmento de recta donde se encuentran 2 caras en un sólido.

capacidad (volumen líquido) Cantidad que cabe en un recipiente, medida en unidades líquidas.

cara Superficie plana de un sólido que no rueda.

centímetro (cm) Unidad métrica de longitud.

cilindro Sólido con 2 bases circulares.

clave La explicación de qué significa cada símbolo en una pictografía.

cociente Respuesta a un problema de división.

columna Ordenación de objetos o números, uno encima de otro.

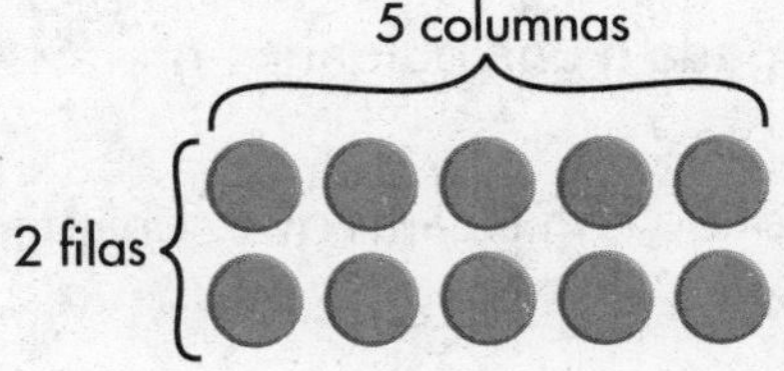

comparar Decidir si un número es mayor o menor que otro número.

compensación Escoger números cercanos a los números de un problema para facilitar el cálculo y, luego, ajustar la respuesta a los números escogidos.

componer Combinar partes diferentes.

conjetura Enunciado que se considera cierto, pero no se ha verificado.

cono Sólido con un círculo como base y una superficie curva que converge en en un punto.

cuadrado Paralelogramo con 4 ángulos rectos y todos los lados de la misma longitud.

cuadrilátero Polígono con 4 lados.

cuarto Una de las 4 partes iguales de un entero.

cuarto de galón (cto.) Unidad usual de capacidad. Un cuarto es igual a 2 pintas.

cuarto de hora Unidad de tiempo igual a 15 minutos.

cuarto de pulgada más cercano Medición que termina con $\frac{1}{4}$ de pulgada, $\frac{2}{4}$ de pulgada, $\frac{3}{4}$ de pulgada o una pulgada entera.

cubo Sólido con 6 caras que son cuadrados idénticos.

datos Información.

denominador Número que está debajo de la barra de fracción en una fracción, que muestra el número total de partes iguales.

descomponer Dividir un número en partes.
Ejemplo: $\frac{2}{5}$ se puede descomponer en $\frac{1}{5} + \frac{1}{5}$.

diagrama de puntos Manera de organizar datos en una recta numérica.

diferencia Respuesta de la resta de un número de otro.

dígitos Los símbolos 0, 1, 2, 3, 4, 5, 6, 7, 8 y 9 se usan para escribir números.

dividendo Número que se divide.
Ejemplo: $63 \div 9 = 7$
↑ Dividendo (63)

división Operación que muestra cuántos grupos iguales hay o cuántos hay en cada grupo.

divisor Número por el cual se divide otro número.
Ejemplo: $63 \div 9 = 7$
↑ Divisor (9)

ecuación Oración numérica que usa el signo igual (=) para mostrar que el valor de la izquierda es el mismo que el valor de la derecha.

en palabras, número Número escrito en palabras.
Ejemplo: 325 = trescientos veinticinco

encuestar Recolectar información haciendo la misma pregunta a varias personas y anotando sus respuestas.

escala Números que representan las unidades utilizadas en una gráfica.

esfera Sólido con forma de pelota.

estimar Dar una respuesta o un número aproximados.

factores Números que se multiplican entre sí para obtener un producto.
Ejemplo: $7 \times 3 = 21$
↑ Factor ↑ Factor

familia de operaciones Grupo de operaciones relacionadas que usan los mismos números.

fila Ordenación de objetos o números, uno al lado de otro.

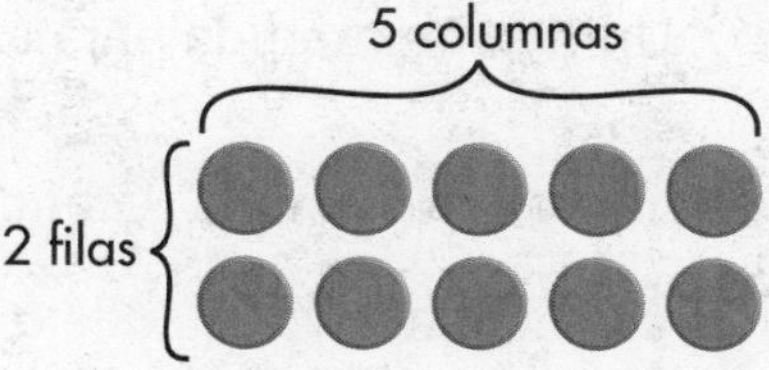

forma desarrollada, número en Número escrito como la suma del valor de sus dígitos.
Ejemplo: 476 = 400 + 70 + 6

forma estándar, número en Manera de escribir un número mostrando solo sus dígitos.
Ejemplo: 845

fracción Símbolo, como $\frac{1}{2}$, que se usa para nombrar una parte de un entero, una parte de un conjunto o una ubicación en una recta numérica.

fracción de referencia Fracción de uso común, como $\frac{1}{4}$, $\frac{1}{3}$, $\frac{1}{2}$, $\frac{2}{3}$ y $\frac{3}{4}$.

fracción unitaria Fracción que representa una parte de un entero que se dividió en partes iguales; siempre tiene un numerador de 1.

fracciones equivalentes Fracciones que nombran la misma parte de un entero o la misma ubicación en una recta numérica.

grados (°) Unidad de medida para ángulos.

gráfica de barras con escala Gráfica que usa barras para mostrar datos.

gramo (g) Unidad métrica de masa, la cantidad de materia en un objeto.

grupos iguales Grupos que tienen el mismo número de objetos.

hexágono Polígono con 6 lados.

hora Unidad de tiempo igual a 60 minutos.

igual (igualdad) Cuando los dos lados de una ecuación tienen el mismo valor.

incógnita Símbolo que representa un número en una ecuación.

intervalo de tiempo Cantidad de tiempo.

kilogramo (kg) Unidad métrica de masa, la cantidad de materia en un objeto. Un kilogramo es igual a 1,000 gramos.

kilómetro (km) Unidad métrica de longitud. Un kilómetro es igual a 1,000 metros.

lado Segmento de recta que forma parte de un polígono.

lados paralelos Lados de un polígono que se dirigen en la misma dirección; si los lados se cruzan al hacerlos más largos, no son paralelos.

libra (lb) Unidad usual de peso. Una libra es igual a 16 onzas.

litro (L) Unidad métrica de capacidad. Un litro es igual a 1,000 mililitros.

marca de conteo Marca que se usa para anotar datos en una tabla de conteo. *Ejemplo:* 𝍸 = 5

masa Medida de la cantidad de materia en un objeto.

matriz Manera de mostrar objetos en filas y columnas iguales.

media hora Unidad de tiempo igual a 30 minutos.

media pulgada más cercana Medición que termina con $\frac{1}{2}$ pulgada o una pulgada entera.

medida del ángulo Grados de un ángulo.

medio Una de las 2 partes iguales de un entero.

metro (m) Unidad métrica de longitud. Un metro es igual a 100 centímetros.

mililitro (mL) Unidad métrica de capacidad.

milímetro (mm) Unidad métrica de longitud. 1,000 milímetros = 1 metro.

milla (mi) Unidad usual de longitud. Una milla es igual a 5,280 pies.

minuto Unidad de tiempo igual a 60 segundos.

multiplicación Operación que da el número total cuando se unen grupos iguales.

múltiplo Producto de un número dado y cualquier otro número entero. *Ejemplo:* 0, 4, 8, 12 y 16 son múltiplos de 4.

no igual Cuando los dos lados de una oración numérica no tienen el mismo valor.

numerador Número sobre la barra de fracción en una fracción, que muestra cuántas partes iguales se describen.

número impar Número entero que no es divisible por 2 sin que quede un residuo.

número mixto Número con una parte de número entero y una parte fraccionaria. *Ejemplo:* $2\frac{3}{4}$

número par Número entero que es divisible exactamente por 2 sin quedar residuo.

números compatibles Números que son fáciles de sumar, restar, multiplicar o dividir mentalmente.

octágono Polígono con 8 lados.

octavo Una de 8 partes iguales de un entero.

onza (oz) Unidad usual de peso.

operaciones inversas Dos operaciones que se deshacen una a la otra.

ordenar Organizar números de menor a mayor o de mayor a menor.

p. m. Tiempo entre el mediodía y la medianoche.

paralelogramo Cuadrilátero con 2 pares de lados paralelos.

pentágono Polígono con 5 lados.

perímetro Distancia alrededor de una figura.

peso Medida del peso de un objeto.

pictografía con escala Una gráfica que usa imágenes para mostrar datos.

pie Medida usual de longitud. 1 pie es igual a 12 pulgadas.

pinta (pt) Unidad usual de capacidad. Una pinta es igual a 2 tazas.

polígono Figura cerrada formada por segmentos de recta.

prisma rectangular Sólido con 6 caras rectangulares.

prisma triangular Sólido con dos caras triangulares.

producto Respuesta a un problema de multiplicación.

propiedad asociativa (o de agrupación) de la multiplicación La agrupación de los factores se puede cambiar y el producto permanece igual.

propiedad asociativa (o de agrupación) de la suma La agrupación de los sumandos se puede cambiar y la suma permanece igual.

propiedad conmutativa (o de orden) de la multiplicación Los números se pueden multiplicar en cualquier orden y el producto permanece igual.

propiedad conmutativa (o de orden) de la suma Los números se pueden sumar en cualquier orden y la suma permanece igual.

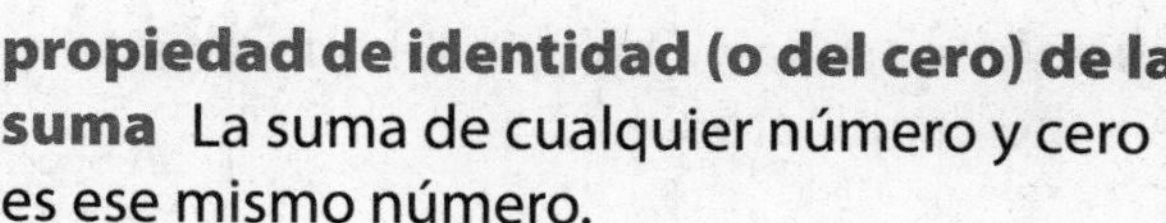

propiedad de identidad (o del cero) de la suma La suma de cualquier número y cero es ese mismo número.

propiedad de identidad (o del uno) de la multiplicación El producto de cualquier número y 1 es ese mismo número.

propiedad del cero en la multiplicación El producto de cualquier número y cero es cero.

propiedad distributiva Una multiplicación se puede descomponer como la suma de otras dos multiplicaciones.
Ejemplo: $5 \times 4 = (2 \times 4) + (3 \times 4)$

pulgada (pulg.) Unidad usual de longitud.

punto Posición exacta, generalmente señalada con una marca o un punto.

reagrupar (reagrupación) Nombrar un número entero de una manera diferente.
Ejemplo: 28 = 1 decena 18 unidades

recta Línea derecha de puntos que es infinita en ambas direcciones.

recta numérica Recta que muestra números en orden usando una escala.
Ejemplo:

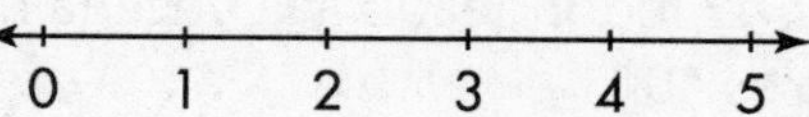

recta númerica vacía Recta numérica que solo muestra los números que se calculan.

rectángulo Paralelogramo con 4 ángulos rectos.

rectas intersecantes Rectas que se cruzan en un punto.

rectas paralelas Rectas que nunca se cruzan.

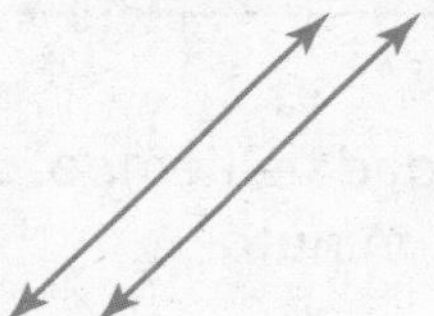

rectas perpendiculares Dos rectas que se intersecan y forman ángulos rectos.

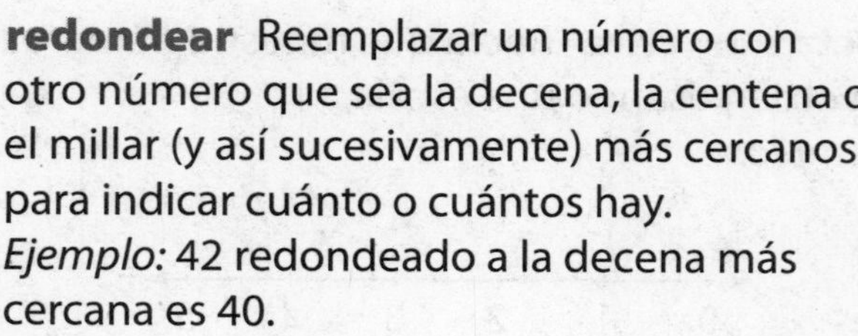

redondear Reemplazar un número con otro número que sea la decena, la centena o el millar (y así sucesivamente) más cercanos para indicar cuánto o cuántos hay.
Ejemplo: 42 redondeado a la decena más cercana es 40.

residuo Número que sobra después de una división.
Ejemplo: $31 \div 7 = 4$ R3
↑ Residuo

rombo Paralelogramo con todos los lados de la misma longitud.

S

segmento de recta Parte de una recta que tiene 2 extremos.

segundo Unidad de tiempo. 60 segundos son iguales a 1 minuto.

semana Unidad de tiempo igual a 7 días.

semirrecta Parte de una recta que tiene un extremo y continúa hasta el infinito en una dirección.

sexto Una de 6 partes iguales de un entero.

símbolo de dólar Símbolo ($) que se usa para indicar dinero.

sólido Cuerpo que tiene longitud, ancho y altura.

suma Respuesta a un problema de suma.

sumandos Números que se suman para hallar un total.
Ejemplo: $2 + 7 = 9$
↑ Sumando ↑ Sumando

T

tabla de frecuencias Tabla que se usa para mostrar el número de veces que ocurre algo.

tercio Una de 3 partes iguales de un entero.

tiempo transcurrido Cantidad total de tiempo que pasa desde el momento de inicio hasta el momento final.

trapecio Cuadrilátero con solo un par de lados paralelos.

triángulo Polígono con 3 lados.

triángulo equilátero Triángulo en el que todos los lados tienen la misma longitud.

unidad cuadrada Cuadrado con lados de 1 unidad de longitud, usado para medir áreas.

valor de posición Valor que se da a la posición de un dígito en un número. *Ejemplo:* En 946, el valor de posición del dígito 9 es el de las *centenas*.

vértice de un polígono Punto donde se encuentran dos lados de un polígono.

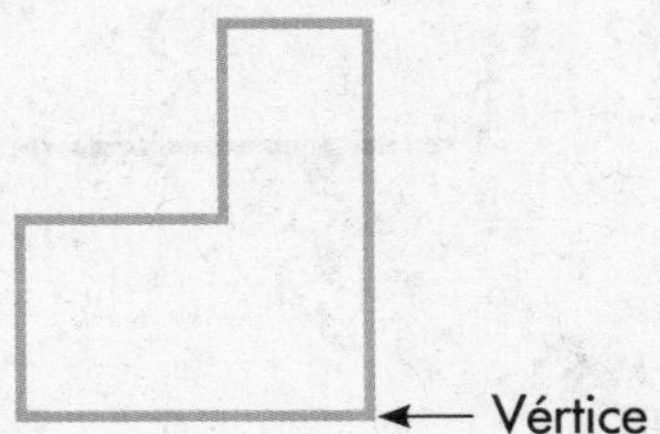

yarda (yd) Unidad usual de longitud. Una yarda es igual a 3 pies o 36 pulgadas.

Fotografías

Every effort has been made to secure permission and provide appropriate credit for photographic material. The publisher deeply regrets any omission and pledges to correct errors called to its attention in subsequent editions.

Unless otherwise acknowledged, all photographs are the property of Pearson Education, Inc.

Photo locators denoted as follows: Top (T), Center (C), Bottom (B), Left (L), Right (R), Background (Bkgd)

F34 Eric Isselée/Fotolia; **001** Gemenacom/Shutterstock; **008** Pearson Education; **028** Corbis; **032** Pearson Education; **034** Pearson Education; **038** Pearson Education; **057** Jacek Chabraszewski/Fotolia; **068** Pearson Education; **070** Pearson Education; **074L** Pearson Education; **074R** Pearson Education; **074T** Pearson Education; **092** Pearson Education; **105** pk7comcastnet/Fotolia; **122** Pearson Education; **130** Pearson Education; **134** Pearson Education; **165** Christopher Dodge/Shutterstock; **176L** Pearson Education; **176R** Pearson Education; **176T** Pearson Education; **182** Pearson Education; **184** Pearson Education; **188B** Pearson Education; **188T** Pearson Education; **200** Pearson Education; **208** Pearson Education; **297** Marques/Shutterstock; **355** Barbara Helgason/Fotolia; **401** Erni/Shutterstock; **418** Pearson Education; **430** Pearson Education; **436** Corbis; **454** Pearson Education; **456** Rabbit75_fot/Fotolia; **471** Arnold John Labrentz/ShutterStock; **488** KennStilger47/Shutterstock; **494B** imagebroker/Alamy; **494TL** hotshotsworldwide/Fotolia; **494TR** imagebroker/Alamy; **496B** Pearson Education; **496T** John Luke/Index open; **508** David R. Frazier Photolibrary/Alamy; **535** Sam D'Cruz/Fotolia; **542** Palou/Fotolia; **571** Nancy Gill/ShutterStock; **582** Pearson Education; **588** Pearson Education; **605** B.G. Smith/Shutterstock; **669** Cathy Keifer/ShutterStock; **733** Pearson Education; **742B** Getty Images; **742C** Pearson Education; **742T** Getty Images; **758B** Pearson Education; **758C** Pearson Education; **758T** Pearson Education; **759BL** Pearson Education; **759BR** Pearson Education; **759CL** Pearson Education; **759CR** Pearson Education; **759TL** photolibrary/Photos to go; **759TR** Simple Stock Shot; **760BR** Simple Stock Shot; **760T** Pearson Education; **768** Jenoe/Fotolia; **770B** Pearson Education; **770T** Pearson Education; **771BL** Jupiter Images; **771BR** Pearson Education; **771CL** Getty Images; **771CR** Pearson Education; **771TR** Stockdisc/Punch Stock; **772** Pearson Education; **805** Amy Myers/Shutterstock; **843** Photocreo Bednarek/Fotolia; **856** Jupiterimages/ThinkStock; **912** Pearson Education; **916** Oleksii Sagitov/ShutterStock; **932** Photos to go.